Heinrich Handelmann

Jahrbuch für die Landeskunde

Herzogtümer Schleswig, Holstein und Lauenburg

Heinrich Handelmann

Jahrbuch für die Landeskunde
Herzogtümer Schleswig, Holstein und Lauenburg

ISBN/EAN: 9783741166693

Hergestellt in Europa, USA, Kanada, Australien, Japan

Cover: Foto ©Andreas Hilbeck / pixelio.de

Manufactured and distributed by brebook publishing software
(www.brebook.com)

Heinrich Handelmann

Jahrbuch für die Landeskunde

Archiv

der

Schlesw.-Holst.-Lauenb. Gesellschaft

für

vaterländische Geschichte

Band XVI.

Dritte Folge. Band V.

Jahrbücher

für die

Landeskunde

der Herzogthümer

Schleswig, Holstein und Lauenburg

herausgegeben

von der

S. H. L. Gesellschaft für vaterländische Geschichte

redigirt von

Ch. Schwann und H. Handelmann

Band V.

Mit 9 Steindrucktafeln.

_____

Kiel 1862.

In Commission der akademischen Buchhandlung.

Inhalt.

Abgeschlossen am 15. August 1862.

Verzeichniß

der gelehrten Corporationen und Gesellschaften, mit denen Seitens der Königlichen S. H. L. Gesellschaft für die Sammlung und Erhaltung vaterländischer Alterthümer ein Austausch ihrer Schriften stattfindet.

———

Die Kgl. S. H. L. Antiquarische Gesellschaft hat seit dem Jahr 1859 ihre sämmtlichen Mittheilungen und Berichte theils in den Jahrbüchern für die Landeskunde, theils als Beilage dazu veröffentlicht. Eine direkte Versendung an die 51 Vereine ꝛc., welche mit der S. H. L. Gesellschaft für vaterländische Geschichte austauschen (s. das Verzeichniß in Bd. IV, S. XII bis XIV), wird daher nicht erforderlich sein und in der Regel nicht mehr stattfinden. Doch ist die Antiquarische Gesellschaft erbötig, auf besondere Anforderung von ihren bisherigen Berichten, soweit der Vorrath reicht, mitzutheilen.

Direkt wurde versendet nach:

52. **Dresden**; Königlich Sächsischer Verein für Erforschung und Erhaltung vaterländischer Alterthümer.
53. **Freiberg**; Freiberger Alterthums-Verein.
54. **Freiburg im Breisgau**; Gesellschaft zur Beförderung der Geschichtskunde.
55. **Halle a. S.**; Thüringisch-Sächsischer Verein für Erforschung der vaterländischen Alterthümer.

56. **Hildesheim;** Museum (Verein für Kunde der Natur und Kunst in Hildesheim und Goslar).

57. **Hohenleuben;** Voigtländischer alterthumsforschender Verein.

58. **Karlsruhe;** Alterthums-Verein für das Großherzogthum Baden.

59. **Königsberg;** Alterthums-Gesellschaft Prussia.

60. **Leeuwarden;** het Friesch Genootschap voor Geschieds-, Oudheids- en Taalkunde.

61. **Leipzig;** Deutsche Gesellschaft zur Erforschung vaterländischer Sprache und Alterthümer.

62. **Lüneburg;** Verein zur Darstellung und Erhaltung der Alterthümer und Kunstwerke der Stadt Lüneburg und des Klosters Lüne.

63. **Luxemburg;** Société pour la conservation des monuments historiques du Grand-Duché de Luxembourg.

64. **Minden;** Westphälische Gesellschaft zur Beförderung vaterländischer Cultur.

65. **Prag;** archäologische Section der Gesellschaft des Böhmischen National-Museums.

66. **Saarbrücken;** historisch-antiquarischer Verein für die Städte Saarbrücken, St. Johann und Umgegend.

67. **Salzburg;** vaterländisches Museum Carolino-Augusteum.

68. **Stade;** Verein für Geschichte und Alterthümer der Herzog-thümer Bremen und Verden und des Landes Hadeln.

69. **Stuttgardt;** Würtembergischer Alterthums-Verein.

70. **Ulm;** Verein für Kunst und Alterthum in Ulm und Ober-schwaben.

71. **Wien;** Alterthums-Verein für Wien.

Kiel, den 25. Mai 1862.

Anzeige.

Von den früheren Schriften der Kgl. Schleswig-Holstein-Lauenburgischen Gesellschaft für die Sammlung und Erhaltung vaterländischer Alterthümer sind noch vorräthig und durch die akademische Buchhandlung in Kiel zu den nebenstehenden Preisen zu beziehen:

1. Ueber Alterthums-Gegenstände. Eine Ansprache, im Auftrage des Vorstandes entworfen und ausgearbeitet von F. v. Warnstedt. Kiel 1835. 5 Rgr. oder 22 β R.-M.

2. Ueber Alterthums-Gegenstände rc. Zweite mit einem Nachtrag vermehrte Ausgabe. Kiel 1861. Mit 3 lith. Münztafeln und 2 antiquarischen Karten. 19 Rgr. oder 51 β R.-M.

3. Berichte vom Mai 1859 und vom 1. Juli 1861. (Aus der Chronik der Universität zu Kiel für 1857 und für 1860 besonders abgedruckt.) Kiel 1859—61. 4. 5 Rgr. oder 22 β R.-M.

4. Sechster Bericht. Erstattet von dem Vorstande. Kiel, Januar 1841. Mit 2 Kupfertafeln. 5 Rgr. oder 22 β R.-M.

5. Zwölfter Bericht. Erstattet von dem Vorstande. Kiel, Januar 1847. Mit 4 lith. Tafeln. 10 Rgr. oder 43 β R.-M.

6. Dreizehnter Bericht. Erstattet von dem Vorstande. Kiel, Januar 1848. Mit 2 lith. Tafeln. 5 Rgr. oder 22 β R.-M.

7. Vierzehnter Bericht. Namens des Vorstandes im Januar 1849 erstattet von Prof. Karl Müllenhoff. Kiel. Mit 1 Kupfertafel. 5 Rgr. oder 22 β R.-M.

8. (Fünfzehnter Bericht.) Der Silberfund von Farve, beschrieben von Dr. Julius Friedländer und Prof. K Müllenhoff. Kiel 1850. Mit 2 Kupfertafeln. 10 Rgr. oder 43 β R.-M.

9. (Sechszehnter Bericht.) Zur Runenlehre. Zwei Abhandlungen von K. v. Liliencron und K. Müllenhoff. Professoren in Kiel. (Halle, 1852) Kiel. 15 Rgr. od. 64 β R.-M.

10. (Siebzehnter Bericht.) Zur Kunde vaterländischer Alterthümer. S. H. L. antiquarische Mittheilungen vom Jahr 1859. Kiel. Mit 1 Steindrucktafel. 15 Rgr. oder 64 β R.-M.

11. (Achtzehnter Bericht.) Zur Kunde vaterländischer Alterthümer. S. H. L. antiquarische Mittheilungen vom Jahr 1860. Kiel. Mit 1 Steindrucktafel. 7½ Rgr. oder 32 β R.-M.

12. (Neunzehnter Bericht.) Die Pferdeköpfe auf den Bauerhäusern, besonders in Norddeutschland. Von Professor Chr. Petersen in Hamburg. Kiel 1860. Mit 4 Steindrucktafeln. 22½ Rgr. oder 1 ℳ β R.-M.

13. Zwanzigster Bericht. Namens des Vorstandes im Januar 1861 herausgegeben von Dr. Heinrich Handelmann. Kiel. Mit 5 Steindrucktafeln. 15 Rgr. oder 64 β R.-M.

14. (Einundzwanzigster Bericht.) Der Donnerbesen. Von Professor Chr. Petersen in Hamburg. Kiel 1862. Mit 7 Steindrucktafeln. 18 Rgr. oder 77 β R.-M.

15. Zweiundzwanzigster Bericht. Erstattet von dem Vorstande am 15. März 1862. Kiel. Mit 1 Tafel. 6 Rgr. oder 26 β R.-M.

Die bisher von der Schleswig-Holstein-Lauenburgischen Gesellschaft für vaterländische Geschichte herausgegebenen Schriften sind zu den nebenstehenden Preisen durch die akademische Buchhandlung in Kiel oder direct vom Vorstand zu beziehen:

(NB. Die bei Nr. 3, 8, 9 u. 10 eingeklammerten niedrigen Preise gelten nur für Mitglieder der Gesellschaft, welche sich direct an den Vorstand wenden.)

1. Archiv für Staats- und Kirchengeschichte der Herzogthümer Schleswig, Holstein, Lauenburg und der angrenzenden Länder und Städte. Redigirt von Michelsen und Asmussen. 5 Bde. Altona 1833—43. 8. für 2 $\mathscr{L}$ preuß. oder 2 $\mathscr{L}$ 64 β R.-M., einzelne Bände für 15 Ngr. oder 64 β R.-M.

2. Nordalbingische Studien. Neues Archiv der S. H. L. Gesellschaft für vaterländische Geschichte. Neue Ausgabe ohne die Beilagen aus dem Handschriftenverzeichniß. 6 Bände. Kiel 1857. 8. für 4 $\mathscr{L}$ preuß. oder 5 $\mathscr{L}$ 32 β R.-M., einzelne Bände für 1 $\mathscr{L}$ preuß. oder 1 $\mathscr{L}$ 32 β R.-M.

3. Jahrbücher für die Landeskunde der Herzogthümer Schleswig, Holstein und Lauenburg. Dritte Folge des Archivs der S. H. L. Gesellschaft für vaterländische Geschichte. Redigirt von Lehmann und Handelmann. 5 Bände. Kiel 1858—62. 8. Jeder Band 3 $\mathscr{L}$ pr. oder 4 $\mathscr{L}$ R.-M. (2 $\mathscr{L}$ pr. oder 2 $\mathscr{L}$ 64 β R.-M.)

4. Das Taufbecken der Kieler Nicolaikirche, von K. W. Nitzsch. Kiel 1856. 8. für 8 Ngr. oder 34 β R.-M.

5. Verzeichniß der Handschriften der Kieler Universitätsbibliothek, welche die Geschichte der Herzogthümer Schleswig und Holstein betreffen. Von H. Ratjen. Separatausgabe. Kiel 1857. 8.

　　Bd. I: Handschriften zur allgemeinen Geschichte, für 1 $\mathscr{L}$ preuß. oder 1 $\mathscr{L}$ 32 β R.-M.

　　Bd. II: Handschriften zur speciellen Geschichte und zum Recht, nebst Register, für 2 $\mathscr{L}$ preuß. oder 2 $\mathscr{L}$ 64 β R.-M.

6. Die Nordfriesische Sprache nach der Föhringer und Amrumer Mundart. Wörter, Sprichwörter und Redensarten nebst sprachlichen und sachlichen Erläuterungen, und Sprachproben von Chr. Johansen. Kiel 1862. 8. für 1 $\mathscr{L}$ 18 Ngr. oder 2 $\mathscr{L}$ 12 β R.-M.

7. Quellensammlung der S. H. L. Gesellschaft für vaterländische Geschichte.

　　Bd. I: Chronicon Holtzatiae, auctore Presbytero Bremensi. Herausgegeben von J. M. Lappenberg. Kiel 1862. 8. für 1 $\mathscr{L}$ 7½ Ngr. oder 1 $\mathscr{L}$ 64 β R.-M.

8. Sammlung altdithmarscher Rechtsquellen. Herausgegeben von Michelsen. Altona 1842. 8. für 2 $\mathscr{L}$ preuß. oder 2 $\mathscr{L}$ 64 β R.-M. (1 $\mathscr{L}$ 10 Ngr. oder 1 $\mathscr{L}$ 75 β R.-M.)

9. Urkundenbuch zur Geschichte des Landes Dithmarschen. Herausgegeben von Michelsen. Altona 1842. 4. für 3 $\mathscr{L}$ preuß. oder 4 $\mathscr{L}$ R.-M. (2 $\mathscr{L}$ pr. oder 2 $\mathscr{L}$ 64 β R.-M.)

10. Urkundensammlung der S. H. L. Gesellschaft für vaterländische Geschichte.

    Bd. I mit Register, redigirt von Michelsen und Waitz. Kiel 1839—1849. 4. für 6 ℳ 8 Ngr. oder 8 ℳ 34 β R.-M. (4 β pr. oder 5 ℳ 32 β R.-M.)

    Bd. II mit Register, redigirt von Michelsen und Waitz. Kiel 1842—58. 4. für 6 ℳ 0 Ngr. oder 8 ℳ 20 β R.-M. (4 β pr. oder 5 ℳ 32 β R.-M.)

    Bd. III, Abth. 1: Diplomatarium des Klosters Ahrensböl, bearbeitet von Jessien. Kiel 1852. 4. für 1 ℳ 12 Ngr. oder 1 ℳ 83 β R.-M. (27 Ngr. oder 1 ℳ 19 β R.-M.)

Bei Ernst Homann in Kiel ist erschienen:

Handelmann, Dr. Heinrich, Volks- und Kinderspiele der Herzogthümer Schleswig, Holstein und Lauenburg. Ein Nachtrag zu Müllenhoff's Sammlung der Sagen, Märchen und Lieder. 1862. Gr. 8. IV und 106 S. Geh. . . . . 18 Sgr.

— —, Nordelbische Weihnachten. Ein Beitrag zur Sittenkunde. 1861. Gr. 8. 28 S. Geh. . . . . 6 Sgr.

— —, Die letzten Zeiten Hansischer Uebermacht im Skandinavischen Norden. 1853. Gr. 8. XII u. 284 S. Geh. 1 ℳ 15 Sgr.

— —, Geschichte der Vereinigten Staaten. Erster Theil: Die historische Entwickelung des Landes, des Volkes und der Verfassung. Zweite Ausgabe. 1860. Gr. 8. XVI u. 688 S. Geh. . . . . 2 ℳ

— —, Geschichte der Insel Hayti. Zweite Ausgabe. 1860. Gr. 8. VIII u. 192 S. Geh. . . . . 20 Sgr.

    und bei Julius Springer in Berlin:

— —, Geschichte von Brasilien. 1860. Gr. 8. XXIV und 980 S. Geh. . . . . 4 ℳ 15 Sgr.

I.

Zur Sittengeschichte der adeligen Klöster.

Eine der Unzucht öffentlich beschuldigte Klosterjungfer wird Aebtissin. Willkürliche richterliche Verfügungen. Wunderliche Urtheile der Juristenfacultäten.

Aus den Akten des Holsteinischen Landgerichts von 1603—15 in Sachen Dorothea von... in Itzehoe, wider Agathe und Emerenz Penz daselbst. wegen Injurien. Mitgetheilt von Dr. A. Brinkmann, D. A. R. a. D. in Kiel.

———

1. Zur Zeit der Reformation waren die Klöster wegen der Sittenlosigkeit verschrieen, die in vielen derselben herrschte. Aber strengere Zucht und reineren christlichen Lebenswandel herzustellen, daneben verfeinerte Sitten und geselligen Anstand einzuführen, das konnte nur allmählich gelingen, nachdem die Deutschen nicht nur geläuterte Begriffe von Religion sich angeeignet, sondern auch an den rohen Gewohnheiten des Mittelalters einen Widerwillen empfunden hatten. Noch geraume Zeit nach Verbreitung der Lutherischen Lehre, noch im Anfange des siebzehnten Jahrhunderts, war das Betragen der klösterlichen Jungfrauen in Itzehoe der Art, daß es zu großem Aergerniß bis in die höchsten Kreise Anlaß gab. Obwohl nach Verweltlichung der Klöster in den Herzogthümern Schleswig und Holstein die adeligen Jungfrauen zunächst nur ihre

leibliche Versorgung aus den reichen Einkünften der Klöster zu ge=
nießen hatten, so waren sie doch nach ihrem Eintritt nicht so ganz
und gar von den klösterlichen Regeln entbunden, daß sie die Gebote
eines frommen ehrbaren Wandels hätten aus den Augen setzen
dürfen. Zu jeder Zeit, auch in der von den reinsten Sitten be=
herrschten, wird es in einzelnen Fällen vorkommen, daß ein Frauen=
zimmer von Geburt und Stand und selbst von höherer Bildung
in schlechten Ruf geräth, sei es, weil dasselbe die stürmischen Triebe
einer heißen Leidenschaft nicht zurückzuhalten vermag, oder sei es,
weil Nachstellung und Verführung die schwache Natur überwunden
haben. Aber es gibt Zeugniß von der Unsittlichkeit des Zeitalters
selbst, wenn mit Unverschämtheit und Frechheit der leichtfertige
Lebenswandel geführt wird und die Zeitgenossen, statt entgegen zu
treten und in dem schlimmsten Falle sich auf Mitleid und Schonung
zu beschränken, der Unsittlichkeit Vorschub leisten und den guten
Sitten und Gewohnheiten Hohn sprechen. Vollends versunken in
Schwachheit und Verfall erscheint das Zeitalter, wenn das Richter=
amt nicht nach Recht und Gesetz mit Strenge und Unparteilichkeit
seine Pflichten übt, auf der einen Seite das laut angezeigte Ver=
brechen nicht zur Untersuchung und Bestrafung zieht, auf der anderen
Seite nach seiner Willkür Verfügungen trifft.

In wiefern zu diesen Aeußerungen Anlaß gegeben ist, dazu
mag der Injurienproceß dienen, welcher zwischen Dorothea von ...
als Klägerin, und den Schwestern Agathe und Emerenz Penz als
Beklagten, bei dem holsteinischen Landgerichte im Jahre 1603 begann
und bis 1615 fortgeführt wurde.

2. Die streitenden Damen, den angesehensten ritterschaftlichen
Familien des Landes angehörig, waren Klosterjungfrauen in Itzehoe.
Man sprach in jener alten Zeit noch nicht von Klosterfräulein, Con=
ventualinnen, Chanoinessen. Dorotheens Tante war im J. 1602
Aebtissin des Klosters. Bei dieser Tante und unter deren Aufsicht
wohnte Dorothea, als sie in den Verdacht gerieth, schwanger zu
sein. Dieser Verdacht wurde von den Schwestern Penz laut aus=
gesprochen und weit verbreitet. Agathe Penz hatte im Kloster an
die Mauern und Wände geschrieben: „Dorothea von ... soll
ein Kind haben.“ Daß die Jungfern Penz schonungslos gegen

die Nichte ihrer Aebtissin und ihre eigene Standesgenossin sich be-
nahmen, mochte zum Theil in einer feindseligen Stimmung gegen
Dorotheens Familie seine Ursache haben. In einem Wortwechsel
hatte Dorothea's Bruder sich einstens so weit vergessen, der Jungfer
Emerenz Penz eine derbe Ohrfeige oder Maulschelle zu geben.

Ehe von einer Schwangerschaft etwas verlautete, hatte sich
Dorothea im Juni 1602, ohne Urlaub zu erbitten, aus dem Kloster
entfernt und sich nach Winsem (Wensin), einem Gute des mit ihr
befreundeten Junkers Otto von Sehestedt, begeben. Weil inzwischen
ein Verdacht der Schwangerschaft laut geworden war, kam Dorothea zwar auf Aufforderung ihrer Schwester, der Klosterjungfer
Anna, am 25. Juni nach Itzehoe zurück, reisete jedoch bereits am
dritten Tage wieder nach Winsem, begab sich von da Krankheits
halber nach Hamburg, kehrte in den ersten Tagen des August nach
Winsem zurück und erschien am 22. August wieder in dem Kloster
zu Itzehoe.

Mittlerweile, am 23. Juli 1602, hatte Emerenz Penz
mit dem Kirchenprobst Matthias Clodius in Itzehoe eine Unterredung gehabt, um diesen zu ersuchen, der Aebtissin anzumelden,
daß sie Dorothea möge holen lassen, „damit diese sich aus dem
bösen Schnack und das Kloster nicht in bösen Ruf brächte.“ Damit verband Emerenz die Drohung, zu dem Könige gehen und da
klagen zu wollen, wenn Dorothea in zwei Tagen nicht zurückkäme.
Der Probst verbat den Auftrag, weil er die Beschuldigung nicht
für wahr hielt. „Das sollte nicht wahr sein!“ erwiderte Emerenz,
„sagt es doch die ganze Welt, daß sie ein Kind haben soll. Zur
Urkunde sollt Ihr wissen, daß sie lange dazu gethan, und daß die
Aebtissin solcher Leichtfertigkeit zugesehen, daß sie den Kerl auf ihre
Schmuckkammer . . . gebettet hat.“ Der Probst ermahnte die
Jungfrau zum Frieden und im schlimmsten Fall, daß sie sich an
die ganze Versammlung (den Klosterconvent) wenden möge. Emerenz: „Herr Probst, sollt Ihr unser Seelenhirte sein, so müßt Ihr
auch wissen, was für Schafe Ihr habt und wie man wirthschaftet.“
Sie beschuldigte die Aebtissin, daß sie heimliche Thüren ma-
chen lasse; sie behauptete, daß das Kloster jetzt des Teufels
Schmiede sei; sie bezeigte kein Vertrauen zu der „Versammlung“;

1 *

sie erinnerte daran, daß der König in einem Schreiben der Aebtissin ihre Leichtfertigkeit vorgehalten habe. Als der Probst die
Frage aufwarf: „Mit wem habt Ihr sie in Verdacht?" antwortete
Emerenz: „Der Teufel sagt von meines Gleichen, sie hätten wohl
Jagd genug mit ihm getrieben; aber sie ist von Bauernart, und
so mag es wohl ein Bauernkerl gethan haben." Zugleich bat sie
den Probst, der Aebtissin zu sagen: eine Amme, die in Hamburg
denselben Arzt gebraucht, habe gesagt, daß Dorothea auch die F....
gehabt habe. Sie bestand darauf, daß der Probst es der Aebtissin
sagen möchte, daß Dorothea morgen oder übermorgen hierher käme;
man möge ihr Pferde und Wagen schicken, damit man ihre Schuld
oder Unschuld sehe. „Wenn fünf Wochen vorbei sind, so kann
man es nicht mehr sehen, und so lange will man es aufschieben,
damit sie eine Jungfrau bleibe."

Ueber diese hier abgekürzt mitgetheilte Unterredung hatte der
Kirchenprobst einen Bericht oder eine „Kundschaft" an die Aebtissin
erstattet. Die Kundschaft ist zwar von einem gelehrten Geistlichen,
aber doch noch fast hundert Jahre nach der Reformation in Nieder-
sächsischer Sprache geschrieben; sie gibt ein lebhaftes Bild von der
Denk- und Sprachweise einer Klosterdame jenes Zeitalters, so wie
von dem sittlichen Zustande des Klosterlebens. Die Art des Aus-
drucks ist so natürlich, so unverfeinert, so unbefangen dem Geistlichen und Seelsorger gegenüber, daß die Kundschaft von Denen, die
Plattdeutsch verstehen, selbst gelesen zu werden verdient. (S. Anlage.)

3. Die Aebtissin, durch den Probst von jenem Vorbringen
unterrichtet, ließ an Emerenz Penz die Antwort geben, daß sie mit
betrübtem Herzen solches habe anhören müssen. Weil aber Dorothea selbst (ohne Urlaub) aus dem Kloster gegangen sei, so habe
man Bedenken, sie darum wiederzuholen, weil Emerenz es gern
sehe. Dorothea solle nicht eher wieder ins Kloster treten, bevor
sie sich solcher Anlage nicht „benommen" habe, viel weniger wollte
man sie so würdig halten, ihr Pferde und Wagen zu schicken.
Auf diese Antwort äußerte sich Emerenz: „Ja, da hat man der
Sache einen Mantel umgethan; es ist gut, daß sie es nun wissen;
ich will die folgende Woche zum Könige."

Am 6. August wurde Emerenz in den „Umgang" (Sprach-

zimmer) des Klosters beschieden, und ihr von der Priorin in Gegenwart von sechs Jungfern und dem Kirchenprobst erklärt, daß
sie ihren Fuß aus dem Kloster nicht eher setzen sollte, bis sie die
gegen Dorothea vorgebrachten Beschuldigungen wahr gemacht hätte.
Dabei wurde geäußert, daß auch Dorothea nicht eher wieder ins
Kloster kommen sollte, bis sie sich genug verantwortet haben würde.
Bei dieser Gelegenheit erklärte die zwar nicht vorgeladene, aber doch
erschienene Agathe Penz, daß sie es gesagt, daß Dorothea
schwanger sei.

Als an demselben Tage Agathe bei der Aebtissin für ihre
Schwester um Pferde und Wagen bat, wurden wieder Worte über
die Angelegenheit gewechselt, und Agathe kam darauf zurück, daß
Dorothea hätte herkommen sollen. Nun fragte die Priorin: „Was
wolltest Du ihr denn, wenn sie gekommen wäre?" Agathe: „So
schulden 2 Fruen von minen Fründen und 2 von Dorotheen eren
Fründen se besichtiget hebben in unser Gegenwärdigheit." Priorin:
„Versteihst Du Ti so up den Handel? Dei hebbe ik nicht geweten,
dat wi solle Jungfern in dissen Kloster hebben, de up solke Handel
so wis sind. So denest Du wohl anders wor beter to, als to
einer Klosterjungfern." Auch über diesen Vorgang ist ein Bericht
des Probsten Clodius in Plattdeutscher Sprache vorhanden.

4. Unterdessen hatte Dorothea es sich angelegen sein lassen,
sich gegen beide Anschuldigungen, daß sie geschwängert und mit einer
häßlichen Krankheit behaftet sei, durch widerlegende Zeugnisse zu
vertheidigen. Zu diesem Zweck hatte sie sich nach Hamburg begeben. Dr. de Castro, der s. g. Hispanische Doktor, der, wie
später von Seiten der Schwestern Penz angegeben wird, von Por-
tugiesischer Jüdischer Abkunft und Katholik war, stellte unterm
5. Aug. 1602 in Lateinischer Sprache ein Zeugniß aus, wonach
er Dorothea besucht und befunden hat, daß ihm weder Zeichen der
Schwangerschaft oder einer Niederkunft bemerkbar geworden, noch
daß sie an der Französischen Krankheit leide, quin potius ea
unguenta quibus utitur ad destruendum et non in allum
quemquam finem sunt ordinata. Er hatte vorher bemerkt, Dorothea leide an destructionibus venarum uteri et jecoris. Dieses
Zeugniß hat Dr. de Castro im J. 1606 vor Gericht bestätigt, mit dem

Hinzuzufügen: Als dasselbe begehrt worden, habe er gethan, was ihm nöthig geschienen hätte und anständiger Weise habe geschehen können; er habe gesehen in lacto atque induvio stantis planitiem ventris.

5. Das Zeugniß des gelehrten Arztes, der auch als Schrift-steller sich bekannt gemacht hat, schien jedoch der Angeschuldigten selbst oder ihren sie umgebenden weiblichen Verwandten nicht genügend, um das üble Gerücht, das über ihren Wandel sich verbreitet hatte, völlig todt zu machen. Noch ehe sie Hamburg verließ, faßte Do-rothea den kühnen Entschluß, ihren Körper der Besichtigung durch ehrbare Frauen vorzustellen. Jedoch entstand unter ihren Freundinnen das Bedenken, ob eine solche Besichtigung zu wagen wäre. Aus Vorsicht wurde deshalb von einigen adeligen Frauen zuvor eine Betastung und zum Theil eine Besichtigung vor-genommen. Nach dieser sehr oberflächlichen Untersuchung erfolgte am 4. Aug. 1602 in Hamburg, unter Anwesenheit von sechs adeligen Freundinnen, eine Besichtigung durch sieben Ham-burger Frauen. Es ergab sich nichts Verdächtiges. Eine förmliche Notariatsurkunde wurde darüber aufgenommen. Die prüfenden Frauen waren sämmtlich von ehrbarem bürgerlichen Stande, darunter die Frau eines Rathsverwandten, die Wittwe eines Bürgermeisters, eines Domsekretärs, eines Arztes u. s. w.

Fünf dieser Hamburgerinnen lebten noch, als es zum Rechts-streite gekommen war; sie wurden als Zeuginnen im J. 1606 vor Gericht vernommen und bestätigten es, daß von einer Schwanger-schaft oder neulichen Niederkunft nichts bemerkt worden. Das Verhör dieser Zeuginnen ergibt noch Folgendes:

Dorothea wohnte in einem gemietheten Saale; darin war es hell, als am Vormittage die Besichtigung geschah. Dorothea stand vor einem Rollbett, in bloßem, bis auf die Füße herab hängendem Hemde; ungeschnürt; sie stand als wenn sie todt gewesen wäre. Um das Rollbett standen alle Frauen, doch nicht so ganz nahe. Zuvörderst wurde Dorothea von ihres Bruders Frau ermahnt, die Wahrheit zu sagen, ob sie ein Kind gehabt habe oder haben solle. Worauf selbige erwiderte: „Unser Herr Gott sollte den Himmel zuschließen und sie nicht selig machen, wenn sie ein Kind gehabt oder haben sollte." Nur eine einzige der Frauen berührte den

Leib der vor dem Bett stehenden Dorothea. Hierauf legte sich Dorothea, die von den Zeuginnen als zu der Zeit schwach oder krank geschildert wird, sofort wieder ins Bett.

6. Wohl war nun die in ihrem Rufe aufs Höchste gefährdete Klosterjungfer mit Zeugnissen versehen, die vollkommen geeignet schienen, das ausgestreute Gerücht als ein verläumderisches darzustellen; dennoch ging sie nicht alsobald ins Kloster zurück. Von Hamburg begab sie sich wieder nach Winsem und blieb daselbst reichlich 14 Tage, da sie erst am 22. August wieder in Itzehoe ankam. Was sich in Winsem zugetragen, wurde allererst im Laufe des Rechtsstreites, erst im J. 1606, und noch umständlicher erst im J. 1609, durch das Zeugenverhör zur öffentlichen Kunde gebracht. Auch hier mag vorerst der Schleier über den Aufenthalt in Winsem ungehoben bleiben, um den Ereignissen in der Reihenfolge, wie sie aktenkundig geworden sind, nicht vorzugreifen.

7. Im Juli 1603 wurde die Klage gegen die Schwestern Penz bei dem Landgerichte eingereicht. Sie gründete sich darauf, daß die Beklagten die Jungfer Dorothea an ihren jungfräulichen Ehren und adeligen Leumut „ganz verkleinerlich und ehrenverletzlich" angegriffen hätten; Emerenz habe auch im Kloster an Mauer und Wände geschrieben: „Dorothea von ... soll ein Kind haben." Deshalb ging der Antrag auf das Urtheil: daß die Beklagten einen förmlichen Wiederruf thuen und in willkürliche Strafe gefallen sein sollen.

Der damaligen Gewohnheit gemäß trat nicht allein Dorothea als Klägerin auf, sondern auch deren Vater und Bruder für sich und andere nächste Verwandte. Die ganze Familie fühlte sich beleidigt.

Das Landgericht begriff von vorn herein die Wichtigkeit der Sache, da eine schwere Beleidigung einer großen begüterten alten Familie in Frage stand. Es wurden von Gerichts wegen den Beklagten nicht weniger denn vier Männer zu „kriegischen" Vormündern bestellt, nämlich Henning Pogewisch zu Farve und Paul Ranzow zu Itzehoe, neben Jasper und Marquard Penz, den Brüdern der Beklagten. Jene beiden hatten zwar Einwendungen gemacht, wurden aber damit nicht gehört.

Was antworteten die Beklagten? Sie läugneten nicht die klagbar gemachte Beschuldigung, behaupteten aber die Wahrheit des Inhalts derselben. Unter diesen Umständen kam es zum Beweisverfahren, worin die Beklagten darzuthun suchten, daß die Klägerin ein Kind gehabt habe, die Klägerin dagegen sich bemühte, den Gegenbeweis zu führen.

In diesem Verfahren wird öfters Agathe Penz allein, — freilich unter Beistand ihrer Vormünder, als die gegen die Klägerin auftretende, den Beweis führende Partei genannt; vielleicht deshalb, weil sie des Schreibens an die Klosterwände geständig, mithin mehr noch als ihre Schwester Emerenz im Verschulden war, wenn die beleidigende Behauptung nicht wahr gemacht wurde. Bevor wir uns mit den Beweisen beschäftigen, ist noch eines wichtigen Ereignisses Erwähnung zu thun.

8. Es steht dahin, welchen Gebrauch Dorothea von den Zeugnissen des Hispanischen Doktors und der sieben Hamburger „Bürgerschen" gemacht hat, nachdem sie von Winsem ins Kloster zurückgekehrt war. Ihr Ruf muß jedoch bei der Mehrzahl ihrer Klosterschwestern für gereinigt gehalten sein, trotz dem, daß die Schwestern Penz nach angestellter Klage auf ihrer Behauptung beharrt hatten. Denn während des Processes, ohne einen die Klägerin rechtfertigenden Spruch des Landgerichtes abzuwarten, wurde Dorothea am 14. Aug. 1606 mit der höchsten klösterlichen Würde beehrt; sie wurde zur Aebtissin des adeligen Klosters Itzehoe erwählt! Sie hat über diese Wahl ein Protokoll beigebracht. Der Kirchenprobst bestellte das Chor und ließ singen: Veni sancte spiritus! Nach diesem Gesange, während der Probst auf das Chor trat, spielte der Organist auf der Orgel („schleidt de organist up der Orgell.") Darauf ermahnte der Probst die Jungfern in einer Plattdeutschen Rede, gewissenhaft zu wählen. Von fünfzehn namentlich aufgeführten Jungfern stimmten acht namentlich genannte für Dorothea. Zum Schluß nahm der Probst wieder das Wort und nominirte die Erwählte zu einer Aebtissin und Obrigkeit des Klosters Itzehoe.

So gelangte zu einer hohen klösterlichen und zugleich weltlichen Würde eine Person, die wegen unzüchtigen Wandels so übel berüchtigt gewesen war, daß sie, alle weibliche Schaam, alles Zartgefühl ihres Standes bei Seite setzend, in ihrer Noth sich so weit ernie= drigt hatte, ihren Körper zur Schau und Betastung hinzustellen und von einem Arzte das Zeugniß eines ungeschwängerten und eben so wenig mit einer schändlichen Krankheit behafteten Körpers zu fordern! Die Würde einer Aebtissin, gewählt von den Fräulein ritterschaftlicher Familien, war schon vor Jahrhunderten so hoch geachtet, daß auch Prinzessinnen um dieselbe sich bewarben. In= dessen blieben die Geschwister Penz ihrer Sache gewiß; sie reichten gegen Dorotheens Wahl einen feierlichen Protest bei der Landes= herrschaft ein.

9. Es kam, wie gesagt, zum gerichtlichen Beweisverfahren. Wir beschränken uns auf die Hervorhebung dessen, was für unseren Zweck bedeutend und wesentlich ist, nämlich auf die gedrängte Dar= stellung der Beweisthümer, welche für die Behauptung der beklagten Geschwister Penz vorgebracht wurden. Die Klägerin trat zwar auch den Beweis der Schmähung an; allein ein solcher war ganz und gar überflüssig, da die Beklagten es einräumten, die beleidi= gende Beschuldigung ausgesprochen zu haben.

Die Beweismittel der Beklagten betrafen theils das leicht= fertige Betragen der Klägerin im Kloster, theils ihre Niederkunft in Winsem. Durch jenes sollte diese an Wahrscheinlichkeit gewinnen. Eine Menge von Zeugen wurden vorgeführt und von einer land= gerichtlichen Commission eidlich vernommen. Dies geschah in Itzehoe im December 1606, als Dorothea bereits zur Würde der Aebtissin daselbst erhoben war.

Zuerst über den unsittlichen Lebenswandel. Blos die erheblicheren Aussagen mögen angeführt werden, wobei gleich zu beachten ist, daß der öfters genannte junge Wulf Sehestedt ein Sohn des Gutsherren Otto Sehestedt zu Winsem war, dessen Fa= milie mit Dorothea in Freundschaft stand und ihr eine Aufnahme gewährte. Eine Hauptzeugin war die Klosterjungfer Trude Sehe= stedt, die ihr Alter auf 20 bis 28 Jahr angab. Sie hat gesehen, daß die Klägerin mit einem jungen Gesellen, Wulf Sehestedt, im Bette „abgekleidet" gelegen, und zwar in Dorotheens eigener Kammer und sonst im Hause der Aebtissin, so wie im Hause bei

Dorotheens Schwester Anna, und zu Earlhusen auf Otto Sehestedts Hofe. Auch haben, der Aussage zu Folge, viele Andere,
als Zeugin, gesehen, daß Dorothea mit „benanntem Gesellen" nackt
im Bett gelegen, er im Hemde und sie im Hemde. Wenn
sie, Zeugin, dem Spiele nicht zugesehen, so hätte Wulf Sehestedt
ihr vielleicht gedrohet, sie zu schlagen, was sonst wohl oftmals geschehen sei. Außerdem wußte Zeugin von keiner anderen Gemeinschaft als „Armnehmen und Küssen." Zugleich gab sie an: „Sie
zwar habe es oft allein gesehen, aber auch Andere haben es mit
ihr gesehen", namentlich der Klägerin Magd Tibbern, Wulf Sehestedts Mutter, Agathe Perg und der Klägerin Schwester Anna.
Diesen Aussagen gab die Zeugin in einem Schreiben an die
Commission noch den Zusatz: „Daß Wulf Sehestedts Mutter es
zu öfteren Malen gesehen habe, und daß Zeugin nimmer
an ihr vermerkt, daß sie ein Mißfallen daran, vielmehr eine
Lust dazu gehabt habe." Darüber hätten sich Emerenz Sehestedt, Wulfs Schwester, und Zeugin manchmal verwundert, hätten
sich aber nichts dürfen merken lassen.

Eine andere Zeugin, Dorothea Sehestedt, gleichfalls Klosterjungfer, 25 Jahr alt, hat eines Morgens früh Wulf
Sehestedt in der Klägerin Bett liegen sehen; doch hatte
diese „ihre Schürze und Leibstücke angehabt." Zeugin hat „wohl
gemerkt, daß Klägerin etwas gröblich und bleich gewesen, auch
allerhand zollfreie Gedanken dabei gehabt."

Dorothea von der Weide, die in der Aebtissin Hause mit der
Klägerin in einer und derselben Kammer geschlafen, hat wohl gesehen, „daß sich Einer bei derselben ins Bett gelegt;
ob er aber ausgezogen gewesen, wisse sie nicht eigentlich; die Klägerin aber sei abgekleidet gewesen." Es sei auch wohl
mehr als einmal geschehen, daß Wulf Sehestedt sich zu der
Klägerin ins Bett gelegt. Außer der Zeugin sind, wie
selbige angibt, auch Andere dabei gewesen, namentlich die Magd
der Klägerin, auch die Magd der Zeugin.

10. Betreffend die Niederkunft in Winsem, so erschien
als erste Zeugin Barbara Ranzow (geb. von Sehestedt), Gutsherrin von Höltern-Klinken, 60 bis 70 Jahr alt, wie sie zu Pro-

bevoll angab, mit beiden Theilen verwandt. Nähere Angaben über solche Verwandtschaft mangeln, jedoch ergeben die Akten,
wie die in Winsem handelnden Personen mit der Zeugin, so wie
mit Dorothea, in verwandtschaftlicher Verbindung standen. Der
Gutsherr Otto Sehestedt auf Winsem war Barbara Ranzow's
Brudersohn, mithin war Barbara die Großtante des öfters genannten Wulf Sehestedt. Außer diesem seinem Sohn hatte Otto
Sehestedt eine Tochter, Namens Emerenz. Seine eheliche Hausfrau hieß Anna. Desgleichen hielt sich in Winsem eine Schwester
von Otto auf, die Wittwe Katharina von... Diese war Doro-
theas Schwägerin.

Ueber den Hauptpunkt sagte Barbara Ranzow aus: sie habe
von der Wittwe Katharina von... und von Anna Sehestedt,
Ottens Hausfrau, gehört, daß sie beide bei Dorothea von...
in Kindesnöthen gewesen seien, so wie, daß es ein Mägd-
lein gewesen sei. Beide haben ihr vertraut, daß Emerenz Sehestedt
in Beisein von Katharina von... der Grete Schneiders, die unter
der Zeugin zu Hölternklinken sich aufhielt, das Kind, welches
lebendig gewesen, zugestellt habe, während das Gesinde zur Ernte
auf dem Felde gewesen. Grete Schneiders habe ihr berichtet: wie
sie mit dem Kinde weggegangen und über einen Zaun habe steigen
wollen, da habe das Kind Schaden bekommen, sei unterwegs todt
geblieben und von ihr, Grete Schneiders, in ihr Haus gebracht
und daneben begraben worden.

Grete Schneiders, 50 Jahr alt, „Meiersche" d. h. Gutshörige
der Frau Barbara Ranzow, „eine arme Dienstfrau", gab auf die
Frage: ob Dorothea... auf dem Hofe Winsem... ein jung lebendiges Kindlein zur Welt gebracht habe? die folgende Antwort:
„Sie hätte Anfangs nicht gewußt, wem das Kind gehört und an
welchem Orte es geboren. Als es ihr aber durch Emerenz
Sehestedt, so das Kind im Schooß gehabt, und Katharina... im
Felde an der Scheide zwischen Winsem und der Hüllen überantwortet worden, hätten gedachte beide Personen ihr befohlen, das
Kind aufzunehmen und nach Crummesse für (vor) den Stellschen Hof
zu tragen und daselbst niederzulegen." Dabei gab die Zeugin an,
sie sei von Barbara Ranzow an die genannte Stelle geschickt,

ohne gewußt zu haben, was sie da thun sollte. Krummeß ist
„etliche" Meilen von Winsen, eine Meile von Lübeck entfernt, wie
in einer Schrift der Klägerin angeführt wurde. Zeugin gab weiter
an: „Hernach habe sie von Katharina . . . und Anna Sehestedt
wohl gehört, daß des Kindes Mutter jetziger Zeit Aebtissin sein
und Dorothea . . . heißen sollte." Ferner: „Wie sie das Kind
empfangen, wäre es ihrem Ermessen nach nicht über eine
Stunde alt gewesen. Katharina . . . sammt Emerenz Sehestedt
wäre mit dem Kinde bereits am gedachten Orte im Felde gewesen,
wie ihr das Kind überantwortet worden. Es sei in der Erndte
gewesen. Sie habe das Kind zu sich genommen nicht gern und in
großer Angst, weil das Kind schwach gewesen, hätte auch zu beiden
Frauenspersonen gesagt, wo sie das Kind lassen sollte, sie könnte
nicht säugen, hätte ihm auch nichts zu geben, wüßte auch den Weg
nach Crumesse nicht. Doch hätte sie mit dem Kinde fortgemußt.
Wie sie durch eine Koppel gehen und über einen Stakzaun, darin
ein hoher Fußtritt gewesen, steigen wollen, wäre ihr eine Bauer-
magd nachgekommen, worüber sie sich entsetzet und mit dem Kinde
zur Erde gefallen, daß das Kind mit dem Kopfe an einen Stubben
gestürzet." Damals und ferner noch hätte das Kind geweint, wie
Zeugin angibt. Aber „bald hernach, als sie auf Johann von
Buchwolden Feld gekommen", wäre das Kind verschieden. Sie hätte
es aber mit in ihren Kathen nach der Klinke getragen, mit Tüchern
„verwickelt" und es bei der Kathe des folgenden Morgens begraben,
könnte auch die Stelle noch zeigen, da es begraben
wäre."

11. Diese im Jahr 1606 gethanen Auslagen der Zeugen
waren bereits eröffnet worden, als auf Ansuchen der Beklagten im
J. 1609 eine nachträgliche Abhörung von Zeugen, zum Theil über
neue Artikel, in Segeberg Statt fand. Unter diesen Zeugen befanden
sich abermals Barbara Ranzow und Grete Schneiders. Beide
wurden, ihrer Weigerung ungeachtet, genöthigt, nochmals den
Zeugeneid zu leisten, weil, wie es im Protokoll heißt, die Klägerin den Eid nicht erlassen hatte.

Barbara Ranzow sagte aus, „daß Anna Sehestedt und Katharina . . . sie gebeten, daß sie das Weib (Grete Schneiders)

schicken möchte. Das Gerücht von Dorothea's Schwangerschaft sei
damals allenthalben gegangen. Aus ihrem, der Zeugin, Munde
sei es nicht gekommen, ehe denn es ihr durch den Zeugeneid abge-
nöthigt worden; sonsten würde sie es wohl mit in die Grube genommen haben." Barbara war bei der Besichtigung in Hamburg
gegenwärtig gewesen. Die Beklagten gaben diese Besichtigung für
eine Spiegelfechterei aus und hatten deshalb einen Artikel zur Frage
gestellt. Worauf Barbara aussagte: „Ihr wäre bereits da bevor
gesagt worden, daß sie (Dorothea) schwanger gewesen." Nach der
Besichtigung hätten Anna Sehestedt und Katharina ... sich darüber
lustig gemacht, gelacht, und dabei gesagt: „Es wäre ein Wunder-
werk von Gott, daß es die Bürgerschen nicht wahrgenommen
hätten." Daß Katharina ... und Anna Sehestedt ihr erzählt, daß
Dorothea zu Winsen das Kind gehabt habe, diese frühere Aussage wiederholt Barbara. Die beiden Frauen hätten ihr auch
berichtet, daß sie das Kind getauft und Elisabeth genannt. Dieselben hätten sie um die Zusendung der Grete Schneiders gebeten
„gegen die Zeit, wo Dorothea ... verlöset würde." Die Beklagten
hatten den 13. Aug. 1602 als den Tag der Niederkunft angegeben; allein Tag und Zeit wußte Barbara nicht.

Grete Schneiders, die bei dieser zweiten Abhörung angab, sie
sei wohl 40 Jahr alt, sagte näher aus: Frau Barbara habe sie
wohl nach Sievershütten geschickt, aber nicht befohlen, was sie
thun sollte, sondern gesagt: wann sie allda angekommen, würde
Katharine ... wohl sagen, was sie thun sollte. — Als Emerenz
Sehestedt, beim Baume sitzend, das Kind zwischen den Beinen
liegen gehabt, habe Katharine ... ihr, der Zeugin, einen „Zucker-
Titten", das Kind damit unterwegs zu stillen, so wie ein „steinern
Kröseken mit Milch" zugestellt, darin sie den Zuckertitten netzen
sollte. — Anna Sehestedt sammt ihrer Tochter und Katharina ...
hätten die Zeugin mit in die Mark genommen, allda sie auch ein
Jahr geblieben. (Emerenz Sehestedt wurde nämlich späterhin nach
der Mark Brandenburg verheirathet.) Und als in solchem Jahr
ein Schreiben angekommen, daß Dorothea ... Aebtissin geworden
wäre, hätten besagte Personen gelacht und zu Zeugin gesagt: „Nun

ist Dorothea, der das Kind zugehört, welches wir Euch zustellten, Aebtiffin geworden."

Diesemnach war das Dasein eines Kindes von diesen beiden Zeuginnen angegeben. Zur Unterstützung ihrer Aussagen sind mehrere Zeugen benutzt worden.

12. Die bereits oben vorgeführte Drude Sehestedt hat, wie sie versichert, von Emerenz Sehestedt vertrauter Weise sagen gehört, daß Dorothea zu Winsem ein lebendiges Kindlein zur Welt gebracht. Sie weiß auch nicht anders, denn daß Emerenz Sehestedt ihr auch gesagt, daß Anna Sehestedt und Katharina ... bei der Geburt gegenwärtig gewesen. Aber Zeugin hat Katharina ... oft doch darauf fluchen gehört, daß Dorothea kein Kind gehabt habe.

Die ebenfalls oben erwähnte Dorothea Sehestedt hat von der Ehefrau des Schreibers Jeremias zu Winsem gehört, daß die Mägde und anderes Gesinde um die Zeit (der Niederkunft) des Morgens früh der Eine hier der Andere dort hinaus geschickt und gesagt worden, und wäre Katharina ... und Anna Sehestedt neben noch einer alten Frau im Hause geblieben. Und wäre ferner darauf gesagt worden, es werde nun wohl bald mit Dorothea besser, wie sie denn auch nach etlichen Tagen wieder ins Kloster gekommen wäre. Weil nun nach diesem die Zeugin sich von Dorothea's Gesellschaft etwas zurückgehalten hatte, so war sie deshalb mit Anna Sehestedt und Katharina ins Gespräch gekommen. Beide hatten geschworen, „daß Dorothea unschuldig an der Bezüchtigung wäre."

Unter den allererst im Jahre 1609 abgehörten Zeugen legte Harlig Lose, 40 Jahr alt, von seinem Dienste sich nährend, folgendes Zeugniß ab: Otto Sehestedt habe ihm befohlen, nach dem Dorfe Hüttenblere eilig zu gehen und Grele Schneiders zu holen und ihr zu vermelden: weil sie mit Bärber Ranzow in Ungnade, so wollte er, Otto, sie wiederum zusammen vertragen. Als er aber mit Grele Schneiders zurückgekommen, habe er Katharina von ... und Jungfer Emerenz Sehestedt nicht weit von Winsem auf einem Berg sitzen gefunden. Katharina sei aufgestanden, habe mit der Hand gewinkt, ihn nach dem Hofe heißen gehen und gesagt, daß der Junker seiner wartete. Die Jungfer aber sei bei

dem Baume sitzen geblieben, und Grete Schneiders habe sich zu Katharina und Emerenz gethan. Auf den Hof zu dem Junker
sei Grete Schneiders nicht gekommen. Solches sei geschehen gegen die Roggenernte. Derselbe Zeuge sagte auch: „Es
sei nicht ohne, daß zu der Zeit unter dem Volk Worte vorgelaufen,
daß ein Kind daselbst geboren worden, er aber wisse nicht, wem
es gehört habe."

Marten Meurmann, Maurer zu Segeberg, hatte 1602 auf
dem Hofe zu Winsem gearbeitet. Derselbe gab an: „Wie sie den
Abend von der Arbeit gegangen, habe er unter einem Baum ein
„klein krummen Bündelen" gefunden, darin Zucker gewesen,
und ob er wohl nicht gewußt, was es wäre, hätte er es doch mit
auf den Hof genommen. Da hätte der Zimmermann Herman gesagt, daß man Kinder damit sögen (säugen) könnte. Zeuge
hat gesehen, daß Emerenz einen Mantel von dem Boden geholt und
damit ins Haus gegangen. Wie sie aber neben Katharina... aus
dem Haus gekommen, hätte sie den Mantel für (vor) sich
auf beiden Armen getragen. Ob aber etwas darin gewesen,
wisse er nicht, allein (außer) daß das Volk unter sich allerhand
Reden geführt und gesagt hätte, daß dergleichen etwas vorhanden
gewesen."

Markus Wiese, ein Zimmermann aus dem Amte Segeberg,
„bei 3 Stiege Jahr alt", hatte auf dem Hofe Winsem gearbeitet
und als er oben auf dem Balken gestanden, herunter gesehen, daß
zwei Frauenspersonen aus dem Hause gekommen, deren eine Otto
Sehestedts Schwester (nämlich Katharina von...), die andere seine
Tochter Emerenz gewesen, so ein Kind unter dem Mantel gehabt,
welches Zeuge weinen gehört. „Worüber und auf solch
Weinen beide benannte Personen wieder zurück ins Haus getreten."
Ein Artikel enthielt die Behauptung, daß ein Zimmermann gesagt:
„Hir hebbe wi so nene junge Fruen, wor wenen uns denn de klene
junge Kinder her." Dieser Worte, antwortete der Zeuge, wisse
er sich nicht zu berichten, daß er sie geredet, „aber habe wohl gehört, daß es die anderen Arbeitsleute gesagt hätten."
Dorothea habe er nicht gesehen, die anderen Knechte aber hätten
berichtet, daß sie auf dem Hofe und in der Kammer wäre und ja

frank sein müßte. Otto Sehestedt habe .... hernach ihn gefragt, ob er ein Kind hätte weinen gehört? Dazu habe Zeuge geantwortet: Ja. Und ob er wohl nicht gemerkt, daß Otto zornig auf ihn gewesen, sei er doch dessen hernacher von Anderen berichtet worden.

13. Außer den genannten Zeugen waren von Seiten der Beklagten die Damen Anna Sehestedt und Katharina von ... zu Zeugen vorgeschlagen und von der landgerichtlichen Commission zur Beeidigung und Abhörung vorgeladen. Dieselben wären am besten im Stande gewesen, die volle Wahrheit an den Tag zu bringen; denn sie waren, wie die beklagte Partei behauptete und Barbara Ranzow von ihnen gehört zu haben versicherte, bei der zur Frage stehenden Niederkunft der Dorothea gegenwärtig und behülflich gewesen. Nichts spricht dringender für die Ueberzeugung der Schwestern Penz von der Wahrheit ihrer vorgebrachten Beschuldigung, als das Berufen derselben auf das Zeugniß jener beiden Frauen. Denn hätten diese eidlich in Abrede gestellt, von der Niederkunft etwas zu wissen, so hätten die Beklagten diese reinigende Aussage gegen sich müssen gelten lassen, eben weil sie selbst die Zeuginnen vorgeschlagen hatten. Aber Beide weigerten sich, ein eidliches Zeugniß abzulegen, als Grund vorgebend: weil sie selbst gegen die Schwestern Penz eine Klage wegen der Verläumdung, daß sie ein von Dorothea gebornes Kind auf die Seite gebracht, anzustellen Willens wären. Als auf diese Weigerung unterm 13. Jan. 1607 ein landesherrliches Mandat erging, bei 300 Thaler Strafe den Zeugeneid zu leisten, zeigten die genannten beiden Frauen die Appellation an das Kammergericht an. Das Landgericht ließ sich durch die Einlegung der Appellation nicht abhalten, wiederholte Mandate zu erlassen. Allein Anna Sehestedt, die durch den inzwischen erfolgten Tod ihres Eheherrn, Otto Sehestedt, Wittwe geworden war, beharrte bei ihrer Weigerung, bis sie in Oldesloe starb. Katharina entzog sich der Abhörung dadurch, daß sie sich ins Ausland begab.

Daß beide Frauen sehr in Sorgen standen, als Barbara Ranzow und Grete Schneiders in Itzehoe erschienen waren, um in Folge der gerichtlichen Vorladung Zeugniß abzulegen, das ist nach den Akten höchst wahrscheinlich. Es liegen zwei Briefe vor, welche

damals Barbara Ranzow von ihnen empfing. Katharina bat dieselbe auf das Dringendste, sie möge es zum Vergleiche bringen.
Sie schrieb:

„Leue Veberke (Vetterchen), it geze Juv tho weten, dat wy
„nicht gesindt sindt vnse Vthsage tho thoen vnd vnse egen Blott
„tho schenden ... it ... bitte Juw vmb Gottes willen wo Jy
„ein tropen blodes hebben, dat vnsen Golt seligen Broder vnd
„vns noch vermandt findt, vnd wy nit aurer Juw thom jüngsten
„tage schreygen sollen, so maket idt so, dat jhom Vertrag kom-
„men mögt.“

Anna Sehestedt schrieb ebenfalls an ihre „Leue Barber
Jürke“ (Vetterchen), daß sie es auch am liebsten sähe, wenn es
zum Vertrage käme. Sie unterschrieb sich „Anna Sehestettinnen
ene bechbetroueie Wittibe. Dat is Gott bekand.“ Nicht weniger
wurde von der beklagten Partei ein Brief ohne Unterschrift, jedoch
anscheinend von Anna Sehestedt, beigebracht, mit der Anrede:
„Leue Barber Ranzow“, worin derselben über ihre Aussagen bittere
Vorwürfe gemacht werden.

Daß Anna Sehestedt und Katharina ... Versuche gemacht
haben, Grete Schneiders zur Verhehlung der Wahrheit zu verleiten,
darüber hat diese Zeugin sich vernehmen lassen.

Aus allen Umständen ist leicht zu begreifen, warum die oft
genannten beiden Frauen sich beharrlich sträubten, Zeugniß vor Gericht abzulegen; sie waren, wie Katharina in jenem Briefe an
Barbara Ranzow sich ausdrückt, nicht gesonnen, ihr eigenes
Blut zu schänden.

14. Offenbar waren die Aussagen der Zeuginnen Barbara
Ranzow, Grete Schneiders und Trude Sehestedt von der größten
Erheblichkeit, um Dorothea's Unzucht darzuthun und die Schwestern
Penz gegen die Klage wegen Verläumdung zu schützen. Die Klägerin ließ es nicht an dem Versuche fehlen, die Glaubwürdigkeit
jener Zeuginnen anzufechten. In der Kürze wollen wir das an-
scheinlich Bedeutendere hervorheben.

Der Frau Barbara Ranzow wurde Rache beigemessen, indem
die Klägerin anführte, sie als Aebtissin habe den Sohn der Barbara, wie diese gewünscht, zum Verbitter nicht wählen wollen. Als

solcher Wunsch fehlgeschlagen, habe Barbara's Schwiegertochter geäußert: wo sie der Aebtissin Dorothea aus einem Freunde ihren Feind
machen könnte, würde sie es nicht lassen; ja, dieselbe sollte in Kurzem erfahren, daß es schon geschehen wäre. Das Fehlschlagen der
Bewerbung sei Barbara Ranzow zwei Tage vor ihrer Abhörung
bekannt gewesen. Ueber die Bewerbung liegen allerdings Briefe
vor; allein die Sache wurde nicht hinreichend aufgeklärt, zumal
der beschuldigten Barbara gar keine Gelegenheit in diesem Processe,
worin sie ohne Parteirolle war, gegeben ist, sich über den Vorwurf
zu erklären. Mehr Gewicht legte die Klägerin darauf, daß Barbara, im Fall ihre Aussage wahr wäre, an dem Verbrechen
der Aussetzung und Verwahrlosung des Kindes Theil
genommen hätte. Beklagte dagegen bestritten die Voraussetzung
eines solchen Verbrechens. „Barbara Ranzow, so sagten sie, ist
im ganzen Lande Holstein, bei hohen und niedrigen Standesper-
sonen, Gottlob viel anders bekannt, denn daß sie unter solche
leichtfertige unehrliche Personen gesetzt werden könnte." Beklagte
meinten, es wäre anzunehmen, daß auf dem Stiterschen Hofe in
Krummeß Bestellung gewesen sei, daß daselbst das Kind nicht liegen
bleiben, sondern gut untergebracht werden sollte. Nur ein ver-
heimlichtes Unterbringen wäre beabsichtigt gewesen, um Dorothea
vor der Welt nicht zu schänden. Worauf die Klägerin erwiderte:
Es sei von der „Stiterschen", als einer ehrlichen vornehmen und
stattlich begüterten Frau, nicht zu vermuthen, daß sie sich an solchen bösen Händeln theilhaftig machen wollen. Auch dieser Punkt
ruhet im Dunkeln. Weder ist Frau Stiter als Zeugin vorgeschlagen, noch hat das Gericht von Amts wegen eine Untersuchung
wegen verheimlichter Geburt, in deren Folge wir das Kind als
todt antreffen, zu verfügen für gut gefunden.

Um Grete Schneiders hat jede Partei oder deren Anhang sich
bemühet, sie für sich zu gewinnen. Es dürfen diese Bemühungen,
weil sie in der Sache nichts Entscheidendes darbieten, hier übergangen werden. Jedoch einer merkwürdigen gerichtlichen Verfügung
mag Erwähnung geschehen. Als die Beklagten bereits Willens
waren, Grete Schneiders als Zeugin zu benutzen, hatten sie aus
Besorgniß, diese Person möchte aus ihrem Wohnort entweichen,

um eine gerichtliche Anordnung gebeten, solches Entweichen zu ver-
hüten. Darauf wurde am 27. Juni 1606 an Barbara Ranzow,
bei Androhung einer Strafe von 2000 Thaler, der Befehl gegeben:
Grete Schneiders bis zum vollendeten Zeugenverhör „verwahrlich"
beizubehalten und selbige nicht aus ihrem, der Barbara, Gebiet
wegziehen zu lassen. Hätte Frau von Ranzow gegen den möglichen
Verlust der großen Summe von zweitausend Thalern sich mit aller
Vorsicht sichern wollen, so wäre sie befugt gewesen, ihre Gutshörige bis zum Tage der Vorführung der Zeugen, die allererst den
15. Dec. 1606 in Itzehoe geschah, in sichere Haft bringen zu
lassen. Und Grete Schneiders hätte einzig und allein darum, weil
es einer im Civilproceß streitenden Partei gefiel, sie als Zeugin zu
benutzen, eine halbjährige Einsperrung unter Schloß und Riegel
erdulden müssen! Die Akten geben keine Aufklärung, wie die
Gutsherrin Ranzow in Folge jenes Befehls sich gegen ihre arme
Gutshörige benommen hat.

Auch Drude Sehestedt wurde in ihrer Glaubhaftigkeit angefochten, jedoch aus keinem anderen Grunde, als weil sie ihre Schulden nicht bezahlen, ihre Handschrift nicht einlösen könne. Beklagte
antworteten: „Es müßte Schade sein, daß derenwegen sobald
ein ehrlich Mann oder Adelsperson sollte anrüchig, meineidig oder
„unzeuglich" werden." Zwar wurde zugegeben, daß die Armut
die Glaubwürdigkeit eines Zeugen mindere; allein, meinten die
Beklagten, es stehe doch im Ermessen des Richters, wie weit er
die durch die Armuth gegen den Zeugen entstehende Vermuthung
wolle gelten lassen. Drude Sehestedt aber war eine Adelsperson
und Klosterjungfer.

15. Bei den Ausführungen und Gegenausführungen der Advokaten sich aufzuhalten, möchte eben so überflüssig als langweilig sein.
In dem Hauptpunkte liegt in den obigen Auszügen aus den Akten klar
vor, was bei unbefangener Prüfung für höchst wahrscheinlich oder
selbst für bewiesen zu achten ist. Nur zur Schilderung der damaligen Verhältnisse mögen einige Bruchstücke aus den Schriften der
Anwälde dienen. In jenen Zeiten, da die Ausbrüche der Rache
so häufig vorkamen und doch meistens von Seiten der Gerichte un-
geahndet blieben, waren die Vertreter der streitenden Parteien, die

2*

Vormünder, Bevollmächtigten, Advokaten, ängstlich darauf bedacht, sich ausdrücklich dagegen zu verwahren, daß das, was an sich anstößig, verletzend, beleidigend war und dessen ungeachtet wider den Gegner vorgebracht wurde, nicht für eine Beleidigung gehalten, sondern wie ein rechtlich nothwendiges Vorbringen angesehen werde. Aber mit einer solchen, dem üblichen Gebrauche entsprechenden Verwahrung verbanden die kriegischen Vormünder der Beklagten noch eine andere. Es kämen, sagten sie, Ausdrücke vor, die den Jungfern unbekannt wären, ihnen auch, der jungfräulichen Zucht und Schaam halber, zu wissen und zu schreiben nicht geziemten. Nach denselben hätten sich die Vormünder bei Sachverständiger erkundigt. Solche Erkundigungen werden sie namentlich darüber, wie eine Schwangerschaft zu erkennen und wie selbige zu verheimlichen sei, angestellt haben; denn in diesem Punkte scheinen sie sehr unterrichtet zu sein. Doch wer schweigt nicht gern von dergleichen unanständigen, zum Theil ekelhaften Erörterungen, wenn ihn nicht der Beruf nöthigt, darauf einzugehen?

Es lag nahe, daß der Sachführer der klagenden Partei, um die Anschuldigung zu entkräften, sich besonders darauf berief, daß Dorothea allererst drei Wochen vor ihrer Rückkehr ins Kloster von sieben ehrbaren Frauen ganz unverdächtig war befunden worden. Dieselbe konnte mithin, so meinte er, in dieser Zwischenzeit nicht füglich ein Wochenbett gehalten haben und wieder genesen sein. Wogegen jedoch der Sachführer der beklagten Partei es hervorhob, es sei kein unerhörtes Ding, „daß ein unzüchtig verschlagen Weib, bevorab die ohne das vollhellig, ihre Schande auch bis an den letzten Tag verhehlen könne." Und an einer anderen Stelle wird von den Schwangeren behauptet, sie wüßten sich, „sonderlich wenn sie lang und rhan von Leib sind", vor anderen Leuten also zu stellen und zu zeigen, daß, wo man nicht weiter sehe und gehe, man ihnen durch ein schlechtes äußerliches Anschauen nichts anmerken könne. Aus dieser Aeußerung wird abzunehmen sein, daß Dorothea von langer schlanker Statur und dabei doch „vollhellig" gewesen ist, also von einem Wuchse, den unsere Novellisten und Romanschreiber ihren Heldinnen beizulegen pflegen. Nur

Schade, daß bei einer anderen Gelegenheit gesagt wird, Dorothea's Hautfarbe sei gelb, dunkel, gewesen.

16. Während der Dauer des Rechtsstreites ist bald der einen, bald der anderen Partei der Genuß der klösterlichen Einkünfte einstweilen entzogen gewesen, und zwar theils vermöge disciplinärischer und administrativer Verfügungen, theils in Folge richterlicher Bescheide. So lange die Schwestern Penz ihre Anschuldigung nicht bewiesen hatten, waren sie als Verläumderinnen der Ehre einer klösterlichen Mitschwester zu behandeln. Und so lange gegen die verläumdete Klägerin noch keine dringenden Anzeigen vorlagen, daß durch ihr Betragen die Pflichten einer Klosterjungfer gröblich verletzt worden, lag in dem Vorbringen der Anschuldigung allein kein Grund, sie aus dem Genusse der Präbenden zu setzen. Ueber die Suspension der Einkünfte ist vielfach verhandelt; dieser Streitpunkt jedoch hat nichts Anziehendes, ausgenommen die damalige Schätzung. Die Einkünfte einer Klosterjungfer bestanden in mancherlei Leistungen von Früchten, Geflügel ꝛc., zum Theil in dem Genusse von Speisen, wie Braten, Kuchen u. dgl. Selbige reichten hin, eine adelige Jungfrau anständig zu ernähren. Nachdem die Zeugen vernommen und die Aussagen derselben wohl kein Geheimniß vor den Parteien geblieben waren, obwohl die förmliche Eröffnung der über das Verhör aufgenommenen Protokolle noch nicht Statt gefunden hatte, baten die Schwestern Penz um Wiedereinsetzung in die Pfründen, indem sie ihre Bedürfnisse kläglich schilderten. König und Herzog ordneten durch den Bescheid vom 1. Dec. 1608 an, daß die Hebungen und Genüsse sollen zu Gelde angeschlagen, jedes Jahr im Umschlage an die Regierung ausgezahlt und den Jungfern Penz zur nothdürftigen Unterhaltung und zur völligen Ausführung der angefangenen „Rechtfertigung" (des Processes) eingeliefert werden. Wunderlich und seltsam genug verbürgte sich der Herzog dem Kloster für die Wiedererstattung, falls die Beklagten nicht obsiegen würden! Der mit der Regulirung beauftragte Amtmann Balzer von Alefeld in Itzehoe schätzte die jährlichen Präbenden für jede Jungfer nicht höher als zu 150 Mark. Obwohl dagegen die Beklagten, ganz genau in alle einzelnen Leistungen und Genüsse eingehend, über

300 Mark jährlich berechneten, so blieb es doch bei der Feststellung jener geringeren Summe.

17. Ueber sieben Jahre war der Rechtsstreit anhängig gewesen, bevor der Aktenschluß erkannt und die Sache für spruchreif gehalten wurde. Die Oeffentlichkeit und Mündlichkeit der S. H. gerichtlichen Verhandlungen hatten eine schnellere Beendigung nicht möglich gemacht. Das ganze Verfahren beschränkte sich auf einen Civilproceß unter Parteien. Von Amts wegen oder mittelst Aufforderung des Fiskals wurde, was die Hauptsache betrifft, in keiner Weise eingeschritten; es unterblieb jegliche Untersuchung wegen verheimlichter Geburt, Aussetzung des Kindes und Verwahrlosung oder gar Tödtung desselben; es erfolgte keinerlei Nachforschung nach dem Thatbestande weiter, nachdem die Zeugen vernommen worden. Es ist also ganz ununtersucht gelassen, ob Grete Schuelbers Aussagen über die Ursache des Ablebens des Kindes und den Ort, wo der Leichnam angeblich beigescharrt wurde, wahr sind, ob Frau Stiter in Krummeß um das Aussetzen des Kindes gewußt hat u. dgl. Man ist daher zu der Muthmaßung fast gezwungen, daß die richterlichen Behörden, aus Schonung der Klägerin oder deren angesehener Familie, nicht geneigt gewesen sind, die ärgerliche Begebenheit auf das Aeußerste zu erforschen und zur Strafe zu ziehen, oder daß ein höherer Einfluß ein streng rechtliches Vorgehen behindert hat. In unseren Tagen würde freilich in jedem Staate, wenn aktenmäßig so viel und so offenkundig wie hier vorgelegen hätte, eine kriminalgerichtliche Untersuchung wegen der verheimlichten Geburt und deren Folgen für unumgänglich erachtet sein.

Wie endigte aber der Civilproceß? Das zu Hadersleben gehaltene Landgericht ertheilte am 21. Sept. 1610 den Bescheid, daß nach dem Aktenschluß eine Verschickung an zwei unverdächtige Juristen-Fakultäten solle verfügt werden, mit dem Zusatze: »Da alsdann beide Juristen-Fakultäten „zweihellig" befunden, sollen nochmalen die Acta mit Zulegung beider Urtheile an die dritte Juristen-Fakultät als Obmann werden verschicket. Was alsdann dieselbe erkannt, bei dem soll es endlich verbleiben und demnach zur Exekution geschritten werden.« So verfügte das Landgericht, ohne daß eine Partei die Versendung der Akten begehrt hatte. Das lief freilich nicht wider die Ordnung. Offenbar mochten die Räthe nicht gern selbst das Urtheil finden. Aber von aller Theorie verlassen und in der Praxis einzig erscheinend war die Anordnung, zwei Urtheile hinter einander ohne Zwischenhandlung der Parteien einzuholen und im Fall der „Zweihelligkeit" wiederum ohne Vernehmung der Parteien zum dritten Male die Akten zu verschicken, damit das dritte Urtheil als unabänderliches Schlußerkenntniß dienen sollte. Aber mit dieser wunderlichen Anordnung sind beide streitende Theile zufrieden gewesen; sie haben keine Einwendungen dagegen vorgetragen. Das Landgericht sandte die Akten nach Helmstädt und Marburg.

18. Die Rechtsgelehrten zu Helmstädt erachteten für Recht:
Daß die Beklagten von angestellter Klage zu . . . . entbinden und sie in ihren klösterlichen Stand und dazu gehörigen Präbenden völlig . . . . wiederum einzusetzen, die Kläger auch der mitbeklagten Jungfer Agathe Penz die Kosten zu erstatten schuldig.

Entscheidungsgründe sind weder diesem noch den folgenden Urtheilen beigefügt. Daß nicht ebenfalls zum Besten der mitbeklagten Emerenz Penz die Erstattung der Kosten erkannt wurde, mag daraus zu erklären sein, daß vorzüglich nur die Schwester Agathe es war, welche die Vertheidigung gegen die Klage geführt und den Beweis der Wahrheit der Anschuldigung in sehr kostspieliger Weise angetreten hatte.

Ganz abweichend urtheilten die Marburger, ohne daß zu ersehen ist, ob denselben der Spruch der Helmstädter war mitgetheilt worden. Von Marburg kam das Erkenntniß:
Daß . . . . Dorothea von . . . um mehrer Nachrichtung willen an ihrem Leib von sechs oder acht unparteiischen, verständigen, redlichen Weibspersonen, welche dazu verordnet werden sollen, besichtigt werde, und wann derselben Weibsperson beständige Relation und Bericht, wie sie alle Sachen befunden, einkommen wird, daß darauf in der Sache endlich erkannt und geschehen soll, was recht ist.

Wozu sollte eine solche Besichtigung dienen? Man kann nur annehmen, daß die Marburger selbige für rathsam hielten, um zu

wissen, ob es sich bestätige, daß Dorothea einmal ein Kind zur
Welt gebracht habe. Aber nach allem, was für bewiesen zu achten
oder doch in einem solchen Grade wahrscheinlich gemacht worden
war, daß eine Verurtheilung der Beklagten wegen Verläumdung
nicht möglich blieb, konnte die körperliche Untersuchung nur überflüssig sein. Und war es denkbar, daß diese Untersuchung nach
Ablauf so vieler Jahre seit der Zeit, da die Niederkunft wirklich
stattgefunden, eine entscheidende Auskunft gegeben hätte? Es kam
ja eben darauf an, ob die Klägerin ein Kind zur Welt gebracht
hatte, nicht darauf, ob dieselbe noch im unverletzten Jungfernstande
sich befinde. Zugleich bleibt es unbegreiflich, aus welchem Rechts-
grunde die Marburger Gelehrten es für zulässig gehalten hatten,
in einem bloßen Injurienprocesse die klagende Partei für schuldig
zu erkennen, sich eine körperliche Untersuchung gefallen zu lassen,
auf welche weder die Gegenpartei gerichtlich angetragen, noch wozu
die Klägerin sich bereit erklärt hatte; eine Untersuchung, die nicht
dahin abzielte, die Klage zu rechtfertigen, sondern die Wahrheit
oder Unwahrheit einer Einrede außer Zweifel zu setzen.

Daß übrigens nur Frauen zu der Besichtigung ausersehen
wurden, nicht Männer, nicht gelehrte Aerzte, entsprach den Sitten
jenes Zeitalters. Wie roh, wie zügellos dasselbe auch erscheinen
mag, so war es doch von so viel Zartgefühl gegen das weibliche
Geschlecht beseelt, daß die Gerichte es keinem Weibe oder Mädchen
hätten zumuthen dürfen, wider Willen seinen Körper einem Manne
zum Beschauen und Betasten bloß zu stellen, auch wenn man nicht
zugleich der Meinung gewesen wäre, daß in weiblichen Angelegen-
heiten die Weiber am Besten Bescheid wüßten.

19. Die beiden Urtheile lauteten also sehr verschieden. Selbige
wurden noch nicht den Parteien verkündigt, sondern mit den Akten
an den Schöppenstuhl in Leipzig gesandt, um ein obmännisches Erkenntniß einzuholen. Die Schöppen machten in der
Hauptsache einen Unterschied zwischen Agathe und Emerenz Penz,
und zwar zum Nachtheile jener. Dies wird darin seinen Grund
gehabt haben, weil Agathe es gewesen war, welche die Beschuldigung an die Wand im Kloster geschrieben hatte. Denn im Uebrigen hatte ja Emerenz noch eifriger, wie Agathe, die Beschuldigung

der Schwangerschaft laut werden lassen. Es wurde in Leipzig für Recht gesprochen:

Obwohl Kläger in ihrem geführten Beweis wegen der libellirten Injurien, so viel der einen Beklagtin Jungfrau Agathen Penzen Person betrifft, etwas erwiesen .... dieweil aber dennoch jetzige .... Agathen Penzen verordnete kriegische Vormünder in ihren defensionalibus und attestationibus allerlei, so Beklagter ihrer Pflegetochter zu ihrem Schutz und Defension gereichen thut, angeführt; so bleibt sie auch mit dem gesuchten und erbetenen öffentlichen Wiederruf billig verschonet; sie wird aber gleichwohl, gestalten Sachen nach, ihrer klösterlichen Präbenden, Pröven, oder Einkommen, über die allbereit geschehene vorige Suspension, noch auf drei Jahre suspendirt, und mag zu Hebung derselben, bis solche Zeit und Frist verflossen, nicht verstattet und zugelassen werden.

So viel die mitbeklagte Emerentzia Penzin anlangen thut, ist .... so viel befunden worden, daß Kläger dasjenige, so ihnen zu erweisen auferlegt und sie sich angemaßt, wie zu recht nicht genugsam erwiesen und dargethan haben; derowegen wird Beklagte Emerentzia Penzin von Klägern angestellten und erhobenen Klage und Zusprache billig absolvirt und entbunden und demnach nunmehr in ihren klösterlichen Stand und dazu gehörigen Präbenden oder Pröven vollkommentlich wiederum restituirt und eingesetzt. Die .... Unkosten aber werden ... verglichen.

Dieses dritte Urtheil wurde, neben den anderen beiden, am 9. November 1611 im Landgerichte zu Schleswig verkündigt. Daß dasselbe angefochten sei, darüber besagen die Akten nichts. Die Anfechtung war auch nicht wohl möglich, da beide Parteien mit der Anordnung, daß das dritte Urtheil ein obmännisches sein sollte, sich stillschweigend zufrieden bezeigt hatten. Mit Bestimmtheit wird von der Klägerin angeführt, daß das Leipziger Urtheil in Vollzug

gesetzt worden; was nichts anderes sagen will, als daß Agathe
Penz noch während dreier Jahre ihrer Präbenden entsetzt geblieben,
Emerenz Penz hingegen wieder in ihren klösterlichen Stand, mit
vollem Genuß der Einkünfte, eingetreten ist. So viel ist übrigens
ausgemacht, daß Agathe Penz im Jahr 1815 als Klosterjungfrau
in Itzehoe sich wieder befand. Auch Dorothea von ... gelangte, nachdem durch das Endurtheil die wider sie verfügte Suspension ihren
Bestand von selbst verlor, wieder zum Genuß ihrer Präbenden und
wohnte wieder in Itzehoe, wie wenigstens um die Zeit des Jahres
1816 als gewiß hervorgeht. Das darf, von dem juristischen Stand-
punkte betrachtet, nicht Wunder nehmen. Denn waren auch die
Schwestern Penz von der Injurienklage entbunden, so war doch
gegen die Klägerin Dorothea keine Verurtheilung wegen des ihr
Schuld gegebenen unzüchtigen Lebenswandels erfolgt. Solches
wäre auch in Folge einer bloßen Einrede im Civilproceß der recht-
lichen Ordnung nach nicht möglich gewesen. Nicht einmal so viel
fand sich in dem obmännischen, im Voraus als endgültig bezeichneten Urtheile ausgesprochen, daß Dorothea der beschuldigten
Schwängerung für überführt zu achten sei. Wäre dieses geschehen,
so hätte es eine disciplinarische Entsetzung ihres klösterlichen Standes und damit den Verlust ihrer Präven veranlassen können. Allein
Aebtissin ist Dorothea nicht wieder geworden; warum nicht? bleibt
räthselhaft. Es lag, wenn auf disciplinarischem Wege gegen sie
verfahren wurde, in den Akten eben so viel vor, sie ihres Standes
einer Klosterjungfer zu entsetzen, als ihr die Würde einer Aebtissin
zu entziehen. Im Jahre 1816 bekleidete die Prinzessin Marie von
Holstein die Würde einer Aebtissin des Klosters Itzehoe.

20. So schien denn dieser Proceß, der ein öffentliches Aergerniß seltener Art gegeben und angesehene Familien mit einander ver-
feindet hatte, sein Ende nach achtjähriger Dauer erreicht zu haben.
Aber es kam vier Jahr später durch Mittel und Wege, die ganz
außer dem Bereich einer geregelten Justizpflege liegen, ein neues
Urtheil zum Vorschein; ein solches, welches Dorothea nicht nur,
sondern zugleich das Kloster veranlaßte, mittelst Appellation die
Hülfe des kaiserlichen Kammergerichtes in Speier anzurufen. Welche
Bewandtniß es mit dem neuen, ganz unerwarteten Vorgange hatte.

ist freilich blos aus den Angaben der appellirenden Dorothea zu entnehmen, weil bis zu Gegenschriften der Appellationsproceß nicht vorgerückt ist. Dorothea's Anführungen zu Folge, waren auf ungestümes Anhalten der Agathe Benz, während König Christian IV. regierender Herr in der gemeinsamen Schleswig-Holsteinischen Regierung und dem gemäß an der Spitze des Landgerichts war, die Akten zu einer weiteren Belehrung nach Wittenberg verschickt worden, nach längst beendigtem Rechtsstreite, nach Vollziehung des im Jahr 1611 verkündigten, von Leipzig eingeholten Urtheils. Diese neue Verschickung sei, so behauptete Dorothea, ohne ihre und ihrer kriegischen Vormünder Zuziehung angeordnet, die Rotulirung sei in ihrer Abwesenheit geschehen, und die Akten seien unvollständig und verstümmelt, „manca et mutila", versandt worden.

Das vorliegende, von der Juristen-Fakultät in Wittenberg eingeholte Urtheil wurde in Hadersleben den 27. November 1613 verkündigt und lautet also:

Daß beklagter Theil in seinen articulis defensionalibus et peremptorialibus und durch der darauf abgehörten Zeugen unterschiedliche Aussage, auch sonsten hin und wieder in actis so viel ausgeführt und dargethan, daß Beklagte von der wider sie angestellten Injurienklage billig entbunden und losgezählt, auch in ihren klösterlichen Stand und dazu gehörigen Pröven, inmaaßen sie dieselben inne gehabt, gebraucht und genossen, vollkömmlich restituirt werden, und ist hierüber klagender Theil dem beklagten Theil die in dieser Rechtfertigung aufgewandten Unkosten, beneben denen wegen beschehener Destitution erlittenen Schäden und Interesse, auf vorgehende Liquidation und richterliche Moderation zu erstatten schuldig.

Dieses, ohne irgend ein erkennbares zulässiges Rechtsmittel, ja ohne einen aktenkundig gewordenen Antrag einer Partei eingeholte Urtheil unterscheidet sich von dem im Jahr 1611 verkündigten des Leipziger Schöppenstuhls in zwei Punkten. Denn einmal gereichte es zur Beschwerde der Klägerin, daß dieselbe verurtheilt wurde, den Beklagten die Proceßkosten sammt Schäden und Interesse zu erstatten; zweitens gereiche es zum Nachtheil des Klosters, daß die gegen Agathe Penz früherhin verfügte und darauf noch auf drei Jahre verlängerte Suspension nicht aufrecht erhalten, mithin eben dadurch Agathe berechtigt wurde, gegen das Kloster einen Anspruch auf Erstattung der während der Suspension entbehrten Pröven und Einkünfte zu erheben.

Wider dieses Wittenbergische Urtheil ergriff Dorothea die Appellation an das kaiserliche Kammergericht deshalb, weil sie dasselbe für nichtig, sich selbst aber durch die Verurtheilung in die Kosten (sammt Schäden und Interesse) für beschwert hielt. Dieser Appellation wurde von Seiten des Landgerichts Statt gegeben; auch erkannte das Kammergericht die gewöhnlichen Appellationsprocesse unterm 4. April 1610. Ebenfalls die fürstliche Aebtissin von wegen des Klosters nahm die Appellation zur Hand. Beide Appellationen durften, aus dem Gesichtspunkte des formellen Rechtes betrachtet, sich einen günstigen Erfolg versprechen, mochte auch dem angefochtenen Urtheile das materielle Recht zur Seite stehen. Denn wo die Rechtskraft eines richterlichen Spruches jedes ordentliche Rechtsmittel ausschließt, und wo es selbst an dem Versuche mangelt, ein solches in der gesetzlich vorgeschriebenen Form einzuwenden und zu verfolgen, da kann, ohne eine Nichtigkeit zu begehen, kein neues Urtheil gesprochen noch demselben die Kraft beigelegt werden, das vorangegangene rechtskräftige Erkenntniß zu ändern, selbst dann nicht, wenn dasselbe an sich ungerecht befunden würde. Dennoch ist keine von beiden, mit allem Fug eingewandten Appellationen zur weiteren Verhandlung in Speier fortgeführt worden. Man kann nicht anders denn der Vermuthung Raum geben, daß bald nach Ergreifung der Appellation Dorothea von ... mit Tode abgegangen ist und eben dadurch der langwierige, höchst anstößige, in allen Schichten der Gesellschaft kund gewordene Rechtsstreit in der Hauptsache sein Ende erreicht hat. Es ist nämlich aus einer von Marquard Penz, „Oberst und Ritter", im Namen seiner Schwester Agathe auf einen Kammergerichts-Advocaten unterm 14. September 1619 ausgestellten Vollmacht zu ersehen, daß dieselbe in des Gewaltgebers Streitsache wider die fürstliche Aebtissin zu Itzehoe, wie auch wider Dorothea von ..., „ist deren hin-

terlaſſene Erben“, abgefaßt wurde. Spätere Aktenſtücke ſind
nicht vorhanden.

Anlage.

Kundſchaft des Kirchenprobſten Clobius in Ihehre über eine Unter-
rehdung mit der Kloſterjungfrau Emerenz Penz am 23. Juli 1603; der
Aebtiſin des Kloſters mitgetheilt.

Auf Erſuchen hatte ſich der Probſt zu Emerenz Penz begeben. Sie
hat ihn, eine „Werbung“ bei der Aebtiſin anzurichten, nämlich die, der
Aebtiſin anzumelden, daß ſie Jungfrau Dorothea von ..., eine Kloſterjungfrau, welche verreiſet war, möge holen laſſen, damit dieſe ſich aus
dem böſen Schnack und das ganze Kloſter nicht in einen böſen Namen
brächte. Geſchähe das nicht, ſo möchte man ihr nicht verdenken, daß ſie
mit redete, was die ganze Welt ſagte, daß nämlich Dorothea ein Kind
haben ſolle. Wenn Dorothea in zwei Tagen nicht käme, ſo wollte ſie
nach dem Könige gehen und das klagen. Darauf antwortete der Probſt:
Jungfer Emerenz, die ſind gefährliche Worte, bidde, Ji wille Ju rechte
wohl bedenken, wat Ji ſeggen, und mi mit ſelfen Warve verſchonen;
denn it kann dat nummermehr gloven, dat ſolte wahr ſi. Of wert it
bi den Worden nicht bliven, it mot dargeden ſin, und dat will vele to
thören.

Emerenz: Scholde it nicht wahr ſin! Seggt it doch de ganze Welt,
dat ſe ein Kind hebben ſchall. To Orkund ſchall Ji weten, dat ſe lange
denna getegert heſſt, und de Ebdiſſin ſolcher Lichtverdigheit to geſehen, dat
ſe den Kerl up ere Schmacklamer, oven boven der Ebdiſin liene Ka-
mer, gehedbet. Wo gebührt ſik dat? wo heſſt (man) ſine Tage ſollte gehört! Worvor heſſt ſe ere Gaſtkamer darover? Ot plegt einer Ebdiſſin
Jungfer nummer de Nacht to hebbende, dat ſe ſcholde Kerls up de Böne
hebben und da ſulveſt de Schlötel to hebben, et Dag und Nacht bi ſe
to bliven de. Ji kenne ſe noch nicht. De olde ſelige Probſt de wuſte
wat ſe vor Lichtverdigheit bedreven, und dorſte it er of wohl vor den
Kopp ſeggen.

Probſt: Verwahr, Jungfer Emerenz, de Schnack haget mi nicht.
Latet dat bliven und latet uns von deme ſeggen, dat it vor diſſer Tidt
mit Ju van geredet hebbe, nemliten dat Ji den Haß und Torn ut den
Harten ſchütten, Gott um Gnade und ein fredelvendes Herte bidden, und
holdet Ju to Gott und ſinen Worde und Sakramenten, befehlet dat Andre
unſern Herren Gott. Mangelt Ju denn etwas, ſo hebbe Ji hir de ganze
Verſammlung, befraget Ju mit derſulven, de werd Ju hirin gaden Rath
mildedlen und dat ſik to thuende gehöhrt mit Juen. So ſtelt it Ju
rähmlifen an.

Emerenz: Herr Probſt, ſcholde Ji anſe Eehlherde ſin, ſo möte Ji
ot weten, wat Ji vor Schape hebben und wo man huisholdt. Dar is
de Ebdiſſin und ſitt im Amte, de ſchall Andern gaden Exempel geven,
und tet heimliche Dören und Gänge maken, de toveren nicht gewiß ſin.
(Nach einigem Wortwechſel, welche Thür gemeint ſei, ſaht Emerenz fort):
Her Probſt. Ji weten nicht, wat dit vor ein ehrlich Kloſter plegte to
ſin, nu averſt is des Däwels Pinte Pante. Scholde man dat Kloſter

nicht toschluten to rechter Tidt? It is geschehen, dat it twischen mिner und miner Süster Döbke des Avendes, da de Magd scholde Beer bolen, einen Pottlterlucht mit einer Nagel gefunden, in der Gestalt, dat it miste de Ogen toboiden, de Magd moste em den Hoot nehmen, doch kreg se man den Hovtband. Ji seggen von der Versammlung! De Versammlung segt er nichte entgegen; se willen lenen Undank verdenen. Scholde de Ebbissin nicht terügge denken an des Königs Schrivend, dat he it enem Munde ere Lichtferdigheit er vorholdt! Deme scholde se wider na gedacht hebben und erer Jungfer beter up't Spiel geseben. Det Avends gink se späde at dem Kloster, des Morgens kam se wedder in. Wenn man dat de Ebbisse nicht geweten hebbe, so hebbe it er .... laten anseggen u. s. w.

Probst: Jungfer, Jue Anschlege gefallen mi nicht, it belt mi in Herten werde, dat Ji so unrobsam sin. Wat geit it Ju mehr an, als den Andern? Holdet it mit der Gemeine und friedet tosamende vor dat Kloster.

Amerenz: Herr Probst, it hebbe it so gerne verschwegen geholden, da it't ersten von miner Süster hörde, averst nu is't jo aller Welt kund.

Probst: Jungfer, verdenket it mi nicht, hebbe Ji it nicht geweten? Man segt jo, dat Ji it hebben an de Wand geschreven.

Amerenz: Nen, vorwahr, dat is nicht wahr, sondern do it utgewischet was, hebbe it it ersten gelesen.

Probst: Man segt jo, dat Ji it hebben up den Dörpern utgebreidet.

Amerenz: Wenn it bin van afgenegen und geiraget, esse ot Dortheke bi der Ebbissen gewesen, da hebben se it dar weiten to seggende.

Probst: Jungfer, sehet to, dat Ji Ju nicht in grote Möje und Wunder bringen und andere Lüde mit Ju. Wu wenne holde Ji je in Verdacht!

Amerenz: De Düvel segge van mines Geliken, se hefft wohl Jagd genog mit ehme gedreven, averst se is van Euren Art, so mag it ok wohl ein Burteri gehabt hebben. Jedem will it Ju seggen wohl, it wolden er seggen, dat Hans Ranzowen Fru Bleta eine Amme gegad, de is to Hamborg gewesen vor demsulven Dokter und hat in der Schwere gelegen, de segte it, dat Dorothese ok de F. hebbe, denn se schnei so doch de Näse.

Probst: Jungfer, stürei Ju Mund, Ji namen de Lüde, dar Ji wat mit to dohende kriegen. Worum wille Ji Ju sulvest in Unglücke bringen? Jungfer Dorothea ligt jo bi Ehrlichen von Adel to Hus und is jo nummer alleine u. s. w. To deme, wenn Jungfer Dorothea wedder kumt und na allen Kundschoppen durch ehrliche Lüde von Adel und Unadel rein befunden ward, wo wille Ji denn Raben?

Amerenz: Darumme segge it, dat Ji it minentwegen wolden der Ebbissin seggen, dat se morgen oder overmorgen her kame. So schicke er Perde und Wagen up dat man ere Schuld oder Unschuld sehe, denn it hebbe it all befraget. Wenn 5 Weken vorbi sin, so kann man it (nicht) mehr sehen, und so lange will man it upschuven, dat se so Jungfer blive.

Probst: Fahret wohl, Jungfer, de Schnack werd so groß und plump, dat it mi schäme, em antohörende, und kummt mi von einer Kloster-Jungfer sehr fremd vor. It will mi hirup bedenken.

———————

II.

Die Kirchen der Herzogthümer.

Zweite Lieferung. (Vgl. Bd. IV, S. 215—237.) Mit Tafel I.
Mitgetheilt aus dem Archiv des Kunstvereins.

Propstei Oldenburg.

Cismar. Mitgetheilt von Pastor Börn in Grube.

Diese alte Kirche ist um die Mitte des 13. Jahrhunderts erbaut worden, wahrscheinlich unmittelbar nachdem die Benedictiner-Mönche des St. Johannis-Klosters von Lübeck durch den Lübecker Bischof Johann hierher versetzt worden waren. (Vgl. die beiden Urkunden vom 2. Januar 1245 in der S. H. L. Urkundensammlung I, 462—64.) Sie diente als Klosterkirche bis zur Reformation, wo das Kloster aufgehoben und 1544 in ein Amt umgewandelt wurde.

Die Kirche ist ganz im gothischen Styl gebaut, mit einem Schiff, 210 Fuß lang und 50 Fuß breit und entsprechender Höhe, ganz gewölbt; auf der Westseite hat sie einen gothischen Giebel, aber keinen Thurm. Auf der Südseite haben sich früher im Quadrat unmittelbar an die Kirche die anderen Klostergebäude angeschlossen, von denen ein Theil in den Grundmauern noch vorhanden ist, und welche jetzt zu Gefängnissen und Ställen eingerichtet sind. In einem alten gewölbten Keller dieser Gebäude befindet sich noch die vortreffliche Quelle; nach welcher das Kloster in einer Urkunde vom 18. April 1249 Cenobyum de fonte Sancti Johannis Evangeliatae genannt wird.

Im Jahr 1760 wurde die Kirche in zwei Hälften getheilt; die größere westliche Hälfte ward ganz durchbaut und für den Amtmann als Wohnung mit drei Stockwerken eingerichtet; in den Zimmern des obersten Stockwerkes bildet das alte Kirchengewölbe noch die Decke. Die östliche Hälfte, 95 Fuß lang, mit dem Altar ist verschont geblieben und wird jetzt wieder, nachdem sie längere Zeit wüste gestanden und als Packhaus gedient hatte, zum Gottes- dienst benutzt.

An Kunstwerken enthält die Kirche jetzt nur noch den aus Eichenholz geschnitzten Altarschrein, etwa aus der Mitte des 14. Jahrhunderts stammend; eins der schönsten Denkmäler christ- licher Kunst in unserem Lande. Vergl. die Beschreibung von M. J. Arendt in den Neuen Schleswig-Holsteinischen Provinzial- Berichten 1816, S. 388—395, und den Dreizehnten Bericht der Kgl. S. H. L. antiquarischen Gesellschaft 1848, S. 63—66. Der braune Anstrich, mit dem man die alten kostbaren Gemälde auf der äußeren Seite der Thürflügel des Altarschreins überstrichen hat, soll aus dem Jahr 1826 datiren. Neuerdings ist der Altar, jedoch ohne die Sculpturen, abgebildet in dem Gothischen Musterbuch von Statz und Ungewitter; Leipzig 1861.[*])

Die übrigen alten Denkmäler und Zierden der Kirche, auch die wenigen, deren Arendt a. a. O. S. 395—99 noch gedenkt, hat eine blinde Zerstörungswuth spurlos vertilgt; sogar die Leichensteine wurden aus der Kirche entfernt, von denen z. B. ein sehr großer noch heutigen Tags als Waschsteg am Klostergraben dienen muß.

Grube. Mitgetheilt von Pastor Börn.

Der Erbauer und die Zeit der Erbauung sind völlig unbe- kannt; ob das gegenwärtige Gebäude, vielleicht zum Theil, dasselbe ist, dessen in einer Urkunde vom 12. April 1249 (im Urkunden- buch der Stadt Lübeck) erwähnt wird, ist nicht unwahrscheinlich, aber zweifelhaft. Die Kirche ist nicht gewölbt, 140 Fuß lang und 45 Fuß breit, mit einem bretternen Boden, geräumig und hell. Sie hat jetzt einen stumpfen Thurm, früher einen spitzen, der 1712

---

[*]) Dasselbe Werk bringt an Abbildungen von kirchlichen Alterthümern unseres Landes Taufstein, Altarleuchter und Schaale aus der Nikolai- Kirche zu Kiel, den Altarleuchter aus Selent, den Leuchter aus Neukirchen, und den Marienleuchter aus Gettorf.

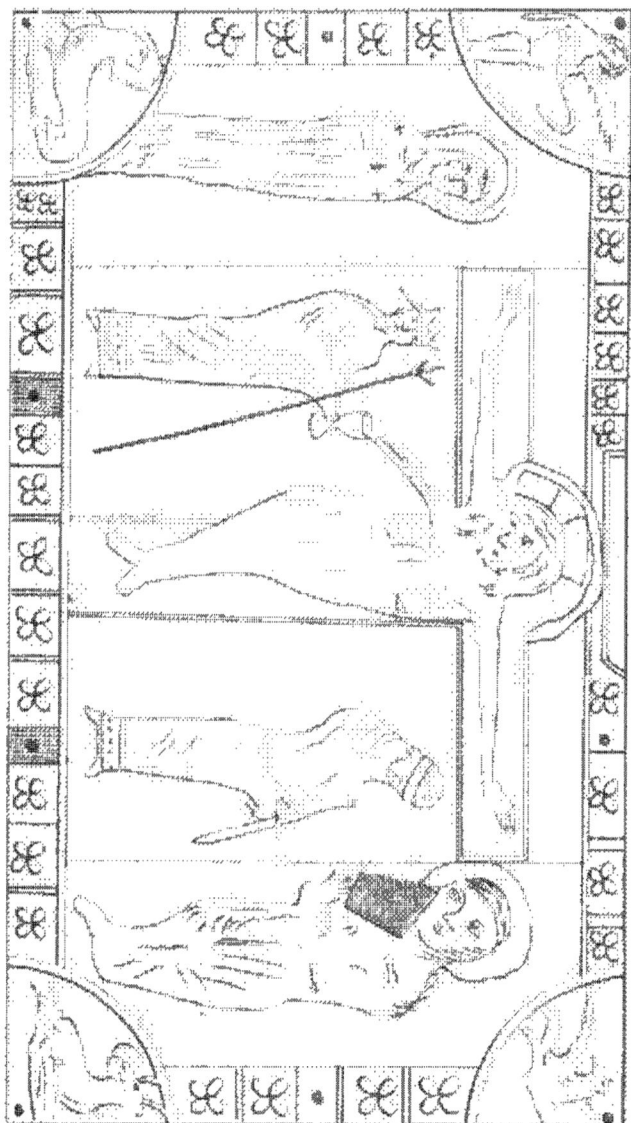

Der Amrumer Reliquienschrein.

Breite, 4 2 x Zoll.

herabstürzte. Das Innere der Kirche ward zuletzt 1852 renovirt. Abbildungen davon sind nicht vorhanden.

Die Kirche enthält an Kunstwerken: a) Ein Altarblatt in der Form eines Schrankes mit zwei beweglichen Thüren, die verschlossen werden können. Dasselbe ruht auf einer 12 Fuß langen und 1½ Fuß hohen eigenen Tafel, auf der in der Mitte zwischen zwei symbolischen Figuren ein das Abendmahl darstellendes Gemälde auf Holz sich befindet, nur mittelmäßig, wiederholt restaurirt. Der Altarschrank selbst, mit geöffneten Thüren 11 Fuß lang, 7 Fuß hoch und ⅘ Fuß tief, stellt auf der mittleren 5½ Fuß breiten Tafel in Holzschnitzwerk die Kreuzigung dar; außer Christus am Kreuze und den Schächern und 3 Engelsköpfen 16 Figuren unter dem Kreuze enthaltend, in fast rauhen, stark hervortretenden Figuren, die angemalt und vergoldet sind. Die beiden Thüren enthalten die zwölf Apostel, fast frei stehende Figuren von Holz in der Größe von 1½ Fuß, gleichfalls gemalt und vergoldet. Das ganze Werk, obwohl nur mittelmäßig, die Figuren zum Theil grob und ohne Ausdruck des Gesichts gearbeitet, macht aus der Ferne gesehen einen guten Eindruck. Es ist wiederholt restaurirt und neu gemalt, zuletzt 1852. — Auf der hinteren Seite der beiden Flügelthüren des Altarschrankes befinden sich einige ziemlich gut erhaltene Gemälde auf Holz in ihrer ursprünglichen Gestalt mit zum Theil sehr lebhaften Farben und starker Vergoldung, auch einigen sehr ausdrucksvollen Gesichtern; von denen 2 die Verkündigung Mariä und die Geburt Christi darstellen, die anderen Märtyrer-Geschichten und den Ritter St. Georg mit dem Lindwurm. — Auf dem Bilde der Verkündigung Mariä ist eine Inschrift in Mönchsschrift, so viel ich sehe, die Worte der Verkündigung enthaltend. Sonst finden sich am Altar keine Inschriften, und ist eben so wenig bekannt, wer der Künstler war, als wann er verfertigt ward. Es hat das Werk ohne Zweifel von jeher der Gruber Kirche angehört und dürfte aus der Zeit ihrer Erbauung stammen.

b) Ein Taufengel, schwebende Figur aus Holz, durchaus geschmack- und werthlos, fast anstößig, ist seit 1847 in einer Ecke der Kirche aufgehängt und durch

c) Einen Taufstein ersetzt, zu dem ein alter mit ausgehauenen Engelsköpfen verzierter Sandstein aus der alten Klosterkirche in Cismar benutzt ward.

d) Ein Gemälde auf Holz, Christus am Kreuz darstellend, 5 Fuß lang, 3 Fuß breit, mit der Unterschrift: »Nicolaus Strider, 19 Jahr Küster zu Groems gewesen Anno 1598 nach Grube gefoddert und zum Küster — — erwelt, und hat dieß hierher verehrt Anno 1617.« Unter dem Kreuze wahrscheinlich die Donatorenfamilie knieend; das Ganze ohne Werth und beschädigt.

e) Ein Portrait des in Grube geborenen, nach Lübeck gekommenen Kaufmanns Johann Wulf, als Epitaphium der Kirche geschenkt 1660, auf Holz gemalt.

f) Ein Portrait des Johannes Dreyer, Lubecensis, pastor primarius Grubensis per 34 annos, denatus 1708; — in Lebensgröße, auf Leinewand, stark beschädigt.

Inschriften sind, außer den erwähnten und einigen unleserlichen auf Leichensteinen, nicht vorhanden. Auch die Sculpturen auf den Leichensteinen sind bereits unkenntlich geworden.

Hansühn. Mitgetheilt vom Pastor Göttig.

Ao. 1197 verkaufte Graf Adolph III. das Dorf Luzendorp (Dalugendorp) mit dem Wald Grunswedighe oder (wohl später) Papenholz zwischen Testorff (Teslavesdorp) und Kükelühn (Kukelune) dem Johanniskloster in Lübeck, welches hier die Kirche erbaute, die schon 1210 als nova ecclesia erwähnt wird. Der Ortsname Hansühn, vormals Honsune, mag wohl erst nach Erbauung der Kirche und des Dorfes entstanden sein.

Die Kirche liegt Br. 54° 15' 36", Länge 28° 25' 00"; der Kirchhof liegt 353 Fuß über der Ostsee; dieselbe ist aus rohen, meistentheils runden Feldsteinen erbaut (Gußbau), gemauert mit dem alten felsenartigen Mörtel aus Kalk und Asche; und zwar besteht sie aus

a) dem Thurm, 37 Fuß im Quadrat, inwendig 18 Fuß im Quadrat Raum, mit stumpfem Dach (soll früher eine höhere Spitze gehabt haben); auf der Dachspitze 2 Kugeln mit Windflügeln, einen Hahn und eine Henne darstellend. Der Thurm ist durch spätere Mauerwerk vielfach geſtielt; 75 Fuß hoch, iſt er ſehr weit ſichtbar, und hat eine Ausſicht über die ganze holſteiniſche Oſtſpitze bis zum Kieler Hafen, den däniſchen Inſeln, Fehmarn, Wismar, Mecklenburger Küſte. Hier hängen 2 G l o c k e n, von denen die eine ſehr ſchön, zu 2500 ℔ tarirt, gegoſſen zu Lübeck 1756, geſchmückt mit den adligen Wappen der 5 Haupthöfe des Kirchſpiels.

b) Dem S c h i f f 70 Fuß lang, 35 Fuß breit inwendig, mit Bretterboden; eine Hauptthüre auf der Südſeite, ihr gegenüber eine gleiche auf der Nordſeite, zugemauert.

c) Dem C h o r, 48 Fuß lang, 24 Fuß breit; ſchließt mit einer fünfſeitigen Apſis; das Gewölbe iſt eingeſtürzt; wie die übrigen Maueranſätze zeigen, in 2 Jach, wahrſcheinlich ein gedrücktes Spitzbogengewölbe, wie aus dem noch ſtehenden Mauerbogen zwiſchen Schiff und Chor, dem Orgelbogen und den Fenſteröffnungen ſich ſchließen läßt. Auf der öſtlichen Spitze des Chordachs befindet ſich ein Kreuz, deſſen 3 freiſtehende Enden wieder gekreuzt ſind.

d) Die S a c r i ſ t e i, 14 Fuß im Quadrat, 14 Fuß hoch, ein einfaches Rundbogengewölbe mit ſtarken Rippen; iſt auch alt, wenn gleich jünger als die Kirche, aus alten Mauerſteinen gebaut; im Norden des Chors liegend.

e) Daneben als gleicher Anbau eine B e g r ä b n i ß k a p e l l e des adligen Patronatshofs Teſtorff, von gleicher Größe, aber flaches Gewölbe ohne Rippen, aus dem Anfang des vorigen Jahrhunderts; über demſelben noch ein flaches Gewölbe, ein Kirchenſtuhl, durch ein Fenſter mit dem Chor verbunden. In dieſer Kapelle ſteht ein großer S a r k o p h a g aus S a n d ſ t e i n, ſehr gut erhalten, nicht ſchön aber doch fleißig gearbeitet; auf dem Deckel in haut relief ein Crucifix, der Rand des Deckels und Sarges bedeckt mit Wappen vieler holſt. Edelleute, welche dieſen Sarg geſchenkt haben im Anfang des vorigen Jahrhunderts.

f) Ein L e i c h e n h a u s auf der Südſeite des Chors, zugleich Eingang; erbaut 1747.

g) Unter dem Altar ſoll ſich noch ein Gewölbe, das frühere Predigerbegräbniß, befinden.

Was die innere Ausſchmückung der Kirche anbetrifft, ſo fand ſich auf der Nordwand des Schiffes bei der Reparatur des

3 *

Weiſſenhäuſer hohen Stuhls eine coloſſale Biſchofsfigur, im rothen Mantel, mit Hut und Biſchofsſtab, auf die weiße Wand gemalt, aber defect; am Haupte ſtand geſchrieben THOMAS; daneben Reſte einer gleichen Figur mit den Buchſtaben JAC. Es iſt mir wahrſcheinlich, daß auf den beiden Langwänden des Schiffs früher die zwölf Apoſtel abgemalt geweſen; doch ohne künſtleriſchen Werth.

Sonſt ſind an Kunſtwerken (Holzſchnitzerei) noch vorhanden:

a) Die Kanzel, aus Eichenholz recht gut geſchnitzt, mit vielem Blätterwerk, ohne reinen Styl; in vollen Figuren rund herum in kleinen Niſchen die Statuen der 4 Evangeliſten und St. Pauli; auf dem Schalldeckel 4 Engel mit den Marterwerkzeugen, in der Mitte auf einem der Dornenkrone ähnlichem Reſte der Pelican, ſich in die Bruſt beißend, mit ſeinen Jungen; die Figuren 12—18 Zoll. Ziemlich gut erhalten; geſchenkt vom Propſt Detlev Reventlow, Erbherr zu Teſtorff (1681—95), aus welcher Zeit ſie auch ſtammen mag.

b) Der Altar aus einfachem Schnitzwerk in mäßigem Geſchmack, in der Spitze ein kleines Crucifix und das Reventlowſche Wappen; wahrſcheinlich mit der Kanzel von demſelben geſchenkt. Das Altarbild, auf Holz, ſehr ſchlecht, ſtellt das Abendmahl vor, darüber in ähnlicher Art ein kreuztragender Chriſtus; beide ſtammen wohl aus derſelben Zeit. Alles recht gut erhalten

c) Taufſtein aus Eichenholz, aus dem vorigen Jahrhundert; 3 ſtehende Engel tragen die Schaale; ziemlich; gut erhalten.

d) Im Schiff über dem Chorbogen auf einem Querbalken ſteht noch ein Crucifix, in den Kreuzenden mit den 4 Thieren; daneben rechts 2 Frauen, links 2 Männer, nach meiner Anſicht: Maria, Magdalena, Johannes, Joſeph v. Arimathia, letzterer im Rathsherrngewand des Mittelalters; 3 Fuß hoch, das Crucifix 3—5 Fuß. Alles gut erhalten; in den grellen Farben des Mittelalters gemalt, wahrſcheinlich aus katholiſcher Zeit.

e) Ein hoher Stuhl des Hofes Weißenhaus, ſehr gut, in gutem Geſchmack aus vorzüglichem Eichenholz gearbeitet, mit dem Ranzau'ſchen und Pogwiſch'ſchen Wappen; 1718 von der Anna v. Pogwiſch gebaut; ſehr gut erhalten.

f) Zwei alte Schnitzwerke, bei Seite gesetzt: eine Maria
mit dem Kinde, 2½ Fuß hoch, sehr gut geschnitten; desgl. die
grellen, zum Theil Goldfarben abgescheuert. Ferner eine Holzplatte
circa 1½ Fuß Quadrat mit hochgeschnittenen 5 Figuren, der Kreuz=
tragende Heiland nebst dem Hauptmann, Simon von Kyrene
und 2 Weibern, auch recht gut geschnitten, aber besser und Farben
abgescheuert.

Unter den Leichensteinen sind keine von künstlerischem Werth;
die meisten völlig abgetreten und fragmentarisch; der merkwürdigste
ist ein halber Stein, auf dem erhaben gehauen in zwei Ecken ein
Engel und ein Adler sich finden, außerdem am Rande in der Mi=
nuskelschrift des spätern Mittelalters, soweit ich habe enträthseln
können: ANNO DNI. MCCCCXCVII (1497) SEPULTUM und
einige Buchstaben. Auf einigen andern spätern Leichensteinen ist
noch plattdeutsche Schrift.

Heiligenhafen. Mitgetheilt von Diakonus Petersen.

Die Zeit der Erbauung ist nicht mit Sicherheit anzugeben;
Scholtz (Kurzgefaßte Nachricht von der Stadt Heiligenhafen) ver=
muthet etwa 1260, jedenfalls nicht nach 1286, da sie im Preetzer
Verzeichniß aufgeführt wird. Die Kirche hat mehrmals durch Brand
und Sturm viel gelitten, so namentlich 1390, 1510, 1591, 1595,
1625 (?) Sie bedarf dringend einer gründlichen Renovation im
Innern. Abbildungen von derselben sind mir nicht bekannt.

Der Styl des Baus ist gothisch. Die Länge des ganzen Ge=
bäudes beträgt inwendig ca. 136 Fuß, die Breite des Schiffs
54 Fuß. Im Chor, welches 36 Fuß lang und 30 Fuß breit,
steht der Altar nicht in der Mitte. Zwischen Chor und Schiff ist
eine Empore für den Sängerchor. Das Schiff, 64 Fuß lang,
wird von vier schlanken Säulen getragen und ist etwa 36 F. hoch,
das Mittelschiff höher als die Seitenschiffe, von denen das nörd=
liche nur 0, das südliche, wie es scheint später umgebaute, 18 Fuß
breit ist, so daß auf das mittlere 27 Fuß Breite kommen. Die
Kanzel ist am ersten (östlichen) Pfeiler der Nordseite angebracht.
An der Nordseite finden sich rechts und links von der Kanzel 2
Emporen. Zwischen dem nordwestlichen Pfeiler und dem Thurm,

an der Nordseite, hat die Orgel ihren Platz, was ebenso wie eine
kleine Empore ihr gegenüber und ein starker Bogen, der zwischen
Thurm und Schiff (um die östliche Thurmmauer zu tragen) angebracht ist, einen störenden Eindruck macht. Das Gewölbe im
Thurm, inwendig 24 Fuß breit, ist 1591 eingestürzt und nicht wieder
aufgebaut.

Das Aeußere der Kirche ist im Ganzen entsprechend. Thurm-
spitze fehlt seit 1591, statt derselben ist 1630 auf dem etwas über
der Kirche aufgeführten Bau des Thurms ein Ziegeldach angebracht.
Doch macht der gothische Giebel des Thurms, an welchem 3 weiße
Kreuze sichtbar, einen recht guten Eindruck, namentlich von der
Ostseite gesehen. An der Nordostseite, am Chor, ist eine, übrigens
nicht eingerichtete und als Materialkammer benutzte Sakristei ange-
baut; wie ebenfalls an der Südwestseite des Schiffs eine kleine
Vorhalle, als Fortsetzung des südlichen Seitenschiffs. Auch die
Kirche ist mit Ziegeln gedeckt.

Die Kirche enthält an Sculpturen und Schnitzwerken: a) das
Altarblatt, etwa 16 Fuß hoch und 10 Fuß breit, die Einfassung
zeigt rechts und links drei Säulen, oben die Figuren der vier Evangelisten und ganz oben die des triumphirenden Christus. Ringsum
ist Schnitzwerk. Das Hauptgemälde stellt die Kreuzigung
Christi dar; drei weibliche Figuren stehen trauernd unten am
Kreuze, von denen die eine die Füße Christi küßt. Das untere
kleinere Gemälde zeigt die Einsetzung des h. Abendmahls.
Beide sind auf Holz gemalt, und wie mir scheint nicht ganz werthlos. Auch das Schnitzwerk ist wenigstens nicht ohne allen Geschmack, von einem Unbekannten im Jahr 1702 verfertigt.

b) Das Taufgestell mit Deckel aus Holz, geschmacklos;
der Deckel zeigt einen Pelikan. „Es soll vor (alten) Zeiten eine
treffliche aus unbekanntem Metall verfertigte Taufe in der Kirche
sich befunden haben, daran eine alte Mönchsschrift gestanden. Allein
man hat sie sammt der Schrift verkauft und im Feuer zerschmelzen
lassen." (Scholtz, Kurzgef. Nachr.)

c) Schnitzwerke an den beiden Chorstühlen — Heilige,
Mönchsköpfe, Bilder von Sausbrüdern und Pfeifern darstellend,
sehr gut geschnitzt, wahrscheinlich 1515 angebracht, vielleicht ein

Zeichen der Zeit. — Andere Schnitzeleien an den Stühlen des Magistrats von 1580 sind ohne jede Spur von Kunstfertigkeit.

d) Die Kanzel aus Holz mit vielen arabeskenartigen Schnitzwerken; ebenso wie der Schalldeckel einfach und nicht ohne Geschmack, vom Jahre 1705, wahrscheinlich von demselben Künstler, der das Altarblatt geschnitzt.

e) Ein Crucifix von Holz, colossal, werthlos.

f) Ein desgl. kleineres, ebenfalls von Holz und ohne Werth.

g) Zwei Figuren, Adam und Eva als Wappenträger darstellend, von Holz und ohne jede Spur von Geschmack.

h) Das colossale Bild des h. Christoph — vielleicht der Patron der Kirche, von Holz und ohne Werth.

i) Ein Epitaphium des See-Capitains und Commandeurs, Ritters von St. Marco ꝛc., eines gebornen Heiligenhafeners, mit der Büste des Seehelden in natürlicher Größe, vier Genien und vielen Emblemen. In weißem Marmor auf schwarzem Grunde recht sorgfältig ausgeführt; vom Jahre 1698.

k) Die den Fußboden bedeckenden Leichensteine zeigen mehrere Sculpturen, die aber abgeschliffen sind.

Endlich ist noch, außer den Altarbildern, an Gemälden vorhanden und zwar sämmtlich auf Holz:

l) Eine Auferstehung Christi, in reicher früher vergoldeter geschnitzter Einfassung. Aeußerst lädirt, doch sind Christus und die Wächter erkennbar. Vom Jahre 1623.

m) Effigies M. Georgii Henrici Burchardi, Hauptpredigers in Heiligenhafen und Propsten der Segeberger Propstei, geb. 1624, gest. 1701, zugleich ein Bild seines Enkels enthaltend, in Lebensgröße. Die Farben sehr gut erhalten.

n) Neun Darstellungen der Hauptmomente des Lebens Christi an einer Empore, 1817 schlecht renovirt.

o) Ein Epitaphium der Jungfrau Lucia Severin, Tochter des Predigers Severin in Neukirchen, die Kreuzigung darstellend, neben dem Kreuz die leidtragenden Familienglieder; vom Jahr 1580.

Sowohl unter dem Altargemälde als an der Kanzel sind mehrere Inschriften von dem oben erwähnten jüngeren Pastor Burchardi angebracht; sie sind sämmtlich in Alexandrinern und nicht

sehr passend. An der mehrmals, zuletzt 1843 renovirten Orgel
die alte Inschrift: „Na der Bort Cristi MCCCCCXVII da wort
dil werk gebuwet".

Hohenstein. Mitgetheilt von Pastor Kelmers.

Die Kirche ist gebaut in den Jahren 1839 und 1840 auf
besonderen Antrieb des Grafen Ernst v. Rerentlow auf Jarve, als
Patrons, unter Mitwirkung des Kammerherrn F. v. Levetzow auf
Ehlerstorff und endlicher Zustimmung des Grafen v. Platen-Haller-
mundt auf Weißenhaus, als Eingepfarrten, und am 2. Sonntage
des Advents 1840 durch die weil. Pröpste, Oberconsistorialrath
Dr. Claus Harms in Kiel, Consistorialrath Franz Adolph Schröder
in Oldenburg und den weil. hiesigen Pastoren Gottfried Wilhelm
August Harp, eingeweiht. Im einfach würdigen, aber keinem be-
sonderen Stple erbaut, gehört sie mit ihrem pyramidenförmigen
Thurme unstreitig zu den schönsten, zweckmäßigsten und freundlichsten
Kirchen unseres Herzogthums und ist mehr als hinreichend groß
genug für die kaum 700 Seelen zählende Gemeinde.

An der Nordseite ist die alte Grabkapelle des adeligen Guts
Weißenhaus stehen geblieben; an der Südseite zu beiden Seiten
der Vorhalle sind symmetrisch die beiden Grabgewölbe, ein
v. Blome'sches und ein Jarver, wieder aufgebaut und über dem
letzteren der heizbare Patronatsstuhl angebracht. Nur das nördlich
gelegene Grabgewölbe stört die äußere Schönheit des Gebäudes.

Abbildungen sind von dieser Kirche, so viel ich weiß, nicht
vorhanden, und selbst das Kirchensiegel hat noch das barocke Bild
der alten Kirche.

An Gemälden findet sich nur ein unbedeutendes kleines
Christusbild auf Holz gemalt, über der Eingangsthür im Süden; dies Bildchen ist aus der alten Kirche in die neue herüber-
genommen, aber ohne allen Kunstwerth.

Auch die Schnitzwerke in Holz stammen alle aus der alten
Kirche; nämlich:

a) Das Altarblatt besteht aus zwei übereinander angebrachten,
früher wohl gesonderten Stücken und nimmt sich in seiner Zusammenstellung als Ganzes sehr gut aus. Die beiden unteren Theile sind

von geschnitztem grünen und vergoldeten Laubwerk mit einigen Engel-
figuren umgeben, und ist das unterste größere Stück ein Quadrat
zwischen zwei mit grünem und vergoldetem Laubwerk umwickelten
Säulen, in vergoldetem Rahmen, welches in fünf Figuren das
Ecce homo. im Relief darstellt. Die Hauptfigur Christus tritt fast
ganz, die Hand des Pilatus ganz hervor. Alle sind in Lebensgröße und die Hauptfiguren mit dem ganzen Oberkörper abgebildet;
Christus zu kolossal und mit keinem glücklich getroffenen Gesichts-
ausdruck; die vier übrigen Figuren aber alle mit ausdrucksvollen
Gesichtszügen. Dies Schnitzwerk soll, wie ich irgendwo früher
gelesen habe, von einem Theodor Allen gefertigt sein. Ursprünglich
ist es wohl bunt gemalt gewesen, jetzt ist es mit weißer Farbe
überstrichen und nur die Augen sind noch in natürlichen Farben
geblieben. — Ueber diesem findet sich ein ovales Relief, Christum mit dem Kelche darstellend. Da dies Altarstück mit seiner
Laubeinfassung sich oben bügelartig gestaltet, so ist das lebensgroße
Crucifix darauf nicht unpassend angebracht und schließt so recht hübsch
die ganze Altarseite der Kirche.

Der Altar trägt zu beiden Seiten die Namen: „Christoph
Blome — Lucia Beata Blome. Anno 1686", und sind an den
Capitälern der beiden obengenannten Säulen das v. Blome'sche und
v. Buchwaldt'sche Wappen angebracht.

b) Die Taufe von Holz mit vielem Schnitzwerk und einem
darüberschwebenden kronenartigen Deckel; — ebenso

c) die Kanzel von Holz, mit grünem vergoldeten Laubwerk
und rothen Rosen aus Schnitzwerk reichlich verziert. Unter dem
ebenso verzierten Schalldeckel in Relief, fast runder Figur, eine
Taube; auf demselben am Rande drei kleine sitzende Figuren, in
der Mitte auf einer Erhöhung eine kleine Christusfigur. An der
Kanzel ist die Inschrift, ringsum und an der Treppenverkleidung
hinunterlaufend: „H. Kei von Ahlefeldt. F: C. G. von Ahlefeldt
D. (S. G. Anno 1685 d. 5. Novemb."

d) Ein Epitaphium: in einem mit reichem, grünen und vergoldeten Schnitzwerk und mehren vergoldeten Engelsfiguren verzierten Rahmen die Salbung Christi in Bethanien, von
einem unbekannten Künstler. Relief; mit der Unterschrift: „Was

bekümmert ihr das Weib, sie hat ein gut Werk an mir gethan."
Etwas tiefer auf einer besonderen Platte, aber noch in derselben
Einfassung stehen die Worte: „H. Bartram Pogwisch D. G. G.
J: Anna Pogwisch Wittw. hat dieses Gott zu Ehren und der Kir-
chen zu zierd gegeben. Ao. 1698."

e) Ein auf Holz gemaltes v. Ahlefeldt'sches Wappen in einem
kunstvoll geschnitzten, grünen und vergoldeten Rahmen; zu beiden
Seiten stehen etwa 3 Fuß hohe weibliche Figuren, aus Holz
und ganz vergoldet, die eine mit einem Kinde auf dem Arme und
ein anderes mit der Hand an sich ziehend, darunter die Worte:
„Colof. 3. Ueber Alles ziehet an die Liebe." — die andere ein
kleines Kreuz im linken Arme an sich drückend und darunter die
Worte: „Jacob. 1. Selig ist der die Anfechtung erduldet. Anno
1685." Ueber dem Wappen ein ganz vergoldeter schwebender
Engel. Die Figuren sind voll ausgearbeitet.

Beide Wandverzierungen d und e sind, die erste über der
Eingangsthür zum Weißenhäuser Grabgewölbe, die andere über der
Eingangsthür zum v. Bleme'schen Begräbniß im Chor der Kirche
angebracht und reichen bis zum Anfang des Gewölbes.

f) Der Weißenhäuser Emporstuhl unter der Orgel mit
reichem grünen Schnitzwerk, die ganze Breite des Kirchenschiffs ein-
nehmend; an demselben das geschnitzte combinirte v. Pogwisch'sche
und v. Rantzau'sche Wappen in Farben und Vergoldung, erst
1850 renovirt. Darüber zwischen reichem Schnitzwerk die Namenszüge der damaligen Besitzer B. v. P. und A. v. P. mit der Krone
und unmittelbar über den Anschauern die Worte: „Herr Bartram
Pogwisch Amtman zu Tundern D. G. G. — Frow Anna Pogwisch gebohrne Rantzawen. Anno 1697."

Auf drei Feldern des Farver Emporstuhls sind die Sprüche
2. Corinther Cap. 9, V. 6, 7, 15, angebracht. Unter diesem
Stuhle ist in die Wand eingemauert ein schwarzer viereckiger Stein,
darin die Worte eingegraben sind: „Hier ruhen die Gebeine des
Wohlseeligen Joh. Friedr. Matth. Johansen, Weiland Verwalter
auf dem hochadelichen Guth Farve. Geboren Anno 1765 d. 29. Nov.
gestorben Anno 1791 d. 15. Febr. Ruhe sanft in Deiner Gruft
Bis dich Gottes Stimme ruft."

Vor dem Altare findet ſich ein Leichenſtein mit der Inſchrift: Johann Dan. Liebhold Pastor Hohenstein: per 42 annos. Nat. d. 8. Sept. 1708 denat. d. 13. Jun. 1777.

Propſtei Segeberg.

Sarau. Mitgetheilt von Paſtor Detler.

Die Kirche zu Sarau, obligen Guts Glaſau, ſoll von Vicelin oder deſſen Nachfolger Gerold erbaut worden ſein; als Jahr der Erbauung gibt eine im hieſigen Paſtoratarchiv vorhandene handſchriftliche Chronik des Paſtor J. F. Jenſen, der von 1715 bis 1717 hier ſtand, das Jahr 1160 (von früherer Hand in Klammer hinzugefügt „1151?“) an. Von dieſem Bau iſt indeß wohl nichts mehr als wahrſcheinlich das Chor mit anſtoßendem Vorhaus übrig, indem nach gedachter Chronik, die ſich hierbei auf eine Aufzeichnung des hieſigen Paſtors Elias Detbleves (1612—1644) beruft, die alte Kirche mit dem damals vorhandenen hölzernen Thurm am 20. Mai 1629 abgebrannt iſt, wobei nur das Chor ſtehen geblieben. Freilich ſcheinen die Mauern des Schiffs damals nur beſchädigt, nicht zuſammengeſtürzt zu ſein, da nur von inwendiger und auswendiger Reparirung, nicht vom Neubau derſelben geſprochen wird; indeß an einem anderen Ort der Chronik beſagt ein von dem früheren hieſigen Paſtor Nielſen (1832—1840) herrührender Zuſatz, daß 1743 die alte verfallene Kirche mit neuen Mauern verſehen, auch nach Weſten zu um 8 Fuß bis an das Glockenhaus erweitert worden iſt. Von dieſem Baue im Jahre 1743 werden demnach die jetzt vorhandenen Mauern des Schiffs herrühren.

In ihrer gegenwärtigen Geſtalt beſteht die Kirche nach Art vieler unſerer Landkirchen aus dem breiteren Schiff und dem öſtlich an daſſelbe ſich anſchließenden ſchmäleren Chor, an welches ſich ſüdlich das Vorhaus und nördlich die Sakriſtei anlehnt. Das Schiff iſt einfach aus Ziegelſteinen erbaut mit zwei einander gegenüberſtehenden Thüren auf der Süd- und Nordſeite und mit auf jeder dieſer Seiten drei einander gegenüberſtehenden und gleichweit von einander entfernten Rundbogenfenſtern, die 1841 erneuert ſind; eine flache Bretterdecke, erneuert 1839, bedeckt daſſelbe und ſetzt sich in gleicher Höhe im Chor fort. Durch ein angemessenes Verhältniß der Länge, Breite und Höhe so wie durch seine Regelmäßigkeit würde sich bei aller Einfachheit das Schiff der Kirche doch recht gut ausnehmen, wenn nicht die auf dem Westende, woselbst die 1837 angeschaffte Orgel, sowie auch auf der Süd- und Nordseite theilweise erst in neuerer Zeit hineingebauten, verhältnißmäßig ziemlich großen Emporkirchen den inneren Raum der Kirche zu sehr ausfüllten. Westlich an das Schiff schließt sich das auf einem Fundament von unbehauenen Steinen aus Holz erbaute, niedrige Glockenhaus.

Mehr Interesse gewährt das Chor der Kirche, das mit dem südlich angebauten Vorhause wohl dem ursprünglichen Baue Viettins oder Gerolds angehören dürfte. Beide sind aus unbehauenen Feldsteinen gebaut mit Ausnahme der wohl später erneuerten ziegelsteinernen Giebel. Das Vorhaus, welches eben jetzt, doch ohne irgendwelche Veränderung, restaurirt worden ist, zeigt die größtmögliche Einfachheit; es hat sehr niedrige Mauern, wenig über Manneshöhe, ist mit gewöhnlichen Pflastersteinen gepflastert, hat unter dem Dache keine weitere Decke und eine Eingangsöffnung ohne Thür und ohne Spuren einer etwa früher vorhanden gewesenen. Das aus Feldsteinen erbaute Chor ist jetzt, wie das Schiff, mit einer flachen Bretterdecke bedeckt, zeigt indeß Spuren eines früheren Gewölbes; in der Südost- und in der Nordost-Ecke des Chores befinden sich nämlich noch zwei einander ganz gleiche Gewölbeträger, die mit Sculpturen in einem wohl vorgothischen Styl verziert sind, so daß schon diese darauf schließen lassen, daß dieser Theil des Gebäudes nicht jünger als spätestens aus der ersten Hälfte des 13. Jahrhunderts sein dürfte.

An Kunstwerken sind vorhanden: a) Das Altarblatt, nach der mehrgedachten Chronik unter dem Patronate Hennings v. Reventlow (gestorben 1705) angefertigt, als Geschenk von ihm und der Ölgard von Buchwald. Es ist aus Eichenholz und enthält in der Mitte über der Inschrift „das that ich für dich" in einer ziemlich tiefen Nische mit dunklem Grunde ein vergoldetes Crucifix; zu beiden Seiten der Nische, durch gewundene weiß angestrichene Säulen mit vergoldeten korinthischen Kapitälern von derselben getrennt, rechts eine weibliche und links eine männliche Figur in klagender Stellung, wohl Maria und Johannes; resp. rechts und links von den beiden Figuren wieder eine der vorigen gleiche Säule, dann Laubwerk. Darüber ein starkes Gesims, auf demselben 3 weiß angestrichene Figuren, in der Mitte eine sitzend welcher die die beiden anderen in schwebender Stellung einen Kranz über dem Haupte halten. Ueber und theilweise hinter dieser Gruppe ein Gottesauge im ovalen Felde; darüber schließt das Ganze mit einer Krone. Der Altar ist zuletzt 1835 und früher 1756 neu gemalt worden.

b) Die Kanzel, verfertigt 1631 von dem Schnitzer Michel Sommer in Lübeck, gegenwärtig seit 1832 weiß angemalt mit Vergoldung, enthält in 5 Feldern in nicht sehr hohem Hautrelief zu beiden Seiten die Evangelisten in schreibender Stellung, neben ihnen Engel, Löwe, Stier und Adler; im Mittelfeld Christus als Auferstandener mit der Fahne. Die Felder sind getrennt durch gerissette Säulen mit korinthischen Capitälern. Moses mit den Gesetzestafeln trägt die Kanzel.

c) Die Taufe, nach gedachter Chronik von „Hanß Krantz, Pensionair auf Glasau, der das Gut von Herrn Henning Reventlau pensionirt hatte" und nach einer Hinzufügung von späterer Hand von 1640—1705 lebte, geschenkt, ist aus Holz und beweglich, der Form nach kelchförmig, oben sechseckig, verziert mit recht hübschen, zum Theil tief geschnitztem Laubwerk; ihre Farbe ist seit 1835 ebenfalls weiß mit Vergoldungen.

d) Der dem abligen Hofe Glasau gehörige Kirchenstuhl auf der Südseite des Schiffs, nahe am Chor, den 1637 der damalige Patron Hinrich von Buchwald hat erbauen lassen. Derselbe enthält auf den zwei, dem Hauptgange und einem zur Treppe der Emporkirche führenden Seitengange zugekehrten Seiten Hautreliefs in Eichenholz, die jetzt blau-grau angestrichen sind. Dieselben stellen nach ihren Unterschriften vor: „Adam und Eva; die Geburt Christi; die Beschneidung Christi; die Offerung Christi (die Opfer der 3 Weisen an Christum); die Taufe Christi; die Kreuzung Christi." An den Pfeilern, welche die vier dem Hauptgange zugelehrten Felder begrenzen, sind die 4 Evangelisten und eine fünfte vielleicht Petrum darstellende Figur geschnitzt.

e) Die dem Patronatsstuhle gegenüberliegenden v i e r K i r - ch e n st ü h l e sind auf eine diesem Stuhle entsprechende doch ein - fachere Weise verziert. Eine zu zwei Kirchenstühlen führende Thür enthält die „Verkündigung Mariä;" die zu den beiden rechts und links sich hieran anschließenden Kirchenstühlen führenden Thüren ent - halten ebenfalls von Schnitzwerk umgebene Felder, welche indeß leer sind.

f) Ein T a u f e n g e l, 1602 von dem damaligen Kirchenjura - ten Dittmer geschenkt, aber 1838 mit der obbenannten älteren Taufe wieder vertauscht, hängt jetzt an der Nordseite des Chors über dem Eingang der Sacristei.

g) Ein C r u c i f i x auf der Ostwand des Schiffes, rechts von der Kanzel gehörte ehemals zu einer Gruppe, die jetzt auf dem Kirchenboden aufbewahrt wird und aus vier in Eichenholz ge - schnitzten knieenden Figuren besteht, darstellend den hiesigen Pre - diger Elias Dethleves (1612—1644) nebst Frau, Tochter und Enkelin.

h) In der Sacristei befindet sich ein ungefähr 7 Fuß breites und 10 Fuß hohes Gemälde auf Leinwand, C h r i st u m a m K r e u z darstellend.

Außerdem sind noch bemerkenswerth: i) an der Nordwand des Chors ein aufrechtstehender Grabstein von reichlich 5 Fuß Breite und gegen 8 Fuß Höhe, der in hochliegenden lateinischen Buchstaben, meist ohne Abtrennung der Wörter von einander, folgende Inschrift enthält: „Anno 1533 is de edle vnd vele do - „gelsame Margrelha van der Wische mine moder in Godt ent - „schlapen licht tho fisebre begraven. Anno 1557 —*) weilandt de „edle vnd errenveste Hans von der Wische min gotsalige vader vor - „scheden licht tho Lvllenborgh begraven. Anno 1563 de 30. . „X-bris is Hinrick von der Wische min broder sehlich entschlapen

_____

*) Unleserlich. Nach der genannten Chronik ist hier zu lesen: „un - geiehr 16."

„vnd ligdt tho Kopenhagen im dohm begraben —*) er seblen
„samptlich god gnedich sei. Anno 16... den...**) is de edle
„vnd ernvester Clawes von der Wische forstliche holsteinische ge-
„wesene rahl vnd amptmann in got entschlapen. Anno 16...
„den...**) is de edle vnd vel dogelsame frow Florentina von
„der Wische schlich in got entschlapen vnd — gen —***) eben vehr
„sone vnd tve Dochters begraven od licht eine Dochter tho Gelting
„eine sone to Preze vnd ein sohn to Trittowe begraven deren seblen
„got semptlich gnade vnd eine frolice vperstandinge mit allen —†)
„erwelden vorlehne. Amen."

k) Vor dem Altar liegt ein Grabstein von 5½ Fuß Breite
und 10 Fuß Länge, auf welchem in vertiefter lateinischer Schrift
folgende Inschrift steht: „Hier Ruhet in Gott der Hoch Wohlge-
„bohrene Herr Henning Reventlau, Ritter, Herr auf Glasau, Al-
„tenhoff, und Gottes Gabe ihro Königl. Maj. zu Dennemark,
„Norwegen, Hoch Betrauten Gehelmbten, und Land Rabt, auch
„Ambtmann zu Flensburg ist Gebohren zu Glückstadt Anno 1640
„den 24. Januarh ††) des Abens umb 5 Uhr: im Herrn ent-
„schlaffen Zum Kiel Ao 1705 den 30. Januarh des Nachts umb
„ein uhr seines Alters 64 Jahr 7 Monate und 6 tage dessen Seele
„Gott genaedig sey." Nun folgen zwei durch Ablreten unkenntlich
gewordene Wappen und darauf folgender Vers: „Der Gott dem
Könige Dem Wehrten Vaterlande Den Seinen war getreu Ein

*) Unleserlich. Die Chronik ließ „der", also „derer".
**) An den durch Punkte bezeichneten Stellen sind die Zahlen und
resp. Buchstaben nicht etwa unleserlich, sondern, wie deutlich zu sehen,
nie vorhanden gewesen, so daß also Cl. v. d. Wisch den Stein bei seinen
und seiner Frau Lebzeiten muß haben anfertigen lassen, ohne daß nach
ihrem Tode ihr Todestag hinzugefügt worden ist.
***) Unleserlich. Die Chronik ließ: „liggen blr neben".
†) Unleserlich. Die Chronik ließ „erb".
††) Nach der Angabe des Alters zu schließen, dürfte hier wohl ein
Versehen des Steinhauers und „Jann" zu lesen sein.
Neben diesem Stein hat früher ein entsprechender über der Gemah-
lin des Amtmanns Henning v. Reventlow, Margaretha v. Rumohr
aus dem Hause Röst, gest. 1705 den 11. März, gelegen; dieser wurde im
Jahre 1834 entfernt, weil er sehr zerbrochen war.

Theurer Gehrter Man Ein Recht Nathanael Ruht hie verscharrt im Sande Die Seel ist wo sie stets In Gott sich Freuen kann."

1) An der Nordwand des Schiffes dicht bei der Kanzel ist in der Mauer eine Tafel von schwarzem Marmor eingemauert, welche 7 Fuß breit und 8½ Fuß hoch ist. Die Tafel ist durch eine Gold-leiste in zwei Hälften getheilt, die in vertieften lateinischen Buch-staben folgende Inschriften enthalten:

Parenti optimo omnis fortunae suae auctori laetitiae ex secundis tristitiae ex adversis socio et moderatori, Cajo Fri-derico Reventlov dynastae in Altenhof et Glasau qui natus D. XIII. M. Julii An. MDCLXXXV patre Henningo Reventlov matre Margaretha Rumohr pater familias prudens et intentus priscae virtutis frugalitatisque cultor et vindex non sibi sed suis vixit et decessit D. XXIX. M. Novemb. An. MDCCLXII ad posteros suos monumentum Detlaus Comes de Reventlov Ord. eleph. eques. S. R. M. Minister Satus Anrebichliduclus (?) Dynasta in Altenhof Glasau Wittenberg et Emkendorf D. D.

Memoriae Hedvigae Idae a Buchwald quae nata D. XII. M. Martii A. MDCXC patre Benedicto Bertramo a Buchwald matre Ottilia Elisabetha ab Ahlefeld nupta D. XII. M. Aprilis MDCCX Animi pietate morum sanctitate partuum foecunditate mater fa-milias inter continuas precationes pro salute superstitum dulcesq. amplexus acerbe lugentium obiit D. VI. M. Junii An. MDCCLXI maritus Cajus Fridericus Reventlov p'usquam L. annorum ex felici connubio dulcedinem et filius Detlaus Reventlov materni animi praesidia desiderantes P. P.

Propstei Stormarn.

Steinbeck. Mitgetheilt von Pastor C. Petersen.

Nachdem die alte dem heil. Secundus geweihte Kirche (deren Erbauungsjahr unbekannt ist) 1646 durch Einschlagen des Blitzes zerstört war, ist die gegenwärtige „Dreifaltigkeits-"Kirche in dem-selben Jahre erbaut worden, wobei der alte Grund und die alten Mauern, soweit sie noch fest standen, benutzt worden sind; daher die südliche und östliche Seite etwa in einer Höhe von 9 Fuß, die nördliche theilweise bis aus Dach aus Felsen besteht. Der Thurm wurde (1703) von Grund aus neu gebaut, und seine Höhe wird auf 192 Fuß angegeben. Als Erbauer des Thurms werden angegeben die beiden Zimmermeister Hans Selmar und Carsten Benete. — Restaurationen bedeutender Art sind nicht vorgenommen.

Die Kirche ist ein Oblongum, 116 Fuß lang und 26 Fuß breit; die Decke ist gewölbt; der ganze Bau so einfach, daß er zu keinen weiteren Bemerkungen Anlaß gibt. In der Nordseite der Umfassungsmauer befinden sich 4 kleine, auch von außen bemerkbare Nischen; vor 1846 sind hier kleine nach außen liegende Gewölbe gewesen, welche Gräber enthalten haben.

Abbildungen sind nicht bekannt. Ueber den Bau der Kirche findet sich Einzelnes in einem Kirchenbuche, welches 1648 begonnen ist, aber nach älteren verloren gegangenen Aufzeichnungen auch Einzelheiten von 1522 bis 1597, ein Mehreres von 1620 an chronikenartig berichtet.

Die Kirche enthält an Gemälden: a) Altarblatt, die Tränkung aus dem Felsen darstellend, ganz werthlos.

b) An der Emporkirche 12 Bilder auf Leinen, Christus und 11 Apostel, ohne allen Werth.

c) Bier Portraits, nämlich der Prediger Winkler († 1753), Lülfens († 1763), Hammer (emer. 1855) und eines Predigers, dessen Name nicht mehr zu lesen ist. Lauter sehr gute Bilder.

d) Epitaphium des aus Hamburg vertriebenen, hier verstorbenen und beerdigten Pastors Horbius († 1695). In der Mitte das sehr gut gemalte Portrait, eingefaßt von sehr schönem Schnitzwerk aus Holz.

Die Kanzel ist schlecht. Der Taufengel, gleichfalls ohne Werth, ist eine knieende Figur von Holz, das Taufbecken auf Kopf und Flügeln tragend; Jahreszahl 166? (gewiß 1668). Das Taufbecken, 1704, ist von Messing und werthlos.

Inschriften sind nur auf Leichensteinen und ganz unleserlich.

Wandsbeck.*) Mitgetheilt von Pastor Hansen.

Die erste Kirche, ein Filial von Altrahlstedt, wurde 1634 mit dem noch jetzt stehenden 210 Fuß hohen Thurm, einer schlanken Pyramide (Oktogon — leider mit Schindeln gedeckt) erbaut; die Fenster desselben sind im Spitzbogenstyl. Der Thurm hatte 1836 das Schicksal, daß ihm durch den Sturm die Spitze abgeweht wurde (22 Fuß); die Herstellung wurde 1839 beendigt, ein kostspieliger Bau (gegen 8000 ℌ R.-M.); in die vergoldete Kugel von 3 Fuß Durchmesser legte ich die im alten Knopf gefundenen alten Münzen, legte dazu die 1839 geltenden silbernen Landesmünzen und in einer besonderen Kapsel eine gedrängte Beschreibung Wandsbecks nach allen Richtungen. Unter der Kugel ist die vergoldete Wetterfahne angebracht, aber weder Hahn noch Fahne, sondern eine Schlange, welcher der Adler den tödtlichen Biß versetzt; (die Auslegung liegt nahe) Ueber der Kugel erhebt sich das vergoldete fast 10 Fuß hohe Kreuz. Diese drei Stücke wurden, wie der s. g. Müller, in Hamburg und Altona geschmiedet oder gegossen, die Vergoldung führte ein Wandsbecker aus.

Die alte Kirche wurde am Ende des vorigen Jahrhunderts, als Graf Schimmelmann noch Erbherr auf Wandsbeck war, abgebrochen; doch so lange der Gottesdienst in ihr fortgeführt, bis der Neubau vollendet war; am 1. Advent 1800 wurde die neue Kirche eingeweiht. Das Gebäude ist ein Parallelogramm gen Westen ge-

---

*) Vgl. III. Bericht der Kgl. S. H. L. antiq. Gesellschaft (1838), S. 28.

Auf dem 1801 abgebrochenen Wandsbecker Schloß war vormals Tycho de Brahes Bildsäule von Holz, vielleicht getreu, denn Heinrich Ranzau, der zu Ende des 16. Jahrhunderts Brahe nach Wandsbeck zog, hat wahrscheinlich die Statue nach dem Leben anfertigen lassen. Dieselbe war aber unter Staub und Vergessenheit wie durch rohe Maurerhand, die den Kalkpinsel gebraucht, nicht conservirt. — Die Wandgemälde daselbst waren noch schön erhalten; auch habe ich noch im Winter 1856—57 in einem Zimmer ein, wie mir schien, vortreffliches Bild gesehen: Christian V. zu Roß in Lebensgröße. Der alte Graf E. Schimmelmann gab große Stücke auf eine antike Statue (Brustbild) von gelbgestreiftem Marmer: lächelndes Kind; wohin es gekommen, weiß ich nicht.

lehrt, meistens im antiken Styl gehalten; je fünf Fenster nach
Süd und Nord sind, wie die Thüren, geradlinig. Die Vorhalle
gen Westen, etwa 10 Fuß breit und 50 Fuß lang, zu der vier
steinerne Stufen hinaufführen, ist wie die ganze Kirche mit grauen
Fliesen gedeckt und wird von sechs jonischen Säulen getragen; über
den Säulen erhebt sich das einfach ornamentirte stumpfwinklig gehaltene Frontispice, das mittlere dreieckige Feld hellgrau, während
die Umrahmung desselben wie die Kirchenmauern und Säulen weiß
gehalten sind. Die Bedachung, gleichfalls stumpfwinklig, ist aus
rothen Ziegeln; freilich unschön. — Zum Inneren der Kirche
führt der Vorhof, mit breiten Treppenaufgängen zur Rechten und
Linken nach der Emporkirche und darüber hinaus nach der Orgel,
deren Bau (früher gab es hier nur ein kreischendes Positiv) ich vor
reichlich 20 Jahren begann; sie ist aus freien Beiträgen bestritten,
und das Instrument (durch das warme Interesse unseres Orgel-
virtuosen H. Schmahl mit zwei neuen Registern und selbst einer
Schwellung versehen) läßt wenig zu wünschen übrig; seine 14 Register reichen für das nicht große und dazu akustisch ausgezeichnete
Gebäude voll aus.

Von dem Inneren der Kirche bemerke ich nur, daß man an
Einfachheit anderswo seines Gleichen vielleicht vergeblich sucht.
Durch die Hauptthür im Westen eintretend, schreitet man in einem
breiten Gang zu auf

a) den Taufstein, von dem Wandsbecker Töpfer Knobeling
an die neue Kirche geschenkt als selbsteigene Arbeit; drei Engel,
auf einem Postament stehend, tragen das Becken, — alles ist aus
gebranntem Thon;

b) den Altar, sanfte Rundung, ganz umgittert, drei Stufen empor; der Boden mit Marmorplatten in dunkelgrau und weiß
getäfelt; der Tisch, mit blauem Behang und goldenen Franzen,
läuft in eine sargförmige Höhe aus, woran das Pulpet sich lehnt;
an der Vorderseite ist beim Gottesdienst ein silbernes Sculpturwerk
angebracht, die Grablegung Christi, fein ciselirt, Basrelief,
— leider auf 10 Schritt Entfernung kaum noch zu erkennen, —
und auf der Spitze des Altars steht ein kleines Crucifix; endlich um den Altar herum breitet sich eine rundbogige Nische; •

4*

c) die Kanzel von Holz (Nußbaumfarbe) über dem Altar; dieselbe hat wie der jetzt verbreitete Kanzelhimmel blausammtnen Behang mit goldnen Franzen gleich dem Altar.

Das Gestühlte besteht aus 6 rechtwinkligen Quarrées nebst je einem Stuhl rechts und links vom Altar für die Beamten, Juraten und deren Familien und ist in Mahagoni gemalt. Das ganze Kirchenschiff ist im Licht ca. 80 Fuß lang, das schöne Gewölbe gegen 30 Fuß hoch; die Emporkirche wird correspondirend mit der Vorhalle von 6 jonischen Säulen getragen. Im ganzen Gebäude ist für größere Gemälde kein Raum, darum sind die aus der alten Kirche hinter den Umgang des Altars verlegt, wohin man durch die freundliche Sacristei gelangt.

In der Sacristei hängt das Portrait von Pastor Brede'feld, in Oel, gewiß naturgetreu und gut ausgeführt; die Unterschrift ist in schlankem Ungarlatein: Dns. Johannes Bredefeld, Pastor apud Wandsbeccenses et Senior Consistorii Segebergensis. Natus 1673 den 6. May, denatus 1756 den 19. Octbr." Dagegen die Ueberschrift erfreut durch ihr für jene Zeit gutes Deutsch:

„So sah mein Schatten aus in seinen letzten Jahren,
Als ich des Herren Wort, mein Volk, Dir kund gemacht.
Gott lasse allen euch durch Christum wiederfahren,
Was mir an meinem End' mein Glaube hat gebracht: Gnade."

Hinter dem Altar hängen mehrere Oelgemälde, nämlich: 1. Die Verklärung Christi, etwa 10—12 Fuß hoch, von Feuchtigkeit stark mitgenommen, zum Theil die Leinewand durchlöchert; das Bild scheint mir mit breitem Pinsel gemalt und hat einiges Geschwackwidrige, z. B. Moses und Elias sitzen auf der Wolke, Jacobus wendet uns die breite Kehrseite zu und alles an ihm ist kapuzinerbraun, Christi Figur wie Petrus und Johannes nicht übel, nur wie gesagt, der Pinsel ist breit, so daß die Musculatur platt abgemacht ist, und die Farben sind zum Theil grell. Die Inschrift lautet:

„Auf Thaben ist mein Licht im großen Licht erschienen,
Propheten stellten sich in voller Klarheit ein;
Wie herrlich wird mein Leib, wenn er erstanden, grünen,
Dann weicht sein heller Glanz auch nicht der Sonnen Schein."

„Zur wahrhaftigen Versicherung, daß die Auferstehung der Todten gewiß sey, verehrt Jobst von Overbeck obige Verklärung Christi Anno 1701."

2. Die **Grablegung des Herrn**, ein sorgfältig gemaltes und gut erhaltenes Bild, etwa 7¼ Fuß im Quadrat; das Colorit freilich etwas grell, die Hauptfigur wohl etwas zu bläulich weiß in dem Leichencolorit, indeßen die Gruppirung ist gut, die Handlung lebendig. Maler unbekannt.

3. Eine Landschaft, baum- und felsenreich; ein fast ganz entkleideter Mann scheint überfallen zu sein und stürzt ringend hintenüber; bei den zwei nebenstehenden Personen (worunter eine Frau) läßt sich nicht erkennen, welche Rolle sie spielen, sie scheinen unthätig oder indolent zu sein.

4. Eine Waldlandschaft, worin einsam ein fast aller Kleidung baarer Mann auf einem Stein sitzt mit verbundener Stirn, den Kopf in die Hand gestützt, anscheinend verwundet und halb betäubt. Das Stück scheint ein Pendant zu dem vorigen; aus der biblischen Geschichte sind die Darstellungen wohl kaum entnommen; ob vielleicht aus einer Legende? Wenn die beiden Bilder restaurirt würden, möchten sie sich nicht als werthlos herausstellen, namentlich scheint mir die Structur der Muskeln und Sehnen vortrefflich zu sein. Maler unbekannt.

Propstei Pinneberg.

Rellingen. Mitgetheilt von Propst Meßtorff.

Die Kirche für die combinirte erste und zweite Gemeine des Kirchspiels Rellingen ist gebaut auf Kosten des Kirchspiels nach einem unterm 12. November 1753 Allerhöchst genehmigtem Risse, der mit der größten Wahrscheinlichkeit dem Baumeister Dose aus Schleswig zugeschrieben wird; wenigstens war diesem die Einrichtung des Baues aufgetragen; am 4. Juli 1754 wurde der Grundstein gelegt, am 5. Sonntage nach Trinitatis 1756 wurde die Kirche eingeweiht. Der Bau ist, mit bedeutenden Abweichungen zum Befferen, in dem Style des Baumeisters Sonnin. Im regelmäßigen Achteck, die Außenmauer einer jeden Seite circa 40 Fuß lang, die Innen-

seite einen 36 Fuß; von 8 regelmäßig achteckigen Säulen getragen, welche ungefähr 12½ Fuß von der Innenmauer abstehen
und ungefähr 25 Fuß von einander entfernt sind.   Der Kirchenboden bildet zwischen der Außenmauer und den Säulen eine ebene
Fläche; zwischen denselben wölbt er sich zu einer achteckigen Kuppel,
welche sich wiederum senkrecht in einer achteckigen Laterne erhebt,
deren Wände, sobald sie über das Kirchendach hervorragt, aus
großen Fenstern bestehen.   Die Laterne wird oben durch eine acht-
eckige eingebogene Kuppel geschlossen.   Zwischen der Außenwand und
den Pfeilern befinden sich zwei sogenannte Lectoren in der ganzen
Rundung der Kirche, auf denen sich die Sitze amphitheatralisch
hinter einander erheben.

Sämmtliche 8 Ecken der Kirchenmauer krümmen sich in leich-
tem Bogen gegen das Kirchendach, und ist darüber Streit, ob dies
nach dem Plane des Baumeisters aus architektonischen Gründen
geschehen oder durch eine Ausweichung der Mauern entstanden sei.
Das äußere Dach der Kirche erhebt sich, der inwendigen achteckigen
Kuppel entsprechend, zuerst achteckig in der Form eines sogenannten
holländischen Daches, und läuft dann nach einem Absatze in schrä-
gerer Form gegen die Laterne aus.   Es ist unterhalb des Absatzes
von 16 Fenstern durchbrochen, welche dem obersten Lector Licht zu-
führen, und oberhalb des Absatzes von 8 Fenstern, deren Licht-
gänge durch die innere Kuppel brechen.

Ueber den vier Haupteingängen der Kirche ist der Name Jehovah
von dem Dreieck und Strahlen umgeben in Sandstein ausgearbeitet;
über zwei Eingängen befinden sich in Sandstein die Namenszüge
Friederich V. und seiner Gemahlin.

Der Thurm ist aus früherer Zeit, erhebt sich cirkelrund aus
Ziegelsteinen gemauert bis zur Höhe des Kirchendaches und verjüngt sich dann achteckig, mit Schindeln bedeckt bis zur Spitze. Er
steht am Westende der Kirche, und ist das Holzwerk desselben in
der heutigen Gestalt aufgeführt, nachdem er im Jahre 1703 bis
zur Hälfte heruntergenommen war.   Am Thurm befindet sich ein
angebautes Begräbniß aus dem Jahre 1654.   Ein anderes Begräbniß füllt auf der Südseite den Winkel zwischen Thurm und

Kirche; an demselben ist das Wappen des darin beigesetzten Land-
drosten in Sandstein ausgehauen gewesen, aber schon unkenntlich.

Abbildungen dieser Kirche sind mir nicht zu Gesicht gekommen. Bolten in seinen „Nachrichten über die Kirchen der Prob-
steien Altona, Pinneberg und Ranzau" erwähnt derselben.

Die Kirche enthält an Gemälden: a) das Altarbild auf einer
Kupferplatte, ungefähr 3 Fuß hoch und 3 Fuß breit; auf Bestellung beim Bau der Kirche verfertigt, darstellend die Einsetzung
des Abendmahls; Maler unbekannt.

b) Nordwärts zur Seite der über dem Altar befindlichen
Kanzel ein Gemälde auf Leinewand, darstellend die Himmelfahrt,
ungefähr 6 Fuß hoch und 2½ Fuß breit.

c) Südlich zur Seite der Kanzel ein gleich hohes und breites
Gemälde auf Leinewand, darstellend die Auferstehung; beide
höchst wahrscheinlich von dem Verfertiger des Altarbildes.

d) Auf den 8 inwendigen Seiten der Laterne, ehe sie sich
über das Dach erhebt, acht Frescobilder, darstellend von Osten auf
einander folgend 1) König David mit der Harfe; 2) Johannes
den Evangelisten; 3) Prophet Jesaias; 4) Evangelist Marcus;
5) Prophet Jeremias; 6) Evangelist Lucas; 7) Prophet Hesekiel;
8) Evangelist Matthäus. Das neunte Fresco-Gemälde befindet sich
unter der Kuppel der Laterne, darstellend das Auge Gottes, umgeben von musicirenden himmlischen Heerschaaren.

Die dem Inneren der Kirche zugewandten Flächen der Lectoren,
sowie die Köpfe sämmtlicher im Schiff befindlichen Sitzplätze sind
im Rococo-Style mit gemalten Muscheln 2c. verziert.

Der bisherige Taufstein bestand aus einem achteckigen Fuß
von Sandstein, einem ecce Agnus aus weißem Marmor, als
Träger, und einer achteckigen Kumme aus schwarzem Marmor. Da
die tragende Figur mehrfach schadhaft geworden war, und eine
Künstlerin in Pinneberg sich erbot, dieselbe in Gyps zu modelliren,
damit sie demnächst in Zink gegossen werde, so wurde der Taufstein
ihr überliefert, die Figur von Fuß und Becken gelöset, und dabei
noch mehr beschädigt.

Die Kanzel ist aus Holz mit vielen Schnitzwerken im Ro-
coco-Styl; zur Seite derselben steht nördlich die Statue des Mo-

fes, südlich die Statue des Evang. Johannes; beide ungefähr 5 Fuß hoch.

Außerdem befinden sich an der Orgel, den Nummerbrettern und einzelnen Logen Schnitzwerke im Roccoco-Styl, und in den acht Seiten der Kuppel als Einfassung der Lichteingänge Roccoco-Verzierungen aus Gypsanwurf. Inschriften sind nicht vorhanden.

Propstei Ranzau.

Die Fleckens-Kirche zu Elmshorn.   Mitgetheilt von Propst Harding.

Die jetzige Kirche ist im Jahr 1660 erbaut, nachdem die frühere einige Jahre zuvor von den Schweden niedergebrannt war; die noch erhaltenen Mauern wurden beim Neubau benutzt. Dagegen ist der Thurm, welcher theils abgeschossen, theils vom Blitz zerstört war, nicht wiederhergestellt, obwohl der Unterbau theilweise noch steht. An der vorderen Seite desselben sieht man die Buchstaben: K. Z. D. M. U. N., d. h. „König zu Däne-Mark und Nor-wegen"; darunter die Jahl 1741; aber keine Namenschiffre. Dies Zeichen der Besitzergreifung ist also nicht sofort nach Einnahme der Grafschaft Ranzau, sondern erst nachträglich angebracht.

Die Kirche liegt ziemlich in der Mitte des Fleckens, aber an keinem vor sehr hohen und Sturmfluthen sicherem Orte. Einen besonderen Namen hat sie nicht. Sie ist ein völlig incorrectes Gebäude, überspannt mit einer Bretterwölbung von einer Längenmauer zur anderen, aber ohne Säulen, Bögen und dergleichen Stücke soli der Structur; dazu ist sie an einer Seite späterhin aufgerissen und auf eine sehr unpassende Weise vergrößert. Bei alledem ist sie doch zum Gottesdienst brauchbarer als manche neuere Kirchen, und ihre etwa 1500 Sitzplätze beweisen, daß man beim Bau die Hauptsache vor Augen gehabt hat.

Das Eigenthümlichste des Inneren besteht aus der um die Chöre herumlaufenden Brüstung, von Holz; dieselbe ist in Felder abgetheilt, und darauf sind 71 Gemälde angebracht, welche die Vorgänge aus den Evangelien der Sonntage, dazu anderer Fest-, Apostel- und Marientage und endlich fünf Scenen aus dem alten Testament (die Schöpfung oder richtiger das Paradies; den Bau

der Arche; das Opfer Noahs nach der Sündfluth; den Zug der
Kinder Israel durch die Wüste; die Gesetzgebung) darstellen. Sämmtliche Stücke sind im Sommer 1856 restaurirt.

Der Altar war ehedem geschmückt mit einem Holz-Schnitzwerk, welches in ziemlich erhabenen Figuren die Kreuzigung darstellte und zwar den Moment, wo die Kriegsknechte über den Mantel das Loos werfen; der Gekreuzigte scheint, so weit sich erkennen
läßt, nicht darauf zu achten. Dies an sich sehr geringe Schnitzwerk
ist jetzt auf der Rückseite des Altars angebracht, und dafür zeigt
die Vorderseite drei Gemälde, auf Leinen, über einander, wie gewöhnlich darstellend: die Einsetzung des Abendmahls, die
Kreuzigung und die Himmelfahrt; ohne besonderen Werth,
doch ist das mittlere jedenfalls das beste. An den Seiten des Altars sind vier gewundene Säulen mit vergoldeten Capitälern, und
zwischen je zweien stehen die Evangelisten Matthäus und Marcus.
Die Altar-Decke zeigt die Jahreszahl 1770.

Außerdem ist in der Kirche noch ein Gemälde, von ziemlicher
Größe, welches den Dr. Martin Luther darstellt; zwei Engel
tragen ihm einen Sternenkranz zu und halten denselben noch eben
schwebend über ihm. Dies Stück ward zur dritten Säcularfeier
von einem Elmshorner Maler Mordhorst verfertigt und der Kirche
geschenkt.

In der Kirche liegen hin und wieder abgetretene Leichensteine
mit alten unleserlichen Inschriften; doch ist kein einziges Grab
von Bedeutung.

Die Hospitals-Kapelle zu Elmshorn. Mitgetheilt vom Hospitals-Prediger Cleverts.

Dieselbe ist erbaut vom Provisorio des Ranzauischen Präben-
denstifts im Jahr 1784, als Kapelle des von Graf Christian zu
Ranzau 1683 gestifteten Hospitals für arme alte Personen, und
hat einen kleinen Glockenthurm. Eigentlich bildet sie nur ein ge-
räumiges Zimmer, 670 Quadrat-Fuß groß, mit Anstalt für Hei-
zung und Erleuchtung, und befindet sich im linken Flügel des
Präbendenhauses. An der Kanzel sind zwei werthlose Oelgemälde,
Christi Kreuzigung und Auferstehung darstellend, angebracht.

Propstei Norder-Ditmarschen.

Lunden. Mitgetheilt von Diakonus J. Kulfe.

Diese, dem heiligen Laurentius geweihte Kirche, welche dessen Bildniß mit einem Rost im Wappen führt, ist vielleicht die älteste in Norderditmarschen, und in ihren Hauptbestandtheilen vielleicht einige Jahrhunderte (?) älter, als die erste Nachricht über Lunden. Wenn nämlich diese Nachricht aus dem Jahre 1217 besagt, daß König Waldemar II. von Dänemark die großen Privatbesitzungen, welche das Bremer Erzstift hier hatte, demselben für 200 ℔ Silber abkaufte und eine Festung, Namens Liu anlegte, und wenn Waldemar's Erdbuch fünf Dörfer des Kirchspiels Lunden, die jetzt noch fast dieselben Namen tragen, als dieser Festung benachbart aufzählt; so läßt sich vermuthen, daß der König schon die jetzige Kirche vorfand und um dieselbe einen Ort, der von seinen vielen Linden Lin n genannt wurde, erbaute und neben der Kirche vor Allem einen starken Thurm, welcher zuletzt als Glockenthurm der Kirche diente und mit einer Spitze von Holz dazu ausgebaut war. Im Jahr 1782 brannte diese Spitze ab, und dann wurde der ganze Thurm, damals 80 Fuß hoch, mit Mauern von reichlich 6 Fuß Breite und einer Unterlage von wenigens 10 Fuß Felsen, abgebrochen. In demselben Jahre wurde ein Seitenflügel, der nach Süden ging, abgebrochen. In früheren Zeiten, gegen Ende des 15. Jahrhunderts, ist der noch jetzt vorhandene Chor angebaut, und der Altar durch Vergrößerung der Kirche weiter nach Osten gerückt worden; vielleicht, weil man die bisherige Stätte des Altars für entweiht hielt durch die Ermordung des Schülers und Anhängers von Johannes Huß, Heinrich Grove, welcher 1452 vor dem Altar der Kirche zu Lunden, seinen evangelischen Glauben bekennend, den Märtyrertod fand.

So bildet die jetzige Kirche ein langes Rechteck mit einem halben Achteck, den Chor sammt dem Altar enthaltend, im Osten; im Westen den 165 Fuß hohen Kirchthurm, von dem man bei heiterem Wetter vier Städte, neun Flecken und vierzig Kirchen erblickt; in drei Abtheilungen: Chor mit Altar etwas erhöht, dann die sogenannte kleine Kirche, durch einen Schwibbogen, an welchem,

hier zu Norden, die Kanzel ist, getrennt von der sogenannten großen
Kirche, welche etwas breiter und höher ist und durch die Orgel geschlossen wird; die Decke von Balken und Brettern von der Orgel
bis zur Altarwand 114 Fuß lang, resp. 24 und 26 Fuß hoch von
innerer Bodenhöhe, von resp. 31 ½ und 40 Fuß innerer Breite;
die Mauern, abgesehen von der Stelle, wo 1782 der Seitenflügel
abgebrochen wurde, aus großen Felsen vortrefflich gebaut; auf der
alten Düne, an deren Fuß in vorgeschichtlichen Zeiten sich die
Wellen des Meeres brachen und später sich die Marscherde ablagerte,
doch gelegen. Sie brannte zum ersten Male 1559 aus und war
seitdem reich an Denkmälern der alten Kunst in Schnitzwerk, Bildhauerarbeit und Gemälden, bis sie leider im Jahr 1834 wiederum
ausbrannte. Wenn man aus dem Munde noch lebender älterer
Gemeindemitglieder die ruhmvollen Beschreibungen vernimmt von
dem Altar, der auf seinem Hauptfelde die Kreuzigung in Bildhauerarbeit, unter derselben das Abendmahl als Gemälde, zur
Seite die Verkündigung, die Geburt, die Weisen, die Darstellung
im Tempel in Bildhauerarbeit, enthielt; von der sogenannten
Hängekammer, die an der östlichen schmalen Seite in Gemälden die Bilder des Glaubens, der Liebe, der Hoffnung, der Geduld, der Mäßigung und der Stärke, an der Breitseite den Lauf
des menschlichen Lebens von zehn zu zehn Jahren (zuerst ein Knabe
und ein Mädchen u. s. w. in der alten Volkstracht) aufzeigte;
von den vielen schönen Gemälden re.; so bedauert man schmerzlich
den Untergang so vieler Kunstwerke. Dabei aber wird es einem
wahrscheinlich, daß der vielbesuchte Tesel in dem Hause des Marcus Schwlen zu Lehe, welcher die Jahreszahl 1568 trägt*),
von den Künstlern, welche damals an der Lundener Kirche arbei-
teten, nebenbei mit verfertigt ist.

Die Kirche besitzt jetzt nur zwei gute Bilder Luthers und
Melanchthons, welche ihr der frühere Diakonus hierselbst,
Dr. Claus Harms, schenkte; sowie außerdem die Altargemälde (die
Kreuzigung, zur Seite Petrus und Johannes, darunter

---

*) Vgl. S. H. L. antiq. Bericht VI (1841), S. 11 u. ff.; VII
(1842), S. 15 u. ff.

das Abendmahl) und ein Bild Luthers, welche ihr auf eine eigenthümliche Weise geschenkt und ohne künstlerischen Werth sind; sonst nichts an Werken der Kunst. Desto reicher ist der hiesige Kirchhof an Denkmälern aus aller Zeit, und schwerlich ist noch heut zu Tage im nördlichen Teutschland ein Kirchhof zu finden, auf dem die Pietät so viel erhalten hätte, und auf welchem (will's Gott und Dank den Worten von Harms über den Lundener Kirchhof in seinem Gnomon, welche nicht vergebens gegen vereinzelte Ungehörigkeiten gerichtet worden sind!) die Pietät so viel zu erhalten sich bemühen wird.

Propstei Kiel.

Selent. Mitgetheilt von Pastor J. Brinckmann.

Der Erbauer und die Zeit der Erbauung sind unbekannt, doch kommt die Kirche 1197 vor, und die Aufführung der Mauern von Felsen läßt auf ein entsprechendes Alter schließen. Es ist eine Kreuzkirche im gothischen Styl, ursprünglich wohl ganz von Felsen erbaut. Das Schiff besteht aus vier hohen Spitzgewölben, und das Kreuz wird durch je ein Seitengewölbe nach Süden und nach Norden gebildet; jenes die Wittenberger, dieses die Rastorffer Kapelle benannt, wegen der darunter befindlichen Grabgewölbe. Der Altar steht im Osten, im Westen die 1853 neuerbaute Orgel, im Norden die Kanzel und an der Südseite mehrere, dem Styl der Kirche unentsprechende, adelige Emporstühle. Der Thurm, am Westende, gleichfalls von Felsen erbaut, soll früher von so bedeutender Höhe gewesen sein, daß er den Schiffern als Seezeichen diente. Zweimal vom Blitz getroffen, ist er jedesmal erniedrigt, zuletzt 1766 durch einen Aufsatz von Ziegelsteinen wieder erhöht und mit einem, sich nach allen vier Seiten zuspitzenden Pfannendache versehen.

Die Kirche enthält an Holz-Sculpturen und Schnitzwerken:

a) Altes Altarblatt in drei Tafeln; die mittelste die Kreuzigung, die Seitentafeln auf 12 Feldern die Geschichte des Leidens, Sterbens, der Auferstehung, Himmelfahrt und Wiederkunft Christi zum Weltgericht darstellend. Vor dem Altarblatt ein kleines Crucifix mit dem Bilde des Gekreuzigten, aus Gyps gearbeitet; erst

in neuerer Zeit in Veranlassung der Confirmation der Comtesse
v. Blome von derselben an die Kirche geschenkt. Unter dem Altarblatt finden sich 7 kleine Nischen, in welchen geschnitzte Bilder,
Könige und Königinnen (wahrscheinlich israelitische) darstellend, lose
stehen, deren indeß nur 6 vorhanden sind. (Der Altarleuchter
ist in dem „Gothischen Musterbuch" abgebildet.)

Der Altar ist nach vorne und zu beiden Seiten mit einer aus
Holz-Schnitzwerk bestehenden Brüstung umgeben, vorne zwei und
zu jeder Seite ein Wappenschild enthaltend, die aber sämmtlich sehr
defect und schadhaft sind. Oberhalb der beiden vorderen Wappen-
schilder die Inschriften: „Herr Hans Ranzow, auf Salzau Erbherr,
der regierenden Herzogin zu Schlesw.-Holst. Hofmeister Anno – "
(Jahreszahl abgebrochen; der Schenker starb 1703) und: „Fraum
Anna Margaretha Ranzowin geb. Rieblmannseck." — Zu beiden
Seiten des Altars endet die Brüstung in einen Betstuhl, resp. die
Inschriften tragend: „Ach, Jesu, stärke mich durch dein Gutt" und:
„Ach, Jesu, wasche mich durch dein Blutt."

b) Die Kanzel enthält auf 5 Feldern Schnitzwerke; die
Verkündigung, Geburt, Kreuzigung, Auferstehung und Wiederkunft
Christi zum Weltgericht darstellend, mit entsprechenden biblischen
Inschriften in veraltetem Deutsch. Renovirt ist dieselbe 1676, wie
die Inschrift: „Diese Renovirung Gott zu ehren von Elias Jüng-
lings — Catharina Jünglings — glasmeister" — beurkundet.

c) In der nach Süden belegenen Wittenberger Kapelle finden
sich drei, an der Rücklehne des letzten der jetzt in der Kapelle befindlichen Kirchenstühle befestigte, alte sehr schmale Stuhlthüren in
gothischer Form, mit darauf geschnitzten Wappen; zwei derselben
tragen die Jahreszahl 1681; die mittelste dritte 1584; sonst ohne
Inschrift.

d) Die Sculpturen auf 2 in der Kirche befindlichen Leichensteinen sind bereits ziemlich unkenntlich.

An Gemälden sind vorhanden: e) Die Geburt Christi; auf Holz.

f) Eine Scheibe in dem Hauptfenster der Wittenberger Kapelle
mit einem Wappen, welches die Inschrift hat: „H. Bartram Re-
wentlau. 1699." Desgleichen in der Rastorfer Kapelle mit der
Unterschrift: „H. Hans Ranzow 1681."

Herzogthum Lauenburg.

Die Kirche zu Sahms, Gericht Lanken. Mitgetheilt von Pastor Bunzen.

Die Kirche war (nach Burmesters „Beiträgen zur Kirchengeschichte des Herzogthums Lauenburg") vormals dem heil. Andreas gewidmet. Die jetzige ist im Jahre 1811 von dem Landbauverwalter Riethof zu Lüneburg erbaut und trägt kennlich das Gepräge ihrer Erbauungszeit, wo von einem Verständniß für kirchliche Kunst wenig die Rede sein konnte, und wo die schweren Drangsale der französischen Occupation außerdem zur möglichsten Sparsamkeit bei dem durch Einsturz der alten Kirche nöthig gewordenen Neubau trieben. So ist die Kirche ein einfaches, doch solides und im Inneren recht freundliches Gebäude aus rohen Feldsteinen, die vier Ecken und die Einfassung der Fenster und Thüren, vermuthlich um das Behauen der Feldsteine zu vermeiden, aus Ziegeln; sie bildet ein Oblongum mit drei Rundbogenfenstern an jeder Seite, an jedem Ende eine Eingangsthür, über welcher ein kreisförmiges Fenster. Von einem Baustyl kann kaum die Rede sein; von außen geben nur die Feldsteine und die großen Fenster ihr ein kirchliches Ansehen, sie hat weder Thurm noch Spitze, nicht einmal einen Giebel, den ein Kreuz oder ein Hahn zieren könnte, sondern von allen vier Seiten zugeschrägtes sog. Walmdach, mit Dachzaugen gedeckt. Die beiden recht großen und guten Glocken hängen in einem Glockenhause auf dem Kirchhofe, das nichts weiter als ein niedriger Schuppen ist.

Im Inneren führt ein ziemlich breiter Gang von der Westthür auf den recht geräumigen Altarraum zu, der eine Stufe höher als das Schiff der Kirche liegt, übrigens von gleicher Breite und Höhe ist; am Westende und an beiden Langseiten bis zum Altarraum befinden sich Emporen. Die Decke ist flache gewölbte Bretterdecke, doch sind die Bretter unter den Balken angenagelt, und rundet sich die Decke an den vier Seiten ein wenig gegen die Mauer. Die Kanzel befindet sich in der Altarwand und ist von ganz schlichten Brettern, nur auf der Vorderseite verziert durch ein aus Holz geschnitztes aufgeschlagenes Buch mit einem vergoldeten Lorbeerzweig darum. Die übrige Altarwand trägt als einzige Verzierungen unter der Kanzel auf einer hervorspringenden Tafel ein Gewinde von

Aehren und Reben aus Holz geschnitzt und vergoldet, seitwärts von der Kanzel ein paar aus Holz geschnitzte Festons, über derselben einen theilweise vergoldeten Fries von Laubwerk. Der Altartisch selbst ist gegen die altkirchliche Sitte nicht von Stein, sondern ein Holzkasten; auf demselben steht (das Schönste in der Kirche) ein recht gutes Crucifix, das Kreuz aus schwarzem Holze, der Crucifixus aus Porcellan, dasselbe soll von dem sel. Pastor Claudius der Kirche geschenkt sein und aus der Meißener Porcellanfabrik stammen. Ein Taufstein ist bis jetzt nicht vorhanden, und dient statt dessen ein einfacher föhrener Tisch mit einer Porcellanschaale. — Aus der früheren Kirche haben sich keinerlei Kunst- oder Alterthumsgegenstände erhalten.

Im Jahre 1859 ist die Kirche neu gemalt worden; im Jahre 1860 erhielt sie als Geschenk der Frau Gräfin von Bernstorff-Gyldensteen auf Woterfen eine neue Altardecke und Kanzelbekleidung von grünem Sammt mit Goldfransen.

Die Kapelle zu Fahlenhagen, Amt Schwarzenbeck, Kirchspiel Sahms.
Mitgetheilt von Pastor Bunzen.

Die Sage schreibt die Erbauung dieser Kapelle den Schweden zu, die während des 30jährigen Kriegs hier gelegen, und beruft sich dafür auf die in die Endpfosten der Kirchenstühle eingebohrten Löcher, welche zur Anbringung von Lichtern gedient hätten, wenn die Schweden Abendandacht gehalten. Wenn nun auch diese Löcher zur Anbringung von Lichtern ganz geeignet sind und ich nicht einsehe, wozu sie sonst gedient haben könnten, so ist doch die Erbauung einer Kapelle durch eine zeitweilig das Land besetzende Kriegsschaar an sich unwahrscheinlich, und die in Fenstern des Ostendes befindliche Jahreszahl 1622 zeugt von dem Vorhandensein der Kapelle, ehe die Schweden nach Deutschland gekommen; möglich, daß sie dort Abendandachten zeitweilig gehalten, und daß sich darauf der historische Inhalt der Sage reducirt.

Die Kapelle ist ein sehr einfaches kleines Gebäude aus Eichenfachwerk, mit Pfannendach, ein kleines mit Schindeln gedecktes Thürmchen am Westende; sie bildet ein Oblongum und ist nicht größer, als daß sie stark angefüllt circa 200 Menschen fassen kann;

die kleinen viereckigen Fenster sitzen unregelmäßig, meistens dicht
unter der Decke; die einzige Thür ist auf der Südseite. Im Inneren geht ein schmaler Gang von dem sehr beschränkten Altarraum,
in den die Thür unmittelbar einführt, nach dem Westende, an welchem sich eine Empore befindet; die Kanzel ist an der Nordseite
gegen Osten. Im Jahre 1825 ist die Kapelle restaurirt worden,
jetzt aber wieder sehr baufällig.

Das Altarblatt, etwa 3½ Fuß breit und 4½ Fuß hoch,
viereckig, von einem einfachen Rahmen mit einigen Schnörkeleien
nach den Außenseiten und nach Oben eingefaßt, stellt in sehr ori-
gineller Weise die heilige Dreieinigkeit dar. Gott der
Vater, sitzend auf einem gelb angestrichenen Throne, dessen beide
Seiten je zwei Thürmchen bilden, ist dargestellt als ein Mann im
kräftigen Mannesalter mit dunklem zweispaltigen Kinnbart, ein
grünes Untergewand tragend, darüber einen über die Schultern
herabhängenden vorn offenen rothen gelbgesäumten Mantel: in
seinem Schooße hält er den Heiland am Kreuze, in bedeutend klei-
nerem Maßstabe ausgeführt, nur so groß, daß das untere Ende
des Kreuzes zwischen den Füßen des Vaters steht und das obere
ihm bis auf die Mitte der Brust reicht; mit je einer Hand hält
der Vater die beiden Enden des Querbalkens des Kreuzes; der
heilige Geist ist auf der Brust des Vaters eben oberhalb des Kreuzes in Gestalt einer abwärts fliegenden Taube dargestellt. Unter
den Figuren, innerhalb des Rahmens, ist ein etwa handbreiter Fries
von sich kreuzenden Holzstäbchen, gelb angestrichen; über den Figuren, ebenfalls innerhalb des Rahmens, drei Rundbogen, davon der
mittlere größer als die anderen, die Dreiecke dazwischen und die
Bogen selbst gefüllt mit durchbrochenen Verzierungen in gothischem,
oder doch gothisirendem Style. Die Krönung des Altars bildet
von Neuem ein Crucifix, wenig größer als das untere. Oberhalb
des Altars ist die sonst gegypste Decke mit Brettern bekleidet, die
mit Wolken bemalt sind, in welchen der heilige Geist als Taube
schwebt. — Die Figuren sind ohne Kunstwerth, das Gesicht des
Vaters regelmäßig, doch ohne Ausdruck, die Gliedmaßen theilweise
unproportionirt, namentlich die Füße des unteren Crucifixus über
die Gebühr groß. Ueber die Zeit der Erbauung des Altars läßt

sich nichts nachweisen; die Kapellenrechnungen gehen bis 1681 zurück, darin findet sich die Notiz: „Bey Hans Siemers jetziger Zeit Kirch Juraten Zeit 1721 vor Canzel Beichtstuhl und Altar nebst Brettern zusammen 36 ß". — Taufstein fehlt.

Die Kanzel aus Eichenholz mit einigen Kehlungen und Schnörkeln, in der Manier wie man sie an von Landtischlern verfertigten Mobilien, etwa Bettkisten und Schränken, bis in unser Jahrhundert hinein häufig findet, trägt auf der inneren Seite eingeschnitten die Worte: „Lorenz Laurentius Pastor, Hans Siemers Jurat." Die obige Notiz in der Kapellenrechnung ist von dem (im Kirchen-Buch von seinem Nachfolger freilich „Johann Joachim" genannten) Pastor Laurentius, der hier von 1690 bis 1725 gestanden hat; zu dieser Zeit wird also die Kanzel verfertigt sein. Dagegen möchte ich die damit zusammen genannten Ausgaben für den Altar nur auf eine Restauration desselben beziehen, umsomehr da die um den Rahmen der Altartafel befindlichen Schnörkel und das Gitter vor dem Altar, für dessen Thürhängen in jener Rechnung auch noch 6 ß aufgeführt werden, der Manier der Kanzel entsprechen; das Altarblatt selbst aber möchte älter sein.

Die Ueberreste einer weiteren Holzschnitzarbeit, unbenutzt unter der Treppe zur Empore liegend, stellen den Ritter St. Georg dar; der Ritter nebst dem mittleren Theile des Pferdes und des Lindwurms sind erhalten, doch ohne Werth. Wenn die Kapelle schon vor der Reformation vorhanden war, dürfte dies Bild dafür sprechen, daß sie dem heil. Georg gewidmet gewesen sei.

Von acht kleinen Fenstern, welche nur durch die Ständer von einander getrennt, die ganze Breite des Ostendes einnehmen, enthalten sieben Wappen und Inschriften in Glasmalerei; die Wappen und Inschriften sind zum Theil dadurch desect, daß zerbrochene Scheiben durch weiße ersetzt sind, die Farben sehr gut erhalten.

Von der Nordseite an gerechnet enthält das erste Fenster das Wappen der Grafen von Oldenburg nur zur Hälfte, indem von den 4 Feldern das obere rechts und das untere links fehlt; die beiden erhaltenen zeigen gleicher Weise Balken und Kreuze; über dem Wappenschild scheinen 3 Helme gewesen zu sein, die Stelle des mittleren ersetzt eine weiße Scheibe. Die Helme, wie alle

übrigen mit geschlossenem Visir, haben als Helmzier, der linke zwei
Hörner mit einem Kreuze dazwischen, über der Stelle des mittleren
ein Reiter, der rechts drei Reiherfedern. Die Unterschrift, woron
die linke Hälfte fehlt lautet: „...us Graf zu ... und Delmenhorst 1622." — Im zweiten Fenster ist das Wappen durch gewöhnliche Scheiben ersetzt; dagegen die Unterschrift erhalten, lautend:
„Anthon Günther Graf zu Oldenburg und Delmenhorst, Herr zu
Jever u. Knipbusen anno 1622 B † † (oder H) Praefectus Culp. K."
    Das dritte Fenster enthält weder Wappen noch Inschrift. Das
vierte zeigt im Wappenschild einen grünen Baum mit der Jahreszahl 1673 halb zu jeder Seite des Stammes; als Helmkleinod
wieder einen grünen Baum und die Unterschrift: „Franz Höltig."
Das fünfte enthält im Wappen zwei vor einem Baume stehende
Männer, hinter dem Baume steht ein Pferd; zur linken Seite des
Wappens die Jahreszahl 1673, unter demselben: „Lueder Rohmor."
Das sechste Fenster zeigt im Wappen einen weißen aus einem Gebüsch nach rechts springenden Fuchs, statt des Helms einen Kindes-
oder Engelskopf, darunter die rechte Hälfte der Unterschrift: „...Wiech-
mann... Sambsem." (Wiechmann war Pastor zu Sahms (vormals
Sambs) zwischen Jacob Lüders der hier 1506 stand, und Johann
Kesler, der 1675 starb.)
    Das siebente Fenster zeigt im Wappen einen rothen nach links
springenden Hirsch, als Helmzier ebenfalls einen Hirsch, darunter die
Inschrift: „Bartholomaei Klentzke Amtmann zu Culpin 1623". Das
achte enthält im Wappen einen nach links gehenden Storch über
dem 3 Sterne, als Helmzier ebenfalls einen Storch, und die Unterschrift: „Johann Gieseler Amts Schriwer zu Trittow 1623."
    Die Oldenburgischen Wappen wie das des Amtmanns zu Cul-
pin werden daher rühren, daß Fuhlenhagen nebst anderen Dörfern
(vgl. Topographie I, 312; II, 167) mit dem Gute Culpin von
1575 bis 1631 an die Grafen von Oldenburg verpfändet war.
Wie gleichzeitig das Wappen eines Amtsschreibers zu Trittau dahin
kommt, ist nicht recht einzusehen; es müßte denn sein, daß, weil
das Kirchdorf Sahms von 1447 bis 1796 eine Pertinenz des
Amtes Trittau bildete (vgl. Topographie II, 73), daraus etwa
Holsteinischer Seits auch über die nicht als Kunstkirche anzusehende

und mit keinerlei Parochialrechten versehene, im Kirchspiel Sahms
ob auch unter anderer Jurisdiction belegene Kapelle eine Art Patronat hergeleitet worden sei, welches der Trittauer Beamte zu vertreten haben mochte.

Anhang. Die Kirche auf Amrum. Von Chr. J.

Westerlandföhr und Amrum sind bekanntlich dem Königreich
Dänemark enclavirte Theile des alten Nordfrieslandes. Zur Zeit
der Reformation gehörten übrigens sowohl St. Laurentii auf Westerlandföhr wie St. Clemens auf Amrum zur schleswigschen Diöcese,
und St. Clemens war ein Filial der St. Johanniskirche auf Föhr.
Das „Cathedraticum Register“ im liber cens. nennt neben den
Kirchen auf Osterlandföhr St. Laurentii auf Westerlandföhr und
St. Clemens in Umbrum; jene mit einem Ansatz zu XII β, diese
mit IX β. Damit stimmt auch das Schwabstedter Buch 1523.
(Vgl. Jensens Statistik). Seit Einführung der Reformation war
die Kirchensprache hier deutsch, bis 1720 plattdeutsch, dann hochdeutsch.

Die Kirche auf Amrum gehört ihrer Bauart nach zu den
ältesten Kirchen Nordfrieslandes. Nach einer Sage stand sie früher
auf ual Höbr (alter Hof), einem von Grabhügeln aus der heidnischen
Vorzeit umgebenen Platze, ¼ Meile südlich von dem jetzigen Kirch-
dorfe Nebel. (Eine andere Sage s. Jahrb. IV, 143). Die massiven
Mauern bestehen inwendig aus unbehauenen Feldsteinen, die durch einen
sehr harten Mörtel mit einander verbunden und mit einer aus rothen
Ziegelsteinen bestehenden Bekleidungsmauer versehen sind. Das
Chor ist durch einen runden Schwibbogen von dem Schiff der
Kirche getrennt; jenes ist inwendig 13 Fuß hoch, 14 Fuß breit
und 19 Fuß lang; dieses hat eine Höhe von 19, eine Breite von
20, und eine Länge von 60 Fuß. Flache Bretterdecke. Ueber dem
Schwibbogen (im Schiff) finden sich Christus am Kreuz und 6
Apostel an jeder Seite des Gekreuzigten in sehr großer Bildhauer-
arbeit aus Eichenholz. An jeder Seite der östlichen Wand des
Schiffes, unter dem Schwibbogen, ist eine Nische. In der kleineren
Nische an der Nordseite stand früher eine kleine aus Eichenholz geschnitzte männliche Gestalt neben einem Lamm; in der größeren an
der Südseite fand sich ein Reiter zu Pferde, ebenfalls aus Eichen-

3*

holz geschnitzt. Das Altarblatt, auf welchem sich der Name des
Pastors Martin Flor († 1686) findet, besteht aus einer Tafel
mit zwei Flügelthüren; jene zeigt ein Oelgemälde ohne Kunstwerth, das die Einsetzung des heil. Abendmahls darstellt; auf den
Flügelthüren sind die vier Evangelisten abgebildet. Der Altartisch
besteht aus englischem oder belgischem Kalkstein. Die vier Altarleuchter aus der Mitte des 16. Jahrhunderts sind Geschenke hiesiger
Gemeindemitglieder. Kelch und Patene aus Silber, inwendig und
auswendig vergoldet. Der Taufstein aus Granit ist wie ein Becher
geformt und steht jetzt an der Südseite des Chors, früher an der
Süderthür. An dem Predigerstuhl, an der Nordseite des Chors,
ist ein Schwan abgebildet. Die einfache bunt vermalte Kanzel an der
Südseite des Schiffes stammt aus dem Jahre 1623; an der Schall-
decke über derselben finden sich die Namen „Knudl Nickelssen, Nerrin
Nickelssen in Nebul up Ambrum" nebst dem Bibelspruch „Wort
Gottes bleibet in Ewichkeit" und der Jahreszahl 1662. Zwei
Emporen, eine an der Nord- und eine an der Westseite des Schiffes;
letztere ist die ältere, und an der Vorderseite derselben sind Christus und die 12 Apostel abgebildet. Zwei messingene Kronleuchter,
Geschenke alter Grönlandsfahrer. Epitaphium des Pastors Friedrich Mechlenburg († 1778) über der Süderthür. Runde Bögen
an Thüren und Fenstern. Thurm fehlt.

Im südöstlichen Winkel des Chors stand früher ein alter ei-
chener Schrank, der vor reichlich 20 Jahren durch einen neuen
ersetzt worden ist, aber im Pastorat aufbewahrt wird. Dieser alte
Kirchenschrank ist inwendig in zwei Räume, einen oberen und einen
unteren abgetheilt. Hinter der äußeren eichenen Thür vor der oberen
Abtheilung befindet sich noch eine innere, die aus einem eisernen
Gitter besteht. An der inneren Seite der eichenen Thür ist ein
nackter mit Blut und Striemen bedeckter Heiliger auf einem Felsen
sitzend abgebildet, der eine Geißel in der rechten und einen Palmzweig (?) in der linken Hand hält. An der Thür der unteren Abtheilung findet sich ebenfalls an der inneren Seite eine ähnliche Figur,
die aber der Feuchtigkeit wegen nicht so wohl erhalten ist. Auch
diese Figur stellt einen nackten auf einem Felsen sitzenden Heiligen
dar, der dem Anschein nach eine Keule in der Hand hat.

In der oberen Abtheilung dieses Kirchenschrankes wurde außer den Abendmahlsgeräthen ein Reliquienschrein*) aufbewahrt. In dem unteren Raum stand der Armenblock.

Der erwähnte Reliquienschrein, welcher aus dem 11. Jahrhundert zu stammen scheint, besteht aus einem einzigen Stück Eichenholz und hat eine Länge von 7¼, eine Breite von 4⅜, und (die Höhe der Füße abgerechnet) eine Höhe von 3¾ Zoll. Die obere Fläche (Taf. I) ist mit einer dünnen vergoldeten Kupferplatte belegt, auf welcher mehrere aus dünnen vergoldeten Kupferblechen gebildete Figuren und Sternchen oder Blümchen befestigt sind. Die ganze Fläche ist in drei Felder abgetheilt. Der Grund des mittleren und größten Feldes ist mit grünlicher Emaille überzogen. Auf demselben ist der Erlöser am Kreuz (wie die übrigen Figuren aus dünnen Kupferblättchen geschnitten) zu sehen. Zur Rechten unter dem Kreuz steht eine gekrönte weibliche Gestalt, welche die siegende Kirche darstellt, mit einem Scepter und fängt das aus der Seitenwunde des Herrn herabströmende Blut in einem Kelche auf. An der linken Seite steht ebenfalls eine weibliche Gestalt mit gesenktem Haupt und verbundenen Augen, das trauernde Judenthum darstellend, die ein mit der Spitze nach unten gekehrtes Schwert in der Hand hat.**) An jedem Ende ist ein kleineres Feld und in

---

*) Die Kirche besitzt den Reliquienschrein nicht mehr, da das Kopenhagener Museum nordischer Alterthümer denselben vor einigen Jahren durch Kauf erworben hat.

**) Diese Darstellung der christlichen Kirche und der Synagoge wiederholt sich auf zahlreichen Bild- und Bauwerken und dergleichen in der dramatischen Poesie des Mittelalters. In dem Passionsspiel (abgedruckt bei Mone, Schauspiele des Mittelalters II, 183 u. ff.) treten Christiana, die Kirche, und Judea, die Synagoge, auf und ballen zweimal unter dem Kreuz Christi eine Disputation, welche damit endigt, daß Christiana der Gegnerin die Augen verbindet, mit den Worten:

Zum Zeichen, daß ir all sind blind
Und daß ir hant einen falschen Glauben,
So tun ich dir verbinden din Ougen
Und brich dir din Bauer euch enzwei.

Neben der Augenbinde hat nämlich die Synagoge als gewöhnliche Attribute die Gesetztafeln und einen zerbrochenen Stab (Speer,

jedem derselben eine Figur, deren Haupt mit einem Heiligenschein umgeben ist; der Grund dieser beiden Felder ist mit dunkelblauer Emaille überzogen. In den vier Ecken sind die Symbole der vier Evangelisten angebracht. Die Einfassung des Ganzen ist wie das Hauptfeld und die vier Ecken mit grünlicher Emaille überzogen und mit Sternchen oder Blümchen besetzt; der äußerste Rand vergoldet.

Was die vier Seitenflächen des Schreins anbetrifft, so ist von der einen längeren Seitenfläche die ganze Bekleidung abgefallen. Bei der zweiten stehen oben auf einer schmalen Fläche am Rande die Namen der Apostel Petrus, Paulus, Andreas und Jacobus auf einer vergoldeten Kupferplatte. Die schräge Fläche unter den Namen dieser Apostel ist ursprünglich mit einer grobkörnigen Masse überzogen gewesen, die noch an einigen Stellen sitzen geblieben ist. Dasselbe gilt von der correspondirenden schrägen Fläche unten (unter den Bildern der Apostel); auch ist die Einfassung am unteren Rande wie die am obern Rande mit vergoldetem, hier verziertem Kupferblech belegt. Auf der breiten Fläche in der Mitte finden sich die Brustbilder der oben genannten Apostel, roh gearbeitet wie die Figuren auf der Oberfläche und gleich diesen aus Kupferblech geschnitten. Die Einfassung jeder der vier kleinen Flächen ist vergoldet, während der Grund aus gelber Emaille mit rothen Punkten, Mosaik ähnlich, besteht.

Die eine kurze Endfläche gleicht der eben beschriebenen Seitenfläche und enthält die Figuren zweier Apostel nebst deren Namen, Thaddäus und Mathias. Von der anderen Endfläche ist die Bekleidung, bis auf die Platte am oberen Rand mit den Namen zweier Apostel, Johannes und Thomas, abgefallen. Die verhältnißmäßig kleine Oeffnung an diesem Ende, die sich nach innen bedeutend erweitert, aber nur roh ausgemeißelt ist, scheint nicht für eine Schieblade bestimmt gewesen zu sein; vielmehr möchte sie mit einem festen Deckel versehen und durch eine mit Nägeln befestigte Kupferplatte geschlossen gewesen sein; wodurch der Inhalt dem Anblick entzogen und gegen Entweihung gesichert war.

Fahnenstock); seltener kommt wie hier ein Schwert vor, z. B. am Portal des Doms zu Worms, wo die blinde Jungfrau ihr dolchähnliches Messer einem Ziegenbock in die Kehle sticht.   H.

Kleine Mittheilungen.

---

1. **Der Graf Christian Detlev zu Ranzau. Aus einer hand-
schriftlichen Chronik des Fleckens Elmshorn, entworfen von Bracklow,
Notar in Elmshorn. Mitgetheilt von J. v. Schröder.**

1650 am 5. Januar mußten die Elmshorner gräflichen Eingesessenen auf dem Hause Ranzau dem Grafen Christian von Ranzau
huldigen; dabei wird in einer alten Nachricht bemerkt: „Den 24. Aug.
hebben wy ehm thom Willkommen verehrt 150 rthlr. tho der Hul-
digung. Op des Husvogds Auforderung heft ein Jeder uthgeven
2 Höner. Von Claus Garbau dalbo gekoft 36 ℔ Botter, dafür
betalt 12 ₰ 6 β. Noch vor Grön Fleisch 6 ₰. 1650 den 1. April
unsern gnädigen Grafen dat erste Herrngeld, Paßschat und Zeber
betalt und den 9. Decbr. dat ordinaire Herrngeld betalt. 1654
den 7. Februar, als der Graf nach Bandsbek zur Hochzeit waren,
sind von Hamburg geholet 1 Oxhoft Wein und ein Faß mit Ge-
würze einer Tonne schwer, das sollte auf Ranzau geführt werden.“

In einem Actenstück sind folgende Species facti enthalten:
„1720 den 3. Juli hatte sich unter Ihro hochgräfl. Excellenz dem
Grafen von Ranzau und Laurenholm 2c. bei sich auf dem Schloß
habende Milice in 48 Mann bestehend, eine General Revolte her-
vorgethan, welche in allen ihren Umständen folgendermaßen passirte.

Es traten nemlich anfangs nur einige Mann aus der Wache (die Pforte genannt) heraus, und kündigten dem Capitain Henry den Arrest an, der sogleich ohne Widerrede seinen Degen abgab, worauf der Sergeant Insen sich zum Commandeur aufwarf und ausrief: Kinder! folgt mir! Als nun der Graf den Lärm gehört, sei er aus seiner Kammer zu den Soldaten gegangen und habe gefragt: was sie machten, und warum der Capitain arretirt sei? worauf Insen den Grafen am Arme gefaßt und gesagt: Allons fort! und selbst in Arrest! Jedoch habe sich der Graf sofort in die Hausvogtei retirirt und die Thüren verschließen lassen. Nun hätten sie alle Arrestanten, unter denen sich der Stallmeister des Grafen befunden, befreit, und es sei eine förmliche Rebellion entstanden. Obgleich nun der Graf selbst ihnen aus einem geöffneten Fenster zugerufen: sie möchten sich doch zufrieden geben, es solle ihnen alles was sie verlangen, gegeben werden, und ungeachtet sie bereits ihren vollen Sold erhalten, auch schon viel ungezähltes Geld aus den Fenstern geworfen war, so war dies Alles unzureichend ihre Wuth zu besänftigen, vielmehr ging ihre Verwegenheit so weit, daß sie mit aufgespanntem Hahne nach dem Grafen zielten, und als der Secretair sie von diesem Unwesen abmahnte, drohten der Sergeant und der Stallmeister auch ihn zu erschießen. Hierauf nun sei die Hausthüre der Hausvogtei eingeschlagen, und die Rebellen wären mit geladenen Gewehren und aufgeschrobenen Bajonetten bis zu den Zimmern des Grafen vorgedrungen und dem Laquaien Diedrich Petersen mit einer Paßkugel und zerhauenem Schrot an der Seite des Grafen einen Schuß beigebracht, an welchem er nach 3 bis 4 Stunden gestorben. Demnächst wären des Hausvogts Tische, Stühle, Schränke u. s. w. zerschlagen, ihm verschiedenes Haus- und silbernes Tisch-Geräthe geraubt, auch sei die Stube des Secretairs und dessen Koffer erbrochen, ihm außer 10 rthlr. seine Wäsche, ein silberner Degen, Hut, Handschuhe u. s. w. entwendet, und nun habe die Rotte sich berathschlagt: ob sie jetzt das Haus anzünden oder erst Alles darin lebende massacriren sollten. Der liebe Gott lenkte es aber so, daß sie eiligst nach dem Schlosse gelaufen, mit ihrem Capitain abgezogen, und auf ihrem Marsch nach Pinneberg noch viele Insolentien begangen, nemlich: daß sie ihre Gewehre auf die Strohdächer in den Dörfern Bevern und Flöethoop abgefeuert, einem Bauer (der ihnen davon abgemahnet) mit dem Seitengewehr gehauen, einem andern seine Pferde und dem dritten seinen Wagen abgenommen. — Nun sei die Rotte von den Betheiligten bis in Pinneberg verfolgt, daselbst angeklagt, arretirt und nach Glückstadt in Verwahrsam gebracht worden. Nachdem nun 8 Zeugen gerichtlich abgehört waren und durch deren Aussagen erwiesen war, daß nicht nur die beiden Inquisiten Johann und Friedrich Küsel auf ihrer Flucht ergriffen und sofort nach Ranzau zurück gebracht, auch dargethan wurde, daß der Mitneu- lerer Joh. Weidemann, der in Pinneberg verhaftet ward, der Mörder des Laquaien gewesen sei, so wurde Lehterer schon am 20. Juli 1720 nach Ranzau abgeliefert, jedoch erst den 20. Febr. 1722 in Barmstedt decollirt.— [*])

<hr>

2. Extract aus dem Sterbe-Register bei der Kirche zu Münsterdorf. Mitgetheilt von J. v. Schröder.

Anno 1722 den 8. Octbr. ist der wohlselige Herr Graf Christian Detlev Ranzau, nachdem Mittags von 11 bis 12 und Nachmittags von 3 bis 4 Uhr albie geläutet, von denen Vögten in dortigem Begräbniß zu Breitenburg unter der Kirchen ohne weitere Cere- monien beigesetzt worden. Er ward am 10. Novbr. vorigen 1721 Jahres Mittags zwischen 11 und 12 Uhr zu Barmstedt nahe am Schloß durch einen mörderischen Schuß mit mehr als 15 Wunden jämmerlich getödtet, daselbst standesmäßig gekleidet, und mit dem innersten Sarge am 28. gedachten Monats Novbr. hieher nach Breitenburg gefahren und in dortiger Hofkirche eingesetzt; darauf

<hr>

[*]) Darauf folgt in der Chronik die Bemerkung: „Wie sehr aber der Graf Christian Detlev Ranzau gehaßt wurde, beweiset nachstehendes: Es speiste dieser Graf am 28. Aug. 1720 in Elmshorn, und da derselbe gleich nach dem Genuß der Speise sich plötzlich so unwohl befand, daß ein heftiges Erbrechen erfolgte, so ist es wahrscheinlich, daß ihm in der Speise Gift beigebracht war. Er soll es seiner ungewöhnlich starken Natur nur zu verdanken gehabt haben, daß er wieder hergestellt wurde."

nach Oſtern dieſes 1722 Jahrs in ein neu und proper kupfernes
Sarg gelegt, damit er in parade geſtanden und von Jedermann
können geſeben werden, bis zur obgedachter Beyſetzung.

Extrahirt Münſterdorf den 6. Septbr. 1824.

in fidem J. C. F. Kall, Paſtor.

---

3. Zur Kirchengeſchichte Altonas.

1. Die Grenze zwiſchen den Kirchſpielen Altona und Ottenſen, wie ſie bis auf den heutigen Tag beſteht, beruht auf dem
Interims-Vergleich vom 7. Juni 1695, welcher am 18. September
1705 die königliche Beſtätigung erhielt. Der betreffende Paſſus
lautet:

„Ao. 1695 den 7. Juny iſt bei gehaltenem Königl. Alto-
naiſchen Conſiſtorio auf das von dem Herrn Paſtore zu Ottenſen
und den Kirchengeſchwornen daſelbſt übergebene Memorial einige
Differentien (betreffend) folgende respective Remonſtration und
Vereinigung geſchehen, womit briderſeits friedlich geweſen:

---

5. iſt unter den Parten wegen der bei der Sagemühle zu
Altonah gelegenen und Theils neu erbauten Häuſer ein Interims-
Vergleich bis zu anderweitiger Verordnung dahin gemacht worden,
daß das Wirthshaus mit den dabei vorhandenen Wohnungen unter
dem Berge, ſo bisher nach Ottenſen zur Kirche gehöret, wie auch
alle an der Elbe von da bis Ottenſer Grenze neuerbaute und noch
zu erbaunde Häuſer nach Ottenſen zur Kirche gehören, hingegen
die Schneide- oder Sagemühle, ſo oben ſteht, mit den Wohnungen
dabei und was oben bis Ottenſen künftig gebauet werden mag,
nach Altonaer Kirche und Gemeinde gehörig ſein ſolle. So viel
auch die Copulationes im Wirthshauſe anlangt, bleibet denen
H. H. Paſtoribus von Altonah frei, die aus ihrer Gemeinde,
wie auch dem H. Paſtor von Ottenſen aus der ſeinigen allda zu
copuliren, die fremden aber, ein jedweder von beiden Theilen von
daher es begehret wird.“

Die Edgemühle ist 1713 abgebrannt und nicht wieder aufgebaut; sie muß am Sandberge gestanden haben. Das Wirthshaus zur Edgemühle hat, wie angenommen wird, da gestanden, wo jetzt die „Alte Eisengießerei" des Herrn W. Eggers (früher Meiners und noch früher Willink), große Elbstraße Nr. 106, steht; weil indeß Nr. 106 noch an die Altonaer Kirche contribuirt, so mag das Wirthshaus wohl etwas westlicher, am westlichen Abhange des Sandberges, gestanden haben. Das Wirthshaus ist 1713 verschont geblieben; wann es abgebrochen wurde und aufgehört hat zu existiren, ist mir unbekannt.

Mitgetheilt von Pastor G. Schaar. Vgl. Schmid's Beschreibung der Stadt Altona S. 176.

2. Die Altonaer Nachrichten vom 18. Juni 1861 veröffentlichen ein Aktenstück, welches die betreffenden Notizen in der „Denkschrift zur Erinnerung an die erste Secular-Feier der Dreifaltigkeits-Kirche zu Altona am 8. September 1843", S. 19—21, wesentlich vervollständigt. Dasselbe lautet folgendermaßen:

„Actum Altonae in Consistorio, den 15. Octbr. 1739.

Im Consistorium sind Deputirte des Magistrats, Kämmereibürger und einige dazu beorderte geschickte Handwerksmeister erschienen und sind einhellig der Meinung gewesen, daß die alte Kirche unter 14, bis 15,000 ℳ nicht habe reparirt werden können. Es müßte denn das ganze Dach abgenommen und statt dessen ein ganz neuer Dachstuhl nebst Balken durch die Kirche aufgeführt werden, folglich das Gewölbe der Kirche dadurch niedriger werden, so daß die Orgel, wie sie jetzt ist, nicht bleiben könne. Außerdem sei die Kirche zu klein. Eine zweite zu erbauen und sie mit wenigstens einem Prediger und Cantor zu unterhalten, vermöge die Gemeine nicht; auch verlören dadurch die jetzigen Prediger sehr an ihrer rechtmäßigen Einnahme. Die neu zu erbauende Kirche solle künftig die Hauptkirche heißen, so lange Altona stehe, auch bleiben; allenfalls auch die Armen-Kirche, da sie mit Gottes Hülfe an die Stadt wieder kommen werde, gar leicht erweitert, mithin zur Haltung des Gottesdienstes vor der Hand Gelegenheit genug für der Stadt Einwohner lutherischer Religion vorhanden sei; daher man unsern Nachkommen,

welche Gott ferner segnen möge, die Ehre lassen wollte, daß sie
die Stadt Altona noch mit einer neuen lutherischen Kirche, wozu
unser jetziges Vermögen zu schwach, zieren möchten, dabei gar nicht
zweifelnd, dieselben werden auch unser jetziges Vorhaben und Uebernahme der Mühe mit Dank erkennen. Beschlossen ferner: dem
Monsieur Dose, wenn er die Direction dieses Baues übernehme,
pro studio et labore überhaupt 500 Rthlr. zu geben, und zwar
gleich Anfangs, wenn der Grund abgestochen worden, 100 Rthlr.,
aus dem Grunde gebracht wieder 100 Rthlr., das Gebäude bis
unter das Dach geführt abermals 100 Rthlr., und die beiden letzten,
wenn das Gebäude zur perfection gebracht sei, in dem er bei dem
Bau nicht beständig gegenwärtig zu sein brauche."

---

4. Lauenburgisches Regiminal-Rescript vom 25. Febr. 1727.
Mitgetheilt aus dem früheren Rentekammer-Archiv von Klosterbergt
Hennlugsen in Schönberg.

"Daß denen Dorfschaften des Amtes Lauenburg, welche eine
Zeitlang ihr Bier aus Mölln und sonsten etwa anderwärts her-
genommen, fordersamst anzuzeigen sey, daß sie künftige Zeit ihr zu
consumirendes Bier aus der Stadt Lauenburg zu nehmen gehalten
seyen, widrigenfalls aber zu gewärtigen haben sollten, daß das bei
der Distirung sich findende fremde Bier sofort weggenommen und
confiscirt werde."

Dies Rescript wurde den dem Amte untergebenen Bauermeistern
und Krügern den 4. März 1727 ad protocollum eröffnet, und es
erklärten:

1) Diejenigen, welche bisher ihr Bier aus der Stadt Lauenburg genommen hatten:

Daß sie fernerhin ihr Bier aus der Stadt Lauenburg nehmen
wollten; die Brauer müßten ihnen aber, der alten Gerechtigkeit
nach, die Zahl (gesetzlich die 30ste, observanzmäßig die 20ste
Tonne, welche der Krüger kauft, und welche er uneigentlich bekommt), Jahrmarkts- und Kindelbiertonnen, item 1 Schilling für
jedwede biere Tonne und freien Convent geben; auch baten sie,

daß ihnen über voriges, auch dasjenige gegeben werden möchte, was Diejenigen bekämen, so ihr Bier aus Mölln genommen.

2) Diejenigen Bauermeister und Krüger, welche bisher ihr Bier aus Mölln genommen hatten:

Daß sie sich den Bierzwang nach Lauenburg zwar gefallen ließen, allein verlangten, daß ihnen dasjenige auch gegeben werde, was ihnen bis daher von ihren Brauern aus Mölln auch gegeben worden, als die Zahl-, Erndte-, Kindelbiers- und eine Tonne auf Weihnachten, ein Osterbrod und Osterfladen, jedes Stück zu 10 bis 20 Pfund, Item alle viertel Jahr ein Stück Fleisch zum Braten, auch wol ein Gericht Fische; für jedwede ledige Tonne dem Knecht 1 Schilling und so oft einer Bier hohle, müßte der Brauer ihm Geld zur Wagenschmiere geben, auf 20 Tonnen ein Paar Pantoffeln oder 24 Schilling an Gelde, item freien Convent, so viel sie im Hause nöthig hätten.

Unter Convent ist das aus dem zweiten Aufguß bereitete Bier, der zweite Absud (Dünnbier, Halbbier) zu verstehen.

---

5. Einige Notizen aus Schwansen. Von E. Klüß.

Obgleich in Schwansen alle alten Ortsnamen dänisch sind, ja sogar viele Koppeln dänische Namen haben, ist es doch ausgemacht, daß die gegenwärtige Bevölkerung niedersächsisch ist; aber wo sind denn die Dänen geblieben? Ich vermuthe, daß diese bei der Errichtung, und gar später zur Zeit der Arrondirung der Güter, noch einige persönliche Freiheiten hatten, die man ihnen nicht nehmen konnte, und daß deswegen besonders hier auf Ludwigsburg die Sehestedts und Ranzows von ihren holsteinischen eigenen oder verwandter Güter Leute herkommen ließen, die nach und nach die Dänen verdrängten. Plötzlich kann solches nicht geschehen seyn, denn sonst würden die Orts- und Feldnamen sich nicht erhalten haben, und so sehr lange kann es, der Felder wegen, auch noch nicht her seyn. Nach und nach haben sie sich wohl mit einander assimilirt. Hier auf Ludwigsburg sind die vorherrschenden alten Familiennamen Heide, Moll, Thies und Witt. Ob

einige Hensens und Nissens von der alten Bevölkerung ab-
stammen oder von Norden eingewandert sind, ist nicht zu errathen.
In Rücksicht auf jene alten Stammnamen könnte es sein, daß diese
sich noch in Mehrzahl auf holsteinischen Gütern befänden, und
daß man aus den Namen der gleichzeitigen Besitzer ungefähr
auf die Zeit ihrer Uebersiedelung schließen könnte. Aus den
Waabser Kirchenbüchern ist leider nichts zu ersehen, da die alten
in der Mitte des vorigen Jahrhunderts verbrannt sind.

Gegenwärtig wird Klein-Waabs öfter Kirch-Waabs genannt. Es ist der letztere Name aber durchaus neueren Ursprungs
und stammt erst von dem Advokaten Boock, der um 1820 Administrator des Ahlefeld-Dehnschen Concurses war.

Die Ludwigsburger Allee ist von einem Verwalter Junge
angelegt worden; früher soll der Weg mehr südlich gegangen sein.
Zur Waabser Kirche führte blos für die Herrschaften ein verschlossener
Weg gerade über die Kerveln; den Schlüssel dazu habe ich noch
gekannt. Den Ludwigsburger Lustgarten hat ein Gärtner Bastorff
eingerichtet.

Das Rothensander Feld soll in alten Zeiten nichts als
eine Uebertrift des Hofes Ludwigsburg gewesen sein. Und wie es
scheint, ist der Hof Rothensande 1703 angelegt; wenigstens steht
diese Jahreszahl auf dem Wohnhause.

---

6. Urkunde des Grafen Adolph zu Holstein über einige
verkaufte Güter im Kirchspiele Neumünster, und über die
Stör-Fischerei zu Blankenese. Ohne Jahrzahl (wahrscheinlich
1325). Aus der Bibliothek des Kammerherrn Amtmann Sestern-Pauly
in Schwarzenbek. Mitgetheilt von J. v. Schröder.

Adolphus von der Gnade Godes, Greve tho Holsten, Stormarn unde Schowenborch, Allen tho den dessen Jeghenwardigen
(wardige?) Breff kompt, entede wy Heyll in den Herrn unde wyl der
Inholdinghe desses jeghenwardigen Breves bekenne wy openbare
tho betüghede dat wy wyl vuller Volborth unser truen Broder unde
Herrn Her Gherdes vnd Herr Eriches vnd vnser Eruen vnd na

Rade vnses ghetruwen Manne hebbe verkofft vnde vorlaten vnd in
disser Erdpsst vpgheladen vor Hundert vnd vor vertich Marc Penninghe
Lamb. Münte, dee vns gantzelyken betalt shat, hinrike Rüghen vnsem
Borghern tho Hamborg syner echten Huffrouwen vnde Allen eren waren
Erfnamen ghebarn vnde noch ghebaren werdt se sin wysstiles edder
manltyles slichtes alle vnser Ghüdere de hyr benedden vtghedrücket
werden tho ersslilen vnd tho eghentliken Rechte wplliken tho thor
besittende. Alse ene Houe Landes belegen in vnsem Dorpe tho
Redborn Bloibese de gheheten is des Vogedes Houe de nu buwet
des Burghers Snybere. Vortmer ene Houe Landes, belegen in
dem Velde vnses Dorpes Süldorp de nu buwet Eghart Elapere,
Vortmer ene Houe Landes beleghen in den Velten vnses Dorpes
Dodenhube, da nu buwet Vntser, wpl alle eren thobehoringen, lifs-
lechten wpt samycheyden vnde vplomyngen, alse de vorbenomeden
Houen beleghen sint, bynnen vnd buten den erbenomeden Dorpen
in Ackeren in Garden twyschen Beyden, Wolden, Sleben, Hel-
tingen wpt Houwpnghen der Hollere tho behoeff vnde Nültigheit
tho betruende vnde tho buwende wpt Enyne Maste wpt Wateren
edder mit Wateriopynghen wpt Byscheryen wpt Geesllanden vnde
wpt Marschlanden, dede tho wassen moghen, wpt Lantschedingen
vnde vort wpt allen Bryheyden vnde wpt samycheyden darmede
wy vnde vnse Zäerelderen de vorbenomeden Houen besseten so velen
Jaren, ower welke vorbenomeden dre Houen Landes wy doch vnse richte
vnde rechte, alse dat Hogeste vnde Eydeste vns vnde vnsen Eruen
gantzliken vnde wpt alle beholden. Vortmer so vorlate wy vnd
vplaten denssülven Hinrick syner Husfruwe vnd eren Eruen vnse
Discherye in der Elue de gheheten is Eluektentoch by dem Wil-
tenbarghe in der Elue vnde Bloth der Eluen alse des vns vnde
vnsen Eruen in der Vangbinge der Eloer de gevanghen werden
von den Anwonern vnser Dorpe Blankenese vnde Nygenstede, von
welchen Eloeren hereto vns hefft anvellich ghewesen vnd summer
schall anvellich wesen den vorbenomeden Hinrick syner Husfrouwen
vnd eren waren Eruen dat vesste Del, edder de vesste Pennink
van den Eloeren de van den Lüden der vorbenomeden Dorpen der
Elue gheuangen werden. Vormer de Byscherie in der Elue vnde
Blot der Elue by dem Dorpe Tzesterfstete alse de vns vnd vnsen

Eruen hefft lobehört. Hyrumme so wylle wy dat de vorbeno=
mede Hinrik syn Huſfrouwe vnde eren Eruen de erbenomeden
Ghüder vnde holik vnde allent dat dartho behorth rouvelikn be=
holden vrye entfangen vnde rubaren vnde vredeſam beſitten ſo ewyghen
Tyden alſe hir en baven is vthgedrücket vnde alſo de Buwelüde
vnde Inwonere der vorbenomeden Ghüdere mylh allen Bryheyden,
Vorbelen vnd Anvallyngen erbenometh, in allen Dynghen des en
Roth vnd Nütte is ſy ed Brouven [?] der bruken ſchullen ſo allen
Tyden temelyken vnde overordichliken aller weghen in vnſer Her=
ſchup vnde yo rullenkomeliker wanne vennyghe vnſer Lüde ſunder
ſenigherleye Wedderſprake vnde Hynderniſſe. Ed love wy in deſſer
Scryfft, weret dat Jemenl de vorbenomenden Ghüdern avverbygede
ebber de erbenomende Hinrik ſyner Huſfrouwen vnde eren Eruen
ebber de Beſitter der vorbenomenden Güder vppe de rouweſame=
liken Beſyttinghe derſülven Güder vordegedynghen vnd beſchermen
lyler Whs alſe vnſe Ghüder vnde envlichtighe vnde rechte Wa=
ringhe don, da doch de vorghefpraken Hinrik ſyne Huſfrouwen vnd
eren Eruen hebben uns van ſündergher Gnade vorlenet dat wy
vnde vnſe Eruen der vorbenomenden Ghüder ſoſamende mögen
wedderkopen vor Hundert vnde vertich Mark Penninghe Hamb. Nunte,
wenn dat vnſeme Wyllen beholik werde, vnde od de vorghefpraken
Hinrik ſyner Huſfrouwen vnd ere Eruen ſchullen hebben vrye Macht
de vorgeſprocenen Güder myt allen vnde iſliken eren Anvallinghe
vnde Bryheyden vorgheſprokenen ſo verkopende tho verpandende vnde
vorghevende weme ſe wyllen gheſſtliken ebber wertliken Perſonen
in Dele ebber gantze vor hundert vnd vertig Mark Penninge wan=
nen vnde raken ene des bünkel Roek weſen, vnde de effte beſennen
deme ebber den ſe de vorgeſechten Ghüder alſe verlaten alſo vor=
gerorel is, de ſchollen de Güder vredeſameken beſitten, beholden
uns vnde vnſen Eruen Heyl de Vordel vnde Gnade de hyr baven
vthgedenket ſyni. Deſſes Dingbes ſynt Tüghe vnſe Ghetruwen
und leuen Herr Wylleken, Proveſt der Cloſterfrowen tho Harveſte=
hude, Bertram Scholdenvleeth vnſe Voghet*), Hallinghe Hertfeld.

---

*) Vgl. S. H. L. Urkundenſammlung Bd. 11, S. 125 (Nr LXI
+ J. 1350).

7. Wandergeschichte von der Uebertragung der Gebeine
Vicellins nach Borbeshoelm.*) Mitgetheilt von Archivrath
Dr. Leverkus in Oldenburg.

De translacione corporis venerabilis vicelini a nouo
monasterio in bardesholm circa annum domini
M.CCC.XXXII.

Actum est post obitum viri dei vicelini anno domini
M.CCC.XXXII. Hinricus congnomento swyneborg noui mo-
nasterii prepositus et fratres sui inibi deo seruientes, cum ita
rei poposcisset vtilitas, monasterium in locum, vbi modo situa-
tum videtur, transferro statuerunt, maioris scilicet gratia tran-
quillitatis, et congregati de corpore sancti vicelini tractare
ceperunt, maxime se arbitrantes innodari, si tanta [sic] patris
presentia eos contingeret defraudari. Quapropter inuicem**)
consiliati sunt, facto quid opus esset, et inspirante deo incidit
eis concilium [sic] bonum. Nam sicut olym filii israel de
egipto exeuntes ossa ioseph secum detulerunt, ita et ipsi ossa
boni patris exhumare secumque ad locum destinatum decreuerunt
transportare. Arripiuntur interim sarculi, soloque disiecto inve-
nerunt rem plenam miraculi. Etenim fossa***) vbi peruentum
est ad reliquias sancti viri, inuenerunt carnibus quidem con-
sumptis ossa eius intra casulam sericam, in qua more episco-
porum corpus eius fuerat terre conditum, honeste composita,
ipsa casula penitus incorrupta. O vere gloriosum deum in
sanctis suis, qui hunc quoque famulum suum tanto dignatus
est adornare miraculo. Quid enim aliud hoc iudicio voluit
probari diuinitus, id quod omnibus liquido daretur intelligi,
cum quanta innoccutia ipse vestimentum anime sue, corpus
dico, incontaminatum seruauerit, cuius corporis vestimentum
terra mater corruptionis tanto intervallo temporis expers

*) Aus dem demselben Cod. Bordesh., aus dem die Lebensbeschrei-
bung Graf Adolf IV. (Jahrb. Bd. IV, N. Mittlg. 11) entnommen ist.
Der Abdruck in Westph. Mon. (ined. II. praef. pag. 33 ist höchst
schlecht.
**) Westphalen corrigirt canonice.
***) Zu lesen in fossa.

omnino seruaret putredinis. Dehinc summa cum deuocione et
gaudio spiritus venerandas illas reliquias subleuantes atque
uehiculo imponentes cum multa frequentia fidelium in himnis
et laudibus diuinis a nouo monasterio bardesholm transtulerunt,
vbi vsque in hodiernum diem in euidens testimonium tanti
miraculi casula sua seruatur, et ea prepositus qui pro tempore
fuerit certis festiuitatibus saera missarum solennia celebraturus
induitur. Sed et hoc silentio tegi minime permittit deuolio,
quod in eius factum traoslacione fidissimorum patrum conti-
nuata succedens probat narratio. Cum·enim ut predictum est
reliquias viri sancti transferendo occuparentur, nichilque nisi
prospere progredi pretenderent, subito virtus emicuit diuina.
Tanto etenim incomprensibilis [sic] diuina maiestas corpus illud
sanctum pondere depressit, ut non solum deportari non posset,
verum etiam nec omnino potuit ab omnibus promoueri. Quapropter tanto miraculo fratres consternati animo solitam precem
offerunt domino, simulque votum vouent sancto, ut si inde ad
locum optatum transferri se permitteret, singulis annis ipso
deposicionis eius die solennem omnibus pauperibus bardesholmis aduentantibus deuote expenderent stipam [sic], quod vsque
in presentem diem deuote obseruatur. Nam omnes pauperes
eo ut predictum est die bardesholmis, vbi nunc reliquie eius
conseruantur, aduenientes accuratius reficiuntur, et singulis
panibus ad hoc specialiter coetis eum denario datis caritatiue
dimittuntur. Quo voto deuotissime emisso, omni semota diffi-
cultate venerandas sancti viri reliquias ad locum optatum, bardesholmis scilicet, cum gaudio transportarunt. Prebet huic
facto firmitatem in translacione beatissimi patris augustini factum miraculum. Quid enim, Numquid deus augustini deus
non erat vicelini? Ita plane. Quid ergo mirum, si notissi-
mum illud miraculum in hoc seruo suo omnipotens deus voluit
innouari, quem ipse non tantum vita et morum honestate,
verum etiam honoris dignitate excellentissime visus est imitari.
Ergo non inmerito crebre reuocandus est ad cor sanctus vice-
linus, pro cuius studio et deus reucreoter est amandus.*)
Iure etenim clarius patet, qualiter cius instantia vinea domini

sabaoth in episcopatu lubicensi primo effloruit, et fructus fa-
ciens quomodo palmites suos extendit usque ad mare et ultra
in tyllandiam propagines eius. Per vicelinum quippe episcopum
primum plantari in antiquipoli cepit, deinde per emmehardum
[sic] episcopum contemporaneum suum in magnopolim ramos
primum extendit, per cuermodum episcopum in raceburgh dilatari cepit, et communiter**) per meynbardum episcopum
quondam fratrem in sygebergh in tyllandiam transplantata
crescit in augmentum honoris dei. Quatuor hii consecrati in
bremensi ecclesia et eorum successores supplent defectum suffra-
ganeorum, qui subtracti in borea. Adaugeat dominus deus ad
hunc***) numerum et decuplet eum. Crescat et confortetur
ecclesia, et in timore domini ambulans consolacione spiritus
sancti repleatur per ihum xpum dominum nostrum, Amen.

––––––––––

8. **Notizen zur Kulturgeschichte**, mitgetheilt von R. Brinkmann.

Unter den von Wetzlar nach Hamburg abgegebenen Akten des
kaiserlichen Kammergerichts befinden sich einige, die schon im Rubrum
wunderliche Beiträge zur Kulturgeschichte andeuten.

a) Im Jahr 1647 verweigerten die Amtsbrüder der Gewand-
bereiter in Hamburg dem Hans Oertling die Aufnahme in ihre
Zunft, weil sein Vater von unehelicher Geburt gewesen sei. In
Hamburg werden die Amtsbrüder den Proceß verloren haben; denn
sie waren es, die bei dem Kammergerichte in Speier Beschwerde
führten.

b) Abelmann in Hamburg wurde aus der Zunft der Tuch-
und Wandbereiter daselbst darum ausgeschlossen, weil seine Frau
schon im achten Monat nach der Hochzeit ein Kind geboren hatte.

––––––––––

*) Die nachfolgenden Worte stammen aus dem Briefe des Probstes
Elbo an Gozwin von Haselborf; s. Falck's Staatsb. Mag. IX, p. 12.
**) Westphalen corrigirt consequenter.
***) Dafür ist wohl adhuc zu lesen.

6*

Die Zunft beschwerte sich 1688 in Speier über ein Hamburgisches Urtheil, das dem Kläger Abelmann muß günstig gelautet haben.

c) Der Rath in Hamburg hatte den Gesellen des Barbier-amtes und der Wundärzte auf zwei Jahr versuchsweise erlaubt, in den drei heißen Monaten Juni, Juli und August ohne Mäntel zu gehen, jedoch unter der Bedingung, ihre Geräthschaften in Beuteln oder im Leder zu tragen. Ueber diese Erlaubniß des Raths beschwerte sich das Amt in Speier.

————

In dem alphabetischen Verzeichniß der Akten sowohl des Kammergerichtes in Speier und Wetzlar, als des Reichshofrathes in Wien, wird es stets bemerkt, wenn eine Partei Jude ist. Allein sonderbarer noch ist es, daß anstatt den Namen, den der Jude führt, nach der alphabetischen Folge einzureihen, die Eigenschaft des Juden dazu gedient hat, denselben unter J als „Jud" aufzuführen. So z. B. unter J: Moses Weißweiler Jud g. Magnus Heymann Jud.

————

9. Geschichtliche Notiz über das Amt Reinfeld. Mitgetheilt von J. v. Schröder.

Das Amt Reinfeld wurde im Jahre 1719 vermessen, und die Ländereien, welche in Acker, Wiesen, Gemeinweiden, Wohlden und Busch specifiret waren, wurden bonitirt als gut, mittelmäßig und schlecht, und nach dieser Bonitirung die Abgaben bestimmt. Im Jahre 1728 wurde der größte Theil der Gemeinweiden den Hufenbesitzern übergeben und darauf die Ländereien eingekoppelt. Eine neue Vermessung der Ländereien fand einige Jahre darauf 1733 und 1735 Statt, und das Maaß der Hufen wurde damals bestimmt: Eine Vollhufe solle enthalten gegen 150 Scheffel Saatland, à 80 □.-R., 40 Scheffel Buschland und 20 Fuder Heu; eine Halbhufe gegen 75 Scheffel Saatland, 40 Scheffel Buschland und 11 Fuder Heu; eine Viertelhufe gegen 32 Scheffel Saatland, 11 Scheffel Buschland und 3 Fuder Heu.

Vor dem Jahre 1735 mußten sämmtliche Ortschaften des

Amtes Reinfeld Hofdienste auf den Vorwerken verrichten, nur Pöhls (Ksp. Zarpen), Badendorf (Ksp. Zarpen), Niendorf (Ksp. Zarpen), Reinsbeck (Ksp. Probstorf), Bultersteg (Ksp. Probstorf) und Bulsfelde (Ksp. Probstorf) waren, da die Dorfschaften zu weit entlegen waren, davon befreit. Auch die Dörfer Gilsdorf (Ksp. Probstorf) und Mönchhagen (Ksp. Zarpen), welche theils an Probstorf, theils an Mönchhagenerhof verpfändet waren, leisteten keine Hofdienste.

---

10. Zur Sammlung der Sagen, Märchen und Lieder, der Sitten und Gebräuche aus Schleswig, Holstein und Lauenburg.

Sitten und Gebräuche.

92. Pfingsten. Im Amt Lauenburg ist es Sitte, daß die Hirtenjungen sich zu Pfingsten eine Koppel reserviren, auf der das beste Gras wächst und auf die sie ihr Vieh vor Pfingsten nicht treiben, um demselben auch ein Festfressen zu verschaffen; sie heißt die Pfingstkoppel. Am Pfingstmorgen entsteht ein Wetteifer unter den Hirten, wer sein Vieh zuerst, nachdem Mitternacht vorüber, auf die Weide treibt. Derjenige, welcher der erste gewesen, wird das ganze Jahr hindurch geehrt, der letzte hingegen beständig geneckt. Die Mägde werden auch verhöhnt, wenn sie die Schuld tragen, daß die Hirten zu früh gekommen sind, da sie vor dem Austreiben die Kühe erst melken müssen; sie weinen dann oft ihre bitteren Thränen. Jedem, nachdem er mit seinem Vieh an diesem Tage früher oder später ausgezogen ist, wird ein Ehren- oder Spottname beigelegt; dem Ersten Dowswenger (Thauschwinger), oder Dowsleper (Thauschleifer), dem Zweiten Maandkarr, dem Dritten Poggenfüter, dem Vierten Sünnenkalf, dem Fünften Grütschöttel; dem Letzten wird der Spott-Vers vorgesungen: »Pingstkarr ꝛc.« (s. Bd. IV, S. 180).

Mitgetheilt von J. Diermissen. Wir finden dieselbe Sitte in anderen Gegenden Norddeutschlands, vgl. Kuhn und Schwarz S. 379 u. ff.; der erste heißt in der Altmark Dauschlöper (Thauseger), der letzte Pingskläm. – In Holstein warten auch am Johannistage in

der Morgenfrühe den Rüben, welche noch nicht gemolken find, Kränze
aufgesetzt; daher die Mägde früh aufstehen müssen, um diesem Schimpf
zuvorzukommen. Schütze Idioticon II, 194.

---

95. Beim Viehaustreiben.

Zu Clausdorf, bei Oldenburg, treibt der Vogt im Früh-
jahr die Kühe nie auf die Weide, ohne vor dem Stalle einen
Dornbusch, einen Besen und ein Hufeisen hinzulegen.
Der Mann soll aus der Gegend gebürtig sein.

In Kuhn's Westphälischen Sagen findet sich Aehnliches. Fast scheint
es, als haben wir hier wieder Symbole der drei höchsten Götter:
Hufeisen des Wodan, Besen des Donar; wem der Dornbusch heilig
war, weiß man bis jetzt nicht. Die Heiligkeit bei J. Grimm: „über
das Verbrennen der Leichen" in den Schriften der Berliner Akademie nachgewiesen. Daß aber Zio-Tiu in irgend einem Verhältniß
zum Todtenreich oder, wie man sagen muß, zum Himmel als Aufenthalt der Verstorbenen gestanden habe, ist nicht zu bezweifeln und
schon mehr oder minder anerkannt. Vgl. auch Weinhold in den
Sitzungsberichten der Wiener Akademie 1858, Bd XXIX S. 117.
— Daß das Symbol Wodans dem Vieh Segen bringt, zeigt ebenfalls folgender Aberglaube:

Ein gefundenes Hufeisen ins Schweinsfutter gelegt, gibt
den Schweinen Gedeihen.

Mitgetheilt von Prof. Chr. Petersen in Hamburg.

---

96. Biere.

Das Strikkarbiir ist eine Lustbarkeit, die jeden Winter für die Austernfischer und deren Frauen veranstaltet wird. Außer
den Strikkers und Strikkerwüssen nehmen nur der Prediger und
der Schmied an den Freuden des Strikkarbiers Theil. Alle Anderen müssen zu Hause bleiben; der Prediger darf aber hingehen
und seine Frau mitbringen, weil er im Kirchengebet Gott um Segen
für die Strikkers bittet, und der Schmied, weil er die neuen
Strikkeisen macht und die zerbrochenen wieder reparirt.

Von den nordfriesischen Inseln, mitgetheilt von Chr. J.

In Heiligenhafen war zur Zeit der ersten Grasbutter ein Borplögebeer üblich. (Prof. Chr. Petersen.)

———

100. Bewerbung, Verlobung, Hochzeit.

In den Lübschen Dörfern im östlichen Holstein war es Sitte, daß die Braut dem Manne ein angeschirrtes Pferd zubrachte.

Mitgetheilt von Prof. Chr. Petersen.

Im Amte Ratzeburg in den wendischen Dörfern Utecht, Campow rc. ist die Sitte, daß, wenn der Brautwagen durch andere Ortschaften fährt, von demselben Nüsse, Pflaumen u. dgl. (wie ich es auch im Amte Trittau (Stormarn) gesehen habe) geworfen werden. Auf dem Brautwagen darf ein großes hölzernes Salzfaß mit der Inschrift: „Wat hört dar nich all to" nicht fehlen.

In der Wilstermarsch kommt der Köstenbitter mit dem großen dreieckigen Hut auf dem Kopf in die Stube und sagt: „Goden Dag!" Dann nimmt er den Hat ab und spricht ganz langsam und bedächtig: „Mit freundlicher Begrüßung! Es hat mich allhier gesandt der ehr- und achtbare Junggesell N. N. mit seiner Jumfer Braut N. N., dat se möchten so god wesen und besöchten se den — to ehre lustige Abendklöten. Op en Glas Beer und Brannwien, Piep Tobak, und en bitjen goden Snack, lustige Musik und wat'r jünst noch all för Godes mehr vörfallen sall. Denn sünd ol so god un kamt all tosamen hen, denn kriegt se 'ne gode Köst. Se sünd moden, se wöll dat in't Künftige all wedder vergöden op de ene of annere Art."

Mitgetheilt von J. Thermäesen.

Auf Sylt heißt das Fenstern bi Düür stunnen, d. h. bei der Thür stehen. Im Winter gehen die ledigen Burschen, oft vier und fünf zusammen, sobald es Abend geworden, nach einem Hause, wo eine heirathslustige Tochter zu finden ist. Nach-

dem sie eine Weile in der Stube oder im Pesel (Saal) ge-
sessen und sich mit Alten und Jungen gar ehrbar unterhalten haben,
klopft Einer seine Pfeife aus und verabschiedet sich von den Alten;
das Mädchen folgt ihm aber bis zur Hausthür. Hier, innerhalb
der Thür, stehen sie nun oft eine ganze Stunde, die unter angenehmer Unterhaltung verfließt. Es ist gewissermaßen Gesetz, daß
Keiner ein solches Pärchen stören darf. Kommt Einer von der
Straße herein, so geht er still vorüber; die Gäste in der Stube
dürfen aber nicht weggehen, ehe das Mädchen wieder zurückkehrt.
Nach und nach verabschieden sich die jungen Leute, Einer auf's
Mal, und das Mädchen muß jeden begleiten und eine Weile mit
ihm „bi bi Düür" stehen.   Chr. J.

101. Beerdigung.

In den Geestdörfern des Amtes Husum trägt die zum
„Sargleggen" einladende Frau einen frischen Baumzweig
(Tellig), gewöhnlich einen Weidenzweig, in der Hand. (Chr. J.)

102. Von der Kampfweise der alten Föhringer.

Unter den im Ganzen allezeit kampf- und schlagfertigen Frie-
sen haben sich von Alters her die Föhringer und Mooringer
besonders ausgezeichnet. Faustkämpfe, Prügeleien, Kämpfe ganzer
Dorfschaften gegen einander oder der Eingebornen mit fremden
Ansiedlern gehörten noch im vorigen Jahrhundert gleichsam mit zur
Tagesordnung. Auf Föhr hatte man eine eigenthümliche Weise,
den Gegner kampfunfähig zu machen. Der Föhringer packte seinen
Feind an den Schultern, drückte seinen Kopf dem anderen auf die
Gegend des Magens, gebrauchte dann den Kopf als Hebel und
warf den Gegner über sich hinweg weit hinter sich.   (Chr. J.)

103.

Während der Wintermonate wissen die heimgekehrten
jungen Seefahrer auf den nordfriesischen Inseln sich durch allerlei

tolle Streiche für das auf der See erlittene Ungemach zu entschädigen; durch die tollen Streiche wird aber gewöhnlich eine Art Sittengericht ausgeübt. Hat z. B. ein Geizhals am Hochzeitstage sein Kringelsteel (ein Gemisch von Branntwein, Syrup und kochendem Wasser, in welches Kringelkrume gebrockt wird) zu sehr gespart, so steigen die jungen Leute bei nachtschlafender Zeit auf sein Dach hinauf und verstopfen ihm den Schornstein mit Grassoden, und die Nachbarn sagen dann des Morgens: Da sieht man, wo Feuer und Rauch gespart wird! — Hat Jemand nicht Pferde und Wagen zu einer Fuhre für einen Unbemittelten hergeben wollen, so prakticiren die jungen Leute ihm zur Nachtzeit seinen Wagen Stück für Stück auf die First des Hauses hinauf, und man ergötzt sich dann am folgenden Morgen daran, daß der also Bestrafte mit vieler Mühe seinen Wagen wieder herunterholen muß.   (Chr. J.)

---

104. Aberglauben aus Nordfriesland.

Eine kleine Flamme oder ein lichter Schein an einem Hause wird gewöhnlich als Vorspuk oder Vorbrennen gedeutet und soll bald den künftigen Brand eines Hauses, bald den Tod eines Bewohners desselben anzeigen. Früher glaubte man auf Sylt den wirklichen Brand eines vorbrennenden Hauses dadurch abwenden zu können, daß man sonntäglich in einer Kirche jenseit des Wassers z. B. in Hoyer eine Fürbitte halten ließ. Lichter oder Flämmchen am Ufer oder auf den Dünen sollen den Ort bezeichnen, wo künftig ein Schiff stranden oder ein Mensch sein Leben verlieren wird. Ein Mann in Tinnum auf Sylt sah eines Abends eine kleine Flamme aus dem südlichen Haff auftauchen, dann am südlichen Ufer an's Land steigen und sich darauf den Tinnumer Damm entlang nach dem Keitumer Kirchhof bewegen. Bald darauf kam ein Sylter auf der Halbinsel Hörnum um's Leben. Seine Leiche wurde auf demselben Wege nach dem Kirchhofe gebracht, und das Flämmchen galt nun als Vorspuk.

Der Tod eines Menschen kann übrigens nach der Meinung

der Abergläubigen auf mancherlei Weise im Voraus angekündigt werden. In dem Geheul eines Hundes oder einer Eule vor der Hausthür findet man eine Todesanzeige; selbst das vom Talglicht herabfließende, sich zum Hobelspan kräuselnde Talgklümpchen ist hinreichend, dem Abergläubigen einen Schrecken einzujagen. Fällt in der Nacht die Säge eines Zimmermannes von der Wand herab, so wird er nächstens einen Sarg zimmern müssen. Viele Leute wähnen das ganze Leichengefolge im Voraus gesehen zu haben. Von einer Kantumerin wird erzählt: Als sie einst in der Nacht vom „Aufsitzen" (d. h. von dem abendlichen Besuch) heimkehrte und ihre Wollkratzen nebst der verarbeiteten Wolle mit sich führte, begegnete ihr ein spukender Leichenzug. Sie wollte ausweichen, konnte aber nicht. Das Gedränge war so groß, daß sie, um nicht bis zum Kirchhofe mit fortgerissen zu werden, sich niederwerfen und den Leichenzug über sich hinweggehen lassen mußte. Als der gespensterhafte Zug vorüber war, raffte sie sich und ihre Wollkratzen wieder auf; allein ihre Wolle war, wie durch eine Windsbraut entführt, davon gestoben.

Ruft ein Kind im Traume oder erwachend den Namen des zur See fahrenden Vaters oder Bruders, so glaubt man auf den nordfriesischen Inseln, der geliebte Abwesende sei in großer Noth. Manche Wittwe versichert, daß gerade in der Todesstunde ihres in der See umgekommenen Gatten dieser ihr erschienen sei. Aehnliches glaubt auch mancher Seefahrer in Betreff seiner Lieben, die er bei seiner Rückkehr nicht mehr am Leben findet.

Als unglückliches Vorzeichen gilt es, wenn man z. B. bei einer Hochzeit zuerst einer alten Frau begegnet. Hat ein Seefahrer kalte Hände, wenn er Abschied nimmt, so kehrt er nicht wieder zurück, sondern findet sein Grab in der kalten Fluth. Eine Krähe, die sich auf die Raa des Schiffes setzt und lange da sitzen bleibt, kündigt Unheil an. Wer im Frühjahr viele schwarze oder bunte Lämmer bekommt, erhält Trauer. Muß eine Wirthin niesen, während sie den Teig knetet, so stirbt ein Mitglied der Familie, ehe das zu backende Brod verzehrt ist. Ein tiefer Riß im neugebackenen Brod bedeutet ein frisches Grab, also den baldigen Tod eines Angehörigen.

Eine glückliche Vorbedeutung soll es sein, wenn eine kleine Spinne gerade vor mir sich an ihrem Faden niederläßt. Ein Vogel, welcher gegen mein Fenster fliegt oder an dasselbe pickt, bedeutet, daß ich nächstens einen Brief oder eine Nachricht von einem lieben Verwandten oder Freunde bekommen werde. Ein besonders hell leuchtender Punkt im Docht des Lichtes bedeutet, wenn er mir zugekehrt ist, ebenfalls einen guten Brief. Wenn der Hahn zum Fenster oder zur Thür hineinkräht, bekommt man einen lieben Besuch. Habe ich ein Klingen im linken Ohr, so urtheilen Andere vortheilhaft über mich; dagegen nachtheilig, wenn das Klingen oder Sausen im rechten Ohr bemerkt wird. Redensart: „Je rechter, je schlechter; je linker, je flinker."

Ist ein Seefahrer unentschlossen wegen dessen, was er thun oder wählen soll, so verbindet er in Gedanken die Gegenstände seiner Wahl mit den Seiten seines Taschenmessers, wirft dasselbe in die Höhe und wählt denjenigen Gegenstand, welchen er in Gedanken an die Seite des Messers geknüpft hatte, die oben zu liegen kommt. Ist der Schiffer traurig und sorgenvoll oder voll Unruhe in Betreff seiner abwesenden Lieben, so nimmt er die Bibel oder das Gesangbuch, legt seinen Daumen an den Schnitt des heiligen Buches und öffnet dasselbe. Der Vers oder Spruch, welcher von dem Daumen berührt oder bedeckt wird, giebt ihm Rath und Trost oder eröffnet ihm einen Blick in die Zukunst.

Auf einen Todten darf man keine Thränen fallen lassen. Thut man es dennoch, so hat er keine Ruhe im Grabe. Findet man einen von den Wellen angespülten Leichnam am Strande, so betet man ein Vaterunser, ehe man ihn anrührt und auf den Sandwall heraufschleppt. Fängt er an zu bluten, so hat er etwas zu klagen, oder er bittet um ein christliches Begräbniß. Einen solchen Todten muß man behalten lassen, was er um und an sich hat, wenn er Ruhe im Grabe finden soll.

Das erste Ei einer kohlschwarzen Henne hat besondere Eigenschaften. Wer ein solches Ei in die Tasche steckt und damit zur Kirche geht, kann sehen, welche Leute Zauberer und Zauberinnen find. Er sieht nämlich die Zauberer und Zauberinnen auf ihren Köpfen gehend zur Kirchenthür hereinkommen. Sie umringen ihn und suchen durch Drängen das Ei zu zerdrücken. Gelingt es ihnen, so haben sie Macht über ihn; gelingt es nicht, so müssen sie ihm dienen. — Man behauptet, daß Zauberer einen Roßkäfer in einem Kleidungsstück eingenäht bei sich tragen. — Ein Mädchen ging nach dem Stall, die Kuh zu melken. Da saß eine große graue Katze auf dem Rücken der Kuh und wollte sich gar nicht verscheuchen lassen. Das Mädchen nahm den Milchschemel und gab ihr einen tüchtigen Schlag damit. Da schrie sie jämmerlich und schlich sich zum Hühnerloch hinaus. Am folgenden Tage sah man, daß die alte N., die übel berüchtigt war, hinkte. Sie war es gewesen, die sich in eine Katze verwandelt hatte. Chr. J.

---

105. Vier Heilsprüche. Mitgetheilt von Prof. Chr. Petersen.

Bei der Rose: Water döst nich,
Füer löscht nich,
Brod hungert nicht.

Diesen Spruch muß ein Mann von einer Frau, die Frau von einem Manne gelernt haben.

Zum Blutstillen: Blot stah stief
In den Adern tief
Wie Christus am Kreuze starb.

Desgleichen: Der Blutstillende stellt sich mit dem Gesicht nach Osten und spricht, wenn der Blutende im Hause, im Hause, wenn im Freien, im Freien: »War so Andromeda« und fügt den Namen des Blutenden hinzu; dreimal.

Bei Brandwunden: Hoch is de Heven,
Kold is de Steven,
Kold is de Dodenhand,
Hiermit still ick den Brand.

Drei Märchen aus Nordfriesland.

106. Der Weltuntergang.

Küken Püken saß unter'm Eichbaum und schlief; da kam der große Wind und schüttelte die Blätter, so daß eine Eichel herunterfiel auf des Küchleins kleinen harten Kopf. Da wachte das Küchlein auf und lief zum Hahn und rief: „Hahntjen Pahntjen, weißt du schon? die große weite Welt soll untergehen." — „Wie weißt du das, Küken Püken?" — „Ich saß unter'm Eichbaum, da fiel die große weite Weltkugel auf meinen kleinen harten Kopf." Da lief der Hahn dahin, wo die Henne war, und sagte: „Hähntjen Pähntjen, weißt du schon? die große weite Welt soll untergehn." — „Wie weißt du das?" — „Küken Püken saß unter'm Eichbaum ꝛc." — „Denn müssen wir aus der Welt laufen", sagte die Henne.

Da machten sie einen Wagen aus einer Eierschaale, spannten vier Mäuse als Pferde davor und setzten sich hinein; und nun ging es, daß du nicht gesehen! was die Pferde laufen konnten. Als sie ein Stück Wegs vom Haus waren, begegnete ihnen die Ente, Aantjen Paantjen. „Hahntjen Pahntjen, wo wollt ihr hin?" sagte die Ente. — „Aus der Welt, denn die Welt soll untergehen." — „Wie weißt du das?" — „Küken Püken saß ꝛc." — „Denn nehmt mich mit, ich bitte euch um Gotteswillen." — „Kratz deine Füßchen ab, und setz dich hinten auf." — Als sie wieder eine Strecke gefahren waren, trafen sie die Gans, Göschen Pöschen, welche ganz vergnügt einherschritt; die wollte auch mitreisen, und der Hahn sagte: „Kratz deine Füßchen ab und sitz hinten auf; aber nun nicht mehr!" und er hieb mit der Peitsche auf die Mäuse, daß sie liefen was das Zeug hielt. So fuhren sie weiter, daß der Sand auseinanderstieb, bis zum Abend.

Da kamen sie an einen großen düsteren Wald; davor stand der Wolf. Der rief ihnen zu: „Kinder, wo wollt ihr hin?" — „Ach, Wolf, lieber Wolf, wir wollen aus der Welt laufen." — „Warum das, Kinder?" — „Ja, die große weite Welt soll untergehen." — „Wie weißt du das?" — „Küken Püken saß ꝛc." — „Na, Kinder, ich will euch etwas sagen; kommt nur mit in meine

Höhle, da seid ihr sicher." So gingen sie mit dem Wolf in sein
Haus und legten sich schlafen; er legte aber einen schweren Stein
vor die Thür.

Des Morgens stand der Wolf schon früh auf und sagte:
"Ich muß meine Kinder nur einmal überzählen,

> Wösschen Tischen,
> Aantjen Baantjen,
> Häntjen Päntjen,
> Hahntjen Bahntjen,
> Küten Püten;

chaps!" und damit schnappte er zu und riß Küten Püten den Kopf
ab. Als er so sein Frühstück verzehrt hatte, ging er aus und
legte wieder den Stein vor die Höhle. Abends, als er wieder
nach Hause kam, zählte er wieder seine Kinder über und fraß
Hahntjen Bahntjen zur Vesper; und so machte er es der Reihe
nach, des Morgens einen und des Abends einen anderen, bis sie
alle aus der Welt waren. Und nun ist meine Geschichte aus.

Aufgezeichnet nach mündlicher Erzählung in Eiderstedter Mundart
von Dr. W. Mannhardt. Anstatt des Wolfes erscheint der Fuchs in
den entsprechenden Märchen aus Dänemark, Norwegen und Schottland. (Wolf und Mannhardt, Zeitschrift für deutsche Mythologie
und Sittenkunde. Bd. IV, S. 97—102.)

———

107. Der Müllerfisch.

In den Wattströmen zwischen den friesischen Inseln werden
kleine seltsam gestaltete Fische gefangen, die man Müllerfische
nennt. Sie heißen aber Müllerfische, weil ihre Eingeweide aussehen wie ein Sack, auf welchem eine ordentliche Hand mit fünf
Fingern liegt. Diese Fische hat Gott erschaffen, einen Müller zu
bekehren, der hart und unbarmherzig war gegen die Armen und
zu viel mattete. Der Müller hatte einen Fischerhamen im
Wattstrom stehen, und fand in seinem Netze weder Butten noch
Schollen, sondern lauter wunderlich gestaltete Fische der beschriebenen Art, die man bis dahin nicht gesehen hatte. Als der Mül-

ter aber einem dieser Fische den Bauch aufschlitzte, erschrak er, erkannte und bereute seine Sünde und wurde ein guter Mensch.

Von der Insel Amrum; mitgetheilt von Chr. J.

108. Warum die Kornähren kleiner geworden.

Die Menschen auf Erden waren sehr gottlos geworden. Da sprach unser Herrgott in seinem Zorn zu einem Engel: „Steig hinab auf die Erde, geh an ein Kornfeld und streife alle Körner von einer Aehre ab; denn die Menschenkinder sind gottlos geworden, darum will ich sie verderben. Was du aber mit einer Aehre gethan hast, soll mit allen Aehren auf allen Feldern geschehen: es sollen fortan nur Halme ohne Körner wachsen!" — Aber damals reichte die Aehre von der Wurzel bis an die Spitze des Halmes.

Der Engel that, was der Herr ihm geboten, und trat an ein Kornfeld. Er hatte seine Hand schon an einen Kornhalm gelegt und weit über die Hälfte der Aehre abgestreift, als ein kleiner Knabe, der in der Nähe gespielt hatte, zu ihm trat, seine Hand ergriff und sagte: „Lieber Engel, was machst du?" Der Engel zog seine Hand zurück und erzählte dem Knaben, wozu er gesandt sei. „Ach, sage dem Herrn", sprach der Knabe, „er möge doch um der Kinder und des Viehes willen nicht alle Körner von den Aehren abstreifen, sondern so viel übrig lassen, daß diese leben können." Und der Engel rief den Herrn an für die Kinder und das Vieh. Da ließ der Herr die Aehren so bleiben, wie sie geworden waren, nachdem der Engel sie weit über die Hälfte abgestreift hatte, und das that er um der unschuldigen Kinder und um des unschuldigen Viehes willen. Wie die Menschen aber nicht besser, so sind die Aehren auch nicht wieder größer geworden bis auf diesen Tag.

Erzählt von J. B. in Oldersbek bei Husum. Aehnlich bei Grimm Kinder- und Hausmärchen; 6. Aufl.; Nr. 194.

Sagen.

109. Wie am Fehmarnschen Sunde, bei Eckernförde, bei Büsum, auf Amrum ꝛc. findet sich auch bei Teufelsbrück

die Sage wieder, die Elbe sei dort einst so schmal gewesen, daß
man auf einem ins Waffer gelegten Pferdekopf (Pferdeschädel)
habe hinübertreten können.

Mitgetheilt von Prof. Chr. Petersen; vgl. Müllenhoff S. 34 u. 140,
und S. H. L. Jahrbücher II, 413. Dieselbe Sage wird von dem
Sunt zwischen Falster und Möen erzählt; s. Grundtvig, gamle
danske Minder II, 71.

110. Durch die große Peft, welche um 1350 wüthete, den
s. g. schwarzen Tod, wurde faft die ganze Bevölkerung der
Insel Sylt weggerafft. In Morsum blieben nur 11 Personen
am Leben, in Wefterland nur 3 Familien, welche die Felder der
Dorfschaft unter sich vertheilten und den „Waldeich" zum Schuß
gegen die Fluthen bauten. Archsum wurde ganz entvölkert; Rau-
tum aber blieb verschont, und die Rautumer bezogen die leeren
Häuser in Archsum.

111. Der Strandvogt auf Röm.

Den Römsleuten geht es oft ebenso wie den Föhringern: sie
haben das Zusehen, wenn die Sylter und Amrumer eine reiche
Strandte am Strand und auf den Sandbänken gehalten haben. Ein
alter Strandvogt auf Röm sah jedesmal mit Scheelsucht nach Sylt
hinüber, wenn dort ein Schiff gestrandet war, ohne daß er einen
„Fund" bekommen hatte. In dieser Gemüthsstimmung ging er zu
seinem Prediger; der ermahnte ihn zur Geduld und zum Gebete.
Da der Strandvogt aber nicht beten konnte, so betete der Geistliche an seiner Statt fortan um Segen für den Strand der Insel;
er betete aber so: „Wenn doch Schiffe stranden sollen und müssen, so
laß auch dann und wann eins an unseren Strand gerathen!" Das
war dem Strandvogt nicht genug; darum bestieg er in Sturm-
nächten sein Pferd und band demselben eine brennende Laterne an
den Schweif; so ritt er dann über die Dünen und durch die Thäler an der Strandseite. Denn er wollte dadurch die Schiffer irre
zu führen und sie glauben zu machen, seine auf- und abhüpfende
Laterne sei ein Licht auf einem segelnden Schiffe, die Gegend mithin eine schiffbare Wafferstraße.   Chr. J.

III.

Zur Geschichte der gutsherrlich-bäuerlichen Verhältnisse.

Ein kritischer Nachtrag zu „Hanssen, die Aufhebung der Leibeigenschaft", von A. W. Nitsch.

Die von der kaiserlichen Akademie der Wissenschaften zu Petersburg gekrönte und herausgegebene Preisschrift des Professor Hanssen: „Die Aufhebung der Leibeigenschaft und die Umgestaltung der gutsherrlichbäuerlichen Verhältnisse in den Herzogthümern Schleswig und Holstein" hat schon durch den Namen des vielgekannten und hochgeachteten Verfassers das allgemeine Interesse der einheimischen Presse und des ganzen gebildeten Publicums in hohem Grade erregt. Es wird daher hinreichend gerechtfertigt erscheinen, wenn diese Zeitschrift wiederholentlich auf diese werthvolle Arbeit erörternd zurückkommt, zumal da der Verfasser, wie es ja die eingehende Behandlung des Stoffes erforderte, die Darstellung jener großen und wohlthätigen Maßregel durch eine historische Uebersicht über den Ursprung und die Entwickelung der Schleswig-Holsteinischen Leibeigenschaft eingeleitet hat. Es ist also nicht allein die Geschichte der adeligen Güter und ihrer bäuerlichen Bevölkerung im 18. und 17. Jahrhundert, sondern auch die der vorhergehenden Jahrhunderte, um die es sich hier handelt. Ueber die betreffenden Zustände jener neueren Zeit hat dem Verf. ein reiches Material zur Verfügung gestanden, und er hat dasselbe mit jener Klarheit und Lebendigkeit der Anschauung auseinander gelegt, die alle seine

Arbeiten in so hohem Grade auszeichnen. Diese Abschnitte werden ganz besonders immer eine wahre Bereicherung unserer historischen Literatur bleiben.

Die nachfolgenden Bemerkungen beziehen sich daher hauptsächlich nur auf die früheren Abschnitte, die allerdings, unserer Ansicht nach, manche für die betreffende Entwickelung wichtigen Verhältnisse weniger hervorgehoben haben, als nothwendig erscheinen möchte.

Der Verf. geht bei seiner Darstellung von der ersten Bildung des bäuerlichen Grundbesitzes aus. Seine Untersuchungen darüber, namentlich auf Grund dänischer Rechtsdenkmäler, haben früh eine mit Recht weitverbreitete Anerkennung gefunden. Man hat in ihnen eine lehrreiche Analogie für das Verständniß deutscher Verhältnisse gefunden. Der Verf. entwickelt hier von ihnen aus die Geschichte des adeligen Guts, wie es erst eben nur eine Hufe neben anderen gewesen, wie dann der Ritter die alten Hufner, „die ihre eigenen Freiherren waren", später zu Colonen herabdrückte, wie dann diese einzelnen so herabgedrückten Hufner „hauptsächlich erst mit dem Ende des Mittelalters" zusammengetauscht und gekauft wurden, und wie ein Hoffeld entstand inmitten einer zusammengehörigen unterthänigen Bevölkerung. Dieses Hoffeld brauchte dann Hofdienste, und so ward die unterthänige bäuerliche Bevölkerung behufs dieser Dienste immer mehr mit Frohnden belastet und so eng wie möglich an das Gut gebunden.

Wir dürfen diese Darstellung unmöglich in dieser Allgemeinheit gelten lassen. Der Verf. unterscheidet wiederholt zwischen der milderen Schleswigschen und der härteren Holsteinischen Leibeigenschaft; er sieht im östlichen Holstein mit Recht den Hauptsitz des ganzen Instituts in den Herzogthümern. Wir geben zu, daß sich dasselbe in Schleswig in der angegebenen Weise meistens entwickelt hat; jedoch in Holstein sind unzweifelhaft andere Verhältnisse dabei wirksam gewesen.

Zunächst ist es neuerdings wiederholt von Kuß, Waitz und dem Ref. hervorgehoben worden, daß der Adel nicht zerstreut unter der übrigen Bevölkerung, sondern in einem besonderen Bezirk, dem Faldergau, wohnte und daß er von hier aus auf die Aufforderung Adolfs II. sich an der Colonisation Wagriens betheiligte. Zu jenen ältesten Sitzen sind wie bekanntlich gar keine oder so gut wie gar keine adeligen Güter seit Jahrhunderten vorhanden und hat sich also auch die spätere Leibeigenschaft nicht ausbilden können.

Der eigentliche Schauplatz der ganzen Entwickelung ist unzweifelhaft Wagrien; und die größte Lücke, die wir in der Darstellung des Verf. bemerken, ist die, daß er der Colonisation dieses eroberten Landes eigentlich gar nicht erwähnt.

„Es ist freilich", sagt der Verf., „bis vor Kurzem die Ansicht sehr verbreitet gewesen, daß die Latifundien überall den primitiven Grundbesitz gebildet hätten. Das ganze Territorium eines jetzt aus einem Haupthofe und oft mehreren Vorwerken, einem Dorfe oder mehreren Dörfern bestehenden Guts soll mit allen Aeckern, Wiesen, Weiden und sonstigen Pertinenzien von jeher in der Hand eines einzigen Grundherrn als eine geschlossene Ländereimasse gewesen sein. Die Schwierigkeit, einen so großen Complex von Einem Punkte aus und mittelst zahlreichen Gesindes zu bewirthschaften, habe den Grundherrn veranlaßt, bäuerliche Familien anzusiedeln und ihnen eine zu ihrer Ernährung hinreichende Menge von Ländereien gegen die Verpflichtung abzutreten, dafür die für die Hofwirthschaft reservirten Ländereien zu bestellen — hierdurch seien die Dörfer auf dem gutsherrlichen Grund und Boden entstanden. Die neuesten Untersuchungen haben mit unbestreitbarer Evidenz ergeben, daß diese Vorstellung eine durchaus irrige ist."

Gewiß ist diese Vorstellung durchaus irrig für Schleswig oder Sachsen, gewiß ist die Annahme von Dörfern, die für Hofdienste gegründet, falsch; aber unzweifelhaft entstanden eine große Menge von Dörfern in Wagrien durch die Verleihung von „Latifundien" von Seiten des Grafen an Colonisten und zwar nicht nur an Bauern unmittelbar, sondern an Geistliche und Vasallen, die ihrerseits nun eben diese Latifundien erst zu Dörfern auslegten. Wir citiren die bekannte Stelle Helmolds: „Weil aber das Land wüst war, schickte er (Adolf II.) Boten in alle Lande, auf daß, wer durch Mangel an Acker sich beengt fühlte, mit den Seinigen käme, um ein Land zu besetzen, weit, fruchtreich, mit Ueberfluß an Fleisch und Fisch und bequemer Weidegelegenheit u. s. w." Mit diesen

7*

Worten beginnt die Geschichte unserer bedeutendsten adeligen Güter-
districte. Allerdings sind hier dann bekanntlich eine Reihe freier
Bauerncolonien gegründet worden, aber wenn wir später gerade
hier den Adel ansässig finden, so liegt die Vermuthung nahe, daß
„schon jetzt Land unter die Ritter ausgetheilt, welche es mit erobert
hatten". (Waitz Schl. Holst. Gesch. I, p. 58.) Ja sie ist zum
Theil wenigstens für den nächsten Zeitraum urkundlich belegt, wie
durch die Urkunde von 1210 von Albrecht von Orlamünde für
Markward von Stenwer (Urkundenslg., p. 191). Wenn auch in dem
in jener Urkunde vergabten District kein adeliges Gut sich entwickelte,
so sind unzweifelhaft an anderen Orten durch solche Vergabungen
die ersten Anfänge dazu gegeben worden.

Es scheint uns hier durchaus am Ort, auf diesen Gegenstand
etwas näher einzugehen. Seit dem Erscheinen der neuesten historischen Darstellungen ist namentlich durch den ersten Band des
Urkundenbuchs des Bisthums Lübeck von Leverkus neues reiches
Material hinzugekommen, und wir wollen versuchen, mit Hülfe dieser
und anderer Quellen auf einige wie uns scheint wichtige Thatsachen
aufmerksam zu machen. So wenig wir damit die Geschichte der
Entstehung der Leibeigenschaft vollständig aufzuklären glauben, so
wird doch einiges Licht dadurch auf die früheren Zustände, auf die
es ankommt, geworfen. Und wenn wir dann der Betrachtung des
13. und 14. Jahrhunderts noch einige Bemerkungen über die Zustände des 16., 17., und 18. hinzufügen, so berufen wir uns dabei
auf Falck's gewichtiges Wort. Er schließt seine Betrachtung der
früheren Geschichte der Leibeigenschaft so: (Handbuch IV, p. 202 f.)
„Wie übrigens die Leibeigenschaft in ihrer späteren Gestalt entstanden, ob sie etwa zuerst bei den Wenden aufgekommen sei und
sich von da nach den adeligen Gütern in den anderen Theilen des
Landes verbreitet habe, darüber fehlt es an Nachrichten, wie überhaupt das Geschichtliche in Betreff der Leibeigenschaft einer ganz
anderen Erforschung bedarf, als diesem wichtigen Gegenstand bisher
zu Theil geworden ist." Die Beiträge, welche wir dazu hier zu
geben gedenken, werden sich hauptsächlich auf drei Punkte beziehen,
auf die Festsetzung der bäuerlichen Abgaben, auf die Entstehung der

Hoffelder und Hofdienste und auf den Charakter der gutsherrlichen Verhältnisse seit dem Schluß des 15. Jahrhunderts.

a) Vom hofslag und der Festsetzung der bäuerlichen Abgaben.

Bekanntlich besitzen wir über die Geschichte der deutschen Colonisation eine ausgezeichnete Monographie in „Tschoppe und Stenzel, Urkundensammlung zur Geschichte des Ursprungs der Städte und der Einführung und Verbreitung Deutscher Kolonisten und Rechte in Schlesien und der Ober-Lausitz." Die dort entwickelten Verhältnisse der Colonisation liegen aber ein halbes Jahrhundert hinter jener merkwürdigen Zeit, da Adolf II. zuerst im großen Stil die Ansiedlung deutscher Bauern auf Slavischem Boden in Wagrien versuchte. Man begreift daher leicht, daß keineswegs die Formen dieser Gründungen hier und dort überall dieselben sein werden. Hatten sich auch z. B. die Rechtsverhältnisse der niederländischen Kolonisten schon seit dem Anfang des 12. Jahrhunderts an der Weser und unteren Elbe schon ganz oder fast ganz so ausgebildet, wie sie sich dann auf Slavischem Gebiet im 12. und 13. Jahrhundert behauptet haben, so betheiligten sich doch an der weitausgedehnten Entwickelung so viele und verschiedene Kräfte, daß jene Form allein nicht überall maaßgebend sein konnte. Namentlich aber mußten die Bedingungen für die Ansiedler in der ersten Periode, wo der Andrang derselben immer wuchs, oft weniger günstig und jedenfalls häufig weniger fest normirt sein, als es später der Fall war. Zu diesen Bemerkungen werden wir durch die Betrachtung eines Instituts veranlaßt, das in Schlesien gar nicht, in Wagrien aber in ganz besonderer Bedeutung hervortritt, des „hofslag" oder der Ackervermessung.

Helmold erzählt zuerst davon bei Gelegenheit der Streitigkeiten, die sich zwischen Adolf II. und dem Bischof über die dem letzteren angewiesenen Ländereien erhoben. „Der Graf", heißt es da (I, 83, 13), „sagte: „Möge doch der Herr Bischof nach Wagrien kommen und unter Zuziehung verständiger Männer (adhibitis viris industriis) die Grundstücke vermessen lassen. Was kann an den 300 Hufen fehlen, will ich zulegen, was zuviel ist, mag mir gehören."

Der Biſchof kam, ſah ſeinen Beſitz und fand nach einer Unterſu-
chung mit Hülfe der Anſiedler, daß die Grundſtücke kaum 100 Hufen
hielten. Deßhalb ließ der Graf nachmeſſen mit einem kurzen Meßſeil, das bei uns ganz unbekannt, und maß außerdem Sümpfe und
Wälder mit auf. So brachte er eine ſehr große Zahl von Aeckern
heraus. So kam die Sache vor den Herzog, und der entſchied,
man ſolle dem Biſchof die Vermeſſung nach Landesſitte leiſten und
keinen Sumpf oder Hochwald mit vermeſſen." Dieſe Stelle verdient deßhalb ganz mitgetheilt zu werden, weil hier zuerſt die Bedeutung jener Vermeſſung, die uns ſpäter als „Hofſlag" begegnet,
in ein helles Licht tritt. Man ſieht, die Hufen, um die es ſich
handelt, ſind zuerſt unvermeſſen angewieſen, dann, als die Vermeſſung ſtattfindet, ſteht das Maaß noch nicht feſt, und erſt ein
Urtheil des Herzogs ſetzt das Maaß und den Gegenſtand der Aufnahme feſt.

Es wäre von vornherein anzunehmen, daß der Herr Wagriens,
was er ſich gegen den Biſchof erlaubte, auch gegen den bäuerlichen
Coloniſten angewandt habe. Eine Reihe urkundlicher Stellen zeigt
uns dann nun aber auch beſtimmt, daß das Meßſeil im 12., 13.
und 14. Jahrhundert, ja noch länger, das gewaltige Inſtrument
war, durch welches die Regulirung der bäuerlichen Verhältniſſe dem
Grundherren geſichert blieb.

Es gab noch im 14. Jahrhundert verſchiedene Maaße für die
Vermeſſung der Hufen. Als Johann der Milde 1334 den Verkauf
von Kronshagen und 1338 den von Morſee beſtätigte, verlieh er
den Käuſern zugleich das Recht, alle Hufen des Dorfs nach dem
ihnen beliebigen Maaß zu vertheilen (per dimensiones eis placentes
distribuere; Westphalen Mon. 3, p. 580 u. f.) Dagegen iſt das
„rechte und volle Maß nach dem Meßſeil, was Hofſlag heißt"[*)]
eben das offenbar, was Helmold a. a. O. die Vermeſſung nach
Landesſitte (juxta modum terrae) nennt. Dieſes Landesmaaß wird
aber eben auch an anderen Stellen anderen entgegen geſetzt, die
neben ihm verboten oder auch erlaubt ſind. (Urkundenſlg. der Geſellſch.

*) Debita mensura et completa per distributionis funiculum, quod
dicitur hofslach Lexerlae Urkundenb. v. Bleib. Lübeck. I. p. 351.

p. 124 und Dittmer, das Hufenareal und die Hufenheuer p. 9,
A. 11).

Vermessen kann Alles werden. So verzichtete Johann 1318 bei
dem Verlauf von Serck für die Zukunft auf die Vermessung „der
Felder, Aecker, Wälder, Moore und aller anderen vermeßbaren
Stücke bei dem Dorf"[*]; aber gewöhnlich bezieht sich der Hofflag
nur auf die Aecker, daher der Ausdruck „des Dorfes Gränzen oder
die darin enthaltenen Hufen" (Urkundenflg. p. 124) oder „die bestimmt
vermessenen Aecker oder Hufen" (distincte mensurati Leverkus a. a. O.
p. 155). In dieser Einsicht treffen wir also die Institute, die sich
aus der Stelle des Helmold ergaben, noch zweihundert Jahre später vollständig gebraucht.

Es fragt sich nun, wie sie bei der Anlage und für die Entwickelung der Dörfer zur Anwendung kamen.

Zunächst fällt auf, daß manche Dörfer lange nach ihrer Anlage unvermessen blieben. Vom Dorfe Bockholt, das schon im
12. Jahrhundert vorhanden war und zählte (Leverkus a. a. O.
p. 15), heißt es noch im Prätendenverzeichniß von 1263: „die Aecker
oder Hufen sind nicht genau vermessen, daher wissen wir nicht, wie
viel Hufen dort sind" (a. O. p. 155). Jedoch konnte das ungemessene Land, was seine Lasten betraf, verschieden gestellt sein.
Entweder lag es zu Roderecht oder nicht. Nach Roderecht ward es
„einem Anbauer auf eine Reihe von Jahren unentgeltlich überlassen.
— Wie viele Jahre es waren, ist nicht mit Gewißheit zu sehen;
es muß aber etwas Bestimmtes darüber Rechtens gewesen sein, da
häufig hierauf als auf etwas Bekanntes Rücksicht genommen wird,
so z. B. heißt es: „er soll das Land zu Roderecht haben auf so
viel Jahre als dieses Recht mit sich bringt." Zugleich ward bestimmt, daß nach Ablauf dieser Zeit das Land vermessen und wie
viel dann für jeden Morgen an Pacht entrichtet werden sollte.
Dies Vermessen heißt eben „Hofflag" (Pauli, Lübeckische Zustände
p. 14 cf. Deede, von der ältesten Lübeckischen Rathslinie p. 17.)
Nach diesem Recht waren eine Anzahl von Dörfern oder ursprünglich

---

[*] Campos, agros, silvas, paludes seu quecunque alia loca men-
surabilia dicte ville adjacentia. Leverkus a. a. O., p. 566.

alle Dörfer auf dem Gebiet der Stadt Lübeck gegründet. Dagegen
konnte das obengenannte Bockholt nicht nach Roderecht unvermessen
liegen, da es eben schon im 13. Jahrhundert zählte und doch unvermessen war.

Ein solches Dorf ohne Roderecht ward also, so weit wir sehen,
von vornherein zu einer niedrigen Leistung angesetzt, jedoch dabei
weder der Termin fixirt, bis zu dem das Verhältniß dauern sollte,
noch für die folgende Vermessung der Hofschlag nach „dem rechten
und vollen Maaß" als Norm festgestellt. Der Grundherr behielt
also das Recht, mit jedem beliebigen Maaß und wann er wollte
die Vermessung vornehmen zu lassen.

Von diesem freien Recht, mit jedem Maaß und immer von
Neuem zu messen und darnach die Leistungen festzustellen, finden wir
dann auch eine Reihe von Beispielen. Für Morsee und Krous-
hagen erhielten die Käufer 1314 und 1318 (Westph. a. C.) das
Recht „alle Hufen nach ihnen beliebigen Maaßen zu vertheilen, die
Bauern ab- und einzusetzen und mit ihnen ewig zu machen, was sie
wollen, ausgenommen Landwehr, Burgwerk und was das ganze
Land thut."[*] Hier ist das Recht positiv in seiner ganzen Ausdehnung bezeichnet, das sonst meist nur begegnet,[**] wo es durch
verschiedene Bestimmungen begränzt wird, so in der Bestimmung
daß „die Gränzen und Hufen des Dorfes niemals nach Hofschlag
noch irgend einem anderen Maaß gemessen werden sollen" (Ur-
kundenf. I, p. 124, Dittmer a. O.), oder „daß Niemand die über
Zins und Zehnten (nach Vermessung) neu gemachte Schätzung in
Zukunft erhöhen oder die Bauern oder ihre Erben von ihren Stel-

---

[*] Omnes mensos dicte ville per dimensiones eis placentes
distribuere et colonos ibidem destituere et instituere et cum eis per-
petuo facere, quicquid velint, salvis nobis — expeditionibus videlicet
lantwere et borgwerk et his, quae communis terra fecerit, servatis.

[**] Ein positives Beispiel gibt das Kreusböfer Urbar unter Holsten-
dorf: 1454 — was hir en broder — Hermann. Desse de hofslagrede
den acker in desseme velde — u. vant dar vullen Hofslag. Desse
niostes de buren daran vulle bure gheven. Darna wart Job. Steu-
wech prior — 1166, de leth id den buren to der olden bure, tamen
ioe consensu conventus.

len bringen soll, um ihnen einen höheren Zins aufzulegen" (Leverkus a. O. p. 340) oder „daß die Bauern künftig nicht zu höheren Zahlungen gezwungen werden sollen.   Außerdem sollen auch ihre Aecker weiter durchaus nicht vermessen werden." [*])

Nach diesen Angaben begreift man, was es bei einem Zehnt-vertrag heißt, wenn vorbehalten wird „was immer über 17 Hufen, für die das Dorf jetzt trägt, durch das Meßseil weiter heraus-kommen sollte" [**]), oder die Bestimmung bei einem Verkauf „nach der Hofflag genannten Vermessung, wie die Hufen sie gegenwär-tig geben." [***])

Das Recht zu hofflagen stand dem Grundherrn zu, d. h. zunächst in Wagrien dem Grafen, wie das die Stelle des Helmold ergab und wie eben die Grafen an vielen der angeführten Stellen es sich vorbehalten oder darauf verzichten.   Es wurde mit dem Grundeigenthum übertragen, und a. a. O. Leverkus p. 340, verzichtet die Herrschaft allerdings auf eine spätere Vermessung, fügt aber hinzu „jedoch mit Vorbehalt des Eigenthums an dem Dorf für unsere Kirche."   Und so heißt es im Präbendenverzeichniß (a. O. p. 157): „das Erbe des Dorfs und die Gebäude selbst ge-hören der Kirche, daher ist es ganz passend, die Aecker zu ver-messen und besser zu vertheilen." [†])   Eben mit dem Grundeigenthum ist das Recht der Vermessung gegeben.

Aus dem Angeführten erhellt also, daß das Recht der Ver-messung, wie es bei Helmold in den Händen des Grafen erschien, für die bäuerlichen Anlagen in Wagrien vom 12. bis zum 14. Jahr-hundert alle Selbstständigkeit des Bauern unmöglich machte, so

---

[*]) Ad plus solvendum in futurum non debent inaretari. Preterea eorum agri de cetero non debent aliquatenus mensurari. Leverkus a. a. O. p. 174.

[**]) Quicquid super 16 mansos, pro quibus nunc temporis villa jacet per funiculum dimensionis in agris predicte ville excreverit (Leverkus, a. a. O. p. 197.)

[***]) Secundum mensurationem, quae Hofsl. dicitur, quam ad presens obtineat. A. a. O. p. 157.

[†]) Hereditas hujus ville et ipsa edificia sunt ecclesiae, unde expedit agros ville mensurari et melius disponi.

lange es nicht in einer oder der anderen Weise beschränkt wurde. Aber freilich darf man Eins nicht übersehen.

Wie Adolf II. die Vermessung Seitens des Bischofs vornehmen ließ „mit Zuziehung verständiger oder kundiger Männer" und die Nachmessung stattfindet „mit Hülfe der Colonen" (s. oben p. 101 f.) so müssen wir uns auch das spätere Hofslagen sowol wie das sonstige Vermessen nicht ohne Zuziehung der Bauern denken.

Die Regulirung mag von der Herrschaft ausgehen und die Herrschaft kann ungewelfelhaft den Bauern, der nicht auf die Resultate der neuen Vermessung eingehen will, entfernen; nichts desto weniger ist, wenn man zu einem Resultat kommt, dieß eine Folge von Verhandlungen, bei denen auch der Unterthan als Partei gedacht werden muß.

Ganz bestimmt tritt dieß in einer Reihe von Stellen des noch ungedruckten Arensböker Urbars hervor. Hier wird wiederholt erwähnt, daß in einzelnen Dörfern durch Hofslag festgestellt wurde, was durch die großen Stauungen der Mönche an Bauernfeld oder Bauernwald verloren gegangen und zu ersetzen war.[*] Ebenso wird wiederholentlich bemerkt, daß man die Leistungen einer Hufe durch Taxation der Bauern zu bestimmen versucht habe und versuchen müsse.[**] Diese Taxation beruht aber immer wesentlich auf dem letzten Hofslag und dem damals gewonnenen Hufenbestand, und die eigentliche Kenntniß desselben wird bei den Bauern gesucht und gefunden.

Man erkennt hier wohl, wie die Sache allmählich veraltete und nicht

---

[*] Z. B. 1317 „is gehufsleget acker u. holl alles wes den von Havikhorst is afgestouwet in dem Blesekenmoore" u. a. St.

[**] Z. B. zu Middelborg 1494 „rustici singuli congregati tempore solutionis hure directe determinare non poterant quantum in mansis habent. Sed hoc determinaverunt, quod 0 ℳ solvere teneretur pro agri sui estimatione" oder bei demselben Dorf „hujus agrum determinare rustici non potuerunt, quantum in mansis habent, quia ex diversis collectus est." Dahin gehört auch Urkundenbuch der Stadt Lübeck II, p. 1038: considerandum est, quantum de novo hofslag pertineat in nova hure ad quemlibet virum in villis Padeloch et Slucop de anno 1305. illam enim huram adhuc solvere debent pp.

mehr verstanden ward. Für dasselbe Verfahren in derselben Sache, die 1494 zu Middelborg (s. p. 106 Anm. **) verhandelt wurde, wird 1500 der Ausdruck „hofflagen", 1520 dagegen „warderen" gebraucht. Doch blieb, wenigstens in der Nähe von Lübeck, der alte Ausdruck und das alte Verfahren eben als ein solches, das eigentlich nur mit Zuziehung beider Theile, der Herrschaft und der Unterthanen stattfinden sollte, denn „1550 hofflageden de Koloier mit der Herschop welen und willen" (Dittmer a. O. p. 45.)

Bei der hier auseinandergesetzten Sachlage ergiebt sich nun, soweit ich sehe, daß die Bildung von Hoffeldern, die Entsetzung von Hufen und die Einführung von Hofdiensten für die erhaltenen Hufen viel einfacher und viel früher möglich war, als man dies gewöhnlich annimmt.

b) Die Entstehung der Hoffelder und Hofdienste.

Mir fehlt jetzt noch das Material, die Entstehung eines Hoffeldes auf dem obenbezeichneten Wege positiv anzugeben. Aber die Thatsache läßt sich allerdings urkundlich belegen, daß es schon um die Mitte des 15. Jahrhunderts bedeutende Hoffelder gab und zwar wahrscheinlich schon seit Jahrzehnten und zum Theil an Stellen, wo man es am wenigsten erwarten sollte.

In dem schon angeführten Arensböker Urbar ist natürlich auch das Dorf Süsel aufgeführt, welches die Karthause 1454 von den Buchwalds als einen alten Familienbesitz erstand.*) In diesem Dorf finden wir nun hier 5 Hufen Hoffeld neben 19 Hufen Bauernfeld. Jedoch ist das Hoffeld nicht als solches bewirthschaftet, sondern es ist in den Händen der Bauern. Ganz ebenso ist es der Fall mit den 5 Hufen Hoffeldes in Pronsdorf und den 8¾ Hufen in Eronkuhl. Sie sind alle in den Händen der Bauern.**) Ja noch mehr! Die Hufner von Süsel haben zu ihrem eigenen

---

*) Schröder und Biernatzki, Topogr. s. v. Süsel; Jessen Diplomatarium d. Klosters Arensb. Urk. 76.

**) Swinkul: den Hofacker, de is 7 hoven myn 1 verndel, hebben se altosomende vor 20 ℳ jarliker hure.

Hoffeld noch das Hoffeld von Ekelsdorf zusammen geerbpachtet, das 1488 Hans von Buchwald dem Kloster abstand.*)

Zweierlei ergibt sich noch aus diesen Thatsachen; einmal, daß zu Süsel ohne Zweifel schon um die Mitte des Jahrhunderts längere Zeit ein bedeutendes Hoffeld bestand. So wenig wir über die Entstehungszeit dieses und der anderen Hoffelder sagen mögen, jedenfalls kommen wir damit in die Zeiten hinauf, wo die Bedeutung des Meßfalls und des Vermessungsrechts noch in seiner vollen Wichtigkeit bestand. Es ist also wenigstens wahrscheinlich, daß jene Hoffelder nicht durch eine ganz gesetzwidrige Vergewaltigung entstanden, sondern viel näher liegt die Erklärung eben aus dem althergebrachten Recht des Hofflagens und seiner Consequenzen.

Dann aber — und dies ist der zweite Punkt — folgt hier nun an einigen Beispielen des 15. Jahrhunderts keineswegs auf die Bildung des Hoffeldes die Knechtung des Bauernhofs und Feldes. Gerade im Gegentheil, die Bauerhufe reden sich, allerdings unter Klosterschutz, aus nicht allein über den eigenen Ritterhof, sondern auch über ein benachbartes Hoffeld. Natürlich ist nun bei solchen Verhältnissen von einer großen Ausdehnung der Hofdienste keine Spur. Das Dienstgeld kommt freilich in allen Arensböker Briefen des 15. Jahrhunderts häufig vor, und es begreift sich, daß, wo das Hoffeld in der Bauern Hände, man gern die Dienste auf Geld setzte oder auf Geld gesetzt ließ.

Die Ekelsdorfer dagegen waren nach der Verlassung von 1488 „eyn islik lansse plichtich eyn ryndt to roberende den winter aver und alle jar 8 daghe haverdenstes, wenne ene losecht." 1499 wurde das Rind aufgegeben, aber der Hofdienst behalten. Ebenso heißt es von 1488 bei Middelborg „ein jewelik eyn rind to roberende und alle 8 tage hare denst." Dazu ist später bemerkt, der Kaufbrief habe nichts von den Kindern noch 8 Tage Dienst, sondern nur Dienst. Dienstgeld und was jeder geben muß.**)

---

*) Coloni hujus ville acceptarunt dat havelant to Equelstorpe pro usu suo temporibus perpetuis nec passunt aliqua occasione resignare. Et debunt annis singulis 24 ₰ to hore pro eodem sive coloni per se alteri locaverint partes suas ad se pertinentes sive ad pascua deputaverint et dabit quilibet pro rata sua 22 β 7. d.

**) Litera principalis et vendicionis — — von kabet von den

Bedeutend also waren die Hofdienste für die Hoffelder auch am Schlusse des 15. Jahrhunderts noch nicht, auch wo sie nicht auf Geld gesetzt waren. Allerdings aber zeigt die zuletzt angeführte Bemerkung, daß das Kloster vorzog, was es von den Adeligen bestimmt normirt überkommen hatte, lieber auf allgemeine und daher dehnbare Bestimmungen zu bringen.

c) Der Charakter der gutsherrlichen Verhältnisse seit dem Schluß des 15. Jahrhunderts.

Die Lage des Holsteinischen Bauern, neben dem Hoffeld, war am Ende des 15. Jahrhunderts noch keineswegs überall so gedrückt, wie das häufig angenommen wird. Allerdings finden sich in Areusböker Urbar auch „Aecker, die wegen der harten Hofrente verlassen sind."[*]) Dann aber findet sich neben der verlassenen Dorfstede an einer anderen Stelle auch ebenso die verlassene Hofstede, wie auf der Walstorfer und Flottkendorfer Feldmark, und man sieht, daß wenigstens hier das Hoffeld noch nicht das Dorf absorbirt hat, sondern daß eben beide zusammen gemeinschaftlich untergegangen.

Die bekannten Schauergeschichten, die uns die Lübsche Chronik s. a. 1480 aus dem Munde Christians I. über die Bauernquälereien der Pogwisch und Ranzau zum Besten giebt, sind nach Zeit und Gewährsmann kritisch außerordentlich verdächtig. Es ist das Jahr, in welchem der König sich so glücklich der großen Verschreibungen an die Schleswig-Holsteinischen Adeligen entledigte und da Lübeck mit bewundernswerther Gemüthsruhe das Bündniß von 1470 als nicht vorhanden behandelte. Natürlich waren zur Motivirung einer solchen Politik einige Data über desselben Adels Tyrannei, mit dem man sich vor 10 Jahren so eng verbündet, außer-

_____

eynden — nec acht daghe donst, sed simpliciter habet donst, donstgelt et quantum quisque dare debet.

*) Kadeskrogh: Agri deserti propter duros dominos decuriones; über decurio cf. Neues Staatsb. Mag. II, p. 764. Interessant ist auch die Stelle des Urbars über Helstenbeck: olim plures mansi fuerunt in campicmarchia istius ville, nunc vero pauciores, quia plures redacti sunt in nemora et rubeta et in carbonatures, quorum plures illic sunt.

ordentlich erwünscht, und man muß es dem Chroniften nur danken, daß er den König ausdrücklich als seine Quelle nennt.[*)]

Im Arensböker Urbar, also zehn und mehr Jahr später als jene Lübsche Darstellung, treten die Bauern zum Theil noch sehr energisch und selbftständig auf, und Einzelne wie ganze Dörfer werden als ribaldi bezeichnet; wir treffen Einzelne, die bedeutende Rodungen übernommen und, wie wir eben sahen, ganze Bauerschaften, die die Hoffelder bewirthschaften. Die Bauerschaften wissen ihre Ackerwirthschaft gegenüber der ausgedehnten Teichwirthschaft und dem Kohlenbrennereibetrieb des Klofters sehr wohl zu behaupten. Wie damals die Bauern noch dem adeligen Gutsherren gegenüber ftanden, das beweist der interessante Rechtsfall zwischen Hans von Buchwald auf Eselsdorf und „synen undersaten wanaftich to Middelborch", über den wir im Anhang das Urkundliche mittheilen. Obgleich die Buchwalds die volle Gerichtsbarkeit über jenes Dorf hatten, so war es doch möglich, daß Hans von Buchwald noch am Schluß des Jahrhunderts vor Ding und Recht als Partei gegen die Middelborger auftrat und, nachdem er ihnen allen „ihren Hals abgewonnen", mit dem Geschlecht der Reimeringen wenigstens seit dem Jahre 1488 in einer Fehde ftand, die erft 1499 „vor dem ganzen Kirchspiel zu Süsel" durch eine Mannbuße, die er den Reimeringen zahlte, verglichen wurde. Während dieser Zeit war Eselsdorf, Hof und Dorf, an Arensböl verkauft und der Hof an die Bauerschaft von Süsel gekommen.

Im Ganzen möchte man so Gutsherren und Unterthanen um 1500 noch als zwei faft gleichftarke Gegner bezeichnen, die sich jedenfalls an wirthschaftlicher Energie wenig nachgeben. Unzweifelhaft verschob sich dieses Verhältniß wesentlich durch die Anerkennung der adeligen Gerichtsbarkeit, wie sie das Privilegium von 1524 enthält. Wenn man berücksichtigt, mit welchen Sorgen Luther und sein gebildeter Anhang gerade damals auf die steigende Volksbewegung schaute, so mag man auch bei Johann Ranzau und seinen

---

[*)] De ansprake des koninges jegen en weren vele — — Item de konynk vortelde ok — - Vele andere unertike sake hadde de koulnk jegen II. Pognisch etc.   Grautoff, II, p. 414 u. f.

Gesinnungsgenossen eine ähnliche Ansicht voraussetzen und daher die Entschiedenheit erklären, mit der hier allen selbständigen Bewegungen der Bauern vorgebaut wurde. Daneben übersehen wir aber nicht, daß eben Johann Ranzau, der 1526 Breitenburg zusammenzukaufen begann, dort auf seinem ersten großen Gut durch Herstellung der Deiche ein Wohlthäter der ganz heruntergekommenen Bauern ward.*) In der Wullenweverschen Fehde, wenige Jahre nachher, mißlang der Versuch, einen Bauernaufstand in den Herzogthümern wie gleichzeitig in Dänemark zu erregen vollständig, ja bedeutende Bauernaufgebote konnten in diesem Kriege mit voller Sicherheit gegen die demokratisirenden Gegner verwandt werden.

Seit dem Stockelsdorfer Frieden beginnt unzweifelhaft die eigentlich aristokratische Periode der Herzogthümer; Wullenwevers Sturz, die Befestigung der Reformation, die Eroberung Dithmarschens steigerten überall die Vorrechte und den Einfluß des Adels. Desto wichtiger und beachtenswerther ist die Thatsache, daß doch in Wagrien für Holstein der eigentliche Sitz der großen Güter blieb, daß weder der Kern der holsteinischen Bauern im Amte Rendsburg, noch die großen Distriete der früheren Klöster, noch endlich das eroberte Dithmarschen von der Leibeigenschaft berührt wurden.

Darin liegt schon hinreichend angedeutet, daß doch zur eigentlichen Ausbildung des Instituts, der Hofwirthschaft einer, der bäuerlichen Abhängigkeit anderer Seits, die Keime schon früher und namentlich in Wagrien gelegt wurden. Bis zur Reformation gingen Adels- und Klosterbauern wesentlich denselben Weg. Bei beiden finden wir Hoffelder, bei beiden unzweifelhaft die Abhängigkeit von des Herren Meißeil, d. h. also eine mehr oder weniger große Unselbständigkeit des Besitzes. Seit der Reformation theilen sich ihre Wege, und der Klosterbauer behält oder gewinnt Selbständigkeit, während der Adelsbauer Leibeigener wird.

Die weitere Ausbildung der Gutswirthschaft mit der Fixirung der Gerichtsbarkeit in den Händen des Adels mußte unvermeidlich dahin führen. Die Arbeitskräfte, die der Gutsherr brauchte, konnte

*) S. Lemmerich, die Herrschaft Breitenburg im Archiv für Staats- und Kirchengesch. V, p. 12.

der Gerichtsherr durch die Mittel sich sichern, die ihm seine Gerichtsbarkeit an die Hand gab.

Wir wollen hier nur auf einen anderen Umstand noch auf-
merksam machen, der für die Entwickelung von Wichtigkeit ist, das
Verhältniß nämlich zwischen Gutsherr und Unterthan, soweit es die
Steuern betrifft.

Am Schluffe des 15. Jahrhunderts bezahlten natürlich die
Bauern für ihre Hufen die Steuern, welche die Herrschaften in die
Landeskasse abführten. Darüber ist im Allgemeinen kein Zweifel;[*)]
so geht z. B. Gerhard von Oldenburg 1408 die Prälaten darum
an, „dat se eren willen darto geven, dat ere undersaten in dem
lande of dem lande to hulbe quemen", nachdem nämlich die Bauern
in den Aemtern auf seine Aufforderung ihm würklich gesteuert (Grautoff II, p. 316).

Erst anderthalb Jahrhundert später haben die unerhörten
Drangsale wiederholter Kriege dieses Verhältniß alterirt. Bei den
Vorarbeiten zur Revision der Landesmatrikel hebt ein Schreiben der
Commission vom 19. October 1643 es hervor, „daß bei vergangenen
Kriegsunruhen die adeligen Güter — über die Maßen ruinirt —
inmaßen dann ihrer viele aus der Nobleffe es deshalb an Mitteln
ermangelt, also daß noch viele Hufen wüste, auch die Collecten vor
die Unterfaffen mehrentheils exolvirt und bezahlt werden müßten,
davon nichts wieder könnte erlangt werden." (Kieler Blätter 3,
p. 290 u. f.) Damals war also die Zahlung durch die Gutsherrn statt der Unterthanen eine außerordentliche Maßregel, deren
Last die Ritterschaft vergeblich sich zu erleichtern suchte. Ein Jahr-

---

*) Ein Fall, wo der Grundherr in Aussicht stellt, in einzelnen
Fällen die Steuer für den Pächter zu tragen, s. Leverkut a. O. p. 348;
„et cum exactio que grevenschat nuncupatur per totam terram fuerit
eroganda stabit in nobis et nostris successoribus, utrum nos ab eis-
dem exigere velimus eandem exactionem an velimus de talibus sup-
portare." Unter den Schuldnern des Klosters Arensböl findet sich
F. Franken tenetur pro 1 fl. pro precaria principum. Das könnte
wohl ein Fall sein, wo das Kloster eine Bede vorläufig aus seiner Kaffe
berichtigt hatte.

hundert später war daraus ein wesentliches Stück der ganzen Guts-
verfassung geworden.

In dem Prozeß der Dorfschaft Großenbrode mit dem Grafen
v. Bülow im J. 1743 führen die Kläger aus, „daß sie bis jetzo
die Contribution der aller- und gnädigsten Landesherrschaft selbst
abgetragen" (Falck Landrechtliche Erörterungen Bd. I, p. 492), und
suchten damit den Beweis zu führen, daß sie zu dem Beklagten nicht
in dem Verhältniß der Leibeigenschaft ständen.   Beklagter aber
erwiderte, „daß er selbst solche Contribution an die herrschaftliche
Krieges-Kassen auszahle, hingegen Kläger nur unter bereiter rubrique
ein gleiches praestandum an Herrn Beklagten wiederentrichtet —
— überdem es mit der Leibeigenschaft gar nicht streitet, daß der
Dominus die contributiones und allgemeine Landes-onera von
den Unterthanen, in Ansehung der ihnen eingethanen Hufen, worauf sie überhaupt haften, beitreiben läßt — — wie denn auch
andere Exempel vorhanden, da die unstreitig leibeigenen Bauern
die landesherrschaftlichen contributiones abtragen, wohin die Bauern
zu Seegaarden gehören" (s. ebdf. p. 523 f.) Aus dieser Entgegnung erhellt doch sehr deutlich, was sie gerade in Abrede stellen
will, daß der Leibeigene eben nicht Contribution zahlte, sondern die
Gutsherrschaft für ihn und zwar ohne einen Ersatz von Seiten des
Leibeigenen.   Es würde nicht noch des Beispiels von Seegaard
bedurft haben, wenn der Leibeigene im Allgemeinen ein praestandum
unter derselben rubrique an die contributionszahlende Gutsherrschaft
entrichtet hätte.

Die Befreiung von Contribution oder Steuern galt eben bei
Beurtheilung des ganzen Verhältnisses als der wichtigste Recompens
für die ungemessenen Dienste.   „Wie wäre es ihnen (den Bauern)
menschenmöglich", heißt es in einer anderen gleichzeitigen Deduction,
„auf ihre Unkosten, und ohne von ihrer Obrigkeit den geringsten
Vortheil davor zu genießen, ungemessene Dienste zu verrichten: und
doch dabei die herrschaftlichen Gefälle, Reichscontributiones — zu
erwerben?" *)

_____

*) Falck a. O. p. 389, aus Georgi: Kurzgefaßte Nachricht von dem
eigentlichen und wahren Zustand der Elfstedtwerthbauern, Capitalschen An-

Für die Beurtheilung des ganzen Instituts ist gewiß der Umstand von großer Wichtigkeit, daß dasselbe sich nach der zuletzt erwähnten Seite hin erst in der angeführten Periode seit dem dreißig-
jährigen bis nach dem Ende des nordischen Kriegs ausbildete.
Welche furchtbaren Lasten damals auf dem gesammten Grundbesitz
immer von Neuem sich zusammenwälzten, ist bekannt genug. Die
Verzeichnisse der wüsten Hufen oder der leistungsunfähigen finden
sich in trauriger Ausführlichkeit bei fast allen Aemtern. Seitdem
Christians IV. Großmachtspolitik so unselig gescheitert, werden die
Streitigkeiten der regierenden Linien allmählich permanent und immer
neue Kriege brechen immer von Neuem den Wolstand der beider-
seitigen Unterthanen. In Mitten dieser beständigen Reibungen,
nicht etwa nur zwischen den beiden Linien, sondern zwischen den
großen Parteien Nordeuropas verliert der Adel mit den Städten
seine alte politische Stellung. Desto energischer entwickelt er sich
wirthschaftlich. Man hat ihm bei der Darstellung dieser Dinge die
Niederlegung bäuerlicher Hufen, die stete Steigerung der Frohnden
von den übrigen und den allgemeinen daraus folgenden Verfall der
bäuerlichen Wirthschaft zum Vorwurf gemacht und gewiß mit Recht.
Anderer Seits sollte man aber daneben nicht übersehen, daß er in
derselben Periode die Last der Contribution, die sich immer von
Neuem steigerte, den Hufnern abnahm, und daß er mit Hülfe
jener Frohnden auf seinen Höfen ein Cultursystem ausbildete, das
schon seit dem Anfang des 18. Jahrhunderts die Bewunderung des
intelligenten deutschen Landwirths erregte.*) Und neben diesem
Cultursystem des Hoffeldes war der Bestand und Ertrag der leibeigenen Hufe, nach den Angaben unseres Verfassers, von der der
nicht leibeigenen Hufe, wenigstens in manchen Aemtern, fast gar
nicht verschieden.**) Man darf also keinenfalls den trostlosen Zu-

<hr>

theils aus dem sogenannten Holsten-Ort und Travemünder Winkel, nebst
einer ausführlichen Anzeige der hauptsächlichsten Neuerungen und Be-
schwerden."

*) S. Allgemeine Monatsschrift f. Wissensch. und Literatur 1851.
Juli, p. 8 f.

**) Die Angaben, die der Verf. in der ebengenannten Schrift p. 24
f. über die leibeigenen Hufen macht, stimmen fast vollständig mit denen

stand derselben nur aus der Leibeigenschaft herleiten.   Ja, diese
Vergleichung macht vollkommen begreiflich, daß der Leibeigene in
den meisten Fällen sein Abhängigkeitsverhältniß dem des freien
Bauern vorzog, da er nicht allein keine Grundsteuern zahlte, sondern
in der Zeit der Noth seinen Halt an der Herrschaft hatte, deren
Vorschüsse von Zeit zu Zeit gestrichen werden mußten." (Hanssen,
Aufheb. p. 25.)

Im Allgemeinen möchten wir daher gegen die Darstellung des
Verf. hauptsächlich Folgendes hervorheben.   Den eigentlichen Ausgangspunkt der Holsteinischen Leibeigenschaft bildet zweifelsohne nicht
die Eroberung, sondern die Colonisation Wagriens.   Für die Ausbildung und Ausdehnung der Hoffelder und Hofdienste gab es in
Wagrien einen Weg, auf dem der Grundherr schon sehr früh sein
Gut vergrößern und seine Bauernhufen zu größeren Leistungen an-
ziehen konnte, das Recht der Ackervermessung in beschränkter oder ganz
unbeschränkter Form.   Trotz dieses rechtlich möglichen Weges und trotz
der wahrscheinlich darauf schon um die Mitte des 15. Jahrhunderts
gewonnenen Resultate, war die Lage des Wagrischen Bauern am
Schluß des 15. Jahrh. noch keineswegs sehr gedrückt, noch seine
Energie gebrochen.   Den sichtbaren Ausgangspunkt für die spätere
und härtere Form bäuerlicher Abhängigkeit bildet dann, wie der
Verf. mit Recht hervorgehoben, die volle Verleibung der Gerichtsbarkeit im Jahre 1524.   Die letzte Ausbildung gewann das Institut in dem allmählichen Uebergang der Contributionsleistung von

----

überein, die er in seinem vortrefflichen Buch: das Amt Bordesholm p. 70
f. über die dortigen Hufen aus dem Anfang des 15. Jahrh. zusammengestellt hat.   Der Bestand von Pferden war dort 12, hier 8—12, man
pflügte hier wie dort mit 4 Pferden; der Bestand von Kühen dort 4—6,
höchstens 7—8, hier 4—6, höchstens 8; der Ertrag dort 3—5fältig, hier
Roden 3—4, Hafer 4, Buchweizen 5fältig.   Ueber Jungvieh, Schafe
und Schweine gibt der Verf. dort nur unbestimmte, hier keine Durch-
schnittsangaben.   Ueber die Hufen vergl. Aufheb. der Leibeigensch. p 25
f. und das Amt Bordesh. p. 130 f.

8 *

dem Hufner auf den Grundherrn. Ward dadurch das Berhältniß
für den Bauern eine Wohlthat, so war seine Lage weder nach den
Zeitverhältnissen besonders ungünstig, noch fehlte es an wichtigen
landwirthschaftlichen Resultaten, die durch das Institut ermöglicht
wurden.

Wir haben es schon oben hervorgehoben, daß wir nur einige
Beiträge zur Geschichte des interessanten Gegenstandes an die Besprechung der werthvollen Schrift knüpfen wollten. Für eine gründ-
liche Auseinandersetzung wird es namentlich auf eine immer noch
fehlende Untersuchung unserer älteren Steuerverfassung ankommen.

Was unsere Bemerkungen selbst betrifft, so werden sie hoffentlich etwas dazu beitragen, die Schatten zu mildern, mit denen man
bei der Schilderung dieser Dinge nur zu oft zu freigebig ist. Daß
trotz alledem das ganze Berhältniß ein unseliges war und daß dessen
böse Seiten schon früh und lebendig von einsichtsvollen Gutsherren
selbst empfunden und zugegeben wurden, darüber verweisen wir auf
die Hanssensche Schrift selbst.

Der geehrte Berf. wird in unseren Excursen das Resultat der
mannichfachen Anregung sehen, die neben überreicher Belehrung seine
Arbeit gewiß jedem Leser bietet.

Anlage.

Vertrag zwischen Hans von Bokwold und den Reimeringen vom
11. August 1400. (Aus dem Erbbuch des Klosters Arensböl
u. d. A. Middelborch.)

In deme namen gades amen. Alle und enem istlichen,
de dessen bref sende, lesende efte borende werden, sy willik
dat alsedenne twistinge irresen is gewesen mank den duchtigen
Hans van Bokwolde Hinrikessone, to der tid wanende in dem
have Equelstorpe up de enen und sinen anderseden, wanstlich
tor Middelborch uppe der anderen siden, van halve wegen des
erfgudes und der vrigen vischerie, de den buren gegunt was vor
Hans van Bokwolden tiden, de he denne ene so nicht vorthen
gunnen wolde, men be lede dink und recht to und wan ene
allen eren hals af. Dar sik so vele af sakede, dat dessulve
Hans von Bokwolde enen, genomet lange Hans Reimers, Tymmeke Reimers son, van deme levende to deme dode brachte
unde Thies Grawen wief, de to vorne badde gebadt Marquart
Reimers mit ereme sone, ok wahnstigh in deme dorpe Middelborch, dat meiste part vorbrande, dar denne se ere recht
vor geleden hebben. Alle desse saken und de dar to kamen-
den tiden af risen, is vormiddelst todael unde vlitigen arbeide
beren Johan Cordes, do tortid schaffer tor Arnsboken und des
dughtigen Detlef van Bokwold Clawessone, wanstlich tor
Hasselhorch, in fruntscop verlegen und entliken gesleten in
mathe und wise, alse hir nascreven is - und utgesprake, des
sondages na Laurencii anno 1400 vor deme ganzen kerspel
to Sosel und van beiden parten belevet und bewillet.

Also dat de vorbenomede Hans van Bokwold scholde
geven Tymmeke Reymers und sineme broder 55 Lubesche
mark, de he tor noghe wol betalet heft vor eren vader, de he
van deme levende to deme dode bracht badde, alse vorgeroret

is, unde alle tosprake, de se und ere erven mochten hebben
to eme ofte deme kloster tor Arnsboken. Ok gaf de vorscreven Hans van Bokwolde aver allen brake und tosprake,
de he hadde to den Reymeringen also dat se mogen wanken,
wesen und wanen in deme lunde to Holsten, wore ene dat
bequemlik is, sunder jeniger hande unsprake Hans van Bokwolde unde siner erven. Dar mede inne beslaten Hans Reimers, Henneken sone, den he tor tid dohuten beslot, dat he
doch darna avergaf dorch bede willen hern Johan Cordes.
Ok geven de Reymers over alle upsake vor sik und ere erven,
de se nu und in tokomenden tiden van wegen des vorscreven
gudes und sake mochten hebben to Hans van Bokwolde efte
dem kloster tor Arnsbokens darumme Optosprekende, noch se,
ere erven efte jemand van eren wegen mit jeneger hande
rechte, gestlikes efte werlikes. Und de vorbenomede Hans
van Bokwolde mach wanken binnen Lubeke und wor eme dat
heleret in deme Lubeschen rechte sunder ausprake van wegen
des doden mannes und allen anderen saken vorgeroret. Des
to merer tuchtnisse hebbe ik Hans van Bokwolde vor my and
mine erven min ingesegel etc. und Peter Rejmers, borger to
Lubeke, vor my und mine vedderen Hans, Peter und Tymmeke Reijmers und unse erven etc. und ik w. prior tor Arnsboken etc.

IV.

Von der Kieler Universität in den Jahren 1796—1798.

Nach H. Steffens; mit Berichtigungen und Zusätzen.

——————

H. Steffens, der 1773 in Stavanger in Norwegen geboren
war und in Kopenhagen studirt hatte, kam 1796 nach Kiel. In
seiner ausführlichen Selbstbiographie („Was ich erlebte") gibt er
manche Nachrichten über die hiesige Universität. Diese sind freilich
nur aphoristisch und übergehen Manches; sie scheinen meistens aus
der Erinnerung hingeschrieben; aber was sie geben, dürfte doch der
Beachtung nicht unwerth sein.

„Der Zustand der Kieler Universität", schreibt St., „war
nicht der beste. Zwar besaß sie Lehrer von Bedeutung auch in
meinem Fache. Fabricius hatte als Entomolog einen großen
Ruf, ja er war für diese Wissenschaft, was Linné für die Botanik.
Professor Weber galt für einen ausgezeichneten Botaniker. Der
damals so berühmte Reinhold, der in Jena so großes Aufsehen
erregt hatte, dem das philosophische Studium schon deshalb so viel
verdankt, weil er zuerst die Aufmerksamkeit auf die Kant'sche Philosophie hinlenkte, war nach Kiel berufen, und schon seit einem

Jahr hier. Der ehrwürdige berühmte Archiater Hensler, der als gelehrter Arzt einen großen Ruf besaß, erhob die medicinische Facultät, und Professor Cramer gehörte zu den gründlichsten und ausgezeichnetsten eleganten Juristen seiner Zeit.*) — Aber bedeutende Lücken zeigten sich auch. (Ein Lehrer in der Physik **) und Chemie war damals gar nicht da, die Mineralogie ward nur als Nebensache in den Vorträgen über die allgemeine Naturgeschichte von Fabricius behandelt, und selbst mit der Zoologie sah es übel aus.

„Fabricius***) nämlich liebte das Reisen, er brachte seine

*) Steffens übergeht die theologischen Professoren Gerser und Eckermann, so wie die Juristen Schrader und Thibaut, die Professoren der philosophischen Facultät Ehlers und Hegewisch und andere. Bd. 3. S. 314 erzählt er einige Lächerlichkeiten über Kassers Vorträge, die Geschichte der deutschen Poesie betreffend. Ebdselbst S. 295 heißt es: „Einer der angenehmsten Familienkreise war der des Etatsraths Trendelenburg, der als Jurist, wie Cramer, einen bedeutenden Ruf hatte; seine heitere und angenehme lebhafte Tochter war die Braut eines ältern schon angestellten Freundes Jahn. Professor Niemann war eine heitere unbefangene und gesellige Persönlichkeit, der durch sein Studium der Statistik und Politik in mancherlei Berührung kam. Seine Ansichten waren im echten Sinn liberal und wiesen eine jede geistige Beschränktheit ab."

**) Eckermann las mit Beifall über Physik, was St. nicht erwähnt; auch hatte Eckermann (wie Fabricius in s. Schrift über Akademien S. 108 anerkennt) für die Anschaffung einer Sammlung von Instrumenten gesorgt, „die die Vorlesungen der Physik angenehm und lehrreich machen."

***) Joh. Chr. Fabricius, ein geborener Schleswiger (Nordfriese) † 1808, gibt in der Vorrede zu Bd. 2 seiner Polizeischriften, Kopenhagen 1790, und in Lappe Porträtter H. 4. ebdselbst 1805, Nachrichten über sein Leben. Er wurde 1768 bei dem Natural-Theater in Charlottenburg angestellt; als diese Anstalt 1770 aufgehoben ward, kam er als außerordentlicher Professor an die Kopenhagener Universität, von da 1775 nach Kiel als ordentlicher Professor. Er war unzufrieden; „hier in Kiel waren meine Wissenschaften völlig todt." Deßhalb suchte er um seine Entlassung nach, und erhielt sie; jedoch auf eine Bitte der Studirenden an den König blieb er in Kiel. Fabricius gehörte offenbar zu den schnellen Reformatoren, die unzufrieden werden, wenn sie ihre Pläne nicht gleich durchsetzen; und seine Pläne gingen vielfach sehr weit, wie

meiste Zeit in Petersburg, Amsterdam, London und Paris zu. An
letzterem Ort war er mit mehreren gemäßigten Häuptern der Revolution in genauer Verbindung, überhaupt wurde er da als die höchste
Autorität in seinem Fache vorzugsweise geschätzt. Nun war es seine
Absicht, den nächsten Sommer in Paris zuzubringen; es mußte ihm
also angenehm sein, daß ein junger Mann erschien, der an seiner
Stelle die Vorträge der Naturgeschichte übernehmen konnte, und so
lag es in seinem Interesse, Wünsche zu unterstützen, die ich bei

er denn z. B. 1790 vorschlug, die medicinische Facultät von Kiel nach
Kopenhagen zu verlegen, und wieder 1796 die Verlegung der Kopenhagener
Universität beantragte, weil die Residenz zu viele Störungen mit sich
bringe. Ebenso tadelte er die auf alter Mönchsverfassung beruhende Einrichtung der Universitäten, man solle Scepter, rothen Mantel u. s. w.
bei Seite legen, die akademische Jurisdiction auf Disciplinarsachen beschränken etc.; die Prüfungen der medicinischen Studirenden müßten nicht
von den Professoren der Medicin geschehen; die Lehrer hätten zu viele
praxin und zwar auream, sie wären zu nachsichtig bei den Prüfungen etc.
Eine Unannehmlichkeit, die er bei seiner Ankunft in Kiel 1775 hatte,
weil er nicht Doctor war, sah er ‑als persönliche Beleidigung‑ an. Ge-
wohnt an großstädtisches Leben, mißfiel ihm Manches in der kleinen Stadt,
er entbehrte größere Sammlungen und blieb, trotz der Güte des Cura-
tors, des Grafen Reventlow, und des Kanzlers Cramer, unzufrieden.
Noch 1790 konnte er sagen: „Mein bürgerliches Leben war in Kiel
angenehm, mein wissenschaftliches elend.“ Und in der Vorrede zu seiner
Schrift über Akademien (Kopenhagen 1796): „Ich lebte in Kiel beinah
wie auf der Reise, ohne mich eigentlich einzurichten.“ Freilich ging ihm
Manches nicht nach Wunsch; so z. B. nach Hirschfelds Tode erhielt
Noldenbauer „ein Fremder“ die Aufsicht über die Düsternbrooker
Baumschule; Fabricius hatte dies Amt gewünscht und statt der Baumschule einen ökonomischen Garten anlegen wollen.
    Auch sonst überhaupt tadelte F. gern die Anstellung und Begünsti-
gung von Fremden. Cramer, den Kanzler, nimmt er aus, aber auch
dieser habe die Naturwissenschaften nicht gehörig gewürdigt; Oeder, Erich-
sen, selbst Bernstorf passiren gleichfalls nicht ohne Tadel; ebenso wenig
die Gnadenbeweise, welche Klopstock zu Theil wurden; ja F. ereifert sich
sogar ganz im Allgemeinen gegen die „deutschen Bludbeutel.“ (Vgl. seine
Schrift über die Volksvermehrung S. 78—82 u. s. w.) Gewiß ein
seltsamer Widerspruch, auf der einen Seite dieser Fremdenhaß, auf der
anderen die schon erwähnte Vorliebe für französische und englische Ein-

meiner Ankunft in Kiel zwar im Stillen festhielt, aber deren so
nahe Erfüllung ich keineswegs zu hoffen wagte." Fabricius nahm
sich also' des Ankömmlings, der ihm noch dazu besonders empfohlen
war, sehr freundlich an. Von seinem ersten Besuch bei demselben
erzählt St.: "Seine (F.'s) Persönlichkeit schon nahm mich ein,
er war ein kleiner freundlicher Mann, der mich erwartet hatte und,
wie es schien, mit großer Freude empfing. "Sie müssen", sagte
er, "für's Erste leben. (St. war in ungünstigen pekuniären Verhältnissen nach Kiel gekommen). Ihre Thätigkeit auf der Universität
kann erst mit dem nächsten Semester beginnen. Es sind hier mehrere
Familien, die lange gewünscht haben, ihren Kindern Unterricht in
der Naturgeschichte zu verschaffen; die Bezahlung wird, ich muß es

richtungen! Eine seine Rüge erhielt F. in dem „Cahier aus meinem
Portefeuille I.II. G. Lecture von 1781 Finanz-Sachen" (Hamburg 1782);
der anonyme Verfasser äußert S. 137: „Sollte wohl nicht der Herr F.
ein wenig von der m o d e r n e n p a t r i o t i s c h e n K r a n k h e i t attaquirt
sein, die in dem sonst christlichen Dänemark seit einigen Jahren epidemisch
um sich greift?" Der Anfang dieser patriotischen Krankheit datirt bekanntlich von dem Sturz Struensee's; „seit der traurigen Revolution von
1772 war"‚ wie es in der „Monatlichen Uebersicht der gesammten Literatur" Schleswig 1791 S. 806 heißt, „ein Unwille gegen die Deutschen
rege geworden." Auch Steffens erfuhr mehrfache Proben davon; so
mußte er Vorwürfe hören, daß er seine Beiträge zur inneren Naturgeschichte der Erde nicht in der Muttersprache geschrieben habe, und als er
einem Ruf nach Halle folgte, suchte man ihm zu beweisen, ein Däne
dürfe keinen fremden Dienst annehmen. Vgl. Bd. 5, S. 44—46, 119).
Die Frau Professorin Fabricius, geb. Ambrosius, † 1870,
welcher die Kieler Universität ein Legat verdankt, vgl. Chronik 1856
S. 21 und 1857 S. 27, fand es (nach Steffens Bd. 3, S. 196) sehr
unrecht, daß die Frauen gegen die Männer zurückgesetzt würden; sie cor-
respondirte mit Klopstock und war selbst Schriftstellerin. Auch hatte sie
ein lebhaftes politisches Interesse, gleich ihrem Gatten, namentlich für die
französische Revolution und ihre Helden; so verwandte sie sich, als La-
fayette in Olmütz gefangen saß, für ihn bei dem Könige von Preußen,
der ihr eine höfliche aber abschlägige Antwort ertheilte. (Vgl. auch die
Schilderung beider Ehegatten bei G. F. Schumacher: „Genrebilder
aus dem Leben eines 70jährigen Schulmannes." Schleswig 1841;
S. 176.)

Ihnen im Voraus sagen; mäßig sein; aber Sie können schon morgen anfangen und werden sich, denke ich, auf diese Weise durch-
helfen können, bis wir Ihnen einen bedeutenderen Wirkungskreis
bei der Universität anzuweisen vermögen.""

Schon vor der Promotion ward es Steffens, nach einer
Privatprüfung, worin er einen Aufsatz über die Generationstheorie
zur Zufriedenheit ausgearbeitet hatte, von Prof. Fabricius, gestattet,
Vorlesungen zu halten; er las darauf fünf Stunden wöchentlich
gratis über Naturgeschichte, und nach einigen Wochen sandten ihm
die Zuhörer mit einem höflichen Schreiben "eine für mich sehr bedeutende Summe."

In den letzten Monaten des Jahres 1796 schrieb St. seine
erste deutsche Schrift über die Mineralogie und das mineralogische
Studium, die 1797 erschien; die Promotion fand am 8. April
1797 unter dem Decanat von Heinze statt, der immer sehr
freundlich für St. gesinnt war. In dem gedruckten Verzeichniß der Vorlesungen für das Wintersemester 1797—98 finden wir
Steffens und Bielfeld als Privatdocenten der Kieler philosophischen Facultät. — Steffens sagt die mineralogische Sammlung
der Universität sei sehr vernachlässigt gewesen. "Ich war freilich
der Aufseher derselben, aber wußte wenig damit anzufangen. Eine
unermeßliche Masse von Quarzen, Schwefelkiesen, Eisenoxyden, Blei-
glanzen, Blenden, geschliffenen Steinen, terra sigillata füllten von
Staub bedeckte Schubladen, und einzelne sogar seltene Fossilien
waren in diesem Plunder so versteckt, daß die Ungeduld beim Auf-
suchen derselben oft den höchsten Grad erreichen mußte."*) So benutzte er vorzugsweise für seinen Vortrag über die Mineralogie,
"der bei den allerdings nur Wenigen, die sich daran Theil zu
nehmen entschlossen, großen Beifall fand", die mineralogische Sammlung des Kieler Predigers Holst.

Während Steffens in Kiel war, kam unter den Studirenden
das Ehrengericht, welches namentlich die Duelle verhindern sollte,

*) Als Steffens 1804 in Halle als Professor der Mineralogie ange-
stellt wurde, fand er daselbst eine "völlig unbrauchbare Sammlung."
Bd. 5 S. 118.

zu Stande. Steffens ward zum Vorstand gewählt; die obere Aufsicht führte der hochgeachtete Professor Archiater Phil. Gabr.
Hensler, mit dem er gut bekannt war. „Meine gesellige Natur",
sagt er, „rief bald mancherlei Bekanntschaften und Berührungen
hervor. Am wichtigsten unter allen war mir die liebevolle Aufnahme, die ich bei dem Archiater Hensler fand; er war einer der
schönsten Greise, die ich je gesehen habe, ein im edelsten Sinne
vornehmer Mann, der durch die ruhige Würde seines Wesens eben
so entschieden seine Umgebung beherrschte, wie er durch seine Milde
und Güte alle Menschen gewann. Ich habe nicht leicht einen Uni-
versitätslehrer gekannt, der mit einem so lebendigen Interesse ein
jedes Talent zu entdecken und dann zu fördern suchte, wie er. Er
hatte als Arzt ein nicht unbedeutendes Vermögen*) erworben und
besaß eine Bibliothek, die nicht allein in dem medicinischen Fache
sehr vollständig war, sondern auch die berühmtesten Ausgaben der
alten Schriftsteller und die wichtigsten Schriften der Naturwissenschaften enthielt. Sie bestand, irre ich nicht, aus 10,000 Bänden
und war durch zweckmäßige Auswahl und schnelle Anschaffung der
bedeutendsten neueren Schriften für mich bei weitem wichtiger, als
die damals noch sehr lückenhafte Universitätsbibliothek. Sie stand
mir unbedingt zum Gebrauch; und obgleich ein junger Mensch, der
in seinem Hause lebte**), und eigentlich noch mehr und in der
höchsten Instanz seine Schwiegertochter Dora Hensler, die bekannte und ausgezeichnete Freundin des verstorbenen Niebuhr und
die Herausgeberin seiner Correspondenz, die Aufsicht führten, so
hatte ich doch den völlig freien Zutritt zur Bibliothek. Ich durfte
in den Schätzen wühlen und was mir wichtig war, gegen einen
Revers nach Hause nehmen. Wer sich an meine frühere Bildung
erinnert, wird einsehen, wie höchst angenehm und interessant mir

---

*) Steffens überschätzt, wie ich annehmen darf, das Vermögen Hens-
lers, der viel auf seine Bibliothek verwandte.

**) Eine Zeitlang führte P. Kerdes, der um unsere Universitäts-
bibliothek höchst verdiente Bibliothekar, auch die Aufsicht über Henslers
Sammlung und verlieh aus derselben in bestimmten Stunden Bücher.
Längere Zeit versah Dector Hargens die Stelle eines Bibliothekars bei
Hensler.

ein anderer Schatz sein mußte, der in seinem Hause aufbewahrt
wurde. Es war nicht allein eine sehr vollständige Sammlung der
bewährtesten, besonders englischen Reisebeschreibungen, sondern auch
eine Sammlung von meist englischen Original-Karten. Die Stunden, die der alte herrliche Arzt mir erlaubte, in seinem Hause, in
seiner Nähe zuzubringen, gehörten in jeder Rücksicht zu den schönsten, die ich in Kiel verlebte. Seine Gespräche waren immer lehrreich und ermunterten eine jede eigenthümliche Aeußerung, drängten
sie nie zurück. Wöchentlich versammelte er in seinem Hause Studirende, mit denen er sich auf eine belehrende Weise unterhielt; ich
fehlte dann nie, und obgleich er sich nicht in trockene Ermahnungen
ergoß, so wirkte doch sein sittlich würdiges Dasein reinigend auf
jeden jungen Mann, der ihm nahe trat. Er hatte, so lange ich
in Kiel lebte, eine unbedingte Gewalt über mich; und obgleich ich
niemals in jenen engeren Kreis hineintrat, in welchem er lebte, der
durch Niebuhr vorzüglich bekannt geworden ist, der alle damals ausgezeichneten Notabilitäten von Holstein umfaßte; obgleich dieser Kreis,
wie ich bekennen will, mich nicht besonders anzog: so konnte ich
mich dennoch, wenn ich Hensler eine Zeitlang nicht gesehen hatte,
nach seinem bloßen Anblick sehnen, wie in meiner frühen Kindheit
nach dem Anblick meiner Mutter. Jedesmal, wenn ich an ihn
denke, schwebt mir seine gewinnende Freundlichkeit, seine heitere Belehrung und die stille sittliche Macht, die er ausübte, mit tiefer
Rührung vor der Seele. Es gibt kaum einen Menschen, dem
ich mehr verdanke, als ihm; die Folge wird lehren, wie er mir
die eigentliche bedeutendere Laufbahn eröffnete; und mir war ein
solcher fester Haltpunkt, der mich beherrschte, sehr nothwendig."*)

<hr>

*) Auch auf Bergers, des nachherigen Professors der Philosophie,
Entwickelung war Hensler nicht ohne Einfluß, wie in Bergers Leben.
Altona 1835. S. 27. nachgewiesen ist.
    Später trat Steffens zu der Hensler'schen Familie in eine Art von
Verwandschaftsverhältniß, indem er 1803 eine Tochter von Reichardt
heirathete, dessen zweite Frau, geb. Alberti, früher mit einem Bruder des Arztes, Peter Wilhelm Hensler, verheirathet gewesen
war. Dieser jüngere H. war 1742 in Preetz geboren, studirte die Rechte,
ward in Altona angestellt und sehr befreundet mit dem Physikus Struen,

Zu dem höchst vertrauten Umgang von Steffens gehörte der Kieler Privatdocent Doctor Wilh. Fr. Aug. Mackensen, der Verfasser einer kleinen Schrift über den Ursprung der Sprachen, die Steffens „wahrhaft geistreich" nennt. Steffens gibt eine andere Schrift von ihm an über das deutsche Nationaltheater; es wird die 1794 anonym erschienene Schrift: „Untersuchung über den deutschen Nationalcharakter in Beziehung auf die Frage: warum gibt es kein deutsches Nationaltheater?" gemeint sein. Steffens sagt, man habe sie Reisewitz zugeschrieben. „Man könnte glauben, daß Lessing wieder erstanden wäre, denn alles war auf eine wahrhaft eigenthümliche Weise behandelt, die Sprache hatte eine leichte Klarheit, die Gedanken eine geistreiche Beweglichkeit, die man damals in der soge-nannten ästhetischen Literatur nicht kannte. Allgemein glaubt man, daß die Gebrüder Schlegel und Tieck die ersten waren, welche die sittliche Armseligkeit, die in den Kozebueschen Stücken herrschte und das Theater auf lange Zeit herabwürdigte, angegriffen haben. Der Erste war in der That Mackensen, der auf eine siegreiche Weise die Gemeinheit der Kozebueschen Dramen nachwies. Mackensen war sehr genau mit Kants Philosophie bekannt und ein enthusiastischer Verehrer dieses Philosophen. Sein Eifer veranlaßte auch mich zu einem gründlicheren Studium dieser Philosophie. Er war ein stiller Gegner von Reinhold, und ich weiß nicht, was mich von diesem in mancher Rücksicht verdienten Manne zurückstieß. Ich habe während meines ganzen Aufenthaltes in Kiel versäumt, seine Bekannt-

---

see. Als Turnesee später so hoch stieg, wollte er den Freund in dänische Staatsdienste ziehen; aber H. lehnte ab und blieb in Stade, wohin er inzwischen als Advokat und Landsyndikus gekommen war, und wo er auch 1779 gestorben ist. Seine Gedichte und Epigramme, nebst einer Lebens-beschreibung (Altona 1782) hat der ältere Bruder, damals noch Physikus in Altona, mit Voß zusammen herausgegeben. Der einzige Sohn des jüngeren H. trat, nach St., unter dem Namen Richard in die französische Armee; er hatte Antheil an der 1804 erschienenen anonymen Schrift: „Napoleon Bonaparte und das französische Volk unter ihm", welche von Varnhagen dem Grafen Schlaberudorf zugeschrieben wird; nach St. hat auch Reichardt Antheil daran. Bd. 5, S. 82, 202—204; Bd. 6, S. 82, 163.

schaft zu machen." — Macleusen fehlte, nach St., die Gabe der Rede, obgleich er mit vieler Leichtigkeit schrieb; er starb 1798, angestedt von einer epidemischen Ruhr, „die so gefährlich ward, daß die Studirenden die Universität verließen und alle Vorlesungen geschlossen wurden."

Steffens verkehrte in Kiel auch viel mit dem Prediger der Klosterkirche, Röster, von dem er sagt: „K. wußte jede menschliche Schwäche schneidend zu treffen; Kant, Schiller, ja Göthe erschienen, wenn er sie darstellte, fast in einem lächerlichen Lichte." Bedeutender war der Einfluß, den Riß, der Freund und Biograph Bergers, auf St. hatte. „Diese jugendliche Freundschaft mit Riß", sagt er, „die mir gleichsam ein neues Vaterland eröffnete, die mir für Alles was ich wollte, neue Ausdrücke gab, ist mir viel wichtiger geworden, als mein noch (1841) lebender Freund selbst wissen oder ahnen kann."

Steffens wünschte 1797 ein Reisestipendium aus dem Fond ad usus publicos. „Ich eilte", sagt er, „zu meinem Wohlthäter (Hensler). Zwar wagte ich es nicht, ihn mit meinen speculativen Studien (über Spinoza) bekannt zu machen; ich fürchtete, von ihm nicht verstanden zu werden, wenn ich auf einmal eine geistige Richtung ihm entdeckte, die mich von dem Wege abzulenken schien, auf welchem er mich fortschreiten zu sehen wünschte; aber auch so waren die Gründe, die ich für eine Reise anführen konnte, überzeugend genug." Hensler hatte schon Steffens wegen an den Grafen Bernstorf geschrieben; durch Riß, den Privatsecretär des Grafen Schimmelmann, ward St. näher mit diesem, der Finanzminister war, bekannt; so erhielt er das Stipendium.

Als Steffens 1803 mit seiner Frau über Kiel nach Kopenhagen reiste, lernte er den Professor Pfaff kennen, der durch seine Tüchtigkeit als experimentirender Physiker ihm interessant und auch damals in der That mit nicht unbedeutenden Versuchen beschäftigt war. In späteren Jahren nennt er den Holsteiner Behn, der ihm sehr werth war, unter den Zuhörern, welche in Berlin ihn zuerst ermuntert hätten, als er 1832 von Breslau dahin berufen wurde.

V

Aus Broder Boyssens Kirchenregister vom Jahre 1609.

Mitgetheilt von Joh. v. Schröder.

———·———

Broder Boyssen war im Jahre 1608 Kammersecretair des Herzogs Johann Adolf von Schleswig-Holstein-Gottorp, und erhielt damals den Auftrag ein Verzeichniß der Kircheneinkünfte im Gottorpischen Gebiet anzufertigen, welches 1609 vollendet wurde. Von diesem Kirchenregister existiren, so weit mir bekannt, nur drei Abschriften. In unseres leider zu früh verstorbenen Jensen: „Versuch einer kirchl. Statistik des Hzgths Schleswig" sind mehre Bemerkungen aus diesem Register aufgenommen; daher habe ich nur die topographischen Notizen über die fürstlichen Kirchspiele in Schleswig im Auszug aufgenommen, aber über die fürstl. Kirchspiele in Holstein Ausführlicheres excerpirt.

In der Vorrede wird bemerkt: An etlichen Orten wird die Erbbauer-Einkünfte für Zinsen gehalten, an etlichen Orten aber dafür Alters englische Pfunde ausgethan, auf eine Mark 4 Witten Zinsen gerechnet.

Wegen der wüsten Höfe wird geklagt: daß sowohl das Korn das auch das Geld, welches zuvor davon gegeben, den Kirchen und den Dienern gänzlich entzogen werden. Es beschweren sich deshalb folgende Kirchen: Hütten, Böel, der Küster zu Borbye, Reyßrede, Warnitz wegen des Gutes Oxuum, Ralsßede und Siel wegen Tobendorf.

Etliche Kirchen sind vor ungefähr 50 Jahren die Kornzehnten zu Gelde geschlagen, und nach Gelegenheit dieser Jahre ihnen dadurch ein großes abgegangen, indem man für ein Schipp Roggen nur 3 β 4 ₰ gibt, da es wol 8 β oder mehr könnte gelten. Deffen beschweren sich Borbye, Kropp und andere mehr im Amte Tondern.

Es beklagen sich etliche Pastoren, daß ihnen ihre Lanßen alte Dienste theils verlegt, theils ganz entwendet worden, als Campen, Bünstorf und Brodersbye.

Es bitten die Kirchen Borbye, Brodersbye, Ravular (Raben kirchen) und Uel, daß sowol Ew. F. Gn. als auch der von Abel Unterthanen die alten Restanten mögen entrichten.

Auch bitten Borbye, Norder-Brarup, Risum, Apenrade, Eelebe und Bergßede, daß dasjenige so hiebevor von den Kirchen alieniret oder den Kirchendienern entzogen, möchte wiederum dazugebracht werden. Eben dasselbe bittet auch Bürgermeister und Rath zu Eckernförde wegen eines Ackers auf Tomsbach contra Gosche von Ahlefeldt zu Gosefelde.

Auch wird etlichen Kirchendienern von ihrem Lande abgenommen und gepflüget, welches sie in Reep und Maaße wiederum zu bringen begehren, als Ravular und Böel.

Es beschweren sich einige, daß ihnen ihr Land abgeseßet, bitten dasselbe ihnen entweder zu restituiren oder daß sie für andern zu derselben Feste mögen gelassen werden, als Toft, Apenrade, die Capellanie Tofft zu Heldewatt.

Schließlich beschweren sich die Kirchendiener zu Süberstapel, daß ihr Land hiebevor quo ad plenum usum fructum zu ihren Diensten gehöret, und daß dasselbe für eine geringe Kornheuer von den Leuten jetzo werde gebraucht, dergestalt daß sie nur 25 Tonnen Korn geben, da sie wol 60 konnten geben. Inmaßen sie auch mit 6 Fuder Heus und Torfs können abkommen, da sie sonsten ihnen wol 40 könnten entrichten.

1. Schleswigsche Kirchen.*)

II. Holsteinische Kirchen.

Stadt Kiel.

Die gewissen Hebungen der Kirchen St. Nicolai zum Behuf der Besoldungen betragen an Rentegeld und Grundheuer (incl. Papenkamp, Schallenkamp) 926 ℳ 12 ₰.

Einnahme zum Behuf des Kirchengebäudes und Ziegelhoffe 632 ℳ 5 ₰.

Gewisse Ausgaben der Kirche:

Dem Herrn zu Bordesholm	10 ℳ	— ₰	— ₰
Barthold dem Syndicus	15 „	— „	— „
Dem Instrumentisten für den Chordienst	25 „	— „	— „
Den dreien Predigern aus Peter Hennings Testament einem Jeden 1 ℳ ist	3 „	— „	— „
Für die Armen Brod von 6 Schipp Roggen aus der Mattenkiste zu Neumühlen zu backen	— „	12 „	— „
Für Sped und Ungeld	6 „	5 „	6 „
M. Diederich Mauritius Pastor	300 „	— „	— „
M. Henricus Langmate	200 „	— „	— „
Dno. Jacobus Stahl	200 „	— „	— „
M. Andreas Grotehann Rector Scholä	130 „	— „	— „
M. Michael Suhme, Conrector	100 „	— „	— „
Georg Schröder	90 „	— „	— „
Brenbanus Petri, Schriftmeister	80 „	— „	— „
Dem Organisten Albert Schmidt	103 „	2 „	— „
Jacob der Küster	30 „	— „	— „
Daß er das Geld einnehmet	3 „	— „	— „
Für den Knaben im Winter einzuheizen	— „	8 „	— „
Hans zur Westen, Rathmann u. Vorsteher, Lohn	15 „	— „	— „
Marquardt Bridt, Kirchenschreiber	5 „	— „	— „
In den 5 Buden den Armen 6 Last Kohlen .	12 „	— „	— „
In dem Chor 1 Last Kohlen	1 „	8 „	— „

*) Den Abdruck dieses größeren Abschnitts behalten wir uns für später vor.   Die Red.

Auf das Examen scholasticum vernale .... 3 ℳ — β — ⅄
Dem Frohnen .... 3 „ — „ — „
Den Armen an grauen Lacken .... 60 „ — „ — „
Noch den Armen zu Leinewand und Schuhgeld 30 „ — „ — „
Einem armen Schüler nach altem Gebrauch zum
 Behuf seiner studiis .... 30 „ — „ — „

Es beklagen sich die Verordneten der Kirchen, daß die Einwohner zu Schönkirchen 35 ℳ 4 β jährlich der Kirchen allhier zu
entrichten schuldig, welches sie nur auf 2 Jahr die nächsten abgetragen, die vorigen aber und auf 23 Jahre hero die jährliche Gebühr der Kirche nicht entrichtet; einhalts zeit jüngst mit dem Rathe
getroffener Handlung der Restanten übergebener Rechnung, wird
unterth. gebeten gn. ernste Anordnung zu thun, daß solche Restanten alles auf 810 ℳ 12 β sich beläuft förderlichst erstattet werden
möge.

Zugleichen die zu Flintbek seind jährlich der Kirchenziegelei
schuldig 6 Fuder Holz, welche zu der Organisten Besoldung gebrauchet wird; es wird unterth. gebeten, daß solcher Ausstand erstattet
werden möge.

Norbertheil Dittmarschen.

a) Kirchen des Gerichts Lunden.

Die alten Rollen sind mehrentheils in der Dittmarscher Weide
umgekommen, die neuen aber sind sehr weitläufig.

Lunden.

Hauptstuhl der Kirchen und Kirchendiener Einkünfte 6000 ℳ
8 β 4 ⅄ auf Felicianl. Hiervon jährlich dem H. Pastoren 135 ℳ
dem H. Caplan 100 ℳ, dem Organisten 78 ℳ 2 β, dem Küster
24 ℳ, dem obersten Schulmeister 15 ℳ, dem untersten 41 ℳ 4 β,
dem Calcanten 5 ℳ 1 β. Hauptstuhl auf Mati 5217 ℳ 11 β.
Hiervon dem Pastoren und übrigen wie oben.

St. Anna.

Kirchenregister incipit 1560. Pastoren Besoldung: 76 Scheffel
saadt 20 R. 4 Voet 15⅝ Fingerbreit Land ohne den Kirch-

D*

hof. Das Land ist in Postküttel belegen ohne 8 Roden. — An
Geld 50 ₰.

Beddingstette.

Kirchenregister inc. 1564. Ländereien, welche der Kirche und
den Kirchendienern gehören: In Tele Johannes Kroge liegen 2
Marschstücke 22 Scheffelsaat, welche zum Pastorenlehn gehören. In
Peter Kroge 4 Stücke, das süderste hat der Pastor, das vorderste
der Caplan. Ein Stück Moorland liegt auf Stellerwelde 12
Scheffelsaat, davon gibt der Pastor jährlich der Kirchen 3 ₰
Heuer. Der Pastor hat auf Beddingstetter Feldmark, da die
Tarenstücke von Sueden aufschleßen bewesten Steller Wedslege an
Moorwischeltrog 5 Juder Stallgras. Von dem Baulande auf dem
Beddingstetter Delde gehört dem Pastoren: Der Kamp besüden der
Pastorei 5 Scheffelsaat, 1 Drper auf den Langenstücken; der Anschot beim Hundekamp 5 Scheffelsaat, der Anschot aufm Kreutz-
acker, 1 Morgen südlich dem Rugenberge Mplen, ½ Morgen besüden Unser lieben Frauen Puweden, Roch 1 Morgen, noch
1 Morgen bewesten Unser lieben Frauen Stücke. 2 Morgen gehören
zu Unser lieben Frauen Lehn dem Caplan ankommend. Benorden
der Mühlen 1 Scheffelsaat des Campenstücke besüden. Auf dem
Nordhore 1 Scheffelsaat, beosten der Kirche 2 anderthalb Scheffelsaat, Süden Lubbenberge 2 Scheffelsaat. Auf Rieberqualen
1 Drper, noch daselbst ½ Morgen. Auf Ostersche 1 Scheffelsaat. Noch 2 Morgen und 2 Drper.

Zu St. Andreas gehört, und hat der Pastor im Gebrauch:
1½ Morgen beosten der Kirche, 1 Scheffelsaat auf Hundekamp
noch 1 Drper, noch 1 Morgen auf Hundekamp. — Roch einige
Morgen und Drper auf Sluvekreding, Reuenlande, Heidt-
weg. Der Caplan hat Wischland zu Unser lieben Frauen Lehn
gehörig. Der Pastor hat Moor in der Beddingstedter Feldmark.
Die Gilden sind: Heiligekreuz Brüderschaft, heil. Leichnamsgilde,
St. Jacobs Brüderschaft, und St. Andreas.

Hemme.

Kirchenregister inc. 1547. Die Ländereien zur Kirche betragen 260½ Scheffelsaat, bringen jährlich Heuer 105 Thlr. 2 Sch.

Gersten. Das ewige Korn der Kirche gehörig beträgt 9 Tonnen Gersten. Der Pastor hat an Ackerland 256³/₄ Scheffelsaat, an Geld 93 ♅ 4 ß. — Einnahme aus Unser lieben Frauen Hof von 12 Pchsgern 908 ♅.

b) Kirchen des Gerichts Heide.

Heide.

Kirchenreg. inc. 1570. Prediger Einkünfte: Von Ländereien welche der Pastor ohne seine Besoldung gebraucht 65 ♅. Ländereien welche der Caplan gebraucht 10 ♅. Der Pastor an Geld 230 ♅. Der Caplan 150 ♅ 10 ß 8 ♃. Der Schulmeister 70 ♅.

Es ist zu merken, daß Sel. Nicolaus Boye vor ungefähr 7 Jahren (1602) in seinem Testament vermachet der Kirchen 1000 ♔ und der Schule 400 ♔ mit dem Bescheide, daß die Prediger und Schuldiener davon die jährliche Hebung zu ihrer Besoldung zu genießen haben sollen, welche Donation aber (von) den Erben angefochten und derowegen zu rechte erwachsen, aber von Königl. Maj. Statthalter und Rethen verschreveren 1607 Jahres auf gehaltenem Rechtstage zu Itehoe vertragen worden eins für alle auf 950 ♔.

Weslingburen. St. Bartholomei Kirche genannt.

Kirchenregister inc. 1579. Der Pastor gebrauchet 26 Scheffelsaat jeder Scheffelsaat gesetzt 24 ß; jährl. Abnutzung thut 39 ♅. — Noch der Pastor 2 Kühe Grasung gerechnet zus. 20 ♅. Die beiden Capellanen 8 Kühe Grasung macht 80 ♅.

Der Pastor an Geld 300 ♅. An Korn 30 Tonn. Gersten. Die beiden Capellanen 400 ♅ u. s. w.

Nientirchen.

Kirchenregister inc. 1578. Pastoren Hebung: Der Pastor gebraucht ohne seine Besoldung 5 Morg. 10 Scheffels. Der Caplan 4 Morg. 10 Scheffels. Dem Pastoren an Geld 160 ♅. Dem Caplan 150 ♅.

Busen.

Kirchenregister 1582 und 1583. Prediger Einf: 200 ß, von der Silberwehre 60 ß. Von Helmsand auf Michaelis 24 ß, zum Ausgange des Jahres 56 ß. — Feuerkorn 10 Tonnen Gersten, ½ Tonnen Haber, von Alters her verschlagen auf 12 ß. — An Länderreien 4 Morgen 7 Scheffel. Es hatte auch der Pastor auf der Burt ungefehr 3½ Sch. welche auf der gehaltenen Bistlation verkauft worden der Scheffelsaat zu 40 ß. Die Grasungen sind auf der Kuhweide 4 Hovede groß, auf dem Butenteiche den Groben welches zu halben einzuteichen ausgethan 16 Hovede groß. Der Capellan hat an Geld 300 ß und ungefehr an Land 27½ Sch. Auf der Kuhweide 1 Kuhgras.

Henstedt.

Das Kirchenregister ist vor 20 Jahren angefangen. Die Kirche hat Hauptstuhl 7177 ß 12 ß, geben jährlich Rente 448 ß 9 ß 9 ß. Noch hat die Kirche 2 Stück Landes auf der Tilenkemme, die eine gibt der Kirchen Heuer 200 ß, die andere 137 ß 8 ß. Noch hat die Kirche auf Linderfeld 64 Morgen Geestland. Pastoren Besoldung 250 ß. Zu einem fetten Ochsen 25 ß. Noch hat er 5 Tonnen Roggen für 10 ß. Der Capellan hat 120 ß, einen fetten Ochsen 25 ß und 10 Tonnen Roggen.

Schlichten.

Kirchenregister inc. 1563. Pastoren Hebung 100 ß, für Wein und Brod 8 ß. 6 Scheffel Wische. Noch geben die Vermögen haben im Dorfe 5 Tonn. Roggen, die andern 7 Tonn. Gersten zu einer Verehrung, worauf nur dieser Prediger ist angenommen.

Tellingstedt.

Kirchenregister inc. 1557. Der Pastor hat an Land 16 Tonnen, der Capellan 8 Tonn. An Geld der Pastor 50 ß, der Capellan 140 ß.

Telve, Unser lieben Frauen Kirche genannt.

Kirchenregister inc. 1598. Jährl. Besoldung des Predigers 200 ß noch 4 ß für Brod und Wein. Der Caplan 110 ß, der Schulmeister 15 ß 3 ß. Es liegt Wischland bei der Kirche in der Langenhorn genannt. Davon hat der Pastor 2 Acker, der Caplan 1 Acker.

Amt Trittow.

Die Kirchen dieses Amts sind armselig und sehr baufällig, und läßt sich ansehen daß die Amtleute für diesem wenig Aufsicht darauf gehabt haben, dahero denn vor etlichen Jahren keine Kirchenbücher vorhanden gewesen, auch keine Kirchenrechnungen gehalten; beklagen sich die Pastoren, daß von den Kirchengütern ein großes, welches sie nicht specificiren können, entwendet.

Trittow.

Kirchenregister inc. 1598. Pastoren Hebung: zum Carspel Trittow sind 8 Dörfer groß und klein, daraus hat der Pastor jährl. an Roggen 2 Wispel, an Hafer 1 Wispel und 25 Himten. Dazu hat der Pastor vom Hause Trittau anstatt eines freien Tisches 1 Drömmt Roggen und 1 Drömmt Malz. Den Scheffel Roggen und Malz gerechnet zu 1 ß, den Himten Hafer 4 ß thut 10:3 ß 4 ß. Stehend Gut hat der Pastor nichts, nur aus einem jeglichen Hause des Carspels 2 ß thut 15 ß. Opfer 20 ß. Von der Capellen zu Wißhave hat der Pastor 15 ß. Zu Rötel hat er an Capellengeld 21 ß, zum Grotensee 12 ß. Im Ganzen mit einiger Hausheuer 134 ß 7 ß. Auch hat der Pastor beinahe 1 Hof Landes und etliche Wische, welches zu Zeiten mehr kostet als einbringet.

Es beschweret sich der Pastor, daß zu Rötel die Güter sollen gebrauchet werden, als nemlich eine Wisch so bei den Wirten zu Rötel allewege gewesen, und nichts davon dem Pastoren oder Capellan gegeben, und fast die Leute als ihr dominium sich anmaßen. Der Pastor muß nicht desto weniger jährlich 4 mal die Capellen visitiren und daselbst predigen und die sacramenta administriren

den Alten und Unvermögenden, und muß für sein eigen Geld Pferde
und Wagen heuren, dafür billig Erstattung geschehen solle. —
Die Capelle zu Witzhofe liegt gar darnieder und die Einkünfte werden nicht ausgegeben, wie denn der jetzige Pastor in 8 Jahren
solches erfahren und mit Wahrheit anzeigen kann. Es ist wol bei
Abel Spiessen vorzeiten Verordnung geschehen, daß sie wieder sollte
gebauet werden.

Edebe.

Rechnung angefangen 1588. Die Kirche ist sehr enge und
baufällig. Die Kirche hat einen Kamp Meenkamp genannt zwischen Steinkunk und der Müssen. Heuer dafür 12 β. Pastoren
Einkünfte: bei dem Pastorat sind 4 Kühe, auch eine Hofe Landes
bei der Werben, aber gar geringe und klein. Hövener sind 22,
ibt ein Jeglicher 1 Scheffel Roggen und Hafer als erste Pflicht
auf Michaelis. Die andere auf St. Johannis, und gibt jeder
Hövener, Kötener und Einlieger durchs ganze Kirchspiel darin 4
Dörfer sind 2 β. Zu Roßhagen sind 5 Hövener die geben desgleichen. Die Köteners und Einliegers 1 β. Zu Loobrote sind
4 Hövener gibt ein jeder 3 Scheffel Roggen, die Köteners 2 β,
die Einlieger 1 β. Zu Stubben sind 6 Hövener jeder gibt 12 β,
ein Kötener 8 β, Einlieger 1 β. Auf Weihnachten gibt ein jeder
Bauer an Brod, Fleisch oder Geld, die rechte alte Pflicht ist gewesen 1 Brod, 1 Mettwurst und 8 A. In der stillen Woche gibt
ein jeder Hövener 20 Eier, die Einlieger 10 Eier, wird genannt
Mittelbages Pflicht. Die Caspelleute opfern in der Kirche des
Jahres 3 mal, beläuft sich das ganze Jahr nicht über 6 β. —
Was die Kirchgeschwornen auf die 3 Zeiten mit der Bede sammeln, davon bekömmt der Pastor den dritten Pfennig, beläuft sich
zur Zeit 5 oder 6 β. Der Pastor hat die Freiheit von Alters
gehabt, daß seine Schweine so viel er selbst aufzieht, zur Mastzeit
frei durchgehen auf aller Feldmart, so weit sich das Carspel erstreckt,
und darf nichts dafür geben. Es hat auch bisher der Pastor seine
freie Feuerholz gehabt, und hat dasselbe mögen hauen lassen, wo
er es hat bekommen können. Der Pastor hat auch einen eigenen

Ort Holzes gehabt, genannt der Papen-Jölingb, darinnen er hat einen freien Haw gehabt, das geköhlet (Kohlen gebrannt). Ist eine beschwerliche Arbeit für einen Prediger. Auch ist eine Gewohnheit, daß die Bawleute durchs ganze Carspel dem Pastoren mit Ein-frannung des Jahres 2 mal und ihm sein Korn bauen. Noch hat der Pastor von Alters her einen Einlieger zu Ecke frei gehabt, der den Herrn Verbittelsgeld gegeben, aber die Hofdienste frei gehabt und dafür dem Pastoren mit der Handarbeit gedient.

Ralefsstette.

Alt Kirchenregister von 1511. Bei dieser Kirche ist eine alt vergulte Monstranz ziemlich groß, noch eine kleine Monstranz, noch ein vergültes Kreuz, wenn dieselben möchten verkauft werden, so könnte die baufellige Kirche damit besser gedienet sein.

Pastoren Hebung: Zu Olden Ralefsstette wohnen 3 volle Ho-reners und 5 halbe, gibt ein Jeder 1 Himten Roggen und 1 Him-ten Hafer; 3 Köteners geben 4 ß Opfergeld. Zu Meiendorf woh-nen 11 volle Höveneer geben Jeder 1 Himten Roggen und Haber, 1 Kötener gibt 6 ß. Oldenfelde 6 Hövener, geben 6 Himten Roggen und Hafer; Hinschenfelde 6 Hövener geben 6 Himten Roggen und Haber, ein Halbhövener gibt 6 ß. Steellow 8 Hövener geben 9 Himten Roggen und Haber, 2 Kötener 6 ß. Stapelfelde 9 Hövener geben 10 Himten Roggen und Haber, 6 große Kötener geben 6 ß. Tunnefelde 7 Hövener geben 7 Himten Roggen und Haber, 2 Kötener 6 ß. Tottendorf 6 Hövener geben 6 Himten Roggen und Haber. Neu-Rahlstedt 6 Hövener geben 6 Himten Roggen und 1 Kötener 6 ß. An Land und Wiese, 1 Hove Landes, an Wischen sind dazu 5 Fuder Heu, an Roggen 1 Wispel und 31 Himten. An Gelder auf Johannis und Michaelis 22 ß. Auf Ostern aus einem jeden Hause 10 Eier. An Landheuer 3 ₰ 9 ß 8 ß. Noch von einem Block Landes 5 ß 4 ß und Heur 6 ß 4 ß. An Rentegeld 6 ß. Dem Pastoren werden von 2 Hofe Landes im Oldenfelde seine Pflicht entzogen noch von 1 Hof in Meiendorf, bittet daß ihm das Seine möge erlangen.

Bergstedte.

Kirchenregister inc. 1584. Es sind jetzo keine Kirchgeschworne daselbst, weil das Kirchspiel unter 4 Herrschaften getheilt als nemlich unter J. G., dem Herrn Erzbischofen, den Hamburgern und der v. Buchwaldten, und derowegen der eine für den andern sich dazu nicht wollen gebrauchen lassen. Weil auch die Kirche ganz baufällig, bitten sie ganz unterthenig E. F. G. wolle ihnen mit ein wenig Holzes zu Hülfe kommen und nur E. F. G. den Anfang machen, so sind die andern wegen ihrer Unterthanen erbötig, derselbe nachzufolgen.

Anno 1507 auf Ostern, als dieser Pastor angekommen, hat ihm sein Antecessor Johann Meier überantwortet 24 ℔. 8 ß Kirchengeld so überblieben waren von dem Rentegeld der 100 ℔ Hauptstuhl so Cunze zu Bergstette bei sich hat. — Anno 1600 den 14. Februar hat Sel. Peter Rantzow von wegen der 4 Dörfer so er von der Kirchen zu Bergstette zu seiner Kirche in Arensburg gelegt, der Kirche zu Bergstette und derofelben Diener verehrt 1000 ℔ als Hauptstuhl, bei gewissen Leuten auf Zinsen sollten ausgethan werden, von welcher Zinse der Pastor und Köster jehrlich sollten besoldet werden von wegen der 4 Dörfer, das übrige aber von diesen Zinsen sollte der Kirche zum Besten verwahret werden. Diese 1000 ℔ hat damals Friedrich Rittershausen Amtsverwalter zu Trittau sich zuzahlen lassen, jehrliche dieselbe mit 60 ℔ zu verzinsen. Von diesen Zinsen erhält der Prediger und Küster 30 ℔ und die Kirche 30 ℔. — Pastoren-Einkünfte: Jeder Hörener 8 ß jeder Kölner 6 ß. Es sind 90 Hörener und 60 Kölener. 1 Scheffel Roggen von einem Mann in Safel, 5 Himten Roggen aus dem Dorfe Wilstette; von einem Mann in Bergstette (Pastorenlantse) 18 ß Landheuer; von 2 Leuten in Safel und 2 in Hoisbüttel 21 ß 8 ₰ Landheuer; von den 4 Dörfern des Sel. Peter Rantzow Leuten 30 ℔. Land, worin er 8 oder 9 Scheffel Roggen säen kann.

Sambsen im Lande Sachsen (Sahms in Lauenburg).

Bei dieser Kirche ist kein Kirchenbuch, dann auch daselbst nicht mehr als 12 ℔ Einkünfte sind. Kirchen-Einkünfte: von Ueberland

und Bauernwiſch geben diejenigen, die ſie gewinnen, 6 β; von
Dreyershof 4 β; aus der Capelle von Bulenhagen kömmt jehrlich
2 β. — Paſtoren Einkünfte: 5 Scheffel Roggen, 5 Scheffel
Hafer, 7 Jalt Roggen, 7 Jale Hafer; macht im Ganzen 8
Scheffel Roggen und 8 Scheffel Hafer, thut an Geld den
Scheffel Roggen 1 ℔, den Scheffel Hafer 4 β. — Auf Weih-
nachten aus einem jeden Hauſe eine Fleiſchpröve, ſoferne da iſt
Maſt geweſen, oder an ſtatt des Fleiſches gibt jeder 2 β. Auf
Oſtern jedes Haus 10 Eier und 1 Brod. Die Kötener, 8
an der Zahl, geben zuſammen 4 β; auch Fleiſchpröve und Eier wie
die andern. Die Elmenhorſter 9½ Scheffel Roggen und 5 Scheffel
Hafer. Auf Weihnachten Fleiſchpröve; Eier und Brod wie die
andern. Die Kötener 2 ℔ 6 λ. Die Bulenhagener 10 Scheffel
Roggen und 20½ Scheffel Hafer und 1 Bierfall. Auf Weihnachten Fleiſchpröve; Eier und Brod, wie oben. Die Kötener 10 β
6 λ. — Die Groß Pampower (7 Hövner und 2 Kötener), welche
anſtatt der beiden abgenommenen Dörfer von Fürſt. Gn. ſind den
Eickeneichen zu der Kirchen Gambſen gelegt worden, geben auf
Oſtern 10 Eier, thut 9 β, wird gebeten, daß ſie etwas zulegen,
ſonſt kann der Paſtor ſich nicht halten, anderſt wollen ſie dieſen
Paſtor nichts geſtendig ſein, ſo doch der vorige Paſtor von den andern zweien abgenommenen Dörfern Grabow und Grove hat pflegen Roggen Hafer Fleiſch Brod und Eier zu bekommen, welches
ſich in die 40 ℔ belauft, da der jeßige nur anſtatt deſſen 6 β
bekömmt.*) Opfergeld und Beichtgeld 8 ℔. Im Ganzen hat der
Paſtor 29 Scheffel Roggen und 34½ Sch. Hafer. Auch gehört
zum Paſtorat eine ganze Hufe Landes.

Die Pampower geben J. Gn. ziemlich große Kornſteuer, da-
ſerne ihnen nun etwas darin nachgelaſſen werde, ſo wollten ſie
ſolches dem Paſtoren zukommen laſſen. Es berichtet der eine Kirch-
geſchworne, daß von den Gambſern vor dieſer Zeit jeder Höverner
4 Scheffel Roggen dem Paſtoren gegeben ſei, aber hernach in J.
J. Gn. Amtregiſter gekommen.

---

*) Hier war in margine bemerkt: Hat Herzog Franz der Kirchen
abgezogen.

Amt Reinebeke.

Steinbeke.

Kirchenregister incipit 1553. Pastoren Einkünfte: 12 Morgen Marsch- und Moorland, 1 Morgen im Felde, 2 Morgen auf dem Sande, 1 Morgen welcher Aroch genannt wird, die vergraben ist, 2 Morgen im Brooke hinter Hitvelbes Hof, 2 Morgen bei Jacob Reinsland, 4 Morgen im Moor, noch das kurze Land, welches Geestland ist. Geestland bei 32 Scheffel, verheuret den Scheffel zu 2 ß. — Von jedem Hövener 1 Himten Roggen und Hafer, beläuft sich auf 21 Scheffel 1 Himten Roggen und 12 Scheffel 5 Himten Hafer. Von jedem Kötener 2 ß bringt 10 ß 10 ß. Auf Ostern von Höveners und Köteners 8 Eier. — Frei Feurung und 4 freie Kühe.

Eide.

Bei dieser Kirche ist kein besonderes Register, denn es sind daselbst auch keine andere Einkünfte als von der Gemeinde Zulage der Karstellleuten wird gesammelt. Die von Sprenz, so zu dieser Kirchen gehören weigern der Kirchen sowohl ihre Pflicht als dem Pastoren, aus Ursach daß auf Befehlig des Trittauschen Amtmanns sie zu Eckede zur Kirchen geben; dieweil sie aber ebenergestalt zu Eckede nichts geben, were nicht unbillig, daß sie entweder zu der Kirchen, da sie hin gehören, gingen, oder auch ihre Gebür und Pflicht erlegten. Stehet derowegen zu E. F. Gn. gnädige Anordnung. Es sind daselbst 5 Höveners und 3 Kötener.

Pastoren Hebung: Von jeder Hofstelle 1 Himten Roggen, derer sind 57, ist 14 Scheffel 1 Himten, machen nach Tonnenmaße 12 Tonnen. Noch von den Hoisdorfern fünfe geben jeder 12 ß, noch vier geben jeder 6 ß. Von vorberürten 57 Hofstellen jeder 1 Himten Hafer machen 9½ Scheffel, nach Tonnenmaße 12 Tonnen. Auf Johannis aus jedem Hause 2 ß, derer sind 81, auf Ostern 10 Eier. Opfergeld im Jahr 10 ß. Noch braucht der Pastor 1 Hove Landes ohne Wische. Noch hat zu der Pfarrkirche Eide gelegen das Dorf Todendorf daselbst gewohnet 12 Hövener und 1 Kötener, die Hövener auf Michaelis jeder 12 β, auf Weihnachten jeder eine Seite Speck und auf Neujahr 1 Himten Weißenmehl. Gibt nichts jetzund, bittet derowegen dafür etlichermaßen Erstattung, sowol wegen dieser Hebungen als auch der abgenommenen Wische.

Actum Schleswig, den 28. Mai 1609.

(Unterzeichnet)
Broderus Boyesen.
In dieser Sachen verordneter Fürstl. Commiffarius.

Kleine Mittheilungen.

II. Nordelbische Volksspiele.

Rennspiele.

Die ritterlichen Rennspiele des Mittelalters (Turniere), wo
man zu Roß Mann gegen Mann mit der Lanze kämpfte, erforderten
natürlich Vorübungen mancherlei Art. Später, als jene Turnier-
kämpfe außer Gebrauch kamen, behaupteten sich bei dem Adel und
an den Fürstenhöfen noch lange Zeit ähnliche Uebungen, welche
Gelegenheit boten, um vor den Zuschauern sich in der Lenkung des
Rosses und der Handhabung der Lanze hervorzuthun. Es waren
derselben dreierlei: das Ringrennen, das Quintan (Pfahl)-
Rennen und das Kopfrennen.

Eben dieselben drei Uebungen finden wir zum Theil bis auf
den heutigen Tag bei unserm Bauernstande wieder. Und wir brauchen nicht einmal unbedingt anzunehmen, daß diese Spiele eine bloße
bäuerliche Nachahmung des höfisch-ritterlichen Brauches sind. Sondern ebenso wahrscheinlich ist es, daß sie aus jener Zeit stammen,
wo der holsteinische Bauer noch ebenso gut wie der Ritter zu Pferde
kämpfte, noch im 14. und 15. Jahrhundert, und wo er also eben-
sowohl ritterlicher Uebungen und Rennspiele bedurfte wie der Adel.

> Vgl. S. H. L. Jahrbücher für die Landeskunde I, 335 u. s. f. Ueber
> die ritterlichen Rennspiele s. J. Strutt: Sports and pastimes
> of the people of England. London 1801; 2 ed. by W. Hone
> 1830; auch „Das zeitkürzende Lust- und Spielhaus, gedruckt zu
> Augsburg in diesem Jahr" (17. Jahrh.) S. 944 u. s. f.

Wie man schon im Mittelalter die Rennspiele im Scherz nach-
ahmte, zeigt ein Teppich des 14. Jahrhunderts, welcher jetzt im

germanischen Museum zu Nürnberg hängt, vgl. den Anzeiger Nr. 10, 1857. Dort ist unter anderen ein Fuß-Turnier dargestellt, wo eine Dame sitzend, ein Mann stehend, Fußsohle gegen Fußsohle gestemmt, sich einander umzustoßen versuchen. Aehnliche Abbildungen bei Strutt.

I. Das Ringreiten.

Das Ringreiten wird in Lauenburg wie auch im südlichen und östlichen Holstein gewöhnlich um Pfingsten gehalten; im Westen (Dithmarschen: Ring- und Rolandreiten) und im nördlichen Schleswig dagegen fällt diese Lustbarkeit regelmäßig in die Fastenzeit; in anderen Gegenden ist sie an gar keinen Termin gebunden, wie sie denn überhaupt im Ganzen mehr und mehr abzukommen scheint. — Roß und Reiter sind mit Bändern und Blumen geschmückt; der Sieger heißt der „König" und wählt sich ein Mädchen zur „Königin". In Nordschleswig hat man bei dem Spiel auch wohl dreierlei Ringe, einen großen „Diener-Ring", einen mittleren „Kammerherren-Ring" und einen kleinen „Königs-Ring"; wer denselben dreimal zuerst absticht, bekommt den entsprechenden Titel „König", „Kammerherr" oder „Diener"; wer gar keinen Ring absticht, heißt der „Mönch" und muß ein Strohband um den Leib tragen. Ist das Spiel zu Ende, so reitet die Schaar in feierlichem Aufzug im Dorf herum, um die Mädchen auf den Abend einzuladen und zwar zuerst eine „Königin", dann eine „Kammerherrin" und eine „Dienerin" 2c., und in jedem Hof gibt es einen Trunk oder ein Geschenk. Voran reitet der König, ihm zur Seite der Diener, welcher als Redner fungirt, dann der Kammerherr mit den Uebrigen und hintenan die Mönche. Ein Tanzgelage am Abend beschließt die Feier, bei welcher der König mit der Königin den Tanz eröffnet.

Der Ring, nach welchem gestochen wird, hängt von einem zwischen zwei Pfählen ausgespannten Seil (Galgen) herab. Anstatt des Rings dient in Dithmarschen gewöhnlich eine hölzerne (eiserne) Scheibe mit fünf Löchern; oben an derselben sind zwei aus einander gehende Federn, mittelst deren sie sich in einer vom Seil herabhängenden Röhre festklemmt; so muß die Scheibe aufgespießt und dann mit einiger Kraft weggerissen werden. Dazu hat jeder einen Stecher, d. h. ein kurzes rundes hölzernes Spießchen, dessen Dicke mit der Weite der Löcher ziemlich übereinkommen muß. Was nun die fünf Löcher der Scheibe anbetrifft, so darf nach dem unteren Loche rechter Hand gar nicht gestochen werden; es ist mit Schimpf, ja wohl auch mit Strafe verbunden, dadurch die Scheibe herabzubringen. Sondern es wird zuerst gestochen nach dem oberen Loche zur Linken, dann nach dem oberen zur Rechten, dann nach dem unteren zur Linken und endlich nach dem mittleren Loch und zwar nach diesem dreimal. Wer folglich in der bestimmten Folge der Löcher und in den wenigsten Läufen seine sechs Stiche zu Stande bringt, jedesmal dabei die Scheibe aus der Kapsel zieht und auf dem Stecher fort nimmt, ist Sieger.

Anstatt des Reitens hat man auch ein Ringlaufen, und insbesondere für Mädchen ein Ringfahren, wobei man sich meistens auf dem Lande mit einer sehr einfachen Caroussel-Maschine behilft. — Ordentliche Caroussels, mit hölzernen Pferden, Ungeheuern und Wagen zum Reiten und Fahren nebst der nöthigen Vorrichtung zum Ringstechen, wandern von Jahrmarkt zu Jahrmarkt; nirgends aber sieht man sie großartiger als in der hamburgischen Vorstadt St. Pauli, zur großen Belustigung der Matrosen, welche sich freilich auf diesen ungewohnten hölzernen Pferden oft sehr komisch ausnehmen.

Gutsmuths Spiele, 2. Aufl., Nr. 27; Schütze holsteinisches Idiotikon III, 298; Dombert Meyer Darstellungen aus Norddeutschland (Hamburg 1816), S. 255; S. H. L. Jahrbücher IV, 181; Grundtvig gamle danske Minder III (Kopenhagen 1861), S. 178; Reventlow und Warnstedt Beiträge zur land- und forstwirthschaftlichen Statistik von Schl. H. (Festgabe; Altona 1847) S. 45, 71, 85, 98, 148, 157, 197, 242 ꝛc.

Das großartigste Ringrennen zu Hamburg ward am 31. Oct. und 1. Novbr. 1603 auf dem Pferdemarkt zu Ehren der zahlreich versammelten fürstlichen Gäste aus Deutschland und Dänemark abgehalten, wobei König Christian IV. an beiden Tagen 232 Ritte gemacht, das Ringlein 175 mal glücklich herausgestochen und 33 Gewinne gewonnen hat. Vgl. Beneke, hamburgische Geschichten und Sagen (Hbg. 1854) S. 260—61.

2. Als ein Mittelding zwischen dem Ringrennen und dem Quintan-Rennen ist zu erwähnen das Jungfernstechen zu Eichede, im Amt Trittau. Ein mittelst eines Rades und vier Wagen-stühlen hergestelltes Carousel ist mit Mägden besetzt, welche nach einer weiblichen Figur mit einem Loch in der Brust stechen. (Mitgetheilt von J. Diermissen.)

3. Rolandsreiten.

Es ist dies das Quintanen-Rennspiel, worüber die Beschreibung bei J. Strutt: sports and pastimes und die dortigen mittelalterlichen Abbildungen nachzusehen sind. Wir finden dort, daß man sowohl zu Pferd wie zu Fuß und zu Boot nach dem Rennpfahl (Quintana) stach; ein Knabe, der stechen soll, sitzt gar auf einem hölzernen Pferd, das von zwei Gespielen gezogen wird. — Gewöhnlich war die Quintana gestaltet wie die obere Hälfte eines Mannes (Türken), welcher in der linken Hand einen Schild oder ein Schachbrett und die rechte Hand mit oder ohne Säbel ausgestreckt hielt. Traf man den Schild, so drehte die Figur sich auf ihrer Achse herum und schlug mit der Rechten den Reiter über den Rücken, wenn er nicht schnell davon sprengte. Die Kunst war zwischen die Augen, auf Nase oder Mund zu treffen, in welchem Fall die Figur still stehen blieb. — Unser Spiel unterscheidet sich in sofern als es hier gerade gilt, den Schild zu treffen und all-mählig zu zertrümmern; man soll die Figur zum Umschwung bringen, aber sich dem Schlage derselben entziehen.

Das Rolandsreiten kommt regelmäßig nur noch in Dith-marschen vor und zwar vorzugsweise in Meldorf; außerdem im Dorf Sude unweit Itzehoe. Vormals auch in der Landschaft Eiderstedt; im Sommer 1851 meldeten die Zeitungen, daß ein unternehmender Wirth in Garding ein Rolandsreiten veranstaltet habe, wie es daselbst 1807 zuletzt stattgefunden. — Dem Rolands-reiten entspricht (wie beim Ringrennen) ein Rolandsfahren und -laufen. Die hölzerne Figur nämlich, welche als Rennpfahl dient, heißt allgemein der Roland. Denselben Namen tragen bekanntlich auch die kolossalen Bildsäulen (Kaiserbilder), welche an vielen Orten Norddeutschlands auf dem Markt stehen; so in Holstein noch zu Wedel und Braunstedt. Hat man von diesen Bildern den Namen entlehnt?

H. Jöpst: „Die Rolands-Säule, eine rechts- und kunstgeschichtliche Untersuchung" Leipzig und Heidelberg 1861 — weist nach, daß diese Standbilder eigentlich Bildsäulen des Kaisers Otto II. (starb 983) gewesen sind, welchen man „den rothen König" zu nennen pflegte; wahrscheinlich weil er (neben seinem Vater, „dem großen Kaiser" Otto I) der eifrigste Beförderer des gerichtlichen Zweikampfs war und überhaupt schon von Jugend auf im Blutgericht zu sitzen pflegte. Der Name columna Rolandi, Rolands-Säule, laute ursprünglich Rothlands-Säule und bedeute also das Kaiserbild errichtet auf dem „rothen Lande," der „rothen Erde," d. h. auf der Blut- und Kampfgerichtsstätte. Im Lauf der Zeit ward der Begriff „Roland-Rothland" verwischt, und man kam dann darauf, die Säulen auf Roland, den Paladin Karls des Großen, zu deuten, der im Mittelalter ein Lieblingsheld des ritterlichen Epos war.

Uebrigens will Jöpst den Ursprung der Rolands-Säulen noch weiter bis in die heidnische Zeit zurückführen. Die alten Deutschen hatten bekanntlich keine Götzenbilder, sondern übten ihren Gottesdienst im Dunkel der Wälder; ein heiliger Baumstamm, grün oder vor Alter verdorrt (truncus) bezeichnete die Opferstätte, welche zugleich die Stätte des Blut- und Kampfgerichts war und darum mit Recht das „rothe Land" (Blutland) heißen konnte; an den heiligen Baum wurden wahrscheinlich Symbole wie Schild oder Schwert gehängt; das Ganze galt dann als ein Wahrzeichen des auf dem rothen Lande bei Opfer und Gericht waltenden Genius. Als mit dem Heidenthum der Opferdienst verschwand, blieb der alte heilige Stamm nur als Dingbaum; der Schildpfahl und Schwert-pfahl wird bei Hegung verschiedener Gerichte ausdrücklich erwähnt. Indem man diesen Pfahl in Menschengestalt bildete, entstand dann die Rolands-Säule, bei der Schwert und Schild gleichfalls die wichtigsten Attribute sind. Daß man gerade das Bild des rothen Königs Otto wählte, lag wohl theils an dem schon erwähnten Grund, theils auch daran, weil er, wie kein anderer Kaiser, in Norddeutschland als christlicher Heldenkönig, als siegreicher Gegner der heidnischen Slaven und Dänen gewaltet hat. Kurz: das Kaiserbild hat ein heidnisches Götterfymbol verdrängt.

Diesen Umschwung sieht Jöpst abgespiegelt in der Schleswig-

schen Sage bei Müllenhoff („Sagen, Märchen und Lieder von
S. H. Lbg." Nr. 503, S. 374): Roland stürzt sich in den Brun-
nen, nachdem er eine große Schlacht verloren; d. h. der heidnische
Nordlands-Gott fährt zur Unterwelt, nachdem er und sein Dienst
von dem christlichen Kaiser Otto gestürzt und verjagt ist. — In derselben Weise deutet Jöns auch unser Rolandsreiten: der Roland,
welcher so bekämpft wird, stelle nicht das Kaiserbild vor, sondern im
Gegentheil dessen Bezwängerin, die heilige Säule des heidnischen
Gottes; das Spiel sei also nur eine mehr kriegerische Form des s. g.
Heldenwerfens (vgl. Nr. 8 Regeln) und in der That nichts
anderes als ein Erinnerungsfest an den Umsturz des dänisch-
slavischen Heidenthums durch die Siege des Kaisers
Otto.

Ueber die holsteinischen Rolande und die daran sich knüpfenden
Bräuche (z. B. den Rolandstanz in Bramstedt rc.) so wie über das
Rolandsreiten hat Jöns S. 198—222 vollständige Mittheilungen
gesammelt; vgl. sonst noch Meyer Darstellungen aus Norddeutschland S. 256; Hansen Charakterbilder aus Schl. H. Lbg. (Hamburg 1858) S. 38; Niemann Schleswig-Holsteinische Vaterlands-
kunde (Hbg. 1802) III, 83—87. Am letztgenannten Ort wird eine
„Rolandsrede, zum zweiten Mal umgearbeitet und verbessert von
Johann von Essen zu Meldorf 1785" mitgetheilt; ein ungedrucktes
scherzhaftes „Manifest des Rolands-Königs Claus I zu Meldorf vom Jahr 1815" erwähnt Jöns S. 220.

Nachstehende genauere Beschreibung des Spiels verdanken wir
Herrn Prof. H. B. Kohler in Meldorf.

Das Rolandsreiten nimmt jetzt in Ditmarschen vielleicht nur
noch in Meldorf einen nicht unwesentlichen Platz unter den Fast-
nachtsspielen ein. Hier wird es so ziemlich jährlich begangen; aber
sonst findet es sich nur noch hier und da sporadisch, nicht als tra-
ditionell überkommene Sitte, mehr unter den Knechten als unter
den Bauern und Landbesitzern. Zu Anfang dieses Jahrhunderts
pflegte das von hier eine Meile entfernte Windbergen an dem
Meldorfer Rolandsreiten Antheil zu nehmen, und ward klagbar,
als man ihm die Auslieferung des Rolandsbildes zum Behuf eines
eigenen in Windbergen zu veranstaltenden Rolandsreitens verweigerte.
Das Wesen des Spiels hat etwas so Ritterliches, Kriegerisches,
es setzt bei dem Reitenden so sehr Kraft und Gewandtheit voraus,
trägt so ganz den Charakter einer mittelalterlichen Reiterübung, daß

10*

es nahe liegt, seinen Ursprung in den Zeiten der freien Volksge-
meinde zu suchen. Der historische Beweis dafür fehlt freilich: weder
der Chronist Neocorus noch sonst eine alte Urkunde gedenkt seiner;
doch bestätigt das älteste Zeugniß von seinem Vorhandensein eine
Verbreitung in ganz Ditmarschen. Es ist das alte Lied „Ditmarsche
Ehre" überschrieben, welches Vieth entnahm aus einer Handschrift
des Dichters Rachel, der zwischen 1618 und 1675 lebte und Rector
in Heide war. Der betreffende Vers lautet:

> „Wenn se na dem Ringe riden,
> „Echter (oder) na dem Roland striden,
> „He geiht mit de Büte dör" (geht mit der Beute durch).

Von Rachel, der nur hochdeutsch gedichtet hat, ist das Lied gewiß
nur aufgezeichnet als ein altes denkwürdiges; aber gar viel vor ihm
ist es auch nicht entstanden, wie die Sprache und die Erwähnung
der großen Landesfehde von 1559 zeigt. Es gedenkt des Spieles
als eines altherkömmlichen, stellt es als Volksspiel dem Ringreiten
an die Seite, charakterisirt es sehr glücklich durch den Ausdruck
„striden" als ein Kampfspiel, und so irren wir wohl nicht, wenn
wir darin ein Ueberbleibsel der alten ritterlichen Spiele des Mittelalters ahnen. Es ist das Turnier in die bäuerlichen Verhältnisse,
in den Kreis der Volkslustbarkeit versetzt; ja es erinnert in seiner
Form an das „Schirmen" des Nibelungenliedes, insofern es sich
bei ihm wie bei jenem um das Treffen und Brechen eines Schildes
handelt. Ob es mit dem bei Gelegenheit von Turnieren erwähnten
Gesellenflechen eine Verwandtschaft hat, müssen Kundigere sagen.
Es findet sich jetzt mehr in Süderditmarschen als in der Norder-
landschaft, und als man vor einigen Jahren in Weslingburen ein
Rolandsreiten hielt, schloß man sich der Meldorfer Weise eng an.
Auch in Meldorf hat es kein eigentliches bürgerliches Element als
Grundlage, keine geschlossene Gesellschaft, auf die es sich stützte,
keinen Königsgewinn, keine bürgerliche Ehren und Vortheile für
den Sieger.

An den Fastnachtsmontag gebunden ist das Rolandsreiten keineswegs; aber schon die körperliche Anstrengung, die es erfordert,
rieth es in die kältere Jahreszeit zu verlegen. Meistens einigt sich
dazu ohne viel Vorbereitungen eine Zahl von jungen Leuten,

zuweilen aber wird daraus eine große Gilde, wobei man zu Pferde in feierlichem Umzuge den Roland auf einem Wagen durch die Straßen führt. Daß in dem einen wie dem anderen Falle ein Tanz die Feier beschließt, braucht kaum gesagt zu werden; denn bewirthet die Gesellschaft ihren König und darin besteht sein Königsgewinn.*) Ueberdies wird ihm die Auszeichnung, daß er den Roland in seinem Hause bewahrt und ihn am nächsten Fastnachtmontag, wenn sein Rennen stattfindet, aus seiner Bodenluke gucken läßt.

Der Roland, des Spieles Mittelpunkt, ist eine mannshohe aus Eichenholz geschnitzte Puppe, welche aus zwei um den Gürtel zusammenstoßenden Theilen besteht, und einen mit Schild und Speer bewaffneten Mann vorstellt. Das Postament, auf dem der untere Theil steht, wird in die Erde gegraben, so daß die Füße einen oder anderthalb Fuß über derselben bleiben. So steht der untere Theil fest, der obere aber dreht sich um eine aus dem unteren hervorragende eiserne Stange. Der Schild bildet keinen integrirenden Theil der Figur, sondern besteht nur aus einem viereckigen Brett von 1 bis 1½ Zoll Dicke und etwa 18 bis 20 Zoll ins Gevierte und wird an den wagerecht ausgestreckten rechten Arm festgenagelt oder festgeschroben. Eigentlich sollte es wohl freilich der linke Arm sein, der den Schild trüge; aber dann müßte der Reiter auch den Stoß mit der linken Hand führen. Denn diesen Schild durch einen kräftigen Stoß im Vorüberrennen zu zerbrechen,**) das ist die Pointe des Spieles, und wem das vollends gelingt, (indem er den letzten Rest herabstößt), der ist König. Es muß aber mancher tüchtige Stoß auf den Schild geführt werden, ehe derselbe spaltet, und zuweilen gelingt es nicht, ohne daß man mit der Säge nachhilt. Da aber der obere Theil der Figur sich drehen kann,

---

*) (Früher schloß sich vielfach an das Rolandsreiten unmittelbar ein anderes Fastnachtsspiel, das Katzenschlagen, und man führte zum Schluß beide Sieger, den Rolands-König und den Katzen-König (Tonnen-König), im Triumph nach dem Gildehause.)

**) (Es scheint, daß der Brauch des Spieles an verschiedenen Orten verschieden war. Man hat den Schild auch wohl mit Säbeln zerhackt; oder man gab dem Roland statt des Schildes gar einen Ring in die Hand, nach welchem gestochen wurde.)

so schwingt sich bei einem Stoß auf den Schild dieser Theil herum, und zwar um so viel rascher, je kräftiger der Stoß geführt wurde: der Schild fliegt auf die linke Seite und über dem Stoßenden würde die Spitze der Lanze, welche die Figur in der linken Hand führt, zu stehen kommen und ihn mit dem an derselben hängenden Aschbeutel treffen, wenn nicht der Reiter zugleich mit dem geführten Stoße auf das schleunigste davon eilte. Mit dem Aschbeutel getroffen zu werden ist, abgesehen von der Unannehmlichkeit des Grußes, der den Getroffenen in eine Staubwolle hüllt, die größte Schande, und ein Hohngelächter der Umstehenden erschallt, so oft einen Reiter dies Unglück trifft. So hat das Spiel etwas Ritterliches und erfordert eben so viel Schnelligkeit und Gewandtheit als Kraft; denn Stoß und schleunige Flucht fällt in einen Moment zusammen, und derselbe Stoß, welcher die meiste Aussicht gewährt den Schild zu brechen, bringt den Roland auch zum schnellsten Umdrehen und verdoppelt damit die Gefahr vom Aschbeutel getroffen zu werden.

Schon der Name zeigt, daß das Ganze ein Reiterspiel ist. Die Theilnehmenden stellen sich mit dem Rolandstößer bewaffnet zu Pferde in mäßiger Entfernung von dem in die Erde eingegrabenen Bilde auf. Dieser Stößer ist ein gedrechselter Stab von etwa 3 Fuß Länge und 2 Zoll Dicke, in dessen vorderes Ende ein eiserner Bolzen von eines kleinen Fingers Dicke hineingetrieben ist, der ein wenig über das Holz hervorragt. Dann setzen die Reiter einzeln in bestimmter Reihenfolge ihr Pferd in Galopp und führen, indem sie an der rechten Seite des Bildes vorbeisprengen, ihren Stoß auf den Schild. Die Anstrengung ist keine geringe und erfordert erhebliche Armkraft; es ist nicht selten, daß der wenig geschickte allzuhitzige Reiter eine wunde Hand davon trägt. Auch ist der Stoß und das damit zusammenfallende Davoneilen nicht einmal die einzige Aufgabe für den Reiter: die Pferde scheuen oft vor dem ungewohnten Anblick der Figur, suchen sie im Kreise zu umgehen und sind zumal im Anfang nur mit Mühe an dieselbe hinanzubringen. Jedes Unglück und Ungeschick ermangelt natürlich nicht das Gelächter der Umstehenden zu erwecken, die sich allemal in großer Zahl zu dem

Schauspiel einfinden Nach jedem Stoße wird die Figur durch einen Knaben für den nächsten Reiter wieder zurechtgestellt.

Die äußere Ausstattung des Rolandsbildes in Meldorf ist im Wesentlichen die des bewaffneten ditmarscher Bauern, wie sie uns die alten, dem Neocorus, Westphalen und Danckwerth beigegebenen Abbildungen zeigen. Auf dem Kopfe aber trägt derselbe freilich nicht den Hut mit der Feder, sondern ein Mittelding zwischen Filzmütze und Pickelhaube mit herabhängendem Büschel von Pferdehaar. Der Bart ist spitz, nicht übermäßig lang und ruht auf der Hemdkraufe. Im Munde hat das Bild ein eisernes Kalbpseischen. Der Verfertiger desselben hatte also sicherlich kein ritterliches Bild zu seinem Muster. Das Wamms ist von rothbrauner Farbe und deckt unterhalb des Gürtels auch noch die Mitte des Unterleibes, wo es mit einer bunten falbelartigen Verzierung endet, die in ihrer Mitte eine vor dem Leibe getragene Tasche zeigt. Die Beinkleider sind weit und decken das Bein bis zum Knöchel; der Fuß erscheint nicht nackend, wie in der Abbildung des Ditmarschers bei Neocorus; auch hat Schnitt und Weite der Hosen keine Aehnlichkeit mit jener. Mag uns aber auch die Kleidung die Tracht einer späteren Zeit vor Augen führen; so wird es doch nicht zweifelhaft sein können, daß die Figur den bewaffneten Bauern vorstellt aus einer Zeit, wo das Feuergewehr Schild und Lanze noch nicht verdrängt hatte.

Außerhalb Meldorf ist das Rolandsreiten so selten geworden, daß die heranwachsende Generation es nur selten gesehen hat, doch leben Erinnerungen, daß es gefeiert sei, noch an manchen Stellen. Da der Besitzer dort selten Theil nimmt, so behelfen sich Tagelöhner und Knechte auch rücksichtlich der Weise des Spiels. Da ihnen Pferde nicht zu Gebote stehen, so nehmen sie eins von den Hinterrädern eines Wagens und lassen es in einer Höhe von etwa 3 Fuß sich wagerecht um eine senkrecht in die Erde grabene Achse drehen. Dann befestigen sie auf dem Rade einen Balken von etwa 8 Fuß Länge, dessen äußerste Spitze einen Stuhl trägt, auf dem der Stoßende sitzt. Dreht man nun das Rad nur mit mäßiger Geschwindigkeit, so kommt die Schnelligkeit des Schwunges für den auf dem Stuhl Sitzenden fast der eines im Galopp laufenden Pferdes gleich. Die Figur des Roland wird in der nöthigen Entfernung eingegraben, daß der auf dem Stuhl Sitzende den Schild erreichen kann. Der eiserne Bolzen, mit dem man stößt, ist etwa ¾ Fuß lang und gleich einem Rappier mit einem Handgriff versehen, der durch ein rundes Brettchen die Hand schützt. Man pflegt dabei einen Einsatz zu machen, der Gewinnende muß aber den Genossen etwas zum Besten geben. Ein Tanz bildet natürlich auch hier den Schluß.

————

4. In früherer Zeit hat man auf dem Lande auch nach Türkenköpfen gestochen, geschlagen und geschossen, und zwar zu Pferd.

> Domherr Meyer, Darstellungen aus Norddeutschld. S. 250. An einem Fürstenhof sah einmal ein türkischer Gesandter solchem Spiel zu, und man fragte ihn, wie ihm das gefiele. Da antwortete er: „Die Türken halten nicht so still!"

————

5. Schifferstechen.

Das Stakenstechen (Schifferstechen) war ehemals in Hamburg ein Volksfest und eine Belustigung der Schiffer, und ward auf den s. g. Fleeten aufgeführt. In weißen Hemden mit bunten Bändern geschmückt, auf dem Rand ihrer Fahrzeuge stehend, fuhren sie an einander vorüber und suchten sich gegenseitig mit ihren langen Ruderstangen herab ins Wasser zu stoßen. Wer in diesem Kampf Sieger blieb, gewann den Preis, während die unterliegenden außer dem kalten Bade das Gelächter der Zuschauer davon trugen.

> Schütze Idiotikon IV, 183 nach Elmenhorst Dramatol., wobei er hinzufügt: „Jetzt außer Brauch." — Schmidt, geschichtsmäßige Untersuchung der Fastelabends-Gebräuche in Teutschland, 2. Aufl. Rostock 1752, bezeichnet das „Fischerstechen nebst Gänseziehen" als ein Ratfest. Aber z. B. in Ulm fand beides im August nach Laurentii statt, vgl. Scheible's Schaltjahr III, 517—25. Das Gänseziehen für Fischer war so: die Gans ward an dem über einen Kanal gespannten Seil mit den Füßen aufgehängt, der Preisbewerber in einem Nachen schnell darunter weggefahren, und es galt

aus dem Thier den mit Fett glatt eingeschmierten Kopf abzureißen.
Ward das Spiel auf festem Lande vorgenommen, so mußten die Bewerber unter dem Seil hindurchschreiten oder auf einem Wagen fahren.
Wer dabei zu lange riß und nicht loslassen wollte, that oft einen
lächerlichen Fall. In England Goose-Riding, s. Strutt sports
and pastimes; in Holland Trekken van de Gans, s. Grabner.
Vereinigte Niederlande, Gotha 1792. S. 300.

6. Das Taubengelage.

Ueberall in den Dörfern der Grafschaft Ranzau werden am zweiten Ostertage sogenannte Duvengelags (Taubengelage) gefeiert.
Zwischen zwei Bäumen ist ein Seil ausgespannt, welches durch die
beiden Böden einer Tonne geht, so daß diese sich bei einem Anstoß
um das Seil bewegt. An dem Seil hängt dann noch mit einem
Bande befestigt eine hölzerne Taube inmitten der Tonne. Das
Spiel besteht nun darin, daß die Knechte die Tonne mit Stein-
würfen aus einer gewissen Entfernung zu zertrümmern haben, welches bei der Beweglichkeit der Tonne nicht geringe Schwierigkeit
bietet. Die Hauptaufgabe ist danach, das Band, mit dem die
Taube befestigt, abzuwerfen; wer dieses vollführt, wird König.
Seidene (früher Damaste) Tücher sind die Preise, welche während
des folgenden Tanzes, um die Mütze gebunden, getragen werden.
Mittheilung von J. Diermissen. Es ist dies offenbar eine frühere
Form der Volksbelustigung, deren Domherr Meyer: „Darstellungen
aus Norddeutschland" S. 256 also gedenkt: „In einigen Distrikten
sperrt man eine Taube in eine schwebende Tonne. Hiernach wird
geritten und so lange geschlagen, bis aus der zusammenschmetternden
Tonne das Thier unter Jubel entfliegt." Aus dem Reiterspiel ist
ein Spiel zu Fuß geworden, und die lebendige Taube hat man aus
Humanität durch eine hölzerne ersetzt.

7. Ein verwandtes Spiel für die Mägde ist das Duven-
tründeln zu Schönberg im Amt Steinhorst, Lauenburg. Eine
Taube wird unter einen Topf gesetzt; dann rollen (tründeln) die

Mägde mit einer Kugel danach, bis der Topf zertrümmert wird und die Taube daron fliegt. (J. P.)

---

6. Das Kegeln oder Bosseln

braucht nur genannt zu werden; es ist von Alters her eins der beliebtesten und gewöhnlichsten Volksspiele. Bemerkenswerth sind die Rufe der Kegeljungen: 0 „Pudel!" oder „K E, re, stoßen güng he!", 1 „Feu Pluck!", 2 „Hol af!" 3 gerade durch „Hamborger Wapen!", 4 „Beer Fette!", 5 „Schöne Fief!", 6 „Half Duß!", 7 „Half Siebpund!", 8 „Schöne Acht!", 9 „Alle Negen!" oder „De ganze Kummelie!" Hie und da auch anders.

Schütze Idelilen 1, 132. Hoffmann Horae Belgicae VI, 177 berichtet aus Niederland von dem Kegelspiel (Kegelen, englisch nine pins, franz. jeu de quilles) und von dem Angelspiel (clossen, cloten, bossen, rollen, bogbelen), wobei man auf ebener Bahn eine Kugel durch einen eisernen Ring (boghel, cloosporte) warf, das franz. mail. Ein anderes niederländisches Spiel ist das cloten ane den bloc, mit der Kugel nach einem eingestehenden Klotz als Ziel werfen. Andere Kugelspiele bei Rochholz Allemannisches Kinderlied und Kinderspiel Nr. 68. Als die älteste Form des Kugelspiels, Billards, erwähnt Strutt sports and passimes das Spiel Troule in Madame. Vgl. Gutsmuths Spiele Nr. 17, 18, 19, 21, 23, 24, 25.

Simrock (in Wolfs Zeitschrift für deutsche Mythologie II, 134) wagt die Vermuthung, daß das Kegelspiel aus einer kirchlichen Sitte des Mittelalters entstanden sei. Hie und da hatte man nämlich bei den Kirchen Ueberreste heidnischer Götterbilder, oder richtiger heidiger Göttersäulen (Baumstämme, Holzstöcke) aufbewahrt, welche man zu gewissen Zeiten höhnend zu umtanzen, mit Steinen zu bewerfen und umzustürzen pflegte. Wo solche Säulen fehlten, half man sich anders; in Hildesheim z. B. mußte ein Bauer aus einem Nachbardorf jährlich um Laetare zwei kegelförmige Klötze liefern, welche gesteinigt und dann verbrannt wurden; man nannte das geradezu das „Steinigen des Jupiter" und eine damit verknüpfte Abgabe „Jupiter-geld." Grimm Mythologie 2. Aufl. S. 172, 743. Das bedeutete, daß man immer aufs Neue das Heidenthum der Vorfahren verschmähte und verhöhnte; darum mußte anfangs namentlich wohl die Jugend, wenn sie zur ersten Communion ging, dabei mitwirken, bis allgemach der Sinn des Spiels vergessen ward. Aus diesem s. g. Heidenwerfen will Simrock das Kegelspiel ableiten, ebenso wie Zböll das Rolandwerfen (Nr. 3).

Weniger glücklich ist die Vermuthung Norks, welcher in den Regeln die fallenden und wieder erstehenden Walhalla-Kämpfer abgespiegelt steht (s. Scheibles Kloster IX, 231.)

----

9. Eisbosseln.

Das eigentlich nationale Winterspiel in unserem Lande ist das Eisbosseln (Jsb.) oder Kloolschelen (Klschießen), welches vorzugsweise in den Marschen an der Westküste Schleswig-Holsteins, aber auch auf der schleswigschen Geest an der Gränze der Marsch gespielt wird, und zwar wenn Gräben und Moor fest und glatt gefroren sind. Man hat dabei zweierlei Kugeln, die größeren Handbosseln, von Holz mit Blei ausgegossen, oder auch von Eisen, und gewöhnlich 2—3 Pfund schwer, welche „über der Hand" (Ansatz in Kopfhöhe) oder „unter der Hand" (Ansatz vom Rückenwirbel aus) fortgeworfen werden; sie hängen an einigen Orten für gewöhnlich an der Decke des Tanzlokals. Die kleineren heißen Schelbosseln, 6—10 Loth schwer, und werden mit einem Schwung (Kreisschwingung des Arms um die Achselhöhle) fortgeschnellt. — Zu diesem Spiel fordert die junge Mannschaft des einen Dorfs oder Kirchspiels die des anderen heraus; jede Partei zählt gleich viel, oft 50—100, oder man läßt wohl zwei Mädchen für einen Mann gelten; jeder einzelne hat seinen Gegenmann auf der anderen Seite, über welchen Punkt man sich vorher vereinigt und die Gegenpaare nach Verhältniß der Kräfte wählt. Ueberdies werden Beamte für das Spiel ernannt; die Oberaufsicht führt ein Rathmann oder Lehnsmann; der „Legger" heißt derjenige, welcher vorausgeht und mit einem Stock den Platz, wo die geworfene Kugel liegt, bezeichnet, auf welchen Stock alsdann der Werfer bei dem neuen Wurf seinen Fuß setzt; der „Oprooer" ruft die Namen derjenigen auf, welche an die Reihe kommen; endlich hat jede Partei einen Wegweiser, welcher die besonders günstigen Stellen zeigt, wo die Kugel beim Niederfallen noch weiter rollt ꝛc.

Man setzt den Anfang und das Ende der Wurfbahn fest, und es kommt nun darauf an, welche Partei ihre Kugel zuerst an das Ziel bringt, das oft bis drei Viertelmeilen entfernt ist; von der Partei, welche gerade überlegen und mit ihrer Kugel voran ist, sagt man, „se stickt (steckt) en Schott op“, d. h. einen Riegel; wird dieser Abstand wieder eingeholt, so heißt es: „se rückt dat Schott ut.“ Es wirft also abwechselnd A von der einen und a von der anderen Seite, B und b ꝛc. bis das Ziel erreicht ist. Hat man ausgemacht, daß vom Ende der Bahn aus wieder zum Anfang zurückgeworfen werden soll, so bekommt die überlegene Partei wohl einen besonderen Vortheil; sie darf nämlich von dem Ort an, wo die zurückgebliebene Kugel der Gegenpartei liegen blieb, also diesseits des Ziels, ihren Stand nehmen und von da zurückwerfen; die andere Partei aber muß am Ziel oder gar jenseit desselben, wo die gegnerische Kugel lag, beginnen.

Der Kampfpreis ist gewöhnlich einige Tonnen Bier, welche die unterliegende Partei bezahlen muß und welche man gemeinschaftlich am Abend im Wirthshaus austrinkt; hiebei wird dann gejubelt, getanzt und auch an Freudenschüssen nicht gespart. Aber höher als den Gewinn schätzt man die Ehre des Sieges; die ganze Gemeinde thut sich nicht wenig darauf zu gut, und die Besiegten bekommen wohl die übliche Spottrede zu hören: „Sünd ji ok Kerls? ji löpt ja iskesteln as en dode Hähn!“ (wie eine todte Henne), worüber es dann leicht zwischen Jung und Alt zu Streit und Handgemenge kommen kann.

Schütze Idiotikon I, 132; II, 202; Gutsmuths Spiele Nr. 22; Boll. „über die Feldmäuse (Hamburg 1786) S. 100; Schl. H. Provinzial-Berichte 1787 Heft III, 288; Ehlers: „Betrachtungen über die Sittlichkeit der Vergnügungen (Flensburg und Leipzig 1779) II, 42 u. ff., Krünitz Encyclopädie LXXII, 558 und 732; Reventlow und Warnstedt: Beiträge zur land- und forstwirthschaftlichen Statistik S. 65, 73, 85, 80, 88, 191 und 202. In Eiderstedt hat man das Sprichwort: „De Bessel mut sinen Loop hebben.“ — Hansen, Charakterbilder aus S. H. L., S. 39.

Entsprechend ist das Schweizerische Angelitröten (tröten = tründeln), wo zwei Partieen auf der Landstraße je mit einer Angel um die Wette werfen, erst über eine Stunde vom Dorf weg und zurück; die verlierende Partei setzt den Gewinnern gewöhnlich einen Trunk. Rochholz, allemannisches Kinderspiel Nr. 88. Verwandt, doch anders ist das Scheinische Oorling, s. Gutsmuths Spiele Nr. 19. In Holland clullen, collutten, in Flandern lisblocken, mit Eis-schollen auf dem Eise wettwerfen. Hoffmann Horae Belgicae VI, 177; ebdslbst 185 Nr. 63 lloot schleten.

10. Das Ziellaufen.

„Unter den gymnastischen Spielen hat das, besonders im Eutinischen übliche Ziellaufen fast griechische Formen und arkadische Reize. Beide Geschlechter nehmen daran Theil. Nett und frei gekleidet erscheinen die schönsten jungen Bauern, die Mädchen zier-lich und leicht geschürzt. Ein Mann läuft mit mehreren Mädchen um die Wette. Die Rennbahn ist in Stadien getheilt; bei jedem derselben erwartet ein Mädchen den Läufer, gesellt im geflügelten Lauf sich ihm bei, bis das nächste Ziel erreicht ist, wo eine neue Wettläuferin und so fort bis zur letzten Schranke wartet und ihrer-seits den Wettlauf fortsetzt. Gewöhnlich wird, wie sich's gebührt, der junge Held des Mädchens Sieger und erfaßt zuerst mit dem höchsten Preis den Kranz am Ziel, indem er bis zum letzten Sta-dium seine Kräfte schont und im Lauf anfangs, seine Gespielin neckend, zögert. Doch auch die leichtfüßigen Dirnen, welche die Mittelziele, wozu jener ihnen Rang und Vorsprung gönnt, zuerst erreichen, empfangen geringere Preise.‟
Wörtlich aus Domherr Meyer's Darstellungen aus Nord-Deutschland S. 255—56. — Auch in anderen Gegenden kommt der Wettlauf als Volksbelustigung vor.

11. Die Gierlese.

Ein Wettspiel, welches auf dem adeligen Gute Krummendiek, unweit Wilster, und in manchen Dörfern in verschiedenen Gegenden

Holsteins vom Landvolke beiderlei Geschlechts gespielt ward. Eier
werden dazu in gewissen Entfernungen und Kreisen auf dem Felde
herumgelegt; einer muß dieselben, ohne eins zu zerbrechen, in
einen Korb zusammenlesen, während der Gegner nach einem fernen
Hause hin und zurückläuft. Wer zuerst mit seiner Aufgabe fertig
wird, hat gesiegt und die Eier gewonnen. Das Spiel heißt Eier
ellen, E. leggen, auch E. lopen.

Schütze Idioticon III, 339; Nevenlow und Warnstedt Beiträge zur
land- und forstwirthschaftlichen Statistik S. 157. Das Spiel ist
durch ganz Deutschland und die Schweiz verbreitet; vgl. Tobler,
Appenzellischer Sprachschatz S. 103 (die Eierlesete); Schmitz,
Sitten und Sagen des Eifler Volks I, 29 (das Eierlegen zu
Schöneden); Schmeller, Bayerisches Wörterbuch II, 349 (das Eier-
klauben); Vulpius, Curiositäten der Vor- und Mitwelt V, 359
(das Eierlaufen in Pfungstadt bei Darmstadt); Pröhle, kirchliche
Sitten S. 200 (das Eierlegen in Alt-Branschleben, pr. Provinz
Sachsen); sonstige Nachrichten davon aus dem Elsaß s. Stöber,
Alsatia 1852, S. 132; aus Bern; aus Aargau s. Rochholz Ale-
mannisches Kinderlied und Kinderspiel S. 504; aus Schwaben s.
Meier Gebräuche Nr. 68, 69 und Zeitschrift für deutsche Culturge-
schichte 1859, S. 522; aus Baden s. Kuhn, Sagen Gebräuche
und Märchen aus Westphalen II, 152; aus Hessen s. Lynder deutsche
Sagen und Sitten aus hessischen Gauen S. 242 und Mülhause,
Urreligion des deutschen Volks S. 102; aus Breslau s. Krünitz
Encyclopädie XI, 708 u. s. w.

Zur Vervollständigung der obigen Beschreibung entnehmen wir
aus Tobler (Appenzell) noch folgende Notizen: „Die Eier werden in
gleicher Entfernung, etwa eine Elle von einander, in einer Linie
gelegt. Der Leser trägt oder wirft jedes Ei einzeln an das eine
Ende der Linie und zwar in eine mit Stroh oder Grummet belegte
Wanne, welche von jemandem gehalten wird, um auch nöthigenfalls
die Fehlwürfe aufzufangen; doch darf er nicht mehr als eine bestimmte Zahl Eier beim Werfen zertrümmern. Unterdeß läuft der
Läufer unter gehöriger Aufsicht an einen bestimmten Ort und zurück.
Da ist nun gar drollig anzusehen, wie Läufer und Leser, mit grellen
Bändern geschmückt, auf einmal untereinander ans Werk gehen; wie
Wächter für die Eier mit rußigen Pfannen hin und herwandeln und
hie und da ein munteres rothwangiges Mädchen einen Bart erhält.“

Die Eierlese so wie andere Spiele und Gebräuche mit Eiern
knüpfen sich heutzutage vorzugsweise an die Osterzeit; das Ei als

der aus dem Schlummer erwachende Lebenskeim deutet aber in der
Symbolik nur auf den Frühling im Allgemeinen, wo in gleicher
Weise die Erde aus dem Winterschlummer erwacht. Die Eierlese
darf also nur überhaupt als Frühlingsspiel bezeichnet werden.
Wenn der bestimmte Termin dafür, wo überhaupt ein solcher vorhanden ist, schwankt, braucht man nur daran zu denken, daß die
Frühlingsfeier ursprünglich, als nur zwei Jahreszeiten Sommer und
Winter gerechnet wurden, schon auf Fastnacht fiel (der Mittfasten-
sonntag Laetare hieß geradezu Sommertag) und offenbar immer mehr
auf einen späteren Termin Ostern, Maitag, Pfingsten verschoben
ward. So ist denn auch unser Torfsodenlaufen zu Fastnacht
nur eine Abänderung der Eierlese. — Ob die Eierlese mit dem
Dienst einer bestimmten Gottheit (Ostara der Frühlingsgöttin)
zusammenhängt, muß noch dahingestellt bleiben.

---

12. Eierwerfen und Eierstoßen.

Am Nachmittage des ersten Ostertages gehen auf den nordfriesischen Inseln die Kinder nach einem Felde, wo sich keine Steine
finden, oder nach einer Wiese, um mit ihren bunten Puoskäiarn
zu spielen. Jede Dorfschaft hat ihren bestimmten Spielplatz. Die
Eier werden so lange in die Höhe geworfen, bis sie zerbrechen.
Die Kinder stoßen auch die Spitzen zweier Eier an einander.
Wessen Ei ganz bleibt, der hat gewonnen. Das Aneinanderstoßen
wird Njütjrin genannt. (N. ist das Diminutivum von njötjan,
stoßen mit den Hörnern oder mit der Stirn. Chr. I.)

---

13. Torfsodenlaufen.

Ein Volksspiel, welches im südwestlichen Schleswig am Faß-
nachts-Montage gebräuchlich ist. Es werden 50—60 Soden Torf
jede etwa eine Ruthe von der anderen gelegt, an einem Ende der
Reihe steht ein Korb, und von hier ausgehend muß der Sammler die sämmtlichen Soden, aber immer nur eine zur Zeit, auf-
nehmen und in den Korb legen. Während der Sammler so

beschäftigt ist, hat sein Mitbewerber irgend eine andere Aufgabe zu
lösen; entweder er muß zu einem Nachbarn laufen und zum Beweise
daß er da gewesen, von dort etwas mitbringen, oder er muß eine
Anzahl Kuchen verzehren ohne dabei zu trinken. Wer von beiden
am ehesten fertig ist, hat den Preis gewonnen, welcher gewöhnlich
in einer Anzahl heißen Wecken (Hedeweggen) besteht.

Schütze, holst. Idiotikon IV, 124. — Entsprechend ist in andern
Gegenden Deutschlands das Holztragen; Holzscheite werden in
einer gewissen Entfernung hinter einander gelegt; der Sammler geht
von einem Standpunkt aus, um alles Holz hier zusammenzutragen,
doch so, daß er immer nur ein Stück zurückbringt; und die ganze
Arbeit muß in einer bestimmten Zeit vollendet sein. Krünitz Encn-
cloyädie LXXII, 559. Beide Spiele sind offenbar an die Stelle
des älteren Eierlaufens getreten. — Ueber die s. g. Hedeweggen,
die herkömmlichen Fastnachtsbrödchen, vgl. Schütze II, 123.

---

14. Sacklaufen.

Die Preisbewerber stecken in großen Säcken, welche ihnen am
Hals oder unter den Armen zugebunden werden, und hüpfen so die
bestimmte Bahn entlang. Wer zuerst das Ziel erreicht, hat gewonnen; die Mehrzahl aber pflegt unterwegs zu stolpern und gibt durch
ihre fruchtlosen Bemühungen Stoff zum Gelächter.

Vergl. Rochholz Allemannisches Kinderlied und Kinderspiel Nr. 84:
„Sackgumpen, wo der in den Sack Gebundene über ein vorge-
haltenes Seil oder Brett springen muß; bei Fischart Gargantua
Kap. 25. Sacktanzen." — Schmeller, bayerisches Wörterbuch II,
443 führt eine ganze Reihe solcher komischen Wettläufe an: das
Blindlaufen, wo die Bewerber die Augen verbunden haben und
sich erst dreimal umdrehen müssen; das Hosenlaufen, wo immer
zwei jeder mit einem Bein in Einer Hose stecken; beim Eier-,
Kochlöffel- oder Tellerlaufen haben die Läufer auf einem
Teller oder Kochlöffel ein Ei glücklich an's Ziel zu bringen; beim
Tabackslaufen müssen sie mit brennender Pfeife anlangen; beim
Wasserlaufen (unter Mädchen gewöhnlich) gilt es, mit einem
Kübel Wasser auf dem Kopf das Ziel zu erreichen ic.

---

15. Hahn- oder Topfschlagen.

Ein Topf wird umgestülpt auf die Erde gesetzt. Einer steht in bestimmter Entfernung davon; man verbindet ihm die Augen, giebt ihm einen Stock oder Dreschflegel in die Hand und läßt ihn sich dreimal herumdrehen. Dann darf er vorwärts marschiren und den Topf zu treffen suchen, wobei ihm dreimal zu schlagen erlaubt ist. Trifft er, so hat er den Preis gewonnen; wo nicht, kommt ein anderer an die Reihe.

Früher ward ein lebendiger Hahn unter den Topf gesteckt, oder in ein Loch eingegraben, so daß er mit dem Kopf hervorragte. Bei diesem Hahnenschlag war der Hahn Siegespreis.

Ra'n Putt slaen Schüpe Idiotikon III, 249; holländisch Blind-pot Hoffmann Horae Belgicae VI, 187; bei Fischart Gargantua Kap. 25. „Brich den Hafen"; Gutsmuths Spiele Nr. 29; Rochholz Alemannisches Kinderspiel Nr. 60. Das Spiel ist abgebildet auf mittelalterlichen Miniaturen bei Strutt, sports and passtimes. Franz.: Casse-pot oder au pot cassé, wobei die Spielweise eigenthümlich; man bindet nämlich den Topf doch an einem von der Decke herabhängenden Strick fest, so daß der Blinde den Schlag nach oben hin richten muß. Oeuvres de Rabelais, avec des remarques de Mr. Le Duchat, Amsterdam 1741, I. 84, *) 60. Daher stammt wohl der Warnungsruf beim franz. Blindekuhspiel: gare au pot au noir!

Eine besonders komische Abänderung des Hahnenschlags ist das englische Fastnachtspiel die fette Henne dreschen (thrashing the fat hen): Der Bauer gab eine fette Henne her; ein Knecht hing sich diese auf den Rücken und ward zugleich mit einer Menge Pferdeglocken ausstaffirt; die übrigen Knechte aber ließen sich von den Mägden die Augen verbinden und bekamen Büsche in die Hand, womit sie ihren Genossen mit der Henne und den Glocken mit Schlägen verfolgten; dabei prügelten freilich zum Spaß der Mägde die Blinden meistens sich unter einander herzlich ab. Zuletzt ward die Henne mit Speck gekocht und nebst Pfannkuchen und Mehlklösen von dem ganzen Gesinde fröhlich verzehrt. Hone, Every Day Book (London 1830) I, 243 ff.

---

16. Beim Topfwerfen wird der Topf an einem Strick aufgehängt; die Mitspieler stehen in einiger Entfernung und ver-

suchen, indem sie mit Knitteln danach werfen, denselben zu zertrümmern. Das Spiel wird auch um Geld gespielt, und zwar vorzüglich auf dem Lande auf den großen Scheunendielen.

Entsprechend ist das englische Hahnwerfen, wobei man mit Knitteln nach einem angebundenen Hahn schleudert. Anstatt der lebendigen nimmt man neuerdings auch von Blei nachgemachte Hähne. In Franken war früher das Hammerwerfen, wo man, und zwar mit verbundenen Augen, nach einer eingegrabenen Gans mit dem Hammer warf.

Ra'n Pute [mieten Schütze Idiotikon III, 249; throwing at Cock f. Hone a. a. O. I, 249 u. ff. Schütz, Gesch. des Törkleins Traubrnbelm, 2. Aufl. (Nürnberg 1794) S. 301 *).

Andere Spiele, wo der Hahn die Rolle des Dulders übernehmen muß, sind das Hahnhöpfen (man schlägt dem Hahn, oder der Gans, meist blindlings, mit blankem Schwert oder hölzernem Säbel den Kopf ab) und das Hahnreiten (der Hahn wird mit den Füßen an einem ausgespannten Seil freischwebend aufgehängt, und es gilt während man zu Pferde rasch vorbeisprengt, ihm den Kopf abzuschlagen oder abzureißen; entsprechend das Gänseziehen, Gänserotten s. Nr. 5. Schifferstechen, Anmerkung.) Bei dem holländischen Vogelschießen wird der Hahn, die Gans in gleicher Weise aufgehängt und die Spieler, denen die Augen zugebunden sind, müssen im Vorbeilaufen im vollen Trabe den Kopf des Vogels abschneiden; Grabner, über die Vereinigten Niederlande (Gotha 1792) S. 360. — Eine vollständige Burleske endlich ist das Hahnpeitschen bei Volksfesten, Jahrmärkten u. dgl. in England. Ein Hahn wird in einem Korb angebunden; rund umher stellen sich ein Dutzend Burschen mit verbundenen Augen und mit ihren Peitschen in der Hand, und nachdem sie sich dreimal umgedreht haben, schlagen sie der Reihe nach mit der Peitsche nach dem Hahn, natürlich meist zum Leidwesen der blinden Nachbarn. Wer endlich den Hahn trifft, so daß er anfängt zu krähen, hat denselben gewonnen. Brand, observations on popular antiquities; J. ed.

All diese Spiele, so wie viele andere Gebräuche mit dem Hahn, kommen in den verschiedensten Ländern, Deutschland, Niederland, Schweiz, England, Spanien, spanisches Amerika rc. vor und knüpfen sich vorzugsweise an bestimmte Zeiten und Feste, namentlich an Fastnacht, Pfingsten, S. Johannistag (Mittsommer), weiter an die Saat, die Aernte, die Hochzeit u. s. w. Der Hahn aber war in heidnischer Zeit ein heiliges opferdienendes Thier. Das weiset auf eine ursprüngliche höhere Bedeutung und einen tieferen Sinn des Spiels. In den S. H. L. Jahrbüchern für die Landeskunde III, 171—176 ist versucht worden nachzuweisen, daß sich unter dem Hahnschlagen rc. eine Cultushandlung aus dem altdeutschen Heidenthum verbirgt; es war das Opfer eines rothen Hahns, dargebracht dem Gotte Donar, welcher vor allen anderen dem Acker und dem Hause Fruchtbarkeit spendet. Danach scheint das fränkische Hammerwerfen, wo Donars Waffe, der Hammer, gebraucht wurde, die ursprünglichste und sinnigste Form des Spiels zu sein.

---

17. Katzenschlagen.

In eine kleine leichte Tonne wird eine Katze eingesperrt. Dem mit einem derben Knüppel bewaffneten Schläger werden die Augen verbunden; er wird einige Schritte von der Tonne entfernt, und dreimal im Kreise herumgedreht; nun tappt er wieder einige Schritte vorwärts und holt, auf die Tonne losschlagend, gewaltig aus. Trifft er nicht, so folgt ein anderer, bis einer den Glücksschlag thut, die Tonne zersprengt und dadurch die gefangene Katze befreit, welche nun unter dem hetzenden Geschrei der Menge davon läuft. — Manchmal wird die Tonne mit der Katze an einem ausgespannten Seil frei schwebend aufgehängt.

Mever: „Darstellungen aus Norddeutschland" S. 256. — Ebenso wie dies Spiel dem Topfschlagen (Hahnenschlag), so entspricht ein holländisches Volksspiel unserem Topfwerfen (Hahnwerfen), nämlich das Katzenknütteln (Kattenkneppelen.) „Man steckt die Katze in ein Faß, spündet solches zu und hängt es an ein Seil, das an zwei Pfählen befestigt wird, so daß es sich hin und her bewegen kann. Nun stellen sich die Spieler 20—30 Schritte davon und werfen nach der Reihe mit einem Knüttel nach der Tonne. Wer derselben endlich den Boden einwirft, so daß die Katze herausspringt, hat gewonnen. Menschlichere Spieler bedienen sich statt der Katze eines Ballens." (Grabner, über die Vereinigten Niederlande S. 301 und danach Krünitz Encyclopädie LXXII, 571.) — Anstatt zu werfen, schoß man auch nach der Katze, also Katzenschießen; s. Shakespeare, Viel Lärm um Nichts. Act I Sc. 9: „Hang me in a bottle like a cat, and shoot at me." — Oder ein Katzenstechen. In einem Faß mit lockerem Boden wurde die Katze eingesperrt und zugleich das ganze Gefäß mit Ruß angefüllt. Mit einem Spieß in den Händen mußten die jungen Landleute darunter durchlaufen und den leicht beweglichen Boden ausstoßen, ohne von Ruß und Katze getroffen zu werden. Scheible, Kloster XII, 552.

Von einem förmlichen Kampf mit einer Katze erzählt Johann Berckmanns Stralsundische Chronik (Stralsund 1833): „Ao. 1414 to Bastelavend, do beet de Kattenridder tom Sunde ur dem olden Marlede de Katte, und de Katb stunden und segen dat an, und babben de Katze genagelt an den Baal. Do be se bedde deei gebeten, do schlog Herr Johann Culpe ehme tom Ridder." — Solche Katzenritter (Thierkämpfer) wie auch Narrenritter (mit dem Ritterschlag beehrte Hofnarren) gehörten zur Selbstverspottung des Ritterthums.

Daß man zu all diesen Quälereien gerade die Katze wählte, ist gewiß kein Zufall; die Katze war dem deutschen Heidenthum ein heiliges zauberkundiges Thier (Grimm Myth. 634), daher brachte das Christenthum sie mit Teufel und Teufelswerk in Verbindung, und so erschien sie als würdig der Anfeindung und Qual.

---

18. Schweinegreifen.

Einem Ferkel oder Schwein wird der Schwanz ganz glatt geschoren und mit Seife eingeschmiert; die Aufgabe ist nun, das Thier an dem Schwanz allein zu greifen und festzuhalten, was natürlich zu vielerlei lächerlichen Vorfällen Anlaß gibt. Der glückliche Preisbewerber erhält das Schwein zum Eigenthum.

Gefälliger ist ein englisches Volksspiel: das Lammlaufen. Zu Kidlington, Oxfordshire, wurde am Montag nach der Pfingstwoche ein fettes lebendiges Lamm preis gegeben; die Mädchen des Orts versammeln sich; man bindet ihnen die Daumen auf dem Rücken zusammen und läßt sie nach dem Lamm laufen und schnappen. Dabei bekommen die meisten nur einen Mund voll Wolle; die Glückliche aber, der es gelingt, das Thier mit dem Munde zu fassen und festzuhalten, wird zur „Dame vom Lamm" ausgerufen und bei einem Schmaus mit Tanz und Spiel gefeiert; s. Brand, observations on popular antiquities. Zu Namur hat man ein Aalgreifen; s. Breton, Belgique (Paris 1802) I, 241.

Auch der mittelalterlichen Schweineseste ist zu gedenken. Wohl die älteste Nachricht haben wir aus Spanien: bei der Vermählung des Königs Garcias VI. von Navarra (1134—50) ließ man ein Schwein auf einem eingezäunten Platz los, welches von Blinden mit Stöcken verfolgt wurde; öfter jedoch als das Schwein trafen diese, den Grunzen nacheilend, sich untereinander und erregten großes Gelächter bei den Zuschauern. Raumer, Geschichte der Hohenstaufen VI, 390. Dasselbe war später ein beliebter Fastnachtsspaß in deutschen Städten, so z. B. in Lübeck 1390 und 1538, in Stralsund 1415, in Zwickau 1489, in Nürnberg u. s. w.; heutzutage kommt es noch in Mexiko vor, s. Sartorius, Mexiko; Landschaftsbilder und Skizzen aus dem Volksleben (Darmstadt 1852); S. 248.

---

19. Thierhetzen.

Die Hetzspiele (hetzen, plattdeutsch bissen), wo Stiere mit Hunden, Hähne mit Katzen ꝛc. sich bekämpfen und zerbeißen mußten, waren noch um die Mitte des 18. Jahrhunderts auf der Droge bei Hamburg den Bewohnern Hamburgs und Altonas ein beliebtes Schauspiel.

Schütze, Idiotikon II, 141.

---

20. Vogel-, Hirsch- und Scheibenschießen.

Die Schützenfeste werden nicht nur zu regelmäßiger Zeit von den städtischen Schützengilden abgehalten, sondern auch vielfach von Wirthen oder von Unternehmern, welche irgend einen Gewinn gegen bestimmten Einsatz zum Ausschießen ansetzen, oder von den Schießlustigen auf eigene Hand veranstaltet, sowohl in den Städten wie auf dem Lande. — An diese Schützenfeste reihen sich die Kinder-Vogelschießen, welche vieler Orten als sommerliche Schulfeste von Alters her bestehen.

Am gewöhnlichsten wird nach dem Vogel geschossen, welcher in älterer Zeit der Gogen, d. h. Papagei hieß. (Danach führen die ältesten Schützengilden auch hie und da noch den Namen der

Papagojengüten, z. B. in Heide, Kiel ɪc.; in Altona gibt es
zwei Papagojenstraßen, so genannt, weil sie nach dem Hügel hinaufführen, wo früher die Papagojenstange stand.) Außerdem schießt
man nach der Scheibe und der Flatterscheibe. Manchmal ist
auf die Scheibe ein Hirsch gemalt, oder man hatte statt dessen,
z. B. in Burg, einen Laufhirsch von Holz, welcher an dem
Ziel schnell vorbeigezogen ward. — Ursprünglich schoß man mit
der Armbrust, später mit dem Doppelhaken und jetzt mit der
Büchse.

Der Sieger heißt der König und genießt in einzelnen Städten
noch laut der Gildenprivilegien einige Vortheile. Früher fehlte bei
den Schützenfesten auch der Lustigmacher nicht, welcher „Herr Hofmeister" (Homester) titulirt zu werden pflegte.

Schütze Idiotiken II, 47; IV, 46 und 296; über den Homester II,
21, 153 und 172. Vgl. Hoffmann Horae Helgicae VI, 179.

21. Blaufink.

So nannte man in Holstein den Jungen, welcher, gewöhnlich
mit einer spitzen Pariermütze und bemaltem Gesicht (gleich dem
alten Pickelhäring und Gassencomödianten), an der Spitze seiner
Gespielen, zugleich ihr Anführer und Narr, durch die Straßen der
Städte oder auf Landwegen zog und Geld sammelte. Das Feld-
geschrei der Horde dabei war: „Da komt wi mit Jan Blaufink her!"

Schütze Idiotiken I, 112; (mit demselben Ruf oder einem noch der-
beren verfolgten die Gassenjungen vormals auch einen Betrunkenen.)
Ueber den Jan Blaufink in Hamburg, der seit der Franzosenzeit
verschwunden ist, vgl. Otto Beneke, Hamburgische Geschichten und
Denkwürdigkeiten (Hbg. 1856) S. 452—470. — Anstatt der Pritsche
trug der Blaufink ein s. g. Pauterbrett (palmatoria, ferula),
ein kreisförmiges plattes Hölzchen an einem Stiel, welches in den
Schulen zur Austheilung von Handplätzen diente. Die Pauters
bekam der junge Sünder in die Handfläche, dagegen die Anevel-
tens auf die zusammengeballten Fingerspitzen. Schütze II, 302;
III, 101.

21. Das Bierstehlen.

War eine Wöchnerin in der Gegend am Riesumer Moor (Nordfriesland) glücklich entbunden, so gab es ein Fest für die ledigen Gesellen aus der Nachbarschaft. Sobald das Befinden der Wöchnerin der Art war, daß sie Gefallen fand an den Schwänken der tollen Jugend, hieß es: „Heut Abend ist Bierstehlen!" Dann wurde ein großer fast glühend gemachter eiserner Grapen mit süß gemachtem Bier gefüllt, außerdem Kuchen und Leckerbissen ange- schafft und die ganze Bescherung auf einen Tisch gestellt, der vor dem Bette der Wöchnerin stand. Die jungen Leute, welche schon eine Weile draußen vor den Fenstern gelärmt hatten, schritten nun mit großem Gepolter zur Stubenthür herein. Der Beredteste unter ihnen hielt darauf eine Rede, in welcher er unter Anderem eine Menge Heilmittel gegen das kalte Fieber und andere Krankheiten angeben mußte. Wenn er damit fertig war, suchte man sich der Gaben auf dem Tische zu bemächtigen. Es war aber nicht so leicht etwas zu bekommen, denn die Wöchnerin war mit einem langen Dornstock bewaffnet und hatte die Freiheit, nach allen Seiten über den Tisch hinweg Hiebe auszutheilen. Dazu war der Biergrapen, dessen man sich vor allen Dingen bemächtigen wollte, so heiß, daß es Brandwunden gab, wenn jemand ihn mit bloßen Händen be- rührte. Nach vielen vergeblichen Angriffen der jungen Leute, die von einem wilden Geschrei begleitet waren, ließ die Wöchnerin end- lich nach, sich ihrer Waffe zu bedienen. Die Burschen sprachen den Gaben tapfer zu und verließen glückwünschend das Haus. (S. H. L. Jahrbücher für die Landeskunde IV, 187.)

---

22. Semmelbeißen.

Eine weit verbreitete Volksbelustigung. Die Semmel wird ausgehöhlt und mit Syrup gefüllt und dann an einem Faden hoch aufgehängt. Die Preisbewerber, mit auf den Rücken gehaltenen oder gebundenen Händen, stehen davor und versuchen, indem sie in die Höhe hüpfen, die Semmel anzubeißen. Wem das gelingt, der hat den Preis gewonnen, aber ihm tröpfelt der Syrup ins Gesicht.

Anderswo, z. B. in Lasbeck, östliches Holstein, hat man ein Kringelbeißen, in Ratzeburg ein Wurstbeißen, wo in gleicher Weise nach einem aufgehängten Kringel, einer Wurst geschnappt werden muß.

Mitgetheilt von J. Diermissen. Aehnliche Volksspiele in England finden namentlich am Vorabend aller Heiligen, 31. October, statt. Zuerst das Apfelfangen (catching at apples); von der Decke herab hängt ein Kreuzholz, dessen Enden abwechselnd mit Lichtern und mit Aepfeln bedeckt sind; dies wird in schnelle Rundbewegung gesetzt, und der Spieler, welcher mit rückwärts gebundenen Händen davor steht, hat nun nach den Aepfeln zu schnappen; statt dessen bekommt er aber leicht einmal ein Licht zu fassen und verbrennt sich Haar und Augenbrauen. Weiter: das Aepfeltauchen (diving at apples): die Aepfel schwimmen in einer Kufe voll Wasser; einer, die Hände auf den Rücken gebunden, schnappt danach, wobei die muthwilligen Gespielen ihn oft unversehens zum allgemeinen Gelächter den Kopf untertauchen. Hone, every-day book; I. 1408 u. f. Endlich Bob-cherry, wo man ebenso nach einer hängenden Kirsche schnappt; s. Strutt, sports and pastimes.

24　Ringschnellen.

Das Ringschnellen besteht darin, daß ein an einem Faden aufgehängter Ring nach einem irgendwo befestigten Haken so lange geworfen wird, bis er an demselben hängen bleibt. Man sieht die Vorrichtung dazu noch hin und wieder in Dorfwirthshäusern.

Vgl. Scheible Kloster VI, 562: Fingerlin snallen; Fingerlein ist der alte Ausdruck für „Ring.“ Rochholz Alemannisches Kinderspiel Nr. 54 bezieht den Namen „Fingerlein“ oder Ringschnellen“ irrthümlich auf das Finger-Rathspiel. — Egede: „Beschreibung und Naturgeschichte von Grönland“, übersetzt von Krünitz (Berlin 1763). S. 177 erzählt von einem ähnlichen Spiel, welches den jungen Leuten in Grönland (Eskimos) Abends zum Zeitvertreib dient. „Sie haben nämlich ein klein Stück Holz, welches am Ende ein Loch hat; sie binden einen kleinen spitzen Nagel daran und bemühen sich, indem sie das Holz werfen, den Nagel zu erreichen und in das Loch hineinzubringen. Diejenigen, welche ihn 20 mal hinter einander berzubringen, gewinnen; denen aber, welche es nicht soweit bringen, macht man soviel schwarze Linien (Striche) auf's Gesicht; als ihnen Würfe an der Zahl 20 fehlen."

Brettspiele.

25. Im Brett spielen hieß von Alters her dabeln, Tabelye (vom lateinischen tabula), die Brettsteine Tabelsteene, auch Brillen. (Eines der simpelsten Brettspiele heißt Schoster.)

Schütze Idioticon I, 153, 198 u. f.; IV, 54. Vgl. Hoffmann Horae Belgicae VI, 170; der niederländische Name ist Worptavel, Tavelspeel; mittelhochdeutsch Wurfzabel, Zabelspil. — Der Brettspiele gab es eine große Mannichfaltigkeit, und es wurde nicht nur mit Steinen (wie beim Schach und Damenspiel 2c.), sondern auch mit Karten (wohin z. B. das bekannte Domino zu rechnen ist) und mit Würfeln im Brett gespielt. Daher bekam das Wort „dabeln" auch eine allgemeinere Bedeutung, überhaupt spielen. Eben dasselbe Wort, entstellt oder abgewandelt, ist „dubbeln" (die Ableitung vom „verdoppeln" des Einsatzes kann man nicht gelten lassen); davon „verdubbeln" im Hamburger Stadt-Rechte von 1270 für verspielen, im Spiel durchbringen. „Dabbeln" gilt in Holstein geradezu für das Kartenspiel, während „dobbelen" sonst z. B. in den Niederlanden das Würfelspiel bezeichnet. Dort bestanden schon im 14. Jahrhundert in den Städten ziemlich allgemein Spielhäuser für Brett- und Würfelspiel, die s. g. Dobbelsteden, deren Inhaber obrigkeitliche Erlaubniß hatten und dafür auch wohl Abgaben zahlten. Hoffmann a. a. O.; Schütze I, 264.

26. Ein einfaches Brettspiel ist das Mühlenspiel (Möhlenspill). Dazu braucht man eine Zeichnung, darstellend ein Viereck mit einem aufrechtstehenden gleichschenkligen Kreuz darin, so daß durch die Durchschneidung der Linien neun Knotenpunkte entstehen. Von den beiden Spielern hat jeder drei Steinchen, welche auf die Knotenpunkte aufzusetzen sind, und die Aufgabe ist für einen jeden, seine drei Steine in Einer geraden Reihe anzubringen, was der Gegner durch zweckmäßige Gegenzüge möglichst zu hindern sucht. Hat endlich einer

eine Reihe besetzt, so hat er eine Mühle und damit gewonnen, wobei er dem Gegner triumphirend zuruft:

Trip trap trull, Mien Möhl is vull!

Schütze IV, 282. Es gibt auch ein Torpel-Mühlenspiel, wo die beiden Spieler jeder 9 Steine haben. Franz. la marelle, mérelle; englisch nine Men's Morris; niederländisch Marelspeel und das Torpel-Mühlenspiel Nephenstehen. Hoffmann a. a. O. S. 171; Strutt, sports and pastimes. — Schütze I, 217 beschreibt ein noch einfacheres verwandtes Spiel:

27. Von den to den spelen. Auf dem Papier oder der Rechentafel werden eine beliebige Anzahl Nullen gezeichnet. Jeder Mitspieler zieht nun, der Reihe nach, einen Strich von einer Null zu einer anderen. Ist es endlich unmöglich von Null zu Null irgend einen Strich zu ziehen, ohne daß man einen anderen Strich durchkreuzt, so hat der, welcher an der Reihe ist, verloren.

28. Ein Brettspiel mit Karten ist das Pochspiel (Puchspill), wozu das Pochbrett, auf dem Karten abgebildet sind, dient; auch Poterspill.

Schütze Idiotikon III, 238 und I, 264. Wir kommen damit in die Verwandtschaft des Pharao (plattdeutsch verdreht Pltje Patje; Schütze III, 212) und des Rouge et Noir (in Holstein vor den Hund genannt; Schütze II, 172.)

29. Jäger. Ein Brettspiel mit Würfeln (Hasard), welches auf den Märkten getrieben wurde. Mit dem Ausruf: „Jäger und de Jungfer noch! Voß und de Haas noch!" (D. h. das Bild des Jägers, der Jungfer, des Fuchs und Hasen ist noch, mit einem Sechsling, zu besetzen) „frisch togesettet! de letzte Mann noch!" lockte der Unternehmer den spiel- und gewinnlustigen geringen Mann an sein Tischchen.

Schütze Idiotikon II, 184. In diese Klasse gehören all die unzähligen Gesellschaftsspiele mit Würfeln und Karten, wo die Karten-Bilder im Aufgebot versteigert werden; z. B. das bekannte „Hammer und Glocke ꝛc."

30. Die zahllosen Spiele auf einer Tafel, wo Zahlen und Bilder von Nr. 1 bis Nr. 63 fortlaufen und wo die Mitspieler nach der Zahl der geworfenen Augen in dieser Reihe vorwärts schreiten, haben alle ihr Urbild in dem alten Gänsespiel. Die üblichste Form desselben ist heutzutage bei uns das Affenspiel, indem nämlich auf jedem neunten Feld (anstatt der Gans) ein Affe steht.

Hoffmann Horae Belgicae VI, 173: ter Gans werpen, het Ganzenspeel heißt es in den Niederlanden, franz. jeu de l'Oie. Das Spiel war früh in Hasard ausgeartet und ward deshalb durch die Brüsseler Ordonnanz vom Jahr 1342 verboten: "Wie men vonde vorpenste ter Gans, binnen der Vrijheit, waers om 20 Schellinghe."

Aus dem "Zeitkürzenden Lust- und Spielhaus" ꝛc. entlehnen wir die Regeln des alten Gänsespiels, woraus sich zugleich der frühere Charakter desselben als Hasardspiel erklärt: "Wer im ersten Wurf 6 und 3 wirft, setzt sein Zeichen auf Nr. 26. Wer 5 und 4 zum Anfang wirft, setzt es zu Nr. 53. Wer 6 zum Anfang wirft, muß ein Satz Brückenzoll geben. Wer das Wirthsbaus 19 trifft, muß auch ein Satz einlegen; desgleichen wer den Springbrunnen 31 trifft. Wer den Garten [Labyrinth] 43 trifft, muß zwei Satz einlegen. Bei einer Gans zählt noch so weit. Wer den Thurm [Gefängniß] trifft, muß drei Satz einlegen, sich damit auslösen. Wer 58 [Tod] trifft, hat alle seine Würfe verloren, muß ein Satz einlegen und wieder von vorn anfangen. Wer aber 63 trifft, der hat das ganze Spiel gewonnen; was er darüber wirft, soviel muß er sich wieder zurückzählen, bis er just kann zu 63 zählen."

---

31. Würfel.

Die Würfel heißen plattdeutsch Tarbel oder Tarrel (vom lateinischen talus); Würfel spielen in Tarbeln spelen, auch Paaschen. Von dem, der beim Würfel- oder Kegelspiel eine glückliche Hand hat, sagt man wohl: "He bett enen goden Draper (Treffer) an Live."

Schütze Idiotikon IV, 248 und III, 185; I, 246 und 301; II, 49. Vgl. die Notizen über das Würfelspiel bei Hoffmann, Horae Belgicae VI, 171—174.

32. Auf den nordfriesischen Inseln bedienen sich die Kinder zum Verspielen kleiner Sachen, z. B. von Läufern, eines länglichen Würfelhölzchens, auf dessen vier Längen-Seiten Buchstaben stehen, nämlich P, H, A, N. Wer P (d. h. Pöxli-Pfändchen) wirft, gibt ein Pfand; wer H (Helft), bekommt die Hälfte, A (Allas) bekommt Alles, N (Nant) bekommt Nichts.

Früher scheint dieser Würfel bei der Verlosung von Strandgut im Gebrauch gewesen zu sein. Chr. J.

Pfänderspiele.

33. **Böse sein.** — Einer beginnt: „Ik bün bi bös." — „Warum büst du mi bös?" fragt der Nachbar. Und der erste antwortet: „Diel is nich so veel Prögams (Liebhaber) heff as du!" oder eine ähnliche Neckerei, welche auf die Verhältnisse oder Gemüthsart z. des Fragers Bezug hat. So geht es herum; und wer nicht gleich eine passende Antwort in Bereitschaft hat, muß ein Pfand geben.

Schütze Idiotikon I, 137.

34. **Schwein verkaufen.** — Einer hielt sein geschlachtetes Schwein stückweise aus; jeder wählt sich das Stück, das er kaufen will, und der Verkäufer knüpft darüber mit ihm ein beliebiges Gespräch an. Dabei hat sich der Käufer zu hüten, daß er ja nicht auf eine Frage mit „Ja" antwortet; versieht er das, so muß er ein Pfand geben.

Aus Nordfriesland. z. B.: Wat weal hä vän min Swin? — „An Skink." — Wat weal'rne? — „Ik wa'n ierst strabl." — An wat do? — „U'flbä." — An do weal'n wel köög? — „Nän, uun Hink aphingt." — Weal du det? — „Nei wal ik." z. (Chr. J.)

35. **Lütj levt noch! oder Harm levt noch!**

Ein angezündetes und schnell wieder ausgeblasenes Holzreis (Papierrolle) wird noch glimmend im Kreise herumgegeben, wobei

jeder Empfänger, ehe er es weiter gibt, sagen muß: „Lütj levt
noch!“ oder „Harm levt noch!“ Derjenige, in dessen Hand der
letzte Funken erlischt, muß ein Pfand geben.

Schütze, Idiotikon III, 28 und schriftlich aus Husum. Lütj = der
Kleine; Harm = das Lamm. Die hochdeutsche Formel beim
Weitergeben lautet: „Stirbt der Fuchs, so gilt der Balg.“ In
Frankreich sagt man: „Petit bonhomme vit encore, car il n'est
pas mort.“ In England: „Jack's alive!“ oder „Robin's alive!“ ꝛc.,
in Schweden: „Liten lefver än!“ in Spanien: „Pamphilo!“ in
Holland: „Leeft het Manneken of is't dood?“ — Einiger Orten
läßt man das Hölzchen anstatt bloß glimmend wirklich brennend
herum geben.

Wahrscheinlich dasselbe ist ein altes dänisches Weihnachtsspiel:
„Lad ille min Herres Fugl döe!“ (laß meines Herren Vogel
nicht sterben!), welches Wort so erklärt wird: ein Edelmann habe
einen Vogel (Falken?) bei seinen Bauern zur Verpflegung herum-
geben lassen, und der Bauer, in dessen Haus der Vogel starb, habe
Strafe zahlen müssen; s. Peter Syv (Adagia Dan. a) hjernefulde
Ordsprog, udg. ved Nyerup. (Kopenhagen 1807), Vorrede S. XLVII.

30. Fischen.

Jeder Mitspieler nimmt den Namen eines Fisches an. Einer
ist der Fischer und beginnt so:

„It fisch, it fisch up min Herrn sin Disch,
It heff den ganzen Abend fischt
Und noch nichts mehr fungen as enen ——

damit nennt er einen Fisch, z. B. „Heelt!“ (Hecht). Derjenige,
welcher den Namen des Hechtes trägt, muß antworten: „Heelt
min Fisch!“ sonst hat er ein Pfand verbrochen. — Zwischen Fischer
und Hecht beginnt nun eine Unterredung, wobei noch allerlei Vor-
schriften gemacht werden (z. B. daß bei Strafe eines Pfandes nicht
„ja“ und „nein“ gesagt werden darf), bis der Fischer möglichst
unversehens den Namen eines andern Fisches nennt, wo dann dieser,
bei Strafe, aufpassen und antworten muß; und so geht es fort.

Schütze Idiotikon I, 319. Vielfach nachgebildet und verbreitet; Fischart
Gargantua Kap. 25: „ich fisch in meines Herrn Teich“; der holländ.
Gargantua (Hoffmann Horae Belgicae VI, 187): „It visch, It visch.“

12. Freikaufs- und Ueberlassungsbrief. Mitgetheilt vom Kanzlei-
secretair Seidel in Kiel.

Von Gottes Gnaden Wir Friedrich Carl, Erbe zu Norwegen,
Herzog zu Schleswig, Holstein, Stormarn und der Dithmarschen,
Graf zu Oldenburg und Delmenhorst, thun hiedurch männiglichen
Kund und zu wissen, wasmaßen an Uns der Halbhufner Hinrich N
aus unserm Dorfe N. für sich, seine Frau Grete, gebohrene N.,
und ihre beiden Kinder, als den Sohn Hinrich und die Tochter
Trine, supplicando gelangen lassen, Wir geruheten, nicht nur ihn
und seine Nachkommenschaft aus der bisherigen Leibeigenschaft in
den Stand der Freigebohrnen zu setzen, sondern auch die im Besitz
habende herrschaftliche Häuser und Hofwehr ihm käuflich zu überlassen und von dem ordinären Hofdienst gegen Erlegung des gewöhnlichen Dienstgeldes frey und loszusprechen. Wenn wir nun
nach reiflicher Ueberlegung aller vorgekommenen Umstände, des Supplicanten unterthänigstem Gesuch in Fürstlichen Gnaden Statt gegeben; Als erlassen Wir in Kraft dieses offenen Briefes aus lan-
desherrlicher Macht und Gewalt, für Uns und Unsere Leibes-Lehns-
Erben und Successores an der Regierung obgemeldeten Unsern
Unterthan, Hinrich N., nebst dessen Frau und Kindern für sich und
ihre künftigen Descendenten beyderley Geschlechts ihrer bisherigen
Leibeigenschaft, womit Uns und Unserm Fürstlichen Hause sie bisher
verbunden gewesen, wie solches aufs bündigste und tröstlichste geschehen
kann oder mag, und setzen sie insgesammt mit gutem Vorbedacht
in den Stand der Freygebohrnen, also und dergestalt, daß sie und
ihre künftige Leibeserben von nun an bis zu ewigen Tagen aller leibeigenen Pflicht ganz frey, quit, ledig und losgezählet seyn und für's
Künftige aller Freyheiten Wohlthaten und Gerechtigkeiten, welche
ein jeder Freygebohrener in Handel und Wandel, in Aemtern,
Innungen und Zünften, auch in Heirathen und sonsten in andern
vorkommenden Handlungen zu genießen hat, ohne Jemandes Be-
hinderung sich jederzeit zu erfreuen haben, auch von Uns, Unsern
Leibes-Lehns-Erben und Nachfolgern an der Regierung unter keinerlei praetext einige Aenderungen darin gemachet werden sollen. Und
weilen Supplicant wegen seiner Gebäude und Hofwehr an Ausschut,

Vieh und Baugeräthschaft, wie auch Erlassung des ordinairen Hof-
dienstes Einhundert und fünfzig Reichsthaler Courant allbereits baar
in Unsere Rentekammer abgeführet; So werden ihm sothane Gebäude, Aussaat, Vieh und Baugeräthschaft in dem Stande, wie
alles sich anitzo befindet, erb- und eigenthümlich hiemit zugeschlagen,
um für's Künftige frei's damit zu schalten und zu walten, gestalt
dann auch Unser Amptsverwalter N. N., als pro tempore Beampter
zu N. N., hiemit committiret und gnädigst befehliget wird, den
gewöhnlichen Hausbrief von Amtswegen ihm für die Gebühr aus-
zufertigen, und soll derselbe ebenso bündig und kräftig sein, als ob
er von Uns selbst unter Unserer fürstlichen Hand und Innsiegel aus-
gestellet wäre, befreien denselben auch daneben von dem ordinären
Hof-Dienst. Dieserwegen aber muß, was die jährlichen praestanda
betrifft, vorbemeldeter Halbhufner N. N. mit seinen Nachkommen,
gleich er sich dazu erbolen, wie bisher, also auch fernerhin, jährlich
die herrschaftlichen Gefälle nach dem neuen Satz-Register als an
Grundhäuer und Viehgeld drei Rthlr. 12 β D. Cronen und drei
Rthlr. 12 β Courant, an Monathgeld drei Rthlr. Courant, an
Soldatengeld 24 β Courant, an Grasgeld, wann keine Mast vorhanden oder die Mastung das Grasgeld nicht übersteigt, 24 β Courant, und für übrig habende 20¾ Scheffel à 12 β fünf Rthlr.
9 β Courant, also mit drei Rthlr. 12 β D. Cronen und zwölf
Rthlr. 21 β Courant in zween jährlichen Terminen, nämlich auf
Weihnachten und Maitag, jedesmal zur Hälfte an die Kammer-
Kasse, auch statt der Dienste das gewöhnliche Dienst-Geld zu fünfzehn Rthl. D. Cronen und fünfzehn Rthlr. Courant, sammt denen
wegen eessirender Hofdienste für das übrig habende Land mehr zu
zahlenden 8 β à Schf., welche drei Rthl. 22 β betragen, einfolg-
lich fünfzehn Rthl. D. Cronen und 18 Rthlr. 22 β Courant an
den dazu gnädigst verordneten Einnehmer in obbesagten Terminen
erlegen, das ihm jährlich beikommende Holz-Heu-Geld aber mit
Einem Rthlr. Courant zunächst dem Monath- und Verbittelsgelde
für seine Allentheilslathe in's NN.'sche Ambts-Register zu rechter
Zeit entrichten, die reservirte herrschaftliche extraordinäre Fuhren-
und Hand-Dienste gleich andern Dörfern nach wie vor leisten, den
gewöhnlichen Amtmanns-Habern und Heu, wie auch Hunde-Habern

und Brodt und das dem Barbierer zu N. N. gnädigst beigelegte
Korn, entweder in natura oder an Gelde, samt dem Land-Reuter-
Gelde, wie bis hiezu gegeben, junge Jagdhunde aufziehn, die Jagd-
Brule, so oft es erforderlich, aufwachen. Flachs oder Heede spinnen
und Gänse, gleich vorhin, pflücken lassen, nicht weniger seinen Antheil zu dem zum Hofe N. N. gehörig gewesenen Loße am hohen
Zaun übernehmen und solches Loß nebst seinen Nachbarn in N. N.,
wie auch denen X. und H.ern, imgleichen denjenigen, so auf dem
N. N. Felde gebauet, auch denen, die von solchem Hoßlande etwas
bei ihren Häusern in Erbpacht genommen, in gutem Stande erhalten, wozu ihm jedoch die jährlich erforderlichen eichenen Pfähle und
der Busch vom Amte angewiesen wird, ein Fuder Ader-Busch aber
er selbsten dazu jährlich vom Hause liefern muß; Ueberdem ist N. N.
und seine Nachkommen schuldig, das gewöhnliche Deputat-Hochzeiten-
Kindtaufen- und Begräbnissen-Bier nach wie vor aus der N. N.
Amts-Brauerei zu holen, auch seine Gebäude auf eigene Koßten
ohne einige Beyhülfe vom fürstlichen Amble im baulichen Stande
zu erhalten und selbige in die fürstliche generale Brand-Gilde ein-
schreiben zu lassen; und endlich muß bei jedesmaliger Veränderung
des Beßitzers dieser Stelle, wenn der Sohn solches antritt, derselbe
zwei Rthl., ein Fremder aber vier Rthl. Courant an gewöhnlichem
Feße-Gelde in's Ambts-Register sofort abführen; dahingegen dann
vorbenannte ein- für allemahl festgesetzte Gefälle und Praestationes
auf solchen regulirten Fuß beständig unverändert verbleiben und zu
keinen Zeiten erhöhet oder vermehret werden: Sonßten aber weder
Supplicant noch seine Erben und Nachfolger befugt sein sollen, diese
Stelle zu veräußern und an Andere zu überlassen, es haben dann
zuvor er oder sie solches bei Unserer Rentekammer gebührend angezeigt und darüber den behußigen Consens oblinivet. Zur Urkund
und mehreren Versicherung des vorstehenden allen ist dieser offene
Brief unter Unserm Fürstlichen Handzeichen und Kammer-Inßiegel
ausgefertiget und beßtätigt. Geben auf Unserer Reßidenz zu Plön
den 20. Febr. 1746.

                              Friedrich Carl Holstein.

13. Beliebung der Dorfschaft Zenhusen in Norderdithmarschen, confirmirt von dem Herzog Friedrich 1699. Mitgetheilt von J. v. Schröder.

Wir Friedrich von G. G. Erbe zu Norwegen, Herzog zu Schl. Holst. ꝛc., urkunden und bekennen hiemit:

Als uns die Eingesessenen der Dorfschaft Zenhusen in Norderdithmarschen unterthänigst zu vernehmen gegeben, welcher gestalt ihre Vorfahren eine heilsame Verordnung und articulirte Beliebung vor vielen Jahren unter sich aufgerichtet gehabt, darinnen enthalten gewesen, wie sich ein jeder Eingesessene sowohl gegen Lebende als Todte zu verhalten, und was er zur Unterhaltung guter Harmonie, Friede und Einigkeit contribuiren solle, welche Beliebung aber eine Zeit her zu nicht geringem Schaden, auch Widerwillen und Verdruß der Dorfschaft und deren Eingesessenen in Abgang kommen, daher sie eine neue Verordnung und articulirte Beliebung, wie es künftig unter ihnen zu halten, zu stiften und selbe in 22 Artikel zu verfassen nöthig befunden, welche folgenden Inhalts lautet:

Im Namen der heiligen und hochgelobten Dreieinigkeit, die zu eines jeden guten Vorhaben Glück, Heil und Segen ersprießlich geben und gedeilich verleihen wollen, Amen. Demnach die Eingesessenen der Bauerschaft Zenhusen vorlängst ihre alte und von ihren Eltern und Voreltern wohl hergebrachten Gebräuche in eine christlöbliche Beliebung wie sie es hernach in ihrer Bauerschaft gehalten haben wollen, schriftlich verfasset und aufgesetzt, solche aber durch sonderbare Zufälle in unwiderbringliche Abhändigung gerathen, als ist es von Nöthen zu sein erachtet worden, weil nun das Alter der jetzigen bösen Welt viele mutationes und merkliche Veränderungen mit sich führet, daß solhane alte Beliebung wieder gänzlich revidirt und nach allen Umständen der Billigkeit gemäß abermals gründlich renovirt werde. ·

Sei derohalben jedermänniglich, was Würden, Standes und Condition die auch sein mögen, welche dieses lesen oder lesen hören, kund und offenbar daß nach Christi unsers einigen Erlösers und Seligmachers Menschwerdung 1699 am 10. April die Einwohner der Bauerschaft Zenhusen, Kirchspiels Hemme, in völliger Anzahl zusammengewesen, und um Friede, Einigkeit und Gerechtigkeit Willen für sich und ihre Nachfolger zu befördern, also und derge-

statt vereinbaret, verglichen und vertragen haben, nicht allein unter-
gesetztes Alles stets fest und unverbrüchlich zu halten, sondern auch
dafern von einem oder andern darwider gehandelt und nicht allerdings gebührlich nachgelebt werden sollte, sich angehängter Poen
und Strafe so in jedem Punkt und Artical ausdrücklich benennet,
ohne einzige Widerrede gutwillig zu unterwerfen.

Die Beliebung lautet wie folgt: 1) So einer von anderm
Oertern als ein Heuerling oder sonsten auf eine kleine Hofstelle sich
in unser Bauerschaft zu wohnen begeben würde, derselbe soll ehe
und bevor ihm seine Rauch- und Feuerstätte erlaubt und zugelassen
wird, erstlich seinen Beweis vor die Bauerschaft einbringen, daß er
von ehrlichen Eltern geboren, auch sein Leben vorher christlich ge-
führet und sich wohl verhalten, zu unser Bauerschaft Nutzen strax
5 Mark L. erlegen, oder davor einen genughaften Bürgen stellen;
sollte aber eine einzelne Person sich bei einem oder anderen heuer-
lich zu wohnen niederlassen, mit demselben soll es wie dem vorigen
gleiche Bewandtniß haben, nicht mehr aber alsdann dann nur 2 ₰
8 ₰ abstatten.

2) Sollte es sich zutragen daß ein oder ander, er sei wer er
wolle der in unser Bauerschaft wohnte oder auch zu Hause gehörte,
außerhalb aber unser Bauerschaft anders wohin freiete und an den
Ort, da die Braut entweder zu Hause oder sonst an gewisse Stelle
sich bei guten Leuten aufhielte, führe, ritte, oder hinginge und alda
Hochzeit machte, wenn aber die Hochzeit vorüber wiederkäme und in
unser Bauerschaft, es sei in seinem eigenen oder Häuerhause wohnen wollte, der soll schuldig sein, so vollkommen die ganze Bauer-
schuld zu geben, als wenn er ein Fremder wäre.

3) So Jemand in unser Bauerschaft Todes verfahren würde,
soll es zuvor angemeldet werden wenn die Leiche zur Erden zu be-
stätigen, darauf sollen zur rechten und bestimmten Zeit aus jedem
Hause zwei untadelhafte Personen da sie vorhanden, nicht Jungens
noch Dirnen in das Trauerhaus kommen, ehe der Todte ausge-
tragen wird Mannzahl gehalten werden, wer dann alda ohne gültige Entschuldigung nicht zur Stelle ist, soll unfehlbar 4 ₰ legen.
Zudem soll Niemand davon gehen, sondern einträchtig der Leiche
zum Kirchhofe ehrlich nachfolgen und bei der Begräbniß so lange

bleiben, bis es Alles ganz verrichtet ist. Wer vor der Zeit davon
weichet, soll 6 L/ß verbrochen haben, dafern er nicht Krankheit oder
andere Nothwendigkeit vorzuschützen, oder einen Brief abgefordert
würde. Im Uebrigen, wo zwei Partheien in einem Hause wohnen,
von denen sollen gleicherweise 2 Personen wie oben erwehnt in das
Trauerhaus kommen. Auch sollen 2 von Osten und 2 von Westen
die Gruft zu machen und läuten bis so lange es nur ist sich gefallen laßen, und es also verrichten daß keine Klage hierüber geführt
werden dürfe. Weil aber zu Osten nur 6, hingegen zu Westen in
unserer Bauerschaft 13 Häuser vorhanden, so soll, daß keinen zu
nahe geschehe, der eine Theil hiemit nicht mehr beschweret werden
denn der andere, auf daß also continuirlich hierin eine durchgehende
Gleichmäßigkeit gebührlich gehalten werden möge. Hierbei ist ab-
sonderlich zu merken daß, wenn etwa ein Frember in unserer Bauerschaft mit Tode abging, wir demselben, ohne was christliche Liebe
und herzliches Mitleiden gutwillig zuläßt, nicht gleich den unsrigen
zum Begräbniß nothwendig nachzufolgen schuldig und gehalten sein
wollen, es sei denn daß der Bauerschaft zur Ergötzlichkeit hievor
eine Tonne Bier zum Besten gegeben werde.

4) Alle Jahr auf Maria Reinigungstag, Lichtmessen, sollen
4 Mann Stegerichter genannt, da die Bauerschaft bei der Schule
Mittags um 12 Uhr beisammen sein soll, 2 von Osten und 2 von
Westen bis so lange es umkömmt ihre Aemter von sich setzen und
wann es zu Ende, alsdann wieder von neuem anfangen, und nach
der Reihe 4 andere in ihre Stelle wehlen, welche das Amt sofort
annehmen und unstrafbar verrichten sollen. Imgleichen werden die
erwehlten 4 Männer als Baumeister der Schulen sich nicht ver-
drießen laßen, ihr anbefohlen Amt auf Ostern anzutreten, und es
dergestalt zu verwalten, daß sie es vor Gott und der ehrbaren
Welt zu verantworten keinen Abscheu tragen dürfen. Dafern sie
aber über Verhoffen in einem oder andern mangel- und saumhaft
erfunden und des überweiset werden, in Ihro Hochfürstl. Durchl.
Interesse und Brüche ein jeder mit ½ rthl. verfallen sein.

5) Sollen die Vier Männer die in unser Bauerschaft zu ihrem
Amt gesetzt werden, gute Aufsicht haben auf die Klampen, daß bei
jeder Klampe keine spreetichte Pfähle da die Ricken einliegen, son-

12*

dem 2 gute starke Stützen die eingepeakt sein sollen, und eine gute starke Ricke gehalten werde; zudem soll sich niemand unterstehen eine Klampe von seiner gewöhnlichen Stelle zu nehmen anders wohin zu bringen, und zu seinem Nutzen zu gebrauchen, sondern auf seiner gewöhnlichen Stelle unverrückt liegen zu lassen und also Ungelegenheit zu vermeiden, ihr keinen Schaden zufügen. Wer dawider handelt soll 2 rthlr. an Hochfl. Durchl. verbrochen haben und der Bauerschaft dazu eine Tonne Bier zum Besten geben.

6) Die Klampen sollen von der Bauerschaft Einkünfte, als von der Bauerschaft gekauft werden, zu jedem Hause und Hofstelle gehöret eine Klampe, die fertig gehalten werden muß, jedoch wo es sich zutragen würde, daß 2 Partheyen in einem Hause zu wohnen kämen, so soll eine jede Parthey eine Klampe und guten Rick dabei zu halten schuldig sein. So demnach gute Riken bei denen Klampen vorhanden sein, und eine oder andere, welches zu beweisen stünde, davon weggenommen werden möchte, soll der Thäter derselben an Fl. Durchl. 2 rthl. und an die Bauerschaft 1 Tonne Bier unabbinglich verbrochen haben; so aber Klampen mehr sind, die keinen Herrn haben, soll dem ältesten von den Söhnen eine Klampe zugesetzt werden, die er also gut halten soll, daß sie niemand tadelhaft und strafbar ausrufen dürfe. Widrigenfalls mit dem Contravenienten, wie oben erwehnt, gleichmäßiger Strafe theilhaftig sein.

7) So Klampen sein, die nicht mehr taugen, so sollen die 4 Männer eine neue holen, es sei zur Heide auf dem Markt oder bei dem Lundener Hafen zur Klampe laufen, derjenige aber, dem die alte beikommt, die neue holen oder holen lassen, und auf ihre Stelle legen bei Strafe 12 ß. So er sich dessen weigern oder die neuen zu holen und auf die Stelle da sie liegen soll, zu bringen, oder versäumen, sollen die Stegerichter Macht haben auf seine Unkosten einen Fuhrmann zu dingen, sie her zu holen und auf ihre Stelle legen zu lassen. Wenn solches geschehen mögen die 4 Männer oder Stegrichter, wo er es nicht in Güte bezahlen will, ihn alsofort wegen angewandter Unkostung wirklich auspfänden.

8) Die Treppsteine bei Johann Ruß Detleffs Hofstelle auf dem Wege, wie auch diejenigen so zu Osten am Wege liegen,

müſſen von der ganzen Bauerſchaft zurecht gelegt, der Fußſteig aber durch Zenbuſen und fortan ſo weit als er in's Oſten über die Stüde gebt, muß gemeſſen und vertheilt, auch einem jeden ſein Theil davon zugeſetzt und von den 4 Männern mit Ernſt dahin gehalten werden, daß ein jeder ſeinen Steig mit Erde ſo hoch mache, daß er höher ſei als das Land, damit man ſich deſſen nütz- lich bedienen könne bei Brüche 4 ℳ 8 β.

9) Wenn einer oder der andere ſeinen Steig nemlich um Jacobi mit Erde zu erhöhen und folgends noch vor Michaelis Sand darauf zu bringen, und alſo zur ernannten Zeit nicht richtig machen würde, ſoll es damit als um die Klampen gehalten werden, daß die Stegerichter es für Geld auf des verſäumenden Unkoſten machen, und ihn alſobald darum anerſänden. Auch ſoll niemand den Steig ſo ſchmal wegpflügen als vor dieſem geſchehen, ſondern ſo machen, daß der Steig 6 Fuß breit ſei. Wer dem Steige näher pflügt oder mit der Erde umackert, derſelbe ſoll vor den Stegerichtern darum abbingen und auch an die Bauerſchaft eine Tonne Bier ver- brochen haben. So aber Jemand nun und inskünftige eine Gröve durch den Steig will fleien laſſen, ſo ſoll derjenige der den Steig durchzugraben beſtellet einen guten und unſträflichen Roßbahr holen zu einer Klampen die lang genug iſt, auf der Stette ſchaffen und legen, bei Strafe einer Tonne Bier. Alle 3 Jahr ſoll der Steig geſandet, jeglich Jahr aber wenn er nicht geſandet wird, untadelich abgeſchaufet werden.

10) Wenn einer aber will das Waſſer von dem Lande aus der Mittelgröve ablaufen laſſen, der ſoll nicht Macht haben alle Zeit, wenn es ihm gut dünkt, eine Rönne durch den Fußſteig zu graben, worüber der Steig ganz verdorben wird, bei Strafe einer Tonne Bier; wo er aber ja den Steig muß durchgraben, daß das Waſſer zu dem andern Ende nicht könne abgerännet werden, ſo ſoll er bei jeder Stette einen hohlen Raum legen.

11) Niemand ſoll einen Stock über den Steig ſetzen, daß man darüber ſteigen muß bei Strafe 1 rthlr. und ſoll ſofort den Stock oder was er ſonſt geſetzt hat, wieder von der Stelle ſchaffen. Thut er es nicht, wenn es ihm von den Stegrichtern angeſagt worden iſt, ſollen die Stegrichter, wo ſie es ſelbſt nicht thun wollen,

einem vor Geld darzu kriegen der es abbreche und ihn in die vor-
gesetzte Strafe nehmen.

12) So jemand dem allgemeinen Wege zu nahe kleien würde
und davon die Erde abgraben, der soll solche Erde wiederum an
seine vorige Stelle bringen, und es wieder gebührsam machen, hier-
vor aber eine Tonne Bier verbrochen haben. Auch soll ein jeder
von seinem zugesetzten Theil des Fußsteigs um St. Johannis Bap-
tistä das Gras, Dach und Disteln abmachen bei Strafe 8 β. Zudem soll kein Dieb, es habe Namen wie es wolle, so weit unsere
Feldmark sich erstreckt längs den Wegen geduldet, sondern wenn es
angetroffen wird von den 4 Männern eingeschätzet und gebührlich
ausgelöset werden.

13) Es sollen in jedem Hufners Hause zween lederne Notheimer und ein guter großer Nothhaken, wie auch in jedem Köteners
Hause, wo zwei Partheien darin wohnen, von jeglicher Parthei ein
lederner Notheimer und kleine Nothhaken, imgleichen von der ganzen
Bauerschaft ein guter großer und starker Feuerhaken immer fort unstrafbar gehalten werden. Darzu soll ein jeder seine Feuerstätte,
Backofen und Küche fertig in gutem Esse halten, daß daraus kein
Schade entstehen möge. Auf obige Punkte sollen die 4 Männer
alle Jahr um St. Johannis des Täufers vom Hause zu Hause
gehen, und solches insgesammt augenscheinlich besichtigen; wer strafbar befunden wird, soll vor jeder Post 4 ₰ verbrochen haben, das
mangelhafte aber in 14 Tagen untadelhaft verfertigen und zur Hand
schaffen, bei Strafe einer Tonne Bier und an die Armen 4 β.

14) Ein jeder soll, so eine Feuersbrunst entstünde, seinen
Eimer und Haken dahin bringen und zeigen, auch soll Wache gehalten werden, bis das Feuer gänzlich gelöscht ist. Darzu sollen
die Brandstetten von den sämmtlichen Eingesessenen unser Bauerschaft
gereinigt werden (denn wir denen Henumern solches zu thun nicht
aufbürden, noch sie damit beschweren, hingegen auch wiederum wenn
ihnen etwas widerfahren und zustoßen möchte, uns ihnen auf solchen
Fall hülfreiche Hand zu biethen in keinerlei Wege hiemit gegen
sie verbindlich machen wollen) bei Strafe 8 β. Ihr Hochfürstl.
Durchl. Brüche so anzugeben vorbehalten.

15) So jemand, er sei arm oder reich, in unser Bauerschaft

Huren und unehrliche oder sonsten dergl. verdächtige Personen, unnützen Landläufer und loses Gesindlein länger denn eine Nacht aufhielte, hauste oder herbergte, soll eine Tonne Bier verbrochen haben.

16) In Sommer Zeiten sollen die 4 Männer fleißige Aufsicht haben, daß ein jeder seine Schweine (?), und ehe sie umgehen solches in Augenschein zu nehmen, der Bauerschaft zum erstenmal vorher anmelden; wird dann, wenn sie im Werk begriffen, ein oder ander Schwein ungeringelt angetroffen, auf ein alt Schwein 2, auf ein Ferken aber 1 β richten.

17) Wer von der Bauerschafts Meentwerken als an Meenteich, Wegen und Stegen zu arbeiten, wenn es zuvor angekündigt, ausbleibet oder keine tüchtige Person dahin schickt, soll verbrochen haben 6 β.

18) Wenn die Bauerschaft in dem was nöthiges zu berathschlagen durch einen Boten zusammen gefordert wird, einer aber oder ander davon ausbleibt, und sich nicht auf bestimmte Zeit an den Ort, dahin er beschieden, einfindet, soll vors Erste wo er keine erhebliche Ursachen und nothwendige Entschuldigung einzuwenden hat, daß er krank, nicht zu Hause oder außerhalb Kirchspiels sei, 4 β verbrochen haben, und hernach wider dasjenige was die Meisten bei angekündigter Versammlung geschlossen, nicht eiffern, sondern dabei bleiben lassen, wie es von denen so zugegen gewesen beliebet, maßen denn ihr Rath nicht gelten noch ihr Wort gehöret und statt zu finden angenommen werden soll.

19) Sollen die 4 Männer alle Bauerschaftssachen und Nothdurft auf's Beste beobachten und verwalten, daß nichts überall versäumt werde, und solches umsonst; doch soll ihnen deswegen ihr ausgelegtes Geld von der Bauerschaft wieder erstattet werden.

20) Sollen die 4 Männer (Stegrichter genannt) da die Helfte in beiden Theilen der Bauerschaft sein soll, Macht haben auf vorgeschriebene Punkte und Artikula gegen den Verbrecher alle Feindseligkeit ohne Ansehen der Person bei Seite setzend, die Pfändung ungehindert fort zu setzen und mit derselben alsofort ohne einzige Säumniß gleich durch, es treffe wen es wolle, unverweislich zu verfahren; wer sich aber der Pfändung weigert und sich den 4

Männern hierin vorsetzlich widersetzet, soll in Ihr. Hochf. Durchl.
Brüche, wie hoch die auch immer kommen mögen, verfallen sein.
Und so etwas Rothwendiges von uns hierinnen vergessen und vorbei gegangen wäre, so nachmals der Bauerschaft Nützes und Bestes
sein möchte, soll solches mit der Eingesessenen Bewilligung hierin
verzeichnet werden, welches sich unsere Vorfahren gleicher Weise in
der alten Beliebung vorbehalten haben.

Nachtrag:

21) Demnach es sich auch zuträgt daß bisweilen Weibespersonen, so in ihrem Jungfernstande versehen, doch hernach geehlicht
werden, die denn oftmal in Ansehung des Alters ihrer Männer
oben an und für andere die sich ehrlich und keusch verhalten, aber
jüngere Männer haben, gehen wollen, woraus denn leichtlich unter
denen Frauen ein Haß und præcedenz Streit, bei ledigen Personen
aber eine Anreizung zur Unzucht, wenn solche gleich denen so sich
wohl und ehrlich verhalten sollten aestimiret werden, erwachsen
könnte: als ist auch der Bauerschaft Begehren und Verlangen, daß
solche Geschwächte nachgehends vereheliche Weibespersonen hinter
denen, so sich wohl verhalten, gehen sollen. Im Fall sie sich dagegen sträubeten, sollen sie Ihro Hochf. Dchl. Brüchregister mit
4 rthlr. einverleibt werden.

22) Darnach auch einige Zeit hero das Stehlen sehr gemein
worden, und die Diebe oftmals wegen der Kosten so ihre Anklage
erfordert, unangeklaget und also auch ungestraft bewohnen bleiben,
als wäre auch der Bauerschaft unterthäniges Suchen, daß ihnen,
gleich denen Neuenkirchener, die Gewalt und Freiheit möchte eingeräumt werden, einen Dieb, wenn er in ihrer Bauerschaft betroffen
wird, hinaus zu treiben und fernerhin keine Wohnung und Aufenthalt mehr zu gestatten.

Zur Urkund der Wahrheit und mehrerer Besterhaltung, so
haben wir dieses abermals sämmtlich beliebet und in gegenwärtiges
Buch verfassen lassen, auch mit unserm gewöhnlichen Tauf und Zu-
namen eigenhändig und wohlbedächtig unterschrieben. Geschehen
Jennbusen Anno, mense et die ut supra.

Johann Ruß Detlevs, Marten Heinbötel, Claus Rode, Johann Rode, Carsten Clausen, Claus Tedens der j., Dilmar Arbs,

Jacob Peters, Heinrich Voß, Claus Witte, Johann Clausen, Claus Tetens d. ä., Martin Carstens, Haus Dör.

Mit unterthänigster Bitte, wir Unsere gnädigste approbation und confirmation darüber zu ertheilen in Gnaden geruben möchten. Als wir nun diesem petito, in so weit ermelte Beliebung unserm Interesse und Landesfürstlichen Juri nicht entgegen, gnädigst statt gethan; diesem nach approbiren und confirmiren in 22 Artikeln bestehende Beliebung jetzt gedachter Maßen in allen ihren Punkten und Clausulen, und wollen daß ein jeder Eingesessener zu Jeunbusen sich darnach gebührend achten, auch in und außerhalb Gerichts darnach verfahren und geurtheilt werden soll. Urkundl. Unsers fürstl. Handzeichens und fürgedruckten Secrets.

Tönningen, den 9. Mai 1699.

Friederich.

---

14. Zur Sammlung der Sagen Mährchen und Lieder, der Sitten und Gebräuche der Herzogthümer Schleswig, Holstein und Lauenburg.

112. Weihnachten.

Im Börmer- und Meggerkoog ist es Sitte, daß die ledigen Burschen und Mädchen in den Zwölften in ganzen Schaaren von Haus zu Haus ziehen. Einer trägt ein brennendes Licht in der Hand (wenn es weht oder regnet und schneit, verbirgt er es unter einem tiefen hölzernen Gefäß) und ist Anführer des Zuges. Die ganze Schaar — „de bele Ribi" — bringt mit großem Ungestüm lärmend, tobend und singend in die Häuser, um sich mit dem Besten, was Küche und Keller zu geben vermögen, bewirthen zu lassen. Ehe die Burschen und Mädchen etwas genießen, singen sie ein Lied, je alberner, desto besser. Weiß man, daß irgendwo im Dorf der Wirth und die Wirthin nicht zu Hause sind, so zieht man dieses Haus den anderen vor und nimmt aus Küche und Keller, was man will, ohne zu fragen. „Twischen de Dagen" — so erklärte ein alter Bauer diese Volkssitte — „speelt man hier de verkehrte Wel!: de Knechten und Derens hebben tho raden, und be Werthstücke möten se bedeuen." Nach heil. drei Könige kommt Alles wieder in das alte Geleis. (Chr. J.)

In Betreff des Sprichworts, daß man „während der Zwölften den Dieb nicht nennen" dürfe (Bd. IV, 277), ist nachzutragen, daß es sonst in Deutschland gewöhnlich von dem Wolf galt und sprach; vgl. die Gestriegelte Rocken-Philosophie Nr. 128. Dort wird (entsprechend der angeführten dänischen Anekdote) erzählt, daß in dieser Zeit ein Schäfer einen Pfarrer Wolf oder Wolfgang also anredete: „Guten Tag, Herr Ungeziefer! verzeiht mir, daß ich Euch jetzt in zwölf Nächten so heiße, denn ich darf den Teufel jetzt nicht recht nennen, wenn ich nicht will in Sorgen stehen, daß das Raben-aas mir unter die Schafe geräth."

Aus Angeln. — Acht bis vierzehn Tage vor dem Fest ist es eine große Sorge, ob es doch wohl Wind gebe, denn hier backt auch der kleinste Käthner selbst, und zu Weihnacht muß natürlich das Brod frisch sein. In allen Häusern wird Feinbrod gebacken (von ausgesichtetem Roggenmehl mit Buchweizengrütze darin) und zwar in gehöriger Menge, wie auch kleine sehr einfache Pfeffernüsse. Gebraut wird ein sehr malzreiches süßes und dunkles „Gutbier;" das ehemalige Lager-Braunbier ist wohl allenthalben abgeschafft. Am Festabend ißt man an vielen Stellen Reisgrütze, danach einen Mehlbeutel mit Rosinen darin nebst Speck und Rauchfleisch und brennt während dieses Festessens zu diesem Zweck gestippte drei-armige Talglichter. Das Mittagsgericht an beiden Festtagen ist Langkohl und Schweinskopf. — Vom Tannenbaum und dem Teller-aufsetzen wüßte ich Nichts weiter mehr zu sagen, als daß selbstver-ständlich alle Bäcker dazu Hirsche, Schweine, Pferde, Adam und Eva ic. fabriciren, und daß eine Hauptzierde des Tellers früher ein mit den scharfen (ungeränderten) Courant-Schillingen gespickter Apfel war. — Gespielt wird am Festabend und in den Festtagen viel mit Nüssen und Pfeffernüssen von Alt und Jung. Besonders Rathspiele, wobei es gilt zu errathen, wie viel Nüss in der Hand, oder auch unter welchem Finger die Nuß versteckt ist. Das „Ringel um" besteht darin, daß man auf dem Tische, inmitten eines mit Kreide gemalten Zifferblattes mit den Zahlen 1—12, ein Stückchen

Holz in Pfeilform anheftet, so daß es sich rasch herumkreiseln läßt; die Zahlen werden mit Nüssen besetzt, und das Pfeilende, je nachdem es beim Herumschwingen hie oder da stehen bleibt, entscheidet über Gewinn und Verlust. In den Wirthshäusern endlich wird um große Rosinensemmeln (Wiehnachtsstuten) Karten gespielt, und Mancher bringt für seine Frau oder Braut einen solchen mit nach Hause. — Am Weihnachtsabend wird in vielen Bauernhäusern, wo das auch sonst nicht Sitte ist, mit der ganzen Hausgenossenschaft eine Predigt gelesen, selten mehr ein Gesang gesungen. Am ersten Festtag wird allmännlich die Kirche besucht, jetzt in den s. g. gemischten Distrikten natürlich nicht mehr so wie früher. Am zweiten Festtag reiset man zu den entlegener wohnenden Verwandten, und unabhängige Leute pflegen diesen Besuch auch wohl auf den s. g. dritten Festtag auszudehnen. Dienstboten bekommen dabei wohl von der Hausfrau ein Felmbrod für die alten Aeltern mit. — Am Weihnachtsabend und schon einige Tage vorher geht die Betterei um „en beten to Wiehnachten" oder „en Wiehnachtsstul" ic. von Haus zu Haus. Auch der Stern der drei Könige und der „Rummelpott" wandern zu gleichem Zweck. Zu dem Stern wird ein hochdeutsches Lied gesungen, von Herodes, den drei Weisen, dem Christkind ic. Der Rummelpott ist ein irdener Topf mit einer darüber gebundenen Blase, in deren Mitte ein aufrechtstehendes hohles Rohr befestigt ist, welches, mit der durch Speichel befeuchteten Hand auf- und abgestrichen, einen Ton wie „Rups! rups! rups!" gibt. Das alte Lied zu dieser einfachen Musik ist bereits unter Nr. 83 (Bd. IV, 174) abgedruckt; hier sind übrigens nur die ersten acht Zeilen mit geringen Varianten üblich. — Ueberhaupt beschränkt sich die alte Bauernsitte auf einen immer engeren Kreis, während bei unsern modernisirten „Landleuten" wenig mehr aus der Zeit ihrer Mütter und Großmütter übrig geblieben ist. (J. B.)

113. Fastnacht.

Fastnachtstänze sind im östlichen Holstein noch vielfach im Gebrauch; in Fehmarn waren noch allerlei besondere Gerichte üblich.

Faßnachtsspiele find das Ring- und Rolandsreiten, Torfsotenlaufen und Kopenschlagen. Die „heißen Becken" find das Festgebäck.

Prof. Chr. P. Jahrb. V, 141 – 52. 159, 163. Schütze Holst. Idiotik. I, 309; II, 123 und der Reim III. 60. J. P. Schmidt in seiner „Geschichtmäßigen Untersuchung der Fastelabendsgebräuche in Deutschland" (2. Aufl. Rostock 1752) S. 83 führt als solche, mit besonderer Rücksicht auf Mecklenburg, an 1. Gastmähler und Trinkgelage, wobei herkömmliche Gerichte find Heerweggen, Schweine-Schinken, Mettwürste und geräuchert Schießfleisch; 2. den f. g. grünen Fastelabend zu bringen; 3. Heerweggen abzuständern und fich mit Fastelabends-Ruthen gegenseitig zu beschenken; 4. fich in vielerlei Gestalten zu verkleiden, zu maequiren, auch mit Spielen und Tanzen zu belustigen; 5. an einigen Orten auch die Haube zu schlagen. Wieviel war und ist davon bei uns üblich?

---

114. (Vgl. 84). Ostern.

Am Abend vor dem Ostersonntag werden überall Eier gegessen. In manchen Familien besteht der Gebrauch, am Ostersonnabend für die Kinder buntbemalte Eier zu verstecken. (Das heißt in anderen deutschen Gegenden: Der Hase hat gelegt.) Läßt fich das Osterei (Paschei) leicht abschälen, so sagt man in Nordfriesland: der Besitzer sei am Ostermorgen gern aufgestanden, nämlich um den Ostertanz der Sonne zu sehen; wo nicht, sagt man das Gegentheil. Paschfemmel und Judasohr find besondere Ostergebäcke. Ueber die Spiele mit den Pascheiern, f. Jahrb. V, 157 – 59; andere Osterspiele find das Taubengelage und Taubentrübeln a. a. O. S. 153. Ueber die Osterfeuer f. Nr. 91. (J. T. u. Chr. J.)

„Nu soll's an't Eiereten gaan!" pflegt man beim Beginn einer merkwürdigen Sache zu sagen; Schütze Idiotiken I, 295; III, 177 u. 195.

---

100. Bewerbung. Der Dinstags- und der Freitags-Abend waren in Nordfriesland vorzugsweise Freier-Abende. Chr. J. (Vgl. Brögams-Abend, Idiotikon I, 156.)

---

101. Beerdigung.

In Nordfriesland wird ein Abortus zur Nachtzeit nach dem Kirchhof gebracht, und man begräbt denselben neben einem Freunde, grüßt aber Keinen, dem man etwa begegnet. — Wer dort einen todten Mann rasirte, bekam dessen Rasirzeug dafür, das er mit nach Hause nahm, aber nicht mehr gebrauchen durfte. — Am Morgen des Tags der Beerdigung brennt ein Licht auf dem Sarge, und eine Frau muß darauf achten, daß es ordentlich brennt. Mit diesem Brauch scheint eine Redensart zusammenzuhängen. Wenn das Licht sehr trübe brennt, sagt man: t öör'n Hinghar uk dach, — at Lücht bränt ja, üsh wan'r an Deonsken daad wiar, d. h. „Zum Henker! das Licht brennt doch auch als ob ein Däne todt wäre!" Vielleicht will man damit sagen: Um den Tod eines in Nordfriesland gestorbenen Dänen (dänischen Einwanderers, jütischen Dienstboten) trauert man nicht sonderlich; es findet sich keine liebevolle Hand, welche das Licht auf seinem Sarg putzt.

115. Wochenbett; Geburt; Taufe.

Wenn eine Wöchnerin auf Sylt Kirchgang halten wollte, so pflegte sie viele ihrer Gevatterinnen und Nachbarinnen, die aber alle verheirathet sein mußten, einzuladen, sie zu begleiten. Es fanden sich alsdann an dem dazu bestimmten Sonntage manchmal 20 bis 30 Frauen in dem Hause der Wöchnerin ein, alle recht wunderlich gekleidet. Die Wöchnerin hatte u. A. über den einen Fuß einen grünen und über den anderen einen rothen Strumpf gezogen. Um die Zeit, wenn zum Gottesdienst geläutet wurde, setzten sich die Weiber in einer langen Reihe in Bewegung der Kirche zu, indem sie nicht auf gewöhnliche Weise gingen, sondern mit jedem Fuß zwei kurze Schritte machten. In der Kirche wurde der Wöchnerin wegen ein Dankgebet vom Prediger gesprochen und ein Gesang vom Küster gesungen, während welches Gesanges die Wöchnerin sich mit ihrem Gefolge nach dem Altar begab, um denselben herumging und dem Prediger und Küster ein Opfer brachte. Nach dem Gottesdienste ging der Zug auf die oben beschriebene Weise wieder zurück nach dem Hause der Kirchgängerin.

Wenn eine Wöchnerin auf Föhr und Amrum ihren Kirchgang hielt, so durfte sie den Kirchweg nicht abkürzen, also keinen
Fußsteig benutzen; widrigenfalls würde ihr Kind krank geworden
oder gar gestorben sein. „Ban Sарlgung", d. h. vor dem Kirch-
gange durfte keine Wöchnerin ihren Stavenplatz verlassen. Es hieß
jeder habe das Recht eine Wöchnerin zu steinigen, wenn sie „ban
Sарlgung" die Grenzen des Stavens überschritt.

---

116. Vom Tanz in Nordfriesland.

Jede Bauerschaft der größeren nordfriesischen Inseln hatte ihren
besonderen Tanzabend und Tanzplatz. Der junge Seemann holte
am Tanzabende seine sogenannte Tanzbraut aus ihrem elterlichen
Hause ab, führte sie in den Tanzsaal und gab ihr den zweiten
Tanz; am folgenden Tanzabend hatte er gewöhnlich schon wieder
eine andere Tanzbraut u. s. w. In dem Tanzhause wurde nichts
genossen. Ein invalider Seemann kratzte auf der Violine theils
eigene Phantasien, theils holländische und friesische Tanzmelodien.
Der Tanz bestand gewöhnlich aus zwei verschiedenen Touren. Der
Tänzer wählte sich eine Tänzerin, reichte ihr die Hand, gab ihr
einen Kuß und führte sie an der Hand tanzend im Saale herum,
sie vorwärts, er rückwärts springend; darauf gab es wieder einen
Schmatz, und ein walzerähnliches Runddrehen begann, worauf auch
dieser zweite Theil des Tanzes mit einem Kusse beschlossen wurde.

---

104. Aberglauben aus Nordfriesland.

Wenn die Augen oder ein Auge eines Todten sich immer wieder öffnet, winkt er einem nahen Anverwandten, der ihm bald in's
Grab folgt. Wenn die Gliedmaßen eines Todten geschmeidig sind,
glaubt man ebenfalls, daß bald ein Familienmitglied sterben werde.
— Wenn ein neugebackenes Roggenbrod einen tiefen Riß hat,
sagt man: „Eine Kuhle im Laib, — ein Grab für Einen, den

wir lieb haben." — — Bunte Lämmer bedeuten, daß einer der Hausgenossen sterben wird. Ein im Herbst blühender Baum kündigt
den Tod des Hauswirths an. Das Erlöschen eines Altarlichts bei
Communionen bedeutet den baldigen Tod eines der Abendmahlsgäste.

117. (Bgl. 56.) In Südschleswig sagt man: Die Nacht-
mahr (frief. gen. masc. et fem.) könne Einem nichts anhaben,
wenn man beim Zubettgehen die Pantoffeln oder Schuhe so hin-
stellt, daß die Hacken der Seite des Bettes zugekehrt sind. Man
muß aber auch rücklings in's Bett steigen. (Bgl. Idiotikon I,
31 und III, 131; auch IV, 286. Müllenhoff Nr. 332, S. 243.)

118. Lokale Ueberlieferung.

Eine Straße in dem Dorfe Hollingstedt an der Treene
heißt "de Lahmenstrat", weil die Lahmen, die Krüppel und Blinden
hier ihre besonderen Plätze hatten, wo sie die vorübergehenden
reichen Kaufherren um eine Gabe ansprachen, als Hollingstedt noch
ein berühmter Handelsort war. Einige Wiesen in der Nähe des
Hollingstedter Pastorats heißen "das Haverland", obgleich hier
niemals Hafer gebaut worden, richtiger wohl "dat Havenland",
da (nach den Erzählungen des dortigen jetzt emeritirten Herrn Pastors Harenstein) nicht selten Bruchstücke von Schiffsgeräthen in
diesen Wiesen, 2—3 Fuß unter der Oberfläche, gefunden worden sind. (Chr. J.)

119. Historische Volkslieder aus dem letzten Kriege
sind gesammelt in Soltau's "deutschen historischen Volksliedern;
zweites Hundert;" herausgeg. von Hildebrand (Leipzig 1856),
S. 408—510; und zwar a) Die Hannoveraner in Schleswig
8. Mai 1848; b) Ein Lied aus dem Schleswig-Holsteinischen
Heere 1848; c) Der Sturm auf die Düppler Schanzen 13. April

1849; d) Der Sturm auf Friedrichstadt 4. Octb. 1850; e) Kin-
derreim auf den Sieg bei Eckernförde 5. April 1849; (das letzte
Stück allein ist in plattdeutscher Mundart.)

.

120. Kleine Stücke.

a) Von einem faulen Menschen sagt man auf den nordfriesischen
Inseln: Jakob hea ham fat, d. h. Jakob hat ihn zu packen gekriegt.
Die Redensart bedeutet wahrscheinlich: Er ist so wenig aufgelegt
zum Arbeiten und so geneigt zum Ruhen und Schlafen, wie man
im heißesten Sommer um Jakobi (25. Juli) zu sein pflegt.

b) Spöttische Trauformel.

Ick tro ju mit dem goldenen Knop,
Dat ji nich von eenander lopt;
Ick tro ju mit dem goldenen Ring,
Dat ji nich von eenander springt. .

c) Spottreim.

Paul Ranzau von Knoop
Hrit Bottermelk to Koop,
Sur Beer und Schimmelbrod.
De Düvel sla Paul Ranzau dod!

d) Der Büßende.

St. Petrus maket up de Dör.
Da steit en arme Sünder vör.
Ach Sünder, warum truerst du so sehr?
It mag wol truren, min leve Herr Gott.
It heff't verbraken im sösten Gebot.
Hest du't verbraken in't sööte Gebot,
So fall up de Knee un bede to Gott.

VI.

Aus Broder Boyssens Kirchenregister vom Jahr 1609.

Mitgetheilt von Joh. v. Schröder.

(Schluß. Siehe oben S. 128—141.)

Schleswigsche Kirchen.
Amt Gottorf.
St. Michaeliskirche in Schleswig.

Kirchenregister Incipit Anno 1585, unter Bartholomäus Embs praeposito angefangen. An Hauptstuhl hat die Kirche 1000 ℳ, die jährlich mit 6 vom Hundert verzinset werden. Die Kirche ist ziemlich baufällig.

Habbebye.

Kirchenregister incipit 1567. Der Ziegelhof von Fürstl. Gn. gibt an den Prediger 1 Tonne Roggen. Es begehret der Pastor, daß ihm von den Thumherren zu Schleswig was sein Antecessor gehabt wieder möge gefolget. Imgleichen wenn böß Wetter und und er zu Wasser nicht kann fortkommen, daß alsdann das Fähr- lohn aus der Armenbüchsen oder sonsten vom Carspel möge erlegt werden.

Hollingstedt.

Kircheureg. incipit 1549 unter D. Nicolao Kragen, praeposito.

Kropp.

Kirchenreg. incipit 156:l. Der Hardesvogt hat eine halbe
Hufe im Gebrauch, wofür er dem Pastoren jährlich sollte geben
2 Heidisch. Roggen und 1 Thl. Dienstgeld genannt; etliche wollen
es soll 3 Heidlscheffel gewesen sein. Zu dieser Hufe ist auch die
Stelle gelegen, darauf der Krug gebauet; wenn derowegen das
Haus ist weggebrochen, wird Fürstl. Gn. die Anordnung thun,
daß derselbe Ort wiederum den Pastoren werde zugelegt. Rodebaris
hat zum Predigtstuhl 200 ₰ gegeben, davon der Pastor die Rente
soll gehabt haben. Ob nun die Rente aus F. G. Kammer, oder auf
der Kirchen Rechnung soll zu empfangen sein, wird F. G. allergnädigst
befehlen. Die Wischen sein Papen Rahmen, Holmiche, Osterwische,
Wendebrook, ein Antheil in Barenbrook, Twistel, Fider, Winis
und sein zum Theil umgegraben, zum Theil mit Pfählen ausgestricket.
Das Backhaus nächst dem Kruge stehet auf Kirchengrund, und soll
die Stelle vor Alters her vom Pastoren sein genützet worden.

Campen.

Das Kirchenregister sine dato ist vor wenig Jahren angefangen. An Ländereien liegt ein Stück Wisches bei Tetenhusen,
der Kirche gehörend, noch ist bei der wüsten Hufe zu Taubenstedt
ein Theil die Beurwische genannt, pflegt zu geben 8 ₰. Claus
Stampe zu Bargstall hat vor seinem Abschiede der Kirche 100 ₰
legirt, davon die Kirche jährlich 2 ₰ 2 ₰, der Pastor 2 ₰ 1 ₰
und der Köster 2 ₰ 1 ₰ haben soll. Der Pastor hat eine Wisch
bei Willenberge gen Hanrow über und noch wenig bei Tetenhusen
zur Unterhaltung seines Viehes.

Hütten.

Kirchenregister incipit 1599. Kircheneinkünfte: Jacob Sebling
Testamentgeld 106 ₰ Hauptstuhl. Pastoren Einkünfte. — Es restet
dem Pastoren von 2 Hufen eine zu Damendorf, die andere zu
Breckendorf, die wüste gelegt sind. Von Detlef Brockdorfs zu
Windebye Lansten im Dorfe Bartelsbye 7½ ₰.

Bünsdorf.

Kirchenreg. incipit 1599. Kircheneinkünfte: 2 Hufen in Anna
v. Tammen Gebiete zu Schirnau, dafür sie vermacht 100 ₰

Hauptstuhl, davon der Kirchen 1 ₰. Ein Himpten Roggen beträgt ⅓ Rendsburger Scheffel.

Borbhe.

Kirchenreg. incipit 1551.   Anno 1550 ist der Kornzehnte zu Gelbe gesetzt, aber wegen der damaligen wohlfeilen Zeit haben 8 Schipp Hafer nur 5 ₰ betragen.   Die Tonne Roggen kostete 1609 3 ₰, die Tonne Gerste 2 ₰ und die Tonne Hafer 1 ₰ 8 ₰.

In Hemmelmark sind 4 Hufen verlegt.   In Neu Gosefeld fehlen 2 Hufen, welche in etlichen Jahren nichts gegeben und von Gosche von Ahlefeldi befessen worden.   In Kochendorf fehlt 1 Hufe auf Detlev v. Brockdorf Grund.   Zu Gammelbhe des Rathes Lansten zu Eckernförde geben dem Pastoren für 3 Hufen, dem Küster für 2.   Zu Barlelsbhe auch auf Detlev v. Brockdorfen Grunde fehlt 1 Hufe.   Zu Hemmelmark waren vorhin 16 Hufen, sein jetzo nur 11.   Die andern sein den Leuten eingetheilet.

Thorstedt.

Kirchenreg. incipit 1598.   Die Kirche wird von den Schwabstedtischen wegen des juris patronatus streitig gemacht, es ist aber kein eigner Pastor daselbst, sondern der von Brobersbhe verwaltet jetzt den Dienst und hat auch die Hebungen.

Brobersbhe.   Kirchenregister incipit 1591.

Thöstrup.

Kirchenreg. incipit 1590.   Der Küster hat ein Stück Feldes Süderfeld genannt, worin er 10 Heidisch. Hafer, 1 Hölsch. Roggen und 1 Hölsch. Gersten säen kann, noch in das Norderfeld 7 Hölsch. Hafer.

Loit.

Kirchenreg. incipit 1599.   Weil dieser Dienst gering und keinen eigenen Pastoren können halten, verwaltet denselben der Pastor zu Olsenis.

Ravenlar.

Kirchenreg. incipit 1549.   Diese Kirche ist wegen des juris patronatus streitig, doch haben J. Fürstl. Gn. die Visitation alle wege daselbst gehalten.   Pastoren-Einkünfte: Von Dollroit werden

13*

jetzund nur 4 Schipp Hafer gegeben, welches zuvor sein 10 Schipp gewesen, und rühren dieselben her von 1 Mr. Goldes, so der Pastor für dieser Zeit in Tolrottfelde hat zu gebrauchen gehabt, wie das Missal, so bei den Thumbherren vorhanden, ausweiset. Auch sind noch 20 Thlr. zu Rodtfelde von welchen Bertram Ratlov jährlich 1 Thlr. Rente gegeben.

Süder-Brarup. Kirchenregister incipit 1501.

Struckdorp und Tumbhe.
Kirchenregister incipit resp. 1598 und 1605.

Bahrenstedt.
Kirchenregister incipit 1554. Die Kirche hat 4 Lanßen.

Ulsbhe. Kirchenregister incipit 1599.

Satrup.
Kirchenregister incipit 1599. In Satrup wird nach Mark Goldes gerechnet.

Toll.
Kirchenreg. incipit 1572 durch Era. Joh. Schaffen. Einzelne Ländereien heißen Proberg, Borneberg, Rorroth, Kirchberg, Ingromal, Heselaken, Seegaard, Mehlschow und Benedictswisch. In Toll wird nach Mark Goldes gerechnet, das Kirchspiel ist angesetzt zu 245 Mark Goldes.

Molvenit. Kirchenregister incipit 1529 von E. Braun.

Haveloft. Kirchenreg. incipit 1554 durch Volquard Jensen.

Böel.
Kirchenreg. incipit 1550 durch Nicolaus Kragen. Vorzeiten hat ein Pastor zu Böel aus dem Dorfe Schalzlorf seine jährliche Hebung und Gerechtigkeit genossen, da aber dies Dorf ist verlegt worden, so genießen die Kirchendiener jetziger Zeit nichts davon. Nach diesem Exempel hat Frau Mette von der Wisch auch gehandelt, da sie zu Boelschubhe ein köstlich Horelen das auch verlegt Anno 1589, da die Kirche und derselben Diener zuvorn zur

Unterhaltung ihrer Gerechtigkeit erlangeden, aber jetzt weiß die
Frau der Kirchen und Kirchendiener nichts zu wissen.

Norder-Brarup.

Kirchenregister incipit 1550.   Vorzeiten haben die Carspel-
leute Kornzehnten gegeben, nun aber geben fie Geldzehnten.   Eine
Lücke heißt Königslücke.   Vorzeiten hat man dreimal geopfert, ist
aber jetzt nur allein auf Pfingsten einmal und gibt der Hausvater
für jede Person 4 ß.

Rübel.   Kirchenregister incipit 1570.

Süderstapel.

Kirchen- und Pastorenregister fanget an 1591.   Pastoren-
Einkünfte: Der Pastor hat unter andern nach Auweisung eines
alten Pergamentbriefes so Anno 1523 von Hennete Moller damals
Landvogt in Stapelholm und des Carspels Süderstapel Kirchgeschworne 5 Verdint Landes, ein jeder Verdint ist von 30 Scheffelsaat.   Diese 5 Verdint liegen in Süderstapeler Veltmark unter
andern Ackern an Enden und Orten wie in den Kirchenregistern
ordentlich bei ihren Landlegern verzeichnet, gehöret aber dem Pastoren mit aller Freiheit und Gerechtigkeit zu seiner und seiner Nach-
kömmlinge Unterhaltung ohne jemands Verhinderniffe.   Auch hat
der Pastor 5 Marschwischland in den Bozhaven und up Bozblocke.
Sonst hat der Pastor noch etlich anderes Wischland in Groß- und
Klein-Jappen belegen, dazu ihm dann das Carspel 2 Koye, so fie
Eisern Koye (Kühe) nennen, stets halten, also wenn fie ohne des Pastoren Verfeumniffe umkommen und stürben fie alsdann dem Carspel
und nicht dem Pastoren abgehen.   Der Küster hat von Alters her
von einem jeden Hause 4 Eier, dafür soll er aus dem Erbeder
Holz die Meyen holen und im Pfingsten die Kirchen damit bestellen.

Bergenhusen.

Kirchenreg. inc. 1602.   Der Organist wird von 1000 ß
Hauptstuhl besoldet.

Erbede.   Kirchenreg. inc. 1556 durch Volquardt Jensen.

Stadt Ackernförde.

Kirchenreg. inc. 1585. Von Legaten an die Kirche stehen verzeichnet: 1000 ₰ von Frau Metten Begräbniß. 500 ₰ welche in Campenhause pflegen zu sein. 345 ₰ 2 ß 6 ₰ von dem Windebyer Begräbniß. 100 ₰ von Hans Blomen Begräbniß und 54 ₰ für die Glocken. 80 ₰ von Gabriel Sehestedten Begräbniß. 50 ₰ von Christoph Meinstorf Begräbniß (Klockengeld). 100 Thaler von Christoph Meinstorf Begräbniß. Die Kirchenholzung heißt Ravenshorst. Auch hat die Kirche eine Ziegelhütte.

Husumer Drelharde.
Südergoesharde.

Milstede. Kirchenreg. inc. 1566 durch Bolquardt Jons.

Ostenfeld.

Kirchenreg. inc. 1560. Die Kirche Ostenfeld hat an Rente 2326 ₰ 5 ß und ist dieser Hauptstuhl so groß geworden von den Bäumen die jährlich aus dem Kirchenholze sind verkauft worden. Der Pastor hat jährlich 2 Bäume aus dem Kirchenholz zur Hülfe seiner Kleidung. Der Küster gräbt seine Feurung wo er es kann bekommen, doch muß er es selbst bearbeiten.

Schwesing.

Kirchenreg. inc. 1554 und ist gezogen aus einem alten Missal und dato 1474. Der Pastor empfängt 12 ₰ Rentegeld, welches von der Vicarie Unserer lieben Frauen von unterscheidlichen Personen ausgegeben wird.

Hattstedterharde.
Hattstede.

Kirchenreg. inc. 1564, fortgesetzt 1588. Es werden 3 Vicarien genannt: Unser Frauen Vicarie, St. Nicolai Vicarie und St. Annen Vicarie. Wofern es sich zuträgt daß durch Gottes Verhengniß das Land mit dem salzen Wasser beliefe, so wird dem Pastoren des Schadens halber keine Erstattung gethan, sondern muß sich mit der Heuer des Geestlandes und andern Hebungen

genügen laffen, und was der Tart der Abnutzung von dem verbäuer=
ten Lande bis auf den traurigen Fall nach Billigkeit kann tragen.

Schobüll.   Kirchenregifter inc. 1555.

Lundenberger=Harde.
Lundenberg.

Kirchenregifter inc. 1567. Die Kirche zu Lundenberg hat
1405 ℳ Hauptfluhl, an Rente 92 ℳ 12 β 6 ₰. Von Hans
Barnern find 432 ℳ gegeben, davon werden die Rente unterm
Pafloren und Küfter getheilt.

Simonsberg.

Kirchenreg. inc. 1551. Gutherzige Leute haben der Kirchen
und ihren Dienern zum Beflen legiret: 1582 Leverenz Aggefen 2
Demat Landes; 1582 Momme Aren 100 ℳ; 1582 Paye Etinffen
zu Behuf des Pafloren eine melkende Kuh, welche die Erben an=
gefangen zu verrenten mil 1 ℳ. 1597 Henning Will eine Mehle
bei feinem Haufe gelegen. Erici Payffen Hausfrau 50 ℳ davon
der Paflor zwei Theile Rente bekommt, der Küfter den dritten Theil.
Hans Langemad 100 ℳ, davon bekömmt die Kirche 3 ℳ, der Pa=
flor 3 ℳ Rente. Hans Barms 20 β, davon bekömmt der Paflor
die Rente. 1607 Aui Tetens 25 Thlr., davon der Paflor 2 Thlr.
Rente erhält.

Padeled. Kirchenregifter inc. 1548, ifl 1592 erneuert.

Stadt Hufum. Kirchenregifter inc. 1551.

Das Land Eiderflebt.
Tönning.

Das Kirchenregifter ifl eine dato aus den alten Kirchenbüchern
verfleret. Die Kirche hat an Ländereien 177 Demat 32 Scheff.
ausgenommen ein Stück Weroes und des Kirchhofes zu Groß Al=
verfum. Landfleuer 1189 ℳ 2 β 9 ₰ Hauptfluhl. Auf dem einen
Demat am Tönningermarkt ifl das Fürfl. Haus gebaut, und anflatt
der jährl. Heuer in dem Benne in Didhorn dem Paflorn jährl.
12 ℳ vermacht.

Coldenbüttel. Kirchenregister inc. 1509.

Witzwort. Kirchenregister inc. 1564.

Oldenswort.

Kirchenreg. inc. 1554. Es melden die alten Kirchenbücher daß von jedem Demat vor 50 oder 60 Jahren nicht mehr als 8 β zur Heuer gegeben.

Cotenbüll.

Das alte Kirchenregister ist 1544 verbrannt; das jetzige ist 1573 angefangen. Es werden bemerkt: Unser lieben Frauen Elterschaft zu Cotenbüll und St. Peters Vicarie.

Kating. Kirchenregister inc. 1598.

Fullerwink. Kirchenregister inc. 1608.

Welbt. Kirchenregister inc. 1582.

Garding. Kirchenregister inc. 1557.

Ulvesbüll. Kirchenregister inc. 1557.

Tetenbüll.

Kirchenreg. sine dato, doch von dem vorigen Pastoren M. Johann Pistorius erst angefangen. Ländereien sind bei dieser Kirche nicht, sondern weil dies Carspel sehr groß, ist vermuthlich das Kirchenland davon abhendig geworden, doch hat man deffen keine eigentliche Nachrichtung.

St. Cathrinen. Kirchenregister inc. 1558.

Poppenbüll.

Kirchenreg. inc. 1571. Teü Jockens hat Anno 1577 in seinem Testament legiret zu dem Pastorendienst 5 Demat 1½ Saat und soll der Pastor den Armen des Kirchspiels jährlich 6 β entrichten, auch Fürstl. Gnaden Landgeld davon geben und das Uebrige zu Wein und Brod zu gebrauchen haben. Auch hat Jacob Rummels in seinem Letzten zu des Pastoren Dienst gegeben 1½ Demat, 1 Demat den Armen und 1 Demat der Kirchen.

Osterhever. Kirchenregister inc. 1591.

Westerhever.

Kirchenregister inc. 1590. Der Pastor hat unter andern eine Benne am hilligen Tange, 4 Demat 1 S. 8 Sch., hilligen Ham 4 Dem. 1½ S., Sehelgarde 3 Dem. ¼ S. 1½ Sch. und Medensham 10 Saat.

Tating.

Kirchenreg. inc. 1568. Der Pastor hat unter andern an Ländereien 1 Dem. 13½ Sch. mit den Ballen, 1 Benne von 6 Dem. genannt Ettel Tivede, 1 Benne von 11 Dem. genannt Großen Tivede, ein beschloßen Ham, 1 Benne von 11 Demat genannt Allerum, 1 Benne genannt Krochstranger von 4 Dem.

St. Peter.

Kirchenregister sine dato, doch ungefähr 50 Jahre alt.

Orden.

Kirchenreg. inc. 1563. Die Kirche hat 1 Demat auf Rolfsgrede, 1 Dem. auf Feel, 1 Dem. auf Epid.

Der Nordstrand.

Was die Kirchen dieses Landes betrifft, so sind keine ältere Kirchenregister überall denn von 1573 vorhanden, welche damals auf Anordnung J. F. G. Herzog Johann des Aeltern aus den alten Missalen sind zusammengeschrieben, und weil das alte Capital und der Hauptstuhl der Gelder bei englischen Pfunden ausgethan, kann man dieselbe Hauptstuhl in der alten Kirchenschuld so eigentlich nicht wissen. Auch beklagen sich die Leute sehr über die Erhöhung der Kirchenländereien so Anno 1598 geschehen, in Betrachtung weil die Häuer damals, als das Land zum höchsten gestiegen, auch auf's Höchste angeschlagen, nunmehr aber, weil das Land in großen Abschlag gekommen, sie mehrentheils mit großem Beschwer, etliche auch ganz nicht solche Häuer abbringen können. In genere ist zu merken: daß die Kirchendiener überall in ihrer Besoldung jährlich 3 Opfer haben; und schließlich bitten die sämmtlich Eingesessenen daß es mit den 25 Thlr. Studentengelder, welche zur Unterhaltung eines armen einheimischen Studenten von der Kirchenhebung genommen, möge nach unterschiedlichen Fürstl. Confirmationen gehalten, und allwege der Eingeborne für andern dabei gelassen werden.

Edomsharde.

Lydt.

Die Pastorenhebung beträgt an Geld 105 ℳ 4 ß 6 ♏ und hat dazu 35 Demat Landes.

Ham.

Die Hansen Erben produciren eine alte Fundation von 1522 von Bischof Gottschalken die auch von J. Fürstl. Gn. Herzog Adolfen Anno 1582 den 11. April confirmiret, mit welchem sie beweisen daß ihnen das Jus patronatus zu der Capellaney der Kirchen Ham alleine zugehöre, inmassen sie dann auch dasselbe allwege rechtlich besessen. Pastoren Besoldung 140 ℳ 2 ß 4 ♏ dazu 39 Demat Länderelen.

Norsum.

In Norsum allen Kooge hat Hr. Volquardt der Pastor 1 Demat und 1 ℳ. Die Kirche Norsum hat wegen des Teichs, welchen der Staller jährlich gebraucht 15 ℳ. Pastoren Besoldung 119 ℳ 8 ß und 24 Demat Landes.

Hersbüll.
Pastoren Besoldung: 127 ℳ 3 ß und 17 Demat Landes.

Trindermarsch.
Pastoren Besoldung: 70 ℳ und 17 Demat Landes.

Emesbüll.

Pastoren Besoldung: Aus den Kirchengefällen 106 ℳ 6 ß. Rente von 50 Pf. Englisch 12½ ℳ, Krogersgeld 2 ℳ und Detlevs Geschenke 3½ ℳ. — Opfer 3 mal im Jahre und so viel Torf als er zu seiner Haushaltung bedürftig.

Obenbüll.

Kirchen-Einkünfte unter andern: ein Warf und Kohlhof darauf in vorigen Jahren ein Caplan gewohnet, an Maaß 1½ Saal 2 Roden 1½ Elle. Knud Lewesen Heiligenland im Reuenkooge 1 Demat 2 Saal 3½ Roden und 1 Quartier gibt jährlich das Demal 3 ℳ 12 β macht 5 ℳ 10 β 10 ⅃. Hans Lorenzen in der Beste 1 Warf und Kohlhof mit dem Heiligenhause ist deichfrei an der Maasse 2 Saal 2 Rode 2 Ellen gibt 1 ℳ 4 β. — Pastoren Besoldung: 45½ Dem. Landes, entfänget aus der Hebung der Kirchen 40 ℳ 10 β 8 ⅃, aus Unser lieben Frauen und St. Annen Lehn 57 ℳ 14 β. Noch von einem Heiligenhause und 2 heilige Kühe 2 ℳ 12 β.

Gaikenbüll.

Pastoren Hebung: Aus den Kirchengefällen 93 ℳ 7 β 6 ⅃, an Land 52 Demat. Der Caplan entfängt aus der Kirchenhebung 103 ℳ 11 β und gebrauchet dazu eine Kuhgräsung.

Stinlebüll.

Pastoren-Besoldung: Das Boel worauf der Pastor wohnet ungefähr 50 Demal, 1 Warf 1½ Demat. Dazu an Rente 61 ℳ 1 β. — Caplans Besoldung: Das Boel worauf er wohnet 11 Demal. Rentegeld 46 ℳ.

Brunod.

Pastoren Hebung: Rente 9 ℳ 6 β, Kirchengefälle 3 ℳ, noch ein jedes Paar Volkes 6 β Provinge. Torf zu seiner Nothurft.

Bellringharde.

Cvesbüll.

Kircheneinkünfte unter andern: Hans Münickfengs Erben hat einen heiligen Boel 17 Demal 1 S. 5 R. gibt von jedem Demat 21 β. — Laurenz Hansen hat eine heilige Stelle worauf zuvor ein Schmidthaus gestanden gibt jährlich 2 ℳ 8 β. — Pastoren Einkünfte: Das Pastorenboel von 4 Mooracker und 4½ Demat im Altendeeg; außerdem Landbeuer und Provinge.

Körbed.

Pastoren Besoldung 81 ƀ 4 ß 4 ₰ und 25 Demat Landes.

Bolckesbüll.

Es ist das Carspel Bollichsbüll wegen ihrer neuerbauten Kirche und des neuerbauten Klockthurms 1376 ƀ 12 ß schuldig. Pastoren Besoldung 119 ƀ 8 ß und 28½ Demat Landes. Noch sind bei dem Pastorendienst gewesen 4 heilige Kühe, welche verkauft sind für 60 ƀ 8 ß, davon ihm ein Carspell jährlich die Rente gibt als 3 ƀ 12 ß.

Könnigsbüll.

Ein Stück Ackers der Kirche wird die Glore genannt. Pastoren Hebung: 243 ƀ 3 ß 10 ₰ und 7¼ Dem. 1½ Saat 4½ R. Das heiligen Kreuzes Lehn gehört der Klösterey.

Bupsehe.

Kirchenhebung, unter andern: Holdtrich Knutzen und Olef Brodersen haben in der Beste, Teiche und Spadeland mit dem so unter Wasser ist, die Abeleye genannt, ist in alles 45 Dem. 1½ Scheffelsaat. Pastorenhebung: Herr Hermann Taß hat wegen einer Kirchenkuh jährlich 4 ß. An Landheuer und Rente 268 ƀ 6 ß 6 ₰, woran der Capellan 33 ƀ 4 ß und der Köster 14 ƀ erhält. An Pastoratländereien 63 Dem. 3 Saat.

Bupsehe.

Es ist diese Kirche sehr baufällig wie dann auch mit dem ebesten eine Schule zu bauen ist. Einkünfte des Pastoren: 168 ƀ 4 ß und ungefehr 40 Demat Landes.

Osterwoldt.

Pastorenhebung 70 ƀ 5 ß, Pastorenland welches er selbst gebraucht ungefähr 46 Demat.

Westerwoldt.

Pastoren-Einkünfte 213 ƀ 15 ß und 40 Demat Landes.

Oland.

Ein Warf heißt die Kate, 2 Ader: Norder-Heiligen und Süder-Heiligen.   .

Groden.

Pastorhebung 120 ℳ 7 β 6 ₰ und 11 Demat Landes.

Pelwormerharde.
Große Kirche.

Pastorenhebung 125 ℳ 2 ₰ und 40 Demat Landes. Bei der Pastorenhebung wird bemerkt: Der Staller Jürgen Mars an Landheur 31 ℳ. Herr Johann Reitelsen*) für einen Warf mit 2 Kohlzennen und Ackerland 8 β. — Die Süder Capellanei ist vorm Jahr ganz neu erbaut. Die Norder Capellanei ist vor 2 Jahren auch merklich verbessert.

Kleine Kirche.

Pastorenhebung 60 ℳ und 30 Demat Landes.

Buphever.

Pastorenhebung 110 ℳ 6 ₰ und 14 Demat Landes.

Jlgrufft.

Pastoren Hebung 168 ℳ 13 ₰ und 37 Demat Landes.

Amt Tondern.

Bei den Kirchen des Amts Tondern ist zu wissen, daß der Propst daselbst nur die hierunter verzeichneten 41 Kirchen wegen Ew. F. G. visitiren. So viel aber die übrigen 6 Kirchen dieses Amts betrifft, als nämlich Tondern, Uberg, Abell, Hawe (Hoyer), Schatze (Schauds) und Hjerpstedt, obwol Ew. F. G. das jus patronatus haben, so lassen doch dieselbe durch dero Propsten die obberürten Kirchen nicht visitiren, sondern geschieht solches durch den Archidiaconus von Ripen, doch in Beisein des H. Amtschreibers zu Tondern.

---

*) Ward 1569 Pastor

So viel die Land- und andern Maße gedacht wird, ist zu wissen, daß die Rodemaße nicht allewege gleich, denn an etlichen Orten 120 Ruten ein Demat machen, auf Sild und Föhr sind 4 Lastell 1 Demat, imgleichen 10 Ammersaat 1 Demat, noch 3 Lastell ein Rothgraß. Von Roggen und Kornmaße thut 1 Ortigh an Roggen 10 Schipp, an Gersten 12 Schipp, an Habern 20 Schipp. Von Buttermaße thun 3 ₰ Butter 2 ℔, welches zu mehrerer Nachrichtung weil diese des Orts gewöhnliche Termini in den Kirchenhebungen und Kirchendiener Besoldungen oft vorfallen.

Risemohr oder Bökingharde.
Rybull.

Kirchenregister inc. 1580. Was zu der Vicarien Unser lieben Frauen gebracht und bekannt worden, ist eigenes Land der Kirche. Pastoren Besoldung: An Hochland im Gottesfoog 29 Demat weniger 5 Ruten, in dem Altenfoog 4 Demat. Ackerland 2½ Mooracker im Riebüllingerfooge belegen. Im Ulebüllinger Kooge 2 Acker Sandland. In Bebderskooge 2 st. Acker Sandland. An Geld ungefehr 80 ₰. An Accidentien hat er vor eine Leichpredigt 3 ß, Brautgeld 3 ß, die Kindelbetterfche wenn sie in der Kirchen gehet 1 ß.

Deezbull.

Kirchenregister inc. 1581. Pastoren Besoldung: Aus dem Kirchspiel alle Jahr 40 ₰ noch 3 oder 4 ₰ Landheuer. — Reinen Gersten ungefehr 16 bis 18 Thlr. Von jeder Braut 3 ß, von jedem Todten 3 ß, Frauen Kirchgang 1 ß. Außenbrichsland 5 Demat, Binnenbrichsland ungefehr 3 Demat, Hochland 2 Demat, Schlickland noch 3 Mooracker und 1 Breile, noch 1 Ackerland und frei Torfgraben.

Rysum.

Kirchenregister inc. 1582. Pastoren Besoldung: 11 Demat Hochland und Erdsung, 4½ Acker kurze Acker, etliche liegen unterm Deich, etliche mittenein. Torfmaße zur Notturft. Ferner, der mehr hat als eine Kuh gibt 10 ß, der nicht mehr hat 9 ß, die Armen geben 6 ß welche halbe Mahlschaften sein, die andern geben

2 ß. Noch hat er jährlich 23 Tonn, Reinroggen, noch 3 ß Brautgeld und 3 ß Todtengeld, 1 ß Kirchgangsgeld.

Lindholm.

Kirchenreg. inc. 1590.   Pastorenhebung: Anfänglich ist gebräuchlich gewesen daß ein jeder Karspelmann der ein Hausscheffel
aussetzet war schuldig zu geben ein Hausscheffel, das ist 3 Tund-
ringer Schipp von dem besten Korn; dies ist aber verändert. Geben
demnach jetzo die Reichsten 3 Schipp Roggen und 5 ß, die Mit-
telmäßigen 3 Schipp Gersten und 3 ß, die Geringsten 3 Schipp
Hafer und 5 ß. Die Armen geben 4 ß.   Ein Handwerksmann
3 ß. Es gehören zum Pastorat 2 eiserne Kühe, und werden dazu
gebraucht 15 Dem. Wische auch eine Kirchenfenne von 7 Demat
und eine kleine Ham von 2½ Demat zu den jungen Beesten.

Wbingharde.

Horsbüll.

Kirchenreg. inc. 1582.   Unter den Ländereien des Pastors
sind etliche Oldigs Demat, welche nur 160 Roden auf ein Demat
machen. — Summa der Ländereien 110½ Demat.   Der Caplan
hat 40 Demat Landes.

Emmelsbüll.

Kirchenreg. inc. 1581.   Der Pastor hat 129 Demat 37
Roden.

Klanxbüll.

Kirchenreg. inc. 1589.   Die Kirche hat Vicarienland zu
Unserer lieben Frauen.   Pastorenland 79 Demat 21 Roden. Die
Accidentien sind geringe.

Rickelsbüll.

Kirchenreg. inc. 1589.   Im Kirchspiel sind 48 Matschoppen.
Jeder Matschop gibt jährlich an den Prediger 3 ß.

Robenes.

Kirchenreg. inc. 1589. Pastorenhebung: Die Äcker, Wische,
Weide und Wege ist in Alles 43 Dem. 86 R.   Kirchenkühe sind
sind 5.   Stehendes Geld jährl. 23 X.

Rietirchen.

Kirchenreg. inc. 1582. Es hielt alhie ein Demat 18 (?) Ruten.
Die beiden Vicarien heißen: Sanctae crucis und Unser lieben Frauen.
Pastoren Einkünfte: Eine Fenne besüden der Kirche 2½ Demat
56 R. Die Kuhfenne 20½ Dem. 9 R., noch in derselben Fenne
14 Dem. 36 R. Um den Kirchhof 5 Dem. 50½ R., Besüden
Beddersbüll Schlott 11½ Dem. Bei dem Alten Deich 23½ Dem.
2½ R. Chreupham 3½ Dem. In Harsbüll Aooge 1 Dem. 10 R.
In Mooringerharde unfruchtbarlich Schlickland 3 Dem. 15 R.

Avenloft.

Kirchenreg. inc. 1557. Pastoren Eink.: Westen der Kirche
18 Demat. Die Süderfenne 2 Dem., auf Ramenbam 6½ Dem.
hat F. G. verbeutet und Schlickland dafür gegeben, 1½ Dem. für
1 Dem. In der Wick 4 Dem. Im heiligen Ham 3 Dem. 30 R.
Kuhham 2 Dem. 30 R. Auf Grott Horworbt 3½ Dem. doch ist
da viel von abgeschlagen. Bei Boye Paytsens Haus osten 1 Dem.
2 Acker, besüden den Weg ½ Dem. 30 R., 2 fl. Stück Landes
30 R. Noch im alten Koog 3½ Dem.

Die Marsch.
Fahretofft.

Kirchenreg. inc. 1582. Pastoren Eink.: Geld 68 fl. Von
einem Festegut an der Seefant gelegen 15 h. An Marschland
15 Demat.

Dagebüll

Kirchenreg. inc. 1559. Pastoren Hebung: Geld 80 fl.
Land 13 Demat.

Galmsbüll.

Kirchenreg. inc. 1540. Die Kirche und der Prediger hatten
Ländereien in Süder Galmsbüll, Süderlofft und Norderlofft.

Das Land Silt.
Morsum.

Kirchenreg. inc. 1540. Pastoren Hebung: Ackerland 18
Demat 4 Kuhgrasung auf Karrigarbt und in der Ayr 7

Demat Wischland. Von der Kirche hat er jährlich 8 ℔ wegen der Capellanei.

Keytum.

Kirchenreg. sine dato. Pastoren Einkünfte: Aderland 26½ Demat, Wischland 22½ Dem., Wüsteland 3½ Dem. 4 Kühe Grasung unter dem Kliff. 6 Rothgras in Borkum. Ochsen und Schafe gehen auf die gemeine Weide und Heide. Stehendes Geld 39 ℔. Vicariengeld wegen des Marienlandes 12 ℔, nebst Opfer.

Westerland und Rantum.

Kirchenregister alt, ist 1605 in Richtigkeit gebracht. Pastoren Einkünfte zu Westerland 82 Ammersaat, zu Rantum 54 Ammersaat, ist aber viel von Sand verdorben. Wischland zu Westerland 34 Kastell und 2 Stücke worauf man 8—9 Fuder Heu bergen kann. Zu Rantum 31 Kastell. Prödingen 26 ℔.

Ostertheil Föhr.
St. Johannes.

Kirchenreg. inc. 1538. Pastoren-Einkünfte: An Ländereien 87 Demat Wische. 48 Demat Gräsung in Alversum, 46 Demat in Midlum, 2 Demat in Oevenum. Außerdem Korn und Geld-hebungen. Zur Capellanei gehören Kreuzbohl 41 Dem. und Jacobsbohl 18 Demat. Außerdem ausgesetzt 94 Bohl.

St. Nicolaus.

Kirchenreg. inc. 1418. Pastoren Einkünfte: 52 Dem. Aderland, 44 Dem. Wedeland. Von Unser lieben Frauen (nach dem Register) ist St. Jürgen und St. Catharinen 10 Demat Aderland die Heuer 11 ℔ 13 β. Gräsung in Wrixum und Boldixum.

Karharde.
Karlum.

Kirchenreg. inc. 1568. Pastoren Hebung: 1 Boel Landes. Marschland 14 Demat. Zehnten von 20 Garten; 1 Schirp Roggen von jedem Boel, vom Kötener 4 β.

Lobelund.

Kirchenreg. inc. 1572. Pastoren-Hebung: 48 ß siebend Geld, 42 Fuder Heu, 45 Demat Landes. Des Pastoren Boel ist 12 Ertig Landes an Aderland. Sein Wischland ist geringe.

Rebelbye.

Kirchenreg. inc. 1568. Pastoren Einkünfte: Im Karspel sind 50 Boel und soll (jeder) dem Pastoren geben ein unsträflich Fuder Heu. Von Zehnten geben sie ein jeder 40 Garben an Korn. Welche Kühe haben, geben von jeder 1 ß Butter; bei dem Butter gehören 3 Brod. Auf Michaelis gibt jeder 1 Gans und 3 Brod. Von der Butter und von den Gänsen bekömmt der Capellan den 3ten Theil. Opfergeld zu 4 Zeiten, beläuft sich jedesmal 6- 7 ß. Luidzehnten von jeder Jungverken 3 ₰, von jeder Immenschwarm 3 ₰ von jedem Kalb 1 ₰, vom Lamme 1 ₰, wenn etliche aber 10 Kälber, Lämmer oder Ferken haben, so geben sie der Kirchen und Pastoren eins. — Ein Stück Landes heißt Kirchenbrede. Ein Stück Wisches weit in Beggel belegen gibt 40 Fuder Heu.

Led.

Kirchenreg. inc. 1587. Pastorenhebung: Von jedem Karspelmann jährl. 9 ß macht 144 ₰. Sein Land kann geben 80 ₰. Von jeder Kuh zweimal Milch jährlich beläuft sich 16 ß. Ein Lanste gibt jährlich 2 ₰, 2 Lansten jeder 8 ß. Der Capellan hat im Ganzen 63 ß 7 ß 9 ₰.

Enge.

Kirchenregister inc. 1589. Von Wulf von der Wischen Diener hat die Kirche eine Einnahme von 76 ₰ 10 ß 10 ₰. Pastorenhebung: 5 Acker von des Küsters Zaun an bis an die Aue. Noch die rechte Pastoratstette bei der Kirchen mit der Mose oder 4 Block Acders. Ein Stück Wisch genannt Pucker. Bei Brunsberg 2 Demat Wisches. Zu Scharrebüll die Horne genannt 2½ Demat. Noch 2 Demat in Scharrebüller Feldmark, 0 Acker neben Semersbohl. Ein voll Mattschaft 80 ₰ und kleine Nebeneinnahmen.

Siebesandt.

Kirchenregister inc. 1589. Die Kirche ist sehr baufällig.
Paftorenhebung: 6 Dem. Landes Ackerland zu 2 Tonn. Gersten
½ Tonn. Roggen und 60 ß. an baarem Gelde.

Allzbüll.

Kircheureg. inc. 1588. Paftoren Einkünfte: 40 ß Geldes,
an Marschland 25 Dem., noch 2 Tonnen Sand Ackerland. Korn-
zehuten 1 Garbe von 60. Von dem ganzen Bohl eine feite Gans
und 2 Brod. Vicariengeld 10 ß. Der Capellan hat 24 ß und
5 Dem. Marschland. Vicariengeld 6 ß 4 ß.

Braderup.

Kirchenreg. sine dato. Paftoren Einkünfte: an Land 1 Bohl
auf Braderupfeld. Marschland 10½ Dem. Vicariengeld 11 ß 12 ß.
Von jedem Bohlsmann ½ Gans. Von den Zehnten Butter und
Korn 60 ß 8 ₰. Jährlich auf Pfingften Sacramentsopfer.
Quidzehnten von einem Fohlen 3 ₰, Immenschwarm 3 ₰, Kalb
1 ₰, Berten 1 ₰.

Huntorp.

Kircheureg. inc. 1571 aus einem alten Kirchenregifter aus
dem Jahre 1477 gezogen. Paftoren Einf.: 28 Demat 44 Roden
2 Ellen, worunter in Harzbargerwoldt 1½ Dem. 92 R. Marschland 20½ Dem. 64 R. 2 E. Noch gehört zum Paftoral ⅓ Bohl
Geesland auf Huntorp Feldmark mit 12 Gräfe und allem Zube-
hör. Noch ein Toftl bei dem Haufe 4 Tonnen Saal, 3 Acker
1 Tonn. Saal. Ein Kötenerftaven mit einem Kohlhof 1 Tonne
groß. Noch liegt ein Acker auf Ahbüll zum Paftorat gehörig,
welchen Herr Rigels feinem Schwager Peter Matzen mit feiner
Tochter foll mitgegeben haben, bittet die Kirchgefchwornen dahin zu
halten folch Land wiederum zum Paftoral zu bringen. Ferner 2
Mark ß Butter von jeder Kuh die gejunget hat, und 1 Mark ß die
nicht gejunget hat. Kornzehnten gehört der Kirche und dem Paftoren
20 Garben von allem Korn. 4 mal Opfer; auch Quidzehnten.

14*

Lägum.

Kirchenreg. inc. 1571. Pastoren Besoldung: In Süder Enge 4 Dem. 89½ R., die Kuhsenne 3½ Dem 85 R., Goßham 2½ Dem. 2½ R., Gülen 1½ Dem. 66 R. Ackerland. Ein Halb-bohl zu 3 Tonn. Korn. Butterzehnten 1 Tonne ab und zu, auch geben etliche Bohlsleute 1 Käse. Geld 18 ß, Kälbnergeld 6—7 ß. Auch gehört zum Pastorat ein Caplanstaven davon hat er 1 ℔.

Schluxharde.

Die Regißer dieser Harde find 1588 in Richtigkeit gebracht. Die Kornzehnten find 1585 für eine gewisse Summe zu Gelde ge-setzt. Die Pastoren aber und andere Kirchendiener behalten noch auf diese Zeit die Korngarben.

Hoßorp.

Pastoren Einkünfte: 30 Ortich Roggen. An Zehnten im Jahr 1 Ortich 10 Schipp. 1 ℔ Butter von jeder Kuh. Opfer einmal im Jahr. So viel Land daß er an Roggen kann seien 10 Ortich, an Gersten 5 Ortich. An Heu 80 Juder.

Hoist.

Zu dem Pastorendienst liegen im Dorf 1½ Ortich. Ueber das ganze Feld so in 3 Roden, jeder Rode 9 Ellen, kann jährlich ungefehr gesäet werden 6 Ortich Roggen 1½ Ortich Gersten 0 Schipp Buchweitzen. Dazu 30 Fuder Heu. Dem Pastoren gehören von Kornzehnten die 10. Garbe. Von jeder Kuh der Pastor und der Küster 1 ℔ Butter und 2 Brödte. Opfer einmal des Jahrs. Quidzehnten für das 15. Kalb 12 ß, für das 15. Lamm 0 ß, für das 15. Barken 2 ß u. s. w.

Rapstedt.

Der Pastor hat 1 ganz Bohl Landes welcher hat 3 Otting auf jeder Otting 2 Roden und jede Rode 9 Ellen. Noch eine Toft so Jeß Kallesen zu Regißer des Kirchenbuches ob salutem animae svae, zu des Pastoris Unterhaltung legiret. Daneben ein Acker genannt Rekocker; em Acker heißt Sandbrede. Auch hat

Thomas Kallesen legiret ein Acker de duobus modiis, welche der Pastor nie in seiner Possession gehabt. Eine kleine Wische heißt Ousengb. Die Kaspelleute haben gegeben der Kirche und den Pastoren die 15 Garbe oder Schoff von allerlei Getreide. Ferner 2 Butterbörde, als 2 ℔ Butter von jeder Kuh, und eine Ploch-bürde, als von jeder Ploch ein Jerinket Butter einer Schipp nach. Auch werden Quickzehnten entrichtet.

Tingleff.

Die Kirche hat verschiedene Debitores zur Vicarie St. Leonardus. Pastoren Einkünfte: 5½ Otting Landes, jeder Otting 8 Ellen, 50 Juder Heu, 40 Garben; auch bekommt die Kirche und der Pastor zusammen das 15. Lamm, noch 3 Achtentheil Butter.

Bulderup.

Der Pastor wohnet in einem kleinen Dorfe genannt Lendemark und hat zu gebrauchen den 4ten Theil desselben Landes an Acker, Wisch und Weide, und hält solch Land 10 Ortich Roggen 1 Ortich Gersten und 2 Ortich Buchweizen. Noch ein Wische bei dem Rechte in Schlurharde — noch ½ Wische. Ferner der Kirche und dem Pastoren die 15. Garbe von allem Korn. Ferner gehört dem Pastoren 2 ℔ Butter von jeder Kuh. Die Kaspelleute wollen aber nur 1 ℔ geben.

Burkarl.

Prediger Einkünfte: Daselbst im Carspel kann underweilen gesähet werden 15, bisweilen 16 Ortig Roggen und Sommersaht. An Heu hat er bisweilen 80, 100 auch wol 120 Juder. An Kornzehnten haben sie dem Pastoren und Kirchengut gegeben den 15. Schoff, jetzo wollen sie kaum den 20. geben und bringet bisweilen 50 bis 60 Ortich Kornes. — Butterbörde ist nicht gleich und geben von jeder Kuh 1 ℔ Butter, davon bekommt der Küster den 3ten Theil. Quickzehnten ist gering, vorzeiten das 15te Lamm und Ferken, nun aber geben sie für das 15. Kalb 10 ß, für das Lamm 6 β.

Lundtoft Harde.

In dieser Harde sind viele Seegaardsche Unterthanen, dahero die Kirchendiener sich sehr beklagen, daß sowohl ihnen als der Kirchen das ihrige nicht werde entrichtet, sondern mehrentheils von denselben vorenthalten.

Ud.

Pastoren Einkünfte: 1 Otting Landes darin 3 Ortlich Roggen, noch 24 Fuder Heu, Butter ½. Im ganzen Karspel 81½ Ottingen Landes, von jeder Otting geben sie ½ Drage Roggen, ¼ Drage Gersten, ¼ Drage Buchweizen. Für Brod und Wein zu der Kirchen 2 Thlr. — Quidzehnten bekömmt er das Jahr ungefehr ½ Thlr. — Im Carspel wohnen 38 Bohlsleute.

Enstedt.

Kirchenreg. inc. 1556. Es wird berichtet, daß die von Seegaard nach dem jus patronatus dieser Kirchen sehr streben. Pastoren Einkünfte: 24 Ortig Roggen, 12 Ortlich Gersten, 5 Ortich Hafer, ½ Butter, Käse und Brod für 3 ₰. Quidzehnten 4 ß. Opfer beläuft sich auf 10 ₰. Zum Pastorat gehört kein Bohl, nur 5 Stuff Saatland; die Karspelleute geben von jedem Boel 1 Fuder Heu, zusammen 25 Fuder.

Delstede.

Kirchenregister inc. 1512. Pastoren Einkünfte: In diesem Carspel sind 65½ Boel welche aber abnehmen, nachdem sie verarmen und die Güter zu den Edelhöfen gelegt werden. Von diesen sein J. F. G. Leute 12, die andern sind der Edelleute Diener. Jeder Boelsmann gibt zu Plochbürde etliche Eier, etliche Stette (Geld oder Brod, 1 ₰ Butter von jeder Kuh, 8 Brod und 1 Käse. Diese Bürde wird zwischen dem Pastoren und Küster getheilt. Quidzehnten ist abgebracht. Jede Bohle gibt 3 ß zur Theilung der Kirchen und Pastoren. Im Herbst bekömmt man hier 8 Drave Korn, 10½ Bohl die geringer Saatland haben geben jeder 0 Drave. Zu des Pastoren Hause liegt nicht mehr Land als er zwischen 2 Heerstraßen besitzt und 1 Stück Stufland bei der Kirche, darin man 4 – 5 Ertig Korns jährlich seiet und zum geringsten 12 meistens 30 Fuder erndten kann.

Rinkenis.

Kirchenregister ist alt, eine dato. Pastoren Hebung 5 Ertig Saat von allerlei Korn. An Kornzehnten, J. Gn. Unterthanen haben 53 Otting, gibt jährlich 1 Drove. Die Seegaardschen Leute haben 35 Otting, geben auch jährlich 1 Drove. An Quidzehnten 2 ß lübsch. Butter 1 Vierentheil, Plochbürde 14 ß und 54 Brod.

Holebüll.

Kirchenregister incipit 1597. Pastoren-Einkünfte: Der Pastor verwaltet auch den Küsterdienst. 3 Drage Roggen, Gersten und Hafer von jedem Boel, als 36. Ein kleiner Haustoft so groß als ein Ertug Saal. Von 5 oder 6 Boel, welche nach Seegaard gehören, bekömpt er nichts.

Amt Lügumkloster.

Es sind im Amte 3 Kirchen: die Klosterkirche, die Lügum-kirche und Bredekirche. Die Klosterkirche hat kein Einkommen und hat der Pastor jährlich 100 ß und zum Kostgeld 30 ß.

Lügum.

Der Pastor hat kein Pastorenhaus, sondern besitzt J. Gn. Grund und gibt davon jährliche Pflicht und thut Hofedienst gleich wie ein anderer Bauer. Er bekömmt an Zehnten nicht mehr als aus einem Dorfe Ellen, so mit ihm auf 1 Laß Roggen jährlich zu geben abgedinget, imgleichen von einem Gute in Loitwatt worauf 2 Leute wohnen ihren Zehntkorn. Die Butterpflicht ist 6 Vieren-theil; ferner ein geringes Quidzehnten, wofür er jährlich Wein und Brod verschafft. Noch hat er einen kleinen Toft und 1 Fuder Heu. Nachdem das meiste Zehntenkorn, welches dem Pastor nach Ausweisung des Recesses zukommt, auf das Kloster gebracht wird, welches also in der Mönnichen Zeiten gewesen, da hat der Pastor zu Lügum allezeit seine freie Koß gehabt, und nunmehr also

verordnet, weil der Pastor allezeit wegen der Kranken zu besuchen auf
die Mahlzeit nicht warten konnte, daß er jährlich von dem Kirchen-
gelde haben sollte 20 Thlr.

Brede.

Pastoren Einkünste: Der Pastor Herr Nielß hat von der
Kirche 2 Thlr. für Brod und Wein 6 Thlr. Der Pastor hat
kein Pastorenhaus, darin das Karspel oder Kirche einige Gerechtigkeit, auch kein Freiland; sondern was er von Land, hat er
von der Kirchen und gibt dieselbe davon jährlich eine große Schuld,
und ist solch Land ein Tost, ein Stück Wisches im Borcherlde
und 13 Stück Aderland, welches er nur kann alle 3 Jahr gebrauchen. Zehnten: 40 Ortlich, Gersten: 30 Ortlich. Butterbärde
3 Vierentheil oder 1 Thlr. Davon gibt er jährlich zum Kloster
¼ Thlr. Von jedem ein kleiner Käse und 2 Brod, welches sich
belaufen kann auf 6 ß.

Amt Apenrade.

Die Kirchenregister sind 1594 in Richtigkeit gebracht. Nicolaus Heldvader (?) hat sich beklagt, daß die Amtleute von jeder Kirche
4 Rthlr. ohne Unterschied fordern, unangesehen daß solch Geld nur
anfänglich von den beiden Kirchen Biolderup und Luchl allein und
nicht von den andern solle sein bewilligt.

Stadt Apenrade.

Die Kirchengeschwornen der Stadt beklagen sich wegen eines
Begräbnisses so von dem gewesenen Amtmann Bertram Sehestedt
vor dem Altar im Chor ziemlich hoch aufgemauert, wogegen er
100 ß der Kirche versprochen; dieweil aber dieselbe nicht erlegt,
bitten sie dieselbe von den Erben Christoph Ranzoven nochmals
zu erlegen, oder daß ihnen werde erlaubt den aufgemauerten Grabstein zu senken, und dem Steinpflaster gleich zu machen.

Prediger Einkünfte: unter andern Ein halb Otting Land auf
Kolstorperfeld. Eine Lücke genannt Prestost, eine Koppel Prest-
schlicht, ein Tost Gammellobrug, ein Ader Fulbestost,

im Holze eine Koppel Lindenberg, ein klein Wisch in Ornum,
die 12 Schwed genannt. Noch in der Almind ein Wisch,
noch ein Hopfenhof bei dem salzen Wasser. Noch ist vor Zeiten ein Wisch in Riesholt, Gouzesbuh (?)*) genannt, durch
practic davon gekommen.

Riesharde.
Ries.

Pastoren Einkünfte: Die 15. Garbe, davon der Kirche die
Hälfte, Butterbürde von jeder Kuh 2 ß. Dabei 1 Käse und 4
Brod. Davon dem Küster der 3te Theil. Quichzehnte das 15te
Haupt von Lämmern und Ferken, von einem jeden Boblen und
Kalb 3 ß, von jedem Schwarm 3 ß. Davon dem Küster einen
halben Theil. Ein jeder 2 Hering und 2 Brod in der Fasten. —
Zum Pastorat gehört auf Riesfeld 4 Otting Erde. Noch 1 Otting
vorhin zur Capellanen gehörig. In Goes ein Lück Hjortholt
genannt, noch ein Stuf Elgardt und Bozloft, davon 5—6
Fuder Heu. Noch mehre kleine Äcker und Lücken, und ein Wisch
Iphemöle genannt. Auf Goesfeld bei Serekiär 1 Acker, bei
Rorenlefwege 1 Acker, ein Toftgut in Rorenlef (Norder-
Enter), noch ein Stuf bei Arthoep. Auf Miolsfeldt 5 Acker
bei Flathape.

Biolderup.

Der Pastor wohnet auf K. M. Grund, hat kein Bohl als
ein wenig Stuffland; und weil da vielerlei Obrigkeiten Diener in dem
Karspel sind, als K. M. zu Dennemark, J. F. G., Königl. M.
Statthalter Gerri Rankau, Friedr. v. Ahlefeldt und Gregorius
v. Ahlefeldt zu Seegard und Heinrich v. Ahlefeldt zu Satrupholm,
als ist dem Pastoren von den Königsleuten fürgeworfen worden,
daß er keine Otting gegen ihre Otting hätte, wofür sie wegen der
Gräsung des Pastoren Vieh eingeschätzet haben, derowegen er ein
verfallen Pohl unter K. M. Hoheit belegen hat annehmen müssen,
davon gibt er jährl. 5 Ortig Roggen und ein Herrschaft Schwein

---

*) Der Name ist sehr undeutlich geschrieben.

zu Habersleben und muß Hovedienst thun. — Kornzehnten 32 Ort.
Roggen 6 Ortig Gersten 2 Ortig Buchweizen, 2 Viertentheil Butter,
30 kleine Käse, 2 Hering und 2 Brod.

Hjordkar.

Pastoren Einkünfte: auf Hjordkarfeld 3 Otting Land, 1 Toft
auf Süder Entief. Auf Arslere 1 Stuf, ein Wisch Preßeeng
genannt, noch 1 klein Acker. Kornzehnten die 15. Garbe. Chri-
stoffer Arenkiel zu Tolstedt gibt für seinen Kornzehnten 1 ƒ. Außer
Butterbürde, Quickzehnten und von Immenschwarmen 2 Hering
und 2 Brod.

Lucht.

Pastoren Einkünfte: an Land 4 Otting auf Kirkebyefeld, dazu
Stufland als 3 Acker bei Köllemhohr, 6 Acker auf Haffels-
berg, 6 Acker auf Bitterholdt noch 2 Acker und 1 Toft,
1 klein Acker besüden Präßlund, 1 Stück Stufland, 2 Ackerstuf-
erde in Boeslück, 1 Acker in Kragtoff, noch 2 Acker, 1 klein
Acker auf Trußholm, 2 fl. Acker in Barémark. Für 5 Acker wird
gegeben von Martin Riffen in Schowbye 1 Ortig Gersten. 2
Acker in Schowbye geben ½ Ortig Gersten. 3 Stück Stuferde auf
Elolligmark bringen ein 8 Schlyp Gersten. 1 Acker, besüden
Tullismose. Bodum gibt von 2 Toften und einem Fischteich 1
Ortig Roggen. Zehntenkorn 136 ƒ 8 ß. Quickzehnten 5 ƒ 15 ß.
Von dem Eiland Barsoo bekömmt der Pastor 11 Gänse. Von
dem Gute Ondecke, so weiland dem Pastoren alhie gehöret, bekömmt jeko F. G. die Beste Hebungen, Mastgeld und andere Gefälle, aber dem Pastoren geben die Beiden welche darauf wohnen
zusammen 2 Thlr., weil es zur Wedeme von Alters her gegeben
ist. 5 Kathen stehen auf des Pastoren Acker, geben F. G. Verbittelsgeld ein jeder jährlich 8 ß. Präßlund ist Stuferde. Noch
hat er ein Capellenhaus, so der Caplan pflegt zu bewohnen, da
liegen auch 3 Acker, Dreffborn genannt, und ein klein Toft
Stubtoßt und 7 ƒ Rente.

Süder Rangstrupharde.

Heidewatt.

Der Pastor verwaltet auch den Dienst zu Schwatt. Einnahme 4 Otting Erde binnen des Dorfes Felde wozu die Hausstott gehörig worauf die Pfarre gebaut. Noch norden der Au die Prästeloft, ferner die Jegenloft. Noch liegen zum Pfarrhause eine Tofft von 2 Adern bei Iverslef Kirchenbrügge, erstrecket sich an die Au. Noch ein Tofft Süden der Au, und 2 fl. Ader. Eine Wiese von 24 Schwaden belegen Süden in Hüdewatt, und Norden in Klau- toft Feldmarkt, trägt ungefähr 3 Juder Heu. Noch ein Stück Stuferde Osten des Pastorenhauses, so vorzeiten Hr. Nicolaus Ditt- mer mit Herzog Friedrich an sich vertauschet und demselben andern Grund wiedergegeben, so jetzo Heinrich von Ahlefeldt auf Satrup- bolm läst gebrauchen. Auf diesem Allen ist ein geschworen Lagbest durch Hr. Maß Joersen Pastoren 1514 gemacht auf Pergament geschrieben, so die Pastoren in Verwahrung. Der Pastor hat außer Zehnten (die 7½ Garbe) eine freie Aalwehr, freien Fischfang und Vogelschießen an Enten und Dükern in der Heidewatter Au. Außer ½ R. Schafskäse bringt jede Hausfrau des Boelsmanues 1 guten Flämischen Hering und 1 Roggenbrod, davon bekommt der Küster den dritten Theil.

Schwatt.

Zum Pfarrhof ist nur ein Otting Erde an Ader und Wisch, noch 2 kleine Tofte. Auf Hostrupfeld liegt ½ Otting Erde; die Lansten welche darauf wohnen geben Bestegeld.

Bestelle.

Pastoren Einkünfte: 22 Ortig Roggen und 3 Schipp. Crnid- zehnten 3 ß 8 ß. Opfer 6 ß. 1½ Vierentheil Butter. 2 Otting Erde, darinnen er jährlich kann säen 8 Ortig Roggen, 2 Ortig Gersten, 1 Ortig Buchweizen. 32 Juder Heu.

(Oster) Lügum.

Pastoren Einkünfte: 2 Otting Erde, 1 Stuff über Vogelunds Ader 10 Schipp Roggen. In Scheggesloge schwuren acht Saulleute zur Kirche und zur Unterhaltung des Pastoren 1576, ist

7 Schipp Landes; noch Woyer Hügelfluf 4 Schipp Landes, noch
4 Ruten Stuffserde auf Zölschlügel, das hat Tuge Kellerknecht gegeben, 1 Ortig Landes. Noch ein Acker Prästdobbel genannt
ist 1½ Ortig Landes. Ein Stuff beim Kreuße ward gegeben
von Haverslund und von Lügum, wegen der Zwietracht so beide
Dörfer hatten von wegen der Delbischeide. Noch ein Tost Pages-
lofft, 14 Schipp Landes, noch ein Stuff auf Habergardt 12
Schipp Landes, noch ein Tost Samsolofft genannt 9 Schipp
Landes. Ein Tost heißt Lehmskultost. Außerdem Quickzehnten und Butterbörde.

Barniß ein Birk.

Die Kirchgeschwornen beklagen sich, daß einer mit Namen
Hans Blome von Ornum vor 16 Jahren in der Kirche begraben
und deswegen 10 Thlr. verehrt; dieses Geld ist nicht eingekom-
men, sondern das Begräbniß verfallen.

Pastoren Einkünfte: 1½ Otting zu der Wedeme, 44 Fuder
Heu. Jährlich auf Lätare 6 ₰. 4 Brod so gut als 1 ß von
einem jeden Boel derer 65 sind. Außerdem Kornzehnten, Maybutter
jährlich, Schafskäse. Von allen Hebungen erhält der Caplan wegen
des Küsteramtes den 3. Theil. Der Caplan hat einen dritten
Theil einer Otting auf Borupfelde welchen König Christian II. dar-
zugegeben vermöge der Oldesten in diesem Karspel gegebenen Zeugniß.[*]

Museum vaterländischer Alterthümer.

No. 1981 des Haupt-Katalogs.

Kleine Mittheilungen.

---

15. **Museum vaterländischer Alterthümer.** (Mit Tafel II.)

Ueber den Zuwachs des Museums bis Ende October 1861 ist im IV. Bande der Jahrbücher, S. 191, 206 und 360, Bericht erstattet. Die letzten beiden Monate des verflossenen Jahres waren ganz besonders günstig. Im November schenkte Herr Dr. Klander in Plön einen großen schön geschnitzten Schrank von Eichenholz, und im December ist die Sammlung des verstorbenen Großherzoglich Oldenburgischen Kammerherrn von Bißleben in Oldenburg, welche dessen Erben der S. H. L. antiquarischen Gesellschaft zum Geschenk gemacht haben, dem Museum einverleibt worden; (s. die Bekanntmachung des Vorstandes vom 21. December im Altonaer Merkur Nr. 307, 1861 und anderen Blättern.) Ausführlichere Nachrichten über diese und sonstige Erwerbungen wird der demnächst erscheinende XXI. Bericht der Gesellschaft bringen.

Für die Münzsammlung sind angekauft aus dem Clover'schen Funde von 1861[*]) 20 Stück, nämlich 2 Hamburger halbe Thaler von 1021 und 1629; ein Lübecker Viertel-Thaler von 1623; ein Flandrischer, ein Dornicker (beide ohne Jahrzahl) und ein Antwerpener (von 1627) Viertel-Kreuzthaler; ein Schweriner Halb-Reichsorth von 1621; zwei Gottorper ⅛ Reichsthaler von 1625 und 1635; vier Gottorper ¹/₁₆ Reichsthaler (Düllchen) von 16 87, 24 ?, 24 und 28; vier Dänische Marken von 1013, 15, 16 und 17; ein Dänisches 24 Schilling-Stück von 1624; ein Dänisches 12 Schilling-Stück von 1624 und ein Dänisches 4 Schilling-Stück von 1630.

Aus dem Meldorfer Münzfund von 1860[**]) zwei Mal über Kreuz-Witten aus der Zeit der Könige Hans und Christian (I) von Dänemark.

Nachträglich wurden noch 4 Stücke aus dem Seedorfer Münzfund von 1860[***]) ausgesucht, nämlich 17. und 18. zwei Lübecker vom Jahr 1522, welche von Nr. 15 u. 16 nur in den Beizeichen verschieden sind. — 19. Eine beschädigte Wismarsche Münze (von 1523), welche in Stempel und Umschrift (S. Laurencis) etwas von Nr. 10 abweicht. — 20. Av. S. Quirin' 15 26 P(ro)tect(or) n(oste)r'; Heiligenbild in einer Einfassung; zu Füßen desselben ein Schild worin am Rande herum 9 Kugeln, an beiden Seiten des Schildes ein Kreis. Rev. Der Reichsadler in einem eingefaßten, mit einer kaiserlichen Krone gedeckten Schild, der auf einem Lilienkreuz ruht. Mon.' nov.' Civi.' Nuss.' (Stadt Reuß.)

Außerdem wurden geschenkt von Herrn Dr. Groth neun neuere Kupfermünzen, darunter 1 Zwei-Sous der französischen Republik von 1792; von Herrn Brandt in Kiel 5 neuere Kupfermünzen, darunter ein Kurfürstlich Salzburgischer Kreuzer von 1805; ein Schwedisches Erz-Stück von Gustav II. Adolph (Av. Schwedisches Wappen mit dem Herzschild der Vasa; Rev. zwei gekreuzte Pfeile unter einer Krone), gefunden von einem Landmann im Amt Cismar und eingesandt durch Herrn Apotheker Clausen in Oldenburg; endlich eine silberne Scheidemünze König Friedrich I von Preußen (mit gekröntem Preußbild).

Kiel, 28. Februar 1862.	H.

Wir fügen den Abdruck eines hölzernen Stempels bei, welchen das Museum im Jahr 1841 von dem Herrn Porträtmaler Bünsow in Kiel erstanden hat (Nr. 1981 des Hauptkatalogs;

vgl. den VII Bericht, 1842, S. 19). Ueber den Ursprung desselben ist Nichts bekannt; offenbar ist er zur Feier irgend einer
Hochzeit angefertigt worden.

Auf dem einen Medaillon ist ein Brautpaar abgebildet mit der
Umschrift:

Jungimus optatas sub amico foedere dextras.

Das zweite Medaillon hat die Inschrift:

Uxor casta est rosa suavis

und die Umschrift (aus dem Buch Jesus Sirach 26, 21):

Sicut sol oriens d(i)ei: sic mulier bona domus ejus
ornamentum.

---

10. Aus dem Archiv der St. Nikolai-Kirche in Kiel vom Jahr 1630—37.
Mitgetheilt von Cantor F. Feld.

a) Memoriall dessen waß zum ersten mahll, da Ich von einem
Ehrenfesten vnnd Hochweisen Rahtt für einen Schreibmeister nach
Kiehll gefördertt, Ich auff der Reyse vnndt sonst für Fuhrlohn auß-
gegeben habe.

Erstlich. Dem Fuhrman daß er bey mir geblieben, Zu Wartt
geldt gegeben 3 ß.

Für Fehrgeldt zum Wesundt gegeben 4 ß.

Zu Gellensförde verzehrett 8 ß.

In der Herberge Zum Kiehll in den Viehr tagen, die Ich
alda, ehe Ich bescheidt bekommen, still gelegen, nebenst dem
Fuhrman, für essen vnndt trincken vnndt Nachfutter verzehret 5 ß.

Auff der Hinreise verzehret 8 β.

Zum andern. Da Ich wieder herreber gekommen, Mich introdu-
ciren zu lassen, habe Ich für den Wagen gegeben 5 ß 8 β.

Für Fehrgeltt 4 ß.

Verzehret 10 β.

In der Herberge in den 5 tagen, ehe Ich habe introdu-
cieret werden können, verzehrett 5 ß.

Zum Dritten. Da Ich wieder binübergereiset, mein supellecti-
lem zu holen, habe Ich dem Fuhrman nach Schleßwig zu
trinckgeldt gegeben 12 β.

Den Fuhrleuthen für Mir vnndt mein geräbtl über zu führen
gegeben 8 ß 6 β.

Verzehrett auff der Reyse 1 ß.

Facit 30 ß 12 β.

Obengedachte 30 ß 12 β seindt den 26. Februarÿ Anno 1636
zu dande entrichtet.   ·   Johann Friedrich Bremer.

b) Wie Ich Anno 1637 von Hamburgk anhero angelanget, hab
ich vnkostet alß folget

Johan Zelch den Fuhrman an Fuhrlohn nach Kiehl vnd wieder
nach Hamburgk bezahlt 6 ß.

Vnterwegens verzehret 2 ß 10 β.

wiederumb nach Hamburgk 2 ß 10 β.

In Cordt Holdtmans Bude 2 Dage daselbst gelegen vndt
bezahlet 2 ß 8 β.

Off Palmarum, wie ich angenommen wahr, Johan Zelch den
Fuhrmann, daß er mir von Hamburgh mit meinen Gütern Kasten
vnd andern Sachen nacher Kiehl gefohret, mit ihm bedungen vndt
bezahlet 24 ß.

Noch vnterwegens verzehret 2 ß 12 β.

Weile ich mit Johan nicht fahren kondte muste ich einen andern
Wagen dingen, der mich mit den vbrigen Gütern herfuhrte, daran
vorvnkostet 15 ß.

Summa 55 ß 8 β.   Jacoby Korlekamp, Organist.

c) Zeiger dieses ein Exulant von Halle, bittet freundtfleißig vmb
eine Zuftewer von der Kirchen, denk er nebens seinem Ehe Weibe
alles im Krieges Wesen verlaßen müßen, Vnd in höchste Armut
gesetzet, Dessen dürftigkeit die H. Vorsteher der Kirchen auf meine
Intercession mit einer gabe wollen beyspringen, Worumb ich Sie
höchstes fleißig ersucht haben wil,

Knel 25. Nov. 1637.   M. Becker, Pastor.

Auf diese Fürbitte erhielt der Exulant von der Kirche 12 β.

VII.

Der Donnerbesen.

Von Prof. Chr. Petersen in Hamburg.

(Mit Tafel III—VIII.)

Als XXI. Bericht der Kgl. S. H. L. Gesellschaft für die Sammlung und Erhaltung vaterländischer Alterthümer.

———

Mit diesem Namen habe ich eine besonartige Verzierung bezeichnet, die sich an vielen Häusern in den Vierlanden, an der den Wegen und Deichen zugekehrten Giebelseite, findet.*) Die damals nur beiläufig ausgesprochene Vermuthung über die Bedeutung dieses Emblemes hat mir manche Mittheilungen zugeführt, und mich zu weiteren Nachforschungen veranlaßt, die den Gegenstand, wenn auch nicht mit völliger Sicherheit aufklären, doch von so verschiedenen Seiten beleuchten, daß die Zusammenstellung und Erörterung derselben Einiges beitragen wird, die Dunkelheit, die über den Glauben unserer Vorfahren verbreitet ist, zu erhellen.

Zunächst hat sich die Vermuthung bestätigt, daß dies einst ohne Zweifel bedeutungsvolle Emblem sich auch außerhalb der Vierlanden wiederfinden werde. So verbreitet als in den Vierlanden, ist es allerdings anderswo noch nicht nachgewiesen. Da findet es

---

*) Vgl. meine Abhandlung: „Die Pferdeköpfe auf den Bauernhäusern" im III. Bande der Jahrbücher für die Landeskunde der Herzogthümer Schleswig, Holstein und Lauenburg; Separatabdruck als XIX. Bericht der Königl. S. H. L. Gesellschaft für die Sammlung und Erhaltung vaterländischer Alterthümer (Kiel 1860) S. 60 und Abbildung 25.

sich am häufigsten in den Dörfern Achterschlag, Horst und
Neuen-Gamm. Die Häuser in den Vierlanden zeigen, so fern
sie nicht in neuerer Zeit umgebaut sind, Sächsische Bauart. Von
den Häusern in Holstein-Lauenburg und im Lüneburgschen weichen
sie besonders darin ab, daß die große Thür, durch welche die
Korn- und Heuwagen einfahren, nicht an der Seite des Weges
oder Deiches liegt, sondern in dem entgegengesetzten Giebel, was
seinen natürlichen Grund darin hat, daß in der Regel jedes Bauern-
haus sein Land hinter sich hat, also von hinten Alles einzubringen
ist. Die älteren Häuser sind sämmtlich von Fachwerk gebaut, das
Strohdach fällt nach allen vier Seiten herab, an den Giebelseiten
aber nicht so tief, als an den Langseiten. An vielen, auch alten
Vierländer-Häusern sind, wie auch die Abbildung (Nr. 1) zeigt, an
den Giebelseiten zwei Reihen Fenster übereinander. Die besenartige
Verzierung nun, deren Bedeutung wir suchen, ist bald in den schrägen Eckfächern, mit welchen der Giebel das Strohdach der Langseiten berührt, und zwar zu beiden Seiten*), oder in den nächsten
viereckigen Fächern neben der oberen Fensterreihe angebracht. Dieselbe kommt in zwiefacher Weise ausgeführt vor. Entweder sind
nur die Mauersteine in der flachen Wand so gelegt und geformt,
daß die Kalkfugen die Gestalt eines Besens mit einem kurzen Stiel
darstellen, wie Nr. 3 a, oder es ragt dieselbe in Kalk oder Sandstein als Relief von der Mauer hervor. Diese Art ist häufiger und
schärfer ausgeprägt, wie die Abbildungen Nr. 1, 5 und 6 erkennen
lassen. Es sind nicht nur die einzelnen Zweige, die den Besen ausmachen, deutlich zu unterscheiden, sondern dieselben sind auch, wie
Nr. V am Hause des Herrn Bünsow in Achterschlag zeigt,
eben so deutlich nach beiden Seiten hin mit Blättern versehen.**)
Der Stiel ist kurz und gedreht oder gewunden, unten mit einem

*) Siehe die Abbildung Nr. 25 zu der Schrift über die Pferdeköpfe.

**) Von den Besen dieser Art war es nicht möglich, eine Abbildung
zu geben, welche die Wirklichkeit genau wiedergibt. Da nämlich die
ganze Figur weiß übertüncht, an den erhabensten Stellen aber vom Regen
die Tünche ganz weggewaschen ist, erscheinen dieselben, obgleich sie das
meiste Licht haben, dunkel, die Vertiefungen aber, die im Schatten liegen,
weil sich da die Tünche erhalten hat, hell.

Knopf versehen. In Neuengamm aber besteht der Besen nicht aus Zweigen, die Blätter haben, sondern verschobene Vierecke, die sich dicht an einander schließen und, da dieselben nach beiden Seiten abgerundet sind, wie gewunden aussehen. Herrn Lehrer W. B. Fick daselbst verdanke ich die Zeichnung Nr. 6. Die Höhe der Besen (mit Stiel) ist verschieden: bei den flachen in Backsteinen gebildeten mitunter nicht viel über einen Fuß; bei den in Relief gearbeiteten, das 2—3 Zoll hervortritt, 2—3 Fuß. Was als Zweig oder Stengel erscheint, ist vertieft, die Blätter oder blattartigen Lappen sind erhaben gearbeitet. Wo, wie in Neuengamm, der Besen selbst aus Sandstein besteht, ist der Stiel meistens von Stuck angefügt.

Mit dieser Art des Besens aus Reisern stimmt sehr die Darstellung am Hause des Herrn Sebenburg, Ackerbürgers in Deletsen, überein, dessen Abbildung mir Herr Diermissen daselbst mitzutheilen die Güte gehabt hat. Das Haus ist auch aus Fachwerk gebaut, hat aber einen steilen, nicht mit einem Dach abgeschrägten Giebel. Die Thüre liegt nicht in der Mitte, die Besen sind in viereckigen Fächern oberhalb der Thür angebracht, entsprechen einander aber in der Lage nicht genau, indem der Besen rechts im dritten Fach von der schrägen Seite des Giebels angebracht ist, der andere im vierten. Sie sind zwar in Backsteinen ausgeführt, aber nicht in der flachen Mauer, sondern reliefartig erhoben, wie denn auch der Stiel gewunden ist, aber ohne Knopf. Abbild. Nr. 2. Das Haus ist, wie die über der Thür angebrachte Inschrift (Claus Siebke. Metta Siebke. 1697 den 12. Junius) zeigt, bald 165 Jahr alt. An eine etwanige Uebertragung aus den Vierlanden, läßt die wesentlich verschiedene Bauart nicht denken, und das um so weniger, da das Emblem auch in einer andern Gegend Holsteins vorkommt.

Die Nachweisung drei anderer Beispiele verdanke ich der Aufmerksamkeit des Herrn F. H. W. Büsch in Kattendorf, Kirchspiels Kaltenkirchen. Alle sind in der flachen Mauer in Ziegelsteinen durch die Mauerfugen dargestellt. Das Nr. 3 abgebildete Haus liegt im Dorfe Klein Wiesen bei Kaltenkirchen. Auch dieses ist verhältnißmäßig alt, nämlich (nach der über der Thür stehenden

Jahreszahl Ao. 1766) bald 100 Jahr, in Fachwerk ausgeführt,
der obere Theil des Giebels indeß wie bei den vorhergenannten
mit Brettern verkleidet, eine Bauart, die auch im mittleren Holstein
nicht selten ist, namentlich in der Umgegend von Neumünster und
Bordesholm. Die Besen befinden sich zwar auch an der Giebelseite, die der Straße zugekehrt ist, aber neben der großen Thür,
und es sind deren drei, an einer Seite zwei, an der anderen nur
einer, indem die dem zweiten entsprechende Stelle durch eine kleine
Nebenthür eingenommen wird. Das andere Beispiel ist am Hause
des Hufners Johann Moller in Kaltenkirchen. Dasselbe
hat aber nur einen Besen und zwar westlich, neben der südlich der
Straße zugekehrten Seitenthür (Blangdör) an der Langseite des
Hauses. Der Besen ist nur in der flachen Mauer durch Ziegelsteine und die dazwischen befindlichen Mauersteine dargestellt. Er
ist nach einem genauen Abriß, den Herr Organist A. P. Haassen
anzufertigen die Güte gehabt hat, 22 Zoll hoch und, wo er am
breitesten, 15 Zoll breit. Derselbe ist in der Abbildung Nr. 4
in verkleinertem Maaßstabe wiedergegeben. Ueber das letzte mir
bekannt gewordene Beispiel am Hause des Herrn Schümann in
Henstedt, Kirchspiels Kaltenkirchen, fehlen mir genauere Angaben.
Noch weniger bin ich im Stande, die weitere Verbreitung des
Ornaments mit Sicherheit nachzuweisen, obgleich mir verschiedene
Freunde gesagt, sie glaubten dasselbe auch in anderen Gegenden
Holsteins gesehn zu haben, und daß dasselbe in einigen Orten fast
das Aussehn von Windmühlenflügeln habe.

In der Gegend von Lensahn soll an einem Hause Besen und
Axt zusammen dargestellt sein, was demnächst seine Erklärung finden
wird, aber mit den vorherbesprochenen Besen wohl nur im entfernten
Zusammenhang steht.

Eine ähnliche Figur kommt auch in Wappen vor. Namentlich
habe ich sie in mehreren Wappen Hadelner Bauern gefunden,
mit denen die Kirchenstühle im Dorfe Altenbruch geziert sind.
Unter den Wappen, die Herr Superintendent Pfaff daselbst für
mich abzeichnen zu lassen so freundlich gewesen ist, findet sich eines
der Art, Claus Bull 1702 unterschrieben. Es besteht aus zwei
Feldern, davon eins eine Hausmarke mit dem Namenszuge, das

andere einen Wedel, weiß mit schwarzem Stil auf rothem Grunde
enthält und den Wedel über dem Wappen wiederholt. Das dort
auch vorkommende von der Neben'sche Wappen besteht aus einem
einzigen blauen Felde, in dem sich ein ebenfalls weiß gezeichneter
Wedel findet, der sich als Helmzierde zweimal wiederholt. Als Wappen einer gleichnamigen adligen Familie kommt es in der Kirche
zu Lüdingsworth und im Kloster Neuenwalde vor. — Aus
dem Lande Hadeln stammt die Hamburgische Familie von der
Neben, deren Ahnherr schon 1618 von da eingewandert ist, und
auch in deren Wappen findet sich dieser von Wappenkundigen sogenannte „Wedel in gleicher Weise."

Für das hohe Alter des Emblems im Wappen spricht die
Uebereinstimmung des Wappens der Hadelnschen Bauernfamilie von
der Neben mit dem der adeligen Familie von der Nebben, die
nach L. Mushard („Denkmal der hochadeligen Geschlechter vom
Herzogthum Bremen und Verden." Bremen 1705 fol. S. 402),
um 1560 zu Bentwisch im Lande Kehdingen ansässig war.
Da wird nur noch bemerkt, daß die Familie aus Curland stammen
solle. Allein da der Curländische, wie der Liefländische, Adel meist
aus Niederdeutschland stammt, so ist es viel wahrscheinlicher, daß
umgekehrt die Curländische Familie ein Zweig der Bremischen ist.
Wie Mushard den Wedel als silberweiß mit goldenem Stil angibt
und für einen Feuerwedel (Grapenpüster) erklärt, so hat der
Maler den Wedel des Bull'schen Wappens eben so angesehen, denn
die weiße Farbe läßt die Federn erkennen, aus denen ein solcher
Wedel besteht. Ob diese Auffassung aber die ursprüngliche ist,
scheint mir fraglich. Es kann ein Mißverständniß sein, entstanden
in Zeiten, da ein Besen zu unwürdig schien für ein Wappenzeichen.

Die Heraldik ist selten im Stande über ihre Embleme sichere
Auskunft zu geben, weil sie, zumal solche, die nicht einzelnen Wappen eigenthümlich sind, sondern in verschiedenen Wappen vorkommen,
aus einer nicht mehr bestimmbaren Zeit stammen. Doch läßt dieses
öftere Vorkommen auf eine Bedeutsamkeit und Wichtigkeit des Emblems in früherer Zeit schließen. Für die Verwandtschaft mit dem
beschriebenen Ornament an Häusern, spricht freilich außer der Gestalt
der Name: Wedel, d. h. Gebüsch, Busch, so fern jenes sich als ein

Büschel zu erkennen gibt. Da neben den Hausmarken in den Wappen von Ellenbruch auch andere mythologische Symbole vorkommen, namentlich Nesselblätter, so schien es mir der Erwägung werth zu sein, ob hier ursprünglich nicht derselbe Wesen gemeint sein könne, der als Emblem an Häusern nachgewiesen ist. Dies darf, wenn nicht als wahrscheinlich, wenigstens als möglich bezeichnet und den Heraldikern zur weitern Erforschung empfohlen werden.

Um die Bedeutung dieser besenartigen Figur, deren Alter durch Verbreitung und verschiedenartige Verwendung genügend bezeugt scheint, zu finden, ist es erforderlich, so fern wir einen heidnischen religiösen Ursprung voraussetzen dürfen, die so gestalteten Geräthe und Symbole, die aus dem Heidenthum stammen, in Betracht zu ziehn. Wir sind deren fünf zur Kenntniß gekommen: der gewöhnliche **Birkenreisbesen**, **Vogelbeerbaumzweige**, **Haselreiser**, **Krautwisch** oder **Weißbüschel** und der **Palmbesen**. Der gewöhnliche Besen spielt eine scheinbar so verschiedene Rolle, daß es bis jetzt nicht gelungen ist, die zum Grunde liegende Vorstellung mit Sicherheit zu bestimmen. Der verbreiteste Aberglaube ist, daß in der Walpurgisnacht (der Nacht vor dem ersten Mai) die Hexen auf Besen, Elsterschwänzen, Ofengabeln, Mistgabeln, Butterfässern und Ziegenböcken auf den Blocksberg, der gewöhnlich für den Brocken genommen wird, aber in verschiedenen Gegenden verschiedene Berge bedeutet, oder auch nach anderen Höhen reiten, um mit dem Teufel in Gestalt eines Bockes ein Fest zu feiern, wo sie einen Tanz aufführen (W. v. Waldbühl, Die Wesen der niederrheinischen Sagen. Elberfeld 1857. S. 26 und 31 u. s. w.), auch, namentlich vom Brocken, den Schnee wegtanzen. Von da ziehn sie nach allen Richtungen aus, um Schaden zu stiften. Um sich dagegen zu schützen, verschließt man in dieser Nacht nicht nur die Thüren besonders sorgfältig, sondern legt auch Besen vor die Schwelle und zeichnet Kreuze auf Thüren und Fensterladen. (A. Wuttke, der deutsche Volksaberglaube. Hamburg 1860 S. 20 § 24, S. 98 § 146, S. 118 § 186; Kuhn und Schwartz Norddeutsche Sagen und Gebräuche § 35 u. 37, S. 376.)

Am Tage des ersten Mais, oder im nördlichen Deutschland häufig erst am 12. Mai, dem alten Maitag des Julianischen

Kalenders, pflegen die Kühe ausgetrieben zu werden. Dabei finden
in verschiedenen Gegenden verschiedene abergläubische Gebräuche statt,
um das Vieh vor Behexung zu schützen oder damit die Kühe reichlich Milch geben. Um den ersten Zweck zu erreichen legt man in
der Altmark ein frisches Ei und ein Beil unter die Schwelle,
(Mannhardt Germ. Mythen S. 11); in Westphalen einen Besen-
der in den Zwölften d. i. den Tagen zwischen Weihnachten und
Heilig drei König gebunden sein muß, auf die Schwelle, in anderen
Gegenden eben dahin Besen und Art gekreuzt. (A. Kuhn, Sagen,
Gebräuche und Märchen aus Westphalen Bd. II, S. 28 § 75.)
Im mittleren Holstein legt man, wenn die Kühe zum ersten Mal
ausgetrieben werden, eine Harke, eine Forke und eine Sense kreuzweis über einander und treibt die Kühe darüber hin. In den
Vierlanden nimmt man statt der Sense einen Besen. (Mittheilung
des Herrn Lehrers B. P. Fick in Neuengamme.) Im östlichen
Holstein, namentlich im Lande Oldenburg, z. B. Gut Clausdorf,
werden beim Austreiben ein Dornbusch, ein Besen und ein Hufeisen in die Thür gelegt (wie mein Schwager Dr. H. Petersen
in Oldenburg mir mitgetheilt hat. Vgl. S. H. L. Jahrbücher V,
S. 86). Ebenso in Ostpreußen, Hessen und Schlesien (Wuttke S. 143
§ 233). Auch zeichnet man den Kühen mit Theer ein Kreuz vor
den Kopf (Kuhn II, S. 62 § 189) oder drückt ihnen mit einer
geweihten Kerze ein Kreuz auf die Stirn (S. 157 § 443).

Der Besen ist aber auch bei anderen Gelegenheiten im Allgemeinen eine Schutzwehr gegen Hexen und böse Geister. So machen
zwei Besen über Kreuz gelegt den Hexen und anderen bösen Geistern
den Eintritt und das Einwirken auf Haus und Stall unmöglich.
(Wuttke a. a. O. S. 98, § 146.) Auch legt man einen Besen
oder zwei kreuzweise vor die Stubenthür. Und ein Besen muß
jeder Zeit in der Stube stehn, aber verkehrt mit dem Stiel nach
unten (S. 139, § 222.) Ein Besen umgekehrt gegen die Thür gestellt, läßt nichts Frembes herein, auch wenn die Thür nicht verschlossen
ist. (Kuhn II, S. 61, § 185.) [Glaubt Jemand sich oder sein
Vieh behext, so legt er einen alten Besen vor seine Thür, und
wer darüber stolpert, ist der Böse. — Sind die Hühner behext,
daß sie Windeier legen, so muß man das Futter in einen neuen

Besen streuen und die Hühner es aus demselben heraussuchen lassen.
(Mittheilung des Herrn Fick in Neuengamme.) Es wird in
Westphalen, wenn die Hebamme das Kind zur Taufe trägt, eine
Axt und ein Besen kreuzweis vor die Thür gelegt, darüber mußte
sie mit dem Kinde fortschreiten. So konnten böse Wesen dem Kinde
keinen Schaden thun. (Kuhn, S. a. W. II, S. 34 § 93).
Eben so in Ostpreußen (Wuttke § 197, § 346). Mit einem Besen
soll man nach Westphälischem Aberglauben kein lebendes Wesen schlagen, wohl mit dem Stiel. Denn wie der Besen verschleißt, vergeht
das Lebendige (Kuhn, S. 169, § 535.) In Ostpreußen, Hessen und
Schlesien läßt man das Vieh, wenn es zu Markt gebracht oder von
demselben heim gebracht wird, über eine vor die Stallthür gelegte
Axt oder einen Besen hinweg schreiten, sonst wird das Vieh schlecht
oder krank (Wuttke S. 143 § 233). Wenn die Kuh blutige
Milch giebt, so melkt man sie in Schlesien durch einen Besen (S. 160,
§ 202.) Bei Vertreibung der Viehbehexung wird in Thüringen
ein Besen nach allen Seiten geschwungen. In Rheinpreußen herrscht
der Glaube, daß man Zahnschmerzen los werden kann, wenn man
einen Besen in die Kirche legt, sie geben auf den über, der zuerst
darüber schreitet (Wuttke S. 98, § 146). Gegen Zahnweh giebt
man, nach einem in den Vierlanden bei Hamburg erhaltenen Aberglauben, aus einem neuen Besen ein Reis, verbrennt dasselbe an
einem Lichte und wischt den austräufelnden Saft in die Zähne und
wirft dann das Uebrige des Reises über den Korf, alles stillschweigend. (Mittheilung des Herrn Fick.)

Aber nicht blos Böses wird durch den Besen abgehalten, sondern er bringt auch Glück nach verschiedenen Arten des Aberglaubens.
Wenn man seine Wohnung wechselt, muß man zuerst in die neue
Wohnung Salz, Brot und einen alten Besen tragen, so hat man
immer das tägliche Brot; so in der Mark. (Wuttke S. 176
§ 306.) Will man Wind machen, so muß man einen alten Besen
verbrennen (Mark), und hat man einen widrigen Wind, so wirft
man beim Begegnen eines Schiffers einen alten Besen in dasselbe,
dann springt der Wind um und das andere Schiff bekommt den
widrigen Wind (S. 166 § 326). Eigenthümlich ist die in und bei
Hamburg vorkommende Sitte, wenn beim Richten eines Hauses die

Bauleute nicht bewirthet werden, statt des sonst üblichen Kranzes, einen alten Besen oben auf den Zirst zu stecken (Mittheilung des Herrn Zid.) Um einen Wechselbalg zu entfernen, muß man, ohne denselben mit der Hand berührt zu haben, die Wiege umkehren, daß er herausfällt und ihn dann mit einem alten Besen zur Thür hinauslegen, dann kommen die Zwerge und bringen das geraubte Kind wieder (Görlitz; s. Wuttke D. A. S. 196, § 344.)

Mit diesem Glauben an eine Unheil überwindende und Segen bringende Kraft des Besens, zumal des alten Besens, scheint es im Widerspruch zu stehn, wenn es heißt: Man darf das Kind nicht mit einer Ruthe strafen, die aus einem schon gebrauchten Besen gemacht ist, auch nicht mit einer Weidenruthe, oder überhaupt nicht mit einem Besen, sonst bekommt es die Auszehrung (Wetterau, Westphalen, Oberlausitz, Schlesien. Wuttke S. 201 § 357.) Allein es mag dabei in Betracht kommen, daß hier der Besen, der eben nur Heil bringen soll, zur Strafe angewandt wird. Ob hiermit auch die in Holstein noch jetzt übliche Sitte zusammenhängt, am Fastnachtsmontage einander mit Ruthen, die mit bunten Bändern geschmückt sind, zu wecken, worauf der Weckende den Anspruch begründet, daß der Geweckte ihn mit heißen Wecken, einem für diesen Tag gemachten Gebäck, beschenke, wage ich nicht zu sagen, wie mir auch der Sinn des Gebrauchs dunkel ist. (Vgl. S. H. L. Jahrbücher V, S. 187.)

Andere Gebräuche zeigen die religiöse Bedeutung des Besens im Allgemeinen, und wohl auch die Beziehung auf einen bestimmten Gott unserer Vorfahren, der aber erst durch Vergleichung aller Ueberlieferungen erkannt werden kann. Ueberbleibsel solcher ursprünglich heidnischer Festfeier dürfen in folgenden Festen erkannt werden: Im Harz werden beim Johannisfeuer brennende Besen geschwungen (Pröhle Harzbilder S. 67); in der Eifel beim Michalisfeuer. (Schmitz, Sitten und Sagen S. 45; vgl. Kuhn a. a. O. § 306 S. 99, § 404 S. 135 Westb.) Um das Südwend-, Sommerwend- oder Johannisfeuer tanzen, nachdem mit gewissen Sprüchen Blumen hineingeworfen sind, in Niederösterreich die Burschen mit brennenden Besen, die zu diesem Zwecke in Pech getaucht find; in Eisenberg im Erzgebirgischen laufen Knaben mit Besen, die sie an demselben angezündet, um ein solches Feuer. (Vernaleken Mythen und Bräuche des Volkes in Oesterreich. Wien 1859. S. 307, 308.) Damit mag auch folgende in Dänemark erhaltene Sitte zusammenhängen, die mir Herr Dr. Handelmann mitgetheilt hat. Es ist dies der „Koßedandsen" (der Besentanz) welcher auf der Insel Falster, besonders Kirchspiel Tingsted, gebräuchlich ist.

„Der Besentanz ist ein Solotanz, welchen nur wenige aus-führen können, da er große Behendigkeit erfordert. Er wird bei Erntegilden angewandt, wenn jemand ihn zu probiren wagt. Der Tänzer bekommt einen gewöhnlichen Reisbesen mit langem Stiel. Den Stiel steckt er zwischen die Beine und hält ihn mit der einen Hand; dann spielt der Musikant auf, und so wechselt er den Stiel in die andere Hand und springt zugleich behende über den Besen-stiel, während dieser aus einer Hand in die andere geworfen wird, und der Besen selbst ist in einem beständigen Fegen, wie wenn Korn abgefegt wird, so daß man es kaum für möglich halten kann, wie ein Bauerbursche bei der täglichen groben Arbeit solche Behendigkeit erlangen kann. Hier müssen Hand und Fuß im Takte mitfolgen, denn kommt der Tänzer aus dem Takt heraus, so wird er unfehl-bar den Besen verlieren oder darüber fallen. Dies ist der einzige echt originale Tanz, welchen ich gesehn habe; die anderen sind fremd, mit Ausnahme des Syvspring (Siebensprung.)" (Wörtliche Uebersetzung aus Svend Grundtvig, gamle danske Minder II. Samm-lung. Kopenhagen 1857, S. 105.)

Ebenso tritt die allgemeinere Bedeutung des Besens in seiner Verbindung mit den Maiblumen hervor. In verschiedenen Gegen-den Westphalens, Schwabens und Belgiens nämlich werden am Maitage Birkenbäume vor den Häusern errichtet, die in einigen Gegenden mit Kränzen von Wiesenblumen, in anderen mit weißen Besen von geschältem Holz geschmückt werden. Kuhn, Sagen aus Westphalen II § 439—441 S. 156. Mannhardt a. O. S. 17, Anm. 8. An einigen Orten werden an diesem Tage auch die alten Besen verbrannt. Besonders bemerkenswerth ist die Sitte, daß im Lüdenscheid'schen am ersten Pfingsttage den Kühen weiße Besen mit weißem Stiel aus Horn gebunden werden, manchmal zwei, ein größerer und ein kleinerer: mit diesem Besen wird in einzelnen Ortschaften durchs Haus gekehrt, worauf man sie vor, über oder neben der Kuhstallthür aufhängt. Diese Besen werden auch mit Eichen- und Stechpalmenzweigen, so wie mit Goldschmeele (drits) geschmückt. (Kuhn § 467 und 468, S. 167.)

Da die Besen gewöhnlich aus Birkenreisern gemacht werden, kommt die Heiligkeit der Birke, wie es scheint, mit in Betracht. Denn wenn die Birke, besonders gegen Zauberei, die man als Ursache von Krankheiten ansah, diente, so mag das seinen Grund in der heilsamen Wirkung haben, die man dem Birkensaft beilegte. „Helmont (Philosoph und Arzt) rühmt den Birkensaft, so wie die jungen Zweige, als bewährtes Mittel wider die Zauberei und sonderlich wider solche, die zu ehelichen Werken untüchtig macht. Der gelehrte Arzt Carrichter sagt, er habe dergleichen Zaubereien häufig geheilt, so man nur sein Wasser durch birkene Reiserbesen gelassen, die noch niemals gebraucht worden." (Montanus II, S. 153.) Ein Birkenreis, in das ein Span vom Taxus und ein Palmzweig von der Palmweide mit Käschen gesteckt ist, so daß sie ein Kreuz bilden, heißt in Baiern ein „Antlaßkreuz" (d. i. Gründonnerstagskreuz) und soll in dem Acker gesteckt denselben fruchtbar machen. (Panzer II § 381, S. 213). Am Martini werden in der Gegend von Landau den reichen Bauern 2 Birkenreiser, deren Blätter und Zweige bis an den Gipfel, wo einige sitzen bleiben, abgestreift sind, mit Versen, die einen Viehsegen enthalten, überreicht. (§ 45, S. 40.)

Wenn auch einzelne Arten des Aberglaubens noch an der Steinart haften, wie z. B.: daß man mit ihrer Hülfe Bienen vor dem Wegfliegen bewahren kann, wenn man ein wenig abschabe und in den Bienenstock werfe, wie ich selbst von einem Bienenvater gehört habe; daß ihre Berührung die Euter der Kühe mit Milch segne, und besonders daß ihre Gegenwart gegen das Gewitter schütze, was an dem Namen Donnerkeil zu haften scheint; so ist doch meistens die eiserne Axt an ihre Stelle getreten. Ist demnach auch die eiserne Axt für ein Symbol des Donnergottes zu halten, so schien mir, dies sei auch von dem Besen anzunehmen der theils oft zusammen mit der Axt vorkommt, theils dessen Stelle vertritt, indem ihm dieselbe Wirkung zugeschrieben wird. Diese Betrachtung veranlaßte mich, das an den Vierländer Häusern vorhandene befeuartige Emblem, das, wie Hufeisen und Pferdeköpfe, gewiß im Glauben der Leute ein schützendes, Segen bringendes Symbol gewesen ist, mit dem Namen Donnerbesen zu belegen, ohne zu brachten, daß dieses Wort verschiedene ganz andere Bedeutungen hat. Lassen wir den Namen daher vorläufig dahingestellt sein!

Eine genauere Betrachtung des Emblems in einer Mehrzahl von Beispielen mußte mich überzeugen, daß, da in einigen am schärfsten ausgeprägten Beispielen die einzelnen Reiser belaubt scheinen, an einen gewöhnlichen Reisbesen, der ja aus unbelaubten Reisern besteht, nicht gedacht werden darf. Darin wurde ich bestärkt durch eine briefliche Mittheilung des Herrn A. W. Zuccalmaglio zu Hagen in Westphalen, der unter dem Namen „W. v. Waldbrühl" auf diesem Gebiet, unter andern durch die Schrift „Das Wesen der Niederrheinischen Sagen" (Elberfeld 1857) seine Beobachtungsgabe und seine Kenntnisse auf diesem Gebiet beurkundet hat. Sollte es mir gelungen sein, den Zusammenhang dieser Gebräuche und die ihnen zum Grunde liegenden Vorstellungen richtiger zu begreifen, so ist es besonders diese Nachweisung, die mich auf den richtigen Weg geführt hat. Er machte mich aufmerksam auf einen Gebrauch, den sein Bruder Montanus (die deutschen Volksfeste Nr. 1 S. 38) unter der Ueberschrift die Kräuterweibe — Würzweibe, bereits ausführlich besprochen hat. Da heißt es S. 39: „Der Gebrauch des Krautwisches, den die Kirche auch aufgenommen hat, beruht aber auf anderem Ursprunge, anderen Ansichten. Dieser fromme Gebrauch besteht in vielen Gauen unsers Vaterlandes, namentlich in den Landgemeinden am Niederrhein noch fort. Er ist kerndeutsch. Am sogenannten Krautweibtage (Kructweih, Krutwye, süddeutsch St. Mariä Würzweih), Mariä Himmelfahrt den 15. Aug., oder am darauf folgenden Sonntage wird in den katholischen Landgemeinden ein Bündel gewisser festbestimmter am vorhergehenden Donnerstage bei Sonnenaufgange ohne Messerschnitt abgepflückter Kräuter während des Hauptgottesdienstes in der Kirche gesegnet. Jede fromme Haushaltung liefert ihren Krautbündel zu dieser Segnung, und derselbe wird neben der am Palmsonntage gesegneten Palme (Buchs) und dem Palmapfel und anderen Heilthümern aufs Sorgfältigste in den Wohnungen aufbewahrt. Nahet nun ein Gewitter, so legt die Hausfrau eine dürre Dolde oder einen Stengel des Krautbündels unter dem frommen Spruch: „Gott walts" auf den Kohlenheerd, schließt alle Thüren und Fenster, und sucht den Dampf so viel sie kann im Hause zu verbreiten. Dies, so glaubt man, wende den Gewitterschaden von Haus und Feld und hemme den schon auf die Wohnung zuckenden Strahl. — Eine durch den Wetterstrahl entstandene Feuersbrunst können kundige Leute, den Krautwisch in der Hand, durch einen gesprochenen Zaubersegen löschen.

Die Auswahl der zur Krautweihe von Alters her üblichen Pflanzen bezeugt den Ursprung und das Wesen des harmlosen Brauches. Die Zahl der Kräuter ist wiederum die deutschheidnische Neunzahl. Die Hauptbestandtheile sind:

1) Alant (Inula Helenium) von den Landleuten am Niederrhein Odenskopp (Wodanshaupt) genannt, eine in fast ganz Deutschland wildwachsende Pflanze an Gestalt und Farbe der Sonnenblume ähnlich, wie man das Antliß Wodans, die Sonne, darstellte und sinnbildlichte. Der Odenskopf darf im Krautwische nie fehlen und bildet die hervorstehende Mitte desselben.

2) Das Donnerkraut (Eupatorium cannabinum) auch Wasserdost und Hirschkraut genannt, letzteres von dem Jägeraberglauben, daß der verwundete Hirsch sich an diesem Kraute heile. Es ist eine hochstengelige aber doldenförmige rothblühende Blume.

3) Baldrian (Valeriana officinalis) auch Narde und Katzenkraut genannt, ein ähnliches schönblühendes Doldenkraut hellerer Farbe.

4) Beifuß (Artemisia vulgaris), woran mancher Wunderglaube haftet. Der Name Beifuß stammt von dem Aberglauben, daß die unter gewissem Brauch und Segen geschnittene Wurzel die Füße vor Ermüdung schütze.

5) Abergaut (Artemisia abrotanum) auch Alfraute, Eberraute oder Stabwurz genannt, wächst in Süddeutschland wild und wird gen Norden zum Zwecke des Krautwisches in den Gärten des frommen Landmannes gepflegt. Das Kraut wurde zum Liebes-

zauber benutzt, welche Verwendung nebst dem Ebernamen auf Hertha deutet.

6) Liebfrauenbettstroh (Galium verum) auch Labkraut genannt, ein Hauptmittel gegen Hexerei. Nach einem Märlein war 'mal ein König am Rhein, der, je wohler es ihm ging, desto leidiger an den Tod dachte. Der befrug viel weise Meister um ein Mittel zur Unsterblichkeit zu gelangen. Die Meister machten ihm ein Tränklein von Liebfrauenbettstroh zurecht, wovon er alle neun Tage einen Schluck nehmen sollte. Als er seinen Diener darüber erlappte, daß der von dem Unsterblichkeitstrank genossen hatte, wollte er ihn tödten lassen. Der Diener aber sprach: tödtest du mich, so hat der Trank sich nicht bewährt. So ließ er ihn leben, und er starb vor Alter, und der König starb auch, als seine Zeit gekommen war; und seitdem hat man das Sprichwort, daß gegen den Tod kein Kraut gewachsen ist.

7) Bittersüß (Solanum dulcamara) auch Alfrebe, Alfranke und Hirschkraut, (Hirsch eine Viehkrankheit) auch Zeidelbast und Geißelbast von Geis—Zißig genannt, der Gegenstand von mancherlei Heillthum und Aberglauben.*)

8) Wermut, Alfen- oder Elfenkraut (Artemisia absinthium) wurde früher bei Leichenbestattungen auf den Sarg gelegt, auch auf die Gräber gepflanzt, weshalb man es noch häufig auf früheren Begräbnißstätten wuchern sieht, und endlich

9) Rainfarrn oder Wurmkraut, auch Tannkraut und Muttergottesstab genannt (Tanacetum vulgare), das auch sonst zu verschiedenen abergläubischen Zwecken verwendet wird."

Diesen Gebrauch bezeichnet Montanus ganz allgemein als in den katholischen Landgemeinen herrschend, was selbstverständlich zunächst von Deutschland zu verstehen ist. Mit besonderer Feierlichkeit wird derselbe im Limburgischen begangen (nach Langenberger in Wolfs Zeitschrift für d. Myth. B. I S. 177.) — Nach Zuccalmaglios brieflicher Mittheilung „nimmt jeder Hausvater seinen Krautwisch vorsichtig mit nach Hause und bringt ihn außen am Hause nicht weit von der Thür und wenn es thunlich unter dem vor-

---

*) Wahrscheinlicher von Gott Zio benannt.

springenden Dache an, damit er nicht von der Nässe zu früh verdorben werde. So wie nun ein Gewitter beginnt, nimmt man von
diesem Krautwische ein Zweiglein und verbrennt dasselbe auf dem
Heerd, in der festen Zuversicht, daß die Wohnung nicht vom Blitz
erreicht werden könne, unter den Folgen des Gewitters nicht zu
leiden haben werde.“

Da die Krautweihe über das ganze katholische Teutschland
verbreitet ist, wird sie früher auch in den jetzt protestantischen Ländern gebräuchlich gewesen sein. Darüber besitzen wir ein merkwürdiges Zeugniß, das uns zugleich zeigt, daß der Protestantismus
von Anfang her eifrig bemüht gewesen ist, dergleichen Aberglauben,
besonders wenn er von der Kirche geheiligt war, auszurotten. Dasselbe findet sich in „Franz Wessell, weiland Bürgermeister in
Stralsund, Schilderung des katholischen Gottesdienstes
in Stralsund, kurz vor der Kirchenverbesserung,
herausgegeben von Dr. C. H. Zober (Stralsund 1837). Da
heißt es Seite 17*):

„Marien Krudtwyginge quemen gemeinlich uth allen woningen
eine magett este fruwe, de hadden en bundt Krudes imme arme,
schir alse eine garve grodt. Dar was ingebunden: sennekoll,
buldergaun, hennip, orandt, appol, beren, wulselley, mankannen,

---

*) Auch abgedruckt in Schiller: „Thier- und Kräuterbuch des
Mecklenburgschen Volks“ S. 23. Da das Plattdeutsche ziemlich abweicht
von dem heutigen, fügen wir die Uebersetzung hinzu: „Zu Marien Krautweihe kam gewöhnlich ein Mädchen oder eine Frau aus allen Wohnungen,
die ein Bund Kräuter im Arme hatte, so groß fast wie eine Garbe.
Darin war gebunden: Fenkel, Valeriana, Hennip (?), Orandt (?), Apsel,
Birnen, Wulselley (?), Mankannen (?), Liphed, Wermuth, Hopfen, Heite-
blumen, Kland, allerlei Aehren vom Korn, Butterblumen (?), Flachs,
Knoblauch, Zwiebeln, Kohl, Erbs, Sevenbaum, dies alles und ein jedes
zu besonderer Zauberei und zu räuchern Vieh und Menschen; darin ein
Windelband, damit nach dem Chor zu, da charakterisirte der Zauberer
(Priester) und beschwor dies Kraut oft eine Stunde lang, und mit dem
Weihwedel in der Hand schlug er Wasser die Fülle in das Kraut. Dann
gingen sie außen um den Kirchhof und trugen das Kraut mit herum;
Wasser ward genug dazwischen geschlagen, daß die Mädchen in zwei oder
drei Tagen den Mantel kaum wieder in Ordnung bringen konnten.“

lubestock, wormde, hoppen, beideblomen, alandt, allerley aßen van dem korne, botter, flaß, knustad, zipollen, koll, sennip, soben-bhom; didt alles unde ein jeder tho sundriger loverye unde tho smokende rehe unde minschen: dar einen windelbandt umme her; damit nha chore tho; dar characterde be toverer und beschwor didt krudt, schir bi eine funken. den quispell in be handt slogh water be fulle in dat krudt. Denne gingen se buthen um be hof, und didt krudt so wil umgedragen, water genoch dar mank geslagen, dat be megde in 2 efte 3 dagen den hoppen sume wedder tho flege krigen konden."

Von dem früher also auch in Norddeutschland gebräuchlichen Krautweihe haben sich fast überall Spuren erhalten in dem Glauben, der einzelnen der dazu verwandten Kräutern dieselbe Kraft leiht, die dem geweihten Krautwisch beigelegt wird, wenn man nicht einen von der Kirche unabhängigen Zusammenhang mit dem Heidenthum annehmen will. Sehr verbreitet und mannichfaltig ist der Gebrauch der Pflanze, die unter andern auch den so unsichern Namen „Johanniskraut" trägt, außerdem aber Johannisblut und Alfblut oder Elfenblut heißt, weil die Blumen zwischen den Fingern zerrieben roth färben. Es ist Hypericum perforatum. Hieronymus Tragus (Bock) I, 23 führt außerdem die Namen: Unser Frauenbettstroh, Walthder und Hartdar an, mit dem Reim:

„Daß Hartdar und weiße Haidt
Thut dem Teufel viel leidt;"

woraus sich der lateinische Name Daemonifugium erklärt, denn ganz besonders wurde es gegen Hexen und Gespenster gebraucht (vgl. Montanus II S. 146). Ein anderes Johanniskraut oder Johannisgürtel ist die gewöhnlich Beifuß genannte Pflanze Artemisia vulgaris. Auch dies dient gegen Hexen, Teufel und jeglichen Zauber. (Bock I, 113.) Der Name Donner-Nägelein, den Bock (I, 124) von der Grasnelke krant, deutet darauf, daß auch ihr eine Beziehung zum Gewitter gegeben sei.

Fr. Panzer (Bayrische Sagen und Bräuche Bd. II, § 12 S. 12) berichtet über diesen Gebrauch in Bayern Folgendes: „In einigen Gegenden von Bayern wird am Tage Mariä-Himmelfahrt in der Kirche die Marienkräuterweihe vollzogen. Das Fest hat sich noch in schöner Frische zwischen der Isar und Donau, in der Gegend, welche man die Holedau nennt, erhalten. Da nennt man diesen Festtag auch „Büschelfrauentag", die Weihe, auch Frauenkräuterweih. — Mädchen bringen Büschel von allerlei Blumen und Kräutern und stellen sie auf den Frauenaltar zu Füßen der h. Jungfrau Maria, auf welchem sie der Priester weiht. Ein echter Kräuterbüschel muß aus 77 Kräutern gebunden werden. Ich hebe nur wenige Namen heraus: Himmelbrand (Verbascum), als Hauptzierde in der Mitte: Frauenblecken, Frauenmantel, Frauenschuh — große und kleine Wetterglocke, Johannesblüthe, Teufelsabbiß ꝛc. — „Zu den Rauhnächten legt man ein wenig von jedem Kraut unter's Kopfkissen und in den Stall hinter den Barn. Bei schwerem Gewitter nimmt man ein wenig vom Kräuterbüschel und wirft es in das Herdfeuer. Der vorjährige wird verbrannt, die Asche gesammelt, und wenn Jemand auf dem Todtbette liegt, wird er damit gerieben. Auch in einigen Theilen der Rheinpfalz hat sich noch die Sitte erhalten, am Tage Mariä-Himmelfahrt Kräuterbüschel in die Kirche zur Weihe zu bringen und es werden ihnen ähnliche Kräfte zugetraut. Im Volke führt der Kräuterbüschel den Namen: Wergzwisch. Der Wergzwisch wird aus Aehren, Kräutern und allerlei Blumen gebunden, z. B. Haberhalm, Donnerdistel, Jungfraubettstroh, Wachholder, Buchs, Schafrippe u. a. Gleichen Gebrauch vom Lechrain berichtet von Leoprechting (Aus dem Lechrain, München 1855, S. 190). — Ueber dieselbe Sitte in Tirol theilt J. W. Zingerle („Wald, Bäume, Kräuter"; Zschrft. f. d. Mythb. II. S. 331) Folgendes mit: „Die gewöhnlichste Zeit des Kräutersammelns ist die der Dreißiger. — An den meisten Orten werden sie am 14. Aug. gepflückt. Die Weihe findet am Fest Mariä Himmelfahrt (15. Aug.) beim vormittägigen Gottesdienste statt. — An das Sammeln dieser Weihebüschel knüpfen sich meines Wissens keine anderen Gebräuche. Die Weiheformel ist einfach, und in allen mir bekannten Ritualen ist die Kräuterweihe auf das Fest Mariä Himmelfahrt gesetzt. Dessen ungeachtet wird sie in manchen Orten, besonders in Städten an einem anderen Tage der Dreißigen vorgenommen; z. B. bei den Kapuzinern in Meran. In diesem Falle ist die Weihe auch nicht öffentlich in der Kirche, sondern in der

Sacristei. Im Achenthal werden die Kräuter am kleinen Frauen-
tage (d. i. Mariä Geburt 8. Sept.) geweiht. In Vintschgau
findet am 15. August und am 8. Sept. die Weihe Statt Die
allgemein zur Weihe gebrauchten Kräuter sind: Rauten (Ruta gra-
veolens), Himmelbrand (Verbascum), Braunmünzen (Mentha crispa),
Wolgemuth (Origanum vulgare), Hochgemuth, Johanniskraut (Hypericum perforatum). In Vintschgau kommen zu den genannten
noch der Starrauch, auch das Rahmkraut, das Lungelkraut (Pulmo-
naria officinalis). Zur Verzierung der Weihebüschel werden
Donnerkugeln (Stechäpfel), Rosen und Sonneoblumen verwendet.
Bei Meran wird Aster amellus (Ringelblüml) vorzüglich benutzt. In manchen Gegenden des Etschthals werden auch Ama-
ranthus caudatus, Rosmarin, Chamomillen und Basilicum zur Weihe
gebraucht. Im Innthale wird mit Vorliebe das Edelweiß (Gna-
phalium leontopodium) benutzt. Außerdem werden nebst den ob-
genannten Kräutern die gewöhnlichen Chamomillen (Matricaria Cham.),
die gelben Ringelblümlein (Calendula officinalis) und ein mir un-
bekanntes Kraut Weihezanga geweiht. Vom letzteren hießen die
zur Weihe bestimmten Kräuterstrauße auch Weihezangabüschel. Die
geweihten Kräuter werden theils aufgehackt und unter's Futter gemischt, theils zur Abwendung des Gewitters aufbewahrt, denn es
herrscht der Glaube, daß ein Gewitter, ohne Schaden zu thun,
vorüber ziehe, wenn man beim Annahen desselben geweihte Kräuter
verbrennt." Aus Steiermark berichtet dieselbe Sitte M. Lexer
(Ztschr. f. deutsche Mythb. III., S. 35): „Am Mariä Himmel-
fahrtsfest (15. Aug.) läßt jeder Bauer ein Büschel Alpenkräuter
und Blumen (Gleichenbusch) vom Pfarrer weihen, um, wenn das
Vieh behext wird, demselben davon einzugeben, oder bei einem Gewitter durch Verbrennung dieser Kräuter dasselbe zu vertreiben."
O. Freiherr v. Reinsberg-Düringsfeld: „Fest-Kalender aus Böh-
men" (Prag 1861), S. 401, berichtet von diesem Gebrauch in
Böhmen: „15. Aug. Maria Himmelfahrt: Eine andere cechische
Benennung Maria Kerenna entspricht dem Deutschen „Unser Frauen
Würz- oder Kräuterweihe", welche auch in Deutsch-Böhmen,
z. B. in Tepl, üblich ist, und rührt von der Sitte her, an diesem
Tage Kräuter und Blumen, unter andern namentlich Glockenblumen,

in der Kirche weihen zu lassen, um sie dem kranken Vieh zu geben."

Zu den Pflanzen, von denen man glaubt, daß sie Schutz gegen das Gewitter gewähren, gehören außerdem die früher unter dem Namen Sedum zusammengefaßten Kräuter. Das verbreitetste derselben ist Sedum Telephium, gewöhnlich Johanniskraut, aber auch Donnerkraut und Donnerbesen genannt. Schon Bock (I. 122) deutet auf den Gebrauch hin, aus dieser Pflanze die Lebensdauer zu prophezeihen, den Kuhn (S. a. W. II, § 469, S. 177) aus Westphalen kennt, und der in Holstein noch vor einem Menschenalter sehr verbreitet war. Es dient noch jetzt hie und da unter's Strohdach gesteckt als vermeintlicher Schutz gegen das Gewitter. Auch das sogenannte Steinkraut oder Mauerpfeffer (Sedum acre) ist zu nennen, insofern demselben ganz gleiche Eigenschaften mit dem vorhergehenden und folgenden Sedum beigelegt werden, was sich schon in dem Namen „Donnerzäpflein, Donnerbart (Herba fulminaris)" ausspricht. Im Vergleich mit dem Folgenden wird diese Pflanze auch kleiner Hauslauch oder Sempervivum genannt, weil es mit demselben die Eigenschaft theilt, im kältesten Winter wie im heißesten Sommer grün zu bleiben. Davon hat der auch in die Botanik, wie in den gewöhnlichen Sprachgebrauch, übergegangene Name, das Sempervivum tectorum, seinen Ursprung, das nach Kuhn (Sagen aus Westphalen II. § 281 S. 90), z. B. im Wittgensteinschen und Siegenschen, zum Schutz gegen das Gewitter auf's Dach gepflanzt wird, und eben so in Holstein, was um so bemerkenswerther ist, da wie mein Freund Dr. Casper, dem ich mehrere Nachweisungen über Pflanzen verdanke, mir mittheilt, diese Pflanze zwar in Süddeutschland wild an Felsen vorkommt, in Norddeutschland aber angepflanzt werden muß. Der heimische Name des Krauts in Norddeutschland „Huslok", d. h. Hauslauch, nicht wie es fälschlich verhochdeutscht ist, Hauslaub, in Süddeutschland Hauswurz, giebt einen Beweis, daß die Gewohnheit, es auf die Häuser zu pflanzen, allgemein und daher alt ist, was auch Bock I. 123 bezeugt. Auch diese Pflanze heißt Donnerbart, Godesbart, ganz entsprechend dem Lateinischen Barba Jovis, ein Name, der von einigen auf Sedum Telephium bezogen wird, nach der Ueberlieferung aber dieser Pflanze anzugehören scheint,

16 *

wie schon Grimm d. Myth. S. 167 nachweist und Montanus II.
142 bestätigt. Sind hier die deutschen Namen den lateinischen
nachgebildet?*)

Würde es auch zu weit führen, hier das Verhältniß dieser
Pflanzen zum Johannisfest weiter zu untersuchen, so müssen wir
doch die Frage aufwerfen: haben so viele Pflanzen den Namen von
Johannis, weil sie um diese Zeit blühen, oder ist Johannis an die
Stelle eines heidnischen Gottes getreten? Als solcher würde sich
Donar darbieten, da dieselben Pflanzen zum Theil von demselben
benannt sind. Wenn das Johannisblut auch Alf- oder Elfenblut
heißt, so spricht das mehr dafür als dagegen, da auch sonst, wie
wir gesehen haben und unten sehen werden, die Namen Donar und
Elf mit einander wechseln. Aber in welchem Verhältniß steht Donar zum Johannisfest, dem Fest der Sonnenwende, das doch eher
dem Balder, Fro oder Zio geweiht gewesen sein muß? Wir
müssen uns begnügen darauf hinzuweisen, daß zum Theil dieselben
Pflanzen wirklich in Beziehung zum Sonnenwendefest standen. So
berichtet Panzer (a. a. O. I. § 235, S. 212), daß zu den in
Baiern üblichen Mechthildenkränzen, die in's Johannis-Sonnwend-
Sonnenwendfeuer geworfen wurden, Gertraudenkräuter und Frauen-
pantoffeln genommen wurden; und Hieronymus Bock, I., Cap. 113
berichtet: „Diß Ehrwürdig Kraut Beyfuß oder Bucken, St. Johanniskraut oder Gürtel, ist auch in die Superstition und Zauberey,
also das etliche diß Kraut auf gewissen tag und stund graben, wie

*) Es ist wenigstens zu bemerken, daß Plinius diesen Namen (Herba
Jovis) XVI. 31 von einem Baum, also einer ganz anderen Pflanze
braucht, diese Pflanze Sedum und, nach dem Griechischen ἀείζωον,
Sempervivum nennt. Zwar finde ich nicht in Dioscorides IV, 88—90
den Namen Διὸς πυγων, den Bock anführt, wohl aber den römischen
Jovis caulis, und er kennt den Gebrauch, die Pflanze auf dem Hause
wachsen zu lassen. Und nicht nur der Name Jovis (vom Himmel
gefallen) vom Sempervivum majus (tectorum), sondern auch der Name
„κεραυνία" vom Sempervivum minus (Sedum acre), spricht dafür, daß
auch Griechen und Römer den Aberglauben kannten, daß diese Kräuter
gegen den Blitz schützen sollen. Ist auch der Name Barba Jovis erst
aus dem Macer Floridus in der karolingischen Zeit nachgewiesen, so
scheint doch der Glaube in die indo-germanische Zeit zurück zu gehen.

Verbenam, suchen Kolen und Narren Stein darunter für Zeytes.
Andere henden es umb sich, machen Kränz darauß, folgends werfen
sie das Kraut mit ihrem unfall in St. Johannis-fewr mit ihren
sprüchen und reimen. Diß Affenspiel und Ceremonien treiben nicht
die geringsten zu Parys in Frankreich." Mannhardt (die Götter-
welt der nord. und germ. Völker I., S. 233) vermuthet, daß die
Johannis- wie die Osterfeuer dem Donar und Fro gemeinsam gewesen sein. Derselbe weist andere Beziehungen beider Götter zu
einander nach in der Zeitschrift für deutsche Myth. III, S. 86 ec.

So nahe es nun liegt, das besenartige Emblem an Häusern
in unseren Elbgegenden mit jenem besenartigen Krautwisch oder
Weihbüschel in Beziehung zu denken, so erregt doch die Mannichfaltigkeit der zu demselben geweihten Kräuter Bedenken, da immer
mehrere, oft viele verschiedene Kräuter und Blumen dazu verwandt
wurden, das fragliche Emblem aber offenbar nur aus Zweigen einer
Art besteht, die eher Busch- oder Baumlaub als Kräuter und
Blumen annehmen laffen. Faß jeder Baum war irgend einem
Gotte geweiht und diente zur Verherrlichung seines Festes, und
seinem symbolischen Gebrauch ward der von diesem Gotte selbst erwartete Schutz oder Segen beigelegt. In dieser Uebertragung
haben viele abergläubische Gebräuche ihren Grund. Eine vollständige Zusammenstellung dieser mythologischen Botanik läßt nicht nur
hoffen, daß es gelingen werde festzustellen, welchem Gott jedes
Kraut, jeder Busch, jeder Baum geweiht gewesen sei, sondern auch
die Art und Bedeutung der heidnischen Feste zu erkennen. Wir
müssen uns indessen begnügen, dasjenige zusammen zu stellen, was
dazu dienen kann, die Bedeutung des besenartigen Emblems zu erforschen. Wir erinnern zunächst an die Haselstaude, welche
nicht nur als Wünschelruthe diente, Schätze zu heben, Quellen zu
suchen und andere Zauber zu üben, sondern besonders als Mittel
gegen das Ungewitter galt (Montanus II, S. 152. Buttle a. a.
O. § 139, S. 94). In Bayern glaubte man, daß wo Haseln
wachsen, der Blitz nicht einschlage, und daß drei aus diesem Holz
geschnitzte Stifte in das Gebälk eines Hauses getrieben oder drei
frische Zweige zwischen die Balken gelegt, das Haus gegen den
Blitz schütze (Panzer, Bayr. Sagen II, § 346, S. 200).

Wenn auch zu ganz anderen Zwecken verwandt, ist hier doch wegen der ihm beigelegten geheimnißvollen Kraft der Vogelbeerbaum oder die Eberesche zu nennen, zumal da auch er dem Donar heilig gewesen zu sein scheint. „Um aber Milchreichthum zu bewirken, geht in Westphalen der Hirt oder Kuhjunge zuerst zu der Stelle in Berg oder Wald, auf welche die ersten Sonnenstrahlen fallen; hier schneidet er einen Zweig eines Vogelbeerbaumes (Eberesche) mit einem Ruck ab, und kehrt dann nach Hause zurück, wo sich alles um die Stärke versammelt; er schlägt dieselbe dreimal mit dem Zweig, mit einem Segensspruch, worauf er eine Belohnung erhält und den Zweig (Quedries) mit Eierschalen, Bändern und buntem Papier geschmückt über der Stallthür befestigt." (Kuhn, Sagen aus Westphalen II. § 445, S. 157.) Auch werden mit diesem Vogelbeerenzweig alle Kühe beim Austreiben auf's Kreuz geschlagen. (Wolf's Beiträge I. 77.) Zweige dieses Baumes aber wurden auch in Norwegen, Dänemark, wie in einzelnen Theilen Deutschlands in der Mainacht auf Ställe, Misthaufen und über Haus- und Stallthür, besonders zur Abwehr der wilden Drachen, die nach Schwartz (Ursprung der Mythologie, S. 97 u. f.) den Blitz bedeuten, aufgesteckt, wovon der Vogelbeerbaum auch Drachenbaum heißt. (Mannhardt Germ. Mythen S. 17, Anm. 8.) Manches Eigenthümliche zeigt derselbe Gebrauch in der Oberpfalz. Schönwerth (Sitten und Sagen a. d. O. I, 321, No. 11) theilt darüber Folgendes mit: „Am Walpurgisabend bringt der Hüter in jedes Haus die sogenannte Mirtesgard'n (Martinigerte), womit das Vieh zum ersten Mal ausgetrieben wird. Sie besteht aus Palmzweigen (Zweigen der Palmweide) mit den Kätzchen, Grannwitspitzen (Wachholder), spitzen Blättern vom Segelbaum (Taxus) und Eichenblättern, und wird am Vorabend vor Martini von den Hirten gemacht. Sie ist am heil. Dreikönigabend geweiht und am Walpurgisabend von des Hirten Weib in die Häuser gegen ein Geschenk gebracht worden." Hier ist es allerdings dunkel, woher Martini Weidenzweige mit Kätzchen kommen. (Vgl. Kuhn: Herabkunft des Feuers S. 183 u. f.) Ein Zeugniß von diesem Gebrauch im protestantischen Norddeutschland und zugleich von dem Eifer, mit dem derselbe verfolgt ward, giebt Schiller (Thier- und Kräuterbuch

S. 28): „Herzog Guſtav Adolph ſchidte 1670 den 1. Mai Ge-
richtsdiener in ſeiner Reſidenz Güſtrow umher, welche nachſehen
ſollten, ob die Thüren auch mit Kreuzen bezeichnet, oder mit Quißen-
ſträuchen beſtedt ſeien. Erſteres war vielfältig der Fall, leßteres
fand man nirgends. Aus einem ſpäteren Verhör ergiebt ſich, daß
man Walpurgisabend ſolche Quißenſträuche an die Stallthüren zu
ſteden oder am anderen Morgen das Vieh damit zu quißen oder zu
ſtreichen pflegte. — Das Beſteden der Stallthüren mit Vogelbeer-
zweigen am Walpurgisabend, um die Heren abzuhalten, und das
Peitſchen der Kühe am nächſten Morgen mit eben dieſen Zweigen,
damit ſie reichlich Milch gäben, iſt noch in dieſem Jahrhundert im
Amt Schwerin vorgekommen." Auch auf holſteiniſchen Gütern war
das ſogenannte Quißchen der Kühe noch im Anfange dieſes Jahrhunderts in Gebrauch; beim Austreiben ſtand jemand vor der Thür
und ſchlug die Kühe, wie ſie aus dem Stalle kamen, mit Quißchen
(Vogelbeerreiſern) auf den Rüden. Aehnliches gilt vom Sevenbaum
und der Stechpalme, ſowohl einzeln, als in beſenartiger Verbindung.
Herr A. Auerealmoglio [belli] mir aus einem Briefe ſeines Freundes
Schreiber darüber Folgendes mit: „Der uralte Donnerbeſen be-
findet ſich auch bei uns im Breisgau auf den meiſten Speichern der
Bauern und wird zumal am Pfingſten und Johannis zu einem Dach-
loche hinausgeſtedt. Er beſteht bei uns nur aus zwei mythiſchen
Pflanzen, der Stechpalme (Ilex aquifolium) und der Seve (Juni-
perus sabina) nebſt überragenden Kreuzchen von gewöhnlichem
Holder. Um den Beſen zu vollenden, wird auf dem Walde
(Schwarzwald) auch noch Birken- und Tannenreiſig eingeflochten."
Von der Stechpalme kennt auch Montanus II. S. 153 denſelben Aberglauben: „Die Walddiſtel (Ilex aquifolium), auch Hülſe, Stechpalme,
Ahfenholz, Donnerſchmiß genannt, war bei den Heren ſehr bekannt,
welche die rothen Beeren zu ihrem Gebräu verwandten. Auch
wurden die Blätter Palmſonntag und Krautweih mit geweiht und
gegen das Gewitter gebraucht. Erasmus von Rollerdam ſagt:
      „Die alten Weiber glauben für gewiß,
      Geweihte Zweige ſichern vor Donnerſchmiß."
Von der Stechpalme berichtet Bod III. 54, daß mit ihren Blättern
am Palmſonntag die Kirche geſchmüdt wurde; von dem Sevenbaum

III. 57, daß er an demselben Tage gegen Donner und Teufel geweiht werde. — Diese Palmweihe ist neben der Krautweihe im ganzen katholischen Deutschland verbreitet." Am Palmsonntag werden Zweige der Sahl- oder Palmweide oder des Buchsbaums unter dem Namen Palmzweige geweiht, die jede gläubige Familie mit in die Kirche bringt. Sie werden durch Weihwasser und den Segen des Priesters geweiht. Die Anwendung derselben, obgleich durch Zeit und Name an den Einzug Christi geknüpft, hat nichts mit christlichen Gebräuchen gemein und stammt ohne Zweifel aus dem Heidenthum. Entsteht eine Feuersbrunst oder ein Gewitter, so wird sofort auf dem Heerde ein Feuer angezündet und einige der geweihten Zweige den Flammen übergeben. Wird ein Vieh krank, so werden einige Zweige in das Wasser geworfen, welches das erkrankte Thier zu saufen bekommt." (C. Mülhause, Urreligion der Deutschen, Cassel 1860, S. 132.) Von ähnlichen Gebräuchen in Westphalen berichtet Kuhn (Sagen aus W. II, § 416, S. 144), daß „am Ostertage die Roggenfelder mit geweihten Palmen besteckt werden, damit sie reichlich tragen und ihnen kein Wetter schade", und (§ 417) „daß, wenn die Palmen naß einkommen, d. h. bei regnigtem Wetter gesteckt werden, das Getraide nicht gedeiht." „In Stuben (heißt es § 418), auf Bienenkörbe, in's Flachsfeld steckt man Palmen (geweihten Buchsbaum), dann kann ihnen kein Schade geschehen." Dazu wird bemerkt: „An die Stelle des Buchsbaums treten auch wohl andere Zweige, wenigstens ist mir erinnerlich, größere Zweige auch auf den Feldern stecken gesehen zu haben: in der Mark holt man die eben aufbrechenden Weidenarten auf Palmarum und nennt sie ebenfalls Palmen; so auch, wenn ich mich nicht geirrt habe, in Winterberg. Ebenso Winden, Erlen, Pappeln u. dgl. In Schottland treten gewöhnlich Judenkirsche, Weide und Buchsbaum an die Stelle der Palmzweige; sie werden nachher verbrannt und die Asche wird aufbewahrt, man streut sie sich am nächsten Aschermittwoch mit des Priesters Segen auf's Haupt." „Am Maitage werden in der Gegend von Winterberg die Felder gepalmt, d. h. man steckt (§ 417) über's Kreuz gestellte, mit Weihwasser besprengte Weidenzweige auf dieselben." Nach Lanfens (Mannhardt's Zeitschrift für deutsche Mythol. III. S. 164) herrscht

dieselbe Sitte in Westflandern, wo schon am Palmsonntag die Palmen auf die Kornfelder gesteckt werden. In Schlesien geschieht
dies bei den kirchlichen Frühjahrsumgängen, die unter Begleitung
der römischen Geistlichen mit Gesang und Musik gehalten werden.
(Bulke, d. Volkssagl. § 231, S. 142.) Derselbe berichtet:
„Geweihte Palmen und knospende Weiden schützen bei Gewittern
vor dem Einschlagen, wenn man mit ihnen räuchert (Tyrol, Schlesien); und werden die Knospen verschluckt, so schützt das vor dem
Fieber (Schlesien) und vor dem Halsweh (Tyrol und Preußen)
§ 167, S. 108. Bei Sonnenfinsternissen wirft man in der Oberpfalz Brosamen und Palmen als Opfer in das Feuer." (S 236,
S. 144. Vgl. § 197, 215, 224, 225.) Nach Panzer (a a.
O. II, § 113, S. 79) sammelten bei Freising und Erding die
Bewohner einiger Dörfer die Asche des am Tage vorher verbrannten Ostermanns, streuten sie auf die Felder und besteckten diese mit
Palmenzweigen, welche am Palmsonntage geweiht, und mit Holzstäbchen, welche am Charfreitag gebrannt und geweiht worden waren,
um ihre Felder gegen Schaden zu schützen. Vgl. § 357, S. 210.
In andern Gegenden Bayerns wird am ersten Ostertage an der
Ecke jedes Ackers ein Palmkreuz gesteckt, d. h. ein geweihter Zweig
der Palmweide, in welchem kreuzweise ein Zweig des Seerbaums
und ein Weidenzweig mit Kätzchen (Palmnubbeln) gesteckt wird,
oder ein geweihtes Birkenreis, in welches ein geweihter Palm und
ein Seerenzweig gesteckt werden, so daß sie ein Kreuz bilden.
§ 380—81. Es soll dies besonders gegen den Bielschneider dienen,
der mit Messern an den Füßen die Felder durchwatet und das Korn
zerstört *). § 370, S. 210. Kap. XXVI, S. 534. § 364,
S. 207. Nach Aussaat des Leins stecken die Rohner Palmzweige
auf ihre Felder, um dadurch Unglück abzuhalten. Palmenzweige
dienten gegen Zauberei und Hexerei jeder Art. Und nicht bloß die
Zweige, sondern auch die Staude. So heißt es bei Panzer § 264,
S. 163: Aus Niederbayern: „Die Bauernknechte schneiden aus der
Rinde der Palmweide vier Riemen, bringen sie am Palmsonntag

*) Nach Herrn Dr. Caspers Bermuthung ist unter dem Biel-
schnitt das Ausgeben der jungen Pflanzen in Folge der Frühlingskröße
zu versteben.

zur Weihe, machen daraus am Ostersamstag einen Drutenfuß und nageln ihn an die Bettladen, das schützt gegen die Druten (Hexen)." Vgl. § 320, S. 189. — Im Gebrauch kommen mit den Palm- weiden oft zusammen Anlaßkränzl vor, die aus vielen Blumen ge- macht werden, welche auf dem Rain wachsen und am Gründonnerstag geweiht werden. Es wird denselben dieselbe Wirkung beigelegt, Schutz gegen Hagelschlag und Kornsegen. (Panzer, Bayer. Sagen II, 911-13.)

Von der verschiedenen Anwendung der Palmweide, Hasel- und Birkenreiser lesen wir bei O. Frhr. von Reinsberg-Düringsfeld: "Fest-Kalender aus Böhmen" S. 100 Folgendes: "24. März. "Der letzte Fastensonntag wird von den Deutschen Palmsonntag, von den Cechen der blumige Sonntag oder Blumentag genannt. Dieser Name entspricht dem alten deutschen Pluen-Ostertag (franz. Pâques- Deuries) und bezieht sich gleich der Benennung Palmsonntag auf die Gewohnheit der Kirche, an diesem Tage, welcher dem Andenken des festlichen Einzuges Christi in Jerusalem gewidmet ist, Zweige von Palmen, Oliven, Weiden oder Buchsbaum, die Blätter oder Knospen haben, zu weihen.

Die Procession, welche der Palmweihe folgt, wurde in Böhmen stets mit großer Feierlichkeit begangen.

An vielen Orten des Zirtner, Caslauer, Königgrätzer und Bunzlauer Kreises pflegen die jungen Burschen und Mädchen, die Ersteren mit grünen Zweigen geschmückt, die Letzteren in weißen Kleidern und mit Frühlingsblumen bekränzt, theils im Chor, theils in der Kirche Wechselgesänge in Chören auszuführen, welche die Festlichkeiten der kommenden Woche zum Gegenstande haben. —

Im Hause verschlingt jedes Mitglied der Familie einige Palm- kätzchen, ohne sie zu beißen. —

Bei den Cechen läßt die Hausfrau auch Birken- und Pimper- nußzweige weihen, um damit am Kuhfest die Kühe rückwärts aus dem Stalle zu treiben.

Desgleichen gibt man zum Weihen kleine Räder oder Kreuze aus Zweigen, die man in den Brunnen wirft, um aus ihrem Schwimmen oder Untersinken seine Zukunft zu erkennen.

Haselnußpalmen werden ebenfalls geweiht und schützen das Haus vor dem Einschlagen und das Feld vor dem Hagelschlag. An der

sächsischen Grenze müssen die Palmen als Blitzableiter unter's Dach,
bei den Deutschböhmen zur Verhütung alles Unheils in der Wohnstube, im Stalle oder auf dem Schüttboden zwischen die Balken
gesteckt werden. Auf die Gräber gesteckt, sollen sie wahrscheinlich
den Todten eben so wol Gutes thun, wie den Lebenden. Um vor
dem Blitz zu schützen werden sie im Oberlande angezündet, im Niederlande auf den Tisch gelegt. Bei den Cechen müssen sie so lange
wie möglich in die Wintersaat gesteckt werden, dann wächst diese so
hoch, wie die Palmen sind, besonders wenn das Feld an allen
Ecken mit Dreikönigswasser besprengt worden ist.

Die Kätzchen der geweihten Zweige haben verschiedene Heilkräfte.

An der sächsischen Grenze muß man drei davon unter das
Futter der Kühe thun, dann geben diese viele und gute Milch.
Die Menschen schützen sich durch das Verschlucken von dreien vor
Zahnweh, sowie in Deutschkrod, in Komotau, im Eger- und im
Leitmeritzer Kreise vor Halsweh.

Die Deutschböhmen auf dem Lande verschlucken sie, um das
ganze Jahr hindurch vor dem Fieber sicher zu sein.

Im Chrudimer Kreise thut man das um desselben Zweckes
willen, während der Wandlung. Nach der Messe geht man auf
das Feld und gräbt einige geweihte Palmblumen in die grüne
Saat ein, um diese dadurch zu segnen. Böswillige, welche Anderen aus Neid oder Rachsucht Schaden zufügen wollen, pflegen
daher diese Blüten heimlich wieder auszugraben und in ihre Aecker
zu stecken, um deren Ertrag zu erhöhen.

Den geweihten Zweig selber trägt man, ohne erst in die
Wohnstube zu treten, in den Kuhstall und verbirgt ihn hinter einen
Balken an der Decke, damit die Rinderpest vom Stalle abgehalten
werde."

Diese Palmzweige nun hatten die Gestalt von Besen, wie wir
aus Schmeller's bayr. Wörterbuch (Stultg. u. Tüb. 1824) I,
S. 207, lernen: „Palmbesen, Büschel von kleinen Zweigen der
Palmenweide, nach Art eines Besens zusammengebunden, die an
einen dünnen Stab gesteckt, am Palmsonntage zur Weihe getragen
werden." Ueber den Gebrauch desselben belehrt uns Leoprechting,
Lechrain S. 169: „An den Stab einer Haselstaude, in die Hasel

schlägt ohnehin kein Blitz, sind angebunden Zweige von der Palmweide mit ihren jungen Nudeln, einem der ersten Triebe, die der
herankommende Lenz erzeugt, von der Mistel, diesem uralten Heil-
thum, dann vom Seyling (Taxus), dessen Geruch den Hexen un-
ausstehlich, von der die Gesundheit so sehr erhaltenden ehrwürdigen
Krannwit (Wachholder), und gegen das Gebirg zu auch von der
Stechpalme, dem Wachslauberbaum, wie er dorten genannt wird.
Der Haselstecken darf nicht zu lang und muß geschält sein, denn die
Hexen vermögen in den engsten Raum, sogar zwischen Holz und
Rinde zu schlüpfen. Nur bei der Handhab ist der Stab nicht geschält, darum muß man ihn aber auch kniff greifen, um die Hexe
herauszubrücken. Jedes Haus läßt so viele Büsche weihen, als es
für Stuben, Kammern, Stallungen nöthig hat. Während einem
Wetter wirft man einen kleinen Theil des Palms in das Herdfeuer,
wodurch man sich gegen den Einschlag des Blitzes verwahrt. Sonderbare Kräfte ruhen aber hauptsächlich in dem Haselstecken. Indem
mancher z. B. beim Austreiben des Viehs seiner Kuh über den
Rücken streicht, nimmt man andern Kühen zu Gunsten der seinigen
die Milch." (Vgl. Kuhn, Sagen aus Westphalen II, § 418, S. 148.)

    Daß die Palmweihe vor der Reformation auch in Norddeutsch-
land verbreitet gewesen, ist an sich nicht zu bezweifeln und wird
von Franz Wessel (a. a. O. S. 6) bezeugt, bei Schiller (S. 10):
„Up dem Palmdach was eine grote Spökerye. Uth allen steden
in (?) huseren und dorperen sende men ein Bundt strase thor
kerken des morgens tho VI stegen; dar was ingebunden einbeeren-
struke, lofstocke van wyrbome, dat man botterstele van makede,
und sus swevestocke, holt tho plochtilen, dabi thor touwerye undt
affgötterye deinstlich. Til seyeden de armen narren int chor undt
kerde, wor se kondenn. Dar hoff de mistener ahn dabt krudt
tho beschweren mit grumliken charakteren, dabt idt ook nene louverersche
stangnibeschwerer este schwerdspreker malen konden. Denne stundt
dar ein groth löver vull Water, alse twe mans dregen konden unde
ein groth gwispell darinne. Den greep ein capellan in beide hende,
sloch stuts water manch de lude undt in den Palm; de nu up dem
natesten warbt, de was thom besten gewyet, so dabi men de grote
barmhertigheidt gades dar spören konde. Sus hadde de erve voge

genoch gehat, de kerle mit misbederen unbt strafe und andere boren also vorslingende, wo thor thdl Dathan unbt Abiron. Wenn nu dat ambacht uth was, wie man ibt nömen plagh, so drogenn de elenden lude den schmelisen afgobl tho hus, makeden daran kleine crutzen, alse vinger lanck, stickeden de up de dören der huse, schunen, stelle, molkenkammer, und vorwarden disse strule thom lange jar; wen ibt donnerde, blitzede, wedderde, so leden de lude et lite der strafe up dadt vur, so dadt ibt men roten muste; unbt hebben de thouorsicht: so wit de rock ginge, konde dat wedder keinen schaden dhon. Dabt gabt betaren (moste) gedachte nemandt, sondern Lucas, Markus, Matthäus, Johannes, unbt dat geroyede was, licht angestickel."*) Hier is offenbar die an manchen Orten noch übliche

*) Hochdeutsche Uebersetzung: „Am Palmsonntage war eine große Spackerei. Aus allen Städten, Häusern und Dörfern sandte man ein Bund Strauchwerk zur Kirche, Morgens 6 Uhr. Darin waren gebunden Wachholdersträuche, Laubzweige vom Weidenbaum (?), aus denen man Butterstäbe machte, und sonst Peitschen-Stöcke, Holz zu Pflugleisten, was zur Zauberei und Abgötterei dient. Dies streuten die armen Narren in Chor und Kirche, wo sie konnten, aus. Dann fing der Meßdiener an, das Kraut zu beschwören mit gräulichen Charakteren, daß es auch kein zauberischer Schlangenbeschwörer oder Schwertsprecher schrecklicher machen konnte. Dann stand da ein großer Zuber mit Wasser, den zwei Mann tragen konnten, und ein großer Weihwedel darin. Den nahm ein Capellan in beide Hände, spritzte schnell Wasser unter die Leute und auf die Palmen; die von zum nässesten wurden, waren am besten geweiht, daß man die große Barmherzigkeit Gottes spüren konnte. Sonst hätte die Erde Fug und Recht genug gehabt, die Kirche mit Missethätern und Strauchwerk und anderm Thoren zu verschlingen, wie zur Zeit Dathans und Abirams (4. Mos. 16, 27 uff.). Wenn nun das Amt (gottesdienstliche Handlung) vorüber war, wie man es zu nennen pflegte, so trugen die elenden Leute den schmählichen Abgott nach Hause, machten kleine Kreuze daran, wie einen Finger lang, steckten sie über die Thüren der Häuser, Scheunen, Ställe und Milchkammer und bewahrte diese Sträucher ein Jahr lang. Wenn es donnerte, blitzte, wetterte, so legten die Leute einige Stücke auf's Feuer, so daß es rauchen mußte, und hatten die Zuversicht, so weit der Rauch ginge, könne das Wetter keinen Schaden thun. Daß Gott schützen müsse, daran dachte Niemand, sondern Matthäus, Marcus, Lucas, Johannes und das geweihte Wacholdlicht, wenn es angesteckt wurde.“

Sitte der Palmbesen beschrieben. Aber davon, daß in Norddeutschland der Palmbesen üblich gewesen, zeugt auch ein Gebrauch, der
sich in Nordheim und Umgegend erhalten hat, wie mir Herr Conrector Krause in Stade mittheilt, wo am Palmsonntage Zweige
der Sahlweide (dort Söhlweide genannt) mit Kätzchen unter dem
Namen Palmen geholt und in Bündelchen in die Fenster gestellt
werden. Sonst gibt der Name Palmenweide, der sich im Hildes-
heimschen wie im Lauenburgischen, wozu in alten Zeiten die Vierlanden gehörten, erhalten hat, noch den Beweis, daß einst auch in
unserer Gegend diese Sitte herrschte.

Uebersehen wir nun den ganzen Umfang der Vorstellungen und
Gebräuche, so sind es, abgesehen von der Haselruthe, drei Haupt-
symbole, die sich an drei verschiedene Zeiten des Jahres anschließen.
Der Palmbesen an Palmsonntag und Ostern, der Birkenreisbesen oder ein besenartiger Büschel von Zweigen des Vogelbeerbaumes an Maitag, der Weihbüschel an die Frauendreißigen
(vom 15. August bis 15. September.) Greifen sie auch vielfach
in einander, so sind sie doch in der Hauptsache leicht zu unterscheiden, obgleich offenbar der Palmbesen und der Weihbüschel in nä-
herer Beziehung zu einander stehen. Fragen wir nun zuerst, welches dieser drei besenartigen Pflanzenbündel in dem Embleme an
Häusern in unserer Elbgegend wieder zu erkennen ist, so kann, da
wir den Birkenreisbesen, weil er aus unbelaubten Zweigen besteht,
den Weihbüschel, weil er aus Kräutern und Blumen besteht, zurück-
weisen mußten, nur an Haselruthen, Vogelbeerbaumzweige und
Palmbesen gedacht werden. So wenig bestimmt die Blätter ausgeprägt sind, so lassen sie doch an Haseln nicht denken. Schwerer
ist es, zwischen Vogelbeeren und Palmweiden zu entscheiden, zumal
da diese ohne Laub nur mit Kätzchen versehn geweiht wurden.
Denn bei Unbestimmtheit der Blattform und der Unsicherheit der
Ueberlieferung können eben so gut Kätzchen dargestellt sein, die
fast eben so zahlreich sind, als die Blätter. Die Palmweide scheint
schon deshalb eher anzunehmen, weil ihre Anwendung allgemeiner und
mannichfaltiger war, als die der Vogelbeerzweige. Doch kann nur
an einen Palmbesen in seiner einfachen Gestalt gedacht werden, sofern er nur aus Weidenzweigen besteht, die in den verschiedensten

Gegenden seinen Hauptbestandtheil ausmachen, während die übrigen
Zweige in verschiedenen Gegenden verschieden sind und hinzuge-
nommen scheinen, um in der Jahreszeit, wo andere Pflanzen keine
Zweige treiben, doch Grünes zu haben, denn man nahm gewöhnlich immergrüne Pflanzen, wie Buchsbaum, Taxus, Wachholder
oder Tannenzweige. Betrachten wir nun die am meisten ausgeprägten Formen unseres Emblemes in den Bürlanden, so ist auffallend, daß der Zweig oder Stengel nur durch eine Vertiefung
dargestellt ist, die scheinbaren Blätter aber stark hervortreten. Auch
gewährt nur die Form Fig. 5 in Achterschlag den Schein von
Blättern, während in Reuengamm Fig. 6 zu beiden Seiten des
scheinbaren Zweiges abgerundete Rechtecke sich so dicht an einander
schließen, daß sie das Ansehen gewundener Stäbe haben. Und diese
Form möchte deßhalb der ursprünglichen näher stehen, weil sie sorg-
fältiger und in Sandstein gearbeitet ist. Beide lassen eher an
Kätzchen als an Blätter denken, weil diese glatt sind und die Dicke
des Zweiges mehr erkennen lassen würden, jene aber allerdings
nicht nur durch ihre Dicke stark vor den Zweig heraustreten, sondern auch eine ähnliche Gestalt haben. Indeß sitzen die Kätzchen
der Palmweide weder so dicht, noch einander gegenüber, sondern
wechseln zu beiden Seiten des Zweiges. Es müssen demnach, wenn
wirklich ein Palmbesen dieser Art ursprünglich hat dargestellt werden sollen, nachdem dies in Vergessenheit gerathen war, die Zwischenräume zwischen den Kätzchen mit gleichartigen Erhebungen, wie
die, welche Kätzchen ausdrücken sollten, ausgefüllt sein. So wahrscheinlich es ist, daß dies besenartige Emblem eine Nachbildung eines Besens
aus lebendigen Zweigen sein soll, in dem der Aberglaube ein Schutz
und Segen gewährendes Amulet erkannte, so darf doch die bestimmte Beziehung auf den Palmbesen so lange nur als Vermuthung
gelten, bis sich neue bestätigende oder widerlegende Gründe finden.

Die Beziehung der Bäume, Büsche und Kräuter zu den
Göttern ist uralt, wie das Vorkommen bei fast allen Völkern zeigt.
(vgl. Böttcher, Baumcultus der Hellenen, Berlin 1856.) Die
Ursache und Art der Beziehung scheinen sehr verschiedene zu sein.
Eine der ältesten Ursachen fällt mit dem Ursprunge der Mythologie
selber zusammen, welche die atmosphärischen Erscheinungen als

Thaten und Offenbarungen der Götter unter dem Bilde irdischer
Gegenstände und Verhältnisse auffaßte. So wird der Wolkenhimmel
als ein großes Laubdach vorgestellt, unter dem die Götter wohnen,
und dieser Wolkenbaum ist zum Weltenbaum geworden in der Weit-
esche Ygdrasill. (Kuhn und Schwarz, nordd. Sagen § 412,
S. 455. Maunhardt, Germ. Mythen S. 543.) Dagegen die
Beziehung derjenigen Pflanzen zu den Göttern, die zur Zeit ihrer
Feste Keime, Blätter oder Blüthen treiben oder Früchte tragen, scheint
ihren Grund darin zu haben, daß man in ihnen die Erscheinung
oder Thätigkeit dieser Götter erkannte. Daher die Heiligkeit der
Palmenweide, Birke und des Haselstrauches, welche mit zuerst im
Anfange des Frühlings ihre Blüthen-Kätzchen zeigen, und so vieler
Frühlingsblumen, die vom Kukuk, dem Vogel Donars, benannt
sind, weil sie zur Zeit des Frühlingsfestes am Ende April, andere
vom Donar selbst, weil sie zur Zeit des Herbstfestes, das demselben
gefeiert wurde, blühen, wie unter den Kräutern des Weihbüschels
sich mehrere finden, unter denen, so verschieden sie sind, immer eins
oder das andere vom Donner benannt ist. Bei vielen Blumen
und Pflanzen ist der Grund noch dunkel, bei manchen darf die Erklärung von einer umfassenden mythologischen Botanik gehofft werden, bei anderen wird es vielleicht nie gelingen den Grund zu
finden, weil es uns unmöglich ist, uns ganz in die Vorstellung der
Völker zu versetzen, als sie noch in Wald und Feld im unmittelbaren Verkehr mit der Natur lebten.

Was die dem Donnergott geweihten Bäume betrifft, so ist
von der Palmweide, Birke und der Haselstaube bereits die Rede
gewesen. Der Vogelbeerbaum und die Stechpalme erinnerten vielleicht durch die rothe Farbe der Früchte an das rothe Feuer der
Blitze. Die Stechpalme aber kommt mit Wachholder, Taxus und
Tanne darin überein, daß sie beständig grün sind, was auch mit
einzelnen Kräutern der Fall, die dem Donner geweiht waren, wie
Hauslauch und Steinkraut, wodurch sie sich als besonders lebenskräftig kund zu thun schienen. Die Birke und der Vogelbeerbaum
scheinen aber auch wegen ihres Reichthums an Saft in Betracht zu
kommen, namentlich sofern ihre Berührung dem Vieh Milchreichthum
verlieh. Auch die Form der Blätter scheint in Betracht zu kommen,

insofern der Blitz als Vogel vorgestellt ein gefiedertes Blatt zum
Symbol zu fordern schien, wie es der Vogelbeerbaum hat. (Kuhn,
Herabkunft des Feuers, Berlin 1859, S. 220.) Ob wegen ähnlicher
Entsprechung der Nadeln Tanne und Wachholder besondere Berücksichtigung gefunden haben, muß dahin gestellt bleiben, da von
ihnen, wie von der Birke, noch nicht sicher ist, daß sie dem Donar
heilig waren. So gewiß es ist, daß die Palmweide mit einem
entsprechenden Frühlingsfest, der Weißbüschel mit einem entsprechenden Sommer- oder Herbstfeste Donars zusammenhängt, so gewiß ist es,
daß dieses Fest ihm nicht allein gefeiert wurde. Daß eine Göttin mit
in Betracht komme, ist wohl nicht zu bezweifeln, da Maria Himmelfahrt zum Weihen gewählt ist; und der Name Mechthildenkränze bestätigt es, denn weibliche Heilige traten in Festen und
Sagen an die Stelle der Göttinnen. A. Luitzmann (Die heidnische Religion der Baiwaren S. 130.) glaubt, „daß der in Baiern
und Oesterreich herrschende Gebrauch im Frauendreißigen (15. August
bis 15. September) Kräuter und Blumen zu sammeln und als
Mechthildenkränze weihen zu lassen, sich natürlicher mit Ostara als
mit Frouwa verbinden lasse." Es würde zu weit führen, das Verhältniß von Ostara und Freia (Frouwa) zu untersuchen. Hier
scheint jedoch zunächst an Frouwa zu denken, weil Maria, vorzugsweise Frau genannt, an deren Stelle getreten ist, wie Mannhardt
(a. a. O. S. 246 u. 338) wohl zur Genüge dargethan hat. Damit ist
aber die Beziehung zu Donar nicht geändert; hat doch Worße (Spuren
weiblicher Gottheiten in d. Zeitschr. f. d. M., Bd. II, S. 81 u. f. bes. 86
u. 94) nachgewiesen, daß auch in der Fäer des wiederkehrenden Frühlings beide zusammen wirkend gedacht wurden. Wahrscheinlich sind bei
diesen Festen auch noch andere Götter betheiligt, wie es denn überhaupt schwer sein wird, vielleicht unmöglich, einzelne Feste auf einzelne Götter zu beziehen. Mag in dem einen der eine, in einem
andern ein anderer die erste Stelle eingenommen haben, meistens
scheinen die Feste mehreren, wenn nicht allen Göttern gefeiert zu
sein. Und eben so hatte der einzelne Festgebrauch oft viele verschiedene Beziehungen, wenn sich dieselben auch auf eine ursprüngliche Einheit zurückführen lassen, und verschiedene Festgebräuche
dieselbe Beziehung. Dies scheint wenigstens mit den verschiedenen

Arten von Besen der Fall zu sein. Cuißmann (a. a. O.) bemerkt:
„Wie man in Baiern die Mechthildens und Antlaßkränze in's Sonn-
wendfeuer wirft und die Kräuterbüschel theils gegen Hexenzauber in
den Stall steckt, theils gegen Gewitter verbrennt, oder im Lechrain die zerpflückten Antlaßkränze über die Saatfelder streut, um
Feldzauber und Durchschnitt (Bilsenschnitt) zu bannen, so bewahrt
man in Tyrol und Kärnthen die Weihezangaststräuße und Weihbüschel
in Stall und Haus gegen Hexenwerk und Teufelsanfechtung und
verbrennt davon, um Gewitter und Hagelschlag abzuwenden." Dazu
kommt, daß die Vogelbeerzweige, welche den Milchsegen bewahren
sollen, auch als Besen gebraucht wurden. (Mannhardt G. M.
S. 35, Anm. 4.)

Diese scheinbar ganz verschiedenen Beziehungen dieser besenartigen Symbole lassen sich durch Zurückführung auf ihre Natur-
bedeutung noch in ihrer ursprünglichen Einheit wieder erkennen.
Wir gehen von dem eigentlichen Besen aus, in dem sich offenbar die
verschiedenen Beziehungen auf Gewitter, Regen, Gedeihen des Korns
und Viehes, ja auf Schutz gegen alles Unheil und auf Segen jeglicher Art concentriren. Von selbst drängt sich da die Frage
auf, wie ist denn der Besen zu dieser Bedeutung gekommen, oder
vielmehr, was ist seine Bedeutung in diesen Gebräuchen? Da er
häufig nicht nur mit der Axt zusammen vorkommt, oder bald der
Besen, bald die Axt zu ganz gleichem Zweck, ja ganz gleicher Weise
angewandt wird, statt der Axt aber in verwandten Gebräuchen,
namentlich um die Milch der Kühe zu mehren, auch die Steinaxt
gebraucht wird (Mannhardt, Zeitschrift f. deutsche M. III,
S. 105, Kuhn und Schwartz, Norddeutsche Sagen § 411, S. 455),
so folgt, wie bereits erwähnt ist, mit Nothwendigkeit, daß der
Besen, wie vom Steinhammer, Donnerkeil, ausgemacht ist, dem
Donnergott (Thor) heilig gewesen ist. Dies ist auch von mehreren
Forschern bereits anerkannt. (Mannhardt, G. M. S. 35, Anm. 4.
Wuttke, S. 20, § 24, und 98, § 146.) Wir müssen jedoch
weiter fragen, worin liegt die Beziehung? Mannhardt glaubt
im Besen den Blitz symbolisirt; Schwartz (der heutige Volks-
glaube S. 30, Anm. 2, und Ursprung der Myth. S. 222)
dachte an den Wind, der die Luft rein fegt. Ist der

Hammer zunächst Symbol des Donners, wie der Sprachgebrauch die Donnerschläge mit Hammerschlägen vergleicht, so muß man geneigt sein, den Besen auf den Blitz zu beziehen; allein der Hammer ist eben so gut Symbol der Blitze, wie Kuhn (Herabkunft des Feuers, Berlin 1859, S. 66 u. f.) aus der Uebereinstimmung der arischen Völker in dieser Vorstellung nachgewiesen hat und noch heute die Redensart: der Blitz schlägt ein, bestätigt. Ist auch die Beziehung zum Gewitter unzweifelhaft, so kommt doch der Besen in so vielen und verschiedenen Beziehungen vor, die sich nicht aus dem Blitz erklären lassen, weßhalb Schwartz an den Wind gedacht hat. Doch genügt das nicht, obgleich oder vielmehr weil wir ihm vollständig beipflichten, wenn er von den Hexenversammlungen auf dem Blocksberge sagt: „Hier liegen nicht, wie man gewöhnlich meint, bloß irgend welche heidnische Versammlungen zu Grunde, sondern ursprünglich sind es die Zusammenkünfte der himmlischen uns bekannten Wesen, welche namentlich zur Frühlingszeit auf den Bergesgipfeln der Glaube im Treiben der Wolken und Winde wahrzunehmen pflegte." Die Hexen scheinen mir nichts anderes als die in so verschiedenen Gestalten von Mannhardt und namentlich als Frauen nachgewiesenen Wolken zu sein, und zwar die Regenwolken, und der Regen ist eben der Besen, auf dem sie reiten. Er sagt zumal als Gewitterregen *) — daher ist er eben Donars Symbol — die Erde rein, entfernt alles Unreine und bringt den Feldern Fruchtbarkeit, also auch den Kühen Milch.

---

*) Hr. Dr. Caspar macht dazu die Bemerkung: „Der Regen ist gleichsam der Besen des Sturmwindes. Und dieser Auffassung möchte nicht nur die reinigende, fortspülende und fortfegende Gewalt solches Regens, sondern sein eigentliches, aus unzähligen Regenstrahlen zusammengesetztes Wesen entsprechen." Er weist dies Bild auch im A. T. Jesaias 14, 23 nach: „Und will sie (die Bosshaftigen) machen zum Erbe den Igeln, und zum Wassersee, und will sie mit dem Besen des Verderbens kehren." Er erkennt ähnliche Vorstellungen in dem Sprachgebrauch, nach dem „der Regen peitscht" und „der Sturm fegt", und zeigt an Beispielen, daß diese Bilder bei Dichtern vielfach in einander übergehen. Das zeigt auch J. Grimm im deutschen Wörterbuch s. v. fegen 9, in den Redensarten: „Sturm, Schnee und Regen fegt die Flur."

17*

Der Wind erklärt so wenig den so stark hervortretenden Einfluß
auf die Milch, als der Blitz das Reiten der Hexen. Für unsere
Erklärung spricht aber auch die verwandte Vorstellung in allen
Indo-Germanischen Religionen, nach welcher Wolken, zumal Regenwolken, mythisch als Pferde, Schwäne, Kühe oder andere Thiere
bezeichnet werden, worin wahrscheinlich die Verwandlung der Hexen
in verschiedene Thiergestalten ihren Grund hat. Es ist nun aber
nichts gewöhnlicher in allen Religionen, als daß was einer Macht
der Natur oder des Geistes zukommt, auf dessen Symbol übertragen und dazu noch weiter ausgedehnt wird. So erscheint der
Besen als Symbol der reinigenden Kraft des Regens, als Ab-
wehrer alles Uebels, ja des Bösen, und selbst der Wesen (Hexen),
deren Repräsentant er ist, nachdem sie durch Annahme des Chri-
stenthums als heidnische Wesen zu bösen Geistern geworden sind.
Und derselbe Besen, als Symbol der fruchtbaren, segnenden Kraft
des Regens, wird dann ganz im Allgemeinen als Glück und Segen
bringend vorgestellt. Die Wirkung der Hexen erscheint aber ganz
besonders bei den Kühen, weil dieselben Wolken auch als Kühe
vorgestellt wurden, deren Milch wieder das Regenwasser ist (Wuttke
S. 169, § 292). Daß aber die Hexen Geister der Wolken und
der Besen der Regen ist, ergibt sich schon aus der Vorstellung von
dem Wettermachen, von ihrem Fahren durch die Luft und durch
den Schornstein, indem der Rauch den Wolken gleichgestellt wird.
Besteht doch auch in Goethe's „Zauberlehrling" die Macht des
Hexenmeisters im Wassermachen vermittelst des Besens:

> Und nun komm, du alter Besen!
> Nimm die schlechten Lumpenhüllen;
> Bist schon lange Knecht gewesen;
> Nun erfülle meinen Willen!
> Auf zwei Beinen stehe,
> Oben sei ein Kopf,
> Eile nun und gehe
> Mit dem Wassertopf!
> Walle! walle
> Manche Strecke,
> Daß, zum Zwecke,

Waffer fließe
Und mit reichem vollen Schwalle
Zu dem Bade fich ergieße.

Der Besen also als mächtiges Symbol des Gottes, der aus den Wolken Blitz wie Regen sendet, ist ein Ausdruck für das menschliche Gebet, daß derselbe allen Segen senden möge, der von diesen Naturerscheinungen gehofft wird, alle Nachtheile abwenden möge, die von ihnen gefürchtet werden können. Was aber von ihrer Wirkung gewünscht und gehofft ward, ist ihnen nach und nach als zauberhafte Wirkung zugeschrieben: zuerst die Fruchtbarkeit der Felder, dann das Gedeihen des Viehes. Die gefürchteten Nachtheile aber wurden nicht unmittelbar den Naturerscheinungen, sondern besonderen, als böse vorgestellten Wesen und Menschen, besonders Frauen, welche in jenem Dienste standen, den Hexen beigemessen.

Diese Vorstellungen in diesem Zusammenhang mit demselben bestimmten Symbol sind nun keineswegs bloß Germanisch, sondern finden sich auch bei anderen stammverwandten Völkern. Freilich müssen wir dabei den Unterschied der Völker und des Klimas, das sie bewohnten, berücksichtigen. Bei den Römern, die sonst vorwaltend praktisch sind, nimmt alles Religiöse einen praktischen, wie bei den Griechen einen idealen Charakter an. Auf den ersten Blick vermissen wir den Besen bei den Römern, allein da er zu heiligem Gebrauch aus lebenden Sträuchern gemacht wurde, ist er unter dem Namen verbena versteckt. Wir finden bei Römern, wie bei Deutschen, besonders Zweige immergrüner Bäume zu heiligen Gebräuchen verwandt (vgl. Hartung, Rel. d. Römer I, S. 200). Bei den Griechen spielte dagegen der wirkliche Kehrbesen auch in den religiösen Gebräuchen eine Rolle. (C. Bötticher, Grab des Dionysus, Berlin 1854, S. 7.) Bei den Griechen aber kommt ganz besonders der Gebrauch von Zweigen bei Processionen in Betracht, die immer von den Zweigen des Baumes genommen wurden, welcher der Gottheit geweiht war, der man das Fest feierte. Solchen Zweigen, die oft von verschiedenen Pflanzen büschel-, wedel- oder besenartig zusammengebunden wurden, legte man ganz ähnliche zauberhafte Kraft und Macht gegen Zauberei bei, wie bei den Deutschen. (C. Bötticher, Baumkultus Kap. 21, S. 313.) Daß

das, was hierin mit deutschen Gebräuchen übereinstimmt, nicht zufällig sei, sondern schon von dem gemeinsamen Urvolk stamme, ist
bereits von Kuhn gezeigt. Denn nicht nur die Sitte, das Vieh
zu quicken, findet sich bei den Indern so übereinstimmend wieder,
daß an einen historischen Zusammenhang nicht zu zweifeln ist
(Herabkunft des Feuers, S. 180 ꝛc.); sondern auch die Beziehung
des Blitzes und Gewitters zu bestimmten Bäumen mit gefedertem
Laube, die ebenfalls nicht zufällig sein kann. Hexen (Zauberinnen)
begegnen uns bei Griechen, Römern und Indern, und bei Letzteren
sogar auf Besen reitend. (Kuhn, N. S. S. 71.) Da finden
wir aber auch die Beheçung oder Bezauberung menschlicher Frauen
von eben den Wolkenfrauen abgeleitet, mit denen sie in der Ueberlieferung verschmolzen sind.

Schließlich muß ich noch auf den Namen Donnerbesen
zurückkommen, den ich dem besenartigen Emblem an Häusern in den
Vierlanden gegeben habe; damals durch eine ziemlich dunkle Ver-
muthung geleitet. Nach den Ergebnissen der gegenwärtigen Unter-
suchung scheint der Name Palmenbesen angemessener zu sein.
Wenn derselbe, wie wahrscheinlich, christlichen Ursprungs, weil dieser
Besen Palmsonntag geweiht wurde, so fragt sich, wie er in heidnischer Zeit geheißen, und da bietet sich kaum ein anderer Name
dar, der angemessener ist, als Donnerbesen. Denn schon die
Stellung zwischen Emblemen des Zio, den Pferdeköpfen auf der
Spiße des Giebels, und des Wodans, dem Hufeisen an der
Schwelle, führt darauf, daß ein drittes Emblem dem dritten der Haupt-
götter gehören muß. Sein unmittelbares Vorbild der Palmenbesen
ist aber, wie nachgewiesen, auch dem Donar geheiligt gewesen. Im
Sprachgebrauch hat das Wort zwar ganz andere Bedeutungen, die
aber gerade bei ihrer Verschiedenheit eine von allen verschiedene erste
Bedeutung anzunehmen zwingen. In Westphalen (Mannhardt, G.
M. S. 35, Anm. 4) wie in Preußen und Schlesien ist es ein
allgemeiner Verwünschungsfluch, aber auch Ausdruck der Verwun-
derung (Woeste in d. Z. f. d. Myth., II, S. 86); in Hamburg mit
speciellerer Anwendung ein böses, keifendes Weib. Dasselbe Wort
bedeutet ein struppiges, verwirrtes, nestartiges Gewächs auf Baum-
ästen, dessen Erzeugung der Aberglaube dem Blitz zuschreibt; es

führt auch den Namen Alpruthe. (Grimm, d. Myth. S. 168.
Kuhn, S. a. Westph. II, § 158, S. 55, der den Ausdruck in der
Gegend von Potsdam fand.) Es ist aber auch ein Name, der dem
Donnerkraut gegeben wird, und den Namen Donnerkraut führen
verschiedene Kräuter, die zum Weihbüschel angewandt werden.
Donnerbesen heißt in der Schweiz auch die Mistel, die im Lechrain
zum Palmbesen gehörte (Rochholz, Aargauer Sagen S. 202), die
Kuhn (Herabkunft des Feuers S. 232) für eine Verkörperung des
Donnerkeils hält.   Sollte also nicht Donnerbesen ein gemeinsamer
Name aller gegen das Gewitter schützenden Besen gewesen sein,
übertragen vom Gewitterregen, dessen Symbol sie sind?

Nachtrag. (Mit Fig. 7; Tafel 9.)

Die Steindrücke waren bereits ausgeführt und der größte Theil
der Abhandlung gedruckt, als mir durch die Güte des Herrn F.
H. B. Büsch in Kattendorf von dem Hause Fig. 3 eine sorgfältig ausgeführte Abbildung zukam, die auf seine Veranlassung vom
Herrn Decorationsmaler Brasch ausgeführt ist. Diese Mittheilung
macht mich zugleich darauf aufmerksam, daß das Dorf, wo sich
dieses Haus befindet, nicht Klein-Wiesen, wie auf der
Tafel und S. 247 gedruckt ist, sondern Klein-Binsen
heißt, und das Haus, welches jetzt dem Käthner Beck gehört, über
der großen Thür die Inschrift hat: „Claus Böge: Anno 1766:
Anna Gesche Bögen. Z. M. B. H. den 19. December."

Zugleich erhalte ich durch die uneigennützige Güte desselben
Herrn Brasch eine Abbildung eines Hauses mit demselben Zeichen,
von dem ich bisher keine Kunde hatte. Die Redaction der Jahrbücher hat es in Fig. 7 in Steindruck wieder geben lassen. Es
führt über der großen Thür folgende Inschrift: „Auf Gott und
das Glück hof ich alle Stunde und Augenblick.   An Gottes
Segen ist Alles gelegen. Hans Fuhlendorff.   Anno 1765 den
3. April. Anna Cathrina Fuhlendorfs."

Da dies in Hüttbleck belegene Haus der Käthnerin Wittwe
Fuhlendorf gehört, ersehen wir, daß dasselbe nun fast 100 Jahre
im Besitz derselben Familie ist.   Die Jahreszahl 1765 ist auch

insofern nicht unwichtig, als sie (da das Haus Fig. 3 in Klein-Winsen vom J. 1766 ist) schließen läßt, daß damals dies Emblem noch allgemein im Gebrauch gewesen ist. Dasselbe ist hier nicht über oder neben der großen Thür, sondern am sogenannten Heck-schauer zu beiden Seiten einer Nische angebracht, wie die Abbildung Fig. 7 a in vergrößertem Maaßstabe zeigt; dadurch finden wir bestätigt, was schon aus den bisherigen Beispielen hervorging, daß es keine bestimmte Stelle am Hause einnahm. Und dies ist deßhalb bemerkenswerth, weil auch der wirkliche Palmbesen, wie der Weihbüschel, an verschiedenen Stellen angebracht wurde, unter'm Dach, über oder an der Thür.

Herr Büsch lenkt gewiß mit Recht meine Aufmerksamkeit auf die an diesem Hause zwischen den beiden Besen befindliche Nische, welche zwei Zoll tief, zierlich gemauert und eingefaßt ist, zumal da, wie er mir schreibt, auch neben dem Fig. 4 abgebildeten Besen des Möller'schen Hauses in Kaltenkirchen solche Nische sich befand, und dieselben sonst öfter mit Kalkbesatz und zierlich gewölbt an alten Gebäuden neben der Seitenthür vorkommen, ohne daß von deren Zweck etwas bekannt wäre. Unsere Abbildung Fig. 7 a läßt kaum bezweifeln, daß sie für ein Bild, sei es in Zeichnung, Farben, Relief oder freistehender Sculptur, bestimmt gewesen ist. Da der Donnerbesen als Palmbesen eine christliche Bedeutung angenommen hatte, und wir zunächst nur aufs Mittelalter zurückgehen können, ist es am wahrscheinlichsten, daß damals in der Nische ein Crucifix, ein Marien- oder Heiligen-Bild stand. Darin möchte indeß schwerlich eine heidnische Sitte nachgeahmt sein. Mit oder bald nach der Reformation verschwanden die Bilder; aber wie so Manches beibehalten wird, weil es herkömmlich ist, obgleich es seine Bestimmung längst verloren hat, so ist hie und da die Nische auch beim Neu- oder Umbau des Hauses erneuert.

Der Donnerbesen.

Fig 1. Aus Achterschlag (Vierlanden).

Der Donnerbesen.

Fig 2. Aus Petersen.

Der Donnerbesen.

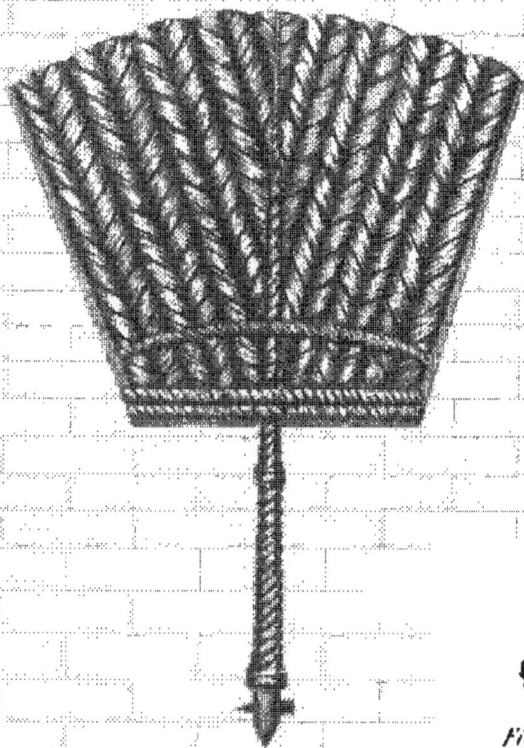

Fig. 6 a.

Fig. 6. Aus Neuengamme (Vierlanden.)

Der Donnerbesen.

Fig. 5. Aus Achterschlag (Vierlanden).

Der Donnerbesen.

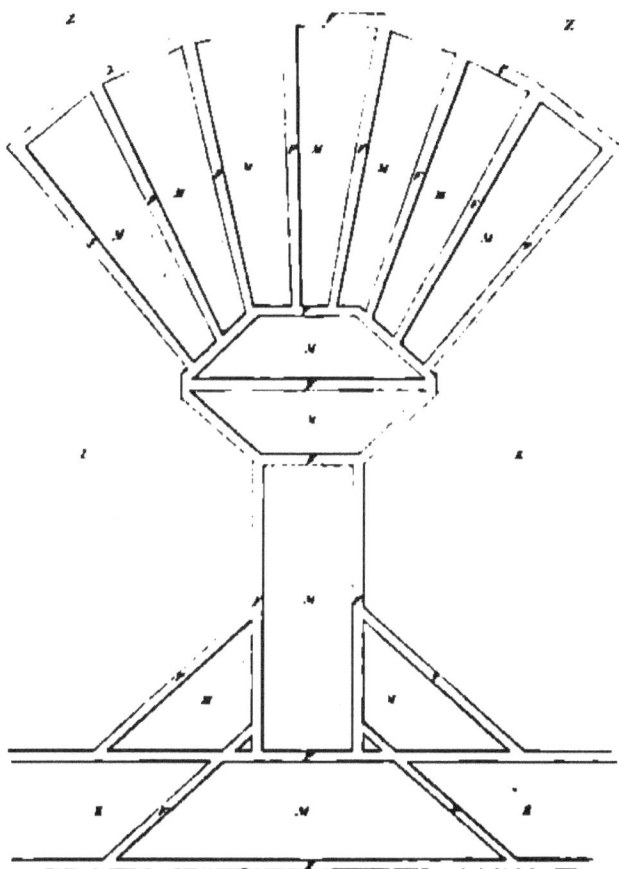

Z, bedeutet Ziegelsand; M, Mauerstein; F, Kalkfuge.

Fig. 6. Aus Kaltenkirchen.
nach 22 Zoll, grösster Breite 13 Zoll.

S.H.L.Jahrb.V.Taf. 6.   Kiel. 1862.

Der Donnerbesen.

Fig. 3. Aus Klein-Wiesen bei Kaltenkirchen.

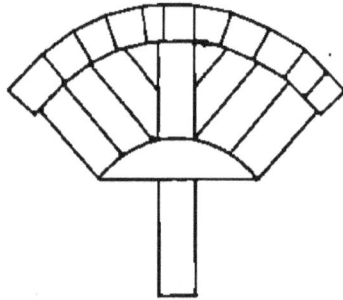

Fig. 3ª. Aus Achterschlag (Vierlanden)

Der Donnerbesen.

Fig 7. Aus Huttbleck.

Fig 7.ª

VIII.

Die Insel Amrum.

Was die Jahreszeiten an Freud' und Leid, Arbeit und Erholung den Amrumern bringen.

Auf Amrum und den übrigen friesischen Inseln kann man in mancher Beziehung sagen: „Der Winter bringt Freud', der Sommer bringt Leid." Der Winter aber ist das kürzere Halbjahr, von Martini bis Petritag. Im Spätherbst kehren viele Seefahrer heim (die meisten mit einem guten Verdienst) und entschädigen sich im Kreise ihrer Lieben für das vielfältige Ungemach, welches das Leben auf der See mit sich führt.

Auf der sonst so stillen Insel wird's lebendig, besonders zur Abend- und Nachtzeit. Das Fenstern ist eine alte Sitte auf unseren Inseln. Der Freier steigt am späten Abend durch ein offen gelassenes Fenster in die Kammer seiner Geliebten, setzt sich auf den Rand ihres Bettes und trägt ihr seine Liebesgedanken und -Wünsche vor. Unter süßem Geplauder verrinnt eine Stunde nach der anderen. Niemand darf einen Liebhaber, von dem man allgemein glaubt, daß er's treulich meine, bei der Bewerbung und den Aufwartungen, die er seiner Geliebten macht, stören oder in das Haus hineinzubringen versuchen. Wehe aber demjenigen Liebhaber, von dem die Fama sagt, er komme in unreiner Absicht und habe anderswo eine Braut. Die jungen Burschen lauern ihm bei seiner Rückkehr auf und necken ihn auf alle erstnnliche Art. Hat der Freier, etwa um Weihnachten

oder zwischen Weihnachten und Petritag, das Jawort der Geliebten
und die Einwilligung seiner und ihrer Eltern zum „Ausbringen" erhalten, so wird der „Ausbringetag", immer ein Sonntag,
festgesetzt. Das Ausbringen besteht darin, daß das junge Brautpaar sich öffentlich als solches zeigt und die Gratulationen annimmt.
Braut und Bräutigam gehen zur Kirche (früher jeder für sich, jetzt
aber gemeinschaftlich), die Braut im besten Nationalstaat, wozu namentlich die weiße Schürze und die silberne, das Oberkleid über der
Brust zusammenhaltende Kette mit den silbernen Herzen daran gehört, der Bräutigam in seiner feinsten Seemannstracht, jedoch
immer im Rock. Nach der Predigt verfügt der Bräutigam sich
nach der Kirchenthür, wo er (draußen) der Braut harrt, ihr seinen
Arm bietet und sie nach seinem väterlichen Hause führt, wo das
Mittagsmahl, früher der bunte Mehlbeutel mit Schinken, eingenommen wird. Am Nachmittage machen sie die Runde bei Verwandten, Nachbaren und guten Freunden. Hier und da werden sie
mit Ehrenschüssen begrüßt; überall aber werden ihnen Glückwünsche
und Erfrischungen entgegengebracht.

Die Sitte des Fensterns ist alt und wird trotz obrigkeitlicher
Verbote nicht so bald abgestellt werden. Auch kann man keineswegs behaupten, daß die Sittlichkeit durch dieselbe besonders gefährdet wäre, da man auf den friesischen Inseln Gemeinden findet,
wo in mehreren Jahrzehenden keine einzige uneheliche Geburt in's
Kirchenbuch einzutragen war. (Vgl. Jahrb. IV, 188; V, 87, 188.)

Tanzgelage fanden früher seltener statt als jetzt. Man
versammelte sich während des ganzen Winters nur ein oder zwei
Mal zum frohen Tanz, und jeder begleitete seine Auserwählte gewöhnlich auf großen Umwegen nach Hause; jetzt wird fast jede
Woche getanzt und zwar in einem eigends dazu eingerichteten Saale,
während die genügsamen Vorfahren sich mit einem großen Pesel
oder wohl gar mit einer Dreschtenne begnügten. (Vgl. Jahrb.
V, 190.) Tolle Streiche und Neckereien dagegen kamen früher
weit häufiger vor als jetzt; auch trafen diese gewöhnlich nur solche
Leute, welche auf irgend eine Art, z. B. durch Geiz, Hartherzig-
keit ꝛc., sich einen schlechten Namen gemacht und den allgemeinen
Unwillen erregt hatten. So waren die Streiche der übermüthigen

Jugend zugleich eine Art von Sittengericht, welches Gericht man
in der Regel ruhig über sich ergehen ließ, ohne klagbar zu werden,
indem man den Kläger dann erst mit rechtem Ernst würde geneckt
und verfolgt haben. (Vgl. Jahrb. V, 89.)

Aber auch den Alten, d. h. den Verheiratheten, bringt der
Winter Freuden. Nach dem Einschlachten fängt das „Gasteriren"
an. Man ladet die Verwandten, Freunde und Nachbaren zu einer
frohen Abendgesellschaft ein, erheitert sich gegenseitig durch Mittheilung seiner Erlebnisse, erzählt die Geschichte der verschiedenen
Familien, tischt Sagen und Märchen auf ꝛc. Leider hat man in
den letzten Jahren angefangen, das Punschtrinken mit dem Gasteriren
zu verbinden.

Die R-Monate (September bis April) bringen den Austern-
fischern Arbeit und Verdienst. Der Austernfang wird von Amrum aus mit 12 Böten betrieben, deren jedes mit 3 Fischern be-
mannt ist. Diese Böte segeln vom Amrumer Hafen aus nach den
mehr oder weniger entfernt liegenden Austernbänken. Der Sage
nach hat Knut der Große die ersten Austernbänke in diesen Gegenden angelegt. Die Sage ist übrigens unächt; denn die hiesigen
Austernbänke ruhen auf versunkenen Ortschaften, Acker- und Wiesen-
ländereien des alten Nordfrieslands. Seit dem 17. Jahrhundert
scheinen die friesischen Austern ein landesherrliches Regale gewesen
zu sein.

Austernfelder oder Austernbänke sind größere oder kleinere sowohl zur Ebbe- wie zur Fluthzeit mit Wasser bedeckte Flächen, die
bald mehr, bald weniger dicht mit Austern übersäet sind. Es gibt
Austernbänke, die ungefähr $\frac{1}{2}$ Meile lang sind. Wie die Watten-
flächen und Wellenstraßen der veränderten Strömungen wegen fortwährend dem Wechsel und Wandel unterworfen sind, so werden
auch die Austernbänke von Jahr zu Jahr anders; alte Bänke verschwinden, und neue werden entdeckt. Strenger und anhaltender
Frost wird den Austernbänken leicht gefährlich. Schwache Bänke,
d. h. solche, die vom Frost gelitten haben, müssen geschont werden;
noch andere können jahrelang nicht befischt werden, wenn sie sich
wieder erholen sollen. Das Geräth der Austernfischer ist sehr einfach. Der Schleppsad oder Schaber, d. h. ein aus eisernen

Ringlein zusammengesetztes Netz, das mit seiner Mündung an das
aus drei eisernen Stäben mit scharfen Kanten zusammengefügte
Streicheisen befestigt ist, wird auf den Grund des Meeres hinabgelassen und im Segeln mit fortgeschleppt. Das scharfe Eisen
streicht die Austern los und in das eiserne Netz hinein, welches,
wenn es voll ist, heraufgezogen wird. Mit den Austern werden
viele andere Bewohner der Tiefe heraufgezogen, z. B. Seesterne,
Seemäuse, große und kleine Muscheln verschiedener Art, nicht selten
mehr als hundert verschiedene Species

Einmal im Winter findet eine Lustbarkeit für die Austernfischer
statt, das sogenannte Strikkerbier. Fischer und Fischersfrauen
versammeln sich zu einem frohen Mahl und lustigen Tanz; von den
übrigen Inselbewohnern dürfen nur der Prediger und der Schmied
mit ihren Frauen bei diesem Fest erscheinen. (Vgl. Jahrb. V, 86.)

Auch für den Kaninchenfang sind die R-Monate die beste
Zeit, weil dieses Wild dann am fettesten zu sein pflegt. Der Kaninchenfang und die Kaninchenjagd sind auf Amrum ebenso frei wie
die Seehundsjagd und der Fischfang. Nur in den Sanddünen und
in einigen Grabhügeln aus der heidnischen Vorzeit halten sich die
wilden Kaninchen auf. Es sind keine Nachrichten über die erste
Ansiedelung derselben auf Amrum vorhanden. Der Sage nach
hätten hiesige Schiffer im vorigen Jahrhundert einige Paare von
der holländisch-friesischen Insel Ameland mitgebracht und in den
Dünen laufen lassen. Diese Thiere vermehrten sich unter günstigen
Verhältnissen außerordentlich schnell. Auf Amrum hatten sie bis
vor wenigen Jahren keine anderen Feinde als den Menschen und den
Adler, die ihnen, jeder auf seine Weise, nachstellten, aus welchem
Grunde sie sehr zahlreich geworden waren. Ihre Vermehrung war
zu keiner Zeit eigentlich gefährlich, da sie sich mit den Dünengräsern
begnügten und die Kornfelder nicht besuchten. Leider haben sich
vor einigen Jahren Iltisse, die, wie man glaubt, über's Eis hierher gekommen sind, in den Dünen angesiedelt und angefangen, unter
den Kaninchen aufzuräumen. Aus diesem Grunde werden jetzt viel
weniger Kaninchen gefangen als in früheren Jahren, da mancher
Knabe in Einem Winter ein paar Hundert fette Kaninchen erbeutete.
Doch ist der Fang noch immer nicht unbedeutend. — Der kleine

Kaninchenfänger sucht die Steige auf, auf welchen das Kaninchen sich von seinem unterirdischen Baue aus nach den Dünenthälern und Sandgrasflächen begibt, schlägt einen kleinen Pfahl, an welchem seine aus Messingdrath gemachte Schlinge mittelst einer Leine befestigt ist, in den Grund, biegt die Schlinge zurecht und schiebt sie in die Stellpinne (so wird der Pflock genannt, der die Schlinge aufrecht stehend erhält, daß sie nicht umfällt); dann bedeckt er Pfahl, Leine und Stellpinne mit Moos oder Sand. Nun geht er weg und wandert erst am folgenden Morgen ganz früh nach den Dünen, damit die Raubvögel ihm nicht zuvorkommen, sucht seine Schlingen wieder auf, deren er gewöhnlich 30 bis 40 hat, und nimmt seinen Fang mit nach Hause. Ein fettes wildes Kaninchen gibt einen guten Braten; die Kaninchenfelle aber werden aufbewahrt und im Frühlinge an die Hutmacher und Kürschner in Husum verkauft.

Zu den Winterfreuden der Amrumer gehöret ferner das Apsatten (Aufsitzen). In jedem Dorfe sind Häuser wo jeder, der am Abend ausgeht, gern gesehen wird, zumal wenn er das Erzählen versteht und Neuigkeiten mitbringt. Die älteren Frauenzimmer nehmen ihr Strickzeug oder ihren Wollkorb mit; andere das Material für ihr Gespinnß, worunter jedoch weder flächsene noch wollene Fäden zu verstehen sind; vielmehr hat man an Stroh, nämlich an mürbe geklopften Dünenhalm zu denken, aus welchem die Amrumer Strohseile (Niapar) verfertigen, die zur Befestigung des Strohdaches an die Latten gebraucht werden. Während die älteren Leute emsig arbeiten und sprechen, kommen und gehen ältere und jüngere Männer, bringen und holen Neuigkeiten, treiben Scherz und Neckerei. Man erzählt die Sagen der Vorzeit, ergötzt sich auf's Neue an den wohl hundertmal gehörten Erzählungen von den Fahrten der Alten nach dem hohen Norden und dem fernen Osten; Einer hat die Courantem, d. h. die Zeitungen, mitgebracht, aus welchen er vorliest und das Gelesene erklärt, damit man erfahre, was „da buten" in der großen Welt passirt. Die Zeitungsnachrichten werden hier freilich nicht brühwarm aufgetischt, da es nicht selten im Winter vorkommt, daß die Inselbewohner wochenlang von allem Verkehr mit dem Festlande abgeschnitten sind. Andere Apsatterbesuche bestehen darin, daß befreundete Familien einander

Abendbesuche abstatten und mit Thee und Gebäck fürlieb nehmen. — Zur Steuer der Wahrheit muß aber noch angeführt werden, daß es nicht immer eitel unschuldige Dinge sind, die in den Apsfatterstuben verhandelt werden. Wie nirgends in der Welt, so hat man es auch auf Amrum noch nicht erfunden, „die Zunge, das kleine Glied, das oft großen Schaden anrichtet, im Zaum zu halten." Auch hier geht's zuweilen „mit dem Bauerstock *) herum" an Jung und Alt, Mann und Weib, Bräutigam und Braut zu erspähen, was nachtheilig gedeutet werden könnte.

Ein anderes Wintervergnügen ist das Schlittschuhlaufen, wozu die spiegelblanken Eisflächen der Seen, die sich in den stillen Dünenthälern finden, die Knaben, Jünglinge und Männer einladen. Aber der Winter geht zu Ende; das Eis thaut auf; Petritag ist vor der Thür.

In früherer Zeit feierten die friesischen Seefahrer ihr Abschieds- fest an diesem Tage (22. Februar). Am Petersabend wurden Biaken auf den Hügeln und Höhen angezündet. Die Biakfeuer leuchteten herüber und hinüber von Insel zu Insel als Gruß und Gegengruß, erinnernd an die schöne Zeit, als Friesland noch nicht von Wasserströmen zerrissen und das friesische Volk durch Eintracht stark war. Beim Biakenbrennen steckte man einen großen Stroh- wisch, oft einen ganzen Schof, auf eine Heugabel, zündete ihn an und tanzte und lief damit um einen alten hochliegenden Grabhügel herum. Am Abend versammelte sich die Jugend zu fröhlichen Tänzen und munteren Spielen. An den folgenden Tagen aber nahmen die Seefahrer Abschied von Verwandten, Freunden und Bekannten. Dieses Abschiednehmen wurde „Ufthaautin" (Ab- danken) genannt. Man hielt es für eine böse Vorbedeutung, wenn der abdankende Seemann kalte Hände hatte. „Er wird nicht wie- der heimkehren, die kalte salzige See wird sein Haupt waschen"

---

*) Früher wurde ein Stäbchen von Haus zu Haus geschickt, wenn die Bauerschaft versammelt werden sollte; später wickelte man den Zettel, auf welchem eine Bekanntmachung verzeichnet war, um ein Stäbchen, das der eine Nachbar zum anderen brachte. Dieses Stäbchen ist der Bauerstock. (Vgl. Jahrb. IV, 2.)

flüsterten die Hausgenossen einander zu, wenn der Abdankende hin-
weggeeilt war. *)

*) Die See fordert viele Opfer. Nach den Kirchenbüchern sind seit
1695 über 300 Amrumer auf der See verunglückt oder in der Fremde
an klimatischen Fiebern gestorben. Viele Seefahrer haben jedoch den
Abend ihres Lebens auf der stillen Heimathinsel verlebt und sind auf dem
heimathlichen Kirchhof beerdigt worden. Große weiße Leichensteine, verziert mit Abbildungen abgetakelter Schiffe, bezeichnen ihre Ruhestätten.
Die Commandeure und Capitaine erreichten in der Regel ein hohes Alter.
Sie standen in großem Ansehen bei ihren Landsleuten, da sie sich mit
Rath und That der Wittwen und Waisen annahmen und die ihnen über-
tragenen Communalämter mit seemännischer Ehrlichkeit und Pünktlichkeit
verwalteten. Einige hierher gehörige, aus den Kirchenbüchern geschöpfte
Nachrichten dürften auch in weiteren Kreisen die Leser interessiren.

Knudt Bögens, geb. 1696, Commandeur auf einem Grönlandsfahrer, fuhr 34 Jahre zur See. Seine Schiffsmannschaft bestand größtentheils aus nordfriesischen Insulanern. Sowohl auf seinen Grönlands-
fahrten wie daheim beschäftigte er sich gleich vielen Grönlandsfahrern
damaliger Zeit in seinen Ruhestunden mit Schnitzarbeit in Eichenholz.
Viele Schnitzwerke aus damaliger Zeit sind noch vorhanden und zeugen
von großer Geschicklichkeit und gutem Geschmack. K. B. verfertigte ein
künstlich geschnitztes Lesepult aus Eichenholz, welches sehr sorgfältig gearbeitet ist und noch den Altar der dortigen Kirche ziert. Er starb daheim im Jahre 1758. — Martin Peters, geb. 1697, ebenfalls Commandeur, befuhr die See ein halbes Jahrhundert hindurch und starb
daheim in dem hohen Alter von 91 Jahren. — Ein Namensvetter des
Commandeurs M. P. büßte im Jahre 1726 nebst 7 anderen Amrumern
sein Leben ein, indem er mit seinem Schiffe in den grönländischen Ge-
wässern im Eise stecken blieb. — Der Capitain Jens Nickelsen, geb.
1700, gerieth in seinen jungen Jahren sammt seinem Bruder und seinem
Vetter Hark Ulrs (vergl. Jahrb. IV, 125) in türkische Gefangenschaft,
kehrte jedoch bald wieder zurück und widmete sich aufs Neue der See-
fahrt. — Von dem Capitain Hark Nickelsen, gest. 1770, wird erzählt: Während er einmal daheim war, kam ein Capitain aus der dänischen Marine nach den fr. Inseln, um Sessson zu halten. H. N. war
aber Capitain auf einem Dreimaster mit 10 Kanonen und Kriegscom-
mando an Bord gewesen. Als nun der Friese dem Dänen gegenüber
nicht unterwürfig genug war, fragte der dänische Capitain barsch, ob man
denn nicht wisse, was für ein Mann er sei. Aber die Antwort des Hark
Nickelsen war, ob der Capitain denn auch wisse, was für ein Mann er

Wenn die Seefahrer fort waren, wurde es still auf den friesischen Inseln. Das Nachtschwärmen, Nachtlaufen und Fenstern hörte auf; es folgten stille Nächte auf stille Tage. Von Petritag (P. N.) sei, wobei er schnell seinen Oberrock aufknöpfte und dem Marinecapitain seinen Säbel zeigte. — Der Seefahrer Ridlef Lajen, geb. 1712, verunglückte sammt 17 anderen Amrumern und vielen Föhringern auf der Heimfahrt von Amsterdam im Jahre 1744. — Ridels Nabmene, Commandeur auf einem Ostindienfahrer, machte 9 Reisen nach Ostindien und starb dabeim 70 Jahre alt, 1785. — Einige Jahre später starb der vieljährige Schmackschiffer Ranert Peters, 80 Jahre alt. — Der Seefahrer Bögen Ridelsen, geboren 1725, war 6 mal verheirathet, copulirt 1749, 52, 69, 70, 71 und 88, starb dabeim 75 Jahre alt. Ridels Körden, geb. 1730, fuhr 41 Jahre zur See, zuletzt als Commandeur von Hamburg, 55 Jahre verheirathet, starb dabeim 79 Jahre alt, war 27 Jahre Kirchenjurat. — Der 1735 geborne Rahmen Ridelsen war Steuermann auf einem holländischen Orlogschiff. Er ertrank auf der Heimreise, beerdigt in Amsterdam. — Der Schiffer Andreas Knudten, geb. 1736, starb in seinem 87. Lebensjahre, verlebte 64½ Jahr im Ehestande. — Der Capitain Olde Clemten, geb. 1737, starb dabeim gegen 80 Jahre alt. — Larns Harken, Harl Ulwe' Sohn, geb. 1739, starb dabeim 73 Jahre alt, war 30 Jahre Schiffscapitain. — Sönk Sirris, geb. 1744, Capitain auf einem großen Ostender Seeschiffe, wurde 83 Jahre alt. — Gerret Jürgen Voß, geb. 1750, Capitain auf einem Rotterdamer Seeschiffe, starb dabeim 83 Jahre alt. — Der Schmackschiffer Urban Bögens, geb. 1751, fuhr 32 Jahre zur See, starb dabeim 90 Jahre alt; sein Bruder Jacob Bögens, ebenfalls Schmackschiffer, starb im Jahre 1840, 80 Jahr alt. — Der Schiffscapitain Georg Hinrich Simons, geboren 1773, litt zu wiederholten Malen Schiffbruch, fast jedesmal unter den ungünstigsten Verhältnissen. Im Jahre 1821 trat er als Commandeur des Schiffes „die Frau Margarethe" aus Glückstadt eine Grönlandsfahrt an. Die Mannschaft bestand zur Hälfte aus Amrumern und Föhringern. Das Schiff gerieth einige Meilen nördlich von Island zwischen große Eisschollen, die es zermalmten. Die Mannschaft brachte eiligst die Sloopen auf eine große Eisscholle und suchte so viel Proviant zu bergen als möglich. Wir lassen einen der Unglücksgefährten des Capitains Simons selbst erzählen: „So standen wir denn alle, großentheils Jünglinge, in der Blüthe unseres Lebens von allen Menschen verlassen, im Welmeer auf einer Eisscholle, die Ruinen unseres Schiffes und den Tod vor Augen. Die Nacht kam herab, die Kälte war heftig, Betten fehlten. Wir machten

an wurde bei Tageslicht **Nachters** d. h. Abendbrod gegessen,
und kein Licht mehr angezündet. Alles nach dem mit dem Anttiel
gereimten Vers:

       Vorbei, vorbei ist Petersteg,

       Drum jeder mir nun folgen mag:

ein Zelt von Segeln und legten uns darunter nieder, doch war es zu
klein, so viele Menschen zu fassen; drei, vier lagen auf einander. Zu
Gefahr erdrückt zu werden konnten wir uns fast nicht rühren und vor
Frost nicht bergen. Die Sonne ging auf und bestrahlte unser Eisfeld,
es war Montag, den 9. April, Sonnenschein-Wetter, Ostwind, harter
Frost, befanden uns auf 68° 20' Nord-Breite . . . . . , blieben bis zum
14. April auf unserer Eisscholle, wo wir uns in den Slooper Lager-
stätten errichtet hatten. Wir beschlossen am Morgen, als wir nach voll-
endetem Gebet die Slooper vom Eise geschleppt und eine Löhnung im Eise
entdeckt hatten, abzufahren und Island aufzusuchen; aber viel Eis
hemmt unsere Fahrt, woher es großer Anstrengung bedurfte um durchzu-
kommen . . . . Wir mußten auf dieser gefährlichen Slooper-Fahrt 7
Tage und 6 Nächte zubringen, ehe wir die Nordküste Islands erreichten,
viel Kummer und Kälte ausstehen; bald segelten, bald ruderten wir; alle
unsere Kleider wurden naß, und was wir aßen, war kalt und gefroren;
unser Trinken bestand aus Schneewasser. Am 19. April (Gründonnerstag) nahm der Wind ab. Wir verließen das Eis und setzten unseren
Kurs Südwest, und um 11 Uhr — o welche Freude! — Islands hoch-
ragende Steinmassen. Aber der Strand war mit schwerem Eise bedeckt;
an Landen war nicht zu denken . . . . . . Nach vielen äußerst beschwerlichen
Versuchen, an's Land zu kommen, gelang es uns am 13. Tage (nachdem
wir unser Schiff verlassen) durchnaß und einzige von uns mit erfrorenen
Füßen auf der halbwüsten Insel zu landen . . . . . . Wir fanden ein elen-
des Häuschen mit zwei Nebenhütten; allein die Bewohner waren ent-
flohen, weil sie uns für Seeräuber gehalten hatten." Die Schiffsmannschaft setzte ihre höchst mühselige Reise über Berge und Klippen, über
Fjorde und Ströme fort und kam nach 8 Tagen in Reitlavit an, wo
der Commandeur ein Schiff befrachtete, das ihn und seine Mannschaft
nach Hause brachte. Am 19. Juni kamen sie in Iduning an; Simons
begab sich nach Glückstadt, die anderen nach Föhr und Amrum, wo sie
am 21. anlangten. — G. H. Simons starb daheim 80 Jahre alt.

    Im Jahre 1861 hatte Amrum 126 Seeleute, darunter 4 Schiffs-
capitaine, 14 Steuermänner und 15 Bootschiffer; außerdem leben aber
viele Amrumer Seeleute im Auslande, auch in Amerika, wo sie sich häus-
lich niedergelassen haben.

Das späte Essen taugt nicht mehr,
Den Nachtert man bei Tag verzehr'.
Kein Licht komm' mehr auf deinen Tisch;
Beim Dämmerschein ist Brod und Fisch.

Da die meisten Männer auf das Meer hinaus fahren, müssen die
Frauenzimmer außer den häuslichen Arbeiten auch noch die „Bu-
tenarbeit" verrichten, d. h. sie müssen die Haide abhacken,
müssen den Acker bestellen, müssen Heu machen, müssen säen und
erndten, müssen die kahlen Dünen und Sandfelder bepflanzen ꝛc.
Wir sagen: sie müssen; denn es ist wahr, was ein alter Reim-
schmied vor hundert Jahren sagte:

Amrum ist ein kleines Land,
Lieget an des Meeres Rant';
Wer sein Brod hier haben will,
Muß arbeiten, und nicht schlafen viel.

Wenn's „Haidzeit" ist, gehen die amringer Frauen und Mädchen mit ihren Haidsensen nach der braunen Haide und machen
„die Feuerung los." Das Haidekraut wird hier nämlich als Brenn-
material benutzt, da sich keine Waldungen auf der Insel finden
und der theure Torf von Husum geholt werden muß. „In der
Haidzeit geht der Teufel auf Socken", sagt ein amrumer Sprichwort, das nicht zu den schlechtesten gehört. Durch dieses Sprichwort wird angedeutet, daß es so leicht menschelt mit den „Haid-
schlägern", wenn ihrer zehn oder mehr beisammen sind, — daß sie
nämlich vergessen, was Martin Luther als Sünde wider das achte
Gebot bezeichnet. Kaum ist die Haidzeit beendigt, so fängt der
Meederlesch d. h. das Heumachen an. Dann gehen die Mäh-
derinnen, die Sense auf der Schulter, am frühen Morgen nach den
Marschwiesen, das kurze kräftige Gras abzumähen. Die Eine will
längere Schwaden hinter sich haben als die Andere, und Alle sind
so fleißig, daß das Rauschen und Dengeln das Geschrei der auf-
gescheuchten Sumpfvögel übertönt. Wenn das Heu geschobert ist,
beeilt man sich, es unter Dach und Fach zu bringen. Frauen und
Mädchen laden das Fuder Heu auf den Wagen und bringen es
heim. Wie glücklich sind die Amringer, wenn das Wetter im
Meederlesch nicht „rauschelich" war, wenn die Fluth die Marschwiesen

nicht überschwemmte, die Schwaden und Schober nicht mit sich
fortführte! Wie traurig steht aber die arme Seemannswittwe da
auf ihrer kahlen Wiese, wenn das Futter für ihre einzige Kuh
fortgeschwemmt ist und sie nun ihre Kuh, ihre Ernährerin, verkaufen muß!

Die Wiesen sind kahl; aber die Ackerfelder sind weiß geworden zur Erndte. Vormals wurde alles Korn mit der Sichel abgeschnitten; das Kornmähen ist erst in den letzten 30 Jahren
allgemeiner geworden. Die Alten nahmen den Breigrapen in der
Erndtezeit mit nach dem Felde und verzehrten ihre Grütze im
Schatten einiger Garben, wo sie sich um die dampfenden Breigrapen
lagerten. Zur Zeit des schwarzen Todes — so berichtet die
Sage — sah man auf der ganzen Feldmark zuletzt nur ein paar
dampfende Breigrapen mehr: die Sense des Schnitters, welcher
Tod heißt, hatte einen Schnitter nach dem anderen ereilt. Mit der
Garbe im Arm waren die Schnitterinnen umgefallen, selbst Garben
weiß zur Erndte. — Nach Beendigung des Kaarsflördes, d. h.
des Kornschneidens oder der Erndte, wird der Kornros (Korn-
rausch, Erndteschmaus) gefeiert. Vor dem Kornros gingen die
Schnitterinnen nach dem Garten oder der Toft und warfen ihre
Sicheln über den Kopf. Dann sahen sie zu, ob die Sichel mit
ihrer Spitze in der Erde stecken geblieben war oder nicht; in jenem
Falle, wähnte man, würde die Schnitterin den Kornros nicht wieder erleben.

Nach der Kornerndte wechseln „Buten- und Binnenarbeit" mit
einander ab. Das Korn muß ausgedroschen, und die Äcker müssen
auf's Neue gedüngt und gepflügt werden. Wohl wird hier und da
ein dänischer Drescher angenommen, aber die Meisten ziehen es doch
vor, diese Arbeit selbst zu verrichten, und die Frauenzimmer sind
wieder diejenigen, denen die Arbeit zu Theil wird. Unser National-
dichter, der Sylter Japp Hansen, besingt das Dreschen (in
seinem „Herbstlied", vgl. Firmenich, Germaniens Völkerstimmen I,
2—4). Da heißt es: „Nun müssen wir Mädchen nach der Dreschtenne.

Da gail dit: klipp! klapp! Nacht en Dai,
En Mooter set tö schungen:

18*

„Ea, Faamnen, wiare ju nü frai!
Di Juden kum al gungen.
Dö nü ju beast, en wüð ek trag;
Da loopi it fan finer Elag
Iö Ekorier en iö Dotter,
Boshundtl, Kraagerfmotter."

Nachträglich müſſen wir noch des Eierſuchens gedenken, das beſonders von den Knaben und zwar in den Dünenthälern, auf den Dünen und an den äußeren (dem Strande zugekehrten) Dünen- rändern geübt wird. Das Eierſuchen iſt nicht Jedermanns Ding. Will man nämlich Neſter und Eier finden, ſo muß man einiger- maßen wiſſen, welche Plätze die verſchiedenen Vogelarten vorzugs- weiſe zu Brüteplätzen wählen. Manche Vogelarten ſind nämlich ſehr wähleriſch. Die amringer Knaben merken ſich jedoch bald, daß die große Silbermöve am liebſten an den Dünenrändern oder auf den kleinen mit Sandweiden bewachſenen „Knobben", d. h. Hügelchen, niſtet, daß der „Klüp, klüp!" ſchreiende Auſternfiſcher den höheren Vorſtrand, die caspiſche Seeſchwalbe die Steinthäler oder mit Geröll bedeckte Flächen des Strandes wählt, jeder Vogel nach ſeiner Natur. Die Knaben merken ſich ſo die Weiſe der Vögel, und jeder kehrt mit 40, wohl gar mit 60 Eiern heim, während der Unkundige, der von dem Allen nichts weiß, wenige oder gar keine gefunden hat. — Kein Vogel iſt liſtiger als die wilde Ente, die ihr Neſt entweder im dichteſten Sandweiden-Geſtrüpp oder in dem langen buſchigen Sumpfgraſe anlegt; am zutraulichſten aber iſt die Brand- ente (anas tadorna), hier Bergente genannt, die entweder in den Kaninchenbauen niſtet oder ſich in die unterirdiſchen Gänge hinein- ſchleicht, welche die Menſchenhand für ſie angelegt hat, wo man ihr nach und nach die Eier wegnimmt und ihr nur einige übrig läßt, daß ſie dieſelben ausbrüte. Die Brandente wird ſo zutraulich, daß ſie in der Nähe der menſchlichen Wohnungen niſtet.

Zu den Sommerfreuden der lieben Jugend gehört ferner das Beerenpflücken in den Dünenthälern. Die Einen holen ſich einen Kober voll Heidelbeeren, Andere pflücken Bidbeeren, noch Andere Moorbeeren (vaccinium uliginosus L., empetrum nigrum L. und vaccinium Oxicoccos, L.). Beim Beerenpflücken erzählen die Kinder einander Märchen und Sagen der Vorzeit. Bald findet Einer einen „Traaldaft" (Hexenschüssel) am Rande seines „Beitaars" (Beerenhügelchens); er zeigt ihn den Anderen und erzählt den staunenden Kleinen von den Unterirdischen, die sich nach dem Volksglauben dieser dosen- und schlüsselförmigen Gebilde aus Eisenstein als Trinkgefäße und Grütznäpfchen bedienten; bald kommt in einem tiefen Thale ein mit Asche und Knochensplittern gefüllter Heidentopf zum Vorschein, und die Größeren müssen den Kleinen erzählen, wie die Heiden ihre Todten verbrannten; bald zieht eine Schaar geflügelter Gäste, — lachende Möwen, schreiende Regenpfeifer, „guten Tag" rufende Brandenten, — vorüber, und die Kinder bilden sich ein, die Sprache der Vögel zu verstehen, und rufen ihnen in der Vogelsprache Grüße und fromme Wünsche zu, welche die Vögel verstehen und durch ihr Lachen, Schreien und Tatzen beantworten.

In den Monaten Mai und Juni wird der Schellfischfang von einigen wenigen Männern betrieben, die nicht zur See fahren, sondern sich als Bootschiffer und Austernfischer ernähren. Der Schellfisch wird auf hoher See weit jenseit der Sandbänke gefangen. In neuerer Zeit hat man angefangen, sich beim Schellfischfange der sogenannten Angelwante zu bedienen. Früher hatte jeder Fischer seine Leine und konnte nur einen Fisch auf's Mal fangen. Die jetzt gebräuchliche Angelwante aber besteht aus einem sehr langen Tau, an welches mehrere Hunderte kleiner Angelschnüre geknüpft sind. Die Angeln werden im Voraus mit Würmern als Lockspeise für die Fische versehen, und wenn man an Ort und Stelle angelangt ist, wird das lange Tau mit den Angeln nach und nach in's Wasser hinabgelassen und erst wieder heraufgezogen, wenn eine ganze Reihe von Schellfischen an demselben zappelt. Wenn die Fischer mit einem reichen Fange heimgekehrt sind, finden viele Hände Beschäftigung, die Fische auszuweiden, einzusalzen und an der Luft zu trocknen. Dann erzählt ein altes Mütterchen auch wohl die Sage vom Schellfisch, warum er nämlich einen schwarzen Fleck über der Seitenflosse habe. (Vergl. Jahrb. IV, 160; auch V, 94.)

Wenn der Schellfischfang beendigt ist, beginnt das „Kamlin", d. h. die Schiffer begeben sich nach den Watten, um Muscheln zu sammeln, welche das Material zum Muschelkalk liefern und von den friesischen Watten gewöhnlich nach Husum verschifft werden. (Das Wort „Kamkin" ist abgeleitet von „Kamk", d. i. Schale oder Muschel). Das Kamkin ist eine ebenso langwierige wie mühsame Arbeit, da die reichsten Muschellager oft ein paar Fuß tief mit Sand bedeckt sind. Während das Schiff nach eingetretener Ebbe im Trockenen liegt, begeben die Kamker sich nach der Muschelbank und fördern die Muscheln (Mactra solida, Mya arenaria, Cardium und Mya edulis) mittelst breiter Schaufeln zu Tage, scharren dieselben zusammen, werfen sie in Körbe und spülen sie in den nächsten Prielen und Kalen ab, um sie vom Sande und Klei zu befreien, worauf sie in's Schiff getragen werden. Es kann sich ereignen, daß ein Kamkboot 8 bis 14 Tage fest sitzen bleibt, wenn der Wind sich nach Osten dreht und das Wasser von den Watten und aus den Wattströmen in's Meer zurücktreibt. Die Kamker müssen auf solche Fälle im Voraus bedacht sein und hinreichenden Vorrath an Proviant mitnehmen; übrigens sind die Insulaner in der Regel wetterkundige Leute, welche die Sprache der Wolken und Brandungen, der Luft und der Vögel verstehen und also meistens die rechte Zeit für jede besondere Watten und Strandarbeit zu wählen wissen.

Die Herbst und Winterstürme nahen sich, um ihr Zerstörungswerk an den Dünen und Dünenrändern fortzusetzen. Man sucht dem Feinde das Zerstörungswerk möglichst zu erschweren, indem man die nackten Stellen auf den Sandflächen und an den Dünenrändern mit Dünengräsern (Halm) bepflanzt. Die Bauervögte lassen das „Plantin" (Pflanzen) ansagen: Ein Mann — gewöhnlich aber eine Frau — von jedem Hause muß sich an Ort und Stelle einfinden, um sich eine Sandfläche anweisen zu lassen, die in einer bestimmten Frist zu bepflanzen ist. Jeder bezeichnet die Grenzen seiner Fläche durch kleine Stäbe, die in den Sand gesteckt werden, und dann geht's an den folgenden Tagen „mit Allemann" nach den Dünenfeldern, die es vertragen, daß man hier und da Halm mit der Wurzel herausreißt; jeder ladet sich eine Bürde Halm auf den Rücken und verfügt sich nach seinem angewiesenen „Laat" (Loos), um den Flugsand durch Einpflanzen des herausgerissenen Halms fest zu machen. Man macht mit dem Spaten eine Spalte in den lockeren Boden, steckt die Sandpflanze hinein und tritt die Spalte mit dem Fuße wieder zu. In der Pflanzezeit hat die Natur bereits das herbstliche Gewand angelegt. Wenn man von den hohen Dünen aus das ganze Eiland überblickt, wie es daliegt mit seinen kahlen Feldern und Marschwiesen, mit seinen stillen Dörfern und braunen Hünengräbern, mit seinen weißen und grauen Rändern, umflutet von der tückischen Nordsee, aus welcher weithin dem Auge sichtbar die Sandbänke und Watten als Trümmer ehemaligen friesischen Landes hervorragen: so wird man ernst und feierlich gestimmt. Darum sind es auch vorzugsweise ernste Gespräche, die von den Plantsters geführt werden. Ich habe es nicht vergessen und werde es nie vergessen, was die alten tief-ernsten Plantsters mir erzählten, wenn ich als lernbegieriger Knabe am Abhange einer hohen Düne zu ihren Füßen saß und ihnen zuhörte. Die Plant-sters erzählten aber von alten Zeiten, von Vögten und Pfarrern, die unser Volk lieb gehabt, und von anderen, die es geplagt und gedrängt hatten; sie zeigten mir die versandeten Aecker und Wiesen, die eben darum mit Flugsand überschüttet worden waren, weil der Besitzer sie bei der Landvertheilung mit Unrecht an sich gebracht hatte; sie erzählten von der einstmaligen Größe Nordfrieslands und bezeichneten Sandbänke und Brandungen als ehemalige Wiesen und Felder. Wenn der Abend herniedergestiegen war, ging's nach dem Dorfe zurück. Die jungen Mädchen plauderten über die Erlebnisse auf dem letzten Wyker Jahrmarkt, thaten mitunter sehr geheim und freuten sich über die baldige Wiederkehr des Herbstmarktes.

Der Wyker Herbstmarkt ist ein Volksfest für die nord-friesischen Insulaner. Von allen Inseln und Halligen segeln Böte und größere Fahrzeuge mit bunten Wimpeln hinüber nach „de Wyck"; die Insel- und Halligkinder, welche zum ersten Mal mit hinüber fahren, sind voll Erwartung der Dinge, die da kommen sollen. Man findet es lebendig an dem kleinen Hafen und in den Straßen des Fleckens. Man wundert sich, daß die Welt so groß ist, daß es so viele Menschen gibt. Da sieht das staunende Kind die treu-herzigen Halligmänner mit ihren verwitterten Gesichtszügen, die ge-ruhten Halligfrauen und -Mädchen mit ihrem spitzen Turban auf dem Kopfe, die Sylterinnen mit ihren weißen Kopftüchern, einzelne

Fischermädchen von Röm und Jande mit ihren kurzen rothen und
grünen Röcken, Husumer und Bredstedter Krämer und Krämerinnen
mit allerlei Galanteriewaaren — und fühlt sich zuletzt beengt in
dem Gewühl, zumal wenn ihm die Aussicht auf das Meer benommen
ist. Man hat die „große Welt" gesehen und sehnt sich wieder
zurück nach der stillen Dünen= und Marschinsel. Die Halligleute
und Insulaner haben sich für den Winter mit den Bedürfnissen des
Hauses versehen, sie lichten die Anker, und jeder kehrt aus der
„großen Welt" in die liebe kleine Welt zurück. Nach dem Wycker
Herbstmarkt beginnt das „Aufsitzen." Beim Aufsitzen werden die
gewonnenen Vorstellungen und Gedanken von Jung und Alt weiter
verarbeitet und es geht nach dem Wort unseres Dichters:

> „In dem kleinsten Vaterlande
> „Lernt der Mensch die Welt verstehn."

Chr. J.

Kleine Mittheilungen.

—— ...

17. Zur Sammlung der Sagen, Märchen und Lieder, der Sitten und
Gebräuche der Herzogthümer Schleswig, Holstein und Lauenburg.

Es war im Jahr 1845, als unser Landsmann Karl Müllenhoff in einem Nachwort zu seinem bekannten Werke um weitere
Beiträge bat, namentlich für die Sammlung der Sitten und Gebräuche. Seitdem sind fast siebzehn Jahre verflossen; Müllenhoff
selbst hat 1858 das Land verlassen und allem Anschein nach der
weiteren Thätigkeit auf diesem Felde entsagt. Unter solchen Umständen nahm der Unterzeichnete im Jahr 1858 die Sache in die
Hand, und durch freundliche Unterstützung ward es möglich, bis
jetzt 120 Nachträge zu Müllenhoff's Werk, theils zur Sagen-,
theils zur Sittenkunde, in diesen Jahrbüchern mitzutheilen. (Vgl.
das Verzeichniß in Bd. IV, S. IX — XI und Bd. V, kleine Mittheilung No. 10 und 14.)

Auf einem Gebiete jedoch wuchs der gesammelte Stoff schnell
weit über das Maaß des Raumes hinaus, welches sachgemäß dieser
Materie in unserer Zeitschrift verstattet werden kann, und so ward
es nöthig, diesen Theil der Sammlung als selbständiges Büchlein
herauszugeben. Es ist erschienen unter dem Titel:

Volks- und Kinder-Spiele der Herzogthümer
Schleswig, Holstein und Lauenburg. Ein Nachtrag zu Müllenhoff's Sammlung der Sagen, Märchen und
Lieder von Heinrich Handelmann. Kiel, Ernst Homann, 1862. IV und 106 S. gr. 8. Geb. 77 β Rm.

Die Sammlung zerfällt in vier Abschnitte; zuerst Volksspiele No. 1—72, und davon habe ich die ersten 36 Nummern, welche vorzugsweise das allgemeine Interesse erregen möchten, vorstehend auf S. 142—173 abdrucken lassen. Daran reihen sich No. 37—50 die Kalbespiele; No. 51—58 Nachsprechespiele; No. 59, 60 Bezirspiele; No. 61—64 noch einige Volksbelustigungen; endlich No. 65—72 Spielstrafen. — Der zweite Abschnitt umfaßt die Tanz- und Fangspiele (No. 73—108), welche fast ausschließlich der Kinderwelt angehören; der dritte die Leibesübungen nebst Ball-, Pfahl-, Kugel- und Wurfspielen (No. 109—130) und endlich der vierte Abschnitt Allerlei (No. 131—150), namentlich das gebräuchliche volksthümliche Spielzeug von der Windmühle bis zum Rumpelkopf. Unzweifelhaft ist bei alledem noch eine reichliche Nachlese übrig geblieben; namentlich Lauenburg, Nordfriesland und das nördliche Schleswig werden manche Nachträge liefern können. *)

Schon früher einmal habe ich in einem besonderen Aufsatz („Ueber einige alte Spiele und ihre ursprüngliche Bedeutung" Bd. III, S. 162—176) auf die Wichtigkeit dieser Ueberbleibsel des deutschen

---

*) So z. B. veranstalten die Mägde um Himmelfahrt auf dem St. Georgsberg bei Ratzeburg eine Art Rennspiel, das Schwanenreiten. Leider konnte ich außer dem Namen nichts weiter davon erfahren.

Sonst möchte ich noch Folgendes nachtragen:

No. 3. Das Rolandsreiten wird auch beim Maifest der Patricier in Lübeck erwähnt in der „Lübeckischen Chronik" (Lübeck 1842) S. 214: „Auf dem Markt . . . hielt eine drehbare Figur in der einen ausgestreckten Hand einen Ring, in der anderen einen Mehlbeutel, mit welchem sie dem, der statt des Ringes den Arm der Figur mit der Lanze traf, einen stäubenden Schlag auf den Rücken gab."

No. 9. Das schottische Eisspiel Curling (durch einen Druckfehler in ourling entstellt) ist des Weiteren beschrieben nebst Abbildung in Chambers' Book of Days, Part I (Januar 1862), S. 20. Das Kloeschschießen auf der Insel Wangerog in Ehrentraut's friesischem Archiv II. 54.

No. 8. Der Ruf, wenn acht Kegel umgeworfen, heißt richtiger, jenachdem „Simpel acht!" oder „Acht um den König!"

Auf S. 158, Z. 7 (im Buch S. 17, Z. 7) ist ein sinnentstellender Druckfehler zu berichtigen; statt eilen ließ fetten (also Ciler sehen).

Alterthums hingewiesen und an einzelnen Beispielen gezeigt, wie
sich dieselben für Mythologie und Sittenkunde verwerthen lassen.
Auf demselben Wege bin ich hier fortgegangen, und die Vergleichung und Erläuterung hat manche interessante Resultate ergeben.
Jedoch man darf eine solche Sammlung nicht allein von dem wissenschaftlichen Gesichtspunkt betrachten; sie soll auch ein Spiegelbild
von der schöpferischen Kraft des Volkshumors und der Naturdichtung
geben und zugleich die Lust der Vorfahren künftigen Geschlechtern
überliefern.

———

Es bleibt noch eines zweiten Buches zu gedenken, das sich
gleichfalls in gewisser Weise der Müllenhoff'schen Sammlung an-
reiht, und dessen Verfasser bereits den Lesern der Jahrbücher als
unser Mitarbeiter wohl bekannt ist. Dasselbe ist betitelt:

Ut de Russia. Plattdeutsche Reime, Sprüche und Ge-
schichtchen für Jung und Alt aus Nordalbingien. Von J.
Diermissen. Kiel, Ernst Homann, 1862. 80 Seiten.
n. 8. Geb. 26 ß Crm.

Die Sammlung ist abgetheilt in 10 Abschnitte, nämlich I. Wiegen-
lieder (No. 1—16); II. Sprüchlein für die ersten Kinderjahre
(No. 17—52); III. Ordnung des Tages (No. 53—86); IV. Haus
und Hof (No. 87—90); V. Verkehr mit der Natur (No. 91—192);
VI. Verkehr mit den Menschen (No. 193—354); VII. Fabeln
(No. 355—368); VIII. Abzählen zum Spiel (No. 369—388);
IX. Räthsel (No. 389—400) und endlich X. Döntchen (No.
401—420). Ich kann das Büchlein nicht besser empfehlen als mit
den schönen Worten von Rochholz: »Fremd sind diese Dinge
Keinem, es ist aller Aeltern ältestes Erbe. Es hat ihnen selbst
einst alle Träume und Gedanken erfüllt, ihre ganze Kinderseligkeit
ausgemacht. Nun soll es ihren Kindern wiederum denselben Dienst
thun!«   Dr. Handelmann.

———

18. Die Schleswigschen Provinzialberichte. (Vgl. Bd. III, 328.) Von dieser Zeitschrift liegt nunmehr der zweite Band vor *), welcher in 6 Heften von November 1860 bis März 1862 erschienen ist. Wir bemerken darin mit Vergnügen, daß die Redaction nunmehr auch der deutschen Sprache die gesetzliche Gleichberechtigung zugestanden hat; der Artikel XII nämlich ist deutsch geschrieben. — Der Band enthält

*) Slesvigske Provindsialefterretninger. Udgivne af C. Juel, Cancelliraad og Conioirchef under det slesvigste Ministerium, og Fr. Knudsen. Flensborg. I Commission hos Sundby og Jessersen. Bd. II, 1862; IV und 620 Seiten.

---

19. Noch eine kritische Beleuchtung von Allen, Geschichte der dänischen
Sprache im Herzogthum Schleswig.

In den ersten Bänden der Jahrbücher (Bd. I, S. 182–226
und Bd. II, S. 59–109) sind beide Theile des genannten Werkes
einer eingehenden Kritik unterworfen worden; um so mehr liegt es
uns ob, eine Brochüre zu empfehlen, welche gleichfalls und zwar
insbesondere für Nordfriesland die unwahren Behauptungen Allen's
zurückweiset. Die Schrift ist zu Weimar bei Hermann Böhlau
1862 erschienen und betitelt: „Die deutsche Kirchen- und
Schulsprache ein theures Kleinod der Nordfriesen
im Herzogthum Schleswig. Ein Beitrag zur näheren Kunde
der schleswigschen Sprach- und Nationalitätsverhältnisse von einem
Friesen." (60 Seiten, für Dänemark und die Herzogthümer zu beziehen durch Dr. Heiberg's Buchhandlung in Schleswig.)

Nordfriesland ist von den bekannten Sprachrescripten, welche
auf so unselige Weise in das Kirchen- und Schulwesen des mittleren
Schleswigs eingriffen, nicht berührt worden. „Allerdings ging die

Regierung 1850", wie Herr Allen berichtet, „mit dem Plane um,
den Friesen ihre friesische Muttersprache in Kirche und Schule wie-
derzugeben, mußte denselben jedoch unüberwindlicher Hindernisse
wegen wieder fallen lassen, namentlich weil es an einer gemeinsamen
Schriftsprache für die verschiedenen Dialekte und an allem Schul-
apparat in friesischer Sprache gebrach." So blieb die deutsche
Kirchen- und Schulsprache, wie sie seit der Reformation sich einge-
bürgert hat, bestehen zum Verdruß der dänischen Propaganda, welche
auch hier gern die dänische Sprache der Kirche und Schule aufge-
zwungen hätte. Die Wortführer dieser Parthei suchten nun zunächst nachzuweisen, daß die friesische Sprache der dänischen näher
verwandt sei als der deutschen; „die innere Verwandtschaft des
Friesischen mit dem Dänischen sei so groß, daß es nur geringer
Berührung und Wechselwirkung bedürfe, um eine Auflösung des
Friesischen und einen Uebergang desselben in's Dänische herbeizu-
führen." Die Geschichte lehrt aber gerade das Gegentheil; abgesehen von Pelworm, Nordstrand, Wyl auf Föhr hat die ganze
Landschaft Eiderstedt mit 18000 Einwohnern die friesische Sprache
verlernt und die deutsche angenommen, während dagegen höchstens
1000 Friesen (in den Kirchspielen Awentoft und Stadum) im Lauf
der Zeit ihre Muttersprache mit der dänischen vertauscht haben.
Und mit der Sprachwissenschaft hat man auch keine Erfolge erzielt;
zuerst hatte Herr Allen vergleichende friesisch-dänische Wörterver-
zeichnisse u. dgl. aufgestellt, später geschah dasselbe von Herrn Conrector Dr. Manicus (in einer Anzeige von Bendsen's nordfriesi-
schem Sprachwerk; s. Sleswigste Provindsialefterretninger Bd. II,
S. 1—43); sie haben aber damit nichts anderes bewiesen als ihre
eigene Unkenntniß von der friesischen Sprache und den verwandten
germanischen Dialekten.

Gleichzeitig wurden andere Mittel versucht: die auf Föhr an-
sässigen dänischen Einwanderer haben, wie öffentliche Blätter berichten, zu wiederholten Malen petitionirt, daß etwa jeden vierten
Sonntag in den dortigen Kirchen dänisch gepredigt werden möge;
der Minister Carl Moltke wies die Bitte jedoch ab, „weil er wohl
wisse, daß dort Niemand dänisch spreche," und setzt würde zu einer
solchen Veränderung die Zustimmung der schleswigschen Ständever-

sammlung erforderlich sein. Darum warf die Propaganda nun zunächst ihren Blick auf die Inseln Amrum und Westerland-föhr, welche zum Königreich Dänemark gehören; in der Presse, namentlich in dem Kopenhagener Blatt „Fädrelandet" wurde die Aufmerksamkeit des dänischen Cultusministers auf „das Unrichtige der dortigen Sprachverhältnisse" gelenkt, und wirklich erforderte das Ministerium von dem Bischof von Ripen, welchem die genannten Inseln in kirchlicher Hinsicht untergeben sind, ein Gutachten, ob daselbst nicht anstatt der bisherigen hochdeutschen die dänische Kirchen- und Schulsprache einzuführen sei. Bischof Daugaard erklärte sich jedoch mit Entschiedenheit gegen solche Neuerung; „es würde darin ein vollständiger Bruch mit der Vorzeit liegen, und ein solcher dürfe doch nur als nothwendig und gerechtfertigt gelten, wenn diese Nothwendigkeit von der betreffenden Bevölkerung selbst anerkannt werde; ihm aber sei von einer Zuneigung der Inselfriesen zur dänischen Sprache nichts bekannt." Der Bischof ist wegen dieser freimüthigen Erklärung in der Kopenhagener Presse aufs bitterste angegriffen worden; doch ließ man im Cultusministerium jetzt den Plan fallen und begnügte sich vorläufig damit, anzuordnen, daß von Michaelis 1861 an die dänische Sprache unter die Lehrgegenstände der Schulen auf Westerlandföhr und Amrum, wöchentlich ein paar Stunden, aufgenommen werden solle. Das war allerdings nur ein kleiner Erfolg, aber immer doch ein Erfolg der dänischen Propaganda. Und andererseits aus dem schleswigschen Nordfriesland weiß man von den Uebergriffen der Beamten in gleichem Sinn manches zu erzählen. Die Ortsnamen auf Sylt und Föhr werden danisirt (namentlich durch den Poststempel). Denkmünzen und Gedenktafeln, welche der Hamburger Senat nach dem großen Brande von 1842 zum Dank für die geleistete Hülfe den Gemeinden übersandt hatte, sind aus den Kirchen entfernt worden, weil darin der Ausdruck „deutsches Vaterland" vorkommt; und desgleichen mehr.

Unter solchen Zeitumständen ist die vorliegende Brochure geschrieben, es ist ein warmes und kräftiges Wort für die Heimath zur Abwehr drohender Gefahren. Der Verfasser beginnt mit einer ansprechenden Schilderung von Nordfriesland; er zeigt dann, wie sich die Sprachverhältnisse dort gestaltet haben, und wie unter

denselben Kirche und Schule gedeihen; darum bittet er (mit Jesaias
65, 8): „Verderbe es nicht, denn es ist ein Segen darinnen!"
Darauf werden die Ausführungen des Herrn Allen widerlegt
(S. 27—36) und endlich die neuesten Machinationen der dänischen
Propaganda, wie wir sie oben kurz erwähnt haben, ausführlich
dargestellt. Angehängt sind acht plattdeutsche und hochdeutsche
Sprachproben aus Nordfriesland, größtentheils aus dem 16. und
17. Jahrhundert.

---

20. **Notizen aus einem Tönninger Stadtbuch.** Mitgetheilt von
J. v. Schröder. (Vgl. Bd. IV, 200).

Anno 1693 sind in Tönning getauft 79 Kinder, copulirt 54
Paar und 188 gestorben.

Vor Anno 1698 haben die Stadt-Musikanten niemals stehendes Gehalt gehabt. Anno 1698 sind 3 gewesen und haben um
einiges Gehalt angesucht, und ist ihnen darauf jedem 12 ₰ jährlich
bewilligt.

Anno 1703 ist St. Laurentius auf dem Osterende der hiesigen Kirche gesetzt. Dieser Patron der Kirche ist unglücklicher
Weise heruntergefallen, hat zerbrochen auf dem Kirchenboden gelegen,
bis ein Küster ihn dem Tiegel überliefert und das Sündengeld dafür in Brantewein versoffen. Der Herr Patron residirt nun nur
im Kirchensiegel.

Anno 1703 den 25. Septbr. ist mit Ziehung der Lotterie
zum Bau des Kirchthurms angefangen.

Anno 1800 im Mai bestellte der König allerhöchst Tönning
einen Bürgermeister mit Befehl, demselben 200 ₰ aus der Stadt-
kasse als Salair zu geben. Noch nie vorher hat ein Bürgermeister
Salair erhalten.

Anno 1801 im Februar begann der famose Butterkrieg durch
Klugheit oder Ueberklugheit des gelehrten Bürgermeisters Canzlei-
raths Lesser. In anderen Papieren habe ich (P. Jansen) dies
Denkmal der Klugheit ausführlicher niedergeschrieben.

P. Jansen war schon um 1790 Rathsverwandter in Tönningen.

IX.

Schleswig, Soest und Lübeck.

Gelesen in der Generalversammlung der Gesellschaft am 4. Juli 1861
von

K. W. Nitzsch.

Die Wichtigkeit der städtischen Verfassungen für unsere Landes-
geschichte ist bekanntlich von allen Forschern hervorgehoben worden,
welche die allgemeinen Bedingungen ihrer Entwicklung und die großen
Factoren, die in ihr wirksam waren, ins Auge faßten.

In ihnen prägt sich einmal schon der Charakter des Verkehrs
aus, für den der südliche Theil der Cimbrischen Halbinsel ein wichtiges Zwischenland bildete, dann aber treten in ihnen auch die
ursprünglichen Gegensätze der Stämme zu Tage, die sich hier berührten und stießen. Gerade in diesem Conflict und in der Rivalität
der Stämme erwuchsen endlich neue Formen, merkwürdig an sich,
noch merkwürdiger durch den tonangebenden Einfluß für weite Gebiete städtischer Colonisation.

Dies alles, wie gesagt, ist oft und deutlich genug hervorgehoben.
Wenn ich mir erlaube, heute die Aufmerksamkeit der geehrten Versammlung nochmals auf diesen Gegenstand zurück zu lenken, so
veranlassen mich dazu zwei Publicationen der letzten Jahre, eine
neue Ausgabe der Dänischen Stadtrechte des Herzogthums Schleswig von Prof. Thorsen: De med Jydske Lov beslaegtede Stads-
retter for Slesvig, Flensborg, Aabenraa og Haderslev. Kjöben-
havn 1855, und das Buch von Dr. Frensdorf: Die Stadt- und

S. H. L. Jahrbücher V.   19

Gerichtsverfassung Lübecks im XII. und XIII. Jahrhundert.
Lübeck 1861. Das erstgenannte giebt zum Theil neue und un-
zweifelhaft bessere Texte jener wichtigen Statuten und behandelt dabei
die Entstehung der betreffenden Städte zum Theil recht scharfsinnig.
Frensdorf giebt zur Darstellung der Lübschen Verfassung im 13ten
Jahrhundert eine eingehende Erörterung über die Ursprünge derselben.

Es wäre hier durchaus nicht am Ort, Ihre Aufmerksamkeit
für eine Kritik dieser Arbeiten in Anspruch zu nehmen. Was ich
versuchen will, ist ein anderes.

Schleswig oder Hedaby war längst schon ein alter, wichtiger
und viel besuchter Handelsplatz, als Lübeck gegründet wurde. Das
letztere erhielt seine Verfassung wesentlich von Heinrich dem Löwen.
Der gewaltige Herr, der die Salinen von Oldesloe verwüstete um
seine Lüneburger Salzwerke von ihrer Concurrenz zu befreien, wird
auch bei der Gründung der Travestadt die Concurrenz mit dem
Markte an der Schlei ins Auge gefaßt haben. Ja er verlieh seiner
Colonie Soester Recht, und gerade Soest ist es allein, von dessen
Kaufleuten wir bestimmt wissen, daß sie in den früheren Zeiten mit
Schleswig in enger und stätiger Verbindung standen.*) Und endlich
ist es eine anerkannte Thatsache, daß das Aufblühen Lübecks hauptsächlich die Bedeutung Schleswigs immer weiter herabdrückte.

Diese Momente zeigen uns, wie wichtig eine Vergleichung
dieser Städte für die Geschichte nicht allein ihrer Verkehrsentwick-
lung sein muß, sondern auch für die Darstellung des gesammten
Ostseehandels. Hier hat die außerordentlich fleißige Arbeit von
Frensdorf doch eine Lücke gelassen und, wie mir scheint, das nicht
unbedeutende vorliegende Material doch nicht hinreichend ausgebeutet.

In den nachfolgenden Bemerkungen soll nur der Versuch gemacht werden, zunächst in der Kürze die Puncte heraus zu stellen,
auf die es dabei ankommt. Wir sprechen zuerst von Schleswig.

---

*) S. über die Gilde der Schleswiker zu Soest Barthold Soest
S. 55 f. und 60. Der Irrthum des Verfassers „von dem schiffbaren
Fluß, vor dessen breiter Mündung es (Schleswig) liegt" hätte
freilich nur bei einem Blick auf jede Karte der Herzogthümer leicht ver-
mieden werden können.

1. Das alte Schleswigsche Recht.

Der älteste Lateinische Text des Schleswiger Stadtrechts ist jedenfalls in den ersten Jahren des 13ten Jahrhunderts concipirt, also etwa ein Jahrzehnt vor der Redaction des ältesten uns bekannten Codex des Lübschen Rechts, aber mehr als 40 Jahre nach der Gründung von Lübeck. Das Stadtrecht selbst führt die Verleibung seiner wichtigsten Sätze auf Svend Grate zurück, und in der Thorsen'schen Ausgabe ist zum ersten Mal aus Ulr. Petersens handschriftlicher Beschreibung Schleswigs die Urkunde dieses Königs von 1155 gedruckt, worin er seinen „geliebten Bürgern von Schleswig wegen des großen Schaden und der Gewalt die ihnen im letzten Krieg von seinen Gefährten widerfahren" die Königswiese verleibt. Daneben führt § 31 des Statuts die Verleihung der Münze und einiger anderen Vorrechte auf ihn ausdrücklich zurück.

Daß eben unter Svend das Stadtrecht nicht aufgezeichnet worden, das liegt eigentlich schon in diesen Thatsachen ausgesprochen. Es kommt für uns darauf an, von ihnen für die früheste Geschichte der Stadt Gebrauch zu machen.

Thorsen hat Vorw. p. 53 auf die interessante Thatsache hingewiesen, daß die erste Spur der spätern Städte Flensburg, Apenrade und Hadersleben sich im Waldemar'schen Erdbuch da findet, wo dasselbe in den betreffenden Harden einen Zoll erwähnt, ohne dessen Hebestelle bestimmt anzugeben. Ein zweites wichtiges Factum ist, daß Apenrade und Hadersleben als Städte neben sich ältere gleichnamige Dörfer haben, mit deren Feldmark sie noch in historischer Zeit in Zusammenhang stehen, ebb. p. 53 und 73. Diesem Umstand entspricht die gewöhnliche Ansicht, daß wir neben der Stadt Schleswig oder Hedabye noch das Dorf Haddebye finden. Der genannte Verf. erkennt an, daß Hadersleben und Apenrade aus jenen Dörfern hervorgegangen. Die Deduction, durch welche er einen gleichen Zusammenhang zwischen Haddebye Dorf und Stadt in Abrede stellen will p. 13 ff., ist durchaus nicht überzeugend, und wir dürfen annehmen, daß auch hier der Verkehrsplatz ursprünglich das Dorf war und erst allmälich sich aussonderte.

So werden wir aus der Analogie jener späteren Verhältnisse vermuthen dürfen, daß auch an der Schlei die Zollstelle vor oder bei dem Dorf es war, wo sich die Anfänge des Handelsplatzes entwickelten. Beim Zoll, wie er Stadtr. § 30 sich normirt findet, werden besonders der Handel der Slaven mit Schafen, Schweinen, Rindern und Pferden und der der Friesen mit Salz hervorgehoben. Ihre Artikel werden nach Zahl und Maaß verzollt. Der ganze übrige Verkehr, zu Schiffe auf der Schlei wie zu Wagen, ist nur einer allgemeinen Abgabe für den Waarenbestand und einer kleineren pro capite jedes Kaufmanns unterworfen. Bei Geschäften außerhalb Dänemarks ist er am höchsten, sowol übers Meer als über die Eider, nach den Gränzplätzen geringer. Wer sich an diesem Verkehr außer den genannten Stämmen besonders betheiligt, zeigt eine andere Stelle § 29, wo außer den Friesen namentlich die Gäste aus Sachsen, Island und Bornholm erwähnt werden. Mit Recht mag daher Thorsen p. 7 A. in Abrede stellen, daß von dem alten Schleswig ein directer Handel mit England stattgefunden, wie er dagegen von Ripen aus entschieden bis tief in das 13te Jahrhundert hinein betrieben wurde.

Die Zoll- wie die Münzstätte wurden vom König vor 1155 unmittelbar verwaltet. Daß der Platz ursprünglich ein königlicher Ort war, das ist von Forchhammer und Paulsen schon früher anerkannt, indem sie sich namentlich auf die Abgabe des Erblosses bezogen. Es spricht weiter eben dafür der Umstand, daß nach Stadtr. § 33 Schuster, Pelzer und Bäcker zu bestimmten Leistungen pflichtig waren, wie die Fuhrleute und Fährleute zum Transport der königlichen Leute, daß ferner die Stadtthore von dem Verwalter (villicus) des Königs gebaut und unterhalten wurden Stadtr., § 72 f., und daß endlich die Königswiese auch nach der Schenkung an die Stadt bei Anwesenheit des Königs oder seines Vogts einen halben Monat als Weide für seine Pferde freigelassen werden mußte.

Daß diese späteren Leistungen erst reducirt wurden aus früheren noch bedeutenderen, erhellt namentlich aus der Notiz Stadtr. § 31 f., daß die Pelzer für die königliche Hofhaltung, wenn sie in der Stadt war, statt der Geldabgabe 1000 Felle lieferten und daß erst König Svend, offenbar für den Fall einer solchen Lieferung, auf die Marderfelle verzichtet.

Die Verbindung zwischen dem frequenten Markt, reich an

Einfünften für die königliche Hofhaltung und eben dieſer ſelbſt in ihren Bedürfniſſen liegt hier deutlich vor.

Viel unklarer iſt die Organiſation des Platzes ſelbſt.

Ich mache zuerſt auf einen ſehr merkwürdigen negativen Zug derſelben aufmerkſam. Er beſaß keinen beſonderen Stadt, noch Marktfrieden. Das Stadtr. § 31 erwähnt unter den von König Svend verliehenen Freiheiten als die vierte: „daß die Bürger die Macht haben ſollen, all und jede Kaufleute einmal aufzunehmen oder mit ſich zu führen. Darnach aber wenn ſie den Herren König gefragt, ſollen jene, will er ihnen keinen Frieden geſtatten, in demſelben Frieden, darin ſie gekommen, auch wieder gehen und nicht wiederum kommen ohne Erlaub und Frieden des Königs.“ Vor dieſer Verleihung alſo hatte der fremde Kaufmann in Schleswig keinen allgemeinen Frieden, wie wir dies auch in den Jsländiſchen Sagas der Zeit auf den Jsländiſchen Märkten finden.[*]) Ja auch nach dieſer Verleihung war er nur dann befriedet, wenn ihm ein Schleswiger ſein Geleit gab, das aber nur für die erſte Reiſe ausreichte.

Zu dieſer Thatſache kommt eine zweite: die rechtliche Form einer Reihe bedeutender Handelsgeſchäfte. Das alte Stadtrecht hat das Vindicationsrecht an beſtimmten beweglichen Sachen, namentlich auch Vieh, in der weiten Ausdehnung anerkannt, in welcher es in den Nordiſchen Rechten überhaupt vorkommt; „der Eigenthümer“, ſagt Paulſen Staatsb. Mag. III., S. 104, „konnte ſeine Sache bis zum dritten Mann verfolgen, d. h. wenn der Beſitzer der Sache, welche angeſprochen wurde, behauptete, dieſelbe von einem anderen bekommen zu haben, ſo mußte er dieſen ſeinen Gewährsmann herbeiſchaffen, gab dieſer auch an, die Sache von einem anderen bekommen

---

[*]) Thord Rhedes Saga p. 16 ff. Auf Jsland „hatte die Hanſe ſo wenig wie eine einzelne Stadt Privilegien — nur dem Einzelnen wird für beſtimmte Zeit vom König der Handel auf Jsland geſtattet.“ Junghans Bericht in Nachrichten von der hiſtoriſchen Commiſſion III. 2, p. 10. Solche einzelne Friedens- und Geleitsertheilungen neben den allgemeinen zeigen auch die Urkunden Lappenberg Urkundl. Geſch. des Stahlhofs Urk. p. 77 ꝛc. In England noch während des 13ten Jahrhunderts und zwar wieder ſowohl für einzelne Häfen als auch im Allgemeinen.

zu haben, so mußte er ebenfalls seinen Gewährsmann schaffen.—
Alle diese Sachen müssen daher mit fidejussor, im Nordischen vin,
veräußert werden, und dies verlangt auch das Stadtr. § 21. Ja
es warnt davor, alle solche Artifel ohne diese Form auf dem Markt
zu kaufen, weil sonst die Gefahr der Diebstahlsklage zu groß sey.
Es war hauptsächlich geschnittenes Tuch, verarbeitet Gold, gestillte
Lanzen und Netze, Schwerter mit Gürtel und Vieh. Allerdings
sind also eine Menge sehr bedeutender Artifel nicht diesen Ueber-
tragungsformen unterworfen, die den Verkehr darin außerordentlich
peinlich gemacht haben würden. Daß sie doch aber für den Kaufmann Bedeutung hatten, ersehen wir aus den Bestimmungen der
spätteren Stadtrechte. Im Apenrader Stadtrecht § 12 ist dem fremden
Kaufmann verboten, verschnitten Tuch und Blei in größerem Betrag auf dem Markte zu kaufen, es sey denn von Bürgern mit
Zustimmung des Raths.

Daß das Schleswiger Stadtrecht nur überhaupt vor solchen
Geschäften warnt, zeigt, daß es noch nicht in der ausgebildeten
Gewalt des Raths das Mittel fannte, ihnen größere Sicherheit zu
verleihen.

Wo lagen denn nun aber die Garantien eines sichern Verkehrs
auf dem Schleswiger Markt, so lange der König und sein exactor
Herr der Stadt, der Münze und des Zolls und der Gerichte und
durch feinen allgemeinen Frieden gebunden war?

Unverfennbar ist die Gerichtsverfassung der Stadt wesentlich
die des ganzen Landes. „Fast alle Rechtssachen werden durch die
Tingmänner entschieden und namentlich auch die, welche das Jütsche
Low Sandmännern und Nävningeren überträgt. Auch dies ergibt,
daß dasselbe ziemlich viel älter als das Jütsche Low angenommen
werden müsse.“ (Paulsen a. O. p. 177). Es kommt wie dort nur
der Zwölfmanneneid vor (ebb. p. 179). „Nur in den Bestimmungen über die Urtheilsvollstreckung erkennt man den sicheren
Rechtszustand und die ausgedehntere Macht der Behörden.“ Nach
dreien Fristen „darf der Vogt mit Bürgern in das Haus des Schuld-
ners gehen und dort für die Schuldforderung oder die Bußen Aus-
warbirung vornehmen. Aber man ist ängstlich, der öffentlichen Gewalt
soviel Wirksamkeit eingeräumt zu haben, daher die Bestimmung,

daß, wenn der Vogt den Bürgern zu nahe getreten, es den Bürgern erlaubt sein sollte, bei dem Fürsten zu klagen" § 80. „Eben
so ist der abgesonderte Gerichtstand der Stadt anerkannt und jedes
Umgeben des Stadtgerichts verboten."

Die angeführten Ausnahmen vom Landrecht liegen uns im Stadtrecht deutlich vor. Wir wissen durchaus nicht, ob sie schon vor
der Zeit der Codification verliehen waren. Ein anderes Institut,
das hier nur noch räthselhaft und unklar erscheint, tritt uns Jahr-
zehnte vor König Svend, fast ein Jahrhundert vor der Codification
mächtig und bedeutend entgegen, nemlich die Gilden oder eine Gilde.

Im Stadtrecht selbst erscheint die Gilde, das summum convivium nur § 3, das majus convivium § 4, der frater conjuratus
§ 60. In der letzten Stelle wird ausdrücklich bemerkt, daß für
die Verletzung eines unbeweibten Bürgers die volle Buße wie für
den Gildebruder, für den beweibten Bürger nur die halbe bezahlt
werde. Jedenfalls erhellt daraus eine eigenthümlich bevorzugte
Stellung des Gildebruders und es ist wahrscheinlich, daß auch die
Gildebrüder unbeweibt waren. Der Ausdruck summum convivium
und majus convivium deutet auf mehrere Gilden hin, wenn wir
auch nicht im Stande sind, ihre Zahl und Beschaffenheit näher
anzugeben. Daß die Gilden jedenfalls für den Verkehr bestanden
und die Verkehrtreibenden besonders enthielten, das liegt unzweifelhaft in jenen Worten des Königs Niels ausgesprochen, in denen
er die Mitglieder der höchsten Gilde Schuster und Pelzer genannt
haben soll, wenn diese Aeußerung auch nur ein leidenschaftlicher
Ausdruck ritterlicher Verachtung sein sollte.[*])

Hält man zunächst diese Sätze fest, so scheint hier eine Bestimmung des Jütschen Low I. 12 besonders beachtenswerth: Fährt
ein Bondensohn außer Lands auf Kauffahrt und gewinnt er Geld
und ist ungetheilt von seinem Vater und stirbt der Vater und wird
ihm Erbschaft eröffnet, so soll er Alles zur Theilung bringen oder

---

[*]) Was namentlich Wilda Gildewesen p. 74 f. vorgebracht hat, ist
meiner Meinung nach nicht stichhaltig. Der dort gezielte Gegensatz zwischen
Hausbesitzenden und nicht Hausbesitzenden Bürgern wird nur gemacht mit
Bezug auf das Verfahren bei Diebstahlsklagen.

der Erbschaft verlustig gehen. Heirathet er dagegen aus der Gemeinschaft heraus und wird er nachher reich, so tritt er doch zur
Erbschaft sowol nach Vater als nach Mutter." Der Rechtsatz,
der hier vorliegt, ist dieser, daß der kaufmännische Erwerb nicht in
die Gemeinschaft des gesammten Hauserbes gehört, sofern der unverheirathete Erwerber nicht um denselben sein angeboren Erbtheil
erkaufen will, daß dagegen der beweibte Kaufmann und sein Vermögen an und für sich in die Erbgemeinschaft gehört, auch wenn
er vorher darauf verzichtet. Es ergiebt sich darnach, daß nur des
unverheiratheten Kaufmanns Vermögen selbständig blieb, und wir
werden in eine Zeit versetzt, wo nur der Unverheirathete frei über
sein Capital verfügte. Von diesem Gesichtspunct aus erscheint der
unverheirathete Kaufmann allein als wirklich unabhängig, und wir
werden auf die Vermuthung geführt, daß der Gildebruder ursprünglich
als Kaufmann unverheirathet und getrennt von der Familienverbin-
dung gedacht werden müsse.

Damit stimmt es sehr wol, daß nach Stadtr. §. 20 der unverheirathete Bürger vom Erblaß befreit war; nur der verheirathete
und der Fremde mußten das Recht zu vererben mit dieser Abgabe
erkaufen. Diese Freiheit erscheint so als ein Privilegium des einheimischen Kaufmanns, dessen Vermögen ja eben außerhalb des
gewöhnlichen Erbganges lag.

Eine solche Gilde einheimischer Kaufleute, die mit ihrem Vermögen dem königlichen Stadtherrn wie der sonstigen Einwohnerschaft selbständig gegenüberstand, war bei der Frequenz des Marktes
und der weitesten Ausdehnung seiner Verbindungen besonders inter-
essirt. Waren ihre Genossen, wie das unzweifelhaft feststeht, zu
gegenseitigem Schutz auf das Engste verpflichtet, ihr Eid als der
beste und ihr Wehrgeld als das höchste anerkannt, so konnte die
Verbindung mit ihren Mitgliedern dem einzelnen Kaufmann fremder
Herkunft ein Ersatz für den Mangel einer wirklichen Marktverfassung
sein.[*)]

Daß die Gilde in den späteren Zeiten des dreizehnten, vielleicht schon des zwölften Jahrhunderts verheirathete Mitglieder zählte,

---

wird Niemand bestreiten. Nur eigenthümliche Spuren scheinen auf ein früheres Verhältniß der angedeuteten Art hinzuweisen.

Jedenfalls ist die Gilde die älteste und eigenthümlichste Gewalt, die den Ort Schleswig als Handelsort gegenüber dem Landrecht charakterisirt. Sonst steht er wie gesagt noch ganz auf derselben Stufe der Rechtsentwicklung wie das Land, und wir wissen nicht, ob die wenigen anderen Ansätze einer eigenthümlichen Rechtsentwicklung schon in die Mitte des 12ten Jahrhunderts zurückdatirt werden dürfen.

Damals aber faßte erst Adolf II. und dann Heinrich der Löwe den Plan, ihm einen Rivalen an der Trave zu gründen.

II. Markt und Marktrechte in den Urkunden, bei Delmar und Helmold.

Um die Entstehung und Ausbildung Lübecks richtig zu würdigen ist von Frensdorff S. 19 A. 3 gewiß mit Recht darauf aufmerksam gemacht, daß Helmold den Ort vor der Neugründung durch Heinrich als forum bezeichnet. Jene Periode, wo dieser Markt so häufig seine Stelle wechselte, erinnert lebhaft an die Thatsache, der wir eben in Schleswig begegneten, daß die städtischen Marktorte sich allmälig von dem Dorfe ihres ersten Ursprungs trennten und weiter entfernten.[*]

***

[*] „Vielleicht", sagt Deecke Grundlinien p. 23, „bildete der Anbau des Werders ursprünglich drei Gruppen: nördlich die Burg — in der Mitte der Markt, an den im Westen der Hafen — sich und an den sich — die dritte südliche Gruppe, die eigentliche civitas um die älteste Kirche gebaut sehnte." Aber er fährt fort: „daß namentlich der eigentliche Markt früher viel größer gewesen, geht schon aus der Benennung der nahegelegenen Straßen, die noch jetzt Buden genannt werden, hervor; so daß es uns auch nicht wundern darf, wenn die ältere Marienkirche gradezu Marktkirche ecclesia forensis heißt." Sollte nun aber nicht die älteste Marktkirche überhaupt die älteste Kirche Helm. I. 69 sein? Deecke setzt sie zwar p. 4 an die Stelle der späteren Domkirche, und so liegt z. B. Vita S. Ottonis Pertz Scr. XII. p. 312 f. die neu angelegte Kirche zu Stettin nicht am Markt. Helmold motivirt jedoch a. O. die Anlage der Kirche zu Oldenburg mit den Worten: quo omnis terra illa dominica propter mercatum convenire solebat. So von Lübeck das. 83:

Aber auch für die innere Entwicklung ist es wichtig, nicht zu vergessen, daß allerdings wie in Schleswig ein Markt ohne fest-geschlossene Stadtverfassung möglich war, und daß eben dann aus dem Markt allmälich die Stadt im preußischen Sinn sich ausbilden konnte. Lübeck war unter Adolf II. eine gräfliche, es wurde unter Heinrich eine herzogliche und erst nach dessen Sturz eine königliche Stadt. Um aber die eigenthümliche Bildung des Sächsischen Markts urkundlich zu übersehen, stehen uns doch eben nur hauptsächlich könig-liche Verleihungen zur Einsicht offen, und es wird für die vorliegende Erörterung nicht unzweckmäßig sein, sich an diesen Beispielen zu orientiren.

Zunächst unterscheiden wir da das Jahrmarktes von dem voll-ständigem Marktprivilegium. Für beide ist die Urkunde vom Jahre 1038 Lappenberg Hamb. Urk. p. 70 besonders instructiv: Licentiam dedimus construendi mercatum in loco Heslingao nuncupato — eo — tenore, ut advocatus ejusdem ecclesiae his diebus, qui-bus annualis mercatus initii celebrari et confluentia populi maxima solet fieri — in fest. S. Viti — potestatem habeat banno nostro constringendi omnes, qui illuc convenerint ad omnem justiciam faciendam. Teloneum autem et quicquid ad nostrum imperiale jus pertinet — eidem ecclesiae — conce-dimus. Also der Jahrmarkt bestand schon längst; was der Kaiser verfügt, ist, daß der erzbischöfliche Vogt für alle Marktbesucher die eigentliche Gerichtsbehörde werden soll und daß der Zoll an Bremen fallen soll. Bis dahin gab es demnach kein gemeinsames Markt-gericht, und der erzbischöfliche Vogt konnte höchstens über die Leute

---

„venit universus populus terrae ad forum Lubic. et veniens dom. episcopus habuit verbum exhortationis.“ Ebd. wird das Jägersdorfer Kloster, obgleich die Mönche propter tumultus fori widersprechen, wieder nach Segeberg zurück verlegt, „quatenus in solennitatibus, quando ponti-ficem oportet esse in populo, haberet in clero supplementum.“ Unzweifel-haft haben also Vicelin und seine Missionare den Markt für die geeignetste Stelle der jungen Kirche gehalten, und auch St. Otto wählt wiederholt den Markt zum Schauplatz ergreifender Maßregeln, Perz a. O. und p. 790. Man könnte also auch versucht sein, die älteste Kirche Lübecks dicht an oder auf den Markt zu setzen.

des Erzbischofs, und soweit dessen Vogtei reichte, Recht sprechen. Das neue Marktgericht galt aber auch nur für den Jahrmarkt und nicht weiter. Hiervon unterscheidet sich nun wesentlich die andere Verleihung derselben Urkunde: Addidimus etiam — ut potestatem habeat — in loco Stadnn · in predio ecclesiastico mercatum ex integro construendi, bannum et teloneum necnon monetam — Hamburgensi conferimus sedi. Homines vero, qui in predicto predio quoquo modo sibi habitacula faciant, sub banno — advocati episcopi — manere decernimus.

Heißt das ex integro nun im Gegensatz gegen den alten Eslinger Jahrmarkt ein neu gegründetes oder im Gegensatz gegen das nur periodisch gültige Privilegium ein ganzes Marktrecht, der Gegensatz thatsächlich ist klar. Dies ist kein Jahrmarkt; Zoll, Münze und Bann zusammen und der behutsam gewählte Ausdruck „qui in predicto predio quoquo modo sibi habitacula faciant" zeigen einen stehenden Marktort von größeren Bedürfnissen mit sowol angesiedelten, als ab- und zuziehenden Kaufleuten.

Der Marktfrieden konnte jedoch immerhin ein verschiedener sein, ja er hatte folgende verschiedene Seiten: 1) legte er die Marktbesucher gegen jede fremde gerichtliche Verfolgung in Frieden „ut illuc euudo et redeundo habeant pacem" (Lappenberg a. O. 69) oder „quod foro annuali, duobus diebus ante et post, judicii rigore nullus hominum astringitur, nisi in recenti aliquid emergat vel quis exterminatus deprehendatur. Eodem modo 3 dies in hebdomada." (Erhard Reg. hist. Westf. II. Urk. p. 237.) 2) aber übertrug er die richterliche Gewalt über alle in recenti sich ergebenden Streitsachen einer besonderen Gewalt „ut si in hoc statuto tempore ex illuc venientibus aliqua temeritas evenerit, inde justitiam faciendi neque dux neque comes neque aliquis hominum preter ipsum — licentiam habeat" (Lappenberg a. O.) oder er stellte eben alle „qui in predicto predio quoquo modo sibi habitacula faciant" (s. oben) unter die Gerichtsbarkeit des Vogts des Orts.

Dieser Friede war also ein wesentlich anderer und weit stätiger ausgebildet als der, den das Schleswigsche Stadtrecht nur für den ersten Marktbesuch dem Kaufmann einräumte und für die folgenden erst an die einzelne ausdrückliche Bewilligung des Königs knüpfte.

Aber auch dieser Sächsische Marktfriede konnte noch erhöht werden.
So fügte Konrad II. dem Marktprivilegium für Helmwardhausen
hinzu: ut omnes negotiatores caeteriquc ibidem mercatum ex-
colentes commorantes euntes et redeuntes talem pacem talemque
justitiam obtineant, qualem illi obtinent, qui Mogontiae, Co-
loniae et Tratmanninae negotium exercent. (Schaten annal.
Paderb. I. p. 492.) Dies ist die einfachste Form eines solchen
Privilegiums (vergl. z. B. für Minden Erhard Regest. hist. Westf.
I. Urk. p. 117 Schaten Ann. Paderb. I. p. 515 oder die curtis
Lesum Lappenberg a. O. p. 86); so verfügt Otto I. für Bremen,
Lappenberg a. O. p. 49, noch weiter „Quia etiam negotiatores,
ejusdem incolas loci nostrae tuitionis patrocinio condonavimus,
precipientes hoc imperatoriae auctoritatis precepto, quo in omnibus tali patrocinentur tutela et potiantur jure, quo ceterarum
regalium institores urbium. Nemoque inibi aliquam sibi ven-
dicet potestatem nisi — archiepiscopus et quem ipse ad hoc
delegaverit. Diese hinzugefügten Privilegien der Königsabkauf-
leute, die auch in den Bestätigungen des vorstehenden Privilegiums
ebd. p. 55, 65, 69, erwähnt werden, fehlen bei dem einfachen
königlich privilegirten Markt, aber doch war das Verhältniß seines
Kaufmannes ein bestimmt normirtes; so heißt es in einer Corveier
Urkunde von 1115 für Höxter: in foro — in singulis annis de
singulis macellis vel locis, in quibus cum mercimoniis con-
sistunt mercatores, 4 nummi persolvantur — sicut mos est et
consuetudo in omnibus locis, in quibus mercatus regio privilegio firmati sunt. Erhard a. O. p. 142. Diesem Budenzins
aller Märkte entsprach aber auch ein Grundzins, dessen Allgemeinheit wir aus seiner Bezeichnung erkennen.

Friedrich I. verlieh dem Kloster Obernkirchen 1151: ut in villa
O. forum sit, quod in vulgari wicbilethe dicitur — et pere-
grinos seu alios ad forum euntes vel redeuntes seu permanentes
nostra pace — gaudere volumus (Erb. a. O. II. S. 156 f.). Mit
der Einrichtung eines solchen Weichbilds war eine besondere Ordnung des Grundbesitzes verbunden, so verfügt 1234 der Bischof
von Münster über seinen Hof Telgte: „agros curtis — eo jure
quod dicitur wich. distribuimus inter ministeriales ecclesie nostre

ibidem degentes et ejusdem oppidi cives, ut novelle munitionis locus sic circa initium sui aliquo modo incrementum sumeret et inposterum utili propagatione rerum et civium eo facilius dilatari posset, redtibus episcopalibus non diminutis — sed amplistis." Westf. Urkundenb. III. S. 139. Erst weiter im Verlauf der Urkunde wird nun denselben Ministerialen und Bürgern das Recht von Alen und Bochum dazu verliehen. Dieses Weichbildrecht, zu dem ein Grundbesitz ausgethan wird, ist also jedenfalls ein jus forense, wie es Abt Arnold von Lübeck in einer Urkunde nennt (Urk. d. Stadt L. I. p. 6), aber es ist damit der Ort noch keineswegs eine Stadt.*) Das Recht als Zinsrecht bezog sich vornämlich auf die Hausplätze der Marktorte, obgleich auch Aecker wie z. B. zu Telgte dazu ausgethan werden konnten. Als Wortzins oder census arearum kommt es z. B. auch in Medebach vor und hier findet sich bei ihm gerade wie bei den Budenstellen zu Hörter die vorbure als eine Leistung des Zins in duplo bei der Vererbung oder, in Medebach, auch der Uebertragung des betreffenden Platzes.**)

Dieser Wortzins des Marktortes sollte und mußte, wenn ich recht sehe, so geregelt sein, daß er den öffentlichen Leistungen des Platzes nicht hindernd in den Weg trat. In den alten Städten, die nicht als Märkte begannen, erscheinen nur diejenigen Hörigen steuer- und leistungspflichtig für das Reich und die Stadt „qui mercimoniis operum dant s. foro rerum venalium student" (Nitsch Minist. und Bürgerthum p. 225 u. 374 f.).

Es liegt auf der Hand, daß in einer villa, die als forum eingerichtet wurde, von vornherein allen die Aussicht foro venalium rerum studendi eröffnet und damit auch ihre Steuerpflicht offen gehalten wurde. Der Zins, der nur an den Herren fiel, mußte

_____

*) Dies hat Erhard Gesch. Münsters p. 108 gewiß richtig hervorgehoben: „Münster — hatte er (Hermann II.) das Wibbeletts-Recht verliehen — — allein dieß maß, ohnerachtet es — jus civicum heißt, von einem eigentlichen Stadtrecht noch wol unterschieden werden."

**) Arnold zur Geschichte des Eigenthums p. 74. Erhard a. O. I S. 143. cf. Wigand Geschichte v. Corvey p. 241. Seibler s. Medebach § 11 f.

daher ſo mäßig geſetzt ſein, daß er durch die Steuerpflicht nicht gefährdet ward und auch ſeinerſeits dieſe nicht gefährdete.*)

Damit werden wir die hauptſächlichſten Beſtandtheile des älteren „Markts“ angegeben haben: Bann, Münze, Zoll, Bubenzins und Wurtzins.

Die Marktgerichtsbarkeit war unzweifelhaft unmittelbar ſeine hofrechtliche. Aber einmal war die Exemtion von anderen Gerichten, die damit verliehen wurde, geeignet den hofrechtlichen Beamten, dem ſie übertragen wurde, zu kräftigen. Dann aber war die Möglichkeit, allen Vortheil von einer ſolchen Verleihung zu ziehen, beſonders ſicher, da wo eben der große Complex einer hofrechtlichen Verwaltung ſeine Ueberſchüſſe dadurch um ſo vortheilhafter verwerthen konnte (Nitzſch a. O.). Schon Karls des Großen capitulare de villis erwähnt auch des mercatus. Die hofrechtlichen Genoſſen konnten ſich verſchieden daran betheiligen und im Lauf der Zeit traten ſie immer unabhängiger in dieſen Verkehr ein. So wird denn auch z. B. der Hof Leſum an Bremen übertragen cum univerſis appenditiis h. e. utriusque ſexus mancipiis — — monetis teloneis (Lappenberg Hbg. U. p. 86). In der ſtrengſten Form erſcheint ein ſolches Marktrecht bei dem Paderborniſchen Herſtelli, wo die Anbauer einer Helmwardhauſer Neurodung verpflichtet ſind „ut forum, quod inſtitutum eſt — in praeſcripta villa —, ſolito more frequentent“ (Erhard Reg. II., p. 113). Natürlich konnte bei einem Verkehr von größeren Verhältniſſen von einem ſolchen Zwang beſtimmter Orte nicht die Rede ſein. Daß aber andererſeits die Kaufleute des Platzes ſelbſt in einem Abhängigkeitsverhältniß zu dem Herren des Platzes gedacht wurden, darauf leitet der Begriff des Weichbildrechts und der Weichbildrente von ſelbſt hin. Nach Albrechts Vorgang (Gewere p. 174 ff.) haben Arnold (J. Geſch. b. Eigenthums p. 142) und Frensdorff p. 10 ff. in dem wicbelde urſprünglich

---

*) So in Bochum „pretium — eo jure, q. wicb. d., pro annua penſione 9 malir. tritici — quam — — ſine omni exactione aut collecta quae dicitur ſent libere nobis exhibeant.“ Wigand Archiv IV., p. 263. Von ſeinen Lübecker areae zu Weichbildrecht ſagt Arnold a. O., ut ea hereditario jure poſſideant et civitati omnem juſtitiam faciant. Vgl. Erb. a. O. und Deede Grundlinien p. 20.

ein weſentlich grundherrliches Verhältniß geſehen. Mit dieſer
Annahme iſt aber von ſelbſt gegeben, daß das forum, quod dicitur wichelde und das jus forense in den meiſten Fällen ein
hofrechtliches, wenn auch in noch ſo milder Form war.

Dieſes gewöhnliche Marktrecht konnte aber nicht vom Grafen
verliehen werden. Als Heinrich IV. Adelbert 1057 die Grafſchaft
in zwei Gauen gab, gab er ihm daneben und außerdem „licentiam
et potestatem in eodem comitatu duos mercatus constituendi,
unum in W. alterum in G. cum monetis et teloneis tam in aqua
quam in terra et in omni districtione, quae ad forum et regiam
pertinet potestatem, ita quidem, ut nullus judex aut exactor
— regiam nostram traditionem — invadere presumat.

Man ſieht alſo das Recht, Märkte zu errichten mit Münze,
Zoll und Bann, ſo daß ſie den Eingriffen anderer höherſtehender
Beamter nicht ausgeſetzt waren, dies Recht gehörte nicht zur Grafſchaft.[*] Aber ſo wie es neben den Märkten der privilegirten König-
ſtadtkaufleute einfache königlich privilegirte Märkte gab, ſo gab es
auch daneben Märkte ohne königliches Privilegium, auf die offenbar
z. B. die Corveier Urkunde für Höxter hindeutet und deren einen
wir in der Verleihung für Eßlingen kennen lernten. Dieſe Märkte
zerfielen eben ſo wie die königlichen in verſchiedene Claſſen. Jahrmärkte und ſtätige Märkte, und wie König Konrad Bremen zu ſeinem
höchſten Marktprivilegium noch zwei Jahrmärkte hinzuverlieh (Lappenberg a. O. p. 69), ſo mußte es allerdings auch hier endlich noch
ſtätige Märkte geben, die zugleich Jahrmärkte waren.

Fragen wir nun zuerſt, welcher Art das Lübecker forum vor
Heinrich dem Löwen war, ſo müſſen wir zuerſt bemerken, daß die
beiden Hauptquellen, Helmold und Detmar keineswegs ganz gleich
darüber berichten. Ich ſpreche zuerſt von Detmar. Er ſagt in
ſeiner Einleitung daß er ſeine Chronik zuſammengeſetzt habe aus
des Vincentius speculum historiale, der Stadtchronik und den
Wendiſchen. Und in der That iſt, ſoweit Helmold reicht, dieſer

---

[*] Wenn in der Weichbildverleihung für Bockholt (Weſtf. Urk. III.,
p. 4) die Erlaubniß des Grafen erkauft wird, ſo erklärt ſich das wol
aus dem Umſtand, daß nach derſelben Urkunde der Biſchof damals (1201)
keinen der beiden Gegenſätze anerkannte.

und Vincenz die Hauptquelle für die Darſtellung ſeines erſten, d. h. des zwölften, Jahrhunderts, worauf es uns hier zunächſt ankommt. Die meiſten anderen Stücke, die alſo der Stadtchronik gehörten, finden ſich in der Repgowiſchen bis zu deren Schluß gegen die Mitte des 13ten Jahrhunderts. Die Nachrichten über Lübecks Urgeſchichte wie z. a. 1106, 1117, 1125, 1130, 1139, 1151, 1157 ſtammen alle aus Helmold, und eine Vergleichung zeigt nur, daß deſſen Text zum Theil mißverſtanden, zum Theil nicht eben glücklich erweitert iſt. Die Stellen, wo der Verf. Eigenes über den Gegenſtand bringt, 1157, 1163, 1180, 1187 und 1188 beruhen zum Theil auf Urkunden, wie die beiden letzten auf der noch vorhandenen, Urkundenbuch der Stadt L. I. Urk. 7. Die heilloſe Zertrennung derſelben bei Detmar mag eine Confuſion des Schreibers ſein. Aber der Verf. erwähnt auch 1180 beſiegelte Handfeſten, die Friedrich 1. der Stadt verliehen, während er 1163 keine Handfeſte Heinrichs des Löwen aufführt. Nun ergiebt ſich aber aus dem Wortlaut der Urkunde von 1188, daß der Herzog allerdings, der Kaiſer bis damals keineswegs der Stadt eine Urkunde verliehen hatte. Friedrich fährt nämlich nach der Stelle, die Detmar unter 1187 aus der Urkunde giebt, fort „Insuper opportunitatibus eorum acquiescentes omnia jura, que primus loci fundator Heinricus — eis concessit et privilegio suo firmavit, nos etiam ipsis concessimus. Es muß doch nach dieſen Thatſachen jedenfalls unrathſam erſcheinen, Detmars eigenthümlichen Nachrichten in dieſer Zeit ein beſonderes Gewicht zuzuſchreiben.[*] Sie widerſprechen in

---

[*] Man hat wol auf die Hamburgiſche Redaction der Chronik in den betreffenden Stellen ein beſonderes Gewicht gelegt (Grautoff Lübeck. Chroniken III. p. 531 f.), ich glaube mit Unrecht. Die Stelle, auf die es zunächſt hier ankommt z. a. 1163 iſt bei den Gebietsbeſtimmungen zuſammengearbeitet aus dem kürzeren Detmar und den Gränzangaben der Urkunde, auch für 1157 ſind die letzteren benutzt. Ueber die Verfaſſung hat der Bearbeiter unter 1163 die Angaben von Heinrichs Privilegien in derſelben Urkunde nicht benutzt, wol aber die Detmarſchen Notizen und das Raththeilprivilegium Heinrichs des Löwen. Frensdorff p. 14 A. 70 ſtellt die Vermuthung auf, daß die betreffenden Stellen des Hamburger Codex und der Bremiſchen Chronik (Lappenberg Geſchichtsquellen p. 61)

jenem wichtigen Punct den Urkunden. Sie widersprechen aber auch
Helmold, denn Detmar trennt, was Helmold gleichzeitig von Heinrichs Gründung berichtet, die Berufung der Kaufleute und die
Einrichtung von Münze und Zoll unter die verschiedenen Jahre
1157 und 1163. Frensdorff sucht die Angabe Helmolds als nicht
chronologisch genau aufzufassen, wenn er aber dagegen sich eben auf
Detmar beruft, so darf man doch die zahlreichen Stellen nicht außer
Acht lassen, wo dieser in der größten Willkührlichkeit als Annalist
erscheint.*)

Detmars Darstellung ist nun folgende. Heinrich habe zu Lübeck
Jahrmärkte vorgefunden, die nach der Verleihung von Wochen-
märkten eingegangen seyen („darmede vorgingen de jarmarkede‟
unter 1173 und außerdem eine Dorfverfassung unter Bauermeistern.
Der Herzog habe dann 1157 einen allgemeinen Frieden für die
fremden Kaufleute erlassen „he gaf allen copluden mit ereme
gude over land eder over water dar to komende, dar to wonende, dar to blivende u. van dennen varende, so wanne se
wolden.‟ Endlich 1163 habe er Münze, Zoll, Wochenmärkte,

----

*) eine ausführlichere Handschrift der Stadtchronik oder diese doch ausführlicher
benutzt hätten als Detmar. Aber der Hamburger Cod. ist nach Lappen-
bergs Mittheilung (Berl. Jahrb. 1830. II., p. 763) ein Hufus b. b. et beruht
wesentlich mit auf Helmold. Die Einfügung Helmolds stammt aber doch ohne
Zweifel von Detmar nach seiner eigenen Angabe. Ich wage daher die Vermuthung, daß jene ausführlicheren Darstellungen aus einer früheren und
ausführlicheren Arbeit Detmars stammen, und daß der Grautossische Text
des Detmar eine zusammengezogene Arbeit ist, ob vom Verf. oder von
sonst jemand, auch dies würde freilich eine eingehendere Untersuchung
entscheiden können. Gegenwärtig sind hier noch überall Schwierigkeiten.

*) So setzt Helmold I. 39 die Sachsenkriege Heinrichs V. gleichzeitig
mit den Slavischen Ereignissen, die er 38 erzählt hat, schiebt aber
erst noch den, also früheren, Römerzug ein. Detmar erzählt in 4 auf-
einander folgenden Jahren erst die Slavenkriege, dann den Römerzug
und endlich den Anfang der Sachsenkriege. Anderer Seits hat er u.
1168 alle die Ereignisse zusammengerackt, die Helmold 2. 12—14 mit
Ausdrücken erzählt, die er schon an sich unmöglich machen, sie alle in
das Jahr der Eroberung Rügens zu setzen; oder man vergl. über Bicelins
erste Missionsthätigkeit Detmars Consulen u. 1125 mit Helm. I. 46.

Bogtding und Rathswahl eingesetzt. Er denkt sich also den Fortschritt vom Dorf mit Jahrmarkt zu einem Dorf mit einem vollen
Marktfrieden „dar to wonende" aber noch ohne Münze und Zoll,
diese seyen erst 1163 mit dem übrigen hinzugefügt.

Bei Helmold tritt die Bedeutung der Jahrmärkte ganz zurück,
noch unter Adolf II. erzählt er: forum L. crescebat in singulos
dies et augebantur naves institorum ejus. I. 71. Diese Kaufleute erwähnen ebb. 85 ihre „aedificia — multo sumptu elaborata."
Aber dieser Markt hat seinen Königsbann, und der Graf kann ihn
nicht gegen die Verfügung des Herzogs schützen „ne haberetur
forum Lubike nec esset facultas emendi sive vendendi nisi ea
tantum, quae ad cibum pertinent" ebb. 76. Mit Einem Wort
es ist ein mercatorum locus, aber ohne die pax aggrediendi,
regrediendi etc. ohne Münze und königlichen oder herzoglichen
Marktfrieden. Alles das mit Einem Mal erhält der Platz, den
Frieden, Zoll und Münze, gerade so wie Stade oder Bremen durch
eine königliche, durch eine herzogliche Verleihung.

Vergleicht man diese beiden Darstellungen mit den urkundlichen
Zügen, die wir oben über die alten Märkte zusammengestellt, so
erscheint der Fortschritt vom Jahrmarkt zum stätigen Markt, wie ihn
Detmar giebt, nicht unwahrscheinlich; aber freilich ganz unwahrscheinlich, daß der Herzog erst die pax aggrediendi, regrediendi,
commeandi etc. verliehen und längere Zeit darauf erst das Uebrige.
Wie Helmold dagegen die Sache darstellt, entspricht sie vielmehr
dem, was wir urkundlich fanden; er erzählt eben die gleichzeitige
Verleihung von Friede, Münze und Zoll, wie sie immer und überall
zusammen ein Marktrecht ausmachten.

Eine solche Verleihung durch den Herzog mußte aber für den
Markt einen bedeutenden Abschnitt machen.

Adolf II. war im vollen Besitz von Wagrien und zwar so.
daß er mit dem Meßseil über das ganze Land, seine Wälder, Moore,
Wiesen und Aecker verfügte (S. H. L. Jahrb. V. 101 ff.). Dieses Recht
hat der Herzog trotz seiner oberrichterlichen Gewalt, immer anerkannt. In Folge dessen konnten die Holsteinischen Grafen ihren
Colonen den freien Holzschlag in ihren Wäldern zugestehen, den
usus caedendi ligna, secundum quod nostris colonis permittimus

(Urkundenb. des Bisth. Lüb. I. p. 211, 213, 218) oder die
potestas secandi ligna vel precio comparandi sive prece sicut
a nobis in terra ipsa villarum nostrarum colonis est permissum
(ebb. p. 338). Hatte Hamburg in dem ganzen Gerichtsbann der
Grafen die Freiheit „in lignis ad usum negotiationum et ad
edificandum et ad comburendum secandis" (Lappenb. a. O. p. 240
cf. 253, 258, 354) so hat Lübeck es offenbar ursprünglich auch
gehabt und dies Recht ward durch den Spruch von 1188 auf bestimmte Waldungen so beschränkt „ut tam igni necessaria quam
navibus sive domibus aut aliis edificiis civitatis suae utilia
ligna in eis succidant absque dolo, ne videlicet idoneas et utiles
sibi naves passim et sine necessitate vendant et alias fabricent
vel ligna deferant aliis vendenda nationibus" (Urk. d. St. Lüb.
p. 10). Die Beschränkung zeigt den früheren ausgedehnten Gebrauch, und wir sehen hier, wie leicht die Schiffe des Markts Lübeck
sich in den ersten Zeiten vermehren konnten. Dieses Recht in solcher
Ausdehnung verlor die Stadt, als sie unter dem Herzog trat; sie
hörte auf, die unbeschränkte Consumentin der Wagrischen Urwälder
zu sein. Aber es ist noch ein anderes in Betracht zu ziehen.

Adolf II. war ein ganz einfacher Graf. Er stand noch ohne
eine ausgebildete Vasallität und Ministerialität neben seinem Landes-
adel, der gleichsam neben ihm selbständig schaltete (s. Allgem.
Monatsschr. 1854 p. 360). Die Last eines großen fürstlichen Haus-
halts, wie sie Schleswig, die Ansprüche und Uebergriffe einer hab-
gierigen Lehnsmannschaft, wie sie manchem Deutschen Markt gefährlich wurden, waren hier nicht zu fürchten, weil diese Dinge
noch nicht vorhanden waren. Sowie aber der Platz an den Herzog
von Sachsen fiel, trat gerade hierin eine gewaltige Veränderung ein.
Eine fürstliche Macht, die mit allen Mitteln und Kräften der damaligen Zeit sich ausbreitete, faßte hier auf einmal festen Fuß und
zwar in der offenen Absicht, ihre großen Mittel gerade hier noch
höher zu treiben. Unzweifelhaft lag hierin eine große Gefahr für
den jungen Markt, trotz Münze, Zoll und Frieden. Und von hier
aus sind zunächst Helmolds Worte zu betrachten, die er zu dem
„et statuit monetam et teloneum" hinzufügt „et jura civitatis
honestissima."

Zunächst allerdings erschienen die honestissima civitatis jura
wie ein Zusatz zum Marktprivilegium. Man muß an ein erhöhtes
Stadtprivilegium denken, wie z. B. dem Bremischen jura der institores urbium regalium hinzugefügt waren. Aber da liegt
sofort auf der Hand, daß eben nur der König und also nicht der
Herzog ein solches Privilegium ertheilen konnte. Welcher Art sie
denn waren, erfahren wir bekanntlich aus Arnolds von Lübeck
Worten II. 35 „justitias, quas in privilegiis scriptas habebant
secundum jura Susatiae" (Freudsdorff p. 53 f.)

Da ist nun zunächst hervorzuheben, daß das Soester Recht
allerdings auch ein Marktrecht war. Es erhellt das aus den Verleihungen desselben an Medebach, die dieser Lübecker fast gleichzeitig
sind von 1144 und 1165. Sie schließen: Ad hec firmissime
precipimus, ut in foro M. pax habeatur, concedentes ut leges
illius fori similes sint fori Susatiensis (Gengler Deut. Stadtr.
p. 285 vgl. Barthold Soest p. 38, Hegel Ital. Städteverf. II.,
p. 443 f.). Die Vorzüge dieses Soester Marktrechts und Friedens
erhellen gerade aus diesen Urkunden. Es erhellt eben auch daraus,
was Heinrich in ihm seinem neuen Markt gab, und gegen welche
Gefahren er ihn dadurch sichern konnte und wahrscheinlich auch wollte.
Medebach war nämlich ein altes forum publicum et banno regio
firmatum, wie Rainald es 1144 nannte (Erhard Urkundenb. des
Herz. Westf. I. p. 61). Dessenungeachtet war es in die Hände
der erzbischöflichen Vasallen gerathen, und namentlich war durch Erhöhung der Abgaben von den Kaufmannsläden, die ja (s. oben
p. 300) allen solchen Märkten wesentlich waren, der Markt wesentlich
benachtheiligt „novis exactionibus in macello in tecis mercatorum
— forum pejoratum" (Erhard a. O.). Das Mittel hier Abhülfe
zu schaffen, war die Uebertragung des Soester Marktrechts. Selbst
ein altes forum publicum fand in seinem Königsbann nicht die
nöthigen Sicherheiten, wie sie in Soest vorhanden waren.

III. Der Markt Soest und sein geforntes Recht.

Der Markt Soest war, so weit wir es erkennen können, nicht
durch eine Verleihung entstanden. Ich berufe mich dafür zunächst
auf die klare Auseinandersetzung Beselers (Zur Geschichte des Deutschen

Ständerechts. Gratulationsschrift z. Savignys Jubiläum. p. 7 f.). Der Markt und Marktort erscheint noch im 12ten, ja noch im 13ten Jahrhundert als der kaum ausgesonderte Mittelpunkt eines großen Complexes höriger Höfe. Ja der Marktfrieden selbst erscheint in dem bekannten ältesten Lateinischen Statut in ganz anderer Form als jene gewöhnlichen waren, die wir oben p. 298 f. zusammenstellten. „Precones", heißt es § 34, „extra oppidum manentes licite possunt quolibet die quo forum servatur in Susato cuilibet ex parte judicii mandare, ut coram judicio juri pareat. It. in omnibus vigiliis et 4 temporibus similiter preter in messe." Allerdings suchen die folgenden §§ den Uebelständen, die sich hieraus für die Bevölkerung ergeben mußten, auf andere Weise abzuhelfen. Der Bäcker z. B. beim Einteigen, der Kaufmann, der seine Waare vor der Hand hat, erhält eine, wenn auch kleine, Frist. Jeden-falls aber finden wir keine Spur von jenem Satze, daß während des Markts „nullus rigore judicii astringitur."

Suchen wir nun nach den Instituten, durch welche sich dessen-ungeachtet hier ein Markt von solcher Bedeutung ausbilden konnte, so möchte man auf die Milde der Schleswiger ein besonderes Ge-wicht legen, wenn nur in dem ältesten Statut sich irgend eine Spur ihres Einflusses fände. Wichtiger schon ist die Erleichterung hof-rechtlicher Lasten und sind die Privilegien für eintretende Freie, durch welche offenbar die Frequenz des Orts schon früh gehoben wurde (Beseler a. O. p. 9). Dessenungeachtet wurden die äußeren Formen des Hofrechts dadurch, wie gesagt, nicht gebrochen.

Besonders wichtig muß da doch die Spur eines Instituts er-scheinen, das am Schluß des 11ten Jahrhunderts seinen segens-reichen Einfluß in Deutschland zu äußern begann. Ich meine den Gottesfrieden. Die Sätze, aus welchen seine Bedeutung für Soest erhellt, sind folgende.

In jener Urkunde für Medebach, in der ihm von Neuem die pax fori Susatiensis 1165 verliehen ward, sagt § 6 „qui autem pugna aut baculo aliquem percusserit, quod sanguis erumpit, si veraces homines presentes sunt, qui dicunt, eum esse reum, virgis verberabitur et crines ejus abradentur, quia pacem dei violavit." Nicht zu Soest, aber gerade zu Lübeck Cod. I. 07 findet

sich derselbe Ausdruck „Pax autem, quae vulgo dicitur pax dei
et livor et effusio cruoris per quemlibet probari non prohi-
betur dummodo sint homines inculpati." Zwischen diese beiden
Sätze tritt nur der des Soester Statuts § 22 „Si aliquis infra
muros urbis pacem violaverit et sanguinem effuderit et convictus
fuerit, 60 vadiabit solidos vel penam statutam sustinebit et
quicquid burgenses de illis solidis decreverint accipiendum ju-
dicium ⅓ habebit." Daß wir es hier in den drei §§ mit demselben Rechtsatz zu thun haben, scheint mir unzweifelhaft. In Medebach ist genau die Strafe angegeben, die der Gottesfrieden von
1085 für die Unfreien auf den angeführten Fall setzte*); in Soest
haben die Bürger die Wahl zwischen der Webbe und der ungenannten Strafe es wird nicht die pax dei, nur die pax erwähnt;
aber in Lübeck findet sich wieder die pax dei, die Bestimmung über
das Beweisrecht entspricht der Medebacher, dagegen sind weder
Webbe noch Strafe erwähnt. Von dieser Thatsache aus müssen
wir nun aber auch die Todesstrafe für den Todtschlag und das Hand-
abhauen für die Verwundung mit scharfen Waffen in den betreffenden Statuten (Soest § 14 f., Medebach § 5) mit den Strafbe-
stimmungen desselben Gottesfrieden**) für die Unfreien zusammen-
stellen, unter die er Eilen und Ministerialen zusammenfaßt. Bei
der Rücksicht, die jener Friede auf den Verkehr und das Recht der
Gäste überhaupt nimmt (Pertz a. O. p. 59), bei seiner Sorge für
den Kaufmann erscheint es natürlich, daß er solche Bedeutung für
ein Marktrecht gewinnen konnte, das sich nicht auf den Schutz eines
königlichen Privilegiums berufen konnte.***)

---

*) Pertz Leg. II. p. 57: Si servus — hominem — pugno vel
lapide vel fuste vel quolibet modo percotiendo defectaverit, verberetur
et decapilletur.

**) a. O. Si servus hominem occiderit decolletur, si vulnaverit
manu dextra truncetur.

***) Der Biograph Heinrichs IV. Pertz Scr. 12 p. 277 sagt: ut
ubique pax et tranquillitas esset, convocatis ad curiam primoribus
pacem per totum regnum sub juramento firmari fecit et ad inhibenda
mala, quae fiebant, gravem poenam in transgressores decrevit.
Pertz bezieht die Stelle nach einer Angabe der orn. August. Leg. II.

Eine Spur dieser allgemeinen Bedeutung finde ich gerade in einer Urkunde Heinrichs des Löwen, nemlich jener, in der er den Gotländern den Frieden erneuert, den ihnen einst Kaiser Lothar verliehen. Die betreffenden Sätze sind folgende. „Si quis Golorum in quibuscunque civitatibus nostris, ubi pacem sub jurejurando firmavimus, peremtus fuerit, capitis sententia reus ille puniatur. Si quis vero armis vulneratus vel debilitatus fuerit, manu reum truncari decernimus. Insuper si quispiam fuste vel pugno impie lesus fuerit, juri civitatis, in qua id contigisse dinoscitur, reus item subjaceat. Similiter autem quicumque Gutensium in itinere eundo et redeundo in die non legitimo occisus fuerit peremptor — 40 marcis — componat“ (Urkundenb. der Stadt Lüb. I. p. 4 f.). Ich entscheide nicht, ob der dies legitimus hier die gefriedeten Zeiten des alten Gottesfriedens oder die des Marktfriedens bezeichnet, der nur unter Gottesfrieden gestellt.[*] Daß aber die pax jurata auf den Gottesfrieden bezogen werden müsse, scheint mir unzweifelhaft. Die genannten Strafen sind wieder dieselben; aber noch mehr, über die Wunden mit nicht scharfen Waffen wird auf das Recht der betreffenden Stadt verwiesen, und

<hr>

p. 60 auf den Königsfrieden von 1103. Kluckhohn Geschichte des Gottesfriedens p. 75 schreibt den Gottesfrieden von 1085 den Bischöfen und nicht dem Kaiser zu, der denn doch aber dabei zugegen war. Man könnte auch denselben zu Soest von dem speciell Cölner Friedensgebot von 1083 ableiten. Die sichtbare Einwirkung auf die Marktverfassung stimmt sonst sehr wol in das Gemälde allgemeiner Ruhe, das Helmolds Biograph auf jenen kaiserlichen Frieden folgen läßt. Einen anderen Beweis für die Wirkung des Gottesfriedens sehen im Anfang 1085 f. ebd. p. 130. Wenn der Verf. p. 149 seit dem Anfang des 12ten Jahrhunderts erst 1134 wieder eine sichtbare Einwirkung des Gottesfriedens auf die Rechtsbildung findet, so wird diese große Lücke durch unsere Darstellung wenigstens in etwas ausgefüllt. Eine Analogie ist das Verbot des Waffentragens in den Kaufstädten, welches Cardinal Nicolaus im Sommer 1152 in Norwegen erwirkte. Munch det norske Folks Hist. II., p. 60.

[*] Freudorf übersetzt es p. 40 „ein gebundener heiliger Tag“ und scheint dabei an die gebundenen Tage des Sachsenspiegels u. s. w. zu denken. Kluckhohn a. O. p. 144 führt gerade diese auf die ursprünglichen Bestimmungen des Gottesfriedens zurück.

gerade eben hierbei erscheint uns in den städtischen Statuten der
Gottesfriede, aber auch die Einwirkung der städtischen Gerichtsbarkeit in verschiedener Weise. In Medebach bestand die alte Strafe
ungebrochen, eben „weil es ein Bruch des Gottesfriedens", in Soest
war die Wahl zwischen Wedde und Leibesstrafe der Entscheidung der
burgenses anheimgegeben.

Und hier nun gerade hebt sich im Soester Statut der Bezirk
der ummauerten Stadt von der anderen Umgebung ab. Während,
wie wir oben p. 309 sahen, die Preconen und also auch die Gerichte außerhalb der Stadt immer noch in den städtischen Verkehr
hineinreichen, wird die Verletzung des Gottesfriedens in den erwähnten Fällen, wenn sie „infra murum" oder „infra oppidum"
oder „infra muros oppidi" erfolgt, eben vom advocatus gerichtet
oder von ihm und den burgenses. Wir berühren hier die Stelle,
wo aus dem Gottesfrieden sich die städtische Selbstregierung erhebt.
Gleich nach dem Satz des Soester Rechts, über den Bruch des
Gottesfriedens durch Verwundung, folgt § 23 die Verfügung über
versuchten Hausfriedenbruch, wie im Gottesfrieden*) und auf jene
der Frieden aller Häuser und die Strafe für die Verletzung desselben.

Allerdings ist die Todesstrafe für Hausfriedensbruch im Soester
Recht und seinen Tochterrechten nicht erwähnt, wir kennen sie nur
als eine städtische und Sächsische aus anderen Statuten, **) aber
dagegen ist hier ausdrücklich auch der Versuch des Verbrechens unter
die schwere Geldstrafe von zehn Mark und ein Fuder Weins gestellt.
Gerade diese Straffumme erscheint dann als die „für Vergehen,
welche eine Verletzung städtischer oder bürgerlicher Gerechtsame enthalten"***) und sie wieder liegt gerade von vornherein in Soest in

---

*) Parz a. O. p. 58 „Sit servus cute et capillis. Omnis domus,
omnis area pacem infra septa sua habeat firmam. Nullus invadat nullus
effringat nullos infrapositos temere inquirere aut violenter opprimere
praesumat. Qui praesumpserit, cujuscunque sit conditionis, capite
plectatur.

*) Lappenberg Hamburger Rechtsalterthümer p. L. Ueber den
Hausfrieden im Gottesfrieden f. Kindböhn a. O. p. 71.

**) Lappenberg a. O. p. L. II. Frensdorff p. 170 f.

den Händen der burgenses, in Lübeck in denen der consules.*)
Diese burgenses sind es aber auch, denen ⅔ der Wedde zufällt,
die sie an die Stelle der Leibesstrafe bei Friedensbruch durch Verwundung setzen können. Und diese Theilung der Gerichtsgelder
gestand schon das Privilegium Heinrichs des Löwen den Bürgern
für alle Sachen zu, die die civitatis decreta oder kore betrafen
(Urk. d. Sl. L. I. p. 10).

Es ist mit einem Wort die Selbstbestimmung der Gemeinde
innerhalb der Stadtmauer, die den Gottesfrieden, wie er hier zu
stätiger Anerkennung durchgedrungen ist, aufrecht erhält, aber auch
modificirt. Wir werden an die Worte des merkwürdigen Friedens-
statuts erinnert: „Non magis in comitum aut tribunorum vel
potentum quam in totius communiter populi potestate et arbitrio
constabit, ut vindictas superius dictatas violatoribus sanctae
pacis inferant.“

Es ist von Hegel (Ital. Städteverf. II. p. 446) und Barthold (Soest p. 35) darauf aufmerksam gemacht worden, daß das
Soester Statut sich in den einleitenden Worten als eine „antiquam
et electam justitiam“ d. h. als ein „gekorenes“ Recht ankündigt.
Nach dem Gesagten wird der Gegensatz gegen das verliehene Recht
noch deutlicher hervortreten. Es ist dies eben ein Marktrecht, das
sich ohne Königsschutz an den Gottesfrieden anlehnte und von ihm
aus, also nach 1085 sich so stark entwickelte, daß seine Satzungen
schon 1144 einem forum publicum et banno regio confirmatum
(Seibertz I. p. 61) als ein besseres Recht verliehen werden konnte.
Am deutlichsten zu verfolgen ist zunächst diese starke selbständige Entwicklung in jenen eben hervorgehobenen strafrechtlichen Satzungen.
Aber auch nach anderen Seiten hin tritt sie uns entgegen.

Wir haben oben p. 301 f. gesehen, daß das Weichbildrecht als
Marktrecht die möglichst gleiche Zins-, aber auch Steuerpflicht der
ganzen Einwohnerschaft voraussetzte. Das Soester Statut erklärt
§ 53: „Hanc autem civilem justitiam ab antiquitate inconvulsam
hactenus obtinuimus, ut omnes in opido nostro commorantes
sive liberi sive ministeriales nobiscum starent et labores nostros

---

*) Für Lübeck s. Hach Cod. I. § 29, für Soest die §§ 17, 29, 48, 51.

adserviendum domino nostro — equali proportione subvenirent." Dieser scharf und nachdrücklich behauptete Satz zeigt uns besonders stark das, so zu sagen, merkantile Bewußtsein des Plateß. Er schneidet mit Einem Male alle Privilegien ab, die sonst namentlich die Ministerialen fast überall den städtischen Leistungen gegenüber während des 12ten Jahrhunderts gewonnen hatten (Nitzsch Minisferialität und Bürgerlb. p. 233, 247, 274 f.). Den Grundsatz, daß nur die⸳ die sich am öffentlichen Verkehr betheiligen, zu den Reichssteuern pflichtig, wendet er so, daß alle Inwohner des Marktorts als solche zu den Leistungen der Handeltreibenden pflichtig.

Ganz dieser Allgemeinheit und Gleichheit der Steuerpflicht entspricht dann aber auch nach der anderen Seite das gleiche Recht der zinspflichtigen Wurten, jenes „omnes areae censuales infra oppidum unius sunt juris" § 32.

Heinrich der Löwe, indem er dieses Soester Recht seinem neuen Markte gab, fand unzweifelhaft darin ein Element, das den großen Intentionen seiner Politik besonders entsprach. Diese Politik war von Anfang an auf den Erwerb und die Concentration großer Mittel gerichtet. „Increvit," sagt Helmold II. 6 von ihm, „ducis potestas super omnes, qui fuerunt ante eum et factus est princeps principum terrae. — Et perdidit viros desertores et fecit pacem in terra et aedificavit munitiones firmissimas et possedit haereditatem multam nimis." Immensis divitiis locuples heißt er ebd. 7, ja Helmolds Darstellung seiner Zeit ist wesentlich bedingt durch die Betrachtung dieser gewaltigen und streng geordneten Machtentwicklung.

Eine Hauptaufgabe jeder damaligen Verwaltung war aber die zu große Ausdehnung der Lehen zu verhindern, die an manchen großen Hofhaltungen den Bestand der Einkünfte gefährlich geschmälert hatte (Nitzsch a. O. p. 56 und 63). In Medebach hatten sich trotz des königlichen Marktes die Ministerialen seiner Einkünfte zu Lehen bemächtigt *); um hier diesem Unwesen ein Ende zu schaffen,

---

*) oppidum forum habens publicum et banno regio confirmatum Medebeks — primum libera et peculialiter ad mensam Col. serviebat archiepiscopi; sed longe ante tempora nostra ab antecessoribus nostris militibus in beneficium distributa, diversorum adhuc nunc laborat

war dem Ort die pax fori Susatiensis verliehen. Je mehr der
Herzog von den Erträgen seines neuen Markts erwartete, desto
wichtiger mußte es dem umsichtigen Administrator erscheinen, sie
gegen solche Eingriffe zu sichern. Der Mann, der überall sonst mit
eiserner Faust selbst die Zügel führte, sah hier die sicherste Beschränkung solcher Uebergriffe in der Selbständigkeit einer Marktverfassung, die von vornherein keine Steuer- oder Zinsfreiheit
anerkannte. Dieselbe Verfassung, die dem Ort ein rasches Aufblühen sicherte, gab zugleich dem Verleiher die Garantie, daß die
Erträge ihm sicher erhalten blieben.

IV. Die Justitia und die jura Susatiae.

Ehe wir aber näher darauf eingehen, in welcher Form das
Soester Recht an Lübeck verliehen wurde, haben wir erst noch die
Frage zu erledigen, was eben damals unter der Uebertragung
solcher jura verstanden wurde. Frensdorff p. 53 spricht sich schließlich so aus: „Die Ansicht, daß Arnold mit jenen Worten namentlich
das Privatrecht im Auge gehabt habe, scheint denn auch jetzt ziemlich allgemein angenommen zu sein. Bei dem damaligen Rechts-
zustande, besonders bei der Vermischung des Privatrechts mit dem
öffentlichen Rechte mag außer dem Privatrechte noch manches Andere
übergegangen sein: doch war eine absichtliche Herübernahme von
Verfassungseinrichtungen ausgeschlossen und vornehmlich eine Ent-
lehnung des Privatrechts erstrebt." Da, wie derselbe Verf. zuge-
steht, uns die Mittel fehlen, die Lübsche und die Soester Verfassung in der Zeit genau zu vergleichen, wo jene Uebertragung
stattfand, so sind doch jedenfalls von um so größerer Bedeutung
die Analogien derjenigen Fälle, in denen in derselben Zeit dasselbe
Recht anderen Städten übertragen wurde. Ich meine namentlich
Medebach mit seiner pax fori Susatiensis und Lippstadt.

Es kommt zunächst auf die Erklärung des Wortlauts an. In
Arnolds Ausdruck „justitias — secundum jura Susatiae" hat

---

dominio", Seibertz I. p. 61. Es ist nur ein einzelner Fall aus jener
allgemeinen Entwicklung, die Friedrich I. so schildert: „Col. ecclesia — negli-
gentia — precipue Friderici, qui ob quosdam bellorum tumultus — plurima
bona de mensa — episcopali inbeneficiavit, graviter attrita est" ebb. 63.

Frensdorff p. 55 schon die Worte aus dem Eingang des Soester Statuts herangezogen „electam S. oppidi justitiam.“ Er notirt den Ausdruck justitia weiter als Bezeichnung des Lübschen Rechts und behauptet dann: „der Inhalt der justitiae, wie sie damals die Lübecker in schriftlichen Aufzeichnungen besaßen, wird vornemlich dem Privatrecht angehört haben.“ Ich bemerke dagegen Folgendes.

Die sichern Lübschen Urkunden, aus denen der Ausdruck citirt wird, sind alle bedeutend jünger als Arnold von Lübeck, und zwischen ihnen und dem Historiker liegen die ältesten uns erkennbaren Codificationen des Lübschen Rechts, die freilich rein privatrechtlich genannt werden müssen. Diese Belegstellen beweisen also Nichts. Dagegen ist die justitia oppidi S. am Eingang des Soester Statuts so entschieden, wie nur irgend denkbar, gebraucht zur Bezeichnung zuerst öffentlichrechtlicher und dann privatrechtlicher Rechtsbestimmungen. Hierzu muß nun aber weiter der Eingang der Lippstädter Urkunde gehalten werden, die der Zeit nach zwischen Arnold und Helmold steht. Es heißt da: Ego — incolis liberum contuli arbitrium, ut jura miciora et meliora de quacunque vellent eligerent, tandem habito inter se consilio jura Susatiensium sub ea forma eligere decreverunt, ut si qua ex eis displicerent, illa abjicerent et aliis sibi idoneis gauderent, que etiam in ordine communi consensu conscribi decrevimus (Erhard a. O. II. p. 237).[*] Hier haben wir nun in den jura miciora et meliora genau die Analogie zu Helmolds jura honestissima und die jura Susatiae wörtlich wie bei Arnold, wenn auch die justitia fehlt. Es ergiebt sich allerdings aus den angeführten Worten, daß die darauf folgenden Sätze der Urkunde gerade das enthalten, worin das neue Lippstädter Recht sich von dem Soester unterscheiden sollte; aber dessenungeachtet sind wir doch gerade berechtigt die Gegenstände und Institute, von denen hier gehandelt wird, als zu den jura Susatiae gehörig zu betrachten.

---

[*] Frensdorff citirt die Urkunde p. 53 N. 6., ohne sie weiter zu berücksichtigen, nach Gengler, dessen Abdruck und Citate Erhard a. O. Reg. 2339 wol nicht zählt, weil er zuerst den reinen Text des alten Privilegiums bringt. Preuß und Falkmann Lippische Regesten Heft I. p. 116 bestimmen die Zeit wol richtiger als Erhard auf 1197—1207.

Nun trifft die Urkunde aber eine Reihe Verfügungen, die sich durchaus
auf das öffentliche Recht beziehen:

1) Über die Wehdegelder bei Verwundungen ohne scharfe
Waffen, also gerade über jene Verbrechen, wo wir in Soest,
Medebach, Lübeck den Einfluß des Gottesfriedens und das selb-
ständige Auftreten der burgenses erkannten. Das Lippstädter Recht
trifft allerdings, verglichen mit jenen Rechten, eine sehr wesentliche
Neuerung, indem es die ganze Wedde und nicht nur ⅔ an den
Rath weist und zwar mit der ausdrücklichen Bestimmung „ut
muniendo loco exinde omnis proventus emergens cedat.“

2) Die Gerichtsbarkeit über falsche Bäcker- und Brauermaaße
weist sie nicht wie Soest § 37 an die Burrichter, sondern an
den Rath.

3) Sie gebietet das Haus des Friedbrüchigen den Erben zu
lassen, also nicht wie in Soest § 20 zu brechen.

4) Sie giebt einen jährlichen und wöchentlichen Marktfrieden,
der sich so in Soest gar nicht findet (s. oben p. 309).

5) Sie erkennt nach Jahr und Tag jedem Eingesessenen das
Recht zu, sich gegen jegliche Auflage zu reinigen.

6) „Octavum est, quod meum nec alicujus mei heredis
est, sine communi c. consensu prepositum instituere, nec etiam
consules nec judices sine consensu civium meum vel heredum
meorum sit statuere.“

7) Sie verleiht den Gebrauch einer Bürgerweide.

8) Sie bestimmt Bausachen zuerst für die „judices in porte
illa civitatis constituti — sed si vires ipsorum superaverit,
consulibus referatur, et ipsi judicabunt.“

9) Sie giebt die Behütung der unbeerbten Hinterlassenschaft binnen
Jahr und Tag dem Rath, erst dann fällt er an die Herrschaft, während in
Soest der Friesen und Welschen Nachlaß sofort dem Vogt anheimfällt.

10) Zollfreiheit für Fremde und Heimische.

11) Sie verzichtet für die Herrschaft auf das Recht, die
Bürger außerhalb der Stadt gerichtlich zu belangen, und

12) Sie verpflichtet die Herrschaft den judex nur mit Zustimmung des Raths und der Bürger zu ernennen und verzichtet auf
die Einsetzung eines Vogts und jedes Vogteigerichts.

Ich habe diese 12 Puncte von den 16 in der Urkunde genannten so ausführlich hervorgehoben, weil aus ihnen, meine ich, schlagend erhellt, daß die jura Susatiae wesentlich und zuvörderst gerade auf das öffentliche Recht bezogen werden müssen. Ebenso nimmt denn auch jene Medebacher Urkunde, die freilich nur von den „leges — fori Susatiensis" spricht, auch auf die ganze Verfassung, Vogt, Schultheiß, Bauerrichter, Synodalgericht u. s. w. ausdrücklich und eingehend Rücksicht.

Es erhellt aber aus jener Lippstädter Urkunde noch ein Weiteres. Obgleich nach den angeführten Bestimmungen aus dem Soester Recht so wesentliche Stücke wie z. B. die Vogtei und das Recht des judex an einem Drittel jener Webbe gestrichen, andere neu hinzugefügt waren, wie die neuen Marktfrieden und die Betheiligung der Bürger an der Einsetzung des Richters und der Rathswahl, dessenungeachtet ward das Soester Recht doch als der wünschenswerthe und anerkannte Gegenstand der Verleihung betrachtet.

So viel also muß hiernach aus diesen Stellen für jene anderen gefolgert werden, die uns über die Verleihung eines neuen und zwar des Soester Rechts an Lübeck vorliegen:

1) Der Ausdruck jura honestissima oder justitia secundum jura Susatiae umfaßt gleichmäßig das Privat- und das öffentliche Recht.

2) Es ist damit aber keineswegs gesagt, daß Heinrich der Löwe die ganze Soester Verfassung und das ganze Soester Privatrecht seiner neuen Marktstadt übertrug.

V. Lübeck und Soest.

Fassen wir nun zunächst zusammen, was sich aus dem bisher Erörterten an Resultaten für den eigentlichen Gegenstand unserer Betrachtung ergiebt.

Es bestand schon seit Lothar jedenfalls in den Städten des Herzogthums Sachsen ein geschworener Friede, der eigentlich ein Gottesfriede war (s. oben p. 310 f.). In Lübeck bestand ein Markt und zwar ein ständiger Markt, aber ohne Königsbann, Zoll und Münze. Der Vortheil dieses Marktes war zunächst seine günstige Lage für den Ostseeverkehr, dann aber auch, daß er im freien und

ungeschmälerten Verkehr mit den Wagrischen Waldungen stand und
unter einem Fürsten, dessen ganze Stellung die Unabhängigkeit des
Geschäfts nicht bedrohte (s. p. 307).

Heinrich legte diesen schutzlosen Markt durch seine gesetzlich
berechtigten Eingriffe matt und erzwang so seine Abtretung. Dadurch
ward der alte vortheilhafte Zusammenhang mit den Wagrischen Waldungen jedenfalls unsicher oder ganz in Frage gestellt. Der Platz
trat außerdem in die gefährliche Verbindung mit einer großen fürstlichen Verwaltung. Um ihn nach allen Seiten auszubeuten und
zugleich den Verkehr zu heben, machte der Herzog durch Münze,
Zoll und Frieden ihn zu einem mercatus publicus im vollen Sinn
des Worts. Dieser Frieden war aber nicht der gewöhnliche Königsfrieden, noch auch der gewöhnliche Gottesfrieden seiner anderen
Städte, sondern derjenige, der sich in der Soester Verfassung durch
die freientwickelte Betheiligung der burgenses ausgebildet hatte
(s. p. 312). Soest war der Ort, der nachweislich am frühsten mit
diesen Gegenden in Verbindung stand (s. p. 290), aber dieser Umstand war doch nur einer der Gründe für diese Verleihung. . Er
verlieh damit seinem neuen Marktort ein »gekorenes Recht«, zugleich
das Recht der Kore und die Gerichtsbarkeit im Bereich der so gewonnenen decreta (s. p. 313).

Indem er dadurch den Bürgern ⅔ der Brüchen zugestand und
seiner eigenen Verwaltung nur ⅓ vorbehielt, ward ihm doch andererseits mit diesem Recht die gleiche Steuerpflicht aller Stadt-
einwohner (s. p. 314) garantirt. Der reinstädtische oder merkantile
Charakter des Platzes war damit von vornherein festgestellt.

Zu diesen Thatsachen kommt nun Folgendes hinzu.

Bernhard von Lippe strich 40 Jahr später für seine neue Stadt
das Vogteigericht aus der Soester Verfassung. Heinrich, der mächtige
Inhaber einer Menge von Vogteigerichten, behielt dieselbe für Lübeck
nicht allein bei, sondern es ist mehr als wahrscheinlich, daß er von
Anfang an daneben die Gewalt des Schultheißen strich. Es finden
sich nemlich nicht allein keine Spuren dieses Amts in Lübeck (Frensdorff p. 22 A. 12), sondern auch in Braunschweig, dem eigentlichen Sitze Heinrichs, fehlt der Schultheiß (Dürr Gesch. der St.
Braunschweig p. 265). Der Vogt nimmt daher auch in Betreff

des Burgzinses in Lübeck Cod. I. 37 dieselbe Stelle ein, die der
Schultheiß in Soest § 33 s. Und damit stimmt es sehr wol, daß
das Weichbildrecht dort offenbar strenger ist als hier. Von der
Vorbeuer, die in Medebach (oben p. 301) und in Soest a. O.
den Besitzer so günstig gegen jeden Angriff stellt, findet sich in Lübeck
keine Spur, und der fällige Zins wird, ohne eine Erwähnung dieses
Schutzes, gleich 2 Tage nach dem gesetzlichen Termin eingetrieben
(Urkundenb. der St. Lübeck I. p. 8).

Jene starke und concentrirte Vogteigewalt vereinigte mit dem
Blutbann auch die übrige Gerichtsbarkeit und gab dem gebotenen
wie dem ungebotenen Ding eine Fassung, deren schon schwindende
Züge Frensdorff in älteren Lübschen Statuten p. 35 nachgewiesen
hat. Daß sie sich aber von Anfang an über die ganze Stadt ungebrochen ausdehnte, das dürfen wir nicht nur im Allgemeinen mit
diesem Verf. p. 23 aus der Entstehungsart einer solchen Colonie
erklären, sondern wir müssen eben an jenen Satz des Soester Rechts
erinnern, daß alle areae eines Zins- und alle Einwohner eines
Steuerrechts seien. Damit waren die hindernden Schranken jedes
anderen Dienst- und Hofrechts von vornherein niedergebrochen und
die Entwicklung eines solchen neben dem Recht des Markts außerordentlich erschwert.[*]

Neben dem Vogt ohne Schultheißen stand der Rath ohne
Bauerrichter. In Medebach und auch in Lippstadt finden sich diese
Soester Untergerichte. In Lübeck dagegen, soweit wir sehen, hat
der Rath nicht nur, wie in Lippstadt, die Gerichtsbarkeit über Bad-

---

[*] Ein Ansatz zu einem solchen war Heinrichs Privilegium für die
Domherren Urk. d. Bisth. L. I. p. 11, ut — nullis unquam debeant
exactionibus gravari vel angariis, nulla eis in structuris collective ad
opus civitatis faciendis imponatur necessitas; nullis omnino presta-
tionibus vel quibus cunqueoneribus, que ratione civitatis exigi solent,
astringi possint vel alligari s. Frensdorff p. 190 f. Man kann die
allmählige Entwicklung, in welcher die Bürgerschaft sich von allen ritterschaftlichen Elementen losfagte, Schritt vor Schritt verfolgen s. ds. p. 191 f.
Erreichte sie erst spät die entschiedene Haltung des Hamburger Statuts
von 1270, so ist jene eben erwähnte Bestimmung des Soester Rechts der
wahrscheinliche Ausgangspunkt.

und Braumaaß an sich genommen, sondern die Burgerichte kommen hier überhaupt nicht vor.*)

Der Rath mit seinem Gericht über falsches Wein- und Oel-maaß stand in Soest über den Burgerichten mit dem Gericht über Bier- und Getreidemaaß als die eigentliche Behörde für den Waaren-verkehr über der Behörde für den der täglichen Lebensmittel. In Soest war dies Verhältniß die natürliche Form eines Markts, der aus einer Bauerschaft herausgewachsen; Lübeck war aber ein neu-geschaffener Waarenmarkt und als Heinrich allen Verkehr verbot „nisi ea tantum, quae ad cibum pertinent" (Helm. I. 76) stand der Markt überhaupt still.

Man kann auch mit Rücksicht hierauf sagen, daß Heinrich die Soester Marktverfassung gleichsam mitten aus ihrem weiteren natür-lichen hofrechtlichen Zusammenhang loslöße und so den Kern des Soester Rechts selbständig als eine doch neue Bildung an die Trave verpflanzte.

Behält man den hofrechtlichen Typus des Mutterrechts im Auge, so kann doch kein Zweifel darüber sein, daß Heinrich zunächst einen Markt gründete, der in seinem Verhältniß zu seinem Gründer die Züge einer solchen Herkunft nicht ganz verleugnen mochte. Es ist aber freilich für die ganze Entwicklung des städtischen Lebens außerordentlich wichtig zu erkennen, wie weit der Soester Markt und demnach noch weiter der Lübsche die Abhängigkeitsverhältnisse abgestreift hatte.

Im Soester Hofrecht gab es einen census mansorum, einen census arearum in Vieh, einen census annuus vom Korf dessen, der kein Grundstück besitzt, in Wachs oder Geld. Von jenen beiden ersten wurde ein Sterbfall bezahlt, erhöht durfte keiner auch bei der Verleihung an einen anderen Herren werden, wie noch 1186 von Neuem festgesetzt ward (Beseler a. O. p. 4 f.).

---

*) Ueber eine richterliche Thätigkeit derer „qui ad parochias sunt deputati" s. Frensdorff p. 186 N. 35. De sex denariis urtheilen in Soest die Burrichter § 62, in Lübeck I. 56 der preco „sed noxalus est civitatis et judici etiam subditus erit." Weder beim lieben Diebstahl ebb. 92, noch beim falschen Biermaaß 46 werden die Burrichter oder auch die ad parochias deputati erwähnt.

Die nächsten Grundstücke um Lübeck lagen, so früh wir überhaupt hier etwas erkennen können, ursprünglich zu wiebelderecht (Pauli Lübedische Zustände p. 107 ff.). Weiter hinaus treffen wir im 13ten, ja im 14ten Jahrhundert noch Rechtsverhältnisse, die seit der ersten Zeit der Colonisation die ersten Formen der frischen Ansiedlung nicht überwunden haben (a. O. p. 13 f. und Jahrbücher V. p. 103 f.). Es berührte sich eben hier mit den Urzuständen eines neuen Anbaues die entwickeltere Form des Marktgrundbesitzes (s. oben p. 300 f.), aber ich habe schon p. 320 bemerkt, daß die Vorheuer und ihre rechtliche Wirksamkeit dem Lübschen wiebelde zu fehlen scheint.

Von einem Erbfall treffen wir überhaupt gar keine Spur.

Das Soester Privilegium von 1180 stellt weiter neben jenen Ermäßigungen des Hofrechts den Satz auf „ut coram comite, qui vrigreve dicitur sive advocato loco liberorum sententias proferant, advocati esse possunt et patroni causarum. Quodsi aliquis liber se ad conditionem hanc contulerit, habens predia vel mancipia, possidebit ea et pro eis stabit loco liberi absque niuudiburdo infra ipsum bannum." Der Hörige dieser hofrechtlichen Genossenschaft erhielt also das Recht, auch im Gericht des Freigrafen sich den Freien gleichzustellen, und der Freie, der in das Hofrecht eintrat, verlor damit für seine Hörigen und Güter, in welchem Gerichtsbann sie auch lagen, nicht das Recht ohne Vormund seine Rechtsgeschäfte dort vorzunehmen. Diese Bestimmung hängt offenbar damit zusammen, daß sie kein Privilegium gegen die Vorladung an fremde Gerichte besaßen (Beseler a. O. p. 10). Es ersetzte offenbar für den Soester Markteingesessenen soweit möglich den Mangel jenes sonst so häufigen Privilegs. *) Mit diesem

*) cf. Friedrich I. für Osnabrück: „Videntes — afflictiones et pressuras civium Osnabrugensium quas ab extrinsecis judicibus sustinuerunt, qui eos extra civitatem ad aliena et insolita jura solebant evocare — statuimus, ne quis judex extrinsecus manens quemque ex civibus — praesumat evocare, nisi prius quaerimoniam suam in civitate eorum civitatis rectoribus vel coram nobis exequatur", Möser Osnabr. Gesch. Urk. II. p. 87. Daß Soest dieses Recht nicht besaß, erhellt auch aus der Verbesserung des Lippstädter Rechts „ut nullus

Ersatz war aber die Verlockung stärker auch mit Bürgern an fremde
Gerichte zu gehen, und daraus erklärt sich die Bestimmung des Statuts § 29 „quodsi concives nostri extra provinciam inter se
dissenserint nou se ad extranea trahant judicia aut vel inter
se litem component vel si tot sunt personae judicem unum de
consociis — statuant qui litem si potest sopiat, si non potest
causam donec ad propria redeant sopiant.“

Frensdorff p. 23 ff. hat es schon hervorgehoben, daß wir
„das Privilegium der Bürger gegen Vorladung vor auswärtige
Gerichte nicht ausdrücklich für Lübeck erwähnt finden.“ Aber seiner
Auffassung dieser Thatsache können wir doch nicht beistimmen. Er
findet den Ersatz für diesen Mangel in der Bestellung eines besonderen Vogts und erklärt dessen placita legitima dadurch, daß Heinrich
um „die Einwohner der Verpflichtung zur Theilnahme an den echten
Dingen zu entheben, zu denen sich noch nach Karolingischer Anordnung dreimal alljährlich jeder Freie der Grafschaft einzufinden hatte,“
eben deßhalb das echte Ding in die Mauern der Stadt verlegt habe.

Wir können nach dem bisher gesagten in dem Vogtding nichts
weiter sehen als zunächst das Vogtding des Soester Rechts, das
der Herr zu Lippe in seinem Lippstädter Privilegium strich „ne judicio, quod advocatiae placitum dicitur, aggravetur,“ was er
also für eine Last ansah, was aber Heinrich der schärferen Concentration der Verwaltung wegen gerade beibehielt. Wir wollen nicht
darauf bestehen, die Lübsche Verfassung eine hofrechtliche zu nennen,
sie ist eben Soester Recht, d. h. aus dem Recht der Kore hervorgegangen, auf das Recht der Kore und auf Hofrecht gegründet,
mit den nöthigen Privilegien, die den Freien unter dies Recht ziehen
und den Hörigen ihm gleichstellen mochten, ohne den geschlossenen
Rechtskreisen gegen außen, aber eben deßhalb mit dem Zwang für
die Rechtsgenossen in der Fremde nur von ihren Genossen unter sich
Recht zu nehmen.

---

civium a me vel ab aliquo vicem meam gerente extra civitatem cau-
setur“ a. O. § 15. Der edle Herr giebt so viel er geben kann, aber
das Soester Recht an sich sicherte eben nicht gegen das causari extra
civitatem.

So bot es bei unzweifelbafter Abhängigkeit von dem Herren, der es gegründet, dem Hörigen wie dem Freien ein gleiches Recht, so bot es namentlich seinem Kaufmann auf den überseeischen Plätzen den unschätzbaren Halt, um im Kreis seiner Genossen eine Rechts=pflege zu entwickeln, als deren Rückhalt und Mittelpunkt die hei=mischen Gerichte sich darstellten. Wir finden den oben angeführten § 29 des Soester Statuts nicht in den hier in Betracht kommenden Lübschen Urkunden, aber unzweifelhaft ist doch aus diesem Satz die Rechtsverfassung der überseeischen Kaufmannshöfe und Lübecks Stel=lung als Oberhof hervorgegangen.

Erscheint nun so das Recht des neuen Markts als ein ganz besonderes Product einer besonderen Entwicklung, das bei der Ver=pflanzung in diesen neuen Boden noch manche Reste seiner früheren hofrechtlichen Periode abgestreift hatte und abstreifen mußte, so werden wir so auch die Stellung des Raths und seine Einsetzung betrachten können.

Das Privilegium Heinrichs in Friedrichs I. Bestätigung er=wähnt der freien Wahl des Pfarrers, die der Markt Soest jeden=falls noch nicht hatte, da er noch bis zum Schluß des 12ten Jahr=hunderts mit den umliegenden Höfen eine Parochie bildete (Beseler a. O. p. 7). Die freie Wahl des Raths wird für Lübeck a. O. nicht erwähnt.

Daß der Soester Rath am Schluß des 12ten Jahrhunderts noch vom Erzbischof und zwar ohne die Zustimmung der Bürger eingesetzt ward, ergiebt die Concession, die auch in dieser Beziehung über das Soester Privilegium hinaus Lippstadt gemacht wurde (s. oben p. 317). Dabei gestand der Herr zu Lippe nur zu, den consensus civium zur Einsetzung der Rathsherren einzuholen, keineswegs aber die freie Wahl.

Man wird zugeben, daß eine ganz freie Wahl des Raths 30 Jahre früher eine ganz besonders große Concession Heinrichs an seine Stadt gewesen wäre. Die besondere Verordnung über die Rathswahl, die wir nur in späteren deutschen Texten kennen, wäre, wenn sie wirklich echt, ein besonders merkwürdiges Denkmal seiner weitblickenden Politik. Indessen läßt sie sich sonst mit den Verhält=nissen, wie wir sie kennen gelernt, wol in Einklang bringen. Daß

der zu wählende sey „echt, van frier bort unde nemens egen
unde ok nin ammel hebbe van heren unde ok si van godeme
ruchte unde van ener vrien moder geboren, dhe nemens egen si,"
diese Bestimmungen beschränkten die Rathswahl nur auf Freie. Sie
konnten nur nothwendig erscheinen in einer Bürgerschaft, die neben
freien auch bedeutende und angesehene unfreie Elemente enthielt, also
gerade in einer solchen, wie wir sie in Soest kennen gelernt haben.
Denn dort war der Freie durch Concessionen, die man ihm und
dem Hörigen gleichzeitig machte, möglichst herangezogen (s. oben
p. 322), zugleich aber ausdrücklich zu den Diensten für Fürsten und
Reich mit der übrigen Genossenschaft gleichmäßig verpflichtet (p. 313 f.).
Eben diese Beschränkung der Rathswahl mußte dann aber auch in
Lübeck den Charakter des neuen Markts wesentlich verändern und
höher stellen, indem sie die Freien zu einer hervorragenden und
dominirenden Gewalt aus der übrigen Gemeinschaft heraushob.
Dabei dürfen wir aber einmal nicht übersehen, daß die Einwohner-
schaft, aus der diese Rathsbefähigten ausgesondert wurden, als die
Einwohnerschaft eines Markts eben durchaus kaufmännisch war.
Dieser Kaufmannscharakter auch der Lübecker Rathsaristokratie ist
neuerdings viel schärfer noch, als Deecke es früher zugeben mochte
(Lisch Jahrbücher X., p. 54 ff.), im Ganzen (Pauli Lübeck. Zustände p. 71 ff.) und im Einzelnen (Mantels Herr Thidemann von
Güstrow p. 2) constatirt worden. Dann aber zweitens geht man,
wie mir scheint, viel zu weit, wenn man den Kern dieser Bevölkerung aus „der Classe der gemeinen Freien" (Pauli a. O. p. 70)
oder „der schöffenbar Freien" (Deecke a. O.) herleitet. Schon aus
unserer bisherigen Betrachtung ergiebt sich, daß auch Ministerialen
in das jus forense, quod dicitur wiebelde, eintraten; daß der
glänzende Handelsplatz Soest, Lübecks großes Vorbild, unter einer
ursprünglich ganz hörigen Bevölkerung Freie als ein keineswegs
überwiegendes Element aufgenommen hatte. Und woher kämen denn
die beständigen Klagen der Fürsten und Bischöfe in dem Jahrhundert nach Lübecks Gründung, wenn die neu sich gründenden oder
entwickelnden Städte sich nicht hauptsächlich mit ihren Hörigen,
sondern mit den Freien bevölkert hätten, an die sie gar keine An-
rechte hatten? Wenn wir zugeben, daß Heinrich für seinen neuen

Stadtrath Freie verlangte, so können wir doch nur diese als eine
Minorität betrachten in einer großen und zahlreichen, wenn auch
noch so verworrechteten Kaufmannschaft eines Marktes, der nach dem
Vorbild eines hofrechtlichen Marktes gegründet war.

VI. Lübeck und Schleswig.

Es ist für die lebendige Auffassung dieser Dinge nicht ohne
Interesse, die Rechte, die Heinrich Lübeck verlieh, mit denjenigen
zu vergleichen, die Schleswig damals schon erhalten hatte. Freilich
dürfen wir dabei nicht übersehen, daß wir keineswegs überall genau
wissen, welche Sätze des Schleswiger Rechts schon vor und welche
nach der Gründung des Sächsischen Lübeck bestanden.

Unzweifelhaft alt ist der Bestand der Gilde und also auch die
Rechte der Gildegenossen (s. oben p. 295). Allerdings gab es auch
in Sächsischen Städten Gilden wie z. B. in Osnabrück unzweifelhaft schon im 12ten Jahrhundert und später sehr stark entwickelt*).
Die Gilde der Schleswiger in Soest ist für die früheren Zeiten
weniger deutlich (oben p. 309). Wenn in der neuen Marktstadt
des Sächsischen Herzogs keine Spur einer solchen sich findet, so ist
wenigstens die Vermuthung gestattet, daß das energische Auftreten
der Schleswiger Gildebrüder, die einem Herzog als ihren Genossen
blutig an einem König gerächt, es räthlich erscheinen ließ, eine
solche Gewalt von dieser Neugründung fern zu halten.

Die Münze, die zu Schleswig der Stadt verliehen, blieb zu
Lübeck in der Hand des fürstlichen Gründers, wenn auch die Stadt
schon ein bedeutendes Aufsichtsrecht hatte (Frensdorff p. 37 u. 91).

Die Strafgewalt des herzoglichen advocatus in Lübeck war
mächtiger und stärker als die des königlichen exactor und judex an
der Schlei. Sie beruhte dort wesentlich auf dem durch den Gottesfrieden geschärften Hofrecht; hier in Schleswig verstattete ihr das
Landrecht keinen Raum, aus welchem der Platz selbst bei der Codification nicht herausgewachsen war.

Weder der Fremde noch der Einheimische zahlt zu Lübeck den
Erblauf, und dieser Verzicht auf die Abgabe des Soester Rechts
stellte allerdings den Travemarkt hoch über den Schleimarkt.

---

*) Zeitschrift des Vereins für Osnabrück. Geschichte IV. p. 239. u. ff.

Dazu kam, daß der Lübecker in ganz Sachsen mit Ausnahme von 5 den. zu Artlenburg zollfrei war, der Schleswiger nicht so in Dänemark. Der fremde Kaufmann zahlt zu Lübeck einen verhältnißmäßig geringen Zoll, Russen, Gothen und Normannen gar keinen (Urkundenb. a. O. p. 10).

Aber das Wichtigste ist, daß an der Trave ein ständiger, ganzer und geordneter Marktfrieden für alle Kaufleute bestand. Er war allerdings, soweit wir sehen, kein Jahrmarkts-, auch kein Wochenmarktsfrieden im besonderen Sinn der ganzgefriedeten Zeit, es war auch keine königliche Verleihung, aber es war ein Friede für alle Besucher des Markts unter einer starken anerkannten Gerichtsgewalt, gegründet durch den Gottesfrieden, verwaltet durch den Rath oder die Bürger selbst. In Schleswig mußte jeder Kaufmann einzeln befriedet werden.

Undeutlich bleibt, ob die Stadt Schleswig schon um die Mitte des Jahrhunderts jene Betheiligung an den Brüchen hatte, die § 87 so ausdrückt: „pro quolibet delicto omnia vitaegyald debentur civibus et exsertori exceptis excubiis et collecta, quae scod dicitur. Exsector per se non accipiet wytae sed cum civibus." Daß zur Zeit, wo man ihr die Münze verlieh, die Bürgerschaft schon eine bedeutende Stellung einnehmen mußte, liegt auf der Hand.

Für Lübeck steht dagegen fest, daß 1) die burgenses nicht nur von einer ganzen Reihe von Brüchen ⅔ und der Judex ⅓ hatten (Urkundenb. a. O.), sondern zugleich das Recht, im einzelnen Fall die Größe derselben festzustellen, und daß darunter 2) alle Küren und administrativen Verfügungen der Stadt (Cod I. 28 f., Frensdorff p. 170 ff.) und 3) der Marktfriede im engern Sinne fiel (Cod. I. 82).

Hält man danach die beiden Rechte gegen einander, so erscheint in Lübeck allerdings zum Theil die fürstliche Gewalt strenger, fester, es fehlen einzelne wichtige Institute städtischer Unabhängigkeit; aber, abgesehen von dem quantitativ größeren Zugeständniß in Betreff des Zolls, sind die unscheinbaren Rechte, die Heinrich seiner Stadt verlieh, productiver für die Entwicklung des ganzen städtischen Gemeinwesens. Von jenen strengen und gefährlichen Formen des

Verkehrs, die wir in Schleswig trafen, ist hier keine Spur, und der Kaufmann, der dort noch in seiner altertümlichen Gilde, getrennt von der Familie und dem väterlichen Erbe, an frühere barbarische Zeiten erinnerte, sieht hier in diesem neuen Markt alle Verhältnisse und alles Recht seinem Interesse als der eigentliche Bürger untergeordnet.

Es muß zweifelhaft bleiben, ob und was Heinrich für die Stadt an Gebiet und Rechten außerhalb ihres Weichbilds sofort gewann.

Das Lübeck Adolfs II. hatte, Schleswig gegenüber, den großen Vorzug gehabt, ein Waldrevier wie das eben colonisirte Wagrien frei ausbeuten zu können. Dieser Vorzug ward durch die Uebertragung an Heinrich ohne Zweifel in Frage gestellt und blieb es bis zu der Entscheidung Friedrich I. 1188. Ich will die Anordnungen dieser Urkunde nur noch in dieser Beziehung erwähnen.

Hatte König Svend wenig Jahre vor Lübecks Gründung Schleswig die Königswiese unter immer noch drückenden Vorbehalten verliehen, so erhielt Lübeck so bedeutende Rechte und Strecken an Wald und Weide, daß dagegen die Schleswiger Verleihungen kaum in Betracht kommen. Der Fischerei auf der Schlei entspricht die auf der Trave, aber die Schleifischer dürfen am Ufer ihre Netze nur trocknen, soweit man das Steuerholz werfen kann. Lübeck erhielt bis Oldesloe zwei Meilen auf beiden Travenufern ins Land hinein volles Recht an Wald, Wiese und Weide.

X

Generalsuperintendent Chr. Fr. Callisen.

Ein Nekrolog von Pastor emeritus Havenstein.

Christian Friederich Callisen, geb. zu Glückstadt am 20. Februar 1777, gestorben zu Schleswig am 3. October 1861, stammte aus einer bürgerlichen Familie, welche sich nur durch strenge Redlichkeit, Fleiß und Tüchtigkeit emporgearbeitet hatte.*) Sein Urgroßvater war Bäcker in Tondern und hatte seinem Sohn nicht mehr als zwölf mühsam ersparte Thaler zum Studium mitgeben können. Dieser Sohn wurde Flecken-, und in den letzten Jahren Klosterprediger zu Preetz und hatte acht Kinder, welche er nicht ohne Noth und Sorgen auferzog; aber nichtsdestoweniger lehnte er jedes Stipendium für sie ab, weil es andere noch mehr bedürften. Von diesen acht Kindern wurde der älteste Sohn Generalsuperintendent in Holstein und Vater des Propsten in Rendsburg; der zweite Sohn, welcher sich von seinem 14ten Jahr an allein forthalf, ward Conferenzrath in Kopenhagen; der dritte Sohn endlich war der Obergerichtsadvocat C. Callisen in

----

*) Der älteste bekannte Stammvater war Jürgen, ein Schuster zu Apenrade; dessen Sohn Johannes Callisön oder Calixtus, geb. 1539, Schüler Melanchthon's, ward 1564 Rector zu Bredstedt, 1568 Pastor zu Medelby, Propstei Tondern, † daselbst 1618. Sein Sohn erster Ehe, Johann, † als Bürger zu Flensburg 1634, ist der Stammvater der in den Herzogthümern fortblühenden Familie Callisen.

Ein jüngerer Sohn des Pastors zu Medelby war Georg Calixtus, geb. zu Flensburg 1586, † 1656, welcher Professor in Helmstädt und durch den s. g. syncretistischen Streit bekannt wurde; dessen Sohn Friedrich Ulrich, geb. 1622, † 1701, folgte dem Vater im Amt und in seinen Streitigkeiten. (Jensen, kirchliche Statistik II, 460.) Dr. H.

Glückstadt. Letzterer hatte wieder drei Söhne, unter denen unser Verewigter der älteste war; der zweite starb als Obergerichtsadvocat in Glückstadt, und der dritte ist der Etatsrath Callisen, früher Professor in Kopenhagen, jetzt in Wandsbeck.

Chr. Fr. Callisen besuchte zuerst, zugleich mit seinen Brüdern, das Glückstädter Gymnasium, wo er schon im 14ten Jahre in die oberste Classe aufgenommen wurde. Im 18ten Jahre ging er, mit den rühmlichsten Schulzeugnissen versehen, auf die Universität Kiel, wo er von Michaelis 1794 bis Ostern 1797 kränkelnd, aber angestrengt fleißig verweilte und sich wiederum die ausgezeichnetsten Zeugnisse von seinen sämmtlichen Lehrern erwarb. Von Ostern 1797 bis dahin 1798 studirte er in Leipzig und von da an bis 1799 in Jena; und zwar hörte er in Leipzig besonders Rosenmüller, Beck, Platner u. s. w., in Jena Paulus, Stielhammer, Fichte, Schulz und Haller. Bedeutende Fußreisen nach allen Richtungen durch Deutschland stärkten seine Gesundheit, verschafften ihm auch manche practische Kenntnisse und eine Menge sehr angenehmer interessanter Bekanntschaften für das ganze Leben. In Jena wurde er am 22. Jan. 1799 Doctor der Philosophie und erhielt den ersten Preis für eine eingereichte Predigt. Michaelis 1799 bekam er im theologischen Amtsexamen in Glückstadt den ersten Charakter und blieb dann ruhig im älterlichen Hause, sein theologisches und philosophisches Wissen läuternd, bis er zu Ostern 1800 als Privatdocent nach Kiel ging. Bei seinen philosophischen Vorlesungen über Erfahrungsseelenlehre, Logik, Moral und Naturlehre hatte er gleich von Anfang an ein gut und zum Theil sehr gut besetztes Auditorium. Er schrieb hier mehrere kleine philosophische Schriften, auch seinen Abriß der christlichen Lehre in Sprüchen, predigte öfters und beschäftigte sich fortwährend mit der Theologie, die er als Krone und Vollendung der Philosophie ansah und zu der ihn gerade seine Philosophie mehr und mehr trieb; überdies war er ein treues Mitglied der Gesellschaft freiwilliger Armenfreunde. Am 8. März 1803 wurde er zum Prediger in Hollingstedt ernannt; darauf schloß er zu Ostern seine Vorlesungen und ging nach Kopenhagen, wo er sich den 11. Mai 1803 mit seiner Cousine, der Tochter des Conferenzraths Callisen, verheirathete, und zog mit ihr in Hollingstedt

ein. Aber nicht völlig ein Jahr war er in diesem durch die Liebe
seiner Gemeinde so glücklichen Amte; schon den 14 Januar 1801
wurde er ohne sein Ansuchen allerhöchst unmittelbar zum Prediger
der Friedrichsberger Gemeinde in Schleswig und zum
Propsten der Propstei Hütten ernannt, und noch im März desselben
Jahres trat er diese Stelle an, die er 32 Jahre hindurch mit
Lust und Liebe verwaltet hat.

Auch hier erwarb Callisen sich bald Liebe und Vertrauen; der
Kirchen- und Abendmahlsbesuch mehrte sich; der Kirchhof ward
verschönert, zur Verschönerung der Kirche, die 1820 einen Thurm
bekam und 1835 ganz renovirt wurde, ein Fond gesammelt. Das
Schul- und Armenwesen erhielt eine bessere Ordnung, ein Gemeinde-
bibelverein mit manchen sich daran knüpfenden für Sittlichkeit und
Religiosität nützlichen Einrichtungen, einer Industrieschule für arme
Kinder, einer Sonntagsschule für Erwachsene, eine jährlich an Umfang und Erfolg gewinnende Spar- und Leihkasse ꝛc. ward mit Hülfe
seiner treuen Gemeindeglieder, namentlich des Senators Wiek eingeleitet und zu Stande gebracht. Wie er zu seiner Gemeinde stand,
wie er sie liebte, wie genau er jeden in ihr kannte und jedem persönlich
nahe trat, mit Rath und That nach Kräften helfend, wo es Noth
war; wie er die Kinder anzog, daß sie auf der Straße mit allerlei
Anliegen gar oft zu ihm kamen, und sie in der regelmäßigen Kinder-
lehre um sich sammelte; wie er durch sein väterliches Wort und
Wesen auf seine Confirmanden einwirkte, ihr Herz bewegte und sie
zum Herrn hinführte, das weiß noch jeder ältere Friedrichsberger.
Durch Gottes Gnade hat er in den 32 Jahren nie eine Predigt
Unwohlseins halber versäumen müssen, und im Osterfeste hielt er zuweilen in 6 Tagen 6 Predigten und 2 Beichtreden. Als Propst
der Propstei Hütten glückte es ihm gleichfalls manches Gute zu
fördern, vorzüglich unter Mitwirkung des Kammerherrn v. Bülow.
Im Jahre 1815 würdigte ihn der Herr, hauptsächlich die Veranlassung zur Gründung der Schleswig-Holsteinischen Landesbibel-
gesellschaft zu werden, die seitdem so viel des Segens in beiden
Herzogthümern gewirkt und Veranlassung zu der Druckerei im Taub-
stummeninstitut gegeben hat. Seit 1804 war Callisen Mitexaminator,
am 17. Juli 1817 wurde er Mitglied des Oberconsistoriums, am

21***

5. August 1834 Mitglied der Schleswig-Holsteinischen Regierung. Auch als Schriftsteller wirkte er Manches. Sein Verkehr mit den Schullehrern, die er treulichst anleitete und beaufsichtigte, gab Veranlassung zu seinen Winken für Schullehrer zu einer merkwürdigen Amtsführung, zu kurzen Abrissen der Erdbeschreibung, Naturlehre, Geschichte, deutschen Sprache, zu den Winken zur Benutzung des kleinen Katechismus u. s. w.; ferner schrieb er die Anleitung für angehende Geistliche, die Prorädentik der Philosophie, eine Religionsphilosophie, einen Leitfaden in den Naturwissenschaften u. s. w. und sammelte die Denksprüche auf alle Tage des Jahres, die schon Vielen zum Segen geworden, und immer neu aufgelegt sind. Für die wichtigsten seiner Schriften hielt er aber seine „Glaubenslehre oder Was muß ich glauben als Mensch und Christ?" und sein Handbuch über das alte und neue Testament. Für sich arbeitete er eifrig fort bis an das letzte Jahr seines Lebens. Trotz dieser vielen Arbeiten machte er es doch durch sehr frühes Aufstehen und sehr strenges und geordnetes Arbeiten möglich, noch recht viel mit seiner Familie zu leben, und in der Theestunde war jeder willkommen. Andere Vergnügungen, als Haus, Amt und Studium sie ihm boten, kannte er freilich nicht.

Am 13. Januar 1835 wurde Callisen nach des Generalsuperintendenten Adler's Tode zum Generalsuperintendenten des Herzogthums Schleswig ernannt.[*]) Er übernahm dies Amt mit sehr schwerem Herzen; Monate lang war er körperlich und geistig sehr herunter und gewann erst auf einer längeren Reise mehr Kraft und seine alte Freudigkeit wieder. Im October 1835 zog er aus seinem sehr lieben Pastorate aus, blieb aber in der Gemeinde und verwaltete über ein Jahr die Generalsuperintendentur, die Propstei und Predigerstelle mit Regierungssitzungen, Examen 2c. auf einmal und ohne alle

---

*) Gleichzeitig wurde C. zum Ober-Consistorialrath und Hofprediger auf Gottorf ernannt; letzteres Amt legte er bereits am 20. Januar 1845 nieder. Von sonstigen Auszeichnungen sind zu erwähnen: am 19 Decbr. 1821 wurde C. Ritter vom Dannebrog, am 28. October 1830 Dannebrogsmann, am 22. Decbr. 1836 Dr. theol., am 28. Juni 1840 Commandeur vom Dannebrog. Dr. H.

Hülfe. Als sich die Ernennung seines Nachfolgers hinzog, nahm er auch noch die Konfirmanden, unterrichtete sie von Neujahr an 6mal wöchentlich (dreimal die Mädchen und dreimal die Knaben) und confirmirte sie den 28. Februar 1836. Aber nie war ihm Amts, arbeit eine Last, sondern immer erschien sie ihm als Stärkung und Freude. Endlich Palmarum 1836 übergab er seine Gemeinde in die Hände seines, wie ein Sohn von ihm geliebten Nachfolgers, des Propsten Leonhard Callisen, mit den Worten: „Weide meine Lämmer!" Sein neues Amt wurde ihm immer lieber; namentlich die Visitationsreisen, wo er von den meisten Predigern fast wie ein Vater aufgenommen wurde und manchen Segen stiften konnte, stärkten und erquickten ihn sehr. Den 20. Juni 1840 assistirte er bei der Krönung Christian's VIII. Endlich am 3. Juli 1848 erhielt er auf sein Verlangen von der provisorischen Regierung seinen Abschied von allen seinen Aemtern, da er bei den politischen Wirren des Vaterlandes und in dem Kampf der Parteien nicht mit gutem Gewissen seine so viel Verantwortung mit sich bringende Stellung glaubte ausfüllen zu können.

Von da an lebte Callisen nur noch den Wissenschaften, seinem Garten und dem häuslichen Leben, Segen stiftend, wo er es ver, mochte, und von allen Seiten geachtet und geliebt. 1853 feierte er seine goldene Hochzeit; er traute noch zwei seiner Söhne, taufte noch einen Enkel und eine Enkelin, hatte noch Freude an einem Urenkel und theilte noch öfter das Abendmahl in seiner alten lieben Kirche aus, zum letzten Mal am Gründonnerstag 1859. Am 5. November 1855 war ihm seine liebe Frau in die ewige Heimath vorausgegangen; seitdem und vorzüglich vom Januar 1860 an, brach auch seine sonst so starke Kraft zusammen; Wochenlang mußte er das Bett hüten. Im Sommer erholte er sich wieder so weit, daß er kleine Touren geben, noch zwei Mal im Hause das Abendmahl austheilen und den 3. October bei der Prüfung der taubstummen Confirmanden eine Ansprache halten konnte; wobei es dann zur Sprache kam, daß er gerade vor 50 Jahren hier in Schleswig die ersten Taubstummen confirmirt hatte. Kurz darauf wurde er wieder sehr schwach und verließ von da an nur noch wenige Male sein Zimmer. Aber noch immer arbeitete er, so viel er irgend vermochte, und las und hörte lesen mit großem Interesse. Von Mitte April 1861 an mußte er ganz still zu Bette liegen und konnte nur noch mit immer größerer Anstrengung auf kurze Augenblicke auskommen. Doch über seinem Krankenlager ruhte ein himmlischer Friede, und er erschien denen, die zu ihm kamen, fast wie ein Verklärter „Ich sehne mich sehr nach Hause," sprach er, aber, setzte er hinzu, es müsse doch so gut sein zu seiner Prüfung. Acht Tage vor seinem Tode sagte er, daß der Spruch: „Ich schäme mich des Evangelii von Christo nicht, es ist eine Kraft Gottes selig zu machen, die daran glauben" vorne in sein Spruchbuch geschrieben werden solle, und fügte mit lauter Stimme hinzu: „Nun schreib noch darunter: Jesus Christus gestern und heute, und derselbe auch in alle Ewigkeit!" Das war gleichsam sein letztes und geistiges Vermächtniß. Er schlummerte viel und süß, und den 7. October Morgens um 7 Uhr schlummerte er unaussprechlich sanft hinüber in's ewige Leben!

Am 7. October 1861 gleich nach Sonnenaufgang — obgleich im Herbste, war es doch wie an einem milden stillen schönen Frühlingstage, wie ein wahrer Auferstehungsmorgen — geschah die feierliche Beerdigung des Verewigten, unter dem Grabgeleite eines großen Theiles seiner ehemaligen Gemeinde, die er bis an sein Ende auf seinem Herzen trug, und die durch ihr zahlreiches Gefolge ihrem gewesenen treuen Lehrer und Seelsorger auch noch im Tode einen Beweis ihrer Liebe und Dankbarkeit geben wollte. Nun ruht er von seiner Arbeit! „Selig sind die Todten, die in dem Herrn sterben," welcher Bibelspruch auch auf seinem Leichenstein zu lesen ist. Sein Grab umstanden seine drei hinterlassenen Söhne: der Justizrath C. Callisen, der zuerst mehrere Jahre in Copenhagen in der Königl. Kanzlei arbeitete, dann Amtmann im Herzogthum ward, darauf Committirter in der Rentekammer, zuletzt Bürgermeister in Flensburg und jetzt als Privatmann in Lauenburg lebt; der zweite Sohn H. Callisen, welcher Besitzer eines adeligen Gutes in Jütland ist, und der jüngste Sohn W. Callisen, der als Doctor der Medicin in Altona practisirt. Der Pastor Schreiter hatte einen Trauer-Gottesdienst mit Orgelspiel, Gesang und Gedächtnißrede veranstaltet, dem auch die einzige überlebende Tochter, welche dem

Vater bis zu seinem letzten Odemzuge mit christlicher Pietät und Hingebung eine treue Pflegerin und Stütze gewesen war, beiwohnte. Am Grabe fand noch Trauermusik Statt.

So wie es in seinem ganzen Leben sein Wunsch und Bestreben war, Gutes zu wirken und wohlzuthun, so war auch noch der Abend seines Lebens der Wohlthätigkeit gewidmet; und er hat mehrere wohlthätige Stiftungen für Studirende der Theologie, bedürftige Prediger- und Schullehrer-Wittwen ꝛc. hinterlassen.

„Wer im Segen säet, wird auch im Segen erndten, und das Gedächtniß des Gerechten bleibt im Segen!"

XI

Oberst Johannes v. Schröder.

„Darstellungen von Schlössern und Herrenhäusern der Herzogthümer Schleswig, Holstein und Lauenburg, vorzugsweise aus dem fünfzehnten und sechzehnten Jahrhundert." Von J. v. Schröder, Oberst a. D. Hamburg, Perthes-Besser & Mauke, 1862. VII. und 156 S. 4. Mit 46 Steintafeln und lith. Titel.

Die Geschichte der Herzogthümer Schleswig und Holstein ist seither sehr einseitig mit vorwaltender Rücksicht auf ihre allgemeinen staatlichen Verhältnisse, mit Rücksicht auf die regierenden Familien, ihre Zwistigkeiten, Kriege, Bündnisse und Erbtheilungen bearbeitet; das Feld der inneren Entwickelungsgeschichte, die Rechtsverfassung, die Geschichte der einzelnen Stände, der Einfluß der veränderten Kriegs- und Heerverfassung auf die Gestaltung des Steuer- und Agrarwesens, die Geschichte der Sitten, Cultur, der Preise und Landwirthschaft, die Geschichte der Seuchen und Krankheiten und ihr Einfluß auf die Agrarverhältnisse liegt fast völlig brach, und wenige Länder dürften von ihren Geschichtschreibern so kärglich behandelt sein.

Wenn Biernatzki, Landesberichte für 1847, Seite 331, klagt, daß Denkmäler, Bauten, Schlösser, Klöster und Gemälde, welche sonst die Vergangenheit der Gegenwart als lebendige Zeugnisse des herrschenden Geistes zu hinterlassen pflegt, bei uns entweder gar nicht sich finden oder mit einer solchen Systematik verheert sind, als habe eine Mongolenhorde das Land in dieser Absicht durch-zogen, so dürfte dieser Klageruf nicht ganz unbegründet sein.

Biernazki war auf dem besten Wege, in seinen Landesbe-richten, und der andere Biernazki, in seinen Volkskalendern, ein an-zuerkennendes Baumaterial zur Sitten- und Culturgeschichte früherer Zeiten aus dem vorhandenen Bauschutte zusammenzutragen, minde-stens ein allgemeines Interesse für dieselben zu erwecken. Da kamen die viel Gutes und Schönes im Keim erstickenden kalten Märzstürme des Völkerfrühlings 1848.

Dem bald nach Erscheinen seines Werkes verstorbenen Heraus-geber des vorliegenden Buches, der in seinem unfreiwilligen Exil sich stets mit wissenschaftlichen Arbeiten über die Heimath beschäftigt und das harte Urtheil Macaulays (Geschichte Englands I., 477) über Verbannte nicht bestätigt hat, wird man dankbar sein müssen, daß er eine Parthie der Sitten- und Culturgeschichte, auf deren Dunkel namentlich schon im ersten Hefte der Landesberichte für 1847 aufmerksam gemacht ist, aufzuhellen und zu illustriren gesucht hat.

Als wir indessen die Buchhändler-Ankündigung gelesen und S. 2 des Vorworts, wo es heißt: „wie es auf den Höfen vor Jahrhunderten ausgesehen, das ist so gut wie unbekannt", hofften wir in der Einleitung der Schrift eine eingehende Darstellung der Entwickelung der Gutsverhältnisse in den Herzogthümern und ein lebensfrisches Bild, wie diese Güter entstanden, groß und größer geworden, wie es in den Schlössern dieser Güter ausgesehen, und wie auf denselben gelebt und von denselben aus regiert worden, zu finden. Wir sagen „regiert", denn es ist wohl nicht zu läug-nen, daß die Gutshoheit in den Herzogthümern sich zu einer me-diatisirten Landeshoheit aus dem Privilegium Herzogs Adolf von 1422 herausgebildet hatte; so beschreibt sie uns auch Heinrich Ranzau (Westph. 1., 91), und sehr drastisch sagt ein längst ver-gessenes Buch „die lustige Studirstube von Holstein": „Die Noblesse florirt daselbst, weil die Herren vor sich nicht nur Eine Herrschaft, sondern zwei, den König und den Fürsten von Holstein haben." Wir bedauern, daß der Verfasser den Freunden der Geschichte eine solche Darstellung vorenthalten, die hier ganz an ihrem Platze gewesen wäre, und die der Verfasser, der in die Vergangenheit sich hineingelebt, um die Gegenwart in seiner Topographie zu schildern, wohl in mehr befriedigender Weise, als viele Andere, hätte liefern können.

Wir wollen nicht versuchen, diesem gerügten Mangel bei Anmeldung des vorliegenden Buches abzuhelfen; dazu, und selbst um nur ein Bild zu liefern, wie es Freytag in den neuen Bildern aus dem Leben des deutschen Volks anziehend entworfen, bedarf es gründlicherer Studien; sondern nur eine theilweise Skizze zu einem Gemälde liefern, welches uns eben fehlt, und dabei den Wunsch aussprechen, daß unsere Geschichtsforschung und Geschichtschreibung sich bald einmal dieses Gegenstandes bemächtigen möge.

Betragen doch die adeligen Güter in Holstein 50 Quadrat-Meilen, also fast ⅓ des Landes, und in Schleswig 27 Quadrat-Meilen, also ⅛, mit einem Steuerwerth von fast 60 Millionen und einem 100 Millionen übersteigenden Verkaufswerth; und ein solcher Complex verdient wohl seinen Geschichtschreiber.

Wenn Falk Handbuch I., 57 und III., S. 203 bemerkt, daß die Entstehung der adeligen Güter so weit in die Vorzeit zurückfalle, daß das Nähere darüber nicht ausgemittelt werden könne, so ist diese Bemerkung in dieser Allgemeinheit nicht richtig. Ueber die Entstehung vieler einzelnen adeligen Güter, wie solche sich durch allmählichen Anwachs gebildet haben, in ihren gegenwärtigen Grenzen und Scheiden, haben wir sehr schätzbare historische Auseinandersetzungen, die ein vollständiges Licht geben über die Entstehung derselben; es braucht nur an die Arbeiten von Michelsen über Kundhof und die Güter in Süderdithmarschen, von Lemmerich über Breitenburg und die Marschgüter, Jensen über Angeln, Kuß und Pasche über Bornhöved und Umgegend erinnert zu werden.

Der ursprüngliche Anbau des Landes hat, wie noch neuerdings Hanssen darauf aufmerksam gemacht hat, durch freie Genossenschaften stattgefunden, welche die Dörfer gründeten und die Dorffeldmarken einrichteten. Nachdem ein Verein von gleichberechtigten Familienhäuptern, die durch das Band der Verwandtschaft oder Stammesabtheilung zusammengehalten, beschlossen hatte, sich auf einer zur Cultur geeigneten Fläche niederzulassen, und der Platz des Dorfes gewählt war: bestimmte das Loos die Haus- und Hofstelle eines

Jeden, und gleichfalls wies das Loos einem Jeden eine gleiche
Portion von Ackerland an, und diese Gleichheit ward in Bezug
auf Entfernung, Bodenbeschaffenheit, Himmelsgegend ꝛc. beobachtet.
Die Zerlegung der Feldmark in den einzelnen Feldabtheilungen
machte den sogenannten Flurzwang, Feldgemeinschaft, nothwendig.

Die eigentlichen Weiden, die Hölzungen, Moore, meist auch
Wiesen blieben ungetheilt zur gemeinsamen Benutzung aller Mark-
genossen und entsprechender Quotirung der Nutzungsrechte bei späteren
Theilungen der Landstellen in Halbhufen, Viertelhufen u. s. w.

Der Ursprung des Adels verliert sich in das graueste Alterthum. So lange aber der Stand der freien Bonden auf das
Aufgebot auszog und das Kriegsheer bildete, trat der Adel nicht
sehr hervor. Als indessen das Aufgebot des ganzen Landes, als
Fußvolk zu Wasser in Schleswig, zu Lande in Holstein, nicht mehr
genügte und Reiterei nothwendig war, die der Bauer nicht zu leisten
hatte, auch nicht leisten konnte wegen der Kostbarkeit der Ausrüstung, mußten Freiwillige geworben werden, die sich auf eigene
Kosten ausrüsteten; diese fanden sich leicht unter den Angeseheneren
und Reichen, die den Krieg, wo Ruhm und Beute zu verdienen
war und wo nach beendigtem Kriege die eroberten Ländereien vertheilt wurden, dem Landbau vorzogen. Auch Freiheit für ihre
Höfe ward ihnen ertheilt. Das Jütsche Low sagt: „Sie thun genug
dafür, indem sie ihren Hals für den König und des Landes Frieden
wagen." — Nach den Verordnungen Karl des Großen über den
Heerbann sollen 3 Hufen Einen Mann mit Schild und Lanze oder
mit Pfeil und Bogen stellen. Von dem größeren Besitz bis zu
dem Betrag von 11 Hufen ward kein größerer Dienst geleistet.
Wer 12 Hufen hatte, diente mit voller Rüstung zu Pferde; darin
liegt der Anfang des Roßdienstes.

Hier ist der Ursprung des Adels; zu den befreiten Höfen
kamen in Schleswig die Freihufen der Styrismänner. Das Ritter-
wesen bildete sich nun allmählich als zunftmäßige Einrichtung, wie
solche im Mittelalter unter allen Ständen war. So wie im Hand-
werkerstand Junge, Gesell und Meister, im Bauernstand Junge,
Knecht und Bauer, so unterschied man im Kriegerstand Page (Lehr-
ling), Knappe (Gesell), Ritter. — Zu den Vorrechten des Ritters

22*

gehörte die Steuerfreiheit. Nach dem Jütschen Low kann ein
Edelmann so viel Land kaufen, als er des Vermögens war, ohne
davon Abgabe zur Kriegsrüstung zu leisten, und hatte er nicht so
viel Land, als mit einem vollen Pflug betrieben werden konnte, so
konnte er bis zu einem vollen Pfluge an sich bringen und dafür
frei sein.

Die Ritter pflegten in dieser frühesten Periode gern einen
einigermaßen befestigten Wohnsitz zu haben, der mit einem, oft zwei
Gräben umgeben war, dergestalt, daß zwischen beiden Gräben ein
Thurm stand. — Die Edelleute wohnten in den Dörfern bei den
Bauern und war keine Gelegenheit, den Landbesitz sehr auszudehnen.

Der Bauernstand unterlag im Mittelalter allmählich den unge-
heuren Lasten des Heerbannes, sowie dem anderweitig auf ihm
ruhenden Druck des Adels und der Macht der gleich dem Adel
nach steter Vermehrung des Grundbesitzes strebenden Kirche. —
Die Bauern konnten das Eigenthum ihrer Hufen nur in den wenigsten Fällen behaupten; fast überall finden wir die alten Hufner,
die ihre eigenen Freiherren waren, später zu Colonen (Meier, Sassen,
Laßhufen) herabgedrückt, welchen die bald erbliche, bald lebensläng-
liche, bald ganz precäre Nutznießung der Hufen überlassen war.

Nach Auflösung der Heerbannes-Verfassung und der gänzlichen
Umgestaltung des Kriegswesens leistete der Ritter mit seinem Gefolge
diejenigen Kriegsdienste, welche sammt der Ausrüstung und der
Verproviantirung früher auf den Hufen, die er erworben, ruheten.

Die ehemaligen Prästationen der Hufen zum Heerbann ver-
wandelten sich nun ganz naturgemäß in privative für den neuen
Schutzherrn, der seinen Colonen für die Nutznießung der Stellen
Dienste verschiedener Art für Bauten, Jagden rc., besonders aber
die Lieferung von Lebensmitteln zur Unterhaltung seines kriegerischen
Gefolges auferlegte.

Der Grundbesitz des Adels bestand aber noch im späteren
Mittelalter gleich dem der Geistlichkeit und selbst der Landesherren
nur aus Streuhufen, d. h. aus einzelnen Hufen, die in verschiedenen, oft weit von einander entfernten Dörfern gelegen waren.
Die Größe der Streugüter war sehr verschieden. Zuweilen besaß
der Herr ein ganzes Dorf auf diese Weise, zuweilen auch nur

einige Hufen oder Kathen. Man verstand schon früh unter „Gut"
nicht nur ein zusammenhängendes Grundstück, sondern auch eine
Menge getrennter Streugründe wird so genannt.

Der Ranzausche Haupthof in Schleswig war Lindewith. Alles,
was die Ranzaus in Schleswig erwarben, ward unter Lindewith
gelegt; die ganze Gütermasse betrug zur Zeit des höchsten Flors
50½ Pflüge und umfaßte 347 größere und kleinere Stellen in
34 Kirchspielen zerstreut.

Wenn auch die Hufe, die der Ritter im Dorfe als Markge-
nosse bewohnte, sich durch Befestigung und stattlicheren Bau (curia)
von den Gehöften der übrigen mansus unterschied, so waren doch
die Ländereien in ihrer alten Gemenglage noch der Feldgemeinschaft
des Dorfs und den Satzungen der Markgenossenschaft unterworfen.

Ein Wendepunkt in der Geschichte der Ausbildung der Güterver-
fassung ist die Zeit unmittelbar vor und nach der Reformation.
Das seit der Entdeckung von Amerika von den Producenten zunächst als ein dauerndes Steigen der Getraidepreise empfundene
Sinken der Metallwerthe mußte unter günstigen Verhältnissen zur
Steigerung der Landwirthschaft führen. In den Herzogthümern
stand die Macht der Geistlichkeit unmittelbar vor der Reformation
auf ihrem höchsten Gipfel, und ihr Reichthum, besonders an liegenden
Gründen, war sehr erheblich. Das Bisthum Lübeck, die Dom-
capitel in Hamburg, Lübeck und Eutin hatten große Besitzungen in
den Herzogthümern. Schleswig hatte seinen eigenen Bischof und
zwei sehr reich dotirte Capitel in Schleswig und Hadersleben. Außerdem hatten die angesehenen Klöster zu Reinfeld, Reinbeck, Cismar,
Ahrensböck, Neumünster, Bordesholm, Ruhekloster und Lügum-
kloster, außer den noch existirenden vier Klöstern, mehr oder minder
erheblichen Landbesitz; zudem besaß fast jede Stadt ihr wohldotirtes
Bettelmönchskloster. Es fehlt an urkundlichen Nachrichten über die
Art und Weise der Einziehung jedes einzelnen dieser Klöster;
indessen von manchen einzelnen geistlichen Besitzungen ist es genau
constatirt, wie sie in die Hände von Adeligen gekommen sind, was
weiter nicht Wunder nehmen kann, wenn man in Erwägung zieht,
daß eine Menge Prälaten und Domherren mit den zur Ritterschaft
gehörigen Familien auf das engste verwandt und verbunden waren.

Von dem letzten katholiſchen Biſchof in Schleswig heißt es in der
Silva Chronologica, S. 110 ad 1538: „Herr Gottſchalk von Ahlefeldt als er den Proceß mit den Biſchöffen in Dänemark verwerfet,
hat er viel Biſchöffliche Güter dem Bisthum entzogen, zum Theil
der etlichen verkauft, zum Theil auch ſeinen Freunden übergeben,
z. B. Gereby an Cay Rantzau und Stubbe an ſeinen Vetter
Ahlefeldt auf Saxtorf.“   Die Priorin Anna v. Pleſſen und der
ganze Convent in Reinbeck verkauften, wie ſie ſich zur lutheriſchen
Religion bekannten und ihr Kloſter ihnen nun überflüſſig war,
daſſelbe an den König für 300 β lüb. an jede Nonne, ohne daß
dieſer ſonderbare Kauf, der ſogar ohne Vorwiſſen des Propſten
Detlev Reventlow geſchah, jemals angefochten worden iſt.

      · Bereits in den erſten Anfängen der Reformation ward es be-
denklich gehalten, Söhne aus adeligen Familien, wie früher ſo vielfach, dem geiſtlichen Stande zu widmen. · Der Beſitz der geiſtlichen
Corporation ward als ein nicht mehr geſicherter erachtet, und man
erkannte wohl, daß dem Adel dadurch eine in katholiſchen Ländern
bis auf die Gegenwart ſehr ergibige Quelle der Verſorgung
jüngerer Söhne und allerſchwacher oder vermögensloſer Vettern
abgeſchnitten war.   Der Anfang zur Säcularifirung war bereits gemacht; die geiſtlichen Stiftungen dachten ſchon ſeit den erſten An-
fängen der Kirchenbewegung nicht mehr an Erweiterung ihres
Grundbeſitzes, vielmehr zwang ſie theils die Noth beim Ausbleiben
der früheren Schenkungen und vieler Hebungen, theils vorausſehende
Klugheit mehrfach ſchon jetzt zum Verkauf ihrer Beſitzungen, der
mit jedem Jahre, wie die kirchliche Bewegung ·zunahm, in größerem
Umfange erfolgte.   Namentlich in dieſer Zeit, wo der gefährliche
frühere Concurrent bei Landerwerbungen fehlte, war eine ſehr
günſtige Gelegenheit zum Abrunden und Erweitern eines ſchon
einigermaßen anſehnlich gewordenen Guts-Complexes, und die Geſchichte faſt aller Güter liefert hierfür Beiſpiele.   Dieſe Verhältniſſe
ſteigerten ſich, als die neue Lehre in den Jahren 1520 - 30 überall
obgeſiegt hatte und alle Klöſter bis auf die wenigen, einer anderen
Beſtimmung gewidmeten, eingezogen, die reichen Brüderſchaften aufgehoben wurden, ja ſelbſt die Tafelgüter der Biſchöfe in weltliche
Hände kommen konnten.   Der theilweiſe der neuen Ordnung der Dinge

wegen innerer Scrupel und äußerer Gründe unfreundlich und bedenklich zuschauende Ritterstand wurde wesentlich begütigt und als neugewonnener Theilnehmer des Erwerbs beschwichtigt; in einzelnen Fällen wurden selbst Pfründener durch erbliche Abtretung von Stiftsgütern zur Resignation bewogen, manche Gläubiger der Landesherren durch verläußliche Ueberlassung von geistlichen Gütern sicher gestellt.

Und jetzt, wo die Theilnahme am geistlichen Stande und am Hofe der Bischöfe beschränkt war, war es verständlich, daß der Adel, der naturgemäß auf seine Hufen zurückgedrängt ward, sich zum eigentlichen Ackerbau gemäßigt fand; und da fand sich denn ein reiches Feld für eine ausreichende Thätigkeit, diese unter der Gunst der letzten Jahre erworbenen Hufen, Parcelen und Dörfer mit einander in Verbindung zu setzen, mehr und mehr zu arrondiren und in Cultur zu bringen. Dazu wurden die aus dem alten Wagendienst zu Hofdiensten umgeschaffenen Betriebskräfte der Bauern wesentlich in Anspruch genommen. Auf diese Zeit der Erweiterung der Adelsbesitzungen durch frühere geistliche Streuhufen folgt in der Geschichte der Herzogthümer eine in wenigen andern Ländern in gleichem Umfange vorgekommene Procedur des Ein- und Vertauschens, des Kaufens und Verkaufens der ganzen Hufen verschiedener Dorfschaften, der Büterie und Vermagschiftung zwischen Landesherrschaft, Adel, Privaten und den noch übrig gebliebenen geistlichen Vertretern, an welchem Handel selbst die Städte mit Theil nahmen, bis den Bürgern durch Verfügungen verboten ward, Immobilien an Adelige zu verkaufen. Auch in Süderdithmarschen, in der Cremper- und Wilstermarsch suchte der Adel sich eine große Menge von Grundstücken zu verschaffen. Ganz besonders lehrreich in Bezug auf das beobachtete Verfahren ist die Geschichte der Bildung der Güter in Süderdithmarschen. Josias v. Qualen war Amtmann in Steinburg und Süderdithmarschen; er benutzte seine Stellung, um eine große Menge von Höfen und Parcelen zu kaufen, diese zusammen zu legen, wieder zu vertauschen, zu arrondiren und die großartigste Vermagschiftung zu treiben, sich auch Stücke aus der Gemeinheit abtreten zu lassen. Es kam bei einer solchen Verhandlung vor, daß er die Bauerschaft Hopen erst fünf Tonnen Bier

austrinken ließ, ehe er die Verhandlung eröffnete; er erreichte seinen
Willen, die Dorfschaft hat aber sehnlich, daß ihr Amtmann nun
nicht weiter begehrlich sein möge.   Mancher kleine Grundbesitzer
befand sich solchen Contrahenten gegenüber in einer schlimmern Lage;
viele Grundbesitzer wurden Häuslinge; war das Kaufgeld aufgezehrt,
so wurde er Bettler oder mußte bei dem Gutsherren, der viele
Kathen aufführen ließ, Tagelöhner werden.   Als Friedrich II. bei
seiner Anwesenheit in Crempe von dieser Ergißung adeliger Güter
seines Amtmanns und Anderer in Dithmarschen Kunde erhielt, erließ er das bekannte Mandat gegen den Verkauf von Landgütern
an den Adel in Süderdithmarschen, was allerdings nothwendig war,
da eine unmittelbar folgende Steuerfreiheit solcher adeliger Güter
die ganze Existenz des Landes, z. B. bei der Deich-Concurrenz
hätte gefährden können.   Josias v. Qualen hatte in wenigen Jahren
sich nicht allein Güter zusammengekauft, er hatte auch Brauereien,
Ziegeleien, Mühlen angelegt und war auf dem besten Wege, nachdem er Hunderte von Käufen in wenigen Jahren geschlossen, einen
großen Theil von Dithmarschen sich zu unterwerfen   In ähnlicher
Weise muß es in Eiderstedt, Norderdithmarschen, Nordstrand, Segeberg hergegangen sein, denn für alle diese Districte finden sich Verbote gegen den Verkauf von Landgütern an den Adel.

Auf den Landtagen von 1588 und 1589 ward der Antrag
gestellt, daß es hinfüro aller Einwohnern freistehen solle, ohne der
Herren Verbot zu kaufen und zu verkaufen.   Die landesherrliche
Genehmigung dieses Antrags erfolgte aber nicht.

Auf dem Landtag von 1623 ward als Demonstration gegen
die früheren Verbote des Verkaufs an Adelige der einmüthige Beschluß gefaßt, daß hinfüro in den Herzogthümern keine adeligen
Güter an Bürgerliche sollen verkauft werden können; eine Beliebung,
welche bekanntlich niemals in Observanz getreten ist.

Unter den mitwirkenden Ursachen zur Erklärung der großen
Gütererweiterungen und Arrondirungen des Adels nach der Reformation muß noch das Beispruchsrecht mit allen seinen verschiedenen
Arten und Mißbräuchen, worüber die Kunde jetzt fast gänzlich fehlt,
erwähnt werden.   Unsere statuarischen Rechte weisen höchst eigenthümliche Specialitäten des Umfangs nach, in dem das Retractsrecht

geübt worden, und aus der Geschichte mehrerer deutschen Staaten sind so eigenthümliche Abarten des Retractsrechts bekannt, daß wohl angenommen werden darf, es werde auch in den Herzogthümern nicht ohne mißbräuchliche Anwendung desselben abgegangen sein.

In manchen Ländern z. B. durfte der Adel in den Dörfern, in denen er keine curia hatte, sondern nur gutsherrliche Rechte, die für sich verkäuflich waren, einen Bauern auskaufen und dessen Hof sich zum eignen Sitz umschaffen, und war der erste Hof erworben, so ging es an den Erwerb anderer. In Preußen wurde 1749 unter Friedrich dem Großen diese Befugniß des Adels ausdrücklich aufgehoben. Es ward dieses Experiment sehr häufig gemacht um einen nachgebornen Sohn zu etabliren, da derzeil, bei der Unlust im Kriegsheer zu dienen oder Staatsämter zu bekleiden, die väterlichen Rittersitze für den oft zahlreichen Nachwuchs zu eng wurden. Ein anderer Mißbrauch war häufig der, daß, wenn einer adeligen Wittwe ein eigenes Haus zu ihrem Leibgedinge fehlte, ein Bauer ausgekauft wurde; nach ihrem Tode wurde der Hof mit dem Haupthofe vereinigt, und kam wieder eine adelige Wittwe, so ward von neuem ausgekauft.

Ein Umstand, der wesentlich zur Vermehrung der Besitzungen des Adels beigetragen hat, ist in den vielfachen Verpfändungen zu finden. Es fehlt noch eine eingehende Geschichte der Wahlkämpfe bei der Wahl Christian I., die wesentlich dem überlegenen Ansehen der Familie Rantzau den Pogwisch gegenüber verdankt wurde. Der König gerieth in Abhängigkeit vom Adel. Stattliche Summen, sagt Dahlmann, werden genannt, 5000 fl, 7000 fl, die den einzelnen Wählern verheißen waren, und die Lübische Chronik spricht sich von dieser Zeit und den erkauften Stimmen so hart aus, daß sie den Ausdruck braucht: „so wurden die Holsten durch Gierigkeit und Eigennutz verblendet und überantworteten das gemeine Gut des Landes um kleinen Gewinn."

Der größte Theil der Herzogthümer war damals verpfändet in den Händen des Adels, der besorgt um seine Rechte und die noch nicht erfüllten Wahlversprechungen dem demagogischen Bruder Christians, Gerhard, gegenüber das bekannte Bündniß von 1469 abschloß, an dem 140 Adelige, unter ihnen 24 Rantzaus, Theil nahmen. Der Begriff des Pfandguts, von dem Vieles nie wieder eingelöset wurde, war im Mittelalter ein viel weiterer, wie heutzutage.

Auch mag hier der zahllosen Seuchen Erwähnung geschehen, die im Mittelalter unter der Bevölkerung aufgeräumt haben und herrenlos gewordene Hufen an den Stammsitz brachten. Der schwarze Tod hatte bereits 1350 furchtbar aufgeräumt; ein Drittel der Bevölkerung soll in Dänemark gestorben sein und viele Dörfer waren ausgestorben; in Lübeck starben am 9. August 2000 Menschen. In Schleswig blieb kaum der vierte Theil der Bewohner am Leben, und die in den Haiden sich noch hie und da wiederfindenden Spuren früheren Anbaus will man aus der Verödung des schwarzen Todes erklären. Ferner wurden die Herzogthümer in den Jahren 1388, 1393, 1405, 1412, 1421, 1426, 1438, 1450 von mehr oder minder bedeutenden und verheerenden Seuchen heimgesucht, und viele Dörfer, die in dieser Zeit fast ganz ausgestorben waren, sind niemals wieder erbaut. 1547—1549 waren Pestjahre. 1564, 65 (in Flensburg starben 1565 2500 Menschen), 1574—1577 hörten die Seuchen nicht auf; 1581 kam eine schreckliche Krankheit, die sogenannte spanische Sippe, und grassirte noch 1585. 1602—1607 waren wieder Pestjahre, inzwischen Jahre großer Theuerung und Mißwachses. Waren in solchen Pestjahren ganze bäuerliche Familien ausgestorben, so nahm der Ritter die Hufen ohne viel Weitläufigkeiten in Besitz.

Zieht man endlich in Betracht, daß von den frühesten Zeiten der Geschichte der Herzogthümer an, wo der Adel noch kriegslustig war, die Zahl derer sehr groß war, die in Kriegen gefallen (so fielen 1404 und 1405 beide Fürsten und 400 des Adels, und in der Schlacht von Hemmingstedt im Jahre 1500 verloren die Herzogthümer über 200 ihres Adels, über 20 Pogwische, 11 Ahler selbst, 6 Ranzaus, 6 Sehestedts, und in anderen inneren Kriegen gleichfalls große Zahlen): so ist es begreiflich, daß in der Ruhe nach solchen Kriegen, wo die Nachgebliebenen wieder auf ihre Besitzungen zurückkehrten, das nachgelassene Grundeigenthum der Gefallenen zur Erweiterung der Dorfbesitzungen des einzelnen Gutsherrn herangezogen ward. Die Urkunden weisen oft nach, daß in

einem einzelnen Dorf 4—5 Junker von einer und derselben Familie
auf ihren Hufen saßen.

Mit Hülfe des 30jährigen Krieges und der späteren Entwickelung der öffentlichen Verhältnisse nach der Reformation gelang
es dem Adel, den umfangreichen Grundbesitz in seinen äußeren
Grenzen herzustellen, und nachdem er jetzt sich ganz dem Landbetriebe
widmen konnte, ihn mehr und mehr in Cultur zu bringen. Wo
früher ein altersschwacher Vetter, der Meier und Aufseher während
der Abwesenheit des Herrn geschaltet, da trat jetzt die unmittelbare
Leitung des Gutsherrn ein; es wurden uncultivirt gelassene Flächen
jetzt in Cultur genommen, an lichten Stellen der Hölzungen oder
auf weitgestreckten Dorfsfeldmarken wurden Vorwerke errichtet und
durch Tausch und Kauf mit Gutsnachbaren von neuem arrondirt.
Bis zu welchem großen Umfange einzelne Güter herangewachsen
waren, sieht man daraus, daß das Gut Lehmkuhlen früher die
jetzigen Güter Lehmkuhlen, Rethwisch, Preileneiche, Sophienhof
und Freudenholm mit umfaßt hat, welche letztere vier Güter erst
später von dem ersteren getrennt sind.

Der erste Anfang der Güter war in beiden Herzogthümern,
abgesehen von einzelnen in Wagrien vorkommenden größeren Lehn-
gütern, die Besitznahme von Bauerhufen in den Dörfern. Darauf
folgen die Streuhufen und Streugründe, oft von sehr verschiedener
Größe und weit von einander gelegen, die oft zunächst damals
wegen des Manglagbrechts ein Interesse hatten und wieder in Pacht
gegeben wurden. Der Sitz des Ritterbürtigen mit etwas Land
war noch sehr unbedeutend. Darauf folgt zur Zeit der Reformation
die vorher angedeutete großartige Arrondirung und Vermehrung
der Gutsgründe und besonders der Auslausch der Streugründe. Und
wie nun der Kriegsdienst und der Staatsdienst und die Kirchen-
ämter wegfielen, die Abgaben und Staatslasten zunahmen und mit
ihnen der Luxus, da entstehen zuerst die großen Hoffelder als die
einträglichste Art der Bewirthschaftung und wurden so, wie die
Leibeigenschaft sich ausbildete, die zahlreichen Dienste der Bauern
für die Bewirthschaftung der Hoffelder in Anspruch genommen, bis
wir am Schluß des vorigen Jahrhunderts wieder ein Zertheilen

gar zu großer Guts-Complexe, sei es durch Abgrenzung neuer
selbstständiger Güter oder durch Meierhöfe, sehen.

In den frühesten Zeiten konnte der Adelige bei sehr kleiner
Feld-Cultur mit Hülfe der vielen ihm dienstbaren Hufen, die er
wieder von seiner curia aus schützte, sein Feld leicht bestellen. Der
drückendste Dienst war der Bau des schützenden Hofes, der in
früheren Zeiten in der Regel einen Wall und einen Graben mit
Zugbrücke um Wohnung, Garten und Wirthschaftshof enthielt, wohin im Fall einer Fehde zur gemeinschaftlichen Vertheidigung und
zum Schutz der von dem Hofe schon abhängig gewordene Schutz-
bauer mit Vieh und Fahrniß flüchtete. War die Gefahr vorüber,
so wurden die verwüsteten Hufen leicht wieder aufgebaut. Erst nach
der Mitte des 16. Jahrhunderts finden wir die fast überall nach
Erweiterung der Güter erbauten neuen Rittersitze sehr fest, aber
sämmtlich ohne Wall, häufig aber mit zwei großen Gräben, häufig
auch mit einem Wachtthurm versehen. Als der landwirthschaftliche
Moment der Güter hervortrat, nach der Reformation, wurden plötzlich viele Herrenhöfe von den alten aus Rücksicht auf die feste Lage
gewählten Plätzen nach solchen verlegt, die in landwirthschaftlicher
Rücksicht zweckmäßiger waren und in der Mitte des Hoflandes
lagen. Wo aber nach Vollendung eines solchen Baues noch länger
fortarrondirt, vermagschiftet wurde, ging oft die ursprünglich gewählte günstige Lage verloren, und man übersah das Gesetz von
Thünens isolirtem Staat.

Die Haupt-Intraden des Gutsherrn bestanden in den frühesten
Zeiten aus dem verkauften Schiffs- und Hausbauholz, aus Mast-
schweinen (und wie bedeutend dieses Finanzobject der Vorzeit war,
erhellt daraus, daß in die Amts Gottorfer Hölzungen 31,000, in
die Segeberger 19,000, in die Bordesholmer 10,000 Schweine bei
guten Jahren eingetrieben werden konnten), aus den Producten des
Bienenhagens, aus dem Hopfengarten-Ertrag, aus dem Betrage
der sehr bedeutenden Teichfischerei auf den sauren Wiesen und aus
der baaren Grundbäuer seiner pflichtigen Schutzbefohlenen, neben
dem geringen Ertrag von Korn und Kühen. Selbst auf den
größten Gütern Holsteins war in der Mitte des 16. Jahrhunderts
ein Rindviehstapel von 50—60 Kühen sehr bedeutend. Schafe,

Kühe, Pferde fanden geringe Weide auf den Wieſen und Weide-
koppeln kleinen Umfangs, weil man Dünger entbehrte; alles Hof-
vieh und alles Bauernvieh fand ſeine Hauptnahrung in den lichten
Hochwäldern in der Umgegend des Guts. Das verkaufte Bauholz
zu verfahren und die Fiſche aus den Teichen, das war der Hauptdienſt,
zu dem der Gutsherr ſeine Bauern auftrugte. Mit der Erweiterung der Hoffelder und der Niederlegung der Dörfer, der zu-
nehmenden Urbarmachung von Hölzungen und wüſten Strecken wurde
der Hand- und Spanndienſt immer größer, die Anforderungen des
Staates erheblicher, und da es in den Gutsdiſtricten an Dienſtre-
giſtern und Urbarien immer gefehlt hat, ſo war das Maß gänzlich
in den Willen des Gutsherrn geſtellt, der (ſeit 1524) auch die
Patrimonial-Jurisdiction bekommen hatte. Wo Güter, wie dieſes
in den Zeiten des häufigen Verkaufs vorkommt, oft ſehr ſchnell
aus einer Hand in die andere wanderten und das alte patriarcha-
liſche Verhältniß des Schutzherrn zu ſeinen Untergebenen immer
mehr verloren gegangen war, da wurde der Dienſt oft ſo ſchwer
und unerſchwinglich, daß die Hufner es vorzogen, in die Stadt als
Tagelöhner zu ziehen und ihren ganzen ländlichen Beſitz im Stich
zu laſſen, welcher dann entweder zum Gutsfeld geſchlagen oder
einem neuen Bauern wieder zugetheilt wurde, der Muth hatte, noch
einmal den Verſuch zu wagen.

Wohl war der Adel der Herzogthümer jagd-, raub- und
fehdeluſtig, auch ſehr übermüthig gegen Stadtbürger. Als letzter
Reſt des kriegeriſchen Herumziehens tritt das Einfangen der nach
dem 30jährigen Kriege ohne Paßzettel ausgetretenen Unterthonen
hervor (vgl. Freytag, neue Bilder, S. 35), welchen Gegenſtand
Raßen neuerdings ſehr klar aus den Landtags-Akten zuſammenge-
ſtellt hat.*) Man braucht nur zu erinnern an einzelne Scenen,

---

*) S. H. L. Jahrbücher IV., 348 u. ff. Wir können bei dieſer
Gelegenheit nicht unterlaſſen, einen Paſſus mitzutheilen, welcher zur Genüge beweiſet, daß ſchon damals unter der Ritterſchaft hie und da namentlich die ökonomiſchen Nachtheile der Leibeigenſchaft deutlich erkannt
wurden. Die Redaction der Jahrbücher beſitzt aus dem Nachlaß J. v.
Schröders die Abſchrift eines Aktenſtücks, betitelt: „Sentiment und

z. B. Andreas Ranzau von Salzau 1587 gegen Bürgermeister
Ameling von Lengerken in Kiel, und desgleichen 1590 Otto Ranzau zu Bothkamp und Hemmelmark gegen den Neffen des Bürgermeisters in Kiel, Beßling.

Doch darf die Richtigkeit der Angabe angenommen werden, daß
die Adelsfamilien der Vorzeit sich sehr der Oekonomie beflissen
haben; denn sonst ist es kaum zu verstehen, wie Grundbesitz und
Vermögen sich so haben anhäufen können. Im Landregister von
1543 wird die Familie Ranzau mit 40 Gütern und 175 Knechten,

Demonstration derer Ursachen, wodurch der uralte holsteinische Reichsadel
sich um ihre herrliche Privilegia gebracht und dieselbe auch mit großem
Nachtheil ihrer Güter fast verloren. Im Jahre 1659. Von den
Brockdorff.« — Da heißt es:

„5. So wird auch gar schädlich gehalten, daß die adelichen Unterthanen
werden vor Leibeigene gehalten, da sie doch libertatem gar leicht
auf unterschiedliche manieren bekommen können, und in effect ist es
das äußerste Verderben und die ruin der Bauern, weil sie nicht begehren wie der Bauernstand mit sich bringet im Schweiß ihres An-
gesichts ihr Brod zu essen, sondern sprechen wohl express: „Was
haben wir mehr davon? wir haben doch nichts eigenes, es gehöret
doch unsern Adelleuten alles zu; wollen sie Dienste von uns haben
und ihrer Güter genießen, müssen sie uns wohl erhalten und ernähren!« Leben derowegen nur als Verwalter oder Aufseher dessen
so sie unter Händen haben, und was sie erscharren und abzwacken,
bringen sie an sichere und freie Oerter, da sie hernacher, wenn ihnen
die Laus über die Leber läuft oder sie ihres Thuns müde sind, sich
retiriren können und bei der libertät patrocinirt werden, welches
ihnen dann gar leicht zu vollbringen ist, und die tägliche Erfahrung
gibt, daß des Stehlens, heimlich Wegbringens und Anterißens kein
Ende ist, welches Alles dann meist aus eingebildeter Sclaverei her-
rühret. Hingegen siehet man, daß in den Marschländern und sonsten
wo die Leute frei sind und ihnen Häuser und Aecker zugehören, viel
besser stehen und sich viel saurer werden lassen, auch das übrige nicht
leicht verlaufen werden. Wie nun dieses zu remediren und denen
Leuten die eingebildete Sclaverei aus dem Sinn zu bringen sei, auch
dahin zu bringen, daß die Häuser und Aecker ihr eigen werden,
müssen alle vernünftige oeconomi selbst in particulier nach Gelegenheit sich zu beständigen und zu practisiren wissen.« Dr. H.

die Ahlefeldt mit 26 Gütern und 105 Knechten, die Sehefledt mit 15 Gütern und 54 Knechten aufgeführt; und wenn uns auch der Schlüſſel noch fehlt, hiernach die Größe der Beſitzungen zu ermeſſen, (da es völlig dunkel iſt, ob die Falckſche Annahme III., 2, 351 richtig iſt, daß das Arbieten auf dem Landtag 1610, den Roßdienſt von 5—19 Pflügen mit 1 Mann, von 20 Pflügen mit 2 Mann zu leiſten, dem Maßſtab von 1563 entſpreche), ſo liegt doch ſo viel vor, daß der Beſitz ſehr erheblich geweſen. — Nach dem Landre- giſter von 1543 gehörten die Güter überall noch zu den Aemtern, ihre Ausſonderung zu abgeſchloſſenen Gutsdiſtricten datirt viel ſpäter, und eine Vergleichung der renovirten Landesmatrikel mit früheren Rollen ergibt hinreichend, wie große Complexe ausge- ſchieden ſein müſſen. — Heinrich Ranzau, der mit ſeiner Gemahlin 400,000 ℳ Mitgift erhielt, beſaß 21 Güter, und darunter Breiten- burg, Ranzau, Lindewitt. — Von ſeinem Enkel Chriſtian Ranzau hat uns der franzöſiſche Touriſt Maurier (Landesberichte 1846, November) die ſeltſame Geſchichte aufbewahrt, daß er zum Beſuch Chriſtians IV., der einen Winter bekanntlich in Friedrichsort Branntweinsbäder nahm, nach Chriſtianspriis mit 6 ſchönen ſchwarzen Rappen fuhr, die, von dem Kutſcher allein gelaſſen, übers Eis nach Fehmarn liefen und dort erſt eingefangen wurden. — Und ein ſchon einmal angezogenes Buch, „Die luſtige Studirſtube“, ſagt dem Adel nach: „Viele ſind dem größten Geiz ergeben; viele treiben einen ziemlichen Staat, doch laſſen ſie die Pracht nur einmal im Jahr ſehen und hängen nachher die Mondirung der Diener wieder in die Rüſtkammer, wo ſie bis zum nächſten Umſchlag hängen bleibt.“ Und von der Pünktlichkeit im Geldzahlen ſagt wieder der franzöſiſche Maurier: „Im Umſchlag müſſen alle Holſteiner, welche Geld ſchul- dig ſind, ſolches bezahlen, bei Gefahr für einen Schelm gehalten zu werden, d. h. Schurken, die unwürdig ſind mit Menſchen um- zugehen und in die Einſamkeit müſſen; und dieſe Pünktlichkeit im Geldzahlen hat Veranlaſſung zu dem Sprichwort „Holſteiniſcher Glauben“ gegeben.“

Indeſſen im Verhältniß zu den Gutsuntergehörigen hat meiſtens ein ſehr patriarchaliſches Verhältniß vorgewaltet, und hier kann namentlich auch der Umſtand als bezeichnend hervorgehoben werden,

daß, während zur Zeit des Bauern-Krieges durch ganz Deutschland
bis nach Liefland hinauf die Bauern im Aufruhr gegen ihre Herren
arg hausten und das Manifest ihrer zwölf Artikel mit wunderbarer
Hast von einem Ende Deutschlands zum anderen drang, sich in
Holstein auch nicht die leiseste der Nachzuckungen dieses Bauern-
Krieges zeigt; hinreichender Beweis, daß es hier besser als anderswo
hat stehen müssen.

Und so war es auch nach allen Nachrichten, die uns über
frühere Zeiten aufbewahrt sind, und es ist, wie Kalten noch neuerdings gesagt, unrichtig, durch Generalisirung einzelner Inhumani-
täten, die allerdings vorgekommen sind, Allen aufbürden zu wollen,
was Einzelne gefehlt haben. Selbst Rüder, Blicke S. 45, der
gewiß nicht in dem Verdacht steht, einen Panegyrikus des Adels
geschrieben zu haben, sagt: „Gemächlichkeit des Alters nach Arbeit
in der Jugend war das Ziel aller Stände. Hatte Alter und Gicht
den Dorfherrn gelähmt und der Stein, damals die Modekrank-
heit der Ritter, so wurde er fromm, bat dem Beichtiger seine
Sünden ab, gab dem Kloster Spenden an Wachs und Fischen,
seine verstümmelten Knappen pflegte er und sein züchtiges Fräulein.
Ganz arbeitslos war der Knappe nicht, bald Wächter der Borle,
bald in turno der Mehrtheil Gutsnachtwächter bei loderndem Feuer
in der Burgstube, oder am Tage Wärter des gutsherrlichen Bienenhagens. Früh sich auf das Altentheil setzen, das war der Trost
des Dienstpflichtigen, die Hoffnung des Arbeiters. Diese Volks-
gerechtigkeit wohnte unseren Gutsherrn bei bis ans Ende der Tage
der Leibeigenschaft."

Alles Ding aller Weise, auch die Leibeigenschaft, auch die
Abhängigkeit Hunderter vom Willen eines Einzigen, hat ihre schöne
Seite. Nicht ein Vater kann seine Kinder besser in gesunden und
kranken Tagen verpflegen, als weiland von Thienen auf Sierhagen
und Weißen es gegen seine Altentheilsleute aller Grade that.
In solchem Verhältniß hat die Leibeigenschaft ein patriarchalisches
Ansehen. In Jensen, Angeln, werden uns viele hübsche Züge der
Anhänglichkeit der Untergehörigen an den Gutsherrn erzählt, von
den Ranzaubienern, und der Anhänglichkeit der Rundhofer Bauern
an ihren Gutsherrn Rumohr.

Ein Geſchichtſchreiber der Gutsentwickelung in Holſtein wird
gut thun, dieſes Moment weiter zu verfolgen. — Wohlwollende
Fürſorge für die alten Gutsuntergehörigen, das iſt der Grundzug,
der Jahrhunderte lang durch die Geſchichte der Güter in Holſtein
und Schleswig geht, und eben in Ausſicht auf ein ſolches geſichertes
Alter wurden die Strapazen der Arbeitsjahre ertragen.

Dem Verſaſſer dieſer Zeilen iſt vor mehr als 40 Jahren oft
es begegnet, daß frühere Leibeigene ſehnſüchtig nach der aufge-
hobenen Leibeigenſchaft hinblickten und ſehr wohl einſahen, wie das
auf communiſtiſcher Grundlage erbaute neue gezwungene Armen-
weſen ihnen für die aufgegebenen Vortheile keinen Erſatz bieten
konnte, namentlich auf den Gütern, die in vielen Generationen in
der Familie geweſen waren.

Wie viele Bauernhuſen in den Herzogthümern niedergelegt ſind
zur Vergrößerung der Hoffelder und zur Anlage neuer Meierhöfe,
iſt ſchwer zu ſagen. — Die Geſchichte der Contribution und der
Pflugzahl und der wüſten Huſen iſt noch ſehr wenig befriedigend
bearbeitet. Falck hat, Neues Staatsbürgerl. Magazin III., 67,
eine vollſtändige Geſchichte der Landesmatrikel als etwas rein Un-
mögliches bezeichnet. Das mag in einem gewiſſen Sinn richtig
ſein; aber es wäre wohl zu wünſchen, daß einer unſerer neueren
Forſcher, Herr Otto Kier, der in dieſen Jahrbüchern werthvolle Beiträge zur Kunde der Steuer- und Agrarverhältniſſe in
Nordſchleswig und Dithmarſchen geliefert hat, die Bauſteine zur
Geſchichte der Landesmatrikel ſammelte und zu einem Ganzen ver-
arbeitete.

Durch den bis zur Duplik geführten Streit Rüders (Blicke,
S. 41) contra Falck, Kieler Blätter III., 508, und Rüder (Winke,
S. 172) contra Falck, daſelbſt S. 183, iſt die Frage über die
Huſenzahl nicht weiter gefördert, und aus Jpſens Landlage, S.
278. ſieht man, daß Gegewiſch die Landlags-Acten ſehr ungenau
extrahirt hat. Der Verſuch, das im Neuen Staatsbürgerl. Magazin VI., 220 abgedruckte Regiſter von 1540 — 1546 zum Aus-
gangspunkte einer Berechnung der Pflugzahl zu machen, iſt noch
nicht gemacht; die Kieler Univerſitätsbibliothek dürfte nach Ratjen
Verzeichniß der Handſchriften viel Material darbieten.

So viel iſt gewiß und intereſſirt hier zunächſt, daß, als es ein bischen weit mit dem Wüſtemachen ging, nicht das Wüſtemachen unterſagt wurde; aber die Landesmatrikel von 1652 nahm auf das fernere Wüſtemachen nicht mehr Rückſicht, und wurden die Pflüge gleich unwandelbar. Als 1623 verlangt wurde, die Edelleute ſollten von allen Hufen ſteuern, die ſeit 60 Jahren eingegangen wären, lag dieſem Anſinnen ein ſehr praktiſcher Gedanke zum Grunde; bekanntlich ſetzte der Landtag das Princip der 30jährigen Verjährung durch, und ſo wurden nur die ſeit 1593 niedergelegten Hufen mitgezählt, und danach ward die Pflugzahl beſtimmt. Wäre die Regierungs-Propoſition, den terminus a quo 30 Jahre weiter zurückzugreifen, angenommen, alſo bis 1563 zurückgegangen, ſo wäre die Pflugzahl der Güter, die bekanntlich für das Hoffeld frei ſind und nur für das Bauernfeld contribuiren, erheblich größer geweſen.

Es gibt noch manche Momente, welche zur Ausbildung der Verfaſſung der Güter, die bis zur Reformation einen lediglich per- ſönlichen Charakter als Hebungsſtellen für die Streuhufen deſſelben Beſitzers bewahrt hatten, und zur Verwandlung in einen mehr ſachlichen Charakter geführt haben. Es ſoll hier nur daran er- innert werden, daß die Capellen, die viele Herrenſitze zu katho- liſchen Zeiten hatten, ſich in Kirchen verwandelten. — Capellen hatten früher ſehr häufig nicht das Recht der Knabentaufe (Weſt- phalen M. J. 11., 2481). Nach der Reformation wurden mit dem herangezogenen Recht der Taufe die kirchlichen und jurisdictio- nellen Grenzen zuſammengezogen, namentlich auch nach erlangter Patrimonial-Jurisdiction. — Auch dieſe Parthie unſerer Geſchichte iſt noch völlig unbearbeitet, und uns fehlt ſogar eine vergleichende Darſtellung der vielfach auch die niedergelegten Hufen umfaſſenden Kirchenpflüge, und der Contributionspflüge der Güter, die wieder von weſentlichem Intereſſe für die Geſchichte der niedergelegten Hufen ſein würde.

Die vorſtehend ſkizzirte Geſchichte der Bildung der adeligen Güter liefert nur den Beweis, daß der naturgemäße Proceß der Agrarbewegung auch bei uns unter normalen Verhältniſſen durch- gemacht iſt. — Bei dem beweglichen Vermögen iſt die Reihenfolge: Monopol des kleinen Capitals, Concurrenz der kleinen Capitale,

Sieg des größeren Capitals, Monopol des großen Capitals, Association der kleinen Capitale, Sturz des großen Capitals durch die Association, Monopol der Association, und zweifelhaft mag es erscheinen, ob die gerühmte Organisation der Arbeit das Resultat der Befreiung des großen Capitals von der Concurrenz sein wird.

Die agrarische Bewegung iſt ſo alt, wie die Geschichte; her‑ unter gekommen ſind alle die Länder, die es nicht zum höchſten Geſetz gemacht haben, das richtige Verhältniß zwiſchen Groß‑, Mittel‑ und Kleinbesitz zu bewahren. Schon Jeſaias 5, 8 ruft ein Wehe über die, welche ein Haus an das andere ziehen und einen Acker zum anderen bringen, bis daß ſie allein das Land be‑ ſitzen. Der tiefe Gedanke des mosaiſchen Jubeljahrs war verloren gegangen.

Die Geschichte von Sparta schließt mit einem Zuſtande, wo die ursprünglichen 9000 Ritter‑ und 30,000 Bauergüter in 100 große Herrschaften aufgegangen, und ſelbſt von der auf 700 zu‑ sammengeſchmolzenen Zahl der Edlen ⁶/₇ nur vornehme Proletarier waren. Ein ſolches Extrem führte zu ſocialistiſchen Heilverſuchen, auf deren unvermeidliches Scheitern bloß noch ein Wechsel von de‑ magogiſcher Militär‑Tyrannei und auswärtiger Unterjochung folgte, wie Roſcher II., § 141 treffend sagt.

Attila ging an den Latifundien zu Grunde, und Plinius sagt von Rom: „Es haben die Latifundien Italien wie die Provinzen zu Grunde gerichtet.“ Im größten Theil von Ober‑ und Mittel‑ Italien gibt es schon seit Jahrhunderten faſt gar keine bäuerliche Grundbesitzer. Man leſe und studiere: Rumohrs Urſprung der Besitzloſigkeit der Colonen, und man wird es begreifen, wie bei einem ſolchen Proletariat der Landbevölkerung ſolche politiſche Ver‑ hältniſſe haben erwachſen können, wie die neueſte Geschichte ſie ge‑ zeigt hat.

Und von der unbeſchränkten Theilbarkeit in einem großen Theil Würtembergs, welche dort seit der Reformation durchgedrungen, sagt R. Mohl, gewiß kein Freund patriarchaliſcher oder polizeilicher Gebundenheit, ſie ſei ein Krebsſchaden, welcher mit den ſchreck‑ lichſten Verheerungen drohe, falls nicht durch eine heroiſche Cur geholfen werde.

23*

Wer den Verhandlungen der letzten zehn Jahre in Deutschland über Hofmetzgerei und die Mittel der Abhülfe des Nothstandes gefolgt ist, der wird sich freuen, daß wir in den Herzogthümern an andere Dinge zu denken haben, als an die Cur eines solchen Krebsschadens.

Zu glücklicher und gelegener Zeit setzte die Landesmatrikel von 1652 der wilden agrarischen Bewegung in den Herzogthümern einen Damm; es ist mehr Zufall als weise staatsmännische Berechnung gewesen, daß damals und nicht später oder früher der Bewegung Einhalt geschah. Daß die Landesmatrikel der Bewegung in der mildesten versöhnlichsten Form einen Riegel vorschob und fernere Mißbräuche abschnitt: dem Umstand verdanken die Herzogthümer, daß sie einen consolidirten Adel, einen tüchtigen Bauernstand sich bewahrt haben, und daß fratzenhafte Carricaturen, wie die der deutschen Krippenreiter, unser Land nie verunziert haben.

Wer gesunde agrarische Ansichten lesen will, der lese E. M. Arndt: „Ein Wort über die Pflegung und Erhaltung der Forste und Bauern." Schleswig 1820.

„Glücklich sind die Staaten, wo die Hälfte oder $\frac{2}{3}$ des Bodens von freien Bauern besessen wird, und wo Gesetze die Erhaltung dieser Bauern auf ihren Höfen sichern."

S. 144. „Soll Adel sein — und daß er sein soll, sagt alle Geschichte, was auch metaphysische Staatstheorien dagegen sagen —, so muß er reich und unabhängig sein, damit er in freier Ehre und Würde im Staate stehen und durch seine selbständige Haltung wohlthätig auf das Ganze wirken könne." — „Der Edelmann muß ein Landherr sein, der Bauer der Landmann."

Wir wollen mit einer Frage schließen: Welchem Umstande dankt Holstein, dankt Schleswig seine agrarische Ruhe? — Der wunderbar glücklichen Vertheilung zwischen großem Gutsbesitz, freien Bauern, theils mit strenger Hufengeschlossenheit — bäuerlichen Majoraten —, theils mit weniger strengen Formen, obschon auch in dem vormals gottorfischen Antheil die Verordnung vom 15. März 1704 nicht, wie Falck, Neues Staatsbürgerl. Magazin II., 576, behauptet, außer Kraft getreten ist, sondern noch sehr lebenskräftig

als Hauptſtütze der Erhaltung bäuerlicher Majorate fortwirkt. —
Und neben dieſen großen Beſitzungen der adeligen Güter und den
ſchönen vollen Bauerhufen iſt theils in den Parcelirungen der Do-
manialgüter von über 50,000 Tonnen, in Stellen aller Größen,
den Parcelirungen vieler Gutsbeſitzer, und dann wieder in der in
manchen Diſtricten des Landes, namentlich in der Marſch ſtatt-
findenden freien Theilbarkeit des Bodens, die ihren natürlichen
Regulator in der Form der Fennen findet, und nie zu Mißſchöpfungen
wie in der Pfalz und am Rhein herabſinken kann, ein weites Feld
der Speculation für junge ſtrebſame Kräfte, die ſich niederlaſſen
wollen, geboten. Jeder Grund zu agrariſchen Bewegungen von
d i e ſ e r Seite fehlt. Daß wir einen Uebergang von Zeitpacht der
Bauerſtellen auf den adeligen Gütern in ein den heutigen Verhältniſſen mehr entſprechendes für richtig halten, wenn auch hier
bei uns zu Lande „Fæbrelandet“ noch nicht, wie in Dänemark,
den Gutsbeſitzern zurufen kann: „Im Hintergrund ſteht die Zwangs-
Ablöſung!“ haben wir bei anderer Gelegenheit bemerkt. — E. M.
Arndt, den wir ſchon einmal angezogen, ſagt in einer anderen
trefflichen Schrift „über den Bauernſtand“: „Das richtige und
natürliche Verhältniß der Eintheilung des Landes iſt mir folgendes:
³/₄, wenigſtens ²/₃ der Grundſtücke eines Landes müſſen zu mittel-
mäßigen und kleinen Gütern zerſchnitten ſein, worauf Bauern als
Eigenthümer wohnen; auf dem übrigen Viertel oder Drittel wohnt
der Adel und andere größere Beſitzer.“ — Dieſes entſpricht dem
Verhältniſſe in Holſtein, wenn gleich unſere Statiſtik gleich unſerer
Geſchichte noch zu wenig bearbeitet iſt, um dieſes überſichtlich in
wenigen Zahlen vorzulegen. — Selbſt in der Schröder'ſchen Topographie iſt die Arealtabelle, S. 48, die der „Feſtgabe“ entlehnt
iſt, unrichtig; die Grafſchaft Ranzau iſt z. B. um 100,000 Tonnen
zu hoch angegeben.

Indeſſen es liegt nicht in unſeren Abſichten, auf die Fehler
der früheren Schröder'ſchen Arbeiten und einzelne unrichtige Angaben
in dem vorliegenden Buch aufmerkſam zu machen. Dem Kundigen
werden ſie gleich auffallen, und auch der ſorgſamſte Verfaſſer wird
dergleichen Irrthümer nicht vermeiden können.

Möge das von der Verlagshandlung trefflich ausgestattete Buch Eingang auf vielen Gütern finden, und eine Aufforderung enthalten, dem, was an Urkunden und Denkmälern des Mittelalters dort noch vorhanden, nachzuforschen, und Solches zur Aufklärung dunkler Parthien der Vorzeit mitzutheilen.

    E.   — bl.

Indem die Redaktion der Jahrbücher vorstehende Besprechung des letzten Werkes*) von Schröder aus dem Altonaer Merkur No. 35 und 41, Beilage, wieder abdrucken läßt, mögen wir nicht versäumen, einen kurzen Nekrolog beizufügen, um so weniger, da der Verstorbene auch unserer Zeitschrift ein eifriger Förderer gewesen ist. Die nachstehend mitgetheilten Notizen verdanken wir zumeist einem vieljährigen Freunde und Kameraden des Verewigten, Herrn Oberstlieutenant a. D. E. Kindt in Schleswig.

Schröder war der Sohn eines Beamten in Kiel, wurde jedoch nicht daselbst, sondern auf einer Reise seiner Aeltern zu Präst in Seeland (1793) geboren. Früh verlor er den Vater, worauf sich seine Mutter wieder mit dem Kaufmann Thöming in Kiel verheirathete. Mehrere Voll- und Halbgeschwister überleben den Verstorbenen. — Da der Knabe Neigung zum Soldatenstande zeigte, so sandten ihn die Aeltern nach Rendsburg, wo er als sogenannter Freicorporal in das unter Leitung des kenntnißreichen Majors v. Mollwitz bestehende militärische Institut aufgenommen

---

*) Abgesehen von zahlreichen kleineren Mittheilungen in den verschiedenen Zeitschriften für die Landeskunde, welche wir nicht wohl einzeln aufführen können, hat Schröder früher an selbständigen Werken herausgegeben: „Geschichte und Beschreibung der Stadt Schleswig. Mit Panorama." Schleswig 1827. — „Geschichte des Schleswigschen Infanterie-Regiments." Schleswig 1837. — „Topographie des Herzogthums Schleswig." Schleswig 1837; 2. Aufl. Oldenburg 1854. — „Topographie des Herzogthums Holstein ꝛc." Oldenburg 1841; 2. Aufl. Oldenburg 1855–56. u. d. T. „Topographie der Herzogthümer Holstein und Lauenburg ꝛc." von Schröder und H. Biernatzki.

wurde. Nach rühmlich bestandenem Examen ward er am 9. December 1800, also mit sechszehn Jahren, zum Seconwelieutenant im Schleswigschen Infanterie-Regiment ernannt und bei der Jäger-Compagnie desselben angestellt. Dies Regiment lag damals auf der Insel Falster, wo also auch Schröder längere Zeit blieb, und zwar verfertigte er unterdeß eine hübsche Karte dieser Insel, welche er dem Könige Friedrich VI. überreichte. Im April 1813 ward das Regiment zu dem Hülfs-Corps beordert, welches Dänemark zur Verfügung des Kaisers Napoleon stellte; Schröder fungirte anfangs als Adjutant beim Generalcommando der vierten Armee-Division unter Befehl des Generals v. Kardorf; aber wohl schon 1814 war er wieder bei seinem Regiment und begleitete dasselbe beide Male 1814 und 1815 auf den Märschen nach dem Rhein.

Mit dem Jahr 1815 begann die lange Friedenszeit, während der Schröder durch Höheres als die gewöhnliche Wirksamkeit eines Offiziers sich um sein Vaterland verdient gemacht hat. Als sein Regiment damals in die Garnisonsstadt Schleswig wieder einrückte, fing er sogleich an, seine Mußestunden für geschichtliche und statistische Arbeiten zu verwenden; er sammelte eifrig Bücher und Manuscripte und erwarb sich im Lauf der Zeit viele seltene Schätze der Art. Seine Thätigkeit als Schriftsteller, namentlich als Topograph der Herzogthümer ist bekannt; dieselbe ward auch von der Regierung gewürdigt, wie denn u. A. König Christian VIII. am 28. Juni 1840 ihm das Ritterkreuz vom Dannebrog verlieh. Nicht minder haben später verschiedene deutsche Fürsten seine wissenschaftlichen Verdienste durch Ordenszeichen, Handschreiben ꝛc. anerkannt.

Was Schröders dienstliche Thätigkeit anbetrifft, so avancirte er im Schleswigschen Infanterie-Regiment bis zum Capitain und Chef der Jäger-Compagnie. Um die beim Regiment errichtete Spar- und Leihkasse, deren Vorsteher er war, hat er sich große Verdienste erworben; so schenkte er derselben die ganze Netto-Einnahme von seiner „Geschichte und Beschreibung der Stadt Schleswig.“ Zu Anfang der dreißiger Jahre, als die großen Anstalten gegen das Eindringen der Cholera gemacht wurden, erhielt er das Commando über den ganzen Cordon nördlich von Flensburg und entwickelte dabei große Thätigkeit. Bei der Reorganisation der Armee 1842 wurde das Schleswigsche ebenso wie die anderen alten Regimenter der Herzogthümer aufgelöset; Schröder avancirte bei dieser Gelegenheit zum Major und kam als solcher zum 15. Bataillon nach Rendsburg. Hier erlebte er den 24. März 1848 und trat mit der großen Zahl seiner deutschen Kameraden zur provisorischen Regierung über. Während des Krieges fungirte er zuerst eine ganz kurze Zeit als Commandant in Flensburg und darauf mehrere Jahre als Commandant in Altona, wo dies Amt bei den vielen Durchmärschen und Anwerbungen ebenso mühsam wie verdienstlich war; unterdeß avancirte er zum Oberstlieutenant und später zum Obersten. Der Friede endigte seine militärische Laufbahn, und wie alle anderen s. g. vormärzlichen Offiziere mußte auch er das Vaterland verlassen; erst unterm 29. October 1856 ward ihm die Rückkehr gestattet, doch hat er von dieser Erlaubniß, außer zu einzelnen Reisen, keinen Gebrauch gemacht. Die letzten Lebensjahre verbrachte er in Hamburg, wo er freundliche Aufnahme gefunden und eine Buchhalter-Stelle bei der Gas-Compagnie erhalten hatte, welche ihm zwar kein reichliches, aber doch ein genügendes Auskommen sicherte. Leider ward ihm der Abend des Lebens noch durch schwere körperliche Leiden getrübt; aber sein ächt und tief religiöses Gefühl half ihm dieselben ertragen, bis ihn am 8. Januar 1862 der Tod erlösete.

Schröder war vermählt mit einer Tochter des Mecklenburgischen Geheimen Domainenrathes Pauly, weiland auf Bossee, Amalie, welche er in Schleswig, wo sie bei ihrer verwittweten Mutter lebte, kennen lernte und heirathete. Aus dieser Ehe entsprangen vier Kinder, von denen die beiden ältesten, eine Tochter, vermählt mit dem Apotheker Schwarz in Tönningen, und ein Sohn, verheirathet aber kinderlos während des letzten Krieges als Dragoner-Rittmeister gestorben, dem Vater vorangegangen sind. Um ihn trauern die Gattin, der jüngere Sohn, als Kaufmann angesessen und verheirathet in Hamburg, und eine unverheirathete Tochter.

Dr. H.

Kleine Mittheilungen.

---

21. Bref darb Greve Otto mydt Volborth siner Broder, dat Slott Pynneberge beffi ave gebuwet vppe enner ander Stede. 1472. Mitgetheilt von J. v. Schröder.

Wy Alff und Erik Gebröbere van Gotts Gnaden Greve tho Holsten und Schomborch, bekennen apenbar vor uns, vor alle unsen Erven und Eren in dessem Breve, szo alse de ebbele Otto Greve tho Holsten und Schomborch unse leve Broder dat Slot Pynnenberghe gebroken und dat up ehne ander Stede nyge gebuwet beffi, geschen is myt unsem Wetende, Wyllen und Volborde unde up unse Koß, Hulpe und Tobath, dat he van Bede weghen dar to Lande, so de umme dat dritte Jahr upkomet, sodan Buwet betalen scholde, nadem desülve unse leve Broder na der Tydt do sodan Bede uplam ansach unsen breplifen Schaden und Schult dar wy van Feyde wegen ingekommen weren und uns de sülven Lantbede boven Elvenhundert lüf. Mark so de lest vergangen bedagede gullifen unse Last to betalende volghen leth und in syner Schult uns to lefmode besittende blef, de wy gullifen entfangen hebben na Wyse und Inholde Segel und Breve, wy Erik Greve vorbenömt demsülven (und) sine leve Broder Otten am Sventigsten Jar negest vorghangen umme den trent Pinsten do wy vulmechtig unser leven

Broder over Elve weren, gegeven hebben, dyffet allen wy ynge-
schreven bekj sick desülve unse leve Broder uns to Lessmode vorth
ihe unseme Besten bewyset unde upp unse Lantschop unde de sine
noch viffhundert Mark up synen marktisen Schaden des wy kennen,
geborget und gütlisen overgrven, hierumme hebben wy uns dem
genannten unsen leven Broder to wyllen weder dar angegreven und
vor uns und unsen leven Broder alle so ommgesellet in sulker
Formen und Mathe dath wy eme mer umme solke Summe ofte
forderen Schaden nicht bringen wyllen, sunder wy willen eme by-
bestendig unde behulpen syn wor wy mogen und ghunnen dat he
sik van des Landes Besten entsette und de Schult sodan 1600
Mark dar he van unser Weghen ingekommen is, utb den ersten
twen Beden de upkommende werden, betale unde sick der entrebbe,
wy en wyllen noch en scolen ock den genömten unsen leven Broder
van dar nicht ehzen efste in ander unser Herscup Güder wyhen,
idth en sy dat he sodan Schult der vorhen. 1600 Mk. dar he
unser wegen ingehomen is erst betalet hebbe. Dyth vorghescreven
reden und loven wy Ulff unde Erick Ghebroder unde Greve vorbenömpt
vor uns, vor alle unsen Broder und Erven deme vorbenompten
unsem leven Broder Otten in guden Truwen geloffisen wol to
holdende und hebben des to forderer Bekenntnisse unse Ingesiegele
wytlisen helen heughen beneden an dessen Bref. Gegeven na Godes
Bort Dusent veerhundert in dem Twe und seventigsten Jar des
Rydwekens in dem Paschen.

----

22. Aus dem Archiv der St. Nikolai-Kirche in Kiel vom Jahr 1606.
Mitgetheilt von Cantor J. Fid.

Den Ehrsamen Weysen unsern lieben getrewen Burgermeistern
und Rhatt unserer Stadt Kiehl. Von Gottes gnaden Johan
Adolff Erwehlter Bischoff zu Lübegk, Erbe zu Norwegen, Herzogk
zu Schleswigk, Holstein rc.

Unsern gnedigen grues zuvohr, Ehrsame Weyse liebe getrewe,
Wesen der Ehrenveste unser auch lieber getrewer Jochim Blohme,
E. Hartigs Sohne, sich über die Jtzigen geschworne der Kirchen

St. Nicolai, daß Ihme eintragt an der von gedachtem seinem
Vatter S. vor vielen Jahren erkaufften und ruhiglich besessenen
begrebnuß geschen solle, undertheniglich beklagen und dabey suchen
und bitten thuet, Solches gibt euch der Einschluß mit mehrem zu
vernehmen. Wenn nun allen Rechten und der billigkeit gemeß,
daß ein Jeder bei dem seynigen ungeturbieret gelaßen werde: Alß
befehlen wir euch hiemit gantz ernstlich, Daß Ihr Supplicanten
uber auffgerichtete Siegell und brieffe und seinen angezogenen lang-
wirigen rhuigen besitz nicht beschverrett, Oder Ursache, warumb er
dabey nicht zu laßen, anhero berichtett, Damit wir ferner hirin,
waß sich gestalten sachen nach gebueren will, zu verabscheiden. Vol-
bringt daran unsers befehlichs ernste meynungt. Seyndt euch
sonsten zu gnaden geneigett. Datum uff unserm Schloß Kiell
den 7 May Anno 1606.

J. Adolff mpp.

————————

D. Vierzig Reime und Sprüche auf Städte und Dörfer.
Mitgetheilt von J. Diermissen.

1. In Appen is nicht so snappen.
(Appen, ein Dorf bei Pinneberg.)

2. De löpt bi an as de Beert von Bielfeld.
(Als die Gäste wegfuhren, ohne zu bezahlen, lief der Birt mit der
Rechnung neben dem Wagen her. Vgl. Schütze Idiotikon I, 100.)

3. In Bothost gifft et gode Kost.
(Bachhorst, ein Dorf bei Lauenburg.)

4. Licht up'n Disch, is Cölmar Doll.
(Colmar, ein Dorf bei Glückstadt.)

5. Cremper Mädchen, Thurm und Glocken
Können Junggesellen (Männer an sich) locken.
(Es ist der 1814 abgebrannte Thurm gemeint; s. Bd. IV, 236.)

6. Nu dagt et achter Düttebüll,
Nu bell'n de Kappler Hünn';
Staet op, Slußtrupper Herreslüd,
Und wehrt ju, wenn si könnt.

Böter Jahl'nbiters, kamel my her
Mit Jahlfleesch in ju Mund.
(Dörfer in Angeln. Aus einem alten Spottlied; s. Müllenhoff S. 92.)

7. In Esen is gob wesen;
Wol eher — man nu nich mehr.
(Eslingen, ein Dorf bei Plöneberg.)

8. Das Fehmarn'sche Lied s. im Anhang zu Schütze holsteinischem Idiotikon; auch bei Firmenich 1, 40. Der Schlußvers lautet
Ach Fehmerland, ach Fehmerland! ick segg di Pris und Ehren;
In aller Land, wo ik man kam, will ik din Loff vermehren.

9. En „Herr" ut Glückstabt, en „Börger" ut Itzehoe,
en „Mann" ut Wilster, und en „Kerl" ut de Cremp.

10. In Göttin ward de Pankoken man all op een Sit backt.
(Das Dorf Göttin bei Mölln liegt auf Einer Seite der Landstraße.)

11. In Gllunen is nichs so finnen,
Und in Grannen is nichs so fangen.
(Glinde und Grande, Dörfer in den Aemtern Reinbeck und Trittau.)

12. Hal Uppeln Möre Beeren Ut Reimers Gang.
(und in umgekehrter Ordnung:)
Greten Kop Unsen Buren Mit Uppeln Her!

13. Hamborger Mütten, dre för'n Dütten;
Lünborger Maler, dre för'n Daler.

14. Nikolai de Riken, Katharinen desgliken,
Petri de Sturen, Jakobi de Buren,
Michaelis de Glanz (de Pracht),
Hamborger Barg de Swanz (gode Nacht)!
(Alter Reim auf die Hamburger Kirchspiele.)

15. Die Bewohner der Haseldorfer Marsch an der Elbe
werden „Arävtmaten" (Krebsgenossen?) genannt.
Sprichwort: „Krävtmal und de Düvel, harr jene Mann seggt, un
löpt de Lus all öber de Leter."

16. Die Bewohner von Heist, Dorf bei Uetersen, wollen nicht
Heister (Elstern) heißen und nennen sich selbst Heistmer;
daher der Spottreim:

> In Heistmen
> Sünd de Hexen am meisten.

17. Ellingstedt — hoge Fest,
Dörpstedt — Kraienneß,
Hollingstedt — allerbest.

(Dörfer im Amt Gottorf; s. Augustiny: „Versuch einer Chronik des
Kirchspiels Hollingstedt" S. 47.)

18. Itzehoe is dal hoge Fest,
Crempe dal Kraienneß,
Wilster de Waterpohl
Und Glückstadt de Horenschol.

19. Wi fahren nu na Jevenstedt, na Jevenstedt to Köst,
Da gifft et nicks as Höhnersupp, as Höhnersupp und Wöst.
(Jevenstedt, ein Dorf bei Rendsburg.)

20. Kiel is dat hoge Fest,
Rendsborg dal Kraienneß,
Schleswig is de Waterpohl,
Ekernförd' de Kackstohl.

21. Noch is he nich den Kropper Busch vörbi!
(Sprichwort. Kropp, ein Dorf im Amt Gottorf; vgl. Müllenhoff S. 9.)

22. Ost! is de Lübecker ehr Trost;
West! is de Hamborger ehr Best.

23. Hamborg, du bist ehrenvast;
De von Lübeck föhrent den Badequast.
(Müllenhof Vorrede S. XXXVII.)

24. De Lüneborger sünd de Oeverkröpschen.
D. h. sie sprechen das R. sehr im Halse.

25. Stuet ver Meldorp slogen wi,
Slogen wi de Deusen.
(Alte Tanzweise, s. Müllenhoff Vorrede S. XXXVI.)

26. Wat makt de oll Herr?

(Redliche Frage an die Einwohner von Mölln; der dort begrabene
Eulenspiegel ist gemeint.)

27. Hört mal, mine goden Lüd'!
Wer wahnt denn in dät Gebüd'?
Is dat en Uul, Krai oder Heister? —
Scheel ol! hier wahnt de Mölln'sche Börgermeister.

28. De Tempel to Korboe
Is Cremp neger as Ipehoe.
(Ein Räthsel; vgl. Müllenhoff S. 82.)

29. Et gait no de Reeg, as in Oldesloe dat Backen; wer
teen Mehl hett, stall över.

30. Wer gern stehlen mag und will nich hangen,
De ga no Pinneberg und lat sich fangen.
(Ein Spottreim auf die Justiz von ehmals.)

31. Sieh so, nu is Poppenbüttel dänisch!

(Poppenbüttel, ein früher dem Hamburger Domkapitel gehöriges
Dorf, kam erst 1803 durch Tausch zu der Herrschaft Pinneberg.
Ein nunmehr bereits verstorbener Landmann, welcher überhaupt an
eigenthümlichen Redensarten reich war, brauchte obigen Ausruf, wenn
sich in seiner Umgebung irgend ein kleiner halbkomischer Unfall er-
eignete, über den er sich in scherzhafter Weise höchst bestürzt zeigen
wollte. Mitgetheilt von Pastor Gurlitt in Billwärder.)

32. Weet ji ok woll, wo Quickborn liggt?
Quickborn liggt in'n Grund,
Wo de stillen Deerns sünd
Mit den roden Mund.
(Quickborn, ein Dorf in der Herrschaft Pinneberg. Eine alte
Tanzweise.)

33. „Ruhe, du bist gut!" sä' de Düvel, da harr he Seges-
barg dragen.

34. Daß Dich der thu' plagen,
Der Segeberg hat getragen.
(Müllenhoff S. 273.)

35. Als General Steenbock in Tönningen gefangen wurde, sagte man:

"Den Buck heff se in de Tunn' kregen."

36. Juchhei, Heidgraben!
Loh is of en Stadt!
Ueterfen (Ueterst Enn') is mit Plünn verstoppt.
(Heidgraben und Loh sind Dörfer bei Uetersen.)

37. In Dollerwiek da sünd de Lüde rik.
In Garrn da sünd de Lüde arm.
In Welt da hebben de Lüde Geld.
In Eßt da hebben de Lüde Preß,
Da hebben se Hau und Stroh,
Da supen se Water to.
(Dörfer in Eiderstedt.)

38. Dat gelt to Bandsbeck!
D. h. "Das gilt nicht." (Sprichwort aus der Zeit, wo in Bandsbeck unrechtliche Menschen ꝛc. eine Freistätte fanden.)

39. En Bandsbecker!
(Beim Kartenspiel ein durch Couplren mit Atout gemachter Stich.)

40. Du kummst to lat in'n Wynbarg.
(Sprichwort; es ist der Weinberg bei Patlos gemeint; vgl. Müllenhof S. 37.)

24. Zur Sammlung der Sagen, Märchen und Lieder, der Sitten und Gebräuche. Mitgetheilt von J. Diermissen.

89. In der Mainacht sind die Hexen auf den Kreuzwegen. Auch werden in der Mainacht drei Kreuze auf Stall- und alle andern Thüren gezeichnet.
Aus Stormarn, H., und Lauenburg; vgl. Mannhardt, germanische Mythen S. 25.

101. In Uetersen werden bei Todesfällen nicht nur in dem Sterbehause, sondern auch in denen der Verwandten alle Fensterladen zugemacht, auch bei der Beerdigung in den Häusern der Nachbaren.

121. Um Obstbäume tragen zu machen, umwickelt man sie mit Stroh, auf dem Würste gelegen haben. (Lbg.)

122. Das rothe Wasser der Kühe soll dadurch entstehen, daß eine Schwalbe unter ihrem Bauch durchfliegt.

Aus Lauenburg. Vgl. Mannhardt, germanische Mythen S. 14: „Bei den Ehsten das Rothkehlchen; bei den Inselschweden auf Worms ein Rothschwänzchen." — Vielleicht ist die Schwalbe versehentlich mit dem Rothkehlchen oder Rothschwänzchen verwechselt, da es eben auf das Rothe ankommt.

123. Wenn man den Samen vom Farrenkraut in die Stiefel thut, so wird man unsichtbar.

124. Der Storch kommt durch's Schlüsselloch, (hier in Uetersen durch den Schornstein.)

125. Wenn eine Henne nicht legen will, so läßt man sie durch einen Strohkranz fliegen.

123—125 aus Stormarn, H.

---

25. Recept wider die zu Gottorf eine Zeit lang eingerissene, stark grassirende, zeitig gedämpfte, aber hernach wieder zu befürchtende Gottorfer Pest. (Anfang des 18ten Jahrhunderts). Mitgetheilt von J. v. Schröder.

Soll Gottorf frei sein von den Plagen,
So laßt euch dies zur Nachricht sagen:
Rau'rt Görpen ein, laßt Strycken schinden,
Clausen im Rauch, laßt Kayser binden,
Hagen zeitlebens Zobeln fangen
Und Slawke nie zu was gelangen,
Talsen bei seinem Weibe bleiben
Und Kreutzen aus dem Lande treiben,
Und wer den Reventlow will preisen,
Den soll man auf 10 Jahr verweisen,
Und wer der Düring Rathschlag lobet,
Der gegen die Vernunft selbst tobet.
Drum bald hinweg mit dieser Bande,
Und sucht die Redlichen im Lande;
Alsdann kann Gottorf ruhig bleiben
Und darf man kein Recept mehr schreiben.

---

26. Testamente zweier Kieler Rathmänner. Mitgetheilt von Prof. Mantels in Lübeck.

1) Des Marquard Werbebeke; April 21. 1345. [1]

In nomine Domini amen. Ego Marquardus Werlzebeke, consul in Kylone, compos mentis corporis, si morte preventus, fuero, sic meum constituo testamentum. Unde sciri desidero me recepisse in forma dotalicii mee uxoris dilecte Katherine centum et septuaginta marcas Lubicenses et eius subpellectilia. Hanc pecuniam ipsi reddo cum suppellectilibus. Ad hoc ipsi confero quinquaginta marcas lubicenses, quia ipsi noviter dedi unum par vestium scarlaticarum. Si huic dono in hoc testamento sibi assignato quid contradiceret, illas nolo sibi dari. Cum hiis ab omnibus meis hereditatibus et bonis mobilibus esse debet separata penitus et ab meis heredibus divisa. Item do quinque filiis mei fratris Johannis, videlicet Makoni, Henneken, Thimmoni, Boyen, Hintzeken, meam stupam in Kilone cum domo continue adiacenti, sed redditus inde proveniendos ad spacium trium annorum in pias elemosinas convertentur ob anime mee salutem. Item do duabus filiabus eiusdem mei fratris duos mansos in Werlzebeke [2] sitos, quos emi pro XL marcis, redditus vero inde veniendi ad duos annos in manus pauperum convertentur. Item do duabus filiabus swageri mei Gherardi Store unam domum, in qua moratur Grip, iuxta planken. Item do ad Sanctum Spiritum in Kyl III lectos et III hovetpole, quos uxor mea Ghese michi reliquit. Item do filiabus Eleri, fratris mei, mediocrem sartaginem et cuilibet unum lectum. Item filiabus patrui mei Thymmen cuilibet unum lectum, et juniori sue filie teneor X marc. Item Harthwico, filio suo, VI½ marc. Item habeo in domo antiqua Stoppelman iuxta planken redditus III½ marcarum cum duobus solidis, qui redditus per tres annos pauperibus donentur; finitis hiis tribus annis Thimmen, meo fratri, cedere debent. Ceterum do meo fratri Thymmen iam dicto

---

[1] Original-Testament auf der lübeckischen Registratur.

[2] Wasbek im Kirchspiel Neumünster.

meam sartaginem magnam, sed redditus ad v annos inde ve‐
nientes in elemosinas convertentur. Item habeo bodam in
der Denscheustrate, quam lego Thymmoni, meo fratri, sed
redditus eius per triennium pauperibus ministrentur. Item do
Thimmoni, meo fratri, domum meam lapideam, in qua habito.
Item do bodam in der Holstenstrate in hac forma, ut omnes
redditus inde venientes donentur apud Sanctum Spiritum, ut
dominis consulibus in Kilone et meis provisoribus videbitur
expedire. Item do Hintzekino, patruo meo, duas marcas et
apes, quas habeo in Vlothbeke et in Techelntorpe. Insuper
do Thimmen, meo fratri, omnia mea bona residua, mobilia et
immobilia, debita intus et extra civitatem existentia, sed ab
hiis mea debita persolvet. Hec omnia rata teneo et firma,
donec ea notorie contradicam viva voce. Provisores meos
constituo dominum Johannem de Wedele proconsulem in Kil,
dominum Ottonem de Endorp consulem[3]), Hinricum Stouen‐
stede et Thymmonem Wertzebeke meum fratrem. Actum Lu‐
beke, anno Domini M°CCC°XL° quinto, feria quinta ante Georgii,
in presencia honorabilium virorum dominorum testium Nycolai
Sconeken proconsulis et Hinrici de Aleo.

In dorso: Testamentum Marquardi Wertzebeken, con‐
sulis in Kyl.

2) Des Johann Tuwendorp; Juni 11. 1346.[4]).

In nomine Domini amen. Sub anno incarnacionis Domini
M°CCC° quadragesimo sexto, die dominica Trinitatis. Ego
Johannes Tüwendorp[5]), consul Kylensis, positus in lectum
egritudinis, debilis in corpore, tamen sanus et compos mente,
hunc in modum dispono meum testamentum. Si morte preventus
fuero, quod Deus avertat, primo mater uxoris mea dilecte

---

[3] 1354 Bürgermeister in Kiel, (. S. H. L. Url. Samml. II, 466.

[4] Nach einer gleichzeitigen Abschrift auf Pergament, die versiegelt nach Lübeck eingeschickt war. Vom aufgedrückten Siegel zur wenige Reste vorhanden.

[5] Ueber den Namen vgl. Schröder und Biernatzki Topographie Art. Alt-Bockhorst und Tungendorf. Desgl. den Namen der Hamburger Familie de Tuedorpe (S. H. L. Url. Samml. I, 675–76).

habere debet omnia et singula necessaria, que hucusque ha-
bebat, in cibariis et potibus et vestimentis, ex bonis meis sibi
ordinando, secundum quod cum ipsa placitavi. Et si mater
cum filia conversare non posset, extunc provisores mei testa-
menti matri uxoris mee XII marcas ad cibaria ordinare debent,
ubicunque jacere voluerit, ex bonis meis et cum hoc ordinare
sibi necessaria vestimentorum ex bonis meis omnibus et singulis, sibi necessaria ordinando omnia et singula prescripta.
Insuper lego et do uxori mee dilecte centum marcas cum
XXXa marcis denariorum lubicensium sibi infra spacium unius
anni dibrigandas et expagandas, si a pueris separari voluerit,
et cum hoc lego sibi duo paria vestimentorum suorum melio-
rum pretollendorum. Item do et lego Verst, fratri meo, V
marcas lubicenses. Item lego et do Fratribus [a]) in Kyl I
marcam propter remedium salvum anime mee. Item lego et
do sancto Georrio infirmis I marcam. Item eligo sepulturam
meam apud Sanctum Spiritum in ecclesia, si cum provisori (e)
domus concordare valeamus cum bonis. Omnia bona singula
et maiora ultra prenarrata dona remanencia lego et do pueris
meis dilectis equaliter inter se dividenda.

Ad istud testamentum eligo et constituo provisores fa-
ciendo et dimittendo Johannem Wraghen [1]), Tymmonem sar-
torem fratrem meum dilectum, Tymmonem Suckestorp, Hinricum de Hertze [a]). Testamentarii et testes huius sunt dominus
Hartwicus Boyenhusen, dominus Johannes de Wedele proconsu-
sules, Hartwicus Bramstede, Dytlenus Suckestorp, Johannes
Vecke, Luscus Herdingus, Marquardus de Hertbeke [a]) consules.

In dorso: Istud est testamentum Johannis Tuwendorp,
consulis Kylensis, et consulibus venerandis civitatis Lubecensis
presentetur.

---

[a]) Minoribus?

[1]) Ein Joh. Braghe wird 1354 Rathmann genannt, s. B. H. R.
U. S. 11, 466.

[a]) Ein Hinr. Hertze vergl. Bürgermeister. Ebd.

[a]) 1354 Bürgermeister. Ebd.

27. Der Name Schlei. Von E. Arndt.

Gewöhnlich heißt es, der Name Schlei (oder wohl eigentlich Sli, wie sie auf Plattdeutsch und Dänisch genannt wird) stamme her von einer daselbst besonders häufig vorkommenden Tangart. Eine solche ist gegenwärtig nicht bekannt, und überhaupt kommt der Tang in einer eigenthümlichen Art wohl nicht bei Schleswig vor; vermuthlich gibt es dort gar keinen. Es könnte freilich möglich sein, daß im Laufe der Jahrhunderte die Flora sowohl wie die Fauna sich etwas verändert hätten. Nun habe ich aber zufällig in einer Anmerkung zu Gerstäckers Missisippi-Bildern III, 86 die Notiz gefunden, daß in den südlichen Staaten von Nord-Amerika theils fließendes, theils stehendes Sumpfwasser, das sich flußartig durch eine große Strecke Landes hindehnt, Slew genannt wird. Dies Wort und der Begriff dürften vielleicht angelischen Ursprungs und also auch auf unsere Schlei anwendbar sein, die zwar kein Sumpfwasser, aber wegen ihrer vielen, so sehr an Breite verschiedenen Abtheilungen weder Meerbusen noch Fluß ist, sondern Strom genannt zu werden pflegt. Sli wäre also eine aus vielen zusammenhangenden Theilen bestehende Wasserstrecke.

Clement: "Schleswig Englands Mutterland" S. 167 und 174 erwähnt eine Slea in Lincolnshire. Sonst scheinen verwandte englische Wörter slough, Pfütze, Sumpf, sluice oder sluice Ausfluß, Schleuse.

---

28. Aus dem hölzernen Register der St. Nikolai-Kirche auf Föhr.

Christlicher Warnungs-Psalm. Gesungen anno 1550 seq. annis im Ton "Vater unser im Himmelrich." Aufgesetzt von Johanne Theologo, Herzog zu Mecklenburg, der gelebet hat im XIII. Seculo. Aus einem alten Pergamen-Buch abgeschrieben von Oluf oder Adolph Berends zu Döbelin zum neuen Kloster gehörig. Anno 1592.

1.

Van Gades Gnaden, Wi, Först und Herr,
Erkennen uns schuldig, Gade tho Ehr

Van Stiften, Clöstern und alle Garen,
De Wi van Eem empfangen haren.
Drumb lüchtet unsers Glovens Licht
Vor Fründ und Fienden openbarlick.

2.

Wat Wy nu ulk chriftlichem Erbarmen
Kerken, Scholen, Gades-Denern, Armen
An Gold, Korn, Vehe, Acker, Holt und Dergliden
Verschreven hebben, dat scall man em ricken
Ahn Affgunst, ahn Bedrug un Nydt
Od unverstümmelt tho rechter Tydt.

3.

Op dat (se) stedes mit grotem Flyth
Er Ampt verrichten to Gades Prys
De Karken, Scholen und Hospital'n
Darin Gott jeden gesett na syn Gesall'n,
Derfülven Wedwen un Kinderlyn
Of nich mögen verlaten syn.

4.

Wol dem im geringsten thowedder dol handeln,
Syn wol se willen, den scall verwandeln
Er Segen in Flöck, er Freud in Leid,
Dat se idt bewenen in Ewigkeit.
Verfuhlen scall em er Leber un Lung,
Verdorren ock im Mund er Tung.

5.

De Händ' und Böte söhlen verlahmen,
Er Geschlecht scall dragen der Röwer Samen.
Dat Gesicht und Gehör scall en vergahn
Od stedes in Jurcht und Schrecken stahn.
Er Huß und Gobt scall en verschwinden,
Ken Hülpe noch Troft in Nöthen finden.

6.

Er Geweten scall se däglich plagen,
Darörver se lichlich an Gabe verzagen,

Unb wo se nich in dissem Leven
Dat gerowede Gulb boda webbergewen
Kerken, Scholen, Gabes-Denern, Wedwen, Armen,
Scall Goll sick erer nimmer erbarmen.

7.

Sundern ewig berowel sya
Des Himmels Freud, und lyden (liden?) Pya
Mil allen Düweln mit hollischer Gloth,
De Goll den Röwern gewes dohl.
Bol nu seff het Gades Ehr und Nahmen,
De spreke hiertho van Herten: Amen!

———

Der vorstehende Warnungspsalm dient als Einleitung oder Vorrede zu einem allen Protokoll im Archiv des St. Nikolai-Pastorals auf Föhr, betitelt: „Copia des hölzernen Registers, so aus dem allen Original nach besten Wissen getreulich abgeschrieben von Henning Febbersen" (geb. 1675, † 1735, war Pastor zu St. Nikolai von 1705 bis 1735). Von jenem allen Original ist nichts mehr vorhanden. Der Inhalt des Buches bezieht sich auf die Kirche und ihre Diener, deren Ländereien und Intraden darin theils in plattdeutscher, theils in hochdeutscher Sprache verzeichnet sind, und liegt dem im Jahre 1794 verfaßten Kircheninventar zu Grunde. Auf jenen Psalm folgt eine theils lateinische, theils hochdeutsche Abhandlung ungefähr desselben Inhalts, betitelt: „Judicia nonnullorum theologorum et jureconsultorum de legatis et salarriis." Mit kräftigen Sentenzen aus Luther und anderen S tibenten wird auch hier die Heilighaltung aller geistlichen Güter und Einnahmen bei sehr vernehmlichen Strafen, namentlich bei „Versorgung der Leber und Lungen" eingeschärft. Einige derselben lauten:

Exemplum Pharaonis profecto dignissimum est, quod omnes reges, principes, magistratus, nobiles in conspectu habeant et summo studio imitentur in favendis et sustentandis piis pastoribus, ministris ecclesiae et scholasticis. Luth. in cap. 24 Genes.

Quod semel Deo dicatum est, in profanos usus redigi amplius non debet. Anton Faber: de religione regenda in reb. publ. lib. II cap. 7, v. 22.

Nec ii, qui bona ecclesiastica, per vim rapiunt, sibi exinde commodum, sed maximum potius damnum certo certius polliceri debent secundum illud vulgare: Pfaffen=Gutb, Raffen=Gutb hat Abler=Febern und kommt nicht auf ben britten Erben.

Wer geiftlich Güter macht gemein,
Wirb, eh' er's meint, ein Bettler fein!

Man muß von firchlichen und geiftlichen Gütern nichts in Eigennuß und bergl. verfehren 2c. Gehet es aber mit folchen Gütern anders, fo fehlt es auch nicht, es fchläget gewißlich bazu die um fich freffenbe Krantheit, ber Krebs, ber friffet eines mit bem andern hinweg, und pflegen gemeiniglich die Heiligen das Wachs wieder zu holen 2c. Henric. Linken: de jurib. templ. cap. 12. . . .

Multi pii sepulcra sua, quo ab injuria inferenda prohiberentur male seriali, diris hoc modo munire voluerunt:

  male pereat insepultus,
  jaceat non resurgat,
  cum Juda partem habeat,
  si quis sepulcrum hoc violaverit!

. . . .

Wer die Güter nimmt, bem foll Lunge und Leber im Leibe verforen! Item: Wer bas thut, den ftrafe deine Hand mit Armuth, Krantheit, Schmach und Schanb. Joh. Hornbeck exam. Bullae Pap. N. II.

. . . .

Quod semel Deo dicatum est, ad profanos usus transferri non debet, nam hoc est sanctum sanctorum. Lev. 27, 28. Qui Christi panem confidenter devorarunt, male concoxerunt. Henric. Petrejus in Tract. de monasterio p. 74. sicut videmus, baß die Welt uns nicht den Biffen Brob gönnet, den wir haben, fonbern nehmen uns benfelben viel lieber ab. Luther in Matth. X. p. m.

Philippus Magnanimus Landgrafius Hassiae tempore reformationis in conaculo majori Nosocomii coenobii Haymusis hos rythmos ad scribere:

Was ich hier geftiftet hab', baß folches nicht werb' geftellet ab,

Und wer das thut, den straf' deine Hand mit Armuth, Krankheit, Sünd' und Schand'.
Bis daß er deinen Wohlgefall erkenn und thu, sprech Amen All!

Chr. J.

---

29. Dem Lachsessen. Mitgetheilt von C. Kindt.

Eben so weit verbreitet wie die Sage von dem, einen Steg
bildenden Pferdekopf ist die, daß Dienstboten in den Städten
an großen Flüssen supplicirt haben sollen: „Daß ihnen in der
Woche nicht mehr als zwei Mal Lachs gegeben werden dürfe.~*)
Die Sage soll beweisen, wie häufig einst der Lachs, und wie wäh-
lerisch einst die Dienstboten gewesen. Zufällig fand ich jedoch in
einer Nummer der Kopenhagener Illustrirten Zeitung dasselbe von
der Stadt Randers in Jütland erzählt, aber mit einem Zusatz,
der das Räthsel lösen möchte. Hier sollen die Dienstboten nämlich
gebeten haben, daß ihnen in der Woche nicht mehr als drei Mal
Lachsköpfe gereicht werden dürften; denn das Uebrige wurde geräuchert oder gesalzen. Haben die Dienstboten überall nur die
vermuthlich kurz am Rumpfe abgeschnittenen Köpfe bekommen, dann
kann man sie schwerlich der Leckerei beschuldigen.

Uebrigens wird die Hauptlachsfischerei, wenigstens bei Randers,
nur von gegen Weihnacht bis Anfang März betrieben. Was die
vormalige größere Menge betrifft, so glaubt man überall, daß der
Fisch besonders von den Trebern angezogen wurde, welche die
Brauer früher in den Fluß zu schütten pflegten. Jetzt versteht
man dieselben besser zu verwerthen. Man will auch bemerkt haben,
daß der Lachs stets wieder in den Fluß zurückkehrt, wo er geboren
ist (?). Ist dies der Fall, dann möchte jene Verminderung der
Nahrung und die vermehrte Nachstellung wohl die Abnahme des
Fisches verursacht haben.

---

*) Siehe Otto Beneke: „Hamburgische Geschichten und Sagen"
S. 138 (No. 55). — Um 1560 kostete ein Lachs hier zu Lande schon
2 ℔ oder 1 ℳ. Vgl. auch diese Jahrbücher I, 9 und 427.

30. **Aus dem deutschen Rechtsleben.** Schilderungen des Rechtsganges und des Kulturzustandes der letzten drei Jahrhunderte auf Grund von Schleswig-Holstein-Lauenburgischen Akten des kaiserlichen Kammergerichts. Von Oberappellationsrath Dr. **Rudolph Brinkmann.** Kiel, Ernst Homann, 1862. VIII und 379 S. gr. 8. Geb. 2 ₰ 6 ß R.-M.

Die Commission, welche beauftragt war, das Archiv des **Kammergerichtes** zu **Wetzlar** aufzulösen und an die einzelnen Bundesstaaten auszuliefern, hat in den Jahren 1847—52 theils durch ihre Mitglieder, theils durch ihre Hülfsarbeiter ein Repertorium für Holstein und Lauenburg anfertigen lassen. Nach Ausweisung desselben sind 519 verschiedene Akten an das Oberappellationsgericht zu Kiel eingesandt worden. Manche Akte besteht aus mehreren Bunden, weil neben den Akten des Kammergerichtes sehr häufig auch die Vorakten der Landesgerichte liegen. Außerdem giebt es 5 Akten voriger Instanz, wozu die kammergerichtlichen Akten fehlen. Die meisten Akten, in Quart gelegt, sind aus dem 16. und 17. Jahrhundert; die älteste datirt von 1499, die jüngste von 1788; seitdem bis zur Auflösung des Reichs scheint keine Berufung oder Beschwerde aus Holstein und Lauenburg in Wetzlar angebracht zu sein. — Im Repertorium ist überdies mitgetheilt, daß in denjenigen Fällen, da in erster Instanz beim Kammergericht ein reichsunmittelbarer Stand belangt worden, die Akten immer an die Regierung der beklagten Parthei ausgeliefert worden sind. So werden also manche Akten, welche Holstein und Lauenburg berühren, in den Besitz der Gegenparthei (vielleicht nach Lübeck, Hamburg, Celle rc.) gelangt sein.

Beiläufig ist zu bemerken, daß aus dem Archiv des zweiten höchsten Reichsgerichtes, des Reichshofrathes zu Wien, die betreffenden holstein-lauenburgischen Akten noch immer nicht ausgeliefert sind, während z. B. die Stadt Hamburg die ihrigen bereits in ihrem Archiv bewahrt.

Es liegt auf der Hand, daß diese Akten ein ebenso reiches wie belehrendes Material in sich enthalten. Zunächst allerdings für den Staatsmann und den Juristen von Fach; aber nicht minder für jeden, welcher an der Kulturgeschichte, an Sitte und Weise der

Vorfahren ein Interesse nimmt. Wie die Akten im Ganzen treue
Lebensbilder aus den letzten drei Jahrhunderten abspiegeln, ebenso
bieten sie zahllose einzelne Notizen, welche „Sprache und Sitte,
Handel und Gewerbe, Aderbau und Schifffahrt, gutsherrliche und
bäuerliche Zustände, Freiheit und Sicherheit der Unterthanen, Vorrechte
und Anmaßungen des Adels und der Städte, kaiserliche und landesherrliche Macht, kurz alles, was das bürgerliche Leben und die staatliche
Ordnung mit sich bringt", in charakteristischer Weise beleuchten.

Der Verfasser, welcher zuerst als akademischer Lehrer, dann
als Mitglied des höchsten Gerichtshofes seit vielen Jahren unserem
Lande angehört, hat es übernommen, diesen Schatz wenigstens theilweise zu heben. Um auch dem nicht juristisch gebildeten Leser das
Verständniß zu erleichtern, gibt er im Eingange des Buches eine
gedrängte Darstellung von der Verfassung und dem Verfahren des
Kammergerichtes und desgleichen auch von der Gerichtsverfassung in
den drei Herzogthümern Schleswig, Holstein und Lauenburg. Daran
reihen sich in 33 Abschnitten die einzelnen Rechtsfälle. Bei der
Auswahl derselben waren mannichfache Rücksichten maßgebend. „Ich
habe", sagt der Verfasser im Vorwort, „zwar gern das Kulturge-
schichtliche hervorgehoben, aber nicht minder den Rechtsgang inso-
weit geschildert, als dieselbe von dem jetzigen Standpunkt geschichtlicher Betrachtung dem Juristen von Fach in irgend einer Weise
noch anziehend erscheinen möchte. Von allen bedeutenderen Fällen
des kammergerichtlichen Processes habe ich Belege beizubringen
gesucht."

Der Versicherung, daß die Darstellung des Thatsächlichen streng
den Akten gemäß ist, wenn auch unter Weglassung manches jetzt
Ueberflüssigen, hätte es wohl nicht erst bedurft. Ebenfalls ist es
lange rühmlichst bekannt, wie der Verf. einen derartigen Stoff zugleich zur Unterhaltung und Belehrung der Leser zu behandeln weiß.
Bereits haben die beiden deutschen Landes-Zeitschriften Proben davon gebracht, welche wir jetzt im Buch mit geringen Abänderungen
wiederfinden. So das Lauenburgische Archiv über die Beraubung
hamburgischer Kaufleute innerhalb des Amtes Bergedorf durch
den lauenburgischen Landsassen Fritz von Bülow auf Gudow
1589 (jetzt im Abschnitt XVIII) und über den Rechtsstreit des

lauenburgischen Großvogts und Amtmanns Eggert von Bülow gegen Herzog Franz den Jüngern von Lauenburg wegen Freilassung aus der Verstrickung 1592 (Abschnitt XV). Und die S. H. L. Jahrbücher für die Landeskunde über den Dithmarscher Landesfeind Wiebe Peters 1540 (Abschnitt IV), über Blutrache unter holsteinischen Bauern 1577 (Abschnitt XII), über den Junker Hans Benz 1590 (Abschnitt XVII), über den Ochsenmarkt und das Kaufmannsgericht vor dem Roland zu Wedel 1604 (Abschnitt XXIV) und über den Injurienproceß zwischen den adeligen Klosterjungfern zu Itzehoe, Dorothea .... einerseits und Agathe und Emerenz Benz andererseits, 1602—1615 (Abschnitt XXVII). Auf die genannten sieben Fälle gehen wir nicht weiter ein; doch wäre zu erwähnen, daß mit dem letzten auch Abschnitt XXVI im Zusammenhang steht. Es war eine Art Vorspiel zu jenem langwierigen Proceß; Dorotheens Bruder nämlich, Junker Georg, hatte im Wortwechsel der Emerenz Benz eine derbe Maulschelle gegeben; er schlug sie „braun, blau und blutrünstig“, 1599; (vgl. Jahrb. V, S. 3 oben). Damals ward die Sache mit den Brüdern Benz vertragen; aber 1603 brachte Emerenz eine neue Ladung beim Landgericht aus und beanspruchte u. A. für die Ohrfeige die ungeheure Summe von 20,000 ℳ. Gestützt auf den früheren Vergleich wollte Junker Georg sich auf die Klage gar nicht einlassen, aber das Landgericht verwarf diese Einrede, 1607; und als er deshalb an das Kammergericht appellirte, ward 1612 nicht nur das landgerichtliche Erkenntniß bestätigt, sondern er selbst „umb seiner freventlichen Appellation“ verurtheilt, eine Mark löthigen Goldes an den kaiserlichen Fiscus zu erlegen. Diese Geldbuße ist allem Anschein nach wirklich beigetrieben worden; dagegen erfahren wir nicht, wie die Hauptklagesache verlaufen und ob die Jungfer Benz ihre 20,000 ℳ bekommen hat.

Werfen wir nun einen Blick auf den übrigen Inhalt des Buches! Abschnitt I handelt von dem ältesten Fall; als die Landesherren König Hans und Herzog Friedrich zur Eroberung Dithmarschens ausziehen, halten sie in Rendsburg, 1. und 2. December 1499, einen Rechtstag wegen eines Streites über Lehngüter innerhalb der Familie Rantzau; sie lassen durch einen

Beisitzer nur mündlich das Urtheil sprechen. Dies Urtheil wird
angefochten, unter Anderem aus dem Grunde, weil die Herren
beim Gericht „in Rüstung" gewesen wären, „auch angelegt und
gestiefelt und gespornt, um hinweg zu ziehen", und weil sie wie
auch der Urtheilssprecher „gestanden" hätten, da doch ein Rich-
ter sitzen soll; (vgl. Grimm, deutsche Rechtsalterthümer S. 763).
— Abschnitt II beruht auf Akten, welche irrthümlicher Weise nach
Kiel gelangt sind. Wir hören darin von einem Paul Blankenfeld, zu Berlin wohnhaft, der am Dienstag nach Mariä
Geburt 1514 einen Fehdebrief schickt an „Bürgermeister und Rath,
Gewerke und Gemeine der Stadt Lübeck." Vom Verlauf der
Fehde hören wir leider Nichts; Blankenfeld scheint weniger that-
kräftig und weniger unglücklich gewesen zu sein, als sein Lands-
mann, der reisige Roßkamm Hans Kohlhase aus Köln an der
Spree, welcher dem Kurfürsten von Sachsen absagte und am Ende
(1540) vor Berlin aufs Rad gelegt wurde.

Abschnitt V gibt eine schauerliche Illustration zur Geschichte
der holsteinischen Leibeigenschaft. Bekanntlich ist das heimliche Aus-
reißen der Gutsunterthanen immer eine Hauptbeschwerde des Adels
auf den Landtagen gewesen; vgl. Jahrb. IV, 348 ff. und V,
349 *). Hier erfahren wir nun von einem Gewohnheitsrecht, welches noch um die Mitte des 16. Jahrhunderts in Wagrien geltend
gemacht wird. Gutsherr und Bauer konnten jeder auf Petri Stuhl-
feier (22. Februar) kündigen; es war also ein Verhältniß der Zeitpacht; dann mochte der Bauer, nachdem er seine Schulden bezahlt
hatte, frei abziehen. Entwich der Unterthan aber außerhalb der
bestimmten Zeit, ohne Aufkündigung und Bezahlung seiner Schuld,
so hatte er Leib und Gut verwirkt; doch mochte er den Leib (das
Leben) mit 60 ₰ Lübisch erkaufen und ablösen. Darauf hin läßt
der Junker Paul Alpenow zu Hasselburg 1552 einen „un-
getreuen" Bauern, der ihn noch überdies mit Brandstiftung bedroht
hatte, von dem öffentlichen Bauerngericht zum Tode verurtheilen
und dann grausam hinrichten. Es waren also Standesgenossen,
Bauern, welche das Urtheil fanden; freilich vermochten die Bauern
damals nicht leicht dem Einfluß ihres Gutsherrn oder ihres Amtmanns zu widerstehen. Wir müssen darum dem Kaufmann Hans

Hartmann aus Hamburg Recht gebe, wenn er 1564 das
Neumünstersche Bauerngericht „ein gar gefährliches Gericht"
nennt und lieber die ärgste Bergewaltigung leidet, als dessen Spruch
sich unterwirft; vgl. Abschnitt XX. Der Fall zeigt überdies, wie
damals landesherrliche Beamte ohne Scheu und ungestraft zur Selbsthülfe schritten. Hartmann pflegte für holsteinische Adelige Geld-
geschäfte in den Niederlanden zu besorgen; dabei glaubte nun der
königliche Statthalter, der gelehrte Heinrich Ranzau, sich über-
vortheilt; so nahm er den Hamburger bei Gelegenheit fest und er-
preßte eine Summe Geldes. Gleiches versuchte der Amtmann von
Steinburg, Friedrich Brockdorf, und da der Gefangene
hartnäckig blieb, so wurden am Ende gar die Neumünsterschen
Bauern instruirt, „den Hamburger Kerl vorzufinden an den lichten
Galgen, sonst müßten sie selbst 100 ₰ bezahlen!" Ein Glück, daß
Hartmann, obwohl hart gefesselt und an den Block geschlossen, aus
dem Gefängniß entkam.

Abschnitt VIII führt uns eine Episode vor aus der wilden
Fehde der beiden Zweige des Hauses Alefeld auf Haselau und
Haselborf; es sind die Brüder Benedikt und Wulf, die
Enkel des alten Hans von Alefeld, dessen Haushalt der Verf.
uns früher einmal nach dem Haseldorfer Gutsregister von 1495 bis
1501 ausführlich geschildert hat; vgl. Jahrbücher I, 1—17. Benedikt von Haselborf überfällt von 1567 bis 1572 zu wiederhollen
Malen seines Bruders Gut Haselau, nimmt dort Vieh und Holz
weg; vergebens sucht Wulf beim Kammergericht Hülfe. Nichts
desto weniger sehen wir in Abschnitt IX, wie die Wittwe des Wulf
sich mit dem feindlichen Schwager zusammenthut, als es gilt, ein
auf Krautsand gestrandetes hamburger Schiff, mit englischen Stein-
kohlen befrachtet, gewaltsam zu „bergen", 1574. Es war nur
eine vorübergehende Annäherung; die Fehde vererbte sich auf die
Söhne der Brüder und brachte beide, Detlef von Haselborf 1599
und Marquard von Haselau 1608, in ein frühes Grab. —
Weniger gefährlich war der Bruderkrieg zwischen den Buchwald s
auf Sierhagen und Mühlenkamp, der nur 6—7 Tage
dauerte, 1590; vgl. Abschnitt XIV.

Wie die bisher genannten, so finden auch die anderen

einheimischen Adelsgeschlechter in dem vorliegenden Buch mehr oder
minder wichtige Beiträge zur Familiengeschichte; die Freiherren von
Kielmannsegge wenigstens einen vierzigjährigen Prozeß über ein
Depositum in der Hamburger Bank, 1684—1728 (Abschnitt XXX).
— Für die Stadt Kiel sind (außer dem Haus Pengischen Handel)
die Abschnitte XVI und XIX von besonderem Interesse. Wir sehen
daraus u. A., mit welcher Strenge und Selbstsucht die Stadt vormals ihre Herrschaft über den ganzen Meerbusen übte; alle Aus-
und Einfuhr sollte ausschließlich an der Kieler Schiffbrücke geschehen,
der Rath erließ sogar Ausfuhrverbote 2c. In Altona spielen
zwei Fälle. Im Jahr 1604 wird ein hamburgischer „Kaufgeselle",
welcher in Altona den Gottesdienst besucht hat, an der Kirchenthür
ergriffen, hart gebunden nach Pinneberg geschleppt und dort in
Eisen gelegt, und das Alles weil er angeblich die Schwester seines
hamburgischen Dienstherrn in üble Nachrede gebracht hatte (Abschnitt XXV). Und 1686 wird ein altonaer Bürger, der sich
weigert, dem Rath wegen Injurien öffentlich Abbitte zu leisten, erst
im Gefängniß bei Wasser und Brot und dann zur Festungsarbeit
in Glückstadt angehalten „bis zur Abstattung der Abbitte" (Abschnitt XXXI). Die übrigen kleineren Städte des Landes kommen
nur mehr beiläufig vor; dagegen erzählt das Buch von verschiedenen
Rechtshändeln, welche die Städte Hamburg und Lübeck, das
hamburger Domkapitel 2c. mit der Landesherrschaft oder einzelnen
Landsassen in Holstein und Lauenburg geführt haben.

Doch wir müssen auf eine weitere Aufzählung von Einzelheiten
verzichten. Zur Charakteristik des Rechtslebens zumal im 16. und
17. Jahrhundert genügt schon das, was bisher mitgetheilt ist,
wenn wir nur das eine Moment noch hinzufügen: daß, wie die
Akten ergeben, die Rechtshändel vor Gericht überhaupt und insbesondere vor dem Kammergericht lange hingeschleppt wurden und
vielfach ganz unerledigt blieben. Fast jede Seite des Buches führt
uns Thatsachen vor, welche unser Rechtsgefühl tief verletzen, und
Niemand, der es gelesen, wird die „gute alte Zeit" zurückwünschen,
so Manches auch die Gegenwart noch zu wünschen übrig läßt.
„Wir dürfen uns auch gegenwärtig", sagt der Verf., „nicht
schmeicheln, von allen Mängeln und Gebrechen in der Verfassung

der Gerichte und in dem Gange des Verfahrens befreit zu sein.
Am wenigsten aber werden wir uns rühmen dürfen, in dem Verhältniß der Justiz zu der Polizei und Administration
an Rechtssicherheit gewonnen zu haben." (Seite 2.) Es folgen
dazu gelegentlich ein paar Illustrationen, in denen man die An-
spielung auf Vorgänge der neuesten Zeit kaum verkennen kann.
(S. 11; 31.) Nahe hätte es auch gelegen, an den § 8 des Ver-
fassungsgesetzes für Holstein zu erinnern.

Zum Schluß heben wir hervor, was der Verf. über Incom-
petenz-Erklärungen sagt, „wodurch man sich von der Entscheidung einer häkelichen Sache los macht, um sich vor möglicher
Ungnade zu bewahren." Solche Erklärungen lagen nicht im Geiste
der Vorzeit; im Gegentheil, die Gerichte waren ehedem sehr eifer-
süchtig auf ihre Competenz und eher geneigt, dieselbe auszudehnen.
Davon sehen wir ein schlagendes Beispiel im Abschnitt XI. König
Friedrich II., welcher aus mehren Ursachen mit der Stadt
Hamburg in Streit lag, verhängte die Beschlagnahme hamburgischer Schiffe im Oresund und Belt wie auch zu Bergen, also
innerhalb der Reiche Dänemark und Norwegen. Die Hamburger
versuchten gütliche Unterhandlung, aber ohne Erfolg; darauf ver-
klagten sie den König beim kaiserlichen Kammergericht. Und dies
Gericht gebot unterm 19. Februar 1575 dem König bei einer Pön
von 40 Ł löthigen Goldes sofort die Beschlagnahme aufzuheben.
Gleichzeitig erfolgte ein zweites Mandat, worin dem König geboten
wurde, bei Strafe der Acht keine weitere eigenmächtige Selbsthülfe
gegen die Hamburger zu üben. Diese beiden Mandate des Kammergerichtes wurden am 2. Mai durch einen Kammerboten auf dem
Schlosse Friedrichsburg in Seeland verkündigt. Der König
hat sich die Verkündigung unbedenklich gefallen lassen; die Sache
selbst nahm er freilich sehr übel. Im August ließ er beim Kammergericht eine Protestation einreichen, worin er dessen Competenz in
dieser Sache bestritt, denn wegen der Handlungen, die er außerhalb
des heiligen römischen Reichs in Dänemark und Norwegen vorgenommen, sei er nur dem allmächtigen Gott verantwortlich. Schon
vorher, 30. Juni, hatte König Friedrich bei Kaiser Maximi-
lian II. über die Anmaßung des Gerichtes sich beschwert, und der

Kaiser erließ wirklich unterm 21. August 1575 ein Schreiben an
das Kammergericht, worin er den Wunsch aussprach, daß der Prozeß möge eingestellt werden. Das ist aber nicht geschehen; trotz
der unmittelbaren Abmahnung des Kaisers, hielt das
Kammergericht seine Competenz aufrecht und setzte das Verfahren fort.

Danach kann es noch viel weniger Wunder nehmen, wenn das
Kammergericht seine Competenz auch über das Herzogthum Schleswig ausdehnt, obwohl dasselbe nicht zum deutschen Reich gehörte;
wenn kaiserliche Notarien ohne Widerspruch in Flensburg, Hadersleben x. Rechtsgeschäfte vornehmen; wenn hochgelehrte Juristen wie M. Joachim Blüting in einer schleswigschen Sache
an das Kammergericht appelliren x. Freilich bleibt der landesherrliche Protest dagegen selten lange aus! (Abschnitt XXIII und
XXVIII.) Aber die staatsrechtlichen Verhältnisse der Herzogthümer
erschienen damals minder klar, waren auswärts wenig bekannt und
beachtet. Und wie die thatsächlichen Zustände waren, mußten beide
Länder dem fremden Beobachter als Ein Rechtsgebiet gelten. Das
Landgericht, bald hie, bald da abgehalten, war damals für beide
Herzogthümer eins und dasselbe, und Niemand nahm daran Anstoß,
wenn z. B. eine holsteinische Sache in Hadersleben, eine schleswigsche in Kiel verhandelt wurde. Auch findet sich außer dem
Zwölfmannen-Eid Nichts in den Akten, was von einem besonderen
schleswigschen Recht Zeugniß gäbe; im Gegentheil, das Landgericht
schreibt in einer schleswigschen Sache die sächsische Frist vor, u. dgl.
mehr (S. 45, 264). Es war eben die Zeit, wo man auch in
Dänemark sich daran gewöhnte, unter dem Namen Holstein
Schleswig mitzubegreifen.

---

† † †

Die Schleswig-Holstein-Lauenburgische Gesellschaft für vaterländische Geschichte hat den Tod eines ihrer Mitglieder zu beklagen, welcher, wie überall wo es das Allgemeine galt, so auch für die Zwecke der Gesellschaft mit regem Eifer gewirkt hat.

Theodor Heinrich Wilhelm Lehmann war am 22. November 1824 in Rendsburg geboren, wo sein Vater die Altstädter Apotheke besaß. Seine Vorbildung erhielt er auf den Gymnasien zu Rendsburg und Hamburg; dann studirte er die Rechtswissenschaft in Tübingen, Heidelberg und Kiel. Der März 1848 rief ihn von den Studien ab; er trat in das Ranzau'sche Freicorps ein und nach dessen Auflösung in das 4. Schleswig-Holsteinische Linien-Infanterie-Bataillon, wo er zum Offizier avancirte. Während des zweiten Waffenstillstandes, um Michaelis 1849 bestand er das juristische Staatsexamen und wurde darauf zum Auditeur befördert; doch trat er kurz vor der Idstedter Schlacht ins Bataillon zurück. Nach dem Frieden wurde er Advocat in Kiel, Frühling 1851, und verheirathete sich, 27. November 1851, mit der Tochter des Professor Jessen auf Hornheim, welche ihm am 7. November 1859 vorangegangen ist. Ein einziger Sohn überlebt ihn.

Kurz nach seiner Niederlassung hieselbst wurde Lehmann in der Generalversammlung vom 2. Juli 1851
zum Kaſſirer unſerer Geſellſchaft erwählt, welches Amt
er ſeitdem ohne Unterbrechung bekleidet hat. Nicht
minder hat er ſich um die Begründung unſerer „Jahrbücher für die Landeskunde" ſo wie fortwährend um die
Redaktion derſelben große Verdienſte erworben.

Lehmann's öffentliche Thätigkeit begann auf com-
munalem Gebiet; er ward Oktbr. 1857 Mitglied des
Collegiums der deputirten Bürger, 28. April 1858 ſtell-
vertretender und 12. April 1861 wirklicher Vorſteher deſſelben (Bürgerworthalter); zu Ende 1859 auch Direktions-
Mitglied der Altona-Kieler Eiſenbahn. Die eigentlich
politiſche Laufbahn hat er erſt im Jahr 1859 betreten.
Am 6. Januar 1859 ward er zum Abgeordneten der
Stadt Kiel für die holſteiniſche Ständeverſammlung erwählt. Am 16. September 1859 war er zugegen bei
der Verſammlung in Frankfurt am Main, wo der deut-
ſche Nationalverein conſtituirt wurde; er ward ſogleich in
den Ausſchuß deſſelben berufen. Was Lehmann als
Abgeordneter in Itzehoe geleiſtet hat, ſteht in friſcher
Erinnerung; ausdrücklich iſt nur hervorzuheben, daß er
der Verfaſſer des Ausſchußberichtes vom 16. März 1861
über die Verfaſſungsfrage geweſen iſt. Als Ausſchuß-
mitglied des Nationalvereins berief er die holſteiniſchen
Mitglieder zu einer Verſammlung nach Kiel, wo die
bekannte, von ihm ſelbſt verfaßte Reſolution einſtimmig
beſchloſſen wurde, 12. Januar 1861. Darauf hin ließ
das Miniſterium für Holſtein-Lauenburg ihn ſofort von
der Praxis als Advokat ſuspendiren und nach längerer
Verzögerung auch eine fiskaliſche Anklage einleiten wegen
angeblichen Verſuches zum Hochverrath und Eidesbruches.

Jedoch in der Vernehmlassung vom 12. Februar 1862 wies Lehmann diese Auflage siegreich zurück und erlangte unterm 20. Februar ein freisprechendes Erkenntniß des Glückstädter Obergerichtes, nebst Aufhebung der Suspension. Auf den Recurs, welchen der Oberfachwalter im Auftrage des Ministeriums gegen das Urtheil einlegte, ertheilte das Oberappellationsgericht zu Kiel unterm 14. Juni 1862 einen abschlägigen Bescheid, ohne vorher eine neue Erklärung des Angeklagten einzuziehen.

Das war der letzte Erfolg, welchen Lehmann erringen sollte. Eben um dieselbe Zeit war er von einem langwierigen Krankenlager erstanden, und auf den Rath der Aerzte entschloß er sich zu einer längeren Reise nach Madeira, um seine Gesundheit vollends wieder herzustellen. Da befiel ihn eine Unterleibsentzündung und raffte ihn nach wenigen Tagen dahin. Er starb am 29. Juli 1862, um 11 Uhr Morgens.

Am Morgen des 1. August fand die Beerdigung Statt. Die allgemeine Theilnahme bei dieser Trauerfeier hat bewiesen, daß der unersetzliche Verlust überall richtig erkannt und tief empfunden wurde.

Das Land, welchem der Dahingeschiedene sein ganzes Streben gewidmet hatte, wird ihm ein dankbares Angedenken bewahren.

Druck von C. J. Mohr in Kiel.

Bericht über die Wirksamkeit des Kunstvereins zu Kiel im Jahre 1860—61.

Vorgetragen in der Generalversammlung den 16. Dec. 1861.

---

a) Generalversammlung 1860.

In der Generalversammlung am 20. Juli 1860 erstattete das Directorium seinen Bericht über das Vereinsjahr 1859—60 und hat denselben später gedruckt an die Mitglieder des Kunstvereins vertheilen lassen. Im Anschluß an diesen Bericht verfehlen wir nicht, nachstehend über die Verhältnisse des Vereins im verflossenen Jahre 1860—61 Mittheilungen zu machen.

In der erwähnten Generalversammlung traten von den in Kiel wohnhaften Mitgliedern des Vorstandes statutenmäßig aus demselben die Herren Dr. Ahlmann, Buchhändler Homann, Vergolder Hulbe, und Dr. med. Steindorff. Herr Professor Karsten hatte außerdem noch, wegen vermehrter Amtsgeschäfte, seinen Austritt aus dem Vorstande erklärt. Von den Herren Dr. Ahlmann und Dr. Steindorff war eine Wiederwahl nicht gewünscht worden.

An die Stelle dieser 5 Ausgetretenen erwählte die General-versammlung die Herren Buchhändler Homann, Vergolder Hulbe, Professor Ritsch, Professor Thaulow und Dr. Volbehr.

Nachdem hierauf die Rechnungen des letzten Vereinsjahres vorgelegt waren, wurden die Herren Kaufmann Faber und Advokat C. Nitsch zu Revisoren derselben erwählt.

Der Generalversammlung lag die Beschlußnahme über den etwaigen Ankauf von Gemälden vor. Der Jahresbericht 1859—60 hat bereits mitgetheilt, daß man wünschte von einem größeren Ankauf abzusehen, um im Jahre 1861 desto bedeutendere Erwerbungen für die Galerie machen zu können. Doch beschloß die Generalversammlung, wie gleichfalls schon in dem genannten Bericht angedeutet ist, die »Morgenlandschaft am Genfer See«, von Hengsbach in Düsseldorf, welche sich auf der damaligen Ausstellung befand, anzukaufen, nachdem ein Kreis von Kunstfreunden in Kiel dem Kunstverein für den Ankauf dieses Bildes eine Summe von 250 ₰ Pr. Cour. angeboten hatte.

b) Zahl der Mitglieder.

Der vorjährige Bericht sprach die Hoffnung aus, daß die Gesammteinnahme der Beiträge, welche am Schlusse von 1859 sich auf 778 belief, trotz des Abganges, den der Kunstverein durch Tod oder Austrittserklärung erlitten hatte, am Schlusse des Jahres 1860 sich auf 800 gehoben haben werde. Diese Hoffnung ist erfüllt worden: die Zahl der Beiträge war zu dem genannten Zeitpunkt 805. Seitdem ist jetzt wiederum fast ein Jahr verflossen, das mancherlei Veränderungen im Bestande des Kunstvereins hervorgerufen hat; doch werden dieselben sich hoffentlich nicht zum Nachtheil des Vereins herausstellen.

c) Vermehrung der Galerie.

Es ist bereits oben mitgetheilt worden, daß die Galerie in der Kunsthalle durch Ankauf nur um ein Bild vermehrt worden ist. Das Verzeichniß der Galerie, welches dem vorjährigen Bericht beigegeben ist, führt dasselbe bereits auf. Dagegen machte der Verein eine höchst werthvolle Erwerbung durch das große Gemälde von Moritz von Schwind „Kaiser Rudolphs Ritt zum Grabe",

das bei der ersten Verlosung der „Verbindung für historische Kunst"
zu Weimar dem Kunstverein zufiel. Ueber einige andere durch
Schenkung von Kunstfreunden der Galerie zugekommene Gemälde
giebt das Verzeichniß Aufschluß, das wir als Fortsetzung des vorjährigen dem gedruckten Bericht anhängen werden.

d) Bau der Kunsthalle.

Der vorjährige Bericht brachte den Rechnungsabschluß über
den Bau der Kunsthalle. Es sind auch im letzten Rechnungsjahre
die regelmäßigen Zinsen für die Actien in Obligationen der Köln-
Mindener Eisenbahn deponirt. Der Tilgungsfond, welcher sich dadurch jährlich um 240 ₰ vermehrt, betrug 1155 ₰ 47 β. Bei
der statutmäßigen Auslosung von 2 Bau-Actien um Neujahr 1861
wurden Nr. 45 und Nr. 102 gezogen. Letztere gehört zu den
nicht ausgegebenen Actien, wogegen erstere, im Besitz des Herrn
v. Bülow auf Bossee, nebst Zinsen ausgezahlt ist. Die Herren
Curatoren des Herrn v. Bülow haben darauf eine neue Actie übernommen.

e) Ausstellungen in Kiel.

Der Jahresbericht für 1859—60 hat bereits der Ausstellung erwähnt, welche im Juni und Juli des Jahres 1860 in
Anlaß davon stattfand, daß wiederum zwei größere Bilder der Verbindung für historische Kunst auf ihrem Turnus die Stadt Kiel
berührten. Diese Ausstellung war nur eine kleinere, doch enthielt
sie vorzügliche Bilder.

Im gegenwärtigen Jahre konnte dagegen das Directorium
seinen Mitgliedern von Pfingsten bis jetzt fast fortwährend die Kunsthalle geöffnet halten. Es fanden in dieser Zeit nach einander drei
Ausstellungen statt.

Die erste derselben, um Pfingsten, brachte während kürzerer Zeit
hauptsächlich Arbeiten inländischer Künstler und war ihrem Umfange
nach, ebenso wie die folgende, beschränkt, welche im Juli eröffnet
ward und bei der sich besonders Maler aus München, Hamburg
und der neuen Kunstschule in Weimar betheiligten. Von dieser

1 *

zweiten Ausstellung wurden zwei Bilder Hamburger Maler verkauft. Das Directorium hatte zwar den Wunsch gehegt, in der günstigen Jahreszeit eine größere Ausstellung zu veranstalten; wegen der gleichzeitig stattfindenden großen Ausstellungen zu Köln, Antwerpen und Christiania mußte es jedoch sich dazu verstehen, den Herbst abzuwarten, was für den Besuch der Kunsthalle nicht ohne Nachtheil bleiben konnte.

So begann die jetzt geschlossene große Ausstellung am 24. October und hat, wie der gedruckte Katalog nachweist, 114 Werke größtentheils Münchner, Düsseldorfer und Belgischer Maler vereinigt. Die von einzelnen Mitgliedern des Directoriums angeknüpften persönlichen Verhandlungen sind von dem erwünschtesten Erfolg gewesen. Diese Ausstellung bot eine Reihe vorzüglicher Gemälde, namentlich aus Historie und Genre, wie keine frühere. Die Kunstfreunde haben dies allseitig anerkannt und trotz der ungünstigen Jahreszeit die Ausstellung fleißig besucht. Auch sind von Privaten bis jetzt 6 Bilder, nach dem Katalog zu einem Gesammtwerth von 125 Frb., 5 Ldr., 25 Pr. Thlr. und 66 Gulden, angekauft worden, und ein siebentes Bild wird in Folge einer von einer größeren Zahl von Kunstfreunden angestellten Verloosung noch erstanden werden.*) Ueber die für die Galerie zu machenden Ankäufe wird die Generalversammlung heute noch zu beschließen haben. Das Directorium wird Ihnen hernach seine Vorschläge unterbreiten.**)

*

f) Ausstellungen an anderen Orten.

So wie im Jahre 1858 und 59, die durch § 3 des Statuts vorgesehenen Ausstellungen von Gemälden aus der Galerie der

---

*) Nachträglich kann hier bemerkt werden, daß der Gewinner zwei kleinere Oelbilder und ein Aquarell gewählt hat, deren Gesammtwerth im Katalog zu 206 ℳ angegeben ist. Auch ist später noch ein größeres Seestück Preis 60 Ldrs. und eine Landschaft, Preis 160 Pr. Thlr. verkauft werden.

**) Gewählt sind: „Sieg des Herzogs Ferdinand von Braunschweig über die Franzosen bei Crefeld 1758" von E. Hünten in Düsseldorf, und „Motiv von Colonna im Albanergebirge, Marktplatz und Fontaine" von Alb. Flamm in Düsseldorf.

Kunsthalle in Glückstadt, Itzehoe, Meldorf und Rendsburg stattgefunden hatten, so ward auch im Sommer 1860 wiederum ein
solcher Turnus eröffnet, an welchem außer den genannten Orten
auch Heide und Neumünster sich betheiligten. Im Sommer 1861
wurde diese Wanderausstellung nicht wiederholt, doch hofft das Directorium im Jahre 1862 im Stande zu sein, eine neue sehr
sehenswerthe Rundsendung zu veranstalten. Es wäre erfreulich,
wenn bis dahin auch andere Orte, als die angeführten, durch sta-
tutenmäßige Zahl ihrer Mitglieder des Kunstvereins sich letzterem
einreihen würden.

g) Vereinsblatt.

In den Jahren 1858 und 1859 sind mit Beziehung auf § 2
e. des Statuts an die Mitglieder des Kunstvereins Vereinsblätter
vertheilt worden, welche das Directorium zu diesem Ende von andern Kunstvereinen oder Verlegern erworben hatte. Der Wunsch,
den Mitgliedern eine besonders werthvolle selbstständige Gabe darbieten zu können, veranlaßte den Beschluß, für die Jahre 1860
und 1861 nur Ein Blatt zu geben. Der vorjährige Bericht hat
bereits mitgetheilt, in welcher Weise es ermöglicht ward, einen Stich
des im Besitz der Galerie befindlichen „Buchenwaldes" von
Charles Roß für die Vertheilung zu bestimmen. Nachdem dieser
Stich vollendet war und im Laufe des verflossenen Sommers in
gediegenen Abdrücken vorlag, sind letztere an die Mitglieder vertheilt worden.

Da jedoch dieses treffliche Vereinsblatt nur einer besonderen
Gunst verdankt ward, und nicht zu erwarten stand, daß das Directorium fortwährend im Stande sein würde, ähnliche Blätter zu
vertheilen, andererseits auch grade in Beziehung dieser Kunstgaben
die abweichendsten Ansichten der Vereinsmitglieder immer wieder laut
wurden, erließ das Directorium im Juni 1861 folgendes Rund-
schreiben an die Mitglieder:

„An die Mitglieder des Kunstvereins zu Kiel. Die glücklichen
Erfolge, welche der Kunstverein in den letzten Jahren erzielte, hat

derselbe vor Allem der regen Theilnahme, die er im ganzen Lande findet, zu verdanken. In voller Anerkennung dieser Unterstützung hat das Directorium es stets als seine Aufgabe angesehen, den Wünschen der Vereins-Mitglieder entgegenzukommen. Daher beabsichtigt es auch jetzt, die Angelegenheit der Vereinsblätter, welche so verschiedene Beurtheilung gefunden hat, zur Zufriedenheit Aller zu ordnen.

Einige Mitglieder wollen ihren Jahresbeitrag lediglich zur Vermehrung der Galerie, ohne weiteren Ersatz für sich selbst, als freien Eintritt zu allen Ausstellungen, verwendet wissen; Andre wollen, daß neben der Vermehrung der Galerie in bestimmten Perioden eine Anzahl von Oelgemälden angekauft und verlost werde; noch Andere wollen, wie bisher, ein Vereinsblatt.

Um sämmtlichen Wünschen gerecht zu werden, bittet das Directorium die verehrlichen Mitglieder, nach eigner Wahl eine der untenstehenden Rubriken mit Namen und Wohnort auszufüllen und bis zum 15. August an das Directorium einzusenden. Es wird dann vom Jahre 1862 an den verschiedenen Wünschen entsprochen werden." (Es folgten drei entsprechende Rubriken.)

Nachdem noch lange nach dem gestellten Termin bei weitem nicht alle Antworten der Mitglieder eingegangen waren, veröffentlichte das Directorium unterm 3. Nov. 1861 im Altonaer Mercur, in den Itzeh. Nachrichten und im Kieler Wochenblatt eine erneuete Aufforderung zur Einsendung der Entschlüsse, wobei bemerkt ward, daß falls die Antworten bis zum 1. Decbr. nicht eingegangen seien, das Directorium annehmen werde, daß die auswärtigen Mitglieder für Verlosung, die Kieler für die Galerie stimmen wollten. Eine nach diesem Termin gemachte Zusammenstellung hat ergeben, daß etwa 3 Fünftheil aller Mitglieder sich an der Verlosung von Oelbildern zu betheiligen, und von den übrigen zwei Fünftheilen wiederum fast 3 Viertel ihre Beiträge ganz für die Galerie verwendet wünschen, so daß die Vertheilung von Kunstblättern nur von etwa 70 Mitgliedern verlangt wird.

b) Rechnung des Jahres 1860.

Einnahme.

Von Beiträgen	3176	Rthlr.	—	Schill.
Von restirenden Beiträgen aus 1859	52	„	—	„
Einnahme bei den Ausstellungen	108	„	32	„
Von dem Comite zur Erwerbung des Bildes von Hengsbach „Morgenlandschaft am Genfer See"	333	„	32	„
Zollzurückerstattung	49	„	3	„
Zinsen von belegtem Gelde	46	„	62	„
	3765	Rthlr.	33	Schill.

Ausgabe.

Zum Tilgungsfond	240	Rthlr.	—	Schill.
Unterhaltung des Gebäudes und Versicherung der Galerie	153	„	44	„
Druck-, Insertions- und Buchbinderkosten	119	„	51	„
Porto	82	„	48	„
Copialien und Papier	4	„	24	„
Literatur und Utensilien	24	„	57	„
Vereinsbote	80	„	—	„
Betheiligung bei andern Vereinen	126	„	33	„
Ankauf von Gemälden ec.	856	„	66	„
Ausstellungskosten	231	„	50	„
Zuschuß zu den Baukosten	382	„	11	„
Unvorhergesehene Ausgaben	3	„	4	„
	2308	Rthlr.	4	Schill.

Bilanz.

Einnahme 3765 Rthlr. 33 Schill.

Ausgabe 2308 „ 4 „

Bestand 1457 Rthlr. 29 Schill.

i) **Anderweitige Vereinsangelegenheiten.**

Im Jahre 1856 erließ das Directorium des Kunstvereins an sämmtliche Prediger des Landes, unter Einsendung eines Schemas, die Aufforderung, Mittheilungen über ihre Kirchen und die dort vorhandenen Kunstwerke zu machen. Von den eingesandten Nachrichten wurden bisher nur die Beschreibung von der Kirche und dem Rathhause in Mölln in den „S. H. L. Jahrbüchern für die Landeskunde" Bd. I (1855) veröffentlicht.*) Im Sommer des laufenden Jahres übernahm Herr Dr. phil. Handelmann bereitwilligst die Aufgabe, das im Archiv des Kunstvereins vorhandene Material zum Druck zu ordnen. In den S. H. L. Jahrbüchern Bd. IV (1861) sind die Beschreibungen der Klosterkirche zu Kiel, und der Kirchen zu Flemhude, Delve, Neuenkirchen in Norder-Dithmarschen, Tellingstedt, Meldorf, Weidenfleth, Breitenberg, Crempe und Hohenfelde mitgetheilt. Daneben sind Separatabdrücke davon, wie von der Beschreibung der Kirche und des Rathhauses zu Mölln an sämmtliche Prediger der Herzogthümer Holstein und Lauenburg durch das Directorium des Kunstvereins versandt, mit der erneuten Bitte, über die noch nicht beschriebenen Kirchen Berichte einzusenden. Diese Aufforderung hat auch die erfreuliche Folge gehabt, daß wiederum mehrere Prediger die erbetenen Nachrichten dem Directorium zugesandt haben. Herr Dr. Handelmann hat indeß seine Arbeit fortgesetzt und wird in dem ersten Heft der S. H. L. Jahrbücher für 1862 die Beschreibungen der Kirchen und Kapellen zu Cismar, Grube, Hansühn, Heiligenhafen, Hohenstein, Sarau, Steinbeck, Wandsbeck, Rellingen, Elmshorn (der Flecken- und der Hospitalskirche), Lundern, Selent, und der Kirche zu Sahms und der Kapelle zu Juhlenhagen im Herzogthum Lauenburg mittheilen. Das Directorium sieht es als eine angenehme Pflicht an, Herrn Dr. Handelmann für diese fortgesetzte Arbeit, welcher derselbe auch ferner sich zu unterziehen bereit ist, den Dank des Kunstvereins hierdurch öffentlich auszusprechen. Den Herren Predigern, welche bisher Berichte eingesandt haben, stattet das Directorium gleichfalls an diesem Orte seinen Dank ab, und bittet diejenigen Herren, welche bisher mit ihren Nachrichten zurück-

---

*) Außerdem beschrieb der Maler, Herr C. J. Milde in Lübeck die Kirchen zu Sieck, Barghorst, Trittau, Boldixum, S. H. L. Jahrb. Bd. I, und Segeberg, Leezen, Kirchnüchel, Schlamersdorf, Sülfeld, Warder, Bd. II.

gehalten haben, dieselben einsenden zu wollen, damit die Vollständigkeit, welche diesen Mittheilungen einen besonderen Werth geben
wird, baldigst erreicht werde.

Das Directorium hat wiederum, wie im vorigen Jahre, den
Tod eines seiner auswärtigen Mitglieder, des Herrn Conferenzraths
Heinzelmann, Oberpräsidenten von Altona, zu beklagen. Unser
Land hat in demselben einen seiner ersten Kunstkenner verloren, der
selbst, namentlich im Fache des Stiches, Sammler war und eine sehr
umfangreiche, mit Kenntniß und Geschmack angelegte Sammlung
von Kupferstichen 2c. hinterließ.

Das Directorium des Kunstvereins zu Kiel.

Professor Forchhammer,   Dr. Friedrich Volbehr,
   Vorsitzender.   Schriftführer.

Buchhändler Homann,
Kassenführer.

Bergolder Hulbe, Bildhauer Mullenhoff, Prof. K. W.
Nitsch, Tapezier Seiffert, Kaufmann H. Schweffel,
Prof. Thaulow.

Auswärtige Mitglieder des Directoriums:

Graf Baudissin auf Friedrichshof. Gymnasiallehrer Bed-
mann in Meldorf. Graf Brockdorff-Ahlefeld auf
Ascheberg. Advocat Broderjen in Heide. Senator Kam-
merjunker Hesse in Altona. Subrector Dr. Keck in Ploen.
Physikus Dr. Lüders in Lauenburg. Hofjägermeister v. Mes-
mer-Saldern auf Annenhof. Regierungsrath v. Moltke
in Ratzeburg. Obergerichtsrath Petersen in Glückstadt.
Oberinspector Rölger in Itzehoe. Verbiller v. Rumohr-
Rundhof in Itzehoe. Gutsbesitzer A. Schwerdtfeger
auf Traventhal. Physikus Dr. Thygesen in Rendsburg.

Galerie der Kieler Kunsthalle.

Seit dem Abschluß des Verzeichnisses in den S. H. L. Jahrbüchern III, 1860, sind folgende Gemälde der Galerie der Kunsthalle einverleibt worden:

Hünten, Emil, in Düsseldorf: Sieg des Herzogs Ferdi-
nand von Braunschweig über die Franzosen bei
Crefeld 1758. (Br. 5′ 7″, H. 4′ 4″). Angekauft vom
Kunstverein 1861.

Flamm, Albert, geb. in Köln, lebt in Düsseldorf, Landschafts-
maler: Motiv von Colonna im Albanergebirge,
Marktplatz und Fontaine (Br. 5′ 9″, H. 4′). Angekauft vom Kunstverein 1861.

Saxesen, Friedr. Wilh. Reißig, geb. 1792 zu Oebe in Schleswig, beschäftigte sich schon als Knabe mit Zeichnen und Malen
von Gegenständen der Naturgeschichte nach der Natur, betrieb
von 1808—1820 die Apothekerkunst, die er dann für die
immer mehr hervortretende Neigung zur Malerei aufgab,
studirte darauf zu Dresden, ward 1826 Zeichnenlehrer an der
Berg- und Forstschule zu Clausthal und dazu später Lehrer
der Botanik und Naturgeschichte, erwarb sich als entomolo-
gischer und botanischer Schriftsteller einigen Ruf, nahm 1842
wegen Schwächlichkeit seine Entlassung, lebte zuletzt in Kiel,

wo er in der Oelmalerei sich vervollkommnete und ein an vielen Orten zur öffentlichen Ausstellung gebrachtes Harzpanorama malte; er starb am 29. Juli 1850: Eisenach mit der Wartburg (Br. 4', H. 2' 10''; unvollendet). Geschenk von Herrn Advocaten Bargum in Kiel.

Kauffmann, Herm., in Hamburg: Schmiede im Winter. Br. 2' 0'', H. 1' 11''). Geschenk von einem Kieler Mitgliede des Kunstvereins 1861.

(Unbekannt): Männliches Portrait in Rüstung (Br. 3' 9'', H. 4' 5''). Geschenk von der Frau Gräfin zu Ranhau in Berlin 1861.

Stelzner, Karoline, geb. in Flensburg, lebt in Berlin: Portrait des Dichters Heinrich Smidt. Aquarell. Geschenk von der Künstlerin 1861.

––––––––––

Druck von C. F. Mohr in Kiel.

Zweiundzwanzigster Bericht

der

Königlichen S. H. L. Gesellschaft

für die

Sammlung und Erhaltung vaterländischer Alterthümer

in den Herzogthümern

Schleswig, Holstein und Lauenburg.

Erstattet

von dem Vorstande

am 15. März 1862.

Kiel 1862.

In Commission der akademischen Buchhandlung.

I.

Bericht des Vorstandes.

———

Das verflossene Jahr ist dem Museum vaterländischer Alterthümer in Kiel verhältnißmäßig günstig gewesen; namentlich der
Zuwachs an Alterthümern war ein recht bedeutender, wie das Verzeichniß der Accessionen ausweiset. Wir wollen hier nur zwei ganz
besonders werthvolle Geschenke erwähnen. Im December 1861
wurde die Sammlung des verstorbenen Großherzoglich Oldenburgi-
schen Kammerherrn von Witzleben zu Oldenburg von dessen
Erben dem Museum geschenkt; eine Gabe, welche um so erfreulicher
war, da die meisten Stücke, namentlich die Steinsachen, aus den
Herzogthümern Schleswig und Holstein stammen. Der Vorstand
hat bereits in der Bekanntmachung vom 21. Decbr. (s. Altonaer
Merkur Nr. 307, 1861; Kieler Wochenblatt Nr. 1, 1862 u. s. w.)
den verehrten Erben des Verstorbenen dafür öffentlich seinen Dank
ausgesprochen, so wie auch den Herren Archivrath Dr. Leverkus
und Kammerherrn von Wedderkopp in Oldenburg und Etatsrath Prof. Dr. Hegewisch in Kiel für die in dieser Angelegenheit freundlichst übernommene Vermittlung und Mühe; wir unter-
lassen nicht, hiemit unsere Danksagung zu wiederholen. Desgleichen
gedenken wir dankbar der Gabe des Herrn Dr. Klander in Plön:
eines großen schön geschnitzten Schrankes von Eichenholz aus der
spätesten Renaissance-Periode (beschrieben im Kieler Wochenblatt
Nr. 25, 1862). Die Aufstellung desselben, November 1861,
machte bei der leider! so beschränkten Räumlichkeit eine theilweise
mühevolle Umstellung nothwendig; dafür erfreuen wir uns jetzt der
neuen Zierde, welche das Museum gewonnen hat.

1*

Auch zur Vermehrung der Münzsammlung hat sich im ver=
flossenen Jahr Gelegenheit geboten, indem der Vorstand zu wieder=
holten Malen von ansehnlichen Funden benachrichtigt wurde; jedoch
bei der Beschränktheit unserer Mittel mußten wir immer auf die
Erwerbung größerer Stücke und namentlich von Goldmünzen ver=
zichten. Doch ist von allen Funden wenigstens eine Auswahl ange=
kauft worden, und dazu sind verschiedene kleinere Geschenke hinzu=
gekommen. — Vielleicht werden wir demnächst ein vollständiges
Verzeichniß über die schon recht ansehnliche Münzsammlung ver=
öffentlichen können.

Die finanzielle Lage der Gesellschaft ist, wie die nachstehende
Abrechnung zeigt, augenblicklich sehr ungünstig; die Zahl der Mit=
glieder, welche bei der Stiftung im Jahr 1835 über vierhundert
betrug, ist jetzt bis auf 31 zusammengeschmolzen; so werden die
regelmäßigen Einnahmen zum größten Theil schon durch die Kosten
der Unterhaltung des Museums verschlungen, und nur wenig bleibt
zu Ankäufen übrig. Doch hat es glücklicherweise, wo es sich um
die Erwerbung besonders kostbarer Stücke handelte, noch nie an
Geldmitteln gefehlt; wie denn der Ankauf des goldenen Drath=
ringes von Groß=Harrie 1858 durch einen Zuschuß aus dem
sogen. Extraordinarium des Budgets der Kieler Universität und der
goldenen Urne von Nordhastedt 1860 durch freiwillige
Beiträge aus der Stadt Kiel und dem ganzen Lande ermöglicht
wurde.

Abgekürzte Rechnung seit Neujahr 1858.

Einnahme: Kassenbestand (s. XX. Be=
richt, S. 12) .... 1 ℳ 72 β R.=M.
Beiträge der Mitglieder 1858—61 .... 118 „ — „ „
Bewilligt vom Ministerium für Holstein
und Lauenburg, im Sommer 1858 80 „ — „ „
Ertrag einer Sammlung unter den Mit=
gliedern und Freunden der Gesellschaft,
im Sommer 1860 .... 07 „ 64 „ „
Summa 207 ℳ 40 β R.=M.

Ausgabe: für Alterthümer 183 ₰ 21 β }
        für Münzen 14 „ 77 „ } 198 ₰ 2 β R.-M.
        für Botenlohn, Handwerkers-

arbeit, Porto, Fracht, Druckkosten ꝛc.. 113 „ 3 „ „

                     Summa 311 ₰ 5 β R.-M.

    Demnach bleibt ein Deficit von 13 ₰ 61 β R.-M.

Kiel, den 24. Februar 1862.

                Dr. Klaus Groth, d. J. Kassirer.

    Revidirt und richtig befunden von den durch den Vorstand ernannten Revisoren

        E. Homann.   Chr. Jessen.   Handelmann.

———

    Ein lang gehegter Plan kam im vorigen Jahr zur Ausführung, indem die antiquarische Karte der Gegend von Bornhöved, welche der verstorbene Director der Altonaer Sternwarte Prof. H. C. Schumacher im Jahr 1835 dem Museum geschenkt hat, endlich in den Jahrbüchern für die Landeskunde der Herzogthümer Bd. IV, Tafel 10 veröffentlicht wurde. Ebendaselbst Bd. IV, Tafel 9 erschien auch eine antiquarische Karte von der Insel Amrum. Das Museum besitzt noch aus verschiedenen Gegenden des Landes antiquarische Special-Karten, welche gleichfalls eine Veröffentlichung verdienten.

    Als XXI. Bericht wird eine Abhandlung unseres verehrten Mitarbeiters, Herrn Professor Chr. Petersen in Hamburg, ausgegeben, welche im Anschluß an die frühere Untersuchung (über die Pferdeköpfe, im XIX. Bericht) einen anderen Zierrath norddeutscher Bauerhäuser, den Donnerbesen, und dessen Ursprung aus dem germanischen Heidenthum ausführlich erörtert. — Von unserer Ansprache (Ueber Alterthums-Gegenstände von F. von Warnstedt. Kiel 1835) wurden mit dem zweiten Hefte des IV. Bandes der Jahrbücher 300 Exemplare an die Subscribenten vertheilt. Außerdem ist von derselben Ansprache eine zweite

Ausgabe (mit Nachtrag und Beilage, nebst 3 Münztafeln und 2 antiquarischen Karten. Kiel 1861) veranstaltet worden, jedoch nur in beschränkter Zahl zur ausschließlichen Vertheilung an die befreundeten Vereine und Institute, mit welchen ein Schriften-Austausch stattfindet, so wie an unsere Gesellschafts-Mitglieder.

Der Vorstand hat im verflossenen Jahr den Tod eines seiner Mitglieder zu beklagen gehabt; der Universitäts-Zeichnenlehrer Maler Th. Rehbenitz, welcher uns seit dem Jahr 1848 angehörte, starb zu Kiel am 19. Februar 1861. Dagegen sind die Mitunterzeichneten Professor K. W. Nitzsch, Dr. Chr. Jessen und Dr. Handelmann dem Vorstande beigetreten.

Kiel, den 15. März 1862.

H. Ratjen. Klaus Groth. Handelmann.
Jessen. K. W. Nitzsch.

II.

Antiquarische Mittheilungen.

— —

1. Münzfunde in Holstein.

Beim Stover*), einer einzeln gelegenen Stelle an der Landstraße von Neumünster nach Rendsburg, in der Nähe des erstge-
nannten Ortes und zwar in einem Walle des Moors der Dorfschaft
Tungendorf sind im Sommer 1861 45 alte Münzen, zum
Theil beschnitten, gefunden worden. An der Stelle, wo diese
Münzen in einer Länge von sechs Fuß lagen, war die Erde anders gemischt als sonst im Walle.• Der ganze Fund wurde uns
durch Herrn Lehrer Knees in Kiel übermittelt. Nach genauerer
Untersuchung besteht derselbe aus folgenden Stücken, nämlich:

17 Thaler, welche dem Alter nach so auf einander folgen:
Zwei s. g. Lichtthaler von 1585 und 1587, von Herzog
Julius von Braunschweig-Lüneburg zu Wolfenbüttel, vgl.
D. S. Madai vollständiges Thaler-Cabinet Nr. 3577. — Ein
Niederländischer Thaler der Provinz Holland von 1587,
vollständig übereinstimmend mit dem bei M. Nr. 2130 beschrie-
benen Thaler der Provinz Geldern, bis auf die Veränderung Hol.
(statt Gel.) in der Umschrift des Rev. — Ein Hamburger
Thaler von (15)89, unter Kaiser Rudolph II; vgl. M. Nr. 2244,
doch etwas abweichend. — Ein Brabantischer (Antwerpen)

---

*) S. Kieler Wochenblatt Nr. 8, 49 und 50; 1861. Bei den
beschränkten Mitteln mußte das Museum auf den Ankauf der Thaler und
Kronen verzichten. Die kleineren Münzen sind mit Ausnahme der Dou-
bletten angekauft worden; im Ganzen also 20 Stück.

Kreuzthaler ohne Jahrzahl, von Erzherzog Albert von Oestreich und seiner Gemahlin, der Infantin Elisabeth von Spanien, welchen König Philipp II. 1598 die Spanischen Niederlande übergab; vgl M. Nr. 3860. — Ein Thyrolischer Thaler von 1603, gemeinschaftlich geprägt von Kaiser Rudolph II. und den Erzherzögen von Oestreich; vgl. M. Nr. 6010. — Ein Zwickauer Thaler von 1619, von Kurfürst Johann Georg zu Sachsen; Adv. wie M. Nr. 6280, Rev. wie Nr. 531. — Ein Steyermärkischer Thaler von 1621, von Kaiser Ferdinand II.; vgl. M. Nr. 6012. — Ein Hanauer Thaler von 1623, von Katharina Belgica Prinzessin von Oranien, verwittweten Gräfin von Hanau-Münzenberg als Vormänderin, unter Kaiser Ferdinand II.; vgl. M. Nr. 4203. — Ein Hamburger Thaler von 1623 (?), unter Kaiser Ferdinand II.; vgl. M. Nr. 2245. — Ein Elsässischer Thaler von 1624 von Erzherzog Leopold, Bischof zu Straßburg und Passau, Gubernator von Tyrol; vgl. M. Nr. 1385.. — Ein Thaler von 1625, von Herzog Christian von Braunschweig-Lüneburg zu Celle, erwähltem Bischof zu Minden; vgl. M. Nr. 3603 und 6562. — Ein Thaler von 1627 von Wilhelm V. Landgraf zu Hessen-Kassel; vgl. M. Nr. 3728, doch etwas abweichend, wie es denn von diesem Fürsten aus diesem Jahr eine große Anzahl verschiedener Thaler gibt. — Ein Thaler von 1628 vom König Sigismund III. Wasa von Polen (und Schweden); vgl. M. Nr. 360 — Zwei Brabanter Kreuzthaler von 1628 (aus Antwerpen) und 1635, von König Philipp IV. von Spanien und Indien; vgl. M. Nr. 6081. — Ein Frankfurter (a. M.) Thaler von 1638. unter Kaiser Ferdinand III.; vgl. M. Nr. 4873.

Außerdem 6 Viertel-Kreuzthaler aus den Spanischen Niederlanden, und zwar fünf von Albert und Elisabeth, ohne Jahrzahl, darunter 2 Flandrische, 3 Dorniker (Tournay), und ein Brabanter (Antwerpen) von 1627, von König Philipp IV.; vgl. M. Nr. 3860, 61 und 6081, 84. — Ein Schweriner Halb Reichsorth 1621. Abr. Brustbild; Adolph Fridr. v. G. G. He(rzog) zu. Rev. Werthangabe und Jahreszahl; Meckl(enburg), P. z. W., G. z. S., der L. R. u. S. H. —

Ein Lübecker 8 ℔ Stück (Bierteltthaler) von 1623, unter Kaiser Ferdinand II., wie M. Nr. 4996. — Zwei Hamburger 16 ℔, Stücke (halbe Thaler) von 1621 und 1629, unter Kaiser Ferdinand II., der erstere ähnlich wie M. Nr. 2245, der andere etwas abweichend.

Weiter 3 dänische Kronen vom Jahr 1618, 1624 und 1625, die letzte eine dicke Krone, von König Christian IV. Abv. Der König in ganzer Figur, mit Krone, Halskragen, Harnisch und Feldbinde, die linke Hand am Degen, in der Rechten den Scepter (Commandostab). Christianus IIII. D. G. Daniae. Rev. Norveg. Vandal. Gotorumq. Rex. Eine zierliche Krone, darunter R. F. P. (Regna firmat pietas.) — Sechs dänische Marken aus den Jahren 1613, 15, 16 und 17 (vom letzten Jahr 3 Stück.) Abv. Gekröntes Hüftenbild; Rev. der dänische Wappenschild mit den drei Löwen auf einem Kreuz, darüber I Marck Danske. Als Umschrift, Titel und Jahrzahl auf beiden Seiten fortlaufend. — Ein XXIIII Skilling Danske 1624. Abv. Der gekrönte dänische Wappenschild auf einem Kreuz; Rev. Werthangabe und Jahrzahl; als Umschrift der Titel. — Ein XII Skilling Danske 1624. Abv. Der gekrönte Namenszug C. 4 zwischen zwei Rosen, darunter R. F. P.; Rev. Werthangabe und Jahrzahl, darüber ein Kleeblatt zwischen zwei Punkten. — Ein IV Skilling Danske von 1630. Abv. Das gekrönte Brustbild; Rev. Werthangabe; als Umschrift Titel und Jahrzahl.

Zwei ½ Reichsthaler von 1625 und 1635, von Herzog Friedrich III. von Schleswig-Holstein zu Gottorp. Abv. Brustbild im Harnisch mit hohem Halskragen. Friderieus D. G. D. S. E. II. ST. (Samuel Timpf der Münzmeister); Rev. VIII einen Reichsdaler. Virtut (is) gloria merc (es). Jahrzahl. — Vier ¹⁄₁₆ Reichsthaler von 1618?, 24?, 24 und 28. von demselben Herzog. Abv. wie bei den vorigen; Rev. XVI. Reiadal. mit dem obigen Sinnspruch.

Das älteste Stück ist also vom Jahr 1585 und das jüngste von 1638. Nach diesen Jahrzahlen ist es nicht unwahrscheinlich, daß die Vergrabung des Schatzes bei Gelegenheit der schwedischen Invasion unter Torstenson (December 1643) stattgefunden hat.

Im Jahre 1860 wurde zu Meldorf in der Gegend, wo
die alte Verschanzung in der Zeit, als Meldorf Stadt war, gelegen haben muß, ein Keller ausgegraben, und dabei fand man eine
Zahl kleiner Silbermünzen, wie eine Rolle beisammen liegend,
nebst zwei rheinischen Goldgulden. Es liegt nahe, darin den Sold
eines Kriegers zu vermuthen, welcher vielleicht bei der Erstürmung
Meldorfs im Jahr 1559 den Tod fand. — Herr Professor Kolster
in Meldorf, welchem wir diese Nachricht verdanken, hat uns zugleich
die beiden Gold- und zwei kleine Silbermünzen übermittelt. Letztere
sind zwei Kreuz-Witten der Stadt Malmöe, geschlagen der eine
unter König Christian (I.) und der andere unter König Hans von
Dänemark. 1. Abv. Ein gekröntes K mit der Umschrift Cristiern'
R' D' (Ein Kleeblatt). Rev. Ein großes Kreuz auf einen Schild
gelegt; ringsum Mon. Ma(l). moi. ens. — 2. Abv. Ein gekröntes H mit der Umschrift Johs (Dei Gr:) R: Daniae (Ein
Kleeblatt.) Rev. wie bei der vorigen Nr.; doch ausdrücklich Mal.
— Die Goldgulden sind der eine von Utrecht, der andere
von Bonn; und zwar ist der etwas verschliffene Utrechter ein s. g.
Postulat-Gulden von dem postulirten Bischof Rudolph Graf
zu Diepholz, 1433—55, wie das Museum deren schon besitzt;
vgl. Bericht XI, 15; XII, 21 und XIII, 92. Abv. Der heilige
Martin im bischöflichen Ornat, die Rechte zum Segen aufhebend
und mit der Linken den Bischofsstab haltend. Sancte Martin'.
Epis'. Rev. Das Wappen des Bisthums mit dem Diepholzer
Mittelschild. Mon'. Rodlp'. Episc'. Trajet'. † (Vgl. J. I.
Köhler, vollständiges Ducaten-Cabinet No. 1668.) — Der Bonner
Goldgulden ist von dem Landgrafen Hermann von Hessen, erwähltem Administrator des Hochstifts Köln 1473, Erzbischof
1480 1508. Abv. Der heilige Petrus stehend, in der Rechten
den Schlüssel, in der Linken ein Buch; zu seinen Füßen die Wappen der Grafschaft Ziegenhayn und der Landgrafschaft Hessen in
Einem Schild. Ilmai Electi Eccle' Colon. Rev. Ein großes
Kreuz, auf dem ein Schild liegt, worin das Kölnische Kreuz mit
dem Hessischen Löwen und dem Wappen der Grafschaft Nidda ge-
viertet ist. Mone. Nova. Aurc. Bonne. (Vgl. Köhler Nr. 925.)
Gleichzeitig mit den obigen Münzen wurde aus Dithmarschen

durch dieselbe Vermittlung auch ein Rosenobel von König
Eduard III. von England, 1327—77 (vgl. Köhler Nr. 384),
dem Museum zu Kauf angeboten. Die Münze war wohl erhalten,
nur etwas zerknittert und oben durchbohrt; sie scheint als Hals-
schmuck getragen zu sein.*)

—————

Nach einer Mittheilung der norderdithmarsischen Landvogtei
zu Heide vom 4. Febr. 1862 ist in der Nähe von Heide auf
einer Koppel ein kupfernes Gefäß gefunden, das reichlich 30 Goldmünzen, dem Anschein nach aus dem Mittelalter, darunter eine mit
der Jahreszahl 1296, enthalten hat. Die Münzen haben meistens
die Größe eines holländischen Dukatens, sind jedoch etwas dünner;
einige von heller Farbe scheinen aus einer Legirung von Gold und
Silber zu bestehen. Der Fund ist jedoch schon durch Kauf in die
zweite und dritte Hand übergegangen und nach verschiedenen Orten
zerstreut; so war es nicht wohl möglich denselben ganz zum Behuf
einer genaueren Untersuchung hieherzubekommen, um so weniger da
bei den beschränkten Mitteln des Museums an einen so kostspieligen
Ankauf nicht gedacht werden konnte.

—————

Ueber den Münzfund im Dorf Berlin, Gut Seedorf,
von 1860 (s. XVIII. Bericht S. 22; XX. Bericht S. 13 und
65—66) haben wir noch nachzutragen: Derselbe bestand, außer
einigen Bruchstücken, aus 177 Münzen, alle etwa von der Größe
eines Lübecker Achtschillingsstückes; davon sind nach der ersten
Durchsicht 77 Lübecker, 51 Hamburger, 34 Schleswig-
Holsteinische und 15 Mecklenburgische (von Wismar und
Güstrow) gewesen. — Bei einer neulichen Revision, als aber
nicht mehr der ganze Fund beisammen war, fanden sich außer den
a. a. O. beschriebenen und angekauften 16 Sorten noch folgende
vier, welche gleichfalls für das Museum erworben sind, nämlich:
17. und 18. zwei Lübecker vom Jahr 1522, welche von den

—————

*) S. Kieler Wochenblatt Nr. 53; 1861. Das Museum mußte sich
auf den Ankauf der beiden Kreuz-Witten beschränken.

Nr. 15 und 16 etwas abweichen. (Wir haben also jetzt aus demselben Jahr vier verschiedene Stücke alle mit demselben Stempel, aber in der Umschrift sind kleine Abweichungen, und neben dem Stadtwappen unten zeigt Nr. 15 und 16 einen Kreis, 17 ein Blatt und 18 eine Lilie auf jeder Seite als Beizeichen.) — 19. Eine beschädigte Wismarsche Münze (von 1523), in Stempel und Umschrift (S. Laurencio) etwas von Nr. 10 abweichend. 20. Abr. S. Quirin'. 15 26 P(ro)tect(or) n(oste)r'; Heiligenbild in einer Einfassung; zu Füßen desselben ein Schild, worin am Rande herum 9 Kugeln, an beiden Seiten des Schildes ein Kreis. Rev. Der Reichsadler in einem eingefaßten, mit einer kaiserlichen Krone gedeckten Schild, der auf einem Lilienkreuz ruht. Mon.' nov'. Civi'. Nuss'.(iae), also der Stadt Neuß auf dem linken Rheinufer, ungefähr Düsseldorf gegenüber, früher kurkölnisch, jetzt preußisch. (Die Reliquien des heil. Märtyrers Quirinus sind im Jahr 1050 von Rom nach Neuß gebracht; im Jahr 1475 erhielt die Stadt von Kaiser Friedrich III. das Recht goldene und silberne Münzen zu schlagen, und gleichzeitig das Wappen: einen schwarzen Schild darin ein goldener Adler mit zwei Häuptern, ausgebreiteten Flügeln und ausgestreckten Zungen, und oben auf dem Schild eine goldene kaiserliche Krone; vgl. Löhrer: „Geschichte der Stadt Neuß.“ Neuß 1840, S. 44 u. 182. Der Schild mit den 9 (novem) Kugeln auf dem Abr. ist vielleicht das ältere Stadtwappen oder die städtische Marke, und zwar ein redendes, gebildet nach dem älteren Namen der Stadt Novesium bei Tacitus.) Diese Münze ist wahrscheinlich das einzige Exemplar in unserm Funde gewesen und darum früher übersehen worden; was um so leichter war, da sie die größte Uebereinstimmung mit den obengenannten Nr. 15—18 zeigt. Man möchte fast annehmen, sie sei in Lübeck geschlagen; wie kommt auch diese einzelne niederrheinische unter die vielen nordelbischen Münzen?

H. Handelmann.

---

2. Ueber die Todtenfelder

(größere Begräbnißstätten) aus heidnischer Zeit in verschiedenen Theilen des Landes sind bereits zu wiederholten Malen in den

Berichten der antiq. Gesellschaft Notizen mitgetheilt worden; vgl.
Ansprache S. 35—36, Bericht XII (1847), S. 17 und XIII
(1848), S. 29 und die dort nachgewiesenen Stellen. Einem
Schreiben des Herrn Pastor Gurlitt zu Billwärder entnehmen
wir jetzt folgende Nachricht:

„In dem oberen Theil der Gemeinde führt eine Brücke für
Fußgänger über die Bille. Wenn man diese Brücke überschreitet
und dann, sich links wendend, den Fahrweg nach Boberg verfolgt,
so gelangt man sehr bald an ein Ackerfeld, das von Sandhügeln
umgeben ist. Sieht man den Boden dieses Feldes, wenn es vielleicht eben gepflügt oder abgemäht ist, etwas schärfer an: so bemerkt man leicht, daß er mit einer Unzahl kleiner irdener Scherben
von schwärzlicher Farbe wie übersäet ist; bei weiterem Nachforschen
findet sich auch wohl hie und da das Bein eines Topfes von gebrannter grauschwarzer Erde. Der Besitzer des Ackers sagt aus,
daß, soweit diese Scherben angetroffen werden, der Boden merklich
fruchtbarer ist als da, wo sie fehlen. Es scheint mir keinem Zweifel
zu unterliegen, daß hier ein Theil eines Todtenfeldes zu Tage ge-
fehrt ist, welches vielleicht mit demjenigen zusammenhängt, aus
welchem vor Jahren Dr. Möller zu Boberg Aschenkrüge ausgegraben hat. An der bezeichneten Stelle mag die Oberfläche dieses
Todtenfeldes von Ueberschwemmungen zum Theil weggewaschen, weiter
hin dagegen von den Sandhügeln überschüttet sein, welche mehr
oder weniger in beständiger Bewegung sind, je nachdem Wind und
Regen auf sie einwirkt."

Ueber denselben Gegenstand schreibt uns Herr Diermissen
in Uetersen: „Am 16. October 1858 stellte ich mit meinem Freunde
Herrn von Scherpenberg bei Boberg in den dortigen Sandhügeln, wo überall viele Urnenscherben zerstreut liegen, Nachgrabungen an. Wir fanden aber nur große Ziegelsteine mit zerbrochenen
Urnen dazwischen. Die Bruchstücke, welche ich noch besitze, habe
ich nicht für bedeutend genug gehalten, um sie dem Museum einzusenden."

3. Antiquarischer Bericht aus Amrum.

In der Dünengegend „Siatlar*) auf der nördlichen Hälfte
der Insel Amrum sind schon früher einzelne Alterthumsgegenstände,
nämlich Urnen und steinerne Aexte, gefunden worden. Dieselben
kamen auf ebener Erde zum Vorschein; doch dürfte es fraglich sein,
ob nicht ursprünglich hügelartige Erhöhungen die Urnen verdeckt
haben. Alle Grabhügel hat man freilich in diesen Thälern, welche
den gemeinschaftlichen Namen „Siatlar" führen, bisher nicht entdeckt; doch ist es sehr wohl möglich, daß solche unter den Dünen-
reihen, welche die Thäler begrenzen, vorhanden sind, sowie daß
andere von der Feuchtigkeit, die der Flugsand aufsammelt, mildurch-
drungen und später gleich den auf dieselben abgelagerten Sand-
massen von den Herbst- und Winterstürmen aufgelöst und abgetragen
worden sind. Vereinzelte Steinhaufen in dieser Gegend scheinen
in der That alte Grabkammern gewesen zu sein, und andere neben
einander liegende größere Steine dürften zur Umdunung alter Gräber
gehört haben. In neuerer Zeit sind ganze Schiffsladungen solcher
Steine nach Pelworm und Dagebüll verkauft worden, wo man dieselben bei den Deichbauten verwendet hat.

Ein kleines zu den Siatlar gehöriges Thal ist in neuester
Zeit durch die vielen Flintsteingeräthe, die man zufällig entdeckte, merkwürdig geworden. Dasselbe liegt hart an der Westseite
der Insel und ist gegenwärtig nach der Strandseite hin fast offen,
indem es nur durch einen niedrigen Sandwall vom Strande getrennt wird. Als die schützende Dünenwand vom Sturme zerstört
war, wurde der lose Sand, der den Thalgrund bedeckte, fortgeweht,
und die Alterthumsgegenstände, die hier seit der Dünenbildung im
Schooß der Erde gelegen haben, kamen zum Vorschein. Auf dem
kleinen Raume von 1 bis 2 Quadratruthen fand man eine große
Menge von Flintstein-Geräthen, die merkwürdigerweise alle zerbrochen
waren oder wenigstens als unvollendete Arbeiten zu betrachten sind.

---

*) Das Zeichen über dem Namen „„a Siatlar" auf der den S. H. L.
Jahrbüchern Bd. IV beigegebenen antiquarischen Karte der Insel Amrum
bezeichnet den Ort, wo früher ein paar Streitäxte, in neuester Zeit aber
ganze Haufen alter Steingeräthe aufgefunden worden sind.

Unter anderen hier gefundenen Gegenständen sind mir mehrere sehr
roh bearbeitete Streitärte und verunglückte Pfeilspitzen zu Gesicht
gekommen. Von den Messern und Pfeilspitzen (*) sind mir durch
gütige Freunde zusammen 67 Exemplare zugestellt worden, und
übersende ich beifolgend einige Stücke von jeder Art. Die Sachen
lagen, wie erwähnt, auf ebener Erde, stellenweise auf und neben
einander.*) Auch fand man hier 3 gleich große fast kugelrunde
Flintsteine neben einander; einen derselben habe ich beigelegt. Dem
Anschein nach ist ein Theil der Oberfläche abgeschliffen. Neben den
verunglückten und zerbrochenen Geräthen lag ein Bruchstück eines
thönernen Gefäßes (einer Urne?), welches ich ebenfalls mitschicke.
Das Bruchstück scheint keine Glimmertheilchen zu enthalten, gehört
also augenscheinlich einer andern Periode an als die meisten Urnen,
die in unsern halbkugelförmigen Grabhügeln gefunden werden und
fast sämmtlich aus grobkörniger Masse bestehen. Zur Vergleichung
habe ich einige Bruchstücke von Urnen, die ich im Hambuugh fand,
beigelegt.

Der Hambuugh ist der südlichste aller amringer Grabhügel,
hat eine isolirte Lage und gehört rücksichtlich seiner Höhe und
seines bedeutenden Umfanges zu den ansehnlichsten Grabhügeln der
Insel. Die ihn unmittelbar umgebenden Grundstücke sind seit
Menschengedenken urbares Land, während eine bedeutende Strecke
Landes westlich von demselben gegenwärtig mit Haidekraut bewachsen
und durch den Flugsand verödet worden ist, obgleich man von den
Dünen herab deutlich sieht, daß auch diese Fläche vormals unterm

---

*) Ich erlaube mir noch, eine Vermuthung auszusprechen, wodurch
der Umstand, daß die vielen kleinen Steinsachen sich an einem Orte
fanden, einigermaßen erklärt würde: Sollte der Ort nicht vielleicht eine
Lagerstätte sein, wo man gerade Mahlzeit gehalten und die kleinen Steingeräthe zum Oeffnen der Auster- und Muschelschalen benutzt, oder eines
feindlichen Ueberfalles wegen, etwa von Seeräubern, schnell weggeworfen
hätte? (Muschelschalen werden hier wie fast überall in den Dünen-
hügeln gefunden; es ist aber schwer zu entscheiden, ob die Seevögel sie
dahingebracht, oder ob sie auf andere Art dahin gekommen sind.) Oder
dürfte man annehmen, daß ein Künstler in der Steinperiode hier seine
Werkstau gehabt habe?

Pfluge gewesen ist. Oestlich vom Hamburgh ist früher eine verhältnißmäßig tief in's Land hineingehende Meeresbucht gewesen,
die aber jetzt verschwunden ist und an deren Stelle sich Marschland
gebildet hat. — Der Besitzer des Hügels, ein intelligenter Landmann, erzählte mir, wie er vor Kurzem, als er eine Vertiefung
am südöstlichen Rande des Hügels machte um einen Bienenkorb
dahin zu stellen, entdeckt habe, daß der Hügel „voll von Urnen"
sei. Außerdem erwähnte er, daß rings um den Fuß des Hügels
herum viele Urnen beim Pflügen zum Vorschein gekommen wären.
Als ich den Ausstich am südöstlichen Rande, wo der Bienenkorb
gestanden hatte, in Augenschein nahm, fiel mir gleich ein horizon-
taler, etwa zwei Finger breiter Streifen auf, der aus Knochensplittern
bestand, über und unter welchen Bruchstücke von Urnen hervorragten.
Mein Begleiter, der Besitzer des Hügels, und ich fingen sogleich an
mit dem Spaten die Erde von oben her abzuräumen, bis wir ungefähr die obern Ränder der in einer Ebene stehenden Urnen
erreicht hatten. Die braune mit grobem Kies vermischte Erde war
ganz ausgetrocknet, fast staubartig, und wir räumten sie nur vorsichtig mit den Händen hinweg, da uns sehr daran gelegen war,
die Urnen unzerbrochen zu Tage zu fördern. Wir bemerkten aber
bald zu unserm Bedauern, daß alle Urnen schon zerbrochen waren
und die größeren Scherben Risse hatten, durch welche die tief hinab-
reichenden Wurzeln des Haidekrautes, womit der Hügel bedeckt ist,
hindurchgedrungen waren; einige Scherben waren mit feinen Wurzel-
fasern förmlich übersponnen. Die Urnen standen circa 2 Fuß unter
der Oberfläche und etwa 3 Fuß über dem Fundament des Hügels.
Allem Anschein nach ist der Hügel früher nicht durchwühlt worden,
wofür mir besonders der Umstand zu bürgen scheint, daß die Urnen
in einer Ebene standen und die Knochensplitter eine horizontale
Schicht bildeten. Deßungeachtet lagen Scherben, die der Masse
und Form nach zu verschiedenen Urnen gehörten, neben und über
einander, und an ein paar Stellen schien eine Urne auf der andern
gestanden zu haben. Man darf danach wohl annehmen, daß die
Beisetzung zu verschiedener Zeit stattgefunden hat. Keine einzige
Urne stand auf Steinen, und ebenso wenig kamen Einfassungs- oder
Decksteine zum Vorschein. Nach den Scherben zu urtheilen, waren

alle Urnen in der Form verschieden; ebenso waren die Striche und
Verzierungen, die an der äußern Fläche angebracht waren, verschiedener Art. Mehreren fehlte jegliche Verzierung; alle scheinen
jedoch auf der Scheibe gearbeitet zu sein. Ich habe der Veran-
schaulichung wegen mehrere Scherben beigelegt. Die größte der
gefundenen Urnen war mit einem thönernen Deckel versehen, der
aber schon in kleine Scherben zerfallen war, die auf den Knochensplittern lagen; dieselbe enthielt außer einer Handvoll Knochensplittern das beifolgende Fragment einer eisernen Schnalle mit einem
daran festgerosteten Knochenbruchstück. In den übrigen Urnen
waren bloß Knochensplitter. Auf einer Fläche von ca. 14 Qua-
dratfuß fanden wir nach den Scherben zu urtheilen über 20 zerbrochene Urnen mit Knochenüberresten, und es mögen sich noch viele
andern in dem Hügel finden, wovon der horizontale Streifen von
Knochensplittern zeugte, der sich durch das ganze südöstliche Viertel
des Hügels hindurchzieht und überall, wo wir eine flüchtige Nach-
grabung anstellten, zum Vorschein kam. Meine Zeit erlaubte es
leider nicht, zu untersuchen, wie weit die Knochenschicht sich erstreckte;
ich darf aber hoffen, daß der Besitzer den Hügel nicht planlos
durchwühlen lassen wird.

Ich füge hinzu, daß der Besitzer sich erinnerte, von allen
Leuten gehört zu haben: am Hambuugh gehe es zur Abend- und
Nachtzeit nicht mit rechten Dingen zu, indem die Unterirdischen hier
ihren Spuk trieben und nächtliche Wanderer neckten.

Um dieselbe Zeit (im August 1861) besuchte ich auch mit
einem alten Freunde das merkwürdige Stalnasthal. Der mit
großen Steinen umzäunte, aber ganz durchwühlte Grabhügel stand
noch vom Flugsande entblößt da; von den Steinsetzungen waren
aber nur hier und da noch einige Segmente und Ränder sichtbar,
indem der Flugsand sich auf's Neue darüber gelagert hatte. Es
war ein eigenthümlicher Anblick, den völlig nackten aus schwarzer
Erde bestehenden Grabhügel mit seiner Umzäunung und die mit
zartem Grün bewachsenen neuen Dünen, an deren Fuße die Stein-
treife und Dreiecke hervorragten, von einer hohen Düne aus mit
Einem Blick zu überschauen. Von den vielen Urnenscherben, die
um den alten Hügel herum lagen, übersende ich einige beifolgend.

Es darf nicht unerwähnt bleiben, daß mein kundiger Freund mir erzählte, daß außer den früher sichtbaren Steinkreisen (vgl. Jahrbücher III, 459; antiq Bericht XX, 17 22) ein paar vollständig gepflasterte Kreise an der östlichen Seite des Thales zum Vorschein gekommen, aber später wieder mit Sand überschwemmt worden sind.   Chr. J.

— — —

4. Aus dem südlichen Schleswig.

Die antiquarischen Untersuchungen des Taschberger Moores bei Süderbrarup*) dürften jetzt als beendigt anzusehen sein. Beim Abschluß der im Laufe des letzten Sommers angestellten Nachgrabungen zeigten sich überall die Gränzen der Alterthumsschicht, aus welchem Grunde keine bedeutende Ausbeute an Alterthümern zu erwarten war. Es war aber nicht unwichtig, die Gränzen des Aufbewahrungsortes mit Genauigkeit zu bestimmen, und dies war der Hauptzweck der diesmaligen Untersuchungen. Dabei hat sich ergeben, daß die trichterförmige Vertiefung im südöstlichen Winkel des Moores die einzige Stelle ist, die man als Versteckort benutzt hat, und liegt die Vermuthung nahe, daß der ganze Trichter, der ungefähr den achten Theil des Moores umfaßt, ein vom Urwalde umgebener Sumpf gewesen ist. Um zu demselben zu gelangen, hat man eine Brücke oder Uebergangsstelle aus Buschwerk und kleinen Pfählen errichtet, deren Ueberreste bei den zuletzt angestellten Untersuchungen zum Vorschein kamen. An keinem anderen Orte des Taschberger Moores haben sich Spuren von Alterthumsgegenständen gezeigt, obgleich behufs der Torfgewinnung seit vielen Jahren bedeutende Eingrabungen in dasselbe gemacht worden sind.

Am westlichen Rande des Moores befinden sich zwanzig Grabhügel. Einer derselben ist im vorigen Sommer genauer

—————

*) Vgl. Bericht XVII, 1 20; S. H. L. Jahrb. II, 292 u. f.

untersucht worden: ein runder Hügel von 170 Fuß im Umkreis
und 9 Fuß Höhe. Auf der Oberfläche des ursprünglichen Bodens
fanden sich zwei regelmäßige Kreise von unbehauenen so ziemlich
gleich großen Steinen, deren jeder ungefähr 2 Fuß im Durchmesser
hat. Der größere 50 Fuß im Durchmesser haltende Kreis umschloß
den kleineren von 18 Fuß Durchmesser. In dem inneren Kreise
lag ein menschliches Gerippe in der Richtung von Osten nach
Westen mit dem Kopf auf einem der Steine, die den inneren Kreis
bilden, die Füße in der Richtung nach der Mitte hin, das Gesicht
nach Osten gekehrt. Gerade in der Mitte des Hügels war eine
kleine Steinkammer, in deren innerem Raume sich verbrannte Knochen nebst einer kleinen Bronzenadel befanden. Das Eigenthümliche
ist das Zusammenfinden eines unverbrannten Leichnams mit den
Knochensplittern eines verbrannten. Das Begräbniß in der Mitte
dürfte als das Grab des Herrn und dasjenige im Kreise als das
Grab eines geopferten Sclaven zu betrachten sein. Es darf ferner
nicht unerwähnt bleiben, daß ein 8 Fuß hoher Stein zwischen den
beiden Steinkreisen aufgerichtet war. Derselbe stand mit dem zu-
gespitzten Ende in der Erde auf einem aus kleinen Steinen gebildeten Fundament. Das Innere des Hügels ist so sorgfältig und
regelmäßig geordnet und die ganze Einrichtung so eigenthümlich in
ihrer Art, daß der Alterthumsfreund den Wunsch nicht unterdrücken
kann, daß dieses Denkmal aus einer fernen Zeit vor Zerstörung
bewahrt bleiben möge.

––––––

Zu wiederholten Malen, sowohl beim Ausgraben alter Funda-
mente wie beim Legen der Gasröhren und anderen Arbeiten hat
man in der Schleswiger Altstadt Pfahlbauten in der
Erde entdeckt, die um so merkwürdiger sind, als sie gerade in
Gegenden angetroffen werden, welche alten Nachrichten zufolge schon
sehr früh als Bauplätze benutzt wurden. In der Langenstraße,
zwischen dem hohen Thor und der nach dem Markt führenden Torf-
straße, sind in den letzten Jahren viele in die Erde eingerammte
eichene Pfähle aufgefunden worden. Diese Pfähle oder richtiger
Balkenstücke waren so dicht neben einander eingerammt, daß nur

2*

geringe Zwischenräume blieben, die mit Schutt und Moorerde ausgefüllt waren. Sogar in der Nähe der Domkirche, nur 20 Schritte
östlich vom Glockenhause, kamen Pfahlbauten zum Vorschein. Ein
paar Fuß unter dem Fundament eines alten Gebäudes stieß man
auf ein altes Straßenpflaster, und unter diesem fanden sich eingerammte Pfähle, die durch Flechtwerke aus Reisern und Zweigen
mit einander verbunden waren.*) Auf dem großen Wall wurden
in einer Tiefe von 6—7 Fuß vermoderte Baumstämme und Baum-
wurzeln und viele noch wohlerhaltene Haselnüsse in der sehr moor-
haltigen Unterlage des Bodens gefunden.

Diese ganze Gegend (der große Markt mit seiner nächsten
Umgebung nebst der Langenstraße) ist also künstlich gebildetes, der
Schlei abgewonnenes Land. Der „Holm" hat mithin seinem
Namen in viel augenfälligerer Weise als jetzt entsprochen und ist
durch breite Arme des Schleistroms von dem übrigen Schleswig
getrennt gewesen. Die Pfahlbauten kommen übrigens auch an der
südlichen Seite des Holms vor. Hier wurde nämlich außer mehreren senkrecht stehenden Pfählen ein horizontal liegender Balken
gefunden, in welchen mehrere Pflöcke eingeschlagen waren.

Unter dem Schutt, womit die Zwischenräume ausgefüllt waren,
fanden sich viele Ueberreste von Mauersteinen und Dachpfannen;
letztere sind länger, schmäler und stärker zusammengebogen gewesen
als die jetzt gebräuchlichen. Glasscherben wurden nur an Orten
gefunden, wo erwiesener Maßen bevorzugte Gebäude gestanden haben.
In der Nähe der Domkirche fand man ein Bruchstück eines sehr
großen Geweihes, etwa eines Elenthieres. Außerdem unter dem
oben erwähnten Flechtwerk eine Streitaxt aus Flintstein.

Merkwürdigerweise wurden am Holmer Kirchhof, außerhalb
der Kirchhofsmauer, nur 3 Schritte von der westlichen Häuserreihe
entfernt, Menschengebeine gefunden, die dem Anschein nach nicht in
Särgen begraben worden waren, da die Skelette in einer Tiefe
von 3 bis 4 Fuß dicht neben einander lagen. Die Schädel waren
noch wohl erhalten, und es fehlte auch nicht Ein Zahn, wonach

---

*) Auch am Wellinger Moor werden ähnliche Pfahl- und Flecht-
werke gefunden.

wir vielleicht annehmen dürfen, daß es junge Krieger gewesen sind, die man hier in der Eile verscharrt hat.

(Aus einem späteren Brief vom 26. Juli 1861.) Meiner früheren Mittheilung füge ich noch hinzu, daß man vor ein paar Jahren eine Tonne (Pökeltonne?) mit Pferdeknochen in gleicher Tiefe mit den Pfählen fand, d. h. der obere Theil der Tonne befand sich in gleicher Ebene mit dem oberen Ende der eichenen Pfähle. Zwischen und neben den Pfahlwerken werden überhaupt auffallend viele Ueberreste von Thierknochen gefunden.

Ich habe jetzt die Ueberzeugung erlangt, daß man die Pfahlbauten nicht angelegt hat, um Land zu gewinnen, sondern lediglich um Häuser oder Häusergruppen darauf zu errichten, da sich zwischen den Pfahlgruppen bedeutende Zwischenräume befinden, welche wahrscheinlich viel später mit Schutt und einer Art Moorerde ausgefüllt worden sind. Die Pfähle stehen so dicht neben einander, daß man bei Anlegung eines Kellers auf einer Fläche von 24 Fuß Länge und 16 Fuß Breite 70—80 Pfähle herausreißen mußte. Chr. J.

5. Ein germanisches Götterſymbol.

Das räthſelhafte Inſtrument, wovon auch unſer Muſeum ein Exemplar beſitzt (vgl. XIII. Bericht 1848, Taf. II und S. 24) iſt im XXVI. Jahrgang der Jahrbücher des Vereins für Mecklenburgiſche Geſchichte und Alterthumskunde 1861 S. 140 u. ff. von Herrn Archivrath Dr. Liſch ausführlich beſprochen worden. Derſelbe gelangt zu dem Reſultat, daß wir darin ſo zu ſagen einen tragbaren Schwertpfahl (vgl. S. H. L. Jahrb. V, 146) vor uns haben, das Symbol des drittböchſten Gottes Jo-Freyr (Thyr)-Ebor, der auch geradezu den Beinamen Sagnol, d. h. Schwertgenoſſe, Schwertträger, führte.

III.

Verzeichniß der Accessionen
des
Museums vaterländischer Alterthümer in Kiel.*)

(Nr. 2826—2900 des Haupt-Kataloge.)

A. Alterthümer.

Zwölf Steinsachen, geschenkt von Herrn Professor Bartels in Kiel, nämlich: Keil, lang 9″ 10‴, breit 2″ bis 2″ 9‴. — Keil von gelblichem Flintstein, vorn ausgesplittert; lang 5″, breit 2″ bis 2″ 8‴. — Keil, l. 4″ 2‴, br. 1″ 10‴. — Ein fast ganz roher Keil, l. 5″ 2‴, br. 10‴ bis 1″ 6‴. — Keil von gelblichem Flintstein, l. 3″ 10‴, br. 1″ bis 1″ 8‴. — Schmalmeißel, l. 3″ 9‴, br. 8‴. — Bruchstück (Schneide) von einem Keil, l. 3″, br. 2″. — Dsgl., 2″ 3‴ lang und ebenso breit. — Ein Wirtel, im Durchmesser 1½ Zoll. — Ein halbmondförmiges Messer von schwärzlichem Flint, unten gerade, l. 5″; größte Breite 2″. — Lanzenspitze (Messer) mit auf beiden Seiten erhöhtem Rücken, von braunem Flintstein, die Spitze abgebrochen, l. 5″ 8‴, br. 11‴. — Ein Hohlmeißel, vorn ausgesplittert, l. 3″ 6‴, br. 10‴ bis 1″ 8‴. Pariser Maaß.

---

*) Es sind hierin verschiedene Accessionen aus den Jahren 1858 - 61 nachgetragen, welche bei Abfassung des vorjährigen Verzeichnisses (Bericht XX.) irrthümlich übergangen sind.

Ein Steinhammer, bootförmig, l. 6″, breit über dem Loch 2″, hoch an der Schneide 1″ 4‴. — Ein abgebrochenes Stein-messer mit Griff, l. 6″ 3‴, br 1″ 6‴. — Ein kleiner Celt von Bronze, l. etwa 3″. — Ein Handring von Bronze, in 2 Stücke zerbrochen, im Durchmesser 2½ bis 3″. — Ein Drathring von Bronze, in 4 Stücke zerbrochen, im Ganzen etwa 9 Windun-gen; im Durchmesser etwa 2″. — Model von einem goldenen Drath-Fingerring, in 2 Windungen, schwer 1 Louisd'or, gefunden in einer Steinkammer oder Hünengrab auf dem Techelwitzer Dorf-feld zwischen Oldenburg und Heiligenhafen zu Anfang dieses Jahr-hunderts.

Eine Handmühle: zwei platte Granitsteine, jeder etwa 1 Fuß im Durchmesser, welche genau auf einander passen, indem die etwas concave Fläche des einen von der convexen des anderen gedrückt und gefüllt wird. Gefunden im Vorsommer 1839 auf dem adeligen Gut Höltenklinken und eingesandt durch Herrn Gutsbesitzer Dr. Lutteroth daselbst. (Vgl. S.-H.-L. Jahrbücher IV, 191.)

Zwei große Urnen, aus dem großen Urnenlager des Hofes Treßdorf im Gute Nichdorf. Geschenkt von Herrn Premierlieutenant a. D. Timm in Eckernförde.

Schwert von Bronze, lang 13½ Zoll; die äußerste Spitze fehlt, die eine Schneide etwas zerhackt und die eingelegte Verzierung am Griff ausgebrochen, im Uebrigen wohl erhalten. Gefunden in einem Moor bei Friedrichsort. Angekauft.

Ring mit Oese von Bronze, im Durchmesser 2″ 9‴ und die Oese 1‴; gefunden in einem Hünengrabe auf der Koppel Gräven-berg des Meierhofs Niemröde, Guts Lensahn. Geschenkt von Herrn Studenberg zu Manhagen.

Ein fast kugelrunder Flintstein, welcher Spuren von Bearbei-tung zeigt, im Durchmesser etwa 2″ 6‴. — Fünf Flintsteinspähne, in Form von Pfeilspitzen, fast gar nicht bearbeitet, etwa 1½—2″ lang. — Zehn Flintsteinspähne, in Form von kleinen Messerchen, fast noch ganz roh, etwa 1½—2½″ lang. — Bruchstück eines thönernen Gefäßes (Urne), gefunden neben den vorstehenden Flint-steinsachen in den Statlar auf der Insel Amrum.

Drei Bruchstücke von Urnen, gefunden im Dünenthal Stalnos auf Amrum. — Aus dem Hambuggh auf Amrum stammt das Bruchstück einer eisernen Schnalle, woran ein Knochenfragment festgerostet; Bruchstück von der Urne, worin die Schnalle lag; vier weitere Bruchstücke von Urnen nebst Knochensplittern, gefunden in und neben obigen Urnen. (Eingesandt mit dem „antiquarischen Bericht aus Amrum", s. oben S. 14—18.[*])

Eine Steinaxt, lang 3½", hoch an der Schneide 2" und hinten am Stielloch 1" 3"', größte Dicke 1½"; gefunden auf dem Gute Birkenmoor im Dänischen Wohld. Geschenkt von Herrn Professor Claudius in Marburg. Der Herr Einsender schreibt dabei: „Interessant, weil sie ein Beweisstück für die Bohr-methode bei den Steingeräthen abgibt. Das alte Stielloch war nämlich ausgebrochen, und man hat versucht, ein neues zu bohren, mußte aber ablesen, weil die dünnen Wände ausbrachen. Es ist gleichzeitig von beiden Seiten gebohrt wor-den, denn sonst müßte offenbar bei diesem Exemplar schon ein Versuch auf einer Seite den Arbeiter von der Nutzlosigkeit seiner Bemühungen überzeugt haben."

Die Sammlung des verstorbenen Großherzoglich Oldenburgi-schen Kammerherrn von Witzleben (No. 2878—2943) s. oben S. 3: Dreißig Steinsachen aus den Herzogthümern Schleswig und Holstein, nämlich: Ein anscheinend noch nicht vollendeter, roh gearbeiteter, nur an den beiden Flächen der Schneide angeschliffener Keil von weißlichem Feuerstein, lang 5" 6"', breit 1 bis 2". Gefunden bei Plön. — Ein nur an den zwei Flächen an der Schneide geschliffener Keil von rothgelbem Feuerstein, lang 4" 8"', breit 1" 3"' bis 2". Gefunden zu Maasleben (Schl.). — Dgl., nur an der Schneide und den Seiten geschliffen, von weiß-lichem Feuerstein, lang 4" 6"', breit 10"' bis 1" 6"'. Ge-funden zu Nelbwisch (H.). — Kleiner flacher Keil von dunkelgrauem Feuerstein, an der Schneide und beiden breiteren Flächen geschliffen, lang 4", breit 1" bis 1" 6"'. Gefunden zu Pornhövet (H.). — Dgl., noch kleiner, auch verne an den beiden anderen Seiten ge-schliffen, von dunkelgrauem Feuerstein, lang 3", br. 8"' bis 1" 3"'. Gefunden zu Wittmoldt (H.). — Sehr großer, auf allen vier

Seiten geschliffener Keil von braunem Feuerstein, lang 1'0''', breit 2'' bis 3'' 4'''. Gefunden auf Fehmarn. — Großer, auch hinten flach zulaufender Keil von hellgrauem Feuerstein, auf vier Seiten geschliffen, lang 8'' 6''', breit 1'' 9''' bis 2'' 8'''. Gefunden in Angeln. — Fragment eines ganz ähnlichen Keils von grauem Feuerstein, auf allen vier Seiten geschliffen, lang 3'', breit 2'' 6'''. Gefunden zu Kleinzube bei Plön. — Hohlmeißel, an den vier Seiten und an der Schärfe hohl geschliffen, von weißlichem Feuerstein, lang 6'', breit 8''' bis 2'' 2'''. Gefunden bei Heiligenhafen. — Dgl. von hellgrauem Feuerstein, schön geschliffen, ein Stück ausgesprungen, lang 6'' 8''', breit 10''' bis 2'' 5'''. Gefunden zu Kolbmisch. — Dgl. von grauem Feuerstein, kleiner, nur an den zwei breiteren Flächen geschliffen, lang 4'' 10''', breit 9''' bis 2''. Gefunden zu Windeby bei Eckernförde. — Schmalmeißel, von gelblichem marmorirtem Feuerstein, nur an zwei Seiten geschliffen, lang 4'', breit 1''. Gefunden zu Blickstedt bei Kiel. — Dgl. von schwärzlichem Feuerstein, dreikantig, an allen Seiten geschliffen (eine sehr seltene Form), lang 4'' 6''', breit 6''' bis 1'' 2'''. Gefunden zu Gettorf (Schl.). — Messer mit Handgriff aus grauem Feuerstein, lang 9'', größte Breite 1'' 9'''. Gefunden zu Hasselburg (H.). — Messer mit auf beiden Seiten erhöhtem Rücken, aus schwärzlichem Feuerstein, lang 8'', breit 1'' 3'''. Gefunden zu Windeby. — Pfeilspitze aus Feuerstein, lang 2'' 7''', größte Breite 10'''; aus Holstein. — Flintsteinspahn, schwärzlich, etwas gekrümmt, lang 3¼''; aus Holstein. — Zwei dgl. von weißlichem Flintstein, lang 1'' 9'''; aus Holstein. — Zwei Fragmente einer sehr kleinen Axt aus einem weichen serpentinartigen Stein mit Bohrloch, an dem einen Stück einige Striche wie Runenschrift (II↑Ϝ), zusammen lang etwa 3'' 4''', dick über dem Loch 1'', an der Schneide hoch 1'' 3'''. Gefunden bei Wittmoldt. — Streithammer, in der Mitte durchbohrt, von ähnlichem Stein, stark gebraucht, mit zwei Schlagseiten, die eine stumpf, die andere etwas schärfer; bootförmig, lang 5'' 4''', dick über dem Loch 1'' 8''', hoch 1'' 9'''. Gefunden bei Wittmoldt. — Kleiner kurzer Streithammer von Granit (Syenit) mit einer vorspringenden Schneide, in der Mitte durchbohrt, hinten rund, lang

3" 9''', dick über dem Loch 1" 10''', doch an der Schneide 2" 5''', sonst nur 1". Gefunden bei Windeby. — Streithammer von dunkelgrünem weiß und roth punktirten Stein (Grünstein), in der Mitte durchbohrt, hinten flach, vorne scharf, von seltener Form und Schönheit; lang 4" 10''', dick über dem Loch 1" 7''', hoch 2" 3'''. Gefunden zu Louisenlund (Schl.) — Streithammer mit zwei Schneiden, die eine vordere scharf, die hintere stumpfer, aus gelblich grauem fein punktirten Stein (Serpentin?), von seltener Schönheit; lang 5" 6''', dick über dem Loch 1" 4''', die eine Schneide 2" 4''', die andere 1" 9''' hoch. Gefunden zu Water-Neverstorf (H.). — Streithammer, roh gearbeitet, von sehr festem schwarzgrünen Gestein, lang 4" 6''', dick über dem Loch 1" 4''', hoch 1" 6'''. Gefunden zu Rethwisch. — Fragment eines Streithammers aus hellgrauem Stein, lang 2" 8''', dick 1" 7''', hoch 1" 4'''. Gefunden zu Rethwisch. — Großer Hammer, lang 8" 6''', dick über dem Loch 3", hoch 2" 10'''. — Schmalmeißel von hellgrauem Feuerstein, lang 4" 2''', breit 9'''; bezeichnet „Eutin." — Unfertiger Keil von grauschwarzem Feuerstein, lang 5", breit 1" 2''' bis 1" 7''', bezeichnet „Eutin". — Dgl. von hellgrauem Feuerstein mit einer gesprenkelten Korallen (?), lang 3" 9''', breit 1" bis 1" 9'''

Halbverbranntes Menschengebein (Rückenwirbel, Unterkiefer und Zähne, größere Knochen), so wie auch eine zerbrochene kleine Aschen-Urne, aus einer großen zu Goldenstedt bei der goldenen Brücke im Oldenburgischen gefundenen Urne. — Kleine Aschen-Urne mit einem Henkel nebst angebrannten größeren Knochen, aus einer ebendaselbst gefundenen großen Urne. — Ein gekrümmtes Stück Eisen, wie von einem Messer; lang 3" 6'''. Soll in einer bei Sternbusch, zwischen Plön und Hassendorf, gefundenen sehr großen und schönen Urne gelegen haben, scheint aber kein altes Eisen. — Drei durchbohrte Schleudersteine oder Schmuck (richtiger Wirtel), im Durchmesser etwa 1" 3''', hoch 10''', 6''' und 1". Aus Ancum bei Bersenbrück, Kgrch. Hannover.

Ein sechseckiger metallener Stern, gefunden (auf dem Schlachtfeld?) bei Bornhöved. — Ein Stück Metall (Schnalle?), anscheinend vom Wehrgehäng oder Sattelzeug, ebenfalls vom Schlachtfeld

bei Bornhöved. — Abdruck eines metallenen Siegels aus der
Mönchszeit, darstellend ein Herz von zwei Pfeilen durchbohrt mit
der Umschrift: vulnerat cor caritas. Das Siegel wurde gefunden
bei der Zegelasche unweit Plön, wo vormals die Clause eines
Eremiten war. — Ein Pfeil, l. 12″ 9‴, gefunden auf dem
Boden der alten Burg Elz an der Mosel.

Pfeil, l. 13 Zoll, ohne Spitze, sonst vortrefflich erhalten.
Angeblich aus der Schlacht bei Marignano 1515. — Stückchen
von einer zerfetzten Fahne (roth), angeblich aus der Schlacht von
Sempach 1386. Desgl. (schwarz mit Gold), angeblich aus der
Schlacht von Murten 1477. — Desgl. (schwarz und roth mit
einigen Verzierungen und Schriftzügen), angeblich aus der Schlacht
von Marignano. — Sämmtlich aus dem Rüsthause zu Luzern.

Pfeilspitze von Eisen, l. 2″ 9‴; angeblich gefunden in einem
Römergrab bei Erbach im Odenwalde. (Vielleicht Merovingisch?)
— Römisches Mauerwerk, ganz aus Mörtel und kleinen Backsteinen
bestehend, wie aus einem Guß. Aus den Bädern der Porta Alba
zu Trier. — Kleines Schminkdöschen aus Pompeji, 1″ 8‴ im
Durchmesser, 8‴ hoch. — Homeruskopf in Glas, nach einer römischen antiken Gemme. Aus Rom. — Griechischer Thränenkrug,
hoch 6″ 6‴, in zwei Stücken. Aus der Umgegend von Athen.

Alter Persischer Dolch (Jatagan), lang 13½ Zoll, davon die
Klinge 6⅓ Zoll, in hölzerner roth und grün überzogener Scheide.
Wahrscheinlich mitgebracht durch den bekannten Adam Olearius,
welcher die Gottorpische Gesandschaftsreise nach Rußland und Per-
sien (1635) mitmachte und beschrieb.

Neun nordamerikanische Steinsachen, nämlich: Ein Messer aus
weißem Feuerstein, l. 5″ 6‴, br. 1″ 6‴. — Desgl. aus röth-
lichem Feuerstein, l. 4″ 6‴, br. 1″ 6‴. — Desgl. von gelblichem Feuerstein, l. 3″ 2‴, br. 1″ 4‴. — Desgl. von weißem
Feuerstein, l. 3″ 2‴, br. 1″ 6‴. — Pfeilspitze, herzförmig,
von röthlich gelbem Feuerstein, l. 2″ 4‴, br. 2″. — Desgl.
l. 2″ 3‴, br. 1″. — Desgl. l. 2″, br. 1″ 3‴. — Desgl.
l. 1″ 6‴, br. 1″. — Fragment eines Keils von Grünstein, l. 2″
3‴, br. 2″ 10‴, dick 1″ 6‴. (NB. Im Original-Katalog steht

bei diesen Stücken: „aus dem Staat Missouri", auf den Etiketten aber „Ohio".)

Stuccatur und Azulejo (gebrannter Backstein) aus der Alhambra bei Granada. — Zwei Stücke Stuccatur aus der Saalburg.

———

Bruchstücke der Sparbüchse, in welcher der (wahrscheinlich im Frühjahr 1534 versteckte) Seedorfer Münzfund lag. (Gefunden nahe an der Berliner Au, welche durch das Dorf Berlin im Gut Seedorf fließt; s. XVIII. Bericht, S. 22. Eingesandt von Herrn Forstrath G. Baier zu Seedorf.) Vgl. S. H. L. Jahrbücher III, 327.)

Ein eiserner Ritterhelm, gefunden auf dem Boden der Nikolai-Kirche zu Kiel. (Eingeliefert von Herrn Labener.

Zwei Bruchstücke eines Bronzeschwertes, das obere l. 10", das untere mit der Zunge des Griffs l. 11" 6'''. Eingesandt von Herrn Lehrer Wohlgehagen in Heidmühlen bei Neumünster durch Herrn Lehrer Schlichting in Kiel. Im Begleitschreiben heißt es: „Gefunden (1860) in einem Hünengrabe auf dem Felde des Hufners Lensch im Dörfchen Glashütte. Der Hügel ist nur etwa 3 Fuß hoch gewesen und hatte einen von Felsen umgebenen inneren Raum von etwa 4 Fuß Breite, worin viele Bruchstücke schwarzer Töpfe, Asche und verkohlte Knochen. Das Schwert selbst hat ganz unten in wagerechter Lage gelegen."

Zwei Bruchstücke einer Urne. Aus dem Oxendorf im Sachsenwald. — Ein Messer von Bronze, mit Griffzunge l. 6", und zwei Schwerter von Bronze mit Griffzungen, l. 16" und 12" 6'''. Aus einem aufgebrochenen Hünengrabe im Forstort Fortwinkel im Sachsenwald. Eingesandt von dem Kgl. Lauenburgischen Forst- und Jagdamt. In den beiliegenden Briefen heißt es: „Es wurden (im Winter 1858·59) Hünengräber aufgebrochen, um das Steinmaterial zu Wegebauten zu benutzen. Bewundernswerth war es anzusehen, welche ungeheure Masse von Steinen verschiedener Größe hier aufgehäuft und 5·7 Fuß hoch mit Erde bedeckt waren. So z. B. wurden im Oxendorf über 30 Faden oder 9000 Cubikfuß Steine gewonnen. — Das Stück der Urne scheint merkwürdig wegen seiner Bestandtheile. Die Schwerter standen aufrecht zwischen den Steinen; das Messer aber lag wagerecht dazwischen.«

Eine eigenthümliche Kugel von Eisen, mit vielen abgestumpften Spitzen. (Vielleicht ein Geißelknopf?) Gefunden bei der Cappeler Mühle und geschenkt von Herrn Hinz.

Ringe von einer sehr zarten neueren Schmuckkette von Metall. — Keil von gelblichem Flintstein, auf allen vier Seiten geschliffen (l. 5" 6''', größte Breite 2" 0'''. — Keil von schwärzlichem Feuerstein, nur auf den zwei Flächen an der Schneide geschliffen, lang 5" 9''', größte Breite 1" 9'''. — Keil, fast roh, nur an der einen Seite der Schneide angeschliffen, l. 7" 3''', br. 1" 9''' bis 3". — Schwert von Bronze mit Griffzunge, l. 13" 9'''. — Eine sehr schöne Lanzenspitze von Bronze, l. 8", leider in vier Stücke zerbrochen; der untere Rand zeigt eine geschmackvolle Verzierung. — Bronzene Haarnadel mit Knopf, l. 6", in zwei Stücke zerbrochen. — Ein dünner Halsring von Bronze, vorne mit Haken, in drei Stücke zerbrochen; der Ring etwa 3''', die abgeplatteten Haken etwa 4''' hoch. — Eingeliefert von Dr. Klaus Groth in Kiel.

Goldener Drathring (Armring) und bronzene Schwertklinge. (Der Ring wiegt 73,843 Grammen und hat ein specifisches Gewicht von 17, 2; danach sowie nach dem hellen Aussehen wird er ungefähr 20 % Silber enthalten.) Gefunden im Jahr 1858 bei dem Dorf Groß-Harrie, Kirchspiel Neumünster, und zwar auf der Bargskoppel in der Nähe des Grabhügels Heidberg, in welchem schon vor Jahren ein goldener Fingerring gefunden ist; s. Schröders Topographie s. v. Gr. Harrie. Es war eine kleine Erhöhung, über welche man hinwegpflügte und die so allmählich mehr geebnet wurde; da stieß man einmal mit dem Pfluge auf, derselbe zerbrach, und man wollte nun die Steine wegschaffen; bei dieser Gelegenheit wurde der Ring nebst der Schwertklinge zwischen zwei Steinen liegend entdeckt. Angekauft.

Nachträglich theilen wir die Analyse des Herrn Professor Karsten in Kiel über die Nordhastedter goldene Urne (s. Bericht XVIII, S. 20; Jahrb. III, 326) mit:

Gewicht in der Luft des

    Gefäßes . . . . 81,01 Gr., des Deckels 26,52 Grammen.

Gewicht im Wasser . . . 75,82   24,70

Gewichts-Verlust   5,19   1,82

Specifisches Gewicht . . . 15,61   14,57

Danach beträgt der Ge-

    halt an Silber . . 22,93   10,18

         an Gold . . . 58,08   16,34

und der Metallwerth des Gefäßes ungefähr 4½ Francs an Silber und 160 Francs an Gold, des Deckels 2 Frcs. an Silber und 50 Frcs. an Gold; im Ganzen 216½ Frcs.

Im November 1861 erhielt das Museum von Herrn Dr. Alander in Plön einen alterthümlichen geschnitzten Schrank von Eichenholz (Nr. 2960) zum Geschenk. Derselbe stammt aus Husum und ist eine sorgfältige Arbeit aus der spätesten Renaissance-Periode (Ende des 17. oder Anfang des 18. Jahrhunderts). Die ganze Höhe beträgt etwa 8 Fuß, die Tiefe 2½ Fuß, die Breite 7 Fuß; der obere Aufsatz springt nach vorn und beiden Seiten etwa ¾ Fuß vor, so daß hier die Tiefe über 3 Fuß, die Breite über 8 Fuß beträgt. Der Untersatz, welcher eine Schieblade enthält, zeigt an beiden Seiten und in der Mitte die Figuren der Könige Saul, David und Salomo; darauf baut sich der Schrank mit drei Pilastern auf, an deren Kapitälern Glaube (Engel mit Kreuz und Buch), Liebe (zwei sich küssende Engel) und Hoffnung (Engel mit Anker) ausgezeichnet sind. Die Thürfüllungen tragen in der Mitte jede ein hocherhabenes kranzförmiges Schnitzwerk, welches oben durch zwei Engel, eine Krone und ein Schriftband tragend, geschlossen wird. Das eine Schriftband lautet: „Der heilige Geist wird über dich“ (Ev. Luca 1. 36), und demgemäß zeigt der Kranz unten die symbolische Darstellung der Verkündigung Mariä; an beiden Seiten in der Mitte stehen die Figuren des Moses und Johannes des Täufers. Das andere Schriftband: „Abraham, Abraham“ (Genesis 22, 11); unten die Opferung Isaaks, an beiden Seiten Aaron und Paulus. Die Zwickel der Thürfüllungen sind voll Figuren; auch jeder Pilaster hat deren drei; es sind im Ganzen 21; nämlich sechs Engel mit den Marter, werkzeugen (Säule und Dornenkrone, Ruthe, Rohrstengel, Kreuz, Leiter, Lanze und Schwamm); weiter die vier Evangelisten mit aufgeschlagenen Büchern Schriftstellen zeigend (Matthäus, Mar, cus, Lucas und Johannes jeder mit seinem gewöhnlichen Be, gleiter); dann zehn Apostel (Bartholomäus, Jacobus der ältere und der jüngere, Petrus, Matthias, Andreas, Ju, das Thaddäus, Thomas, Philippus, Simon.) Endlich „Altvater“, wie die Unterschrift sagt; Gott der Vater in der Linken die Weltkugel mit dem Kreuz haltend, die Rechte zum Segen erhoben, steht oben am mittleren Pilaster. Ueber ihm das Kapitäl mit der Liebe, und darüber am Aufsatz eine Gruppe: Christus als Auferstandener und Gekrönter mit dem Kreuz in der Hand, in halber Figur; zwei Engel halten ihm eine Krone über dem Haupt und in der anderen Hand jeder ein Schild mit den Inschriften: „Gre sel“ · „Gott und Er“; ein Schriftband: „Heilich, heilich, heilich“ umschlingt die Gruppe und schließt sie nach unten ab. Seit, wärts davon schweben zwei Engel; der eine hält ein Buch mit der Inschrift: Fifit, fifit“ (soll heißen vivit), der andere das Buch mit den sieben Siegeln.

B. Münzen.

Angekauft sind 20 Stück aus dem Slover'schen Fund von 1861, 2 Stück aus dem Meldorfer Fund von 1860 und nachträglich noch 4 Stück aus dem Seedorfer Fund von 1860; s. oben S. 7—12. — Geschenkt 25 kleinere Silber, und 24 Kupfermünzen, s. S. H. L. Jahrbücher für die Landeskunde IV, 192 und V. 222.

Kiel, den 15. März 1862.

Bekanntmachung vom 21. September 1847.

(Wiederabgedruckt aus dem Dreizehnten Bericht, 1848, S. 3.)

Die Kgl. Schleswig-Holstein-Lauenburgische Gesellschaft für die Sammlung und Erhaltung vaterländischer Alterthümer, welche den Wunsch hegt, daß die in den Herzogthümern Schleswig, Holstein und Lauenburg gefundenen Alterthumsgegenstände soviel möglich an das Kieler Alterthumsmuseum gelangen mögen, hat Grund zu glauben, daß nicht wenige Alterthümer von Zeit zu Zeit aufgefunden, von den Findern aber entweder wenig beachtet oder auch an andere überlassen werden, jedenfalls für die hiesige Sammlung verloren gehen.

In dieser Veranlassung glaubt der Vorstand durch eine wiederholte Bekanntmachung in Erinnerung bringen zu müssen, daß alle, namentlich bei Wege- und Chausseebauten oder bei Gelegenheit anderer Erdarbeiten aufgefundenen Alterthumsgegenstände, als: Urnen, steinerne und metallene Waffen und Geräthschaften aller Art von dem hiesigen Museum nicht nur mit vielem Danke angenommen, sondern auch auf Verlangen gegen billige Bezahlung angekauft werden. Was insbesondere die Alterthumsgegenstände von Gold, Silber und Bronze betrifft, so bemerken wir ausdrücklich, daß, wenn solche an das hiesige Museum eingeliefert werden, dafür außer dem vollen Metallwerth auf Verlangen noch eine besondere angemessene Vergütung ausgezahlt wird.

Kiel, den 15. März 1862.

— · —

Druck von C. F. Mohr in Kiel.

4

Jahresbericht
des
Vereins für Gartenbau
in
Schleswig, Holstein und Lauenburg
pro 1861.
Erstattet am 15. Februar 1862.

Unter dem Patronat
Ihrer hochfürstlichen Durchlaucht der Prinzessin
Adelheid
zu Schleswig-Holstein-Sonderburg-Glücksburg.

Vorstand:

Prof. Thaulow in Kiel,
Vorsitzender.

Dr. Ahlmann in Kiel,
Schriftführer.

Rentier O. G. Meier in Kiel,
Schatzmeister.

Handelsgärtner Dahle
in Kiel.

Baumschulbesitzer L. Booth
in Flottbeck.

Hofjägermeister v. Ahlefeldt
auf Lindau.

Kammerherr v. Barenborff

Kammerrath Krichauff

Lehrer Schlichting
in Kiel.

Oberförster a. D. v. Waltersdorff,
in Kiel.

Handelsgärtner Chr. Bünsow
in Kiel.

I.

Dem Gartenbau-Verein wurde mit dem Beginn dieses Vereinsjahres eine außerordentliche Unterstützung dadurch zu Theil, daß demselben auf seine wiederholten Vorstellungen von dem Ministerium für
Holstein und Lauenburg ein Beitrag von Rthlr. 300. R.-M. für
Vereinszwecke, zunächst für das Jahr 1861, bewilligt worden ist.
Diese Bewilligung mußte dem Vereine um so willkommener sein, da
die Kosten des 1sten Heftes vom „Obstbuch" aus den ordinären
Mitteln des Vereins noch nicht hatten bestritten werden können, und
andere nützliche Unternehmungen des Vereins wegen Mangel an Mitteln

unausführbar geblieben waren. Von diesen sind, wie der Bericht unten weiter erwähnen wird, jetzt mehrere in Angriff genommen, die Ausführung derselben bedarf jedoch einer wiederholten außerordentlichen Unterstützung, welche hoffentlich nun auch alljährlich aus den für solche Zwecke im Staatsbudget auszuwerfenden Mitteln gewährt werden wird, nachdem das Ministerium die nützliche Wirksamkeit des Vereins erkannt hat. — Die erste Vereinsversammlung im Jahre 1861 ward am 20. Juni in Düsternbrook abgehalten und zwar in Verbindung mit einer kleinen Blumen-Ausstellung. In dieser Versammlung erstattete der Vorstand seinen Rechenschaftsbericht; wurden Rechnungsrevisoren: Herr Rector Petersen und Kaufmann Vollbehr ernannt, und die aus dem Vorstand tretenden Mitglieder durch Neuwahl ergänzt. Der gegenwärtige Vorstand besteht aus den diesem Bericht vorgedruckten Mitgliedern. Unter den austretenden Mitgliedern befanden sich Herr Professor Seelig, Herr Eckardt und Herr Cramer, welche an der Gründung des Vereins Theil genommen hatten und seit seiner Entstehung im Vorstand thätig gewesen waren. Der Erstere gewährte durch seine große Sachkenntniß dem Vorstand eine wesentliche Unterstützung, die derselbe mit Bedauern dem Verein an dieser Stelle jetzt entzogen findet. — In dem in der Versammlung erstatteten Bericht des Vorstandes ward der Verhandlungen mit der Direction des Holsteinischen landwirthschaftlichen Generalvereins über eine Theilnahme an der im Jahre 1861 in Pinneberg abgehaltenen Wander-Versammlung der Forst- und Landwirthe, welche für diesmal nicht zu erreichen war, sowie der Verhandlungen mit dem Wagrischen landwirthschaftlichen Verein über eine Ausstellung des Gartenbau-Vereins in Plön zur Zeit der Plöner Thierschau, gedacht, und ward Rechenschaft abgelegt über Druck und Vertheilung des Jahresberichts pro 1860, welcher nicht allein allen Vereinsmitgliedern übersandt, sondern auch wie in früheren Jahren den inländischen Tagesblättern, den Gartenzeitschriften, den Fachvereinen und Autoritäten im Gartenbau behändigt worden war. — Ferner hielt Herr Lehrer Schlichting in dieser Versammlung einen belehrenden Vortrag über die dem Gartenbau nützlichen und schädlichen Thiere, und knüpfte daran Anträge von Maaßregeln des Vereins zum Schutze der nützlichen Thiere. Die mit der Vereinsversammlung in Verbindung gebrachte kleine Blumen-Ausstellung (cf. speciellen Bericht im Monatsblatt für Gartenbau Nr. 7, Jahrg. 1861) ward durch Beiträge von Herrn Appell.-Ger.-Secretair Ackermann, von den Herren Kunst- und Handelsgärtnern Dahle, Cramer, Ilsemann und Bünsow, von Herren Pierau und Uhlmann unterstützt. Die große Begonien-Aufstellung des Herrn Ackermann und die Rosen-Aufstellung des Herrn Dahle bildeten die Mittelpunkte der Ausstellung. — Während des Sommers wurden auch in diesem Jahre von den Kieler Vereinsmitgliedern alle 14 Tage Lokal-Versammlungen, verbunden mit Wanderungen durch die sehenswerthen Gärten der Stadt und Umgebung, abgehalten. Da das Monatsblatt für Gartenbau über diese Zusammenkünfte regelmäßig berichtet hat, sehen wir davon ab, der Verhandlungen in denselben weiter zu erwähnen und nehmen nur Veranlassung, ähnliche locale Sommerversammlungen der Gartenbaufreunde an andern Orten, wiederum anzuregen.

Die Thätigkeit des Vorstandes wurde während des Sommers, namentlich von den Vorbereitungen für die Herbstausstellung in Plön, in Verbindung mit der Thierschau des Wagrischen landwirthschaftlichen Vereins, in Anspruch genommen. Im Programme dieser Obst-, Gemüse- und Blumen-Ausstellung waren 30 verschiedene Preise mit 114 Rthlr. Prämien für die besten Beiträge zur Ausstellung ausgesetzt, und wurde dasselbe im Juli möglichst verbreitet. Der Wagrische Verein hatte zur Bestreitung der Prämien und Kosten der Ausstellung 100 Rthlr. bewilligt, und in Plön hatte sich ein Comité zur localen Unterstützung derselben gebildet. Für die Preisrichtung waren Herr Heinr. Behrens in Travemünde, Herr Kramer in Flottbeck und Herr Carstens auf Blumendorf gewonnen, und außerdem noch ein Mitglied des Wagrischen Vereins, Herr Hofrath Lesser, und des Plöner Local-Comité, Herr Garteninspector Rißler, comitirt. — Die Ausstellung fand am 24. und 25. September statt, und zwar in den dafür eingeräumten sehr geeigneten Localitäten des Plöner Schlosses. Eine Herbstausstellung ist immer vorzugsweise auf Obst und Gemüse angewiesen. Der mäßige Ausfall der 1861er Obsternte verminderte indeß die Betheiligung mit diesem Gartenerzeugniß, welches jedoch den Umständen nach noch immer sehenswerth repräsentirt war. Die Blumen-Ausstellung übertraf durch Vollständigkeit und Reichthum alle Erwartungen, und zwar durch die liberale Unterstützung, welche aus einigen der besten Gärten des östlichen Holsteins gewährt worden war. Gemüse war gleichfalls sehr vollkommen und gut vertreten, namentlich aus den Gärten der adeligen Güter, in welchen durchgängig gutes Gemüse gebaut wird. — Der Ausspruch der Preisrichter ist s. Z. veröffentlicht worden, wir dürfen daher davon abstehen, sämmtliche bewilligte Preise wiederum auszuzählen und uns darauf beschränken, die bewilligten ersten Preise zu nennen, als:

1*

für Obst, für die größte und bestbeschriebene Sammlung:

    1ster Preis Herr Gärtner Barkhausen auf Bolkamp;

    2ter   „   Herr Handelsgärtner Hartwig (in Firma Stelz-
                ner & Schmalz) in Lübeck;

für Gemüse, für die größte und bestbeschriebene Sammlung:

    1ster Preis Herr Gärtner Barkhausen auf Bolkamp;

    2ter   „   Herr Inspector Dose auf Rantzau (Gärtner
                Stüber);

für Pflanzengruppen, die schönste, bei der insbesondere geschmackvolle
Aufstellung zu berücksichtigen ist:

    1ster Preis Herr Oberst v. Ernst auf Casselburg (Gärtner
                Brasseler).

Obgleich einige der andern Pflanzengruppen das Publikum befriedigt hatten, waren denselben von den Preisrichtern doch die aus-
gesetzten Preise versagt worden, dem Vernehmen nach, weil die Aufstellung den Bedingungen des Programms nicht entsprochen hätte.

Der Besuch der Ausstellung, selbst von Solchen, die aus der
Ferne herkamen, war an beiden Tagen völlig befriedigend, und die
durch die Ausstellung angestrebte Anregung des Publikums für den
Gartenbau, wurde erreicht. Unter den Gästen haben wir insbesondere
den Herrn Professor Dr. Carl Koch, General-Secretair des Vereins
zur Beförderung des Gartenbaues in den Preußischen Staaten, aus
Berlin zu erwähnen, welcher auf Ersuchen die Gefälligkeit hatte, dem
Preisrichter-Comité seine Mitwirkung zu verleihen.

An die Ausstellung schloß sich die zweite ordentliche Vereins-
Versammlung pro 1861 an, welche am 25. September Nachmittags in Plön abgehalten wurde. In dieser Versammlung wurden
die von den Preisrichtern zuerkannten Preise vertheilt. Demnächst
ertheilte die Versammlung für die von den Revisoren revidirte Vereins-
rechnung pro 1860 Decharge. — Hieran reihte sich eine Besprechung
der Erfahrungen über die vom Gartenbauverein zum allgemeinen Anbau
empfohlenen 50 Kernobstsorten. — Ein Antrag auf Feststellung eines
Sortiments Gemüse für den allgemeinen Anbau in ländlichen Gärten
fand Beifall, und wurden die für eine solche Auswahl geeigneten Erbsen
und Bohnen aufgezeichnet; eine weitere Auswahl indeß auf die nächste
Vereins-Versammlung verschoben. Den siebenten Gegenstand der Verhandlung bildete eine Vereinbarung mit der Redaction des Monatsblattes für Gartenbau über die Verwendung dieses Blattes als Vereins-
Organ, und den achten Gegenstand, die Ausschreibung eines Preises bis
100 ₰ R.-M. für die „beste Sammlung praktischer Bemerkungen über

den Gartenbau in den Herzogthümern." Beide letztgenannten Gegenstände
wurden von der Versammlung durch Ueberweisung an den Vorstand
zur Ausführung erledigt.

Der Vorstand hat im letzten Viertel des Jahres sich vorzugsweise mit der Ausführung der beiden Beschlüsse der Generalversammlung und mit der Aufstellung des Programmes für die Sommeraus-
stellung 1862 beschäftigt. Bevor mit den Herausgebern des Monatsblattes für Gartenbau eine Vereinbarung über die Verwendung des
genannten Blattes als Organ des Vereins abgeschlossen wurde, hat
der Vorstand in reifliche Erwägung gezogen, ob es nicht rathsamer
für den Verein sei, ein eignes Blatt zu gründen; aber die der Ausführung sich entgegenstellenden Schwierigkeiten nöthigten davon abzu-
stehen. Der Contract, welcher mit den Herausgebern abgeschlossen ist,
reservirt dem Vorstande in jeder Nummer des Blattes einen Raum für
seine Mittheilungen. Dieselben werden alle Publicationen des Vorstandes und insbesondere einen fortlaufenden Bericht über die Vorgänge im Verein enthalten. Außerdem bestimmt der Contract, daß
vom 1. Januar 1862 an und so lange der Contract läuft, jedem
Vereinsmitgliede Ein Exemplar des Monatsblattes franco geliefert
werden soll und zwar gegen Vergütung von 22⅔ ß R.-M. pr. Exemplar aus der Vereincasse. Die Mitglieder aber werden den Beitrag
zur Vereinscasse bei Empfang der ersten Nummer des Monatsblattes
zu berichtigen haben. Durch die regelmäßigen vorgedachten Publicationen
des Vorstandes, welche schon im Laufe des Jahres das bringen werden, was bisher nach Jahresschluß durch den Jahresbericht zur Kenntniß
der Mitglieder veröffentlicht wurde, wird der Jahresbericht in bisheriger
Weise hoffentlich entbehrlich und werden dadurch die nicht unbedeutenden Kosten für den Druck und die Versendung desselben erspart
werden. Durch diese Ersparung soll ein Theil der Kosten für die Vertheilung des Blattes an alle Mitglieder gedeckt werden; diese Maaß-
regel wäre aber doch nicht ausführbar gewesen, wenn die Herausgeber
des Monatsblattes durch ihr lebhaftes Interesse für die Angelegen-
heiten des Gartenbauvereins nicht allein auf jeden Vortheil aus diesem
Unternehmen verzichtet, sondern nicht auch Opfer für dasselbe nicht ge-
scheut hätten. Es beträgt nämlich die Abgabe an die Post 0⅔ ß R.-M.,
mithin werden für das Abonnement nur 12⅓ ß R.-M. vergütet. Aber
trotz dieses verhältnißmäßig großen Aufwandes aus unsern Mitteln
sieht der Vorstand die Herstellung eines Vereinsorgans in dieser Weise
als einen außerordentlichen Gewinn für den Zweck des Vereins an,
indem nur auf diesem Wege ein lebhafterer und regelmäßiger Verkehr

und Austausch zwischen Vorstand und Mitgliedern erreicht werden könnte. Dann wird dieses Blatt auch hoffentlich vorzugsweise zur Verbreitung nützlicher Kenntnisse im Gartenbau beitragen und Interesse für denselben erwecken. Der Vorstand darf nicht verhehlen, daß er darauf gerechnet hat, durch diese Einrichtung dem Vereine neue Mitglieder zu gewinnen, indem durch dieselbe jedem Mitgliede eine Gegenleistung geboten wird, die dem Werthe seines Beitrages entspricht; und nur wenn diese Erwartung in Erfüllung geht, wird es möglich sein, auf Dauer den Bestand derselben zu sichern.

Das Preisausschreiben, welches Preise bis 100 ℳ R.-M. für die beste preiswürdige Sammlung von praktischen Bemerkungen über den Gartenbau in den Herzogthümern Schleswig, Holstein und Lauenburg aussetzt, ist in „№ 1 des Monatsblattes pro 1862 veröffentlicht. Das Programm bezeichnet diese Preisausgabe als eine Vorarbeit zur Herausgabe eines Gartenbuchs für den ländlichen Gartenbau in den Herzogthümern.

Die Gärtner in Kiel und nächster Umgebung der Stadt sprachen im Frühjahr gegen den Vorstand den Wunsch aus, daß im Jahre 1861 in Kiel eine größere Pflanzenausstellung nicht stattfinden möge. Indem aus diesem Grunde im Jahr 1861 hieselbst eine größere Ausstellung nicht abgehalten worden ist, fand sich der Vorstand um so mehr veranlaßt, rechtzeitig Einleitungen für eine Sommer-Ausstellung im Jahre 1862 zu treffen. Das Programm dieser Ausstellung konnte bereits anfangs November versandt werden und setzte die Gärtner und Gartenfreunde in den Stand, frühzeitig schon ihre Maßregeln für eine rühmliche Concurrenz zu ergreifen. Durch einen im Namen Ihro Durchlaucht der Frau Prinzessin Adelheid ausgeschriebenen 1sten Preis für Rosen, hat unsere hohe Patronin der Ausstellung Ihren besonderen Schutz verliehen. Jede Blumen-, Gemüse- und Frucht-Ausstellung erhebt Ansprüche an unsere Gärtner, die nicht ohne Mühe und Aufwand befriedigt werden können. Dieses erzeugt aber gar zu leicht eine den Ausstellungen weniger geneigte Stimmung bei den Gärtnern; jedoch hegen wir das Vertrauen zu unsern einsichtsvollen Gärtnern, daß sie bald erkennen werden, daß die Ausstellungen ein unentbehrliches Mittel für die Hebung der Gärtnerei sind, und daß sie selbst schließlich den wesentlichsten und besten Vortheil aus denselben ziehen, auch hoffen wir vom Publikum, daß es seine Anerkennung der Leistungen in der Gärtnerei den Handelsgärtnern durch vermehrte Nachfrage nach ihren besseren Erzeugnissen beweist.

Die von dem Gartenbau-Verein getroffene Einrichtung der Aus-

stellung eines Baumwärters für Kiel und Umgegend (cf. Jahresbericht pro 1860 S. 3) hatte in diesem Jahre guten Fortgang. Die
Ansprüche an den Baumwärter vermehren sich so sehr, daß er vielleicht
schon im nächsten Jahre einen Hülfsarbeiter, wenigstens für die Frühs-
jahrszeit, nicht wird entbehren können. Auch von auswärts verlangt
man häufig den Beistand des „Baumwärters", ohne daß solchem
Verlangen nachgekommen werden kann. Es wäre daher sehr gut,
wenn auch in andern Districten „Obst-Baumwärter" etablirt würden;
leider sind aber für diesen Dienst sachkundige Leute noch ziemlich selten.

Die Versuchsculturen des Gartenbau-Vereins wurden in diesem
Jahre wiederum durch die Mitwirkung unseres Vorstandsgenossen, des
Herrn Kunstgärtners D a h l e in Kiel und des Herrn Kunstgärtners
B a r k h a u s e n auf Bothkamp fortgesetzt, und werden die Resultate im
Abschnitt V dieses Berichts mitgetheilt.

Die Bibliothek ist in diesem Jahre wiederum um einige Werke
vermehrt worden. Wir geben im Abschnitt III ein Verzeichniß derselben und nennen die gütigen Geber der Geschenke, welchen hierdurch
nochmals der Dank des Vereins ausgesprochen wird.

II.
Einnahme und Ausgabe im Jahre 1861.

Einnahme.

		♏	✗	β
1. Bestand der Cassa am 1. Januar 1861		61.	5.	—
2. Ausstellung in Plön im October				
a. Vom Wagrischen Verein . . . . . ♏ 100. — —				
b. Vom Plöner Comité für Prämien „ 25. — —				
c. Erlös für verkauftes Obst . . . . „ 9. 4. 4.				
		134.	4.	4
3. Jahresbeiträge von 522 Mitgliedern à 3 ✗ . . .		261.	—	—
4. Restanten pro 1860		1.	—	—
5. Eintrittsgebühr von 53 Mitgliedern à 9 ✗		26.	3.	—
6. Außerordentliche Einnahmen (verkaufte Sachen und Geschenke)		6.	5.	8
7. Zuschuß aus der Staats-Cassa		300.	—	—
	Summa	821.	5.	12

Restant 1 Mitglied.

Ausgabe.

		♏	✗	β
1. Kosten der Ausstellung in Plön		180.	2.	8
2. Ausgaben für die Bibliothek		5.	2.	—
3. „ „ „ Versuchskulturen		26.	1.	4
4. „ „ den Jahresbericht und andere Drucksachen		62.	2.	2
5. „ an Porto für Versendung des Jahresberichts, Correspondenzen, Incasso der Beiträge ꝛc.		32.	5.	7
6. „ für Herausgabe des 1. Theils des Obstbuches		68.	1.	10
7. Gehalt des Boten		26.	4.	—
8. Außerordentliche Ausgaben		2.	4.	—
	Summa	413.	4.	15

Recapitulation.

	ℳ		
Einnahme	821.	5.	12
Ausgabe	413.	4.	15

Am 1. Januar 1862 in Caffa vorhanden 408. — 13
Im Jahre 1861 sind ausgetreten 13 Mitglieder,
eingetreten 53
und hatte der Verein in diesem Jahre 523 Mitglieder.

Grundstock,

gebildet aus den Beiträgen der ständigen Mitglieder.

An Saldo vom vorigen Jahre	124 ℳ
Von 4 ständigen Mitgliedern mit 1maliger Zahlung von 16 ℳ	64 "
Von 13 ständigen Mitgliedern mit 5maliger Zahlung von 4 ℳ	52 "
Summa	240 ℳ
In der Kieler Spar- und Leih-Caffa ist davon zinstragend belegt	225 ℳ
in Caffa vorhanden	15 "
Summa	240 ℳ

III.

Bibliothek.

Die Bibliothek ward in diesem Jahre um folgende Schriften vermehrt:
Ländlicher Gartenbau vom Verein für Pomologie und Gartenbau in Reutlingen. 1857.
Holländischer Gärtner, Der neu ankommende. Nürnberg 1737.
(Geschenk von Herrn Dr. Meyn in Uetersen.)
Report of the Commissioner of Patents for the years 1858 u. 1859. Washington 1859 u. 1860. 2 Bde.
Eschholz in Dorpat, Fascikel mit getrockneten Pflanzen. (Geschenk der Frau Collegienräthin Frank.)
Ackermann, Harald, Dr. Das Wetter und die Krankheiten. Kiel 1854. (Geschenk der Universitätsbuchhandlung).
Abbildungen würtemb. Steinobstsorten von Lucas. Stuttg. 1860.
Verhandlungen, Jahrgänge 1858—1861, der Gartenbaugesellschaft Flora in Frankfurt a. M. Frankfurt 1861 und 62.
Illustrirtes Handbuch der Obstkunde, herausgegeb. von Fr. Jahn, Ed. Lucas und J. G. C. Oberdieck. 8te u. 9te Lieferung.

Berliner Wochenschrift für Gärtnerei und Pflanzenkunde von Koch und Fintelmann. 1858, 59.

Weißensee Neue Blumenzeitung 1858 u. 59.
Frauendorfer Blätter 1858 u. 59.
Thüringer Gartenzeitung 1856, 1857 u. 58.
Illustrirte Gartenzeitung von Courtin. 1858 u. 59.
Deutsches Magazin von Reubert. 1858 u. 59.
Garten-Flora von Regel. 1858 u. 59.
Flore des serres. 1857.
Monatsschrift für Pomologie. 1859.
Pomona. 1858 u. 59.
Hamburger Gartenzeitung. 1858 u. 59.
Erfurter General-Anzeiger. 1859.
Monatsblatt für Gartenbau in Schlesw., Holst. und Lauenb. 1861.

IV.
Verzeichniß
der Holsteinischen Mitglieder des Gartenbau-Vereins
am 1. Januar 1862.
Die Herren Districtsreferenten sind mit einem * bezeichnet.

I. Ehrenmitglied.
Herr H. Behrens in Travemünde.

II. Ständige Mitglieder.
Ihro Durchlaucht Prinzessin Adelheid zu Schlesw.-Holst.-Glücksburg.
Se. Durchlaucht Herzog Carl zu Schleswig-Holstein-Glücksburg.
Se. Durchlaucht Prinz Friedrich zu Schleswig-Holstein-Glücksburg.
Dr. Wilh. Ahlmann in Kiel. — Fräul. Conventualin A. v. Blome in Kiel. — Graf v. Blome auf Salzau. — Lorenz Booth in Flottbeck. — John Booth in Flottbeck. — Oberstl. v. Ernst auf Haffelburg. — Hofjägermeister v. Hollen auf Schönweide. — Justizrath Königsmann zu Haffeldorf. — Advocat Kraus in Plön. — Amtmann W. C. v. Levezow in Plön. — Graf A. v. Luckner zu Elchede. — Landwirthschaftlicher Generalverein für Holstein. — Landwirthschaftl. Verein für Mittelholstein. — Wilh. Pustau in Altona. — J. G. Pfingsten in Itzehoe. — Conferenzrath Prehn in Plön. — Amtmann Graf v. Reventlow in Sorbesholm. — Graf E. v. Reventlow auf Farve. — Gutsbesitzer Rücker auf Pervöl. — Institutsdirector J. Th. Schulz in Uetersen. — Gutsbesitzer Schwerdtfeger auf Wensien.

III. Mitglieder.
Altenrade: Herr H. Franzen. — Altona: Herr Lehrer Christensen. Drege, J. F., Gärtner. Gaten, J. T. Koopmann, Bischof. *Kühne, Gärtner. Putze, C. W. E., Gärtner. v. Tüxen, Capitain. — Ahrensböck: Herr Friederichsen, R., Gärtner. — Altbültern-höfen: Herr v. Wehrs. — Ammersworth: Herr Brüll, C. C. —

Aschberg: Herr Graf v. Brockdorf-Ahlefeld, Leo, Gärtner. — Barkau: Herr Heinsen, Pastor. — Barmstedt: Herr Rode, Apotheker. — Bendfeldt: Herr Thies Ewoldt, Groth, Lehrer, Wiese, C. — Blumendorf: Herr Carstens, C. W., Gärtner. — Bocksee: Herr Stahl. — Bothkamp: Herr *Barkhausen, Gärtner. Schlüter, Gärtner. Bordesholm: Herr Helmcke, Kaestner, Dr. — Bornhöved: Herr Bruhn, Pastor. — Bossee: Herr v. Bülow. — Bramstedt: Herr Paustian, F. — Brandenerhof: Herr v. Wölder. — Brügge: Herr Sander, H. H. Stocks, C. — Brunswiek: Herr Boie, Justitiar. Frau Justitiar Boie. Fräulein v. Eschen, M. Frau Pastorin Fabricius. Fräulein Geiser. Frau Conferenzräthin Kraus. Frau Etatsräthin Lüders. Fräulein v. Rumohr, C. — Burg: Herr Normann, C. Dr. Neuber, Schnoor, M. — Carolinenkoog: Herr Möller, J. Frau Möller, Vollmacht. — Crempe: Herr Bargum, Apotheker. Dr. med. Hagen, Th. — Cronsburg: Herr Dohrn. — Dobersdorf: Herr Johannsen, Inspector. — Dockenhude: Herr Bockenhahl, Gärtner. — Düsternbrook: Herr Bichel. Frau Boysen. Bünsow, Gärtner. Eckardt, Gärtner. W. Hagemann. Krämer. Frau Lea, M. Frau Baronin v. Löwenstern. Frau v. Neergaard. Fräulein v. Neergaard. v. Neergaard. Paulsen, Adv. Frau Paulsen, Adv. Frau Gräfin zu Rantzau. Frau Gräfin v. Reventlow. Schliemann. Schmidt. Oberstl. v. Wend. — Eddelack: Herr Neuber, Kirchspielvogt. Dr. Thomsen. — Ehndorf: Herr Prütz, Lehrer. — Eichhorst: Herr Kraus. — Elleran: Herr Brinckmann, Forstm. — Elkerbeck bei Pinneberg: Herr Angeneidt. — Elmshorn: Herr Carsten, Bahnverw. *Frahm, Gärtner. Frau Pröbstin Harwing. Junge, D. Kelting, D. Kelting, H. Knorp, Gärtner. Mahn, Apotheker. Suckow, Dr. Timm, M. (Misch.) — Eutin: Herr Giesler, Gärtner. *Röse, Hofgärtner. — Farve: Herr Gläßing, J. R., Gärtner. — Gr. Flintbeck: Herr Feldberg. Schultz, Pastor. — Flehm: Herr Bluhme, H. — Fernsicht: Herr Bikal. — Flehde: Herr Schneloth, Lehrer. — Flehderwurth: Herr Alsen, L. Meyer, J. L. Stamp, P. — Flottbeck: Herr *Boysen, Gärtner. Kramer, B., Gärtner. — Friedrichshuld: Herr Riepenhausen. Brackvell. — Forstbaumschule bei Kiel: Herr Geerdts, Verwalter. Frau Geerdts. — Glückstadt: Herr v. Güttenfeld, Obergr.-Secr. *Meins, Gymnasiallehrer. — Güldenstein: Herr Habeloß, Gärtner. — Gültzow: Herr Dannenberg, J. — Gülstorf: Herr Carstens, Insp. — Hahnheide: Herr König, Förster. — Halstenbeck: Herr Krohn, H. — Ham: Ohtendorf, Th., Gärtner. — Hammer: Herr v. Ahlefeldt, Rud. — Hasselburg: Braßler, A., Gärtner. — Heikendorf (alt): Kühr, D., jun. — Heikendorf (neu): Petersen Hohenhorst: Herr Berg. — Hohenwestedt: Herr Christiansen, Apotheker. Höhncke, Thieranzt. Jacobsen. Kirchhof, v. Kirchner, Capitain. Maes, Kammerrath. Muhl, J. Rudolph. Wesselmann, H. *Witt. Pastor. Witt. Zielsdorff, Dr. — Hornheim: Herr Jessen, Prof. Dr. Jessen, Dr. — Horst: Herr Lüie, C. R. — Horstmoor: Herr Scharmer. Frau Scharmer, M. — Horstreihe: Herr Scharmer, J. — Itzehoe: Herr Berghöfer, R. Biel. Carstens, D. H. W. Lobe-

danz, Adv. Meyer, Cajus, Dr. Frau Möller (Stördorf). Müller,
Apotheker. Rötger, Oberinspector. Berbliter v. Rumohr. Elinde,
Apotheker. *Sievers, (Grünthal). — Kaltenkirchen: Herr Hansen,
Organist. *Lütjens, A. Sievers, Kirchspielvogt. — Kampen: Herr
Paustian, A. — Rattendorf: Herr *Busch, I. H. W. — Felling-
husen: *Paßig, G., Gärtner. — Kiel: Herr Ackermann, Appell.-Ger.-
Sect. Frau Ahlmann, Dr. Arctoe. Asmussen, C. Andresen, F. J.
Bachmann, Senator. Bargum, Adv. Bargum, J. C. Bartels, Professor
Dr. Beckmann. Behrensen, H. Bleßmann, C. B. Brauer, A. C. Frau
Brauer. Brüning, H. Brüning, C. H. Frau Bartels, Prof. Cetty,
J. A., sen. Chalybäus, Prof. Frau Christiansen, Prof. Cramer,
Schloßgärtner. Dahle, Gärtner. Dender, J. H. Diedrichsen, D. C.
Dührsen, Kirchspielvogt. Eckardt, J., Samenhändler. Fräul. Falck.
Feddersen, Justizrath. Frande, Physikus Dr. Freese, Dr. Fride,
Zahnarzt. Frande, Etatsr. Graad, J. M., Grote, M. Hansen, H. B.
Fräul. Hansen, C. Hegewisch, Etatsr. Fräul. Hegewisch, L. Heinrichs,
Commerzienrath. Hermannsen, R. H. Himly, Prof. Homann, C.
Frau Homann. Hinz, Justizr. Hach, F. A., Director. Frau Hensler,
Dr. Holler, D. C. Hirschfeld, Ed. Issmann, Gärtner. Imhof, F.
Frau Johannsen, Dr. Jungjohann, H. M. Jansen, Lehrer. Karsten,
Prof. Frau Karsten, Prof. Köhler, A. Frau Kauffmann, M. Kemper,
H. F. A. Kirchhof, Etatsr. Frau Klemm, P. Kloz, Chr. Kraus,
W., Adv. Kretschmer, Dr. Krichauff, Kammerrath. Frau Kruse.
Labes, F. Lassen, Lehrer. Fräulein v. Levetzow. Lange, H. D. Leo-
pold, A. Lischau, J. D. Litzmann, Prof. Frau Litzmann, Prof.
Lorenz. Lund, Adv. v. Maack, Buchh. Magius, H. Meier, W. G.
Meyer, P. C. Melz, Gärtner. Möller, C. F. Mohr, C. F. Frau
Mohr. Mordhorst, C. C. Mordhorst, C. F. Meyersahm, Syndicus.
Müller, A. Fräul. Müller, L. Muhl, R. Frau Muhl, M. v. Neer-
gaard. Rande, Lehrer. Nell, R. C. Nitzsch, C., Adv. Nolte, Prof.
Paulde, Apoth. Petersen, Rector. Pierau, H. Pland, Prof. Frau
Pland, Prof. Panje, Lehrer. Prehn, Etatsr. Preußer, Etatsr. Rab-
bruch, Herm. Frau Ramlau. Rendtorff, G., Adv. Frau Rendtorff,
Renard, G. Rind, C. F. Frau Rind. Ritter, Dr. Reiche, Actuar.
Rüdel, Apoth. Fräul. Rüdel, Th. Rehder, H. S. Frau Scharmer.
Scheibel, Consul. Frau Scheibel, Consul. Schlichting, M. Schmidt,
Consul. Frau Schmidt, Consul. Schrader, Pastor. Schulz, H. P.
Frau Schulz. Frau Schweffel, J. Seelig, Prof. Seibel, J. W.
Seibel, Hausvogt. Sped, Forstrevisor. Sped, Gasinspector. Stein-
dorff, Dr. Frau Steindorff, Dr. Stödel, C. Schud, F. Schütz, U.
Fräul. v. Sürleau. Spethmann, R. Schwerdtfeger, C. Sievers, Gärtner.
Thaulow, Prof. Thomsen, P., sen. Thomsen, Senator. Frau Thomsen,
Senatorin. Frau Truelsen, E. v. Barendorf, Kammerherr. v. Ba-
rendorf, W., Amtmann. Frau Valentiner, Dr. Vollbehr, Dr. Voll-
behr, L. Voldmar, H. v. Wallerstorff, A. Weber, Adv. Weis, M.
Weyer, Prof. — Bielerhof: Herr Cordes, H. — Kopperpahl:
Herr Fleck. — Lühren: v. Bülow, Oberjägermeister. — Kremmer-
dieck: Herr Hasselmann, Pastor. — Laxenburg: Dr. Lüders. Wüb-

benhorst, J. H. — **Lehmkuhlen**: Wiese, H., Gärtner. — **Leusahn**:
Lesser, Hofrath. — **Lindbrok**: Rowedder. — **Lübeck**: Hartwig,
J. C. W., Gärtner. — **Luisenberg**: Roß jun. — **Lütjenburg**:
Uckermann, Apoth. — **Lunden**: Arnold, J. H. Detlefs, H. H.
Hensel, Cantor. Johannsen, Kirchspielb. Simonsen, Past. — **Lundens-
loog**: Guth, H. — **Marienhof**: Pohlmann. — **Meldorf**: Peters,
Adv. — **Mettenhof**: Rabbruch. — **Mönkeberg**: Hensen, G., Gärt-
ner. — **Müssen**: Botelmann. — **Neuenkirchen**: Schacht, Kirchspielb.
— **Neuhaus**: Werner, Gärtner. — **Neumünster**: Ahlmann, J.
Bönig, C. G. W. Bruhn, H. C. Dreyer, Adv. Eyring, Director.
Götze, H. Gleye, Bahnverw. Hallas, Hausvogt. Harms. Hansen, Dr.
Herzbruch, Wege-Insp. Jahn, Apoth. Koch, B. Meßlorff, J. J.
Meßlorff, C. C. Müller, Dr. Rend, H. D. Röschmann, C. Rohardt.
Sachau, J. H. Schack. Springer, Th. Sönksen, Amtsverwalt. v. Sie-
mann, Amtmann. — **Neuwühren**: Günßel. — **Niesahn**: Winters.
— **Neustadt**: Elem, J. D., Gärtner. Borbeck, Gärtner. — **Nien-
städten**: Jasselmann, Pastor. Jürgensen, F. J. C., Gärtner. Schü-
mann, H. C. P., Gärtner. — **Nordhusen**: Pflug. — **Nordlei** (Gr.):
Hirschfeld, W., Gutsbes. Hirschfeld, W., Inspector. — **Oldenburg**:
Frau Dr. Ahrens. Clausen, Fröndel, C., Senator. Hensen, Bürger-
meister. Meyersohn, Arvocat. Mecklenburg. — **Oersdorf**: Schü-
mann, W. — **Ottmarschen**: Irvens, Lehrer. — **Osterrade**:
v. Hildebrandt. — **Pander**: Löck, Förster. — **Patzenhöhe**: Timm,
J. — **Pinneberg**: Burmester, Advocat. Brandt, Kirchspielvogt.
Götjens, H. — **Plön**: Diederichsen, Th. Dierde. A. Frand, Chr.
Jöns, H., Dr. Kreutzfeld, J. S. Kreutzfeld Ww. Rehder, C.,
Amtssecret. Rißler, Garteninsp. Schaaf. Slein, J. H. — **Poppen-
brügge**: Frierichsen, Hegerell. — **Prasdorf**: Gösch, G. Sindt, J.
— **Preetz**: Bahr, D. G. Eeed, Unterpröbst. Berlin, W. Burow,
C. F. Fräul. v. Hammerstein. Heine, H., Control. Jensen. Frau
Priörin Gr. zu Rantzau. Kehr, Klostervogt. Rheder, Kloster-Synd.
Frau Gräfin v. Schack. Thomsen, Adv. Fräul. v. Wedderkop. —
Prell: Detlefs, G. L., Vollmacht. — **Projensdorf**: Trummer, Guts-
besitzer. — **Ratjendorf**: Stollenberg. — **Rantzau**: v. Molile, Kam-
merherr. — **Rantzau (b. Plön)**: Toose, Insp. — **Rastorff**: Ahlers,
Gärtner. — **Ratzeburg**: v. Coffel, Kammerh. — **Reinbek**: Bahn-
sen, Jam. Bahnsen, S. Fürst, Hausv. — **Reinfeld**: Dieckmann,
Remmels: Rabbruch, Kam.-Rath. — **Rendsburg**: Beckmann, Se-
nator. Carstens, Dr. Haß, Dr. med. Lucht, Conrector. Lehmann,
J., Apothel. Martens, Collab. Paap, J. Schöning, J. Wille, Adv.
Wiggers, Adv. Zersen, Consul. — **Rönnerholz**: Zinnius, Förster. —
Rethwischhöhe: Bodelmann, H. D. — **Rosenhof**: Sager. — **Salzau**:
Depmayer, D., Gärtner. — **Sandkrug**: Hilmers. — **Scheuelfeld**:
Matthew. — **Schönberg**: Hennings, Klostervogt. — **Schönböken**:
Meyrind, Gutsbes. — **Schönningstedt**: Bärke, R. — **Schönmoor**:
Frau M. Scharmer. — **Schönwriede**: Grelsmann, Gärtner. —
Sresterwühe: Graf v. Kleimannsegge. — **Segeberg**: Kuckut, Se-
minargärtner. Martens, Sem.-Lehr. Thun. Apoth. — **Sierhagen**:

Lohrmann, W., Gärtner. — Siggen: Lassen, Gutsbes. — Sophien-
hof: Johannsen, L., Gutsbes. — Stocksee: Riene, Forstrevisor. —
Suxdorf: Kühl. Frau Kühl. — Straßenhütten: Springer, W. —
Testorf: Fröbbersen. — Tharau: Schmidt. — Tralau: Gumpel,
Gust., Gutsbes. — Trittau: Binder. Matthiessen. — Ueterfen:
Drewes, G. Meyn, Dr. Reuber, U. G., Apoth. — Waarsbüttel:
Sooth. Raabe. — Wahlstorf: Becker, C. U. — Wandsbeck: Car-
stens, I. W. Frau C. Carstens. Harmsen, B. L., Gärtner. —
Waterneversdorf: Behnde, H., Gärtner. — Wenßen: Riede, Gärt-
ner. — Wilster: Hansen, Pastor. Rehquate, Gärtner. — Wriß:
Peters.

V.

Bericht

über

die Versuchs-Kulturen im Jahre 1861.

Wir beziehen uns auf die einleitenden Worte zu den vorhergehenden
jährlichen Berichten über unsere nun im 5ten Jahre wiederholten Versuchsculturen, welche im Jahre 1861 wiederum von dem Herrn Kunst-
und Handelsgärtner Dahle in Kiel, und Herrn Kunstgärtner Bart-
hausen auf Bothkamp, im Auftrage des Vereins, vorgenommen
worden sind.

A. Gemüse.

Pahl-Erbsen.

1. **Knight Marrow Prolific.** Keimten unzureichend und kann
daher ein entscheidendes Urtheil über diese Sorte nicht abgegeben werden.

2. **Fairbaird's Surprise.** 4—5 Fuß hoch, ziemlich volltragend, Hülse gebogen, groß, breit. Recht gut, wenn auch nicht
besser als manche ältere Sorte. Mittelhoch, etwa 4 Fuß, ziemlich
volltragend, mittelfrüh.

3. **New english Victoria.** Hochwachsend, 6—7 Fuß,
Hülsen lang und breit mit großem Samen von gutem Geschmack, aber
nicht volltragend genug.

4. **General Wyndham.** 5—6 Fuß hoch wachsend, Hülsen
grade, groß, aber leicht hart werdend, mäßig tragend, späte Sorte.

Sämmtliche 4 Sorten Erbsen haben sich durch keine sonderlich
hervorragende Eigenschaft bewährt gemacht.

Stangenbohnen.

1. **Riesen-Zucker-Brech-**, mit wachsgelben Schoten. Eine
sehr volltragende, sehr langhülsige Bohne, welche jedoch als Brechbohne
mehr Aehnlichkeit mit der Rheinischen Zuckerbrech- als mit der hier viel-
gebauten Zucker-Perlbrechbohne hat, als Wachsbohne aber weniger gut
als die Römische Wachsbohne ist.

2. **Schlachtschwerdt-**, früheste volltragende. Voll-

tragend und sehr langhülsig und zart, zum Einmachen zu empfehlen, aber nicht früher als unsere gewöhnliche Schlachtschwerdtbohne.

Kraut oder Kopfkohl.

1. **Enfield Market** (cf. Bericht 1860). Hat sich wiederum als keine sonderlich zu empfehlende Sorte bewährt, die Köpfe stumpfspitz, mittelgroß, früh, aber zu stark rippig, daher nicht zart genug.

2. **Schweinfurther-.** Obwohl sehr große Köpfe bringend, doch zu los, grob und nicht haltbar.

3. **Spitzes, weißes Fielber-.** Eine späte sehr hochwachsende, sich nicht leicht zu Köpfen schließende Sorte, die spitzen Köpfe sonst sehr fest und schwer von Gewicht.

4. **Wirsing oder Savoyer-, de Vertus.** Eine gute späte Sorte, mit grünen platten, großen, aber nicht eben festen Köpfen, zart und wohlschmeckend.

Rosenkohl.

Roseberry. Niedrig von Wuchs, mit festen Köpfchen oder Sprossen dicht besetzt. Ist wohl nichts anders als der gewöhnliche niedrige Rosenkohl.

Rüben.

1. **Finnländische, gelbe glatte.** Frühe, plattrunde mit gelbem wohlschmeckendem Fleisch, sehr ähnlich der im vorigen Jahre cultivirten Robertsons goldgelbe.

2. **Amerikanische, rothe runde früheste.** Nicht so früh wie die vorhergehende Sorte, lang und dick wachsend mit weißem Fleisch, sonst sehr wohlschmeckend.

Rothebeete oder Salatrüben.

1. **Castle Naudry.** Hat blaßrothes Fleisch.

2. **White's dunkelrothe Maulbeer-.** Etwas dunkler von Fleisch als die vorhergehende Sorte.

Beide Sorten stehen in Güte und Farbe hinter der hier allgemein gebauten, blutrothen Sorte zurück.

Carotten.

Feine weiße, durchsichtige. Eine Sorte mit langen dicken Wurzeln, welche sich aber weder durch Geschmack noch Farbe vortheilhaft auszeichnet, und daher unserer gewöhnlichen stumpfspitzen gelben Wurzel bei Weitem nachsteht.

Wurzeln.

Scorzoner-, neue russische größte. Unter gleicher Zeit, und selben Bodenverhältnissen, mit der gewöhnlichen Scorzoner-Wurzel ausgesäet, hat sich dieselbe bei diesem wiederholten Versuch nicht durch Größe oder Stärke ausgezeichnet.

Zwiebeln.

Blutrothe süße Birn-. Der Same war schlecht aufgegangen, die Wenigen, welche zur Vollkommenheit kamen, hatten eine längliche Form, waren von dunkler Farbe und gut schmeckend.

Porree oder Lauch.

Von Rouen, kurzer dicker. Ist nicht zu unterscheiden von unserer gewöhnlichen Sorte.

Salat.

Montré-, ganz früher. Eine frühe Sorte, welche keine großen, aber feste Köpfe lieferte, und zart und wohlschmeckend ist; auch zur Frühtreiberei sich gut eignet.

Sauerampfer.

Von Belleville, sehr groß. Bringt viele sehr große, etwas gekräuselte Blätter von zartem und gutem Geschmack und scheint Empfehlung zu verdienen.

B. Zierpflanzen.

1. Agrostemma coeli coccinea. Die meisten Pflanzen dieser neuen Varietät waren wie die gewöhnliche Agrost. ocell rosea, doch waren auch einige Pflanzen darunter, welche sich durch ein viel lebhafteres Colorit vor der gewöhnlichen auszeichneten. — 2. Arctotis brevis capa annulata. Diese neue Zierpflanze, welche in Form und Färbung an unsere gewöhnliche Calendula erinnert, eignet sich durch ihren gedrungenen und niedrigen Wuchs zu Einfassungen um Blumenbeete, verlangt aber einen recht sonnigen Standort, da sie nur bei vollem Sonnenschein ihre Blumen ganz öffnet und sie dann erst ihre schöne Farbenzeichnung zur Schau trägt. — 3. Calliopsis cardaminefolia hybrida. Blumen gelb, sehr ähnlich der gewöhnlichen C. bicolor, die Blätter (Wurzel und Stengelblätter) etwas feiner getheilt; nicht sonderlich schön. — 4. Calliopsis elegans muscosa. Diese Varietät war hauptsächlich in Braun, und die meisten Pflanzen in der niedrigen Form vertreten, nur einige Pflanzen hatten an den Stengelknoten einen moosartigen Auswuchs. — 5. Callirrhoea pedata nana. Schien mir gar nicht verschieden zu sein von der gewöhnlichen pedata. — 6. Clarkia elegans fl. albo pleno. Weiß gefüllt verdient diese Varietät kaum genannt zu werden, da sie mehr fleischfarben als weiß geblüht hat, auch das Gefülltsein war nur sehr mäßig und ist daher die bekannte C. neriiflora weit besser. — 7. Clarkia pulchella, Tom Thumb. Eine ganz niedrige Varietät der alten C. pulchella, welche sich recht gut zu buschigen Einfassungen und Blumenbeeten eignet. — 8. Convolvulus tricolor monstrosus. Zeigte eine große Blume von tiefem Ultramarinblau, gleich der seit einigen Jahren als C. tr. speciosa bekannten Varietät. — 9. Coreopsis muscosa. Ist wohl gleich mit Calliop. elegans muscosa. — 10. Datura spec. Lima. Ist im Habitus der D. Wrighti sehr ähnlich, indessen durch welche Behaarung verschieden. Die Blumen sind kleiner und rein weiß. — 11. Dianthus Heddewigii hybrid. fl. pl. et semipl. Gefüllte oder halbgefüllte Formen fast gar nicht, wenig verschieden von Heddewigii. — 12. Dianthus Heddewigii imperialis hybridus. Gefüllte und einfache Formen, recht hübsche Farben, mehr den Charakter von imperialis. — 13. Eucharidium grandiflorum album. Eine weißblühende Varietät des rothblühenden Euchar. grandiflorum, welche aber wenig Effekt macht. — 14. Gilia achilleaefolia alba. Eine weißblühende Varietät der blauen Gilia achilleaefolia, welche recht dankbar blüht um als Einfassung um höhere Blumenbeete recht gut zu

verwenden ift. — 15. Iberis umbellata atrococcinea. Wohl mehr purpurviolett? Eine fehr verbefferte Barietät der alten umbellata, fonft ebenfo zu verwenden. — 16. Linaria bipartita splendida. Mit purpurvioletten, recht glänzenden Blumen, ein recht hübfches Sommergewächs wie die meiften diefer Gattung. — 17. Lobelia Erinus marmorata. Niedrige, mit blau und weiß marmorirten Blumen reichblühende Lobelia, zu Einfaffungen und als Stengelpflanze recht gut zu verwenden. — 18. Linum grandiflorum purpureum. Zeigt fich von L. grandifl. nicht verfchieden. — 19. Mimulus roseo-pallidus. Ein unbedeutendes Pflänzchen mit kleinen fchmutzig rofafarbenen Blüthen. — 20. Nycterinia seluginoides alba. Ein fehr feines und niedliches Sommergewächs, aber für das freie Land zu unbedeutend. — 21. Oenothera grandiflora. Eine 4 bis 5 Fuß hoch wachfende, mit großen gelben Blumen prangende Nachtkerze, recht hübfch; ift auch wohl zweijährig, kam erft im October zur Blüthe. — 22. Oenothera rosea. Sehr niedrige, mit kleinen rofenrothen Blumen, zu Einfaffungen. Nicht von Bedeutung. — 23. Perilla ocymoides. Der Habitus diefer Pflanze wie P. nankinensis, aber mit grünen Blättern, deßhalb ohne allen decorativen Werth. — 24. Phlox Drummondii Radowitzii. Eine Barietät mit rofenrothen, fein weißgeftreiften Blumen, welche aber in Größe und Form den uns bereits bekannten andern Barietäten nachfteht. — 25. Podolepis affinis. Mit goldgelben zierlichen Blumen, ift wohl die bekannte Podolep. chrysantha. — 26. Sanvitalia spec. Mexico. Ift ebenfalls als Einfaffung wie die Sanvital. procumbens zu verwenden, indeß fcheint fie nicht fo dankbar zu blühen, und find die Blumen auch größer, und von dunkelgelber Färbung. — 27. Saponaria multiflora alba. Eine recht niedliche Einfaffungspflanze, da fie einen niedrigen gedrängten Wuchs hat und faft den ganzen Sommer blüht. — 28. Scabiosa nana, hochroth. Hat in recht hübfchen, dunkelund hochrothen Farben geblüht, fich aber nicht als nana erwiefen. — 29. Senecio coeruleo grandiflora pl. nana. Mit etwas größeren lilla Blumen, gut gefüllt und niedrigem Wuchs. — 30. Senecio elegans cupreata. Die Blumen diefer Art waren nicht fo groß und gefüllt, und auch die Farbe war nur wie die der gewöhnlichen Senec. elegans. — 31. Silene compacta grandiflora. Hat noch nicht geblüht, fcheint perennirend zu fein. — 32. Viscaria oculata splendens. Diefe Barietät zeichnet fich durch ein viel lebhafteres Colorit vor der gewöhnlichen oculata aus, aber die Mehrzahl der Pflanzen blühte wie die gewöhnliche V. oculata. — 33. Zinnia elegans fl. pl. Diefe neue gefüllte Barietät ift recht hübfch, da fie eine regelmäßig dicht gefüllte Blume liefert und außerordentlich lange blüht, doch fcheint fie noch fehr leicht in die einfache Art zurück zu fchlagen, von vier Pflanzen war eine gefüllt.

Druck von S. Calpert in Preetz.

Bericht

des

Holsteinischen Hauptvereins

der

Evangelischen Gustav-Adolf-Stiftung

über die

Jahresversammlungen 1859—61.

Gal. 6, 10. Lasset uns Gutes thun an Jedermann,
allermeist aber an des Glaubens Genossen.

Inhalt.

Kiel,
Druck von C. F. Mohr.
1862.

Vorwort.

Der reiche Segen, den der Herr über Bitten und Verstehen, auf das theure Gustav-Adolf-Vereinswerk unseres Landes hat legen wollen, brachte dem unterzeichneten, auch sonst reichlich belasteten Secretär die Vereinsarbeit in so reicher Fülle zu, daß er trotz der in Glückstadt laut nachfolgenden Berichtes ihm freundlich beschafften, wichtigen Hülfe, sich außer Stande sah, wie in den früheren Jahren, die Berichte des Vereins in regelmäßiger Abfolge darzubieten. Auch die hingebendste Liebe zum Vereine, deren ich mich nicht rühme, die ich aber als ein mir reich gesegnetes Geschenk des Herrn preisend in meinem Herzen trage, wußte die Zeit nicht zu finden für diesen Theil der Arbeit des Vereins. Zwar sind die Jahresrechnungen, das Wichtigste für die Controle des Vereins, schon seit Längerem veröffentlicht und in den Händen der Zweigvereine. Auch ist über jede Versammlung sofort, meist sehr ausführlich und von warm geführter Feder, vor Allen in unserem Sonntagsboten, treu berichtet worden. Auch waren seit Jahren unsere Versammlungen so reichlich aus allen Theilen unseres Landes besucht, daß neben den gedruckten Berichten die lebendigen persönlichen Berichte in reicher Zahl hinausgegangen sind. Und kein Bericht vermag das Mitdurchleben zu ersetzen. Aber trotzdem bleibt es gewiß, daß der Verein auch in officieller Weise in regelmäßigen Fristen von sich selbst berichten soll, und daß die Vertheilung seiner Berichte an manches Herz gelangt, das sonst unserer Bitte für die armen Protestanten in katholischer Umgebung und für ihre Gefahr, der evangelischen Kirche aus Mangel an Schulen, Gotteshäusern, Lehrern und Seelsorgern, verloren zu gehen, unzugänglich blieb.

Desto größer ist meine Freude, daß durch den Hinzutritt des Herrn Pastor Reudtorff in Preetz, zu dem Vorstande des Hol-

steinischen Hauptvereins und zu seiner Arbeit, auch diesem Zurück-
bleiben von nun an Wandel geschafft werden kann. Ihm gehört
weitaus der größte Theil schon der nachfolgenden Arbeit, namentlich
die Auszüge aus den Protokollen des Vereins. Sie sind um so
dankenswerther, da der genannte liebe Mitarbeiter auf zwei der betreffenden Versammlungen, zu Glückstadt und Plön, nicht zugegen
sein konnte. Und Jedermann weiß, was es bedeuten will, nur auf
Grund von Protokollen, auch wenn sie vortrefflich und ausführlich
sind, ein lebendiges Bild von Versammlungen zu entwerfen, von
denen wir unmittelbar die Seele nicht berühren lassen konnten.

In meinen Vorträgen und hie und da sonst einzutreten, war
mein Theil an der nachfolgenden Arbeit. Sie bringt den lieben mit-
arbeitenden Brüdern im Lande wol wenig Neues, da wir fortgebend, und
wenn auch in anderer Form, doch immer frisch nach That und Erfahren, zu berichten pflegen. Aber es faßt viel Zerstreutes in Einen
Blick zusammen, und legt ein Gedenkblatt der Erinnerung an Tage
in unsere Hände nieder, die — wie ich freudig meinerseits dieses
bezeuge — ohne Ausnahme tiefe Spuren bleibenden Dankes gegen
Den zurückgelassen haben, der seit Jahren unser brüderliches Zusam-
mensein, den Bittenden draußen und uns selber zu großem Segen
hat gereichen lassen. Und erst in der erneuten Zusammenschau von
drei Vereinsjahren in Einem Blicke, ist mir mit ganzer Lebendigkeit
der überschwengliche Segen vor die Seele getreten, den so wenig
verdient, unserem theuren Werke der treue Herr hat schenken wollen.

Er möge ferner unser Werk in Seine Obhut nehmen. Er möge
es wachsen lassen zu Seiner Ehre und zur Hülfe draußen, wo unseres
Landes Name auch um dieses Werkes willen ein weit, weit hin
gesegneter ist. Er hat trotz unserer Versäumniß, bis zu dieser Stunde
ununterbrochen das Werk des Vereins auch in unserer Mitte wachsen
lassen. Er hat Tausende von Herzen uns zugeführt, die bis vor
Kurzem unserem Liebeswerke in Christo unserem alleinigen Erlöser
und Herrn, fern gestanden. Er hat fast schon in allen Theilen des
Landes uns eine freundliche Herberge bereitet und, wir hoffen es
freudig, eine bleibende Stätte finden lassen. Schritt für Schritt hat
Er das Gefühl der Noth, für welche wir bitten an Seiner Statt,
tiefer in die Herzen hineingesenkt, und oft will es uns dünken, als
ob in immer steigendem Maaße die Gaben, die uns kommen, Gaben
des Glaubens und des Herzens würden. Mit der wachsenden Kenntniß

der Noth erschließt sich mehr und mehr auch das Herz der Noth, und auch für die Bitten der nicht weniger als 613 armen Gemeinden bedrängter Glaubensgenossen, die aus fast allen Theilen unserer Kirche in diesem Jahre uns umstehen, will der Herr weit weniger unsere Gabe: er will unser Herz vor Allem, damit geleitet vom Gebet, ein Lebendiges hinausziehe zu den Brüdern in dem loblen Metall und in den stillen Gold- und Silbergaben.

Möge der Herr denn in uns und um uns alles Unreine und Aeußerliche tilgen, was die Begeisterung für unser Werk noch hemmt und verunreinigt. Möge die Liebe, die so viele in unserem Lande auch in diesem Werke verbunden hat, mehr und mehr unsere Herzen zusammenschmelzen zu Einer weißen Flamme, entzündet an der Liebe, mit der Er uns zuerst geliebt. Dann wird neben vielen anderen Bitten auch unsere Bitte nicht ausziehen, ohne ferner und immer weiterhin fröhlich sich gebende Herzen und offene Hände zu finden: dann werden die müden Glieder nicht wanken, bis sie — gewiß erst nach langer Zeit — das Ziel erreichen, durch das Bußwerk unseres Vereins eine schwere Schuld zu tilgen, die durch Preisgeben ihrer Glaubensgenossen an katholische List und Gewalt, unsere Kirche einst auf sich geladen hat. — Den Gruß des Friedens und der Freude allen Mitarbeitern in unserem Lande und wo sie sonst dieses Wort erreichen mag.

Kiel, den 28. Mai 1862.

Prof. Dr. Fricke,
d. Z. Secretär des Holst. Hauptvereins.

I. Versammlung in Glückstadt

den fünften und sechsten Juli 1859.

1. Die Vorversammlung.

In Folge der freundlichen Einladung aus Glückstadt und des Beschlusses der Meldorfer Versammlung des vorigen Jahres hatte der Holsteinische Hauptverein die Vertreter der Zweigvereine der Gustav-Adolf-Stiftung unseres Herzogthums auf den 6ten Juli zur Feier des Jahresfestes nach Glückstadt eingeladen. Und nachdem sie dort auf das herzlichste begrüßt und aufgenommen waren, traten sie mit den Deputirten des Hauptvereins zur Erledigung der geschäftlichen Fragen den 5ten Abends 8 Uhr zu einer Vorversammlung zusammen. Professor Dr. Fride eröffnete als Deputirter des Hauptvereins die Versammlung und leitete sie mit Gebet ein. Advocat Schröder in Glückstadt übernahm freundlichst die Führung des Protokolls.

Nachdem der Deputirte des Hauptvorstandes als solcher bei dem Vorsitzenden des Glückstädter Zweigvereins sich legitimirt hatte, wurden die einzelnen Zweigvereine von ihm aufgerufen und zeigten sich unter gleichzeitiger Angabe ihres ungefähren Jahresbeitrags und ihrer Gabe zum Liebeswerke, wie folgt vertreten: *)

1) Ahrensburg durch Organist Maas aus Sied 4 ₰ Liebeswerk.
2) Altona   „   Pastor Roosen ....10„   „
3) Bargteheide „   „   Hansen aus Ahrensburg.
4) Bodenau   „   „   Jvers .... 4 „   „
5) Brügge   „   „   Brammann ..... 4„   „
6) Büsum   „   „   Gierd aus Wesselburen .... 4 „   „
7) Eichede   „   „   Hansen aus Ahrensburg.
8) Glückstadt „   „   Claussen........ 4 „   „
9) Grömitz   „   „   Detlessen aus Neustadt.
10) Hademarschen durch Organist Bruck,
11) Heide Probstei   „   Pastor Prall........ 4 „   „

---

*) Der Jahresbeitrag jedes Zweigvereins ist hier und im Folgenden weggelassen, da er aus den gedruckten Jahresrechnungen genauer erhellt.

12) Heide Flecken	"	denselben	6 ₰ Liebeswerk.
13) Herzhorn	"	Pastor Jessen........	3 " "
14) Hohenwestedt	"	" Witt	5 " "
15) Itzehoe	"	Justizrath Poel	8 " "
16) Kiel	"	Pastor Schrader ....20 " "
17) Lütjenburg	"	" Jansen........	5 " "
18) Meldorf	"	" Hansen von dort 5 " "
19) Münsterdorf	"	" Kuchmann aus	
		St. Margarethen 4 " "
20) Neumünster	"	" Harms	6 " "
21) Neustadt	"	" Dettlessen	4 " "
22) Nordhastedt	"	" Schütze,	
23) Nortorf	"	" C. Deder	4 " "
24) Oldenburg	"	Dr. Petersen	4 " "
25) Oldesloe	"	Pastor Müller	6 " "
26) Pinneberg	"	" Sörensen aus	
		Niendorf........	7 " "
27) Plön	"	" Schwarz	7 " 12 ₰ "
28) Ranzau	"	" Harder......	15 " "
29) Rendsburg	"	{Propst Dr. Callisen, O.-G.-Advocat Mannhardt... .... Pastor Schrödter ...}	10 " "
30) Sarau	"	" Dessler	3 " "
31) Scheuefeld	"	Herrn v. Reergard...	5 " "
32) Segeberg	"	Propst Springer	5 " "
33) Sonntagsbote	"	Pastor Bertmann	8 " "
34) Süsel	"	Prof. Dr. Fride... ..	2 " "
35) Trittau	"	Cantor Wünker	3 " "
36) Wandsbeck	"	Dr. Strodtmann	10 " "
37) Wesselburen	"	Pastor Sterd,	
38) Zarpen	"	Färber Jungjohann aus Kiel.	

Als neue Vereine wurden angemeldet:

1) Blekendorf	vertreten durch	Pastor Fries ....2 ₰ Liebeswerk.
2) Steinbeck	"	"	"	Petersen...3 " "
3) Wilster	"	"	"	Martens ..4 " "
4) Crempe	"	"	"	Ziese
5) Warder	"	"	"	Griebel.

In der Bildung begriffen war Reinfeld.

Von unvertretenen Vereinen hatten ihre Beiträge angemeldet: Barlau, Brunsbüttel, zum Liebeswerk 3 ₰, Curau, Kaltenkirchen, Marne, (zum Liebeswerk 5 ₰), Schönkirchen, Sülfeld, Westensee.

(Gänzlich unvertreten waren: 1) Ahrensböck, 2) Altenerempe, 3) Borthesholm, 4) Eddelack, 5) Elmschenhagen, 6) Steinbeck, 7) Gnissau, 8) Heiligenhafen, 9) Lunden, 10) Propstei

Süderdithmarschen, 11) Neukirchen, 12) Preetz, 13) Prop=
steier=Hagen, 14) Schlamersdorf, 15) Selent.

Als Vertreter des Centralvorstandes war auch in diesem Jahr Pastor
Dr. Geffcken aus Hamburg anwesend und theilte mit, daß der Can=
didat Sillem von dort im Begriff stehe, im Auftrag des Central=
vorstandes die evangelischen Gemeinden in Ungarn zu bereisen und ihre
Bedürfnisse zu erkunden. Die Generalversammlung des Gesammtvereins
zu Ulm könne leider in diesem Jahr nicht gehalten werden.

Die Versammlung wählte zum Vorsitzenden für die morgende Haupt=
versammlung durch Acclamation Professor Dr. Fricke und als dessen
Stellvertreter Pastor Bertmann.

Letzterer motivirte alsdann seinen schon bei dem Hauptverein ein=
gegebenen und von diesem einstimmig angenommenen Antrag, daß von
dem Secretär desselben ein besoldeter Gehülfe für den ihm nach eigner
Wahl abzugebenden Theil der Correspondenz= und Expeditionsgeschäfte
angestellt werde. Wie nothwendig dem auch sonst schon reichlich beschäf=
tigten Secretär eine solche Hülfe geschafft werden müsse, könne schon
daraus ersehen werden, daß die Anzahl der im letzten Jahr zu expedi=
renden Briefe und Vereinssendungen sich auf 513 belaufen habe. Von
Pastor Müller aus Oldesloe warm befürwortet ward dieser Antrag
einstimmig angenommen und dem Hauptvorstand die Bestimmung der zu
verwendenden Summe anheimgegeben.*)

Der Kieler Zweigverein brachte durch Pastor Schrader in An=
regung, daß der Hauptverein den Centralvorstand veranlassen möge seine
fliegenden Blätter in besserem Druck, auf besserem Papier und womöglich
auch mit Illustrationen erscheinen zu lassen. Dieser Antrag ward von
Pastor Hansen (Ahrensburg) und dem Vorsitzenden befürwortet und
von der Versammlung zum Beschluß erhoben. Pastor Dr. Geffcken
übernahm es, denselben zur Kenntniß des Centralvorstandes zu bringen,
was außerdem auch durch den Hauptvorstand geschehen ist. Wir erhalten
seitdem die in unserem Landesvereine jährlich im Durchschnitt in 11,500
Exemplaren verbreiteten fliegenden Blätter, deren Bedeutung auch in
Glückstadt hervorgehoben wurde, gegen eine geringe Erhöhung des Preises
(27 ß R.=M. = 100 Exemplare) auf besserem Papier.

Der Vorsitzende theilte bei diesem Anlaß mit, daß 1000 Exemplare
der fliegenden Blätter von dem Centralvorstande gratis zur Verfügung
gestellt würden und ersucht die einzelnen Zweigvereine, die Anzahl der
Exemplare namhaft zu machen, die sie außer den Gratisexemplaren zu
erhalten wünschten. Dieser Aufforderung gaben Folge die Zweigvereine
Barlau, Bliekendorf, Glückstadt, Heyhorn, Hohenwestedt, Jevenstedt,
Jgehoe, Kiel, Lütjenburg, St. Margarethen, Meldorf, der Münster=
dorfsche Propsteiverein, Neustadt, Norderf, Oldesloe, Arnsburg, Schene=

*) Diesem Beschlusse ist durch das Herenziehen des Herrn Lehrer Bier=
wirth in Kiel Folge gegeben worden. Derselbe erhielt in den beiden ersten
dem Vereinsabschlusse folgenden Jahren 50 M. R.=M., in dem letzten Vereins=
jahre (18⁶¹/₆₂) 60 M. Honorar.

feld, Segeberg, Trittau, Bovenau, Wilster. (Je mehr sich bei der gewachsenen Zahl der Zweigvereine die 1000 Gratisexemplare vertheilen, desto angelegentlicher wiederholen wir die in Glückstadt ausgesprochene Bitte.)

Von den Holzschnitten zu Dr. Geffcken's Schrift: „Erhalt uns Herr bei Deinem Werk" waren 100 Exemplare von dem Herrn Verfasser dem Hauptverein zum Verkauf für das diesmalige Liebeswerk übergeben worden, wofür der Vorsitzende demselben seinen Dank aussprach.

Der Verleger des Gustav-Adolf-Calender hatte sich bereit erklärt, wenn von dem Vereine unseres Landes eine genügende Anzahl bestellt würde, einen Separatabdruck desselben mit Rücksicht auf die hiesigen Erfordernisse zu veranstalten. Nach einem von Pastor Bersmann gegen die legale Berechtigung eines solchen Unternehmens erhobenen Bedenken wurde diese Sache fallen gelassen.

Auf eine desfällige Anfrage des Vorsitzenden bemerkte Pastor Bünz (Glückstadt), daß die „freie Versammlung", welche mit gesegnetem Erfolge zuerst auf der Generalversammlung zu Itzehoe (1856) im Eichthale stattgefunden hatte, nach Beendigung der kirchlichen Feier in den „Anlagen" stattfinden werde.

Auf den Vorschlag des Vorsitzenden ward beliebt, den Ertrag der kirchlichen Collekte für das Liebeswerk zu verwenden.

Um Revision der Jahresrechnung des Hauptvereins wurden die Herren Kaufmann Schröder und Cantor Walff in Glückstadt ersucht, und übernahmen freundlich diese Mühe.

Nachdem die Deputirten vom Festcommittee ersucht worden waren, sich folgenden Tages 10 Uhr in der Aula des Gymnasiums zu versammeln, um von dort im feierlichen Zuge in die Kirche zu gehen, wurde die Versammlung geschlossen.

2. Die Hauptversammlung.

Zur Feier des kirchlichen Festes, welches nunmehr in der mit sinniger Liebe von den Bewohnern Glückstadts überaus lieblich geschmückten Kirche gehalten wurde, waren viele Besucher aus der Stadt und von allen Seiten des Landes zusammengeströmt. Das Altargebet hielt Pastor Bünz aus Glückstadt. Die Predigt Pastor Giese aus Crempe über die Verheißung Jes. 27, 6: „Es wird dennoch dazu kommen, daß Jakob wurzeln wird und Israel blühen und grünen wird, daß sie den Erdboden mit Früchten erfüllen." Ausgehend von der an den Heiland gerichteten Bitte der Jünger: „Stärke uns den Glauben," stellte er in ergreifender Weise die Stärkung des Glaubens 1) als die Gabe hin, welche der Gustav-Adolf-Verein uns bringt, und 2) als diejenige, welche wir ihm wiederbringen sollen. Alsdann hielt Pastor Fries aus Blekendorf einen geschichtlichen Vortrag, in dem er anknüpfend an das Gleichniß vom barmherzigen Samariter in einer Reihe geschichtlicher Bilder die hochnothwendige und reich gesegnete Thätigkeit der Gustav-Adolf-Stiftung zur lebendigst fesselnden Erscheinung brachte. Die Reihe der Festreden beschloß Prof. Dr. Fricke mit einem tief in das Leben und Leiden der zerstreuten Evangelischen hinein- und zugleich zu den unmittelbar der ge-

gewärtigem Beschlußnahme vorliegenden Gegenständen hinüberführenden
Vorträge. Die Predigt von Pastor Giese und der Vortrag von Pastor
Fries liegen gedruckt vor. Aus dem Berichte des Prof. Dr. Fricke
entnehmen wir das Nachfolgende.

Der Redner knüpfte an die beiden vorangehenden Vorträge an und
faßte im Einklange mit ihnen, das Bekenntniß und Gelübde des Vereins
in Luthers Wort zusammen: „In meinem Herzen herrschet allein und
soll herrschen, dieser einige Artikel Jesus Christus, welcher aller
meiner geistlichen und göttlichen Gedanken, so ich immerdar Tag und
Nacht haben mag, der einige Anfang, Mittel und Ende ist." Er erinnerte dann daran, daß der heutige Versammlungstag, der 6. Juli,
der Geburts- und Märtyrertag des großen Böhmischen Vorreformators,
des Joh. Huß, sei. Wie der Phönix aus der Asche habe der Protestantismus auch mit von diesem Scheiterhaufen seinen Ursprung genommen,
und aus dem Herzen des Protestantismus wieder, aus dem Erbarmen
der Liebe, zu welcher Paulus Gal. 6, 10. und Röm. 12, 13. mahnt, sei
der Verein hervorgegangen, der die armen Glaubensbrüder in katholischer
Umgebung an dem Herzen ihrer Kirche erhalten will. Der Redner gab
dann zuerst Kunde von den Bitten bedrängter Gemeinden, welche im
verflossenen Jahre an den holsteinischen Hauptverein gelangt waren.
56 Gemeinden, 4 aus Baiern, 15 aus Oesterreich, 28 aus Preußen,
2 aus Hannover, 2 aus Hessen-Darmstadt, 1 aus Curhessen, 1 aus
Thüringen, 5 aus Frankreich, hatten sich mit besonderer Bitte an unseren
Verein gewandt. Die Noth von dreien unter diesen Gemeinden, welche
vom Hauptvorstande für das Liebeswerk vorgeschlagen, wurde ausführlicher geschildert. Arras bei Amiens in Frankreich wurde als eine
Gemeinde bezeichnet, welche in Gefahr sei, zu sterben, wenn nicht die
brüderliche Liebe sich ihrer kräftig annehme; Stetenhausen-Höfen-
dorf in Hohenzollern dagegen als ein junges Zweiglein am Baum der
evangelischen Kirche, aufsprießend im ersten frischen Grün. Hohenzollern
ist fast ganz katholisch. Vor 40 Jahren ist aber ein Samenkörnlein dort
niedergefallen. Eine evangelische Bibel kam in die Hände eines katholischen
Lehrers, der sie eifrig las. Es fiel ihm wie Schuppen von den Augen.
Er fing an, Stunden zu halten, bei welchen sich bald das halbe Dorf
einfand. Die katholische Geistlichkeit sprach die Excommunication aus,
die Führer der religiösen Bewegung wurden sogar gefänglich eingezogen.
Als dahin waren die Leute, welche durch das Lesen und Hören des
Schriftworts erweckt waren, noch in der katholischen Kirche geblieben.
Durch einen jungen katholischen Geistlichen, welcher später dahin versetzt
ward und mit großem Eifer gegen die evangelische Wahrheit zu Felde
lag, kam die Sache zum Bruch. Die Gabe, wenn sie dahin gesandt
werde, bemerkte der Redner, werde ein Willkommegruß an die uns
zugeführten Brüder sein, zugleich ein Myrtenkranz auf das Grab eines
Landsmannes, der auf einer Reise durch Hohenzollern zuerst die kleine
Schaar der Evangelischen unter den Katholiken dort aufgefunden. Gieboldehausen in Hannover gehört zu den armen Gemeinden, welche
der Kirche und Schule entbehren. — Der Berichterstatter ging dann zu

einer Mittheilung über die Arbeiten unseres Landesvereins im letzten
Jahre über 6905 ℳ 2 ₰, darunter 1823 ℳ 33 ₰ des gesegneten
Sonntagsboten (außer 1 Louisd'or für die Kettenstiftung), sind an 59
bedrängte Gemeinden gegeben, abgesehen von den 1006 ℳ pr. Cour.,
welche zur Kettenstiftung beigesteuert sind. Er erinnerte an den Segen
des Herrn und an die treue Mitarbeit der Zweigvereine und des Sonntagsboten, welche uns ein Wachsthum gegeben, wie es wohl selten geschenkt worden sei. Denn noch im Jahr vorher hatte der Holsteinische
Hauptverein nur eine Einnahme von 5599 ℳ, 18³⁶/₃₇ von 3309 ℳ,
18³⁵/₃₆ von 1494 ℳ und 18³¹/₃₅ von 468 ℳ so daß die Einnahme
des Vereins seit 1854 sich mehr als verzehnfacht hat. Außerdem ist
eine größere Anzahl von Gemeinden mit Abendmahlsgeräthen beschenkt
worden: so Mittelwalde in Schlesien von Itzehoe und Kiel aus,
Fürstenberg-Westheim in Westfalen von Rendsburg und Hütten,
wozu von jungen Mädchen Kiels eine gestickte Altardecke gefügt wurde,
Kallneureuth in Baden von Altona aus, Gembitz in Posen aus
Norlorf; Copitz ebenda erhielt Altarleuchter aus Kiel, Neubräd
ebenda Altargeräthe aus Gaben des Sonntagsboten, die Gemeinden
Brakel und Rietberg-Colberg in Westfalen ebenso, Kowalewo
in der Provinz Preußen erhielt mit Altargeräthen aus Itzehoe und Crempe,
zugleich eine schöne Altarbibel aus Altona, Erwitte in Westfalen eine
solche von Gaben des Sonntagsboten, Beverungen in Westfalen
Altargeräth aus der Gemeinde Schönkirchen, Steinheim in Hessen-
Darmstadt aus Kiel, Rotewo in Posen aus dem Ertrage eines Con-
certes, welches die Neumühlener Liedertafel in Schönkirchen zum Besten
des Gustav-Adolf-Vereins veranstaltet hatte. Geisa in Thüringen wurde
von Elbesloe aus versehen, und zu Alecto in Posen wurde durch spen-
dende Hände aus allen Theilen des Landes der ganze Altar vollständig
ausgestattet; außer reichen Gaben von Gebern des Sonntagsboten, gaben
Freunde des Vereins in Flensburg dazu werthvolle Altarleuchter, junge
Mädchen in Nordesholm stickten die weiße Altardecke, Schleswig reichte
die dunkle Decke dar, Kiel die Altarbibel und die Frauen Neustadts eine
kostbare silberne Altarkanne. In der That eine reiche von Thränen des
Dankes gesegnete Liebesthat! — Und dazu das Wachsthum der Zweigvereine. Aus den 5 Zweigvereinen, welche der Landesverein im Jahre
1854 zählte, sind 70 geworden, unter denen 9 im letzten Jahre gegründet sind: Büsum, Schlamersdorf, Wesselburen, Steinbek (welches einen kleinen silbernen Kelch darreichte, der zu Frauenburg in der Provinz Preußen den Kranken dient), Crempe, Bielen-
dorf, Wilster, Warder und Reinfeld. In Altona, Kiel,
Rendsburg, Neustadt und Schönkirchen haben sich Gustav-Adolf-Frauen-
vereine gebildet. — Der Redner schloß mit dem Preise des Herrn,
der diese Gnade gegeben und mit einer Hinweisung auf die Bedeutung
des Vereins, dessen Werk er als ein Vertheidigungswerk der evangelischen
Kirche, als ein Werk des Dankes für die Glaubenstreue der Evangelischen unter den Katholiken, als Trostwerk, als Bußwerk und endlich
als Friedenswerk in schwerer Kriegszeit darstellte.

In der nunmehr folgenden geschäftlichen Versammlung meldeten noch die Vereine Brunsbüttel, Barder, Ranzau, Eddelack und Preeß durch die Pastoren Meyer, Griebel, Propst Harding, Pastor Jibler und Lehrer Piepgras ihre Vertretung an.

Mitgetheilt wurde von dem Vorsitzenden, der die Versammlung mit Gebet eröffnet hatte, zunächst ein Anerbieten der Lebensversicherungs-gesellschaft Iduna in Halle, einen Rabatt von etwa $3\frac{1}{2}$ % für alle diejenigen, die als erklärte Freunde des Gustav-Adolf-Vereins ihre Ein-zahlungen machten, zu bewilligen und denselben in die Casse des Gustav-Adolf-Vereins fließen zu lassen. Bei der unter Betheiligung von Pastor Bergmann, Schrader, Ziese und Hausen (Ahrensburg) ge-führten Discussion machten sich jedoch Bedenken geltend, ob die Anwendung eines vielleicht aus kaufmännischem Interesse angewandten Lockungsmittels berechtigt sei. Es wurde der Antrag demnach unberücksichtigt gelassen.

Pastor Dr. Geffcken sprach im Namen des Centralvorstandes zunächst dessen lebhafte Freude über das in Holstein so kräftig aufblühende Leben der Gustav-Adolf-Sache, sodann dem Pastor Fries seinen be-sonderen Dank für seinen geschichtlichen Vortrag und zugleich den Wunsch aus, daß derselbe gedruckt und durch den Vorstand als fliegendes Blatt vertheilt werde. Derselbe verlas einen schriftlichen Gruß des Prälaten Dr. Zimmermann in Darmstadt, aus Eisenach datirt. Der Antrag auf die Veröffentlichung des geschichtlichen Vortrags fand lebhaften An-klang in der Versammlung, wurde jedoch auf mehrseitigen Antrag dahin modificirt, daß alle 3 Vorträge dem Druck übergeben werden sollten. Dem Vorstande wurde die Einleitung des Näheren überlassen.

Nachdem der Vorsitzende die Begrüßung des Dr. Geffcken herzlich erwiedert und denselben gebeten hatte, dem Prälaten Dr. Zimmermann den brüderlichen Gegengruß der Versammlung zu überbringen, wurde das verlesene Anschreiben des Letzteren zu Protokoll genommen. Es lautet folgendermaßen:

Eisenach, den 2. Juli 1859.

Der Verwaltungsrath des Hauptvereins der Gustav-Adolf-Stiftung im Großherzogthum Hessen an die in Glückstadt versammelten Freunde und Freundinnen des Vereins.

Geliebte in Christo!

Von Luthers Burg aus begrüße ich Euch im Namen unseres Hauptvereins und namentlich im Namen unserer Gemeinde Bingen. Als wir im vorigen Jahre den Grundstein zur Kirche in Bingen legten, da habt Ihr uns durch Euren lieben Vorsitzenden ein so liebes, werthes Wort gesendet, und Ihr habt diesem Worte durch Euren Frauenverein in Altona eine so schöne Gabe vor-angehen und durch Euren Hauptverein eine so reiche Gabe folgen lassen, daß unsere Herzen Euch voll Dankes entgegenschlagen. Ihr feiert nun wieder Euer Jahresfest. Da drängt es mich, Euch unsern Dank zuzurufen und den Herrn zu bitten, daß Er nach seiner Gnade die Wohlthat Euch reichlich vergelten wolle, die Ihr an Bingen thut. Die Kirche steht nun bald unter Dach, und wenn die Brüder und Schwestern fortfahren, Bingens in Liebe zu gedenken, so wird bald am Rhein eine schöne Kirche stehen,*) die den Vorübergehenden

*) Sie steht jetzt voll, geweiht am 3. Sept. 1860, eine gesegnete Stätte der Mitarbeit ist des ganzen Vereins.

zuruf: Mich haben Glaube und Liebe erbaut. Freut Euch dessen, Ihr lieben Holsteiner, Ihr baut ja mit.

Ich danke Gott, so oft ich Euer gedenke. Wie wenig verbreitet war noch vor wenigen Jahren der Verein in Euerm und so theurem Lande. Und jetzt! Welch ein Leben in Holstein für die bedrängten Glaubensbrüder! Welch eine Liebe bei Männern und Frauen Holsteins! Auch mich habt Ihr so doch erfreut durch Euer hibernen Geräthe für mein Steinbeim! Dank, herzlichen Dank rufe ich Euch zu, und wenn wir und auch niemals schauen von Angesicht zu Angesicht, im Herrn sind wir verbunden, Ihr als die Gebenden mit uns, wir als die Empfangenden mit Euch. O welch ein Segen liegt auf solchem Geben und Empfangen! Ihr aber seid doch die Seligeren, denn Geben ist seliger, denn Nehmen. O so schließt denn die armen Gemeinden, die zu Hunderten vor der Thür des Vereins liegen, immer fester ans Herz. Es sind ja solche, die, wenn wir nicht helfen, unserer Kirche verloren gehen würden. Sie sind durch die Liebe, mit welchen Ihr sie pfleget, Eure Kinder geworden. Kinder aber, Ihr Mütter und Väter wisset das ja, und ich weiß es auch, — Kinder, die man zu verlieren in Gefahr ist, die sind dem Herzen doppelt lieb und theuer.

Ihr treibt des Herrn Werk. Er segne Euch, segne Euer ganzes theures Land. Er segne unsere Kirche. Er segne unser ganzes deutsches Vaterland. Er segne Euren Verein. Unbekannt und doch bekannt in Christo rufe ich Euch zu: Gott segne Euch!   Dr. K. Zimmermann.

Es wurde jetzt zur Tagesordnung geschritten. Pastor Hansen (Ahrensburg) referirte Namens des Hauptvorstandes über die Bedürfnisse der vom Centralvorstande dem Holsteinischen Hauptvereine empfohlenen 42 Gemeinden. In 17 Gemeinden, bemerkte er, handle es sich um Kirchenbauten, in 4 Gemeinden um Pfarrhausbauten, an 2 Stellen um Erhaltung und Errichtung von Gymnasien und Schullehrerseminarien, an 11 anderen um den Bau von Schulhäusern, an 2 Stellen um Lehrergehalte, in 8 Gemeinden um Schuldentilgung, an einer Stelle um Begründung eines neuen Kirchensystems und in 4 Gemeinden um verschiedene kirchliche Bedürfnisse. Er hob dabei hervor, daß einzelne Gemeinden nach der in ihnen vorhandenen Noth in mehr als eine dieser Klassen fielen. Er schlug dann 27 Gemeinden zur Unterstützung vor, und zwar in solcher Weise, daß er diejenigen, in welchen es sich um Herstellung und Erhaltung evangelischer Schulen handelte, als die bedürftigsten voranstelle.

Nachdem hierzu Pastor Deresmann beantragt hatte, daß im Fall Arras für das diesmalige Liebeswerk gewählt werden solle, an dessen Stelle Giebolbebausen in Hannover eintreten möge, schlug Professor Dr. Fricke unter ausführlicher Motivirung vor, mehrere der vom Centralvorstande empfohlenen Gemeinden, mit denen Holstein noch in keiner Berührung bisher gestanden habe, wegfällig werden zu lassen, dagegen einige früher von uns unterstützte, diesmal nicht wieder vorgeschlagene Gemeinden hinzuzunehmen und diese Gesammtheit der zu unterstützenden Gemeinden in 2 Classen zu theilen, deren erste sowohl von hieraus mit größeren Gaben zu unterstützen als auch dem Centralvorstand zur weiteren Hauptreichung zu empfehlen wäre.

Diesen Vorschlägen gemäß wurde die Unterstützung nachbenannten Gemeinden und ihre Rubricirung in 2 Classen zum Beschluß erhoben:

1. Classe: Deutz und Waldbreitbach in Rheinpreußen, Süderwohld

in Westfalen, Loxten in Hannover, Bingen in Hessen-Darmstadt, Groß-
Montau in der Provinz Preußen, Waldsassen in Baiern, Schladming
in Steiermark, Oedenburg und Schemnitz in Ungarn, Arras in Frankreich (event. Gieboldehausen in Hannover), Paris und Algerien.
2. Classe: Altenberg-Langewiese in Westfalen, Laibach in Krain,
Molna, Palowice in Posen, Engerau, Guta, Etrp, Kirchdrauf, Po-
lichno, Sajo-Kaza, Schmölnitz, Stuhlweißenburg, Epat-Groth, Temesvar in Ungarn, Hoßtallow in Mähren, Sarlaup in Siebenbürgen,
und Bordeaux in Frankreich.

Die heutige Collecte und der Ertrag des Klingbeutels hatten 163 $\mathcal{M}$
90 β eingebracht, welche, neben den Beiträgen der Zweigvereine mit
207 $\mathcal{M}$ 12 β für das Liebeswerk verwendet werden sollten. Nach einer
Mittheilung des Pastor Giese waren ihm von einer Frau aus seiner
Gemeinde 128 $\mathcal{M}$ als Geschenk für den Gustav-Adolf-Verein übergeben,
von denen er noch 30 $\mathcal{M}$ für das Liebeswerk bestimmte, so daß die
Liebesspende sich auf 400 $\mathcal{M}$ steigerte. Die Gemeinden, zwischen denen
zu wählen stand, waren von dem Vorsitzenden in seinem Bericht in ihren
Zuständen und Bedürfnissen ausführlich geschildert. Es konnte daher
sofort zur Discussion über sie geschritten werden. Für Arras nahmen
Pastor Bergmann, der Vorsitzende und Pastor Sierd warm das
Wort. In Folge dessen ward mit allen 47 Stimmen der vertretenen
Zweigvereine Arras für das Liebeswerk erwählt.

Die Revisoren der Jahresrechnung hatten dieselbe richtig befunden
und so ward dem Cassirer Herrn J. W. Brauer in Kiel unter Bezeugung lebhaften Dankes für seine aufopfernde Mühwaltung Decharge
ertheilt.

Indem nunmehr zur Wahl des Orts für die nächste Versammlung
geschritten wurde, luden im Namen ihrer Zweigvereine Pastor Det-
leffsen die Versammlung zum nächsten Jahre nach Reustadt, Pastor
Schwarz nach Plön, Pastor Müller nach Oldesloe und Lehrer Pie-
gras nach Preetz in der herzlichsten Weise ein. Bei der Abstimmung
wurde Plön mit 33 Stimmen gewählt, während deren 8 auf Oldesloe,
3 auf Reustadt und 1 auf Preetz fielen.

Nach einer kurzen Debatte über die Zeit, in der die nächste Jahresversammlung zu halten sein werde und einer Anzeige des Pastor Sierd,
daß nach der Wahl von Arras für das Liebeswerk das ganze disponible
Drittel des Wesselburener Vereins nunmehr für das Liebeswerk verwendet
werden solle, wurde die Versammlung nach warmer Danksagung gegen
Alle, welche das Fest feiern, bereiten und schmücken geholfen, mit Gebet
geschlossen.

Nach 4 Uhr sammelten sich die Theilnehmer des Festes von Neuem
zu gemeinsamem Mittagsmahl im Bahnhofe, und obwohl der Saal einen
großen Raum bot, würden doch viele Festgäste ausgeschlossen worden
sein, wenn nicht viele Frauen die Freundlichkeit gehabt hätten, auf die
für sie belegten Plätze Verzicht zu leisten. Ernste und heitere Trinksprüche
würzten das Mahl, und die reiche Collecte von 95 $\mathcal{M}$ 13 β, welche bei
Tisch für die zum Liebeswerke mit vorgeschlagene, aber gegen Arras

zurückgestellte Gemeinde Bietenhausen-Hösendorf in Hohenzollern gesammelt wurde, zeigte, daß die Freudigkeit zum Geben auch da noch nicht erschöpft war. Die „freie Versammlung" im anstoßenden Garten brachte bis spät in den schönen Abend hinein noch eine Reihe von Ansprachen. In ergreifender Weise schilderte insbesondere Pastor Andersen aus Genf die kirchlichen Nothstände der evangelischen Kirche Genfs und ihren harten Kampf mit dem vorzugsweise dort mit unleugbarem Erfolge vordringenden Katholicismus. Es war ein Ruf zum Gebet und zur unermüdeten Arbeit für Wahrung und Kräftigung der protestantischen Kirche gegenüber der katholischen dort und überall.

So war der Tag in Glückstadt ein Tag geworden, der seine Spuren sicher tief in alle Mitfeiernden eingesenkt hatte und aufs Lieblichste wurde er gekrönt mit dem trefflichen Vortrage des 95. Psalmen, den nach der „freien Versammlung" ein Glückstädter Gesangverein im Saale des Bahnhofes zum Gehör brachte. Die ganze Feier war wie der Psalmenruf gewesen: „Kommet herzu, lasset uns dem Herrn frohlocken und jauchzen dem Hort unseres Heiles," und wie eine Erfüllung des anderen Psalmwortes, mit welchem der Jahresbericht begonnen: „Schmücket das Fest mit Maien bis an die Hörner des Altars, — denn Du bist mein Gott, ich will Dich preisen."

Der Vorstand des Holsteinischen Hauptvereins der Gustav-Adolf-Stiftung.

II. Die Versammlung in Plön
den 17. und 18. Juli 1860.

1. Die Vorversammlung.

Auch in Plön, wohin die freundliche Einladung und der auf der letzten Jahresversammlung gefaßte Beschluß, im nächsten Jahre die Freunde der Gustav-Adolfs-Sache und die Vertreter der verschiedenen Vereine rief, wurden dieselben mit herzlicher Gastlichkeit aufgenommen. Eine lange Wagenreihe, welche auch die Umgegend Plöns mit großer Freundlichkeit zur Verfügung gestellt hatte, wurden die Gäste aus Kiel, „eine evangelische Wallfahrt", eingeholt. Wie in Glückstadt hatten, trotz der Kleinheit des Ortes, in reichlicher Fülle sich die Häuser geöffnet, den herbeigeholten Gästen eine Herberge zu schaffen. Die umsichtige und unermüdliche Mühewaltung des Festcomité hatte auch hier alle Schwierigkeiten zu überwinden gewußt.

Die geschäftliche Vorversammlung fand am Abend des 17. Juli in dem Gasthof zur Stadt Hamburg Statt und wurde von dem Professor Dr. Fride, der sich als Vertreter des Hauptvereins legitimirte, mit Gebet eröffnet. Dann ward zur Entgegennahme und Prüfung des

Legitimationen und Angabe der Vertreter der Zweigvereine über die Beitragsumme derselben und die für das Liebeswerk bestimmte Quote geschritten und war das Ergebniß wie folgt, wobei wir auch hier im Hinweis auf die gedruckte Jahresrechnung pro 18³⁹/₄₀ die Angabe der Beitragssumme unbemerkt lassen.

No.	Zweigverein.	Vertreten durch	Für das Liebeswerk
1)	Ahrensböck	Lehrer Willern	2½ ₰
2)	Ahrensburg	Pastor Hansen	4 ,
3)	Altenkrempe		
4)	Altona	„ Rosen	10 „
5)	Bargteheide		
6)	Blekendorf	„ Fried	3 „
7)	Bordesholm	„ Hinrichsen	3 „
8)	Bovenau	„ Ivers	3 „ 16 β
9)	Brügge (s. u.)		
10)	Brunsbüttel	„ Fibler	4 „
11)	Büsum		
12)	Burg (Ditmarschen)		
13)	Curau	„ Gleiß	2 „
14)	Eddelack	„ Fibler	— „
15)	Eichede	„ Döring	8 „
16)	Elmschenhagen		
17)	Flintbek	„ Schulz	2 „
18)	Glückstadt	„ Jensen (Herzhorn)	5 „
19)	Guissau	„ Bliesmann	1 „
20)	Grömitz	Pastor Jessen	2 „
21)	Großen-Aspe		
22)	Hademarschen	Lehrer Weichmüller	4 „
23)	Heide, Ortsverein	} Pastor Prall	8 „
24)	„ Propsteiverein	}	
25)	Heiligenhafen	Pastor Köhler	4 „
26)	Hennstedt	„ Ivers (Bovenau)	2 „
27)	Herzhorn	„ Jensen	5 „
28)	Jevenstedt		
29)	Itzehoe	Justizrath Poel	16 „
30)	Kiel	Professor Thaulow	30 „
31)	Lütjenburg	Justizrath Wynken	1½ „
32)	Lunden		
33)	Marne		
34)	Süderditmarschen		
35)	St. Margarethen	Pastor Bendtfeldt	2 „
36)	Meldorf	„ Hansen	3 „
37)	Münsterdorfer Propsteiverein		5 „
38)	Neukirchen, Propstei Münsterdorf	Pastor Haß	2 „

39) Neukirchen, Propstei
Oldenburg . . . .   „   Lühr . . . . 9 ₰
40) Neumünster . . . .   „   Harms . . . . . . 10 „
41) Neustadt . . . .   „   Dellessen . . . 4 „
42) Nordhastedt
43) Nortorf . . . .   „   v. d. Heyde . 4 „
44) Oldenburg . . . .   „   Lüers . . . . 4 „
45) Oldesloe . . . .   „   Müller . . . . . . 8 „
46) Pinneberger Prop-
    steiverein . . . .   „   Fröhlich (Uetersen) 5½ „
47) Plön . . . .   Propst Reelsen . . . 10 „
48) Preetz, für den dortigen
    Männerverein . . . .   Control. Bullenweber 2 „
49) Propsteier-Hagen
50) Ranzauer Propstei-
    verein . . . .   Cand. Hansen (Elmshorn) 4 „
51) Reinfeld . . . .   Pastor Diedmann . . . 2 „
52) Rendsburg . . . .   „   Schröder . . . 10 „
53) Sarau . . . .   „   Hansen (Zarpen)
54) Schlamersdorf (s. u.)
55) Scheneseld
56) Schönkirchen
57) Segeberg . . . .   Prof. Dr. Fricke . . . . 6 „
58) Selent (s. u.)
59) Sonntagsbote . . . . . Pastor Versmann . . . 16 „
60) Süsel . . . .   Pastor Lübemann . . . 2 „
61) Steinbek
62) Wandsbek . . . .   Dr. Strohmann . . . 4 „
63) Warder . . . .   Pastor Griebel . . . . . 8 „
64) Weßensee
65) Wilster . . . .   Bäcker Göltsche . . . 5 „
66) Wesselburen . . . .   Pastor Siers . . . . 3 „
67) Trittau . . . .   „   Walbei (Siek) 3 „
68) Zarpen . . . .   „   Hansen . . . 2 „
69) Barlau . . . , ...   „   Heynsen . . . . . 5 „
70) Crempe . . . . Landschreiber v. Fischer-
                             Benzon . . . . 3 „
71) Hohenwestedt . . . . Pastor Will . . . . 5 „

An auswärtigen Vereinen waren vertreten Lübeck durch Direktor
Breier und Hamburg, so wie der Leipziger Centralvorstand durch
Pastor Dr. Geffcken, welcher 8 ₰ aus dem Ertrage einer seiner
Schriften für den Gustav-Adolfs-Verein, zum Liebeswerk ankündigte.
Als Gäste waren noch Dr. Röpe aus Hamburg und Pastor Bruhn aus
Lüben in Westpreußen zugegen. (Am folgenden Tage fanden auch Ver-
treter aus Eutin sich ein.) — Die Versammlung berief durch Afflama-
tion Professor Dr. Fricke zum Vorsitzenden und Pastor Versmann
zu dessen Stellvertreter. Mit der Revision der Jahresrechnung wurden

der Stadtcaffirer Braasch und Mädchenoberlehrer Lemke betraut und nahmen dieselbe aus den Händen des Kirchenpropsten Reelsen mit dankenswerther Bereitwilligkeit entgegen.

Indem bestimmt ward, daß Pastor Bruhn den von ihm übernommenen Vortrag über die Zustände seiner Gemeinde nach der Berichterstattung des Pastor Hansen aus Ahrensburg halten solle, ward zugleich mit Bedauern die Anzeige vernommen, daß Pastor Jensen aus Bordeaux, der sich angemeldet hatte, in der Versammlung zu erscheinen plötzlich verhindert sei und nur seinen Gruß und herzliche Empfehlung der deutsch-evangelischen Gemeinde zu Bordeaux senden könne.

Zur Erleichterung der Geschäftslast des Secretariats ward der Wunsch ausgesprochen, daß von den einzelnen Zweigvereinen, die über ⅓ ihrer Einnahmen disponirten, bei deffen Einsendung auch die Begleitschreiben dazu abgefaßt werden möchten, die dann nur eines kurzen Grußes von Seiten des Hauptvereins bei ihrer Weitersendung bedürften. Bezüglich der von demselben direkt ausgehenden Sendungen erklären Pastor Bersmann, Pastor Hansen (Ahrensburg) und Pastor Waltzel (Sied), den Secretär bei Abfassung der brüderlichen Anschreiben unterstützen zu wollen.

Es kam zur Erörterung, ob nicht der durch den Hauptverein bisher geschehene Vertrieb des Gustav-Adolf-Kalenders mit dem Privilegium des holsteinischen Almanach in Widerspruch stehe und dem Inhaber desselben zum Schaden gereiche. Auf Antrag des Propsten Reelsen beschloß jedoch die Versammlung mit 24 gegen 21 Stimmen, daß es bei dem bisherigen Verfahren bewenden möge.

Noch sprach Prof. Dr. Fricke Namens des Hauptvereins den Wunsch aus, daß die Zweigvereine behufs Aufnahme in die jährliche Rechnungsablage eine möglichst detaillirte Angabe ihrer Verhältnisse und namentlich auch über die Verwendung des von ihnen reservirten Drittheils machen möchten.

2. Die Hauptversammlung.

Am 18. Juli führte ein langer festlicher Zug die Genossen des Festes in die geräumige und festlich geschmückte Kirche. Pastor Schwartz sprach nach dem Eingangsliede: „Eine feste Burg ist unser Gott" das Altargebet. Pastor Döring aus Eichede hielt die Festpredigt. Sein Text war das Wort Offenb. Joh. 3, 20: „Siehe ich stehe vor der Thür und klopfe an, so jemand meine Stimme hören wird und die Thür aufthun, zu dem werde ich eingehen und das Abendmahl mit ihm halten und er mit mir." Aus demselben entwickelte der Festredner das Thema: Die heutige Feier will 1) uns zeigen die Gestalt, in welcher, 2) uns deuten die Bitte, mit welcher der Herr vor der Thür steht und uns 3) erinnern an den Segen, welchen er giebt, so wir seine Stimme hören und die Thür ihm aufthun. Wir geben die Hauptklänge der Predigt, welche fest und klar und ganz im Geiste unserer Arbeit, den Verein auf seinen kirchlichen Grund stellte, nach dem Sonntagsboten wieder, der sie unmittelbar nach der Feier zusammenfaßte. Nachdem der Festredner darauf hingewiesen, daß der, welcher vor der Thür stehe, der

Herr der Herrlichkeit sei, der zur Rechten Gottes sitze auf dem Stuhl
der Majestät, und nachdem er in kurzen Zügen an sein Kommen und
Anklopfen in der apostolischen Zeit und in den Tagen der Reformation
hingewiesen, hob er an von dem Anklopfen und Bitten zu reden, welches
in unsren Tagen zu hören sei. Er ließ uns gleichsam durch die offene
Thür schauen, und da sahen wir arme und bedrängte Glaubensbrüder
vor unsrer Thür stehen, welche ihre Noth uns klagen und um unsre
Hülfe bitten wollten. Als wir aber noch einmal aufgefordert wurden,
sie recht anzusehen, da wandelte sich das Bild, und in den armen Brüdern war's der Herr selbst, der Kreuzträger, welcher bittend an unsre
Thür gekommen. Die Predigt ging dann in ihrem weiteren Verlaufe
auf die Einreden ein, welche auch in letzter Zeit noch gegen das Gustav-
Adolfs-Werk erhoben sind. Man sagt uns, dieß es da, es komme Alles
darauf an, Buße zu thun! Gewiß, das ist das Erste und Wichtigste!
Aber wo wäre eine Bußpredigt, die gewaltiger das Herz bewegen könnte,
als der Blick auf die Noth der Brüder und auf die Schuld, an welche
sie die evangelische Kirche mit großem Ernste mahnt. Man sagt uns,
es gelte die Nächsten nicht zu vergessen um der Fernen willen. Wer
wollte läugnen, daß es ein Unrecht wäre, wenn wir's thäten! Aber
man thue das Eine und lasse das Andre nicht. Es ist der Herr, der
auch die Fernen zu unsren Nächsten macht. Man bittet uns, wir sollen
uns nicht dabei beruhigen, wenn wir für Gustav-Adolfs-Zwecke etwas
gethan, als ob damit nun Alles geschehen sei. Wir wollen die Mahnung
nicht überhören, wollen uns erinnern lassen, daß weder in diesem Werk,
noch in einem andren die Seligkeit wurzle, sondern allein im Glauben
an den hochgelobten Namen des Sohnes Gottes, welcher unsre Gerechtigkeit ist. Aber wer in solchem Glauben Vergebung und Heil gefunden
hat, den treibt es, seinen Glauben in der Liebe thätig werden zu lassen.

Nachdem V. 3 aus No. 341 gesungen war, stattet Prof. Dr.
Fricke den Jahresbericht über den Landesverein, die Aufgabe und das
Wirken des Vereins überhaupt ab. Wir lassen auch hier die Hauptzüge
folgen nach der treuen Zusammenfassung des Sonntagsboten, jedoch vielfach ergänzt aus den Acten des Redners. — Derselbe begann mit
einem Friedensgruße und fuhr dann etwa so fort:

Als Dr. Luther 1545 sein Büchlein „vom Papstthum zu Rom,
vom Teufel gestiftet“ ausgehen ließ, da schloß er mit den Worten:
„Die teuflische Päpsterey ist das letzte Unglück auf Erden und das nä-
beste, so alle Teufel thun können mit aller ihrer Macht.“ In diesem
Wort faßte er noch einmal die Arbeit und den Kampf seines Lebens zusammen. Mit zitternder Hand und mit dem Gedanken ans nahe Ende
in seiner Seele hebt er noch einmal hoch das unbesiegbare Banner der
evangelischen Kirche: „Christus allein unser Heil, er allein unser Trost
im Leben und Sterben!“ — Mein Wort hat Frieden gerufen zuvor über
diesem Zorneswort Luther's. Friedlichere Zeiten sind angebrochen.
Auch außerhalb der evangelischen Kirche offenbart sich jetzt die Kraft des
Evangeliums. Nicht mehr wagt die katholische Kirche jetzt, Ablaß zu
predigen, wie in Tezel's Zeiten, und tausend und aber tausend

katholische Christen sind angeweht vom evangelischen Geiste. Daß die
katholische Kirche noch ist, was sie ist, das dankt sie der evangelischen;
ohne die Reformation würde es kaum noch eine katholische Kirche geben.
Aber ob wir gleich die Bruderhand im Frieden den lebendigen Gliedern
der katholischen Kirche reichen, dennoch muß auch in uns und in allen
evangelischen Christen etwas von jenem Geiste leben, aus welchem heraus
Luther jene Worte sprach. Wem bei dem Worte: „Evangelische Kirche!
meine evangelische Kirche!" das Herz nicht aufgeht, der ist kein lebendiger protestantischer Christ. (Es folgte eine Schilderung der Wohlthaten, die Jeder der evangelischen Kirche zu danken habe.) Woher
kommt die ungeheure Noth und der Mangel an Kirchen, Schulen,
Todtenäckern und Allem, was zum geistlichen Leben noth ist? Weil in
entscheidender Zeit der Gefahr der kirchliche Gemeinsinn fehlte in der
evangelischen Kirche und weil so Vielen unter uns das klare Bewußtsein
fehlt von dem Segen, der es ist, eine evangelische Kirche und Schule zu
haben. So hat denn der Herr die Noth des Vereins uns vor Augen
gestellt, damit wir einkehren in uns und zugleich merken möchten, was
wir selber an unsren Kirchen und Schulen besitzen. Jene Noth ist auch
in diesem Sinne unsre Noth. Die Gesegneten sind berufen, den armen
und bedrängten Brüdern Hülfe zu bringen.

Der Redner versprach nun, Blicke hineinthun zu lassen in die
Schmerzen des abgeschlossenen Vereinsjahres, in die Freude, die
wir empfunden, und in die Sehnsucht, die wir noch immer in unsrem
Werke fühlen müssen. Er erinnerte an den verheißungsreichen Traum
des Churfürsten Friedrich von Sachsen, in der Zeit, als Luther
seine Thesen anschlug. Das war die Zeit des Reformationsfrühlings,
wo evangelische Lebensströme durch die Länder Deutschlands rauschten.
Ungarn, von wo jetzt 101 Gesuche eingegangen, hatte damals eine
große Zahl blühender evangelischer Gemeinden. Nur Ein Dreißig-
theil von Ungarn war um 1604 noch katholisch. Unter
Matthias von Hunyad (um 1490) war ¹/₃ sämmtlicher Ländereien
Ungarns in den Händen der katholischen Geistlichen: 129 Jahre später
nur noch die Einkünfte von etwa 60,000 fl. Zwischen 1514 und 1610
wurden in Wittenberg allein 257 Ungarn ordinirt. Gegen Ende des
16. Jahrhunderts waren am rechten Donauufer in Ungarn gegen 300
evangelische Gemeinden, am linken Donauufer bis Nógrad über 400, in
den Gespannschaften Zips, Saros u. über 200, alle mit Geistlichen.
Hunderte zogen aus Ungarn nach Wittenberg, Basel und Straßburg,
und ein unüberwindlicher Zug evangelischen Geistes ging durch die Kirche.
Mindestens ²/₃ der eigentlichen Ungarn waren, wie einer ihrer Schriftsteller sagt, „wegen nationaler Ernsthaftigkeit, Feierlichkeit und Strenge"
calvinischen Bekenntnisses, lutherisch dagegen die deutschen und slavischen Gemeinden. Der Friede zwischen beiden Confessionen machte sie
stark und siegreich gegen den gemeinsamen Feind. Seitdem aber 1563
auf der Synode zu Tarczal die Lutherischen und Reformirten sich zu
trennen beschlossen, ging's dort zurück, und 900 Kirchen wurden bis zum
Ende des 17. Jahrhunderts den Evangelischen entrissen. Eine der vor-

ligen nothleidenden Gemeinden — Cajo-Raja — ist zum Liebeswerk
mit vorgeschlagen. Ueber 52 Ortschaften in 11 katholischen Gemeinden
zerstreut, leben 2086 evangelische Polen, Ungarn und Deutsche. In 3
Sprachen muß der Eine Prediger ihnen predigen. Die Gemeinde hat
eine Schule gebaut, aber noch keine Kirche. Sie hat den Bau derselben
begonnen und bittet: Helft uns! — Gruppe in der Provinz Westpreußen, ebenfalls für das Liebeswerk vorgeschlagen, ist ein Bild des in
der Diaspora kämpfenden evangelischen Lebens im Kleinen. Wol hat in
Westpreußen die evangelische Kirche in den letzten Jahren einen solchen
Aufschwung genommen, daß sie um 52 pCt. gestiegen ist. Aber mehr
als 300,000 Evangelische wohnen zerstreut unter den Katholiken.
Gruppe, mit etwa 6000 Seelen, hat eine Schuld von 75,000 ℳ pr.
Cour. wegen der Weichselüberschwemmung, von welcher sie 1855 betroffen wurde, übernehmen müssen. Sie hat bisher sich hinter andre
Gemeinden zurückgestellt. Erst jetzt kommt sie und bittet um Hülfe, da-
mit sie im nächsten Jahre das Werk ihres Kirchenbaues angreifen könne.
Auch Waldsaffen in Baiern erinnert an die Leiden unserer Kirche.
Der Ort, gegen Böhmen hin gelegen, liegt in einer Gegend, wo 1580
noch 334 evangelische Geistliche die Concordia (das lutherische Bekennt-
niß) unterschrieben. Heute ist das Evangelium in dieser Gegend fast
ausgestorben, ausgerottet mit äußerer Gewalt. Sie hofft, ein Feuerbrand
auch für die benachbarten böhmischen Glaubensgenossen zu werden. Ein
Rittersaal, der nicht gebraucht wird, höchstens von Zeit zu Zeit zur
Aufführung von Schauspielen, ist der Gemeinde zur Benutzung für ihre
Gottesdienste verweigert worden; der katholische Geistliche hintertrieb die
Sache, er verwies sie in ein feuchtes unterirdisches Gewölbe, wo eine
Lichtgießerei bisher betrieben wurde. — Mit einigen Bildern der Noth
schloß der Redner die Schilderung der Nothstände. Eine Mutter in
Baiern geht mit ihrem Kindlein im Sarge stunden lang zum nächsten
evangelischen Gottesacker, weil man ihr die Bestattung daheim verweigert
hat. Die Wittwen der Prediger Mährens darben äußerlich und innerlich!
     Wie betrübend nun das Alles, dennoch dürfen wir das Wort des
Apostels Phil. 4 ausgehen lassen: „Freuet euch in dem Herrn allewege,
und abermal sage ich: freuet euch!" Die Zeit ist verschwunden, wo die
evangelische Kirche schlief und die Brüder unter den Katholiken Preis
gab dem Schicksal, durch welches Abertausende an die katholische Kirche
verloren gingen. Seit länger als 27 Jahren arbeitet der Gustav-Adolf-
Verein an dem Kreuz- und Bußwerk der evangelischen Kirche. Noch
1849 hatte er nur 500 ℳ, jetzt die Summe von etwa 1,107,000 ℳ
für die bedrängten Brüder verwandt. 134,782 ℳ pr. Cour. sind im
vorigen Jahre verausgabt; 494 arme Gemeinden, darunter 305 deutsche,
sind unterstützt. Und jetzt schon ist die Kunde eingegangen, daß die
diesjährige Einnahme auf 160,000 ℳ gestiegen ist. Das ist freilich ein
Kleines für 574 bittende Gemeinden, aber doch ein freudiger Anfang,
daß wir rühmen dürfen: „Lobe den Herrn, meine Seele, und was in
mir ist, seinen heiligen Namen!" Diesem Wachsthum draußen entspricht
auch die Zunahme in unsrem Lande. Wir danken demüthig dem Herrn,

der auch unser Werk im letzten Jahre gesegnet hat. 8249 ℳ ℛ.ℳ.
sind im letzten Jahre gesendet, mit späteren Zuschüssen 8464 ℳ 80 ₰
gegen 6905 ℳ im vorigen Jahre. Die Summe ist klein bei dem
Reichthum des Landes, aber dennoch groß gegen Das, was wir
früher vermochten, und mit Einer Ausnahme von allen Zweigvereinen dargereicht. An 70 Gemeinden und 9 einzelne Personen
sind diese Gaben ausgesandt. 2450 ℳ darunter sind vom Sonntagsboten gesammelt, und dieselbe Summe ist von ihm schon wieder erreicht,
obwohl wir noch ein halbes Jahr vor uns haben. Sollen wir in diesem Allen nicht einen Segen des Herrn sehen? Sollten wir nicht vertrauen, daß der Herr uns weiter führen wird? Sollte Er die jetzt
76 Zweigvereine — darunter 6 neue in diesem Jahre — nicht auch
ferner wachsen lassen wie Zweige an einem Baum, der an den Wasser-
bächen gepflanzet ist? Wir hoffen es freudig. Und mit besonderem
Segen arbeiten daneben einzelne Frauenvereine im Lande, denen wir namentlich auch die Sorge für die wichtigen Confirmandenanstalten an's
Herz legen möchten.

Das Wort ist zur Bitte geworden. Der Sehnsucht, welche
wir in unsrem Werke fühlen, werde nun noch ein Ausdruck gegeben.
Ich blicke hinaus! Die Einen schlafen: sie haben noch nie bedacht, was
für ein Segen die evangelische Kirche und Schule ist! So laßt Euch
hinausweisen zu den Brüdern unter den Katholiken. Sie sind blutarm,
aber sie bitten nicht ums Brod, ob es ihnen wohl auch noth wäre, sie
bitten um Kirchen und Schulen! Fürwahr, da muß es doch ein Großes
um sie sein! Andere sind wol bewegt von der Noth, die sie bis dahin
kaum kannten; aber sie antworten doch: »Wir haben selbst so viel Noth,
sollen wir so weit hinausziehen? Uns berührt die Gefahr nicht!« So
haben am Ende des 16. und im Laufe des 17. Jahrhunderts die Chur-
sachsen und viele andere Evangelischen auch gesagt. Wir sind gesichert!
meinten sie, wir wohnen auf den Bergen. Und grade ihnen und durch
sie ist Land um Land der evangelischen Kirche verloren gegangen. Das
zu ⁹⁄₁₀ einst protestantische Deutschland ist so zu seiner großen Hemmung
bei jeder Lebensfrage mehr als zur Hälfte katholisch jetzt; aus früheren Horten
des Protestantismus sind Bollwerke seiner Feinde geworden. 1583 rüstete
sich der Erzbischof von Köln zum Uebertritt. Man verdachte es ihm,
daß er den Reformirten sich zugewendet, und ließ ihn lutherischerseits im
Stich, — und heute ist Köln das deutsche Rom! 1586 war der Bischof
von Bamberg bereit zum Uebertritt. Da er aber merkte, daß die Protestanten den Erzbischof von Köln im Stich gelassen, gab auch er seinen
Plan auf und führte bald darauf 60,000 Evangelische in die katholische
Kirche zurück. Oder blickt nach England! In der Besorgniß erweckend-
sten Weise ist der Katholicismus dort in den letzten Jahrzehnten gewachsen, weil ein ähnlicher, und doch noch lange nicht der gleiche In-
differentismus seitens der Protestanten ihm gegenüberstand. Im Jahre
1829 zählte England 477 katholische Priester, im Jahre 1859: 1236!
1829 gab es dort 449 katholische Kapellen, jetzt mehr als 950 zum
Theil glänzende Gotteshäuser! 1829 war in England kein Kloster,

1839 zählte es 37, — in diesem Jahre allein 3 neue — obgleich das Gesetz die Klöster verbietet. 1829 hatte England keine Bildungsanstalt für katholische Priester, jetzt mehr als 12. Für 400 katholische Schulen mit 331 Lehrern und 713 Lehrerinnen für 45,907 Kinder hat die katholische Kirche Englands reiche Staatsmittel zu erlangen gewußt, obgleich der Unterricht in England sonst Privatsache ist. In allen Aemtern, namentlich im königlichen Hausstalte, im Finanzministerium und sonst, sind außer jedem Verhältniß katholische Beamte eingedrungen. Die Uebertritte zum Katholicismus in dem fernprotestantischen England betrugen in nicht wenigen Jahren noch der jüngsten Zeit jährlich im Durchschnitt 5—6000! Es ist dort jetzt besser geworden, weil der bedrohte Protestantismus endlich zur Gegenwehr sich aufgemacht hat. Aber wer berechnet, was durch diese Laubeit dem Protestantismus auch an innerer Macht verloren gegangen ist, — hier und überall!? O so wachet auch durch die Mitarbeit an unserem Werke, daß Euch Niemand Eure Krone raube, die Krone des evangelischen Glaubens, der evangelischen Freiheit und — der Gebundenheit in ihr allein!

Und nun noch ein Wort im Besonderen an Dich, Plöner Gemeinde. Weißt Du es wol, was für eine Bedeutung gerade dieses Jahr für Dich hat! Mag das Evangelium früher schon in Plön verkündigt sein — der erste protestantische Geistliche in Plön, dessen Namen wir kennen, hat 1560 hier gewirkt! So knüpfe Dein dreihundertjähriges Fest des protestantischen Bekennens an die Feier dieses Tages an; lege den Dank für den dreihundertjährigen Genuß des reinen Evangeliums auf den Altar der bedrängten Glaubensbrüder! Hilf an Deinem Theile durch Gabe und Gebet uns bezeugen, daß der Herr sein Heer noch hat im protestantischen Zion! Amen.

Nach diesem Vortrage sang die Gemeinde den letzten Vers aus Nr. 624, worauf Propst Reelsen das Schlußgebet und den Segen sprach.

Die Abgeordneten versammelten sich nach einer kleinen Unterbrechung wiederum in der Kirche, um die noch vorliegenden Geschäfte zu erledigen; auch aus der Gemeinde fand sich ein zahlreicher Kreis von Zuhörern wieder ein.

Als Deputirte auswärtiger Vereine hatten sich noch Regierungsrath Hellwag, Pastor Müller und Collaborator Kirchner aus Eutin eingefunden. Als Gast war Pastor Sieger aus Finnland zugegen. Professor Dr. Fricke eröffnete die Verhandlungen mit Gebet. Zuvörderst begrüßte dann Dr. Geffcken aus Hamburg als Abgeordneter des Centralvorstandes und im Auftrage desselben die Versammlung. Er redete über die Geschichte des Gustav-Adolf-Vereins, in welcher er 3 Perioden unterschied, und bezeugte, daß der Centralvorstand an dem Wachsthum des Holsteinischen Landesvereins seine besondere Freude habe. Der Vorsitzende dankte für die überbrachten Grüße und wies dabei auf die vortreffliche Geschäftsleitung des Centralvorstandes, welche zum Gedeihen des Vereins wesentlich beigetragen, sowie darauf hin, daß Dr. Geffcken mit nicht ermüdender Liebe den Holsteinischen Landesverein auf seinem Wege von Generalversammlung zu Generalversammlung begließt habe. Pastor Dr. Rehhoff aus Hamburg, der Lautereden in der Pfalz dem Hauptvorstande empfohlen hatte, war gleichfalls als Gast zugegen.

Da einige Deputirte sich erst am Haupttage der Versammlung eingefunden hatten, so richtete der Vorsitzende zunächst die Frage auf etwa neu angekommene Vertreter von Zweigvereinen. Es meldeten sich hierauf noch folgende Vertreter:

Pastor Brinckmann aus Selent, ... Liebeswerk 8 ₰ 90 ß
„ Deßler aus Sarau, ... „ 8 „
„ Tönnfsen aus Schlamersdorf, „ 4 „
und „ Branmann aus Brügge, ... „ 4 „

Der Tagesordnung gemäß entledigte sich nun Pastor Hansen (Ahrensburg) Namens des Vorstandes der Berichterstattung über die zur Unterstützung vorgeschlagenen Gemeinden, wobei er sich vorbehielt, nach eröffneter Discussion im eignen Namen noch einzelne Abänderungsvorschläge zu machen. Vom Centralvorstand wären dem Holsteinischen Hauptvorstand von 574 hülfesuchenden Gemeinden 40 zur Unterstützung empfohlen. Hiervon würden aber, um die Kräfte zu concentriren, die 7 bisher noch nicht in Holstein bekannt gewesenen Limburg in Nassau, Priesen in Ostpreußen, Dahn in Baiern, Bolhewcze, Totis Szenz und Dr.Klenös in Ungarn und Amadscha in der Türkei auszuscheiden sein. Außerdem werde für Epinal in Frankreich und Stuhlweißenburg in Ungarn durch die ihnen zugeflossenen Spenden der Frauenvereine die Unterstützung durch den Hauptverein entbehrlich. Dazu erlaube indessen die erhebliche Vermehrung der Einnahmen noch folgende 5 nicht vom Centralverein bisher empfohlenen Gemeinden, nämlich Oberglogau in Schlesien, als schon von früher in guter Erinnerung stehend und auch durch geistige Bande uns verbunden, Gierbolshausen in Hannover als der Kirche und Schule entbehrend, Laibach in Jllyrien, eine Gränzwacht der evangelischen Kirche in bedeutungsvoller Lage, noch immer mit einer sehr drückenden Schuld belastet, Schladming in Steiermark, dem hoffentlich nur noch die Unterstützung eines Jahres zur Gewinnung kirchlicher Selbständigkeit fehle, und Bordeaux als wichtigen von vielen deutschen Seeleuten besuchten Hafen mit werdender evangelischer Gemeinde und einem Geistlichen und Schleswig, zur Pastor Jensen und Schmeßing, zur Unterstützung vorzuschlagen. Es wären daher die zu unterstützenden Gemeinden nach der Größe der ihnen zu bewilligenden Beihülfe in 3 Classen getheilt und schlage der Hauptvorstand vor, 13 derselben in die erste, 10 in die zweite und die letzten 13 Gemeinden in die dritte Classe zu stellen.

Als der Nächste nach dem Berichterstatter erhielt Pastor Bruhn aus Lüben in Westpreußen das Wort, um der Versammlung eine dringende Bitte zur Hebung eines Nothstandes aus seiner Gemeinde ans Herz zu legen. In seiner Parochie, bemerkte er, gehörten 5 Gemeinden, welche so überwiegend aus Evangelischen beständen, daß Katholische nur vereinzelt in denselben gefunden würden. Indessen liege auch die katholische Gemeinde Klein-Nakel innerhalb seines Sprengels, in der vor 20 Jahren nur der Schmidt und der Schäfer evangelisch gewesen wären. Doch sei, sonderlich seit eine evangelische Gutsherrschaft dahin gekommen, das Verhältniß dergestalt verändert, daß der Ort 48 evangelische bei 72 katholischen Schulkindern zähle. Bei dem unerträglichen Druck eines gemischt evangelisch-katholischen Unterrichts in derselben Schule und dem ohnehin vorhandenen Bedürfniß für ein größeres Schullokal zu sorgen, erscheine die Einrichtung einer eignen evangelischen Schule geboten. Auch die Katholiken seien mit derselben zufrieden, da sie davon eine Verringerung der Schulbaulasten hofften, indem auf 17 katholische nur 2 evangelische Grundbesitzer kämen. Durch die energischen Anstrengungen der evangelischen Bewohner von dem Gutsbesitzer an bis zu den Tagelöhnern wären auch die Kosten bis auf einen Beitrag zum Lehrergehalt von 25 ℳ jährlich oder 500 ℳ Pr. Cl. vorhanden, welcher letztere aber schleunig herbeigeschafft werden muß, denn der Gutsbesitzer habe die Auszahlung seines Beitrags davon abhängig gemacht, daß bis zum laufenden Herbst die erforderliche Summe zusammengebracht werde. Die Gemeinde Klein-Rakel sei einer solchen Unterstützung eben so würdig als bedürftig und wolle er um dieselbe dringend gebeten haben.

Nach der Bemerkung des Vorsitzenden, daß der Hauptvorstand einer Aufnahme Klein-Rakels unter die zu unterstützenden Gemeinden nicht entgegen sei, schlägt Landschreiber v. Fischer-Benzon vor, daß sämmtliche Zweigvereine ihre noch reservirten Drittheile dieser Sache widmen möchten. Nach einer lebhaften Debatte, in der namentlich Probst Riccert hervorhebt, daß es bedenklich sein würde, nicht von den Hauptprovinzialvorständen empfohlene Gemeinden für die Unterstützung zuzulassen, und dem Versprechen des Pastor Bruhn eine solche Empfehlung des Königsberger Hauptvorstandes, die der Kürze der Zeit halber nicht habe eingeholt werden können, nachträglich herbeizuschaffen, wurde auf den Antrag des Vorsitzenden beschlossen, Klein-Rakel mit einer Gabe von 50 ℳ aus den Mitteln des Hauptvereins zu bedenken und es im Uebrigen der Hülfe der Zweigvereine und wie Pastor Bertmann im Sonntagsboten thun will, des ganzen Landes zu empfehlen. Einen Beitrag von 15 ℳ aus Fehmarn hatte Letzterer zu diesem Zwecke schon erhalten.

Die Discussion ging hierauf zu dem vom Hauptvorstande der Beschlußnahme unterbreiteten Unterstützungsplane über, welcher in folgender Weise normirt war:

I. Classe: Deutz und Oberhausen in Rheinpreußen, Nicolai in Schlesien, Gruppe in der Provinz Preußen, Rojewo in Posen, Lorten-Antum und Giebolhausen in Hannover, Bingen in Hessen-Darmstadt, Schladming in Steiermark, Salo-Roza in Ungarn, Paris, Waldsassen in Baiern, Arras in Frankreich.

II. Classe: Waldbreitbach in Rheinpreußen, Astenberg-Langewiese in Westfalen, Latowice und Chludowo in Posen, Mährisch-Ostrau, Görz in Jllyrien, Kézmark, Rybnik und Schemnitz in Ungarn, Laibach in Krain.

III. Classe: Kronach in Baiern, Brussinowitz in Mähren, Wolfsberg in Kärnthen, Groß-Enyed und Mediasch in Siebenbürgen, Gula, Kirchdrauf, Schmöllnitz, Temesvar, Szend und Szend-Groth in Ungarn, Bordeaux, Ober-Glogau in Schlesien.

Pastor Hansen (Ahrensburg) beantragte, daß von diesen Gemeinden noch Kirchbraus, Egend, Temesvar und Schmöllnitz als minder bedürftig und Mediasch in Siebenbürgen aus dem Grunde in Wegfall
kommen sollen, weil es dort, um die Neueinrichtung des Gymnasiums
sich handle, für die der kleine Beitrag von hier wenig verschlagen könne.
Dagegen wünsche er, daß noch Briesen in Westpreußen unterstützt werde,
welches sich seit Jahren in der Aufbringung der Mittel für seinen Kirchenbau erschöpfe und noch mit einer Schuld von 3200 ℳ belastet sei.
Während ihm selbst die Juden eine Thurmuhr geschenkt hätten, könne
es trotz seiner dringenden Bitten von dem Gustav-Adolf-Vereine nichts
bekommen und die jetzige Generation werde darüber hinsterben, ehe der
Kirchenbau vollendet werde. Das Weglassen der benannten 5 Gemeinden wird nur in Betreff des von dem Vorsitzenden warm empfohlenen
Mediasch beanstandet, von dem sogar Pastor Rosen (Altona) beantragt,
daß es aus der dritten Unterstützungsklasse in die erste treten solle.
Außerdem wird Landstuhl in Baiern, die Burg Franz von Sickingen's von
Pastor Harms (Neumünster) und Algier von Prof. Dr. Fride für
die Aufnahme unter die zu Unterstützenden in Vorschlag gebracht.

Die Beschlüsse der Majorität stellen fest:

1) Kirchbraus, Egend, Schmöllnitz und Temesvar sollen diesmal nicht
   unterstützt werden.
2) Briesen ist mit einer Unterstützung von 30 ℳ zu bedenken.
3) Landstuhl ist für die diesjährige Unterstützung nicht zu berücksichtigen.
4) Algier ist zu unterstützen.
5) Die übrigen Vorschläge des Vorstandes sind genehmigt.

Der Vorsitzende zeigt noch an, daß von dem Schenefelder-Verein Lautereden empfohlen, dasselbe indeß hier übergangen sei, weil es schon durch
den Sonntagsboten reichliche Unterstützung erhalten habe.

Für das Liebeswerk waren von den Vereinen 289 ℳ 74 ß bestimmt, in der heutigen Collecte 130 ℳ gesammelt und so die Summe
auf 419 ℳ 74 ß angewachsen. Zur Wahl waren als die Gemeinden,
denen diese Gabe der Liebe zufließen solle, Gruppe in Westpreußen,
Sajo-Kaza in Ungarn und Waldsassen in Baiern in Vorschlag gebracht.
Von dem Vicepräsidenten und Vorsitzenden wird unter Hinweisung auf
die Bedürftigkeit der sehr großen Gemeinde und das große Elend, das
durch Ueberschwemmung der Weichsel über sie gekommen sei, Gruppe empfohlen und von der Versammlung mit weit überwiegender Majorität gewählt.

Zum Vertreter des Landesvereins auf der Hauptversammlung zu
Ulm ward Professor Dr. Fride und als dessen Stellvertreter Pastor
Berßmann einstimmig erwählt und festgestellt, daß ihm eine Instruction
nicht gegeben, derselbe aber ermächtigt werden solle, wenn noch andere
Mitglieder des Landesvereins dort anwesen wären, eine der ihm compe-
tirenden 3 Stimmen abzugeben. Geschah an Pastor Kuchmann (St.
Margrethen).

Bei der Justification der Jahresrechnung ward außer Regelung
einzelner kleinerer Notate dem Hauptvorstand empfohlen eine größere
Specification der Portoausgaben eintreten zu lassen, dem Cassirer Kauf-

mann Brauer aber unter lebhaftem Dank für seine treue Arbeit Decharge ertheilt, desgl. den Revisoren und dem Berichterstatter Pastor Hansen der Dank der Versammlung erklärt.

Statutenmäßig hatten von den Vorstandsmitgliedern Professor Dr. Fricke und Pastor Hansen (Ahrensburg) auszuscheiden. Der erstere ward sofort durch Acclamation wieder erwählt und nahm mit Dank an. Pastor Hansen aber spricht vor seiner in Vorschlag gebrachten Wieder-erwählung das Bedenken aus, daß es nicht gut sei, wenn nur Geistliche im Vorstand seien, und schlägt statt seiner den Justizrath Voß in Itzehoe vor. Nach der Aeußerung des Probsten Reelsen, daß dieser als 6tes Mitglied beigeordnet werden möge, stellte Pastor Bergmann den Antrag, daß wegen der sehr vermehrten Arbeitslast die Zahl der Vorstands-mitglieder überhaupt auf 7 erhöht werde. Die nach § 10 der Statuten nothwendige Einstimmigkeit war aber nicht zu erlangen und so erklärte derselbe seinen Antrag in der nächstjährigen Versammlung wieder einbringen zu wollen. Pastor Hansen wird wiedergewählt und nimmt mit Dank an.

Es lag ein schriftlicher Antrag des Hofpredigers Dr. Germar aus Altona vor, daß für die Bauten des Gustav-Adolf-Vereins Luftziegel-steine verwandt werden mögen und ward wegen der Schwierigkeit einer sachverständigen Beurtheilung des Antrags nur beschlossen, ihn dem Cen-tralvorstand bekannt zu geben.

Es war schließlich der Ort für die nächste Jahresfeier zu wählen. Von Heide ist schon durch den Probst Eckelig eine herzliche schriftliche Einladung eingebracht, welche durch die anwesenden Pastoren Prall, Sierd und Fibler in Anknüpfung an den Segen, welchen das Wel-dorfer Fest dem Dithmarscher Lande gebracht hat, lebhafte Fürsprache findet. Eben so herzlich und mit dem Beloner, daß Altona den noch schwachen Gustav-Adolf-Verein nicht habe ruhen lassen und an der kräftig gewordene seinen Thoren nicht vorübergehen möge, laden Pastor Rosen und Probst Rievert nach Altona ein. Andererseits bringt schon im 3ten Jahr Pastor Müller aus Oldeslo einen gleich warmen einladen-den Gruß und sein Antrag findet bei Pastor Hansen (Ahrensburg), der von seinem Verein als einzige Instruction erhalten hat, für Oldeslo zu stimmen, Probst Reelsen und Pastor Bergmann so kräftige Unter-stützung, daß die Versammlung in namentlicher Abstimmung mit 31 Stim-men gegen 18, die auf Heide, und 1, die auf Altona fallen, beschließt dem einladenden Ruf nach Oldeslo zu folgen und dort im nächsten Jahr zu tagen.

Nachdem der Vorsitzende der Plöner Gemeinde für die von ihr den Verhandlungen gewährte lebhafte Theilnahme und dem Protokollführer Herrn Wittmaack für seine treue Mühwaltung den Dank abgestattet, ward die Versammlung von Pastor Bergmann mit Gebet geschlossen.

Ein fröhliches Festmahl, an dem fast 200 Personen sich betheiligten und dessen Collecte für Pfarrer Chiniquy in Canada 7½ ℳ 11 ₰ ertrug, und eine liebliche Festversammlung in den während brütenden Lange'schen Anlagen, wo Pastor Bergmann noch einmal anschaulich die

Sache des Vereins den Herzen auf den Weg gab und Pastor Bruhn den zahlreichen Anwesenden eine längere Darlegung aus den Verhältnissen der Westpreußischen Gustav-Adolf-Gemeinden gab, beschloß den gesegneten Tag. Die Klänge von Vorträgen der Plöner Liedertafel und unseres Liedes: „Ein feste Burg ist unser Gott“ hatten ihn ausläuten helfen, und auch diesmal der Sonnenschein draußen dem Sonnenschein drinnen das Geleit gegeben.

Der Vorstand des Holsteinischen Hauptvereins der Gustav-Adolf-Stiftung.

III. Die Versammlung in Oldesloe,

den 23. und 24. Juli 1861.

1. Die Vorversammlung.

Was im vorigen Jahr in Aussicht gestellt, freundlich erbeten und dankbar angenommen war, wurde in diesem Jahr zur That. Die Gemeinde Oldesloe hatte aus Stadt und Land Pferde und Wagen in reichlicher Menge dem Festcommitté zur Verfügung gestellt und diesem die Mittel gewährt, sämmtliche zum Fest angemeldeten Gäste im langen Ehrenzuge von Hamburg, Lübeck und Neumünster hereinholen zu lassen. Etwa 5 Uhr Nachmittags traf dieser dreifache lange Festzug vor dem Rathhause in Oldesloe zusammen und ward von der dortigen Gemeinde, deren ehrwürdigen Bürgermeister Etatsrath v. Coldiß an der Spitze, mit gastfreundlicher Herzlichkeit empfangen. Abends nach 8 Uhr traten daselbst die Abgeordneten der Zweigvereine zur vorberathenden Versammlung zusammen. Nachdem zuerst Professor Dr. Fricke die Versammlung mit Gebet eröffnet und seine Legitimation als Abgeordneter des Hauptvorstandes in die Hände des Etatsrath v. Coldiß niedergelegt hatte, ergab sich auf seinen Aufruf nachstehende Uebersicht der vorhandenen, vertretenen und unvertretenen Zweigvereine, sowie ihrer Beiträge zum Liebeswerk: [*)]

No.	Zweigverein	vertreten durch	Beitrag fürs Liebeswerk
1)	St. Aaren.		
2)	Ahrensböck.		
3)	Ahrensburg......	Lehrer Green............	4 —
4)	Allencrempe.		
5)	Altona..........	Propst Nievert..........	4 —

[*)] Die zugleich angemeldeten Jahresbeiträge ergeben sich nach ihrem schließlichen Betrag aus der diesem Berichte angefügten Jahresrechnung.

No.	Zweigverein	vertreten durch	Beitrag fürs Lebenswerk ℳ ₰
6)	Bargteheide	Pastor Barlach.	
7)	Barkau.		
8)	Blekendorf	„ Fries	3 —
9)	Bordesholm.		
10)	Bovenau	Lehrer Hansen	6 —
11)	Brügge.		
12)	Brunsbüttel	Pastor Brüll	4 —
13)	Büsum.		
14)	Burg.		
15)	Crempe	Landschreib. v. Fischer-Benzon	3 58
16)	Curau (f. u.)		
17)	Ebbelack	Prof. Dr. Fride	4 —
18)	Eichede	Pastor Döring	5 —
19)	Elmschenhagen.		
20)	Flintbeck.		
21)	Glückstadt	Collaborator Meins	8 —
22)	Gnissau	—	2 —
23)	Grömitz	Pastor Hansen (Ahrensburg)....	4 —
24)	Großenaspe.		
25)	Hademarschen ..	Lehrer Sierck	5 —
26)	Heide	Organist Karlmann	6 —
27)	Heide Probstei- verein	Rektor Jacobs aus Lunden	4 —
28)	Heiligenhafen.		
29)	Hennstedt.		
30)	Herzhorn	Herr Bollers	3 —
31)	Hohenwestedt ..	Pastor Witt	5 —
32)	Jevenstedt	„ Hansen (Ahrensburg)....	4 —
33)	Itzehoe	„ Alberts	5 —
34)	Kaltenkirchen.		
35)	Kiel	Professor Thaulow	20 —
36)	Lütjenburg	Lehrer Mensing	1⅓ —
37)	Lunden	Rektor Jacobs	4 —
38)	Marne	Pastor Brüll	5 —
39)	St. Margarethen	„ Lilie aus Horst	2 —
40)	Meldorf	„ Hiort	6 —
41)	St. Michaelisdonn.		
42)	Münsterdorfer Probsteiverein	Pastor Schröder	5 —
43)	Neuenkirchen ..	„ Sierck.	
44)	Neuenkirchen (Münsterdorf)..	„ Hase	5 —
45)	Neumünster....	die Herren Willers und Raad ..	10 —
46)	Neustadt	Pastor Detleffen	8 —

No.	Zweigverein	vertreten durch	Beitrag fürs Liebeswerk ♉ ₰
47)	Kollorf	„ Deder	3 —
48)	Oldenburg.		
49)	Oldesloe	Herr de Boß von Friesenburg ..	8 —
50)	Plöneberger Propsteiverein	Paßor Thomsen	6 —
51)	Plön	Lehrer Lemke	5 —
52)	Preetz	Paßor Rendtorff und Färber Sonder.	10 —
53)	Propsteierhagen.		
54)	Ranzauer Prop- steiverein	Organiß Wollers aus Herzhorn	8 —
55)	Reinfeld	Paßor Diedmann	2 —
56)	Rendsburg.....	Oberconsistorialrath Callisen und Paßor Schröder.	
57)	Sarau.........	Paßor Bahnson (Oldesloe).....	4 —
58)	Schenefeld.		
59)	Schlamersdorf.	—	2 —
60)	Schönkirchen...	„ Ivers (Bovenau).......	5 —
61)	Segeberg......	„ Müller (Oldesloe)......	3 —
62)	Sonniagsbol....	„ Bersmann...........	20 —
63)	Kirch-Steinbek.		
64)	Süsel.........	„ Müller (Oldesloe)	2 —
65)	Süderdithmarscher Propsteiverein.		
66)	Trittau (f. u.)		
67)	Wandsbeck	„ Hansen	5 —
68)	Warder........	„ Griebel.............	8 —
69)	Weddingstedt.		
70)	Wesselburen....	„ Sierd	5 —
71)	Wessensee.		
72)	Wilster........	Lehrer Bornig aus Hochfeld....	5 —
73)	Zarpen........	Paßor Hansen...............	2 —

Zum Vorsitzenden der morgenden Festversammlung wurde Professor Dr. Bride, zu dessen Stellvertreter Paßor Bersmann durch Acclamation berufen; zu Revisoren der Jahresrechnung Paßor Barlach aus Bargteheide und Cantor Jensen aus Oldesloe gewählt.

Auf den Wunsch des Vorsitzenden, daß auch am folgenden Abende im Freien noch Ansprachen gehalten werden möchten, erklärten sich zu deren Uebernahme Paßor Brüll aus Marne, Paßor Rendtorff aus Preetz und Lehrer Witt aus Paris bereit.

Der Vorsitzende knüpfte an die Mittheilung, daß der Centralvorstand die baldige Zusendung der Jahresbeiträge dringend erbitte, das Ersuchen, daß die Holsteinischen Zweigvereine ihre Beiträge bis spätestens Ende November einsenden möchten.

Paſtor Detleſſen brachte das Ausbleiben der Jahresberichte zur Sprache und äußerte den Wunſch, daß dieſelben regelmäßig erſcheinen möchten. Der Vorſitzende entgegnete, daß der Bericht im Weſentlichen immer im Sonntagsboten gegeben werde. Indeſſen ſei auch eine offi-cielle Berichterſtattung des Hauptvorſtandes ſehr wünſchenswerth, und allein wegen bisheriger Geſchäftsüberhäufung des Secretärs unterblieben. Das Wichtigſte, die in Glückſtadt und Plön bechargirten Jahresrechnun-gen, würden gedruckt noch auf dieſer Verſammlung vertheilt werden (was am folgenden Tage geſchah) und der Bericht über die Oldesloer Ver-ſammlung ſolle mit denen über die in Glückſtadt und Plön gehaltenen in einem beſonderen Abdruck erſcheinen, alsdann aber wieder jährliche Be-richte geliefert werden. Nach einer Bemerkung des Paſtor Müller in Betreff des morgenden Feſtzugs ward die Vorverſammlung geſchloſſen.

2. Die Hauptverſammlung.

Es war ein lieblicher Tag, der 24. Juli, lieblich ſchon darin, daß der in dieſer Zeit ſo regenreiche Himmel uns hier durch das freundlichſte Wetter begünſtigte; lieblicher noch durch die Liebe, mit der ihn die Oldesloer Gemeinde geleitete und das Wort der Kraft und den Geiſt des Frie-dens, der durch die Feſtverſammlung wehte. Von dem Rathhaus aus bewegte ſich um 10 Uhr Morgens der gedrängte Zug in die eben ſo gedrängte und in inniger Liebe feſtlich geſchmückte Kirche. Nach dem Eingangslied: „Herr Jeſu Chriſt, Dich zu uns wende," folgte ein Altar-gebet des Hauptpaſtors Bahnſon, der ſabbatiſchen Stille und des anbetenden Lob's ſo voll, daß man es lebhaft fühlen mußte, wie der Herr in ſeinem heiligen Tempel ſei. Nun folgte das „Wie ſchön leucht't uns der Morgenſtern." Dann die Predigt des Paſtor Bersmann über Marc. 14, 3. ff. und das Thema: „Die Guſtav-Adolf-Arbeit ein Mariendienſt," eine Arbeit, 1) zu welcher die Liebe Jeſu Chriſti uns drängen ſoll, 2) bei welcher allerlei Widerſpruch und Unwillen er-fahren wird und 3) in welcher nur der Herr Jeſus ſich zu uns bekennt. In ſo anfaſſender und ergreifender Weiſe führte ſie zu dem Arbeitsfelde der Guſtav-Adolf-Vereine hin, die Arbeit aber auf die rechte lebendige Quelle zurück, aus der ſie allein Lebenskraft und Segen ſchöpft, daß der einſtimmige Wunſch der Verſammlung, ſie dem Druck übergeben zu ſehen, nicht wohl ausbleiben konnte. In Folge deſſen und der bereits willigen Zuſage des Verfaſſers iſt ſie (zum Beſten Meran's) längſt der Oeffentlichkeit übergeben und unſern Leſern bekannt geworden. Dann erſcholl der Geſang: „Ein' feſte Burg iſt unſer Gott," worauf der Feſt-bericht des Profeſſor Dr. Fricke folgte, ein warmer Erguß einer ſeit vielen Jahren von der Guſtav-Adolf-Arbeit in ihrem Geſammtumfang belebten und ſie unter uns belebenden Liebe im ſchlichten Gewande. Die Grundzüge des Vortrags giebt das Folgende.

Der Redner führte zuerſt nach Jeruſalem zum Apoſtel-Convent, wo um 51 nach Chriſtus die erſte und wichtigſte Streitfrage der jungen chriſt-lichen Kirche verhandelt wurde. Es war die Frage, ob es nothwendig ſei, das ganze moſaiſche Geſetz, mit ſeiner Beſchneidung, ſeiner Selbſtgerechtigkeit und seinem Formelwesen, auf sich zu nehmen, oder ob es genug sei, den Glauben zu bekennen an unseren alleinigen Meister, Jesum Christum, und an die von ihm durch Leben, Tod und Auferstehung vollbrachte Erlösung. Da haben sie nach ernstem, brüderlichem Streite, Paulum und seine Arbeit unter den Heiden, die wie der Gustav-Adolf-Verein, auf jenem Glauben ruht, anerkannt, und haben ihn weiter ziehen lassen in seiner Arbeit mit der Bedingung, daß er in ihr „der Rothdurft der Heiligen" nicht vergessen wolle. Und Paulus fügt hinzu (Gal. 2, 10.): „welches ich auch fleißig gewesen bin zu thun". — So hat denn der Gustav-Adolf-Verein das Siegel des Apostel-Convents selbst für seine Arbeit, nur mit dem Unterschiede, daß er nicht zunächst der leiblichen Noth, sondern inmitten dieser, vor Allem der geistlichen Noth steuern will, durch welche unsere Brüder draußen unter Katholiken zerstreut, mit ihren höchsten Gütern Schiffbruch zu leiden uns drohen.

Und warum waren jene ersten Christen so arm in Jerusalem, daß sie durch einen Apostelbeschluß den Glaubensgenossen ans Herz gelegt werden mußten? Nicht so sehr darum, weil gerade die Armen in demüthiger Hingabe zuerst dem Evangelium sich zugewandt hatten; auch darum nicht allein, weil sie in der ersten Liebe brüderlicher Gemeinschaft, Gütergemeinschaft unter sich eingeführt hatten; oder darum nur, weil die Erwartung der baldigen Wiederkunft Christi sie hinderte, sich auf der Erde und ihren Dingen anzusiedeln. Sodann darum vor Allem, weil mit der Steinigung des Stephanus eine furchtbare Verfolgung über sie hereingebrochen war. Mit Gewalt war ihnen um ihres Bekenntnisses zu Jesus willen, Haus und Gemeinde gesprengt worden, und die Fügung des Herrn wollte es so, daß derselbe Paulus, der als Saulus einst an der Spitze der Verfolger gestanden, auch unter den Ersten und Eifrigsten sein mußte, die durch die Gemeinden Christi hin, Collecten sammelten zur Linderung der so gekommenen Noth. — Nun mit den meisten der im Gustav-Adolf-Vereine bittenden Gemeinden ist es ebenso gegangen. Sie rufen uns hinaus zu den Trümmerstätten evangelischer Herrlichkeit Schlesiens, wo über 1300 evangelische Kirchen mit Gewalt und List uns entrissen wurden: sie rufen nach Prag, wo bald nach 1609 30 Kirchen den Evangelischen gehörten, darunter die 1611, 1613 und 1618 mit großen Opfern auf Grund des scharfen Wortes Jer. 16, 18. neu erbaute Dreifaltigkeits-, St. Salvators- und Simon-Juda-Kirche, und daneben in reicher Ausstattung seit 1611 die erste lutherische Schule Böhmens, die mit einer lobpreisenden und bekränzten Schaar von 210 evangelischen Kindern eröffnet wurde. Heute müssen wir bittend und bettelnd durch die evangelischen Lande ziehen, daß sie uns Eine czechisch-lutherische Kirche in Prag erbauen helfen! Und 5 evangelische Gemeinden sind jetzt, seit Jahren zum Theil, wegen Mangel an geistlichen Kräften und wegen der Jämmerlichkeit ihrer Stellung, die selbst bei der größten Entbehrung kaum vor Hunger schützt, in demselben Böhmen ohne Geistlichen, wo nach dem jesuitischen Expulsionsdecrete Kaiser Ferdinands des II. vom 31. Juli 1627, mehr als 30,000 der reichsten, gebil-

delſten, kunſt- und gewerbfleißigſten Familien, über 200,000 der Zahl
nach, unter ihnen 185 Geſchlechter des Herrn- und Ritterſtandes,
um ihres Glaubens willen auswandern mußten, und nach Sachſen,
Brandenburg, Schleſien, zum Theil nach Holland, Schweden und weiterhin hinweggetrieben wurden. — Sie waren von ihren Glaubensgenoſſen,
namentlich von Churſachſen, preisgegeben, und die Pflicht einer durch-
greifenden Hülfe der Kirche, — hat geſchlafen, bis nach Jahrhunderten
der Herr zur Tilgung dieſer Schuld einen Diener Sich erweckte in Seinem
Guſtav-Adolf-Verein.

So dürfen wir denn ſagen — und Niemand ſoll uns dazwiſchen-
reden — daß über Jahrtauſende hin die apoſtoliſche Zeit ſelbſt, die Hand
ihres Segens legt auf unſer Werk, und dürfen weiter ſagen, daß es
ein Makel für uns wäre, wenn daſſelbe Schmerzenswert, das einſt den
Frieden der apoſtoliſchen Kirche beſiegelte, im Angeſichte des Feindes
und großer, ſelbſtverſchuldeter Noth, zum Tummelplatz von Glaubens-
kämpfen zwiſchen Glaubensbrüdern gemacht werden ſollte!

Der Redner wollte nun drei Fragen beantworten: 1) woher wir
gekommen mit unſrem Verein, 2) wo wir ſtehen und 3) wohin wir
möchten.

Zuerſt alſo das Woher? Wie mit allen Dingen der Kirche Gottes
auf Erden, ſo iſt es auch mit dem Guſtav-Adolf-Verein: aus der Tiefe
zur Höhe, aus dem Dunkel zum Lichte, aus dem Kleinen zum Großen
iſt er gegangen. Der Redner erinnerte an jenen 6. Novbr. 1833 bei
Lützen, da zuerſt unter den Tauſenden, die bei dem alten Schwedenſteine
zur Todtenfeier des Heldenkönigs verſammelt waren, der Entſchluß ſich
laut machte, über dem einfachen Gedenkſtein ein eiſernes Denkmal aufzu-
richten. Und doch fühlten ſchon dort die Beſten der Verſammelten, wenn
auch ohne ſofort Auskunft zu finden, daß ein todtes Denkmal nicht das
rechte für den großen Märtyrerkönig unſerer Kirche ſei. Da hat
dem Herrn gefallen, dem Vater unſeres Vereins, dem nun heimgegan-
genen Superintendenten Dr. Großmann in Leipzig, in der bedrängten
Gemeinde Fleißen, das damals nach Sachſen eingeſparrt war, Sein
Ziel in dieſer Sache mitten aus der Arbeit des Amtes heraus vor Augen
zu bringen. Als Großmann jene arme Gemeinde Böhmens voll Angſt
ihr einſtürzendes Gotteshaus verlaſſen ſah; als er ſie und ſich rathlos
fand, wie hier Hülfe zu ſchaffen, da fiel es wie Schuppen ihm von den
Augen und wie ein Blitz von oben in die Seele. Dem Streiter für
die Kirche ſollte ein Denkmal kirchlicher Hülfe errichtet werden; aber
nicht mehr eine Arbeit äußerer, ſondern geiſtlicher Waffen ſollte es ſein:
ein Vertheidigungswert, wie es Guſtav Adolf getrieben, aber übertragen
aus der rohen Geſtalt des 17. Jahrhunderts in die Geſtalt der mit den
Waffen der Liebe vertrauteren Gegenwart. Aus dieſem Gedanken von
oben, nicht aus der Willkür ſelbſtfindenden Suchens, iſt das Werk des
Guſtav-Adolf-Vereins geboren worden. Zehn Jahre hat darauf der Herr
Seine Stiftung wie ein Samenkorn in die Erde gelegt. Er hat ſie
verborgen und beſcheiden wachſen laſſen in einem gar ſtillen, engen Kreiſe, faſt
nur im Königreich Sachſen geblüht, und auch dort von nur Wenigen.

Noch 1839 war die höchste Summe, die für bedrängte Gemeinden verwendet werden konnte, 500 ℳ pr. Cour. Da brachte ein neuer begeisterter Aufruf, unabhängig vom Gustav-Adolf-Verein in Sachsen und ohne Kunde über diesen, von Darmstadt aus zum Reformationsfeste 1841 erlassen, neues Leben in das über Sachsen hinaus fast vergessene Werk. Das Reislein wuchs empor zu einem Baume von mehr als 1200 Zweigvereinen. Schon 1843 konnten 3596 ℳ pr. Cour. für bedrängte Gemeinden verwendet werden, 1844 bereits 23,069 ℳ, 1845 42,685 ℳ, 1846 66,290 ℳ und 1847 68,784 ℳ. Der politische Sturm von 1848 schien wol auch diesen Baum entwurzeln zu wollen. 1849 konnten zu Breslau nur 21,501 ℳ als gespendet und verwendet angezeigt werden. Aber schon 1850 zeigte sich, daß auch die gewaltigste Erregung nur auf Zeit das Werk hatte zurückstellen können. 44,129 ℳ konnte der Verein in diesem Jahre vertheilen, 1851 schon wieder 47,219 ℳ, 1852 58,202 ℳ, 1853 67,244 ℳ, womit die alte Höhe wieder erreicht war. 1854 meldete die Einnahme von 77,218 ℳ, 1855 von 83,235 ℳ, 1856 von 96,453 ℳ, 1857 von 107,666 ℳ, 1858 von 134,800 ℳ, 1859 von 160,500 ℳ, 1860 von 161,017 ℳ, außer den etwa 50,000 ℳ Capital, welche dem Verein gespendet und nur zur Zinsenverwendung anvertraut sind, und außer den nicht geringen Summen, die namentlich früher von den Zweigvereinen direct verwendet wurden, ohne der Centralkasse des Vereins angezeigt zu werden. Wol ist dies ein Kleines gegen die Größe der blühenden Noth. Die 611 bittenden Gemeinden des vorigen Jahres erfordern, auch wenn nur das Dringliche brachtet und wie immer, die eigene Kraft bis zum Aeußersten angespannt wird, mindestens einige Millionen Thaler für die etwa 127 Kirchen und Kapellen, und für die entsprechende Zahl von Schulen, welche noch immer fehlen, sowie für sonstige kirchliche Lasten. Haben doch 137 Gemeinden zusammen allein noch eine Schuldenlast von gegen 200,000 ℳ pr. Cour., und sind diese getilgt, dann erst wird vielerorts an die so wichtige Dotation der Pfarr- und Lehrstellen gedacht werden können. Auch sind die verwendeten Summen unseres Vereins noch immer ein Kleines gegen das, was die katholischen Vereine für ihre Kirche und ähnliche Zwecke aufbringen. So hat der Xaveriusverein allein in Einem seiner letzten Jahre über 4 Millionen Franken (gegen 1,690,000 ℳ R.-M.) verwenden können! Aber ein Großes und Köstliches bleibt unsere Hülfe doch. Mehr als 900 bittende Gemeinden, denen mehr oder minder hat durchgeholfen werden können, haben es bereits auch an unserem Helferwerk erfahren, was das Wort des Propheten (Jes. 52, 7.) sagen will: „Wie lieblich sind auf den Bergen die Füße der Boten, die da Frieden verkündigen, Gutes predigen." Denn nicht todtes Metall nur, nein Ströme neuen evangelischen Lebens sind in Hunderte von Gemeinden mit der Hülfe und mit den Brudergrüßen des Gustav-Adolfs-Vereins ringezogen. Und wer ermißt den Segen, den dieses von der Liebe im stetig gewachsenen Glauben gewobene Band für alle Theile unserer Kirche, für die Gebenden nicht minder wie für die Empfangenden, schon heimgebracht hat! Glich doch zur Zeit, als unser Verein gegründet wurde, die protestantische Kirche ist gar vielen Theilen dem Manne, der durch tiefen Schnee über Berge zieht. Die Kräfte wollen ausgehen. Er weiß es: wenn er sich niederlegt, um im Schnee ein wenig zu ruhen, so ist er in Gefahr zu erstarren und zu Grunde zu gehen. Aber es ist, als ob seine Kräfte ihn nun einmal nicht weiter tragen wollen; er ist im Begriffe selbst zu erstarren. Da stößt er plötzlich auf einen im Schnee schon Verschütteten. An seiner Hülfe nur liegt es — so will es nach Menschen Ermessen scheinen — ob der Verschüttete gerettet werden oder verloren gehen soll. Wie durch ein Wunder fühlt er seine Kraft verjüngt. Ueber der Rettungsarbeit selbst wachsen ihm die Kräfte. An seinem Arme den durch ihn zum Leben Zurückgerufenen, steigt er über die Berge hin hinab in das Thal der Herberge. Sie sind Beide gerettet. — So ist es mit uns. Wir haben, selber halb erstarrt, kirchlich lau und verkommen, die armen Brüder draußen kirchlich als fast Erstarrte, als Verlorene und Vergessene wiedergefunden, — wiedergefunden oft da, wo wir keine Ahnung hatten, daß Genossen des Glaubens uns hier verborgen sein könnten. An der Arbeit für sie haben wir uns selber warm gerieben und haben an unserem Theile in der Kraft des Herrn helfen dürfen, eine neue, eine verjüngte Zeit des Glaubenslebens in unserer theuren Kirche heraufzuführen: das ist ein Ruhm, den Niemand dem Herrn schmälern soll an Seinem Diener, dem Gustav-Adolf-Verein!

Und nun zur zweiten Frage: wo stehen wir? Auf zwei Füßen — antwortet der Redner — wie überall, so auch in unserem Vereine: auf dem Fuße der Freude und auf dem des Schmerzes, — mit beiden aber auf dem Einen Grunde, der gelegt ist: Jesus Christus. Wie unser Kommen bis hierher ein Gang der Freude und des Dankes im Herrn gewesen, so dürfen wir auch in diesem Jahre zunächst voll Freude und Dank vor das Angesicht des Herrn treten. 861,017 ℳ pr. Cour. konnte im letzten Vereinsjahre der Gesammtverein an 533 Gemeinden (darunter 314 Gemeinden in Deutschland) vertheilen. 14 neue Kirchen konnten geweiht werden, die Weihe von 8 anderen stand bevor, und 15 waren im Bau begriffen. 2 Pfarren und 6 Schulen sind der Vollendung zugeführt, die Schule zu Henczfo in Ungarn und die Pfarre und Schule zu Waldbreitbach in Rheinpreußen standen vor gleichem Ziele. Und ähnlichen Segens erfreut sich unser Hauptverein. Seine Jahreseinnahme ist wiederum eine größere gewesen, als je zuvor. 10,383 ℳ 51 β R.-M. (darunter 3921 ℳ 33 β allein von unserem Sonntagsboten), zusammengelegt von allen Zweigvereinen ohne Ausnahme, konnten an 71 Gemeinden fast in allen Theilen unserer Kirche, selbst in Algier und Amerika, vertheilt werden. (Ihre Namen nennt die angehängte Rechnungsablage.) Außerdem übersandte noch, wie aus Kleinackel in Westpreußen uns nachträglich berichtet wird, der Bibner Frauenverein 60½ ℳ pr. Cour. oder 107½ ℳ R.-M. direct dorthin für die dortige, nun gesicherte Schule. Sie sind in obigen Summen nicht inbegriffen, ebensowenig die Gaben an Altargeräthen und Bibeln, z. B. für Bingen am Rhein aus der Klostergemeinde Jtzehoe, für Oels in Mähren (die Abendmahlsgeräthe des Tobias Kießling von einem Ungenannten, der pastoral beglaubigt, zugleich die Familien-Geschichte des Kelches in dem Archiv zu Oels hat niederlegen lassen), für Frauenburg in der Provinz Preußen aus Kirch-Steinbeck, für Nieder-Briesnitz in Schlesien von einer Geberin des Sonntagsboten, für Nicolai in Schlesien eine Altarbibel aus Garben des Sonntagsboten, wozu später Altarleuchter aus Rendsburg kamen.—

Das ist die Freude, in der wir stehen und in der wir bitten, daß der Herr sie uns lassen und segnen möge, und daß Er immer weiterhin und immer tiefer die Herzen uns erschließen wolle. Denn unser Verein ist doch daneben noch immer auch ein Schmerzens-Werk, und dies der andere Fuß unseres Ganges, der fortwährend uns vorwärts treibt. In einzelnen Bildern führte jetzt der Redner die Noth vor das Auge, die im Kleinen und Großen unserer Hülfe noch harrt. Er erinnerte an die Gemeinde Kowalewo in Westpreußen, der jetzt geholfen ist, wo aber manches Kind auf dem meilenweiten Taufwege sich den Tod geholt; er führte nach Westfalen, wo ein evangelisches Kind weinend aus der katholischen Schule nach Hause kommt. Der katholische Lehrer hatte ihm heute gesagt, daß seine Mutter eine Ketzerin und ewig verloren sei! — In die kathol. Schulen Westpreußens führte er weiter, wo evangelischen Kindern vom katholischen Lehrer der Katechismus Luther's zerrissen vor die Füße geworfen wird mit den Worten: „Lutherisch wird hier nicht gelehrt." Er führte an das Sterbebett einer ihrem Glauben treu gebliebenen evangelischen Mutter Westfalens, die in Ermangelung einer eigenen evangelischen Schule ihre Kinder in die katholische Schule hatte schicken müssen und so, wie Tausende, an die katholische Kirche verloren gehen sah. Der katholische Priester wehrt ihnen jetzt, der sterbenden Mutter die Augen zuzudrücken, — es sei denn, daß sie von ihrem Glauben lassen wolle. Sie hat ihren Glauben nicht gelassen, und sie ist gestorben, ohne ihre Kinder wieder zu sehen! — Nach Posen führt jetzt der Redner, wo ein Mädchen zum heiligen Abendmahle sich meldet, ohne mehr als die 3 ersten Gebote, ohne irgend einen Bibelspruch zu wissen, ohne lesen zu können. Ja als der Geistliche, erschöpft von vergeblichen Fragen, endlich das Crucifix von seinem Tische nimmt und es ihr vorhält mit der Frage: „Kennst Du diesen?" — da sieht sie lange und groß den Gekreuzigten an und — schüttelt endlich mit dem Kopfe: — sie kennt ihren Heiland nicht! — Er führte dann hin zu der furchtbaren Noth Mährens, wo nach amtlichen Berichten in Einem Seniorate Augsb. Confession von 1936 schulpflichtigen evangelischen Kindern nur 1512 und unter den Reformirten von 4488 Kindern nur 2772 evangelische Schulen besuchen können — alle anderen sind ausschließlich auf katholischen Unterricht angewiesen! Und wären auch Schulen da, es würde an Lehrern fehlen. Denn es fehlt an Mitteln, ihre Besoldung zu dotiren oder auch nur vorübergehend aus eigenen Kräften aufzubringen, und in dem ganzen deutsch-slawischen Oesterreich ist noch kein einziges protestantisches Lehrerseminar. Erst jetzt ist der Gustav-Adolf-Verein dabei, ein solches zu Bielitz in Mähren gründen zu helfen.

Und wie es mit der Schule steht, so steht es auch mit den Gotteshäusern. An den 3 zum holsteinischen Liebeswerke vorgeschlagenen Gemeinden wird dies beispielsweise vor Augen gestellt. Zu Langenschwarz im Fuldaischen (Kurhessen), das größtentheils von armen
Webern bewohnt wird, hatte im Sommer 1859 die Noth eine solche
Höhe erreicht, daß Arbeiter buchstäblich vor Hunger auf dem Felde
verschmachtet sind. Die alte, aus drei Theilen zusammengestickte Ritterkapelle, die ihr Gotteshaus ist, fällt dort auseinander. Es würde der
Ruin der etwa 900 Seelen starken, sehr kirchlichen Gemeinde sein, es
würde heißen, sie zum Aeußersten, zu dem dicht und glänzend umgebenden
Katholicismus treiben, wenn sie nur aus eigenen Mitteln ein Gotteshaus
sich bauen sollte, und das arme Kurhessen vermag ausreichende Hülfe
nicht zu bringen. — Zu Oberhausen in Rheinpreußen bitten 3000
Evangelische, arme Bergleute und Arbeiter der Eisenhütten, Ansiedler aus
allen Gauen unseres deutschen Vaterlandes, um ein Gotteshaus, das
ihnen noch immer fehlt, während die Katholiken dort mit doppelt so
vielen Gemeindegliedern eine entsprechende Kirche längst besitzen und eben
jetzt eine zweite größere Kirche bauen, an der ein dritter katholischer
Geistlicher angestellt werden soll. Eine zweiklassige Schule mit 300
Kindern, Pfarrhaus und Kirchhof haben die Evangelischen, besonders
durch Hülfe des Gustav-Adolf-Vereins. Aber eine Schuld von 6000 ₰
pr. Ct. lastet noch darauf, und zum großen Schaden der Kirchlichkeit
müssen die Gottesdienste noch immer in den beschränkten Schulzimmern
mit ihren engen Bänken gehalten werden. Die Schule, welche mit
großen Opfern der größtentheils sehr armen Gemeinde erhalten wird, ist
staatlich anerkannt; aber der Anfang des Kirchenbaues ist versagt, bis
die noch fehlenden 8500 ₰ pr. Ct. im Wesentlichen gesichert sind. —
Oder endlich in dem schwer geprüften Mähren hat seit 1781 mit bewundernswürdiger Ausdauer um eine Kirche gerungen. Nach peinigenden
Verhandlungen, Terminen, Commissionen und bedeutenden Kosten hat es
1859 die Erlaubniß zum Kirchbau erlangt, aber nur unter der Bedingung, daß die volle Bausumme — 8583 fl. — nachgewiesen werde,
woran trotz erschöpfender Opferfreudigkeit der Gemeinde noch 3670 fl.
fehlen. *)

Nur Beispiele von Noth, wenn auch besonderer Noth, sind diese
Gemeinden, und Schule, Kirche und Pfarrhaus, Prediger und Lehrer
sind nicht das Einzige, um welches die armen Gemeinden draußen bitten
müssen. Eine ganze Reihe derselben, besonders in Oesterreich, z. B. im
Meran, muß auch um Friedhöfe bitten, von denen die Härte des österreichischen Concordats sie verstoßen hat; oder sie müssen ihrer Armuth
wegen, wie es zu Eisentratten in Kärnthen geschehen, ihren Friedhof
an steilen Bergesabhang legen. Ein fallender Sturzregen hat dort die
Gräber aufgewühlt, die Särge aus der Erde gehoben und die herausgerissenen Leichname der theuren Verstorbenen vor die entsetzten Augen

---

*) So stand es in Oldesloe. Seitdem ist der Kirchbau mit reicher
Unterstützung des Vereins begonnen und soll im Frühjahr 1863 seine Weihe

ihrer Angehörigen geworfen. Unser Verein hat denn geholfen, daß die Armen in der Ebene eine gesicherte Ruhestätte für sich und die Ihrigen erwerben konnten! —

Mag dieses „scharfe" Licht sein und insonderheit große Roth: für den Blick in die Ferne brauchen wir scharfes Licht, und wie viel kleinere Mühsal allerlei Art birgt sich hinter der größeren unter den Brüdern draußen, und bleibt unerreicht und unempfunden von dem Auge des Beobachters aus weiter Ferne, wie wir, es sind! Und dennoch tritt es uns so nahe, und es ist, als sollen wir über ein Todtenfeld unserer eigenen evangelischen Freude geführt werden, wenn wir in dem großen deutsch-slavischen Oesterreich z. B., das am Ende des 16. und Anfang des 17. Jahrhunderts seinem größten und besten Theile nach dem evangelischen Glauben schon gewonnen war, kaum noch den sechsundbreißigsten Theil der Bevölkerung evangelisch, kaum im Ganzen noch 500,000 Evangelische finden, und diese, fast mit alleiniger Ausnahme der evangelischen Gemeinden Wiens und österr. Schlesiens, darbend und ringend in Allem, was kirchliches Leben reich und seiner Ziele sicher macht. Die letzte amtliche statistische Uebersicht (vom Jahre 1859) weiß in Krain nur 130 Evangelische, in Tyrol 122, in Salzburg 176, in Böhmen, wo die Protestanten nach Millionen zählten, kaum 90,000, im österreich. Schlesien 66,000, in Mähren 52,000, in Nieder-Oesterreich 20,000, in Ober-Oesterreich 10,000 Evangelische aufzufinden! Und wenn auch seitdem schon durch endlich gewährte Freiheit des Glaubens und Bekenntnisses, an einzelnen Orten, wie in Bregenz in Voralberg, Klagenfurt in Kärnthen, Braunau und Salzburg in Ober-Oesterreich und weithin sonst, mehr und mehr Evangelische sich sammeln, und mit rührendem Eifer an ihre kirchliche Gestaltung geben: es ist doch überall nur ein noch kleines, ringendes Leben, und je näher wir die jetzt laute Klage dieser äußerlich und meist auch innerlich traurigen Lage eines Landes wie des deutsch-slavischen Oesterreichs kennen lernen, wo einst Tausende und Abertausende der herrlichsten Knospen evangelischen Lebens aufzubrechen strebten, desto mehr will es dem warmen evangelischen Herzen dünken, als ob es in unserem Vereine mit Jeremias noch immer nur auf den Trümmern der einst so blühenden Tochter Zions stünde, und als ob es klagen müßte mit dem Propheten (Jer. Klagel. 3, 52): „Meine Feinde haben mich gehetzt, wie einen Vogel, ohne Ursach; sie haben mein Leben in einer Grube umgebracht, und Steine auf mich geworfen; sie haben auch mein Haupt mit Wasser überschüttet; da sprach ich: Nun bin ich gar dahin."

Daß doch so Viele in unserer Kirche diesem Schmerze über das Schicksal ihrer Kirche sich entziehen können! Wahrlich, es muß viel Todte unter uns geben! Denn nur der Todte ist schmerzlos, wenn das

erhalten. Aber die Gesammtkosten stellen sich mit Glocken und Orgel auf 15,600 fl., wozu die brave Gemeinde 3200 fl. steuert. Etwa 6000 fl. sind noch ungedeckt. Und doch fehlt in der überaus wichtigen und würdigen Gemeinde auch noch die eigene Schule und das Pfarrhaus. Möchten daher auch in unserem Lande und ganz besonders in diesem Jahre (1869) sich reiche Gaben nach Oels wenden.

Messer roher Gewalt in sein eigenes Fleisch schneidet, oder die Wunden seiner Lieben ihm entgegenklaffen. Und die Wunden der Glaubensbrüder draußen gehören zu denen, die der Herr in Dem, was Er für uns selber gelitten, uns in die Herzen hat eingraben wollen. Denn dorthin, in Eure Herzen möchten wir hinein; möchten es durch Erzählen von der Noth, durch Gebet und Fürbitte erringen, daß es wie ein heiliges Gebot ginge durch unsere gesegneten Gemeinden hin: auch die Gustav-Adolf-Arbeit ist eine heilige Arbeit, sie ist eine Pflicht der Kirche, ein Befehl des Herrn; sie muß geschehen, — geschehen vor Allem jetzt, wo die Thore der Hülfe offen stehen, nachdem bis vor nicht eben Langem, katholische Herzlosigkeit selbst das Erkunden der Noth und das Bringen der Hülfe zu verwehren wußte. Sie muß geschehen, daß nicht die Schwere des Wortes auf uns liegen bleibe, das Gustav Adolf einst im Angesichte des Brandes von Magdeburg durch Tilly, an den zögernden Churfürsten von Brandenburg schrieb: „Am jüngsten Gericht werdet ihr Evangelischen angeklagt werden, daß ihr um des Evangeliums willen nichts habt thun wollen." Und das Evangelium ist es doch, es ist seine erlösende, seine sittigende und befreiende Macht, in deren Kraft wir das Alles besitzen, wovon der Herr ein Scherflein nur sich erbittet für die Noth der Brüder im Gustav-Adolf-Vereine!

So ziehe sie denn von Neuem hinaus die Bitte für die Brüder um Christi willen! Der Herr hat uns an vielen Herzen und durch Vieler Herzen, reichen Segen schon gegeben: Er wird das Werk unserer Hände auch weiter fördern. Und wie eine dankbare Gemeinde (Rojewo in Posen) vor Kurzem an uns schrieb: „Eure Ostsee kann austrocknen, aber unsere Dankbarkeit nimmermehr", so wird Er uns helfen, mit Herz und That zu antworten: „Ja unsere Ostsee kann austrocknen, aber unsere helfende Liebe wird es nimmermehr!"

Und Oldesloe zumal und ganz Stormarn, das so gastlich heute uns Herberge gegeben und das seit Jahren treu mit uns gearbeitet hat, es kann und will den Ruhm sich nicht nehmen lassen, unter den Ersten des Landes in unserer Arbeit zu stehen. Seine Fluren sind reich gesegnet vom Herrn. Unter den ersten Städten des Landes ist es gewesen, denen das reine Evangelium geschenkt worden ist. Schon 1524 predigte Peter Christian von Friemersheim aus Deventer in Holland, zusammen mit dem ersten evangelischen Pastor Oldesloe's, Peter Petersen, hier das reine Evangelium. Und als 1736 mährische Brüder eine neue Heimath suchen mußten, da hat Oldesloe sie mit brüderlicher Liebe aufgenommen, und hat ihnen gewährt, an ihrer Seite sich eine Stätte der Ruhe zu bauen: ihr Name und Werk muß heute noch, eine Weissagung gleichsam auf das Werk des Gustav-Adolf-Vereins, leben und stehen in Eurer Mitte. Denn „Pilgerruhe" nannten sie die Herberge, die Eure Liebe ihnen eingeräumt!

Möge denn Eure Stadt, unser ganzes Land, durch den Trost der Hülfe, den es erbittet und bringt für die Brüder draußen, bleiben, was es so früh war und wieder geworden ist: eine gastliche Herberge für um des Glaubens willen Bedrängte: — „der Pilger Ruhe" — Amen.

Nach einer Pause eröffnete der Vorsitzende, Professor Dr. Fricke, die geschäftliche Berathung in der Kirche, der aber auch ein großer Theil der Festgemeinde mit gespannter Aufmerksamkeit folgte, mit Gebet und Ansprache. Auf seine Anfrage nach etwa noch eingetroffenen Abgeordneten der Zweigvereine meldeten sich:

Pastor Gleiß für Curau, für das Liebeswerk 1 ℳ 80 β, und Propst Tamsen für Tritlau, „ „ „ 3 „ — „ Desgl. specificirte Pastor Barlach für seinen Verein für das Liebeswerk 5 ℳ.

Neben den schon am vorigen Abend vorgestellten Vertretern fremder Vereine, Pastor Dr. Geffken für den Centralvorstand und Hamburg, und Secretär Claußen für Lübeck, meldete sich jetzt auch Rektor Kiene aus Stade als Vertreter des hannoverschen Provinzialvereins Bremen und Verden an.

Ersterer begrüßte im Namen des Centralvorstandes den holsteinischen Hauptvorstand und Landesverein, der neben dem Königsberger die Gustav-Adolf-Sache im Norden kräftig vertrete, lud die Anwesenden zur Betheiligung an der Generalversammlung in Hannover ein und empfahl die Gemeinden Bingen, Bensheim und Seckmauer der besondern Rücksichtnahme; mit einer dankenden Entgegnung verband der Vorsitzende die Anzeige, daß Pastor Deßler aus Gorau für Gernsheim 16 ℳ 48 β eingesandt habe. Pastor Bergmann überbrachte von einer ungenannten Geberin aus seiner Klostergemeinde einen werthvollen silbernen Kelch und desgl. Kanne und Patene, bestimmt für die erst durch den Gustav-Adolf-Verein zum Leben gerufene Gemeinde und Kirche in Bingen. Daneben stellte Professor Dr. Fricke Kelch und Oblatenschachtel von Silber mit starker Vergoldung, die ihm von unbekannten Gebern für eine österreichische Gemeinde eingehändigt worden. Dieselben wären von hoher Bedeutung, weil sie dem bekannten Nürnberger Kaufmann Tobias Kießling, der auf seinen Reisen durch Oesterreich die dortigen Evangelischen um sich und das Evangelium gesammelt und gleichsam ein lebendiger Gustav-Adolf-Verein vor dem Gustav-Adolf-Vereine gewesen, auf allen seinen Reisen begleitet hätten. Sie waren für Oels in Mähren bestimmt. Zugleich legte er der Versammlung die Bitte der Gemeinde Schladming in Steiermark um eine Kanzelbibel ans Herz und es wurden in Folge dieser Bitte sofort deren mehrere zugesagt, resp. für andere Gemeinden bestimmt.

Nachdem noch die Jahresrechnungen pro 18 59/60 und 18 60/61 vertheilt waren, erstattete Pastor Hansen (Sarpen) über die Gemeinden, deren Unterstützung nunmehr in Frage kommen sollte, in folgenden Grundzügen Bericht. Von den 611 im letzten Jahre eingereichten Unterstützungsgesuchen habe der Centralvorstand 32 dem holsteinischen Landesverein zur Berücksichtigung empfohlen. Von diesen wären nach dem Vorschlag des Hauptvorstandes folgende 6 auszuscheiden:

in Ungarn: Comorn, Tucho und Neudorf, welche früher von Altona unterstützt wurden;

„ Böhmen: Kloster;

„ Ober-Oesterreich: Attersee (beide dem Hauptverein bisher fremd), und in Frankreich: Epinal, welches bis dahin von verschiedenen Frauenvereinen unsers Landes unterstützt wurde.

Dagegen seien 10 andere hinzuzufügen: in Hannover: Gieboldehausen und Lorien-Ankum; Hessen-Darmstadt: Bingen; Krain: Laibach; Mähren: Prussinowitz; Kurhessen: Langenschwarz; Schlesien: Oberglogau; Tyrol: Meran, und in Frankreich: Bordeaux.

Die zur Unterstützung vorgeschlagenen Gemeinden stelle er demnach folgendermaßen in 3 Classen hin:

I. Classe: 1) Oberhausen, 2) Nicolai, 3) Gruppe, 4) Kojewo, 5) Limburg, 6) Hallstadt in Ober-Oesterreich, 7) Paris, 8) Algerien, 9) Lorien-Ankum, 10) Langenschwarz, 11) Eule in Mähren. (Von diesen 11 Gemeinden werde, da die erste und die beiden letztgenannten zur Wahl für das Liebeswerk ständen, jedenfalls Eine für die anderweitige Unterstützung wegfällig werden.)

II. Classe: 1) Waldbreitbach, 2) Astenberg-Langewiese, 3) Nieder-Briesnitz bei Sagan, 4) Gieboldehausen, 5) Bensheim in Hessen-Darmstadt, 6) Kronach, 7) Landstuhl in der baierschen Pfalz, 8) Lasoncz in Ungarn, 9) Toronto in Canada, 10) Meran und 11) Oberglogau.

III. Classe: 1) Marburg in Steiermark, 2) Görz in Illyrien, 3) Groß-Enyed in Siebenbürgen, 4) Guta in Ungarn, 5) Bordeaux, 6) Böhle in Westfalen, 7) Deutz, 8) Bingen, 9) Laibach, 10) Eyendt-Groth, 11) Ploiesti, 12) Arras, 13) Montevideo und 14) Prussinowitz.

Nachdem der Berichterstatter diesen Unterstützungsplan in kurzer klarer und gründlicher Weise dargelegt, wurde von einzelnen Seiten noch weitere Beschränkung der zu unterstützenden Gemeinden begehrt, namentlich von Propst Rievert der Wegfall von Deutz und Toronto, von Pastor Hansen (Ahrensburg) der von Arras, Gieboldehausen, Lorien-Ankum und Meran beantragt, von letzterem aber zugleich die Versetzung Ploiesti's in die erste Classe beantragt. Die zur Unterstützung oder Geldmbsung einzelner Gemeinden lebhaft fortgeführte Discussion bewegte sich zunächst um die Errichtung eines Friedhofes in Meran und entwarf ein anschauliches Bild von den Verunglimpfungen, welche dort Verstorbene oft noch von katholischem Fanatismus zu erdulden haben (Pastor Bersmann), erinnerte auch an die Nothwendigkeit, einen solchen Erwerb der Evangelischen an einem Ort, wo noch keine evangelische Gemeinde vorhanden sei, gegen etwaige Intriquen der Gegner als evangelisches Eigenthum juristisch sicher zu stellen (Pastor Kenblorff). Daneben wurde in Bezug auf die hannöverschen Gemeinden kräftig auf die Verpflichtung des dortigen Kirchenregiments, für die Bedürfnisse der eigenen Kirche zu sorgen, hingewiesen (Pastor Hansen-Ahrensburg), zugleich aber klar gestellt (Pastor Schröber-Münsterdorf und Rektor Rien aus Stade), daß es in dem Organismus desselben noch manche schwer und langsam zu beseitigende Hindernisse gebe. Noch beantragte auf die Aufforderung des Vorsitzenden, daß noch andere für die Unterstützung etwa in Aussicht genommene Gemeinden schon jetzt genannt werden möchten, Pastor Gleiss aus Curau, daß man bei dem schweren Stand, den die lutherische Kirche in Nordamerika dem überfluthenden Sektenwesen gegenüber ins-

besondere habe, gegenwärtig zu ihrer Stärkung des evangelischen Semi-
nars zu Nebraska gedenken möge. Der Vorsitzende wies diesen Antrag
indessen unter Hinweisung auf die Statuten der Gustav-Adolf-Stiftung,
welche als Unterstützungsgrund die bedrängte Lage der Evangelischen durch
die katholische Kirche forderten, zurück.

Endlich wurde durch Majoritätsbeschluß der Unterstützungsplan mit
folgenden Modificationen angenommen:

1) Arras ist auszuscheiden;

2) Bensheim soll nur dann berücksichtigt werden, wenn von dort
nachgewiesen wird, daß der Einsturz der neu erbauten Kirche ein von
dort aus unverschuldeter gewesen (was seitdem ermittelt worden ist);

3) Deuz soll aus der dritten in die zweite Classe übertragen,

4) Blosesil nicht in die erste Classe aufgenommen und

5) Briesen in Westpreußen bei der Unterstützung mit berücksichtigt
werden.

Der Antrag auf Ausscheidung von Gieboldehausen und Porten-
hagen wurde in der Voraussetzung, daß die hannöversche Regierung
ihre evangelischen Gemeinden mehr als es bisher der Fall gewesen zu
sein scheine, unterstützen werde, zurückgezogen.

Die Tagesordnung schrieb alsdann die Wahl der zum Liebeswerk vorgeschlagenen Gemeinde vor. Von den Zweigvereinen waren zu diesem
Zweck 267 ℳ angewiesen und die demselben dienende Collecte vor den
Kirchthüren hatte die bahin noch nicht dagewesene Höhe von 288 ℳ
erreicht, so daß der zu erwählenden Gemeinde 555 ℳ zugewandt werden konnten. Zur engeren Wahl für das Liebeswerk waren Oberhausen in Rheinpreußen, Langenschwarz in Kurhessen und Oels
in Mähren gestellt. Ihre Lage hatte der Vortrag des Prof. Dr. Fricke
bereits vor Augen geführt.

Nachdem Pastor Rendtorff im Hinblick besonders auf Oberhausen auf
die Pflicht der evangelischen Landes- und Kirchenregimenter bei Verhältnissen,
die sie selbst zum Theil hervorgerufen hätten, auch die Interessen der evangelischen Kirche zu beschützen und Pastor Bersmann mit warmer Anerkennung auf die Standhaftigkeit der Gemeinde Oels im Bekenntniß
ihres Glaubens, welche den Lohn und die Stärkung kräftiger brüderlicher Handreichung verdiene, hingewiesen hatte, wurde Oels einstimmig
für das Liebeswerk gewählt.

Zur Vertretung des Landesvereins bei der Generalversammlung in
Hannover ward Professor Dr. Fricke auf Antrag des Pastor Hansen
(Ahrensburg) durch Acclamation berufen. Gegen den Antrag des Pastor
Müller (Oldeslor), daß die Versammlung von ihrem Rechte Gebrauch
machend 3 Abgeordnete nach Hannover schicken möge, schlug der Vorsitzende unter allgemeiner Zustimmung der Versammlung vor, daß es
zuerst bei der Wahl von Pastor Bersmann bewenden möge, welcher
wie Professor Dr. Fricke nach Hannover zu geben versprach.

Pastor Bersmann motivirte alsdann seinen in Plön wegen man-
gelnder Stimmeneinhelligkeit verlagt gebliebenen Antrag, daß die Zahl der
gewählten Mitglieder des Hauptvorstandes wegen Ueberbürdung des Secre-

rials mit Arbeit auf 7 erhöht werden möge und schlug als Stimmzuwählende Justizrath Poel in Itzehoe und Pastor Rendtorff in Breek vor. Der Antrag wurde ohne Discussion angenommen und Pastor Rendtorff nahm sofort wie der abwesende Justizrath Poel später schriftlich die auf ihn gefallene Wahl unter Bezeugung seines Dankes an.

Der von dem Neumünster'schen Zweigverein gestellte Antrag auf eine der Gemeinde Landstuhl in Rheinbaiern zuzuwendende Unterstützung war schon thatsächlich erfüllt, für die sonst sehr erwünschten Mittheilungen über das innere Leben der einzelnen Gustav-Adolf-Vereine war keine Zeit mehr vorhanden. — Als letzter Gegenstand, der erledigt werden mußte, lag die Wahl des Orts noch vor, in dem die Versammlung des nächsten Jahres zu halten wäre. An freundlichen und dringlichen Einladungen fehlte es auch diesmal nicht. Zunächst wiederholte Organist Martmann aus Heide die schon im vorigen Jahr von dort erhobene herzliche Bitte, daß die Gustav-Adolf-Versammlung als Reiseprediger dorthin kommen möge. Ebenso anhaltend und lebhaft erhob in einem längeren Vortrag des Propsten Nierert Altona seine einladende Stimme. Daneben wurde Neustadt in einem herzlichen Worte des Pastor Dettessen nicht müde, wie schon vor zwei Jahren, in den äußersten Osten die Vertreter des Gustav-Adolf-Vereins zu rufen, sich dabei noch bescheidend, daß diese auch dann willkommen wären, wenn sie auch erst in dem folgenden Jahre erschienen. Bei der lebhaftesten Geltendmachung aller Gründe, welche der von jeder Seite erhobenen Einladung verstärkten Nachdruck geben konnten, deren Annahme zunächst der gewählten Stadt nicht unerhebliche Opfer und eine große Mühwaltung auferlegt, mußte man wohl die Ueberzeugung gewinnen, daß die Gustav-Adolf-Sache überall im Lande zahlreiche und warme Anhänger besitzt und daß man ihren Jahresfesten auch einigen Einfluß auf die Stärkung kirchlichen Sinnes und christlicher Liebesthätigkeit beimißt. Schwer aber war es unter den in Vorschlag gebrachten Städten zu wählen. Nachdem indessen noch Pastor Sierd aus Dessels-buren, Pastor Dersmann und Professor Dr. Fride für Heide gesprochen hatten, ward dieses mit 44 Stimmen gegen 14, welche auf Altona fielen, für das nächste Gustav-Adolf-Landesfest gewählt.

Das Festmahl, bei welchem noch reichlich 62 ₰ für Meran zusammengelegt wurden, fand in dem geräumigen aber doch gänzlich gefüllten Sabesaal unter der regsten Betheiligung der Oldesloer Männer und Frauen statt, und selbst die ärmere Bevölkerung erfüllte am Schlusse desselben den Sabegarten, um noch weiteres über die Gustav-Adolf-Sache zu hören und horchte unermüdet bis zum einbrechenden Dunkel den oft längeren Vorträgen, in denen Pastor Rendtorff eigene Erlebnisse aus einem Wanderleben in zerstreuten evangelischen Gemeinden am Rhein und Lehrer Will aus Paris die Leiden und Freuden der evangelischen Deutschen in der französischen Weltstadt erzählte, von denen Manchen in der Fremde erst die deutsche Predigt ans Herz dringt, von der sie in der Heimath unberührt geblieben waren, während Pastor Dersmann im geschichtlichen Bilde auf den rechten Segen hinwies, den jedes Missionsfest in den Herzen wirken und zurücklassen müsse.

Möge derselbe auch von diesem Jahr ausgegangen sein und im reichen
Maaße alle unsere folgenden Feste umgeben und die Gustav-Adolf-Arbeit
überall zu einer Lebensquelle machen, welche das lebendige Wasser gleich
mächtig zu den Brüdern in die Fremde trägt, wie sie dasselbe den heimathlichen Gemeinden zurückbringen, welche die Erweisung der Liebe in
dem eigenen Glauben stärkt und uns immermehr mit der Kraft unseres
einigen Herrn und Hauptes durchdringen, welcher ist Jesus Christus
gestern und heute und derselbe in Ewigkeit.

Der Vorstand des Holsteinischen Hauptvereins der evangelischen Gustav-Adolf-Stiftung.

Prof. Dr. K. Wieseler in Kiel,
b. J. Vorsitzender.

Prof. Dr. Fricke in Kiel,
b. J. Secretär.

Kaufmann J. W. Brauer in Kiel,
b. J. Kassirer.

Pastor August Hansen
in Ahrensburg.

Pastor Christian Ber-Hansen
in Barden.

Hauptpastor K. Hasselmann in Kiel.

Probst H. F. Nievert
in Altona.

Justizrath G. Poel, Bürgermeister
in Itzehoe.

Klosterprediger Rembtorff
in Preetz.

Haupt- und Klosterprediger C. Bersmann
in Itzehoe.

IV. Abrechnung des Haupt-Vereins der evangelischen Gustav-Adolf-Stiftung für Holstein

über das Vereinsjahr 1860/61.

Einnahme.

		R.-M.	₰	220.	87	₰
Uebertrag vom vorigen Jahre				220.	87	
Altona, Zweigverein durch Herrn Cassirer Hammerich . . .				200.	—	
do. Frauenverein durch denselben				315.	32	
Alten-Krempe, Zweigverein Herr Pastor Possehl				8.	0	
Ahrensböck, " " Brandis . . .				8.	—	
Ahrensburg-Siek, " Organist Kölls . .				84.	—	
Bargteheide, " Pastor Barlach . .				17.	68	
Brügge, " " Braumann . . .				55.	54	
Brunsbüttel, " " Meyer				42.	—	
Berkenholm, " " Hinrichsen . .				51.	—	
Blekendorf, " " Fries				23.	21	
Bovenau, " " Jvers				31.	16	
Burg (Süder-Dithmarschen), Zweigverein Herr Pastor Mau .				26.	22	
Aus der Gemeinde Büsdorff				8.	32	
Büsum, Zweigverein Herr Pastor Behrens				26.	—	
Curau, Glitz . . . ₰ 9. 65 ₰						
Sammlung auf einer Diamant-Hochzeit . 3. 15 "						
				13.	14	
Crempe, Zweigverein Herr Landschreiber Fischer:						
Benien . . . ₰ 28.						
Herr Apotheker Bargum . . 3.						
" Pastor Zlese, Tischcollecte						
bei der Jahresfeier des Mün-						
sterdorfischen Probsteivereins . 52.						
				83.	—	
Elmschenhagen, Gemeinde-Beitrag durch Herrn Pastor Jessien				34.	13	
Elsdorf, Zweigverein Herr Pastor Döring				64.	39	
Eddelack, Zweigverein Herr Pastor Fidler				31.	70	
Groß-Flintbeck, Gemeindebeitrag Herr Pastor Schulz						
₰ 11. — ₰						
Derselbe für die Dorfschaft Axmohr . 2. 8 "						
				13.	8	
Erdmig, Zweigverein Herr Pastor Jessen				18.	64	
Glückstadt, " Professor Jessen . . .				80.	—	
Gulzau, " Pastor Bischmann . .				8.	—	
Großen-Aspe, " " Albers				12.	—	
Hohenwestedt, " " Witt				55.	—	
Hademarschen, " " Deul				45.	32	
Hütten, Gemeindebeitrag				18.	—	
Herzhorn, Zweigverein Herr Pastor Jensen				50.	—	
Heide, " " Prall				109.	—	
Hennstedt, " " Nissen				28.	—	
Itzehoe, " Cantor Schmidt . .				216.	—	
Jevenstedt, " Pastor Friederichsen .				90.	—	
Kirch-Barkau, " Heynsen . . .				10.	—	
Kiel, J. C. F. Klemm				511.	25	
do. G.-A.-Frauenverein ders.				216.	—	
do theol. Verein der Studenten				8.	—	

	Latus	₰ 2787.	25	₰

		Transport	ℳ 2787.	23 ₰
Kaltenkirchen, Zweigverein Herr J. J. Kallbrenner			38.	12
Lütjenburg, " " Justizrath Wyneken			136.	—
Lunden, " " Pastor Kohlis			24.	72
Münsterdorf, Probsteiverein " Martens in Wilster				
		ℳ 170. 12 ₰		
Herr Pastor Haß in Nenenkirchen		12. 48 "		
			182.	60
St. Margarethen, Zweigverein Herr Pastor Kuchmann			21.	—
Marne, " " Kirchspielvogt Aye			70.	—
Meldorf, " " Friedel			55.	—
St. Michaelisdon, " " Pastor Bleikenfeld			8.	—
Neumünster, " " J. J. Meßtorff			102.	10
Rendsbad, " " Kammerjunker d'Aukers				
		ℳ 92.		
do. Frauenverein Herr Pastor Dellefsen		40.		
			132.	—
Neukirchen, Zweigverein Herr Pastor Lühr			40.	—
Norder-Ditmarschen, Probsteiverein Herr Probst Scheelig			8. 18
Nortorf, Zweigverein Herr Pastor Decker			90. 32
Oldenburg, " " Rector Arps			52. —
Oldesloe, " " C. A. G. Valentiner			109. —
Probsteier-Hagen, " " Pastor Ungeland			20. 36
Plön, Zweigverein Herr Pastor Schwarz, Tischcollecte				
		ℳ 71. 11 ₰		
Kirchencollecte bei der Generalversammlung in Plön		130. — "		
½ Beitrag		74. — "		
			275.	11
do. Frauenverein			12. 58
Preetz, Zweigverein Herr Zollcontroleur Wollenweber			96. —
Pinneberg, Probsteiverein Herr Probst Meßtorff			42. —
Ranzau, " " Probst Harding (Elmshorn)			84. —
Rendsburg, Zweigverein Tischcollecte ℳ 10. 50 ₰, außerdem				
		ℳ 2. 48 ₰	ℳ 13. 9 ₰	
Durch Herrn Paap Jahresbeitrag		130. — "		
Mit fester Bestimmung		28. 48 "		
Für Zieße Predigt, Rendsburg		15. 82 "		
			187.	38
Reinfeld, Zweigverein Herr Pastor Diedmann			17. 84
Sonntagsbote, durch Herrn Pastor Derdmann			3921. 33
Schönkirchen, Herr Pastor Nerz		ℳ 44. — ₰		
Tischcollecte zur 25jährigen Feier		16. 29 "		
			60.	29
do. Frauenverein			14. —
Segeberg, Probsteiverein Herr Probst Springer			71. 68
Süsel, Zweigverein Herr Pastor Lüdemann			54. —
Saran, " " " Decker			53. 32
Steinbek, " " " Petersen			9. —
Schenefeld, " " " Raben			18. —
Selent, " " " Brinckmann			58. 90
Schlamersdorf, " " " Admussen ℳ 73. 51 ₰				
Schulcommüne Rems		5. — "		
			78. 51 "	
		Latus ℳ 8944.	20 ₰

	Transport	ℳ 5044.	36	β
Trittau, Zweigverein Herr Probſt Lamſen		„ 22.	48	„
Wilſter, „ „ Paſtor Knuth		„ 150	—	„
Bandsbeck, „ „ Lehrer Soltau		„ 85.	—	„
Weſſelburen, „ „ Paſtor Gierd		„ 72.	—	„
Barder, „ „ „ Griebel		„ 105.	—	„
Jarpen, Gemeindebeitrag Herr Paſtor Hanſen		„ 9.	58	„
Weſtenſee, „ „ „ Seele		„ 18.	64	„
Toſtrup, „ „		„ 5.	80	„
Lutzenhof, Sammelbuch der Kinder des Hrn. v. Reewer-Salden		„ 20.	90	„
Factor C. Carſtens in Schleswig		„ 6.	22	„
N. n. Poſtſtempel Eckernförde		„ 5.	—	„
Zinſen zeitweilig belegter Gelder . . . . ℳ 61. 53 β				
1 Jahr Zinſen ℳ 200, à 3½ pCt. Vermächtniß des Dr. Caillijen in Schleswig . . „ 9. 10 „				
		„ 70.	63	„
Ertrag von Paſtor Iſele's Predigten (Glückſtadt)		„ 22.	46	„
Desgl. für fliegende Blätter		„ 4.	48	„
Desgl. für Guſtav-Adolfs-Kalender		„ 22.	74	„
		ℳ 5379.	73	β

Ausgabe.

		Pr. Et.		R.-M.		β
Profeſſor Dr. Fricke hieſelbſt für Nieder-Briesnitz	Pr. Et. ℳ 450. ℳ			600.	—	β
Derſ. für 2 rheiniſche Conſirmanden . . .		„		120.	—	„
Derſ. für Rojewo		„ 200.		266. 64		„
Paſtor Thomas in Damp für Orgel und Altar		„ 60.		80.	—	„
Für den Kieler Frauenverein nach Baden-Baden zum Bau der evangeliſchen Kirche		„ 22		29. 32		„
Für den Kieler Zweigverein nach Toronto .		„ 50.		66. 64		„
Für den Rendsburger Zweigverein für das rauhe Haus in Horn . . .		„ 3		4. —		„
In den Central-Vorſtand in Leipzig zur freien Verfügung . . . . Pr. Et. ℳ 1343. —						
Ferner:						
für Kronach in Baiern		„ 100.	—			
„ Gruppe in Preußen		„ 335. 19				
„ Arras in Frankreich		„ 30.	—			
„ Algier		„ 200.	—			
„ Baccum in Hannover		„ 150.	—			
„ St. Annen in Canada dem Pfarrer Chiniquy		„ 191. 28				
„ Aſtenberg-Langewieſe in Weſtfalen .		„ 50.	—			
„ Belgrad		„ 12. 13	5			
„ Bingen in Heſſen		„ 200.	—			
„ Grießen in Preußen		„ 26. 8	5			
„ Böhle in Weſtfalen		„ 22.	—			
„ Borbonne in Frankreich . . .		„ 50. 15				
„ Böhmen, für einen armen Pfarrer .		„ 106. 22				
„ Mähriſche Prediger-Witwen . .		„ 351. 8				
„ Mähriſche Prediger		„ 150.	—			
„ dem Prediger Lange in Mähren .		„ 90. 24				
„ Chlubowo in Poſen		„ 30.	—			
„ Damp in Rheinpreußen		„ 154. 4				
	Latus Pr. Et. ℳ 3458. 15 Sgr.—Pf.					
	R.-M. ℳ 1166. 64 β					

Transport Pr. Cl. ℳ 3458. 15 — ℳ 1166. 84/₃

„	Driburg in Westfalen	„	— 33 5
„	Epinal in Frankreich	„	29. 26 —
„	Fürstenberg-Westheim in Westfalen	„	48. 10 —
„	Siebelshausen in Hannover	„	52. 15 —
„	Guta in Ungarn	„	35. — —
„	Gemblitz in Posen	„	40. — —
„	Groß-Wittenberg in Preußen	„	24. 9 —
„	Hamm an der Sieg fürs Waisenhaus	„	145. 20 —
„	Höxter, Confirmanden-Anstalt	„	118. — —
„	Görz im östreich. Küstenlande	„	37. 15 —
„	Kaiserswerth, Waisenversorgung	„	53. ... —
„	Kesmark in Ungarn	„	50. — —
„	Groß-Enyed in Siebenbürgen	„	30. — —
„	Kirinadel, Provinz Preußen	„	222. 26 —
„	Laaz in Ungarn	„	1. — —
„	Lautereden in Rheinbaiern	„	81. 9 —
„	Lugos in Ungarn	„	1. — —
„	Lyon in Frankreich	„	8. 11 —
„	Losoncz in Ungarn	„	1. — —
„	Loxten in Hannover	„	60. — —
„	Latowice in Posen	„	37. 15 —
„	Laibach in Krain	„	37. 15 —
„	Mako in Ungarn	„	— 15 —
„	Mediasch in Siebenbürgen	„	70. — —
„	Mährisch-Ostrau	„	37. 15 —
„	Nicolai in Schlesien	„	60. — —
„	Neumarkt in Baiern	„	22. 15 —
„	Niederbriesnitz in Schlesien	„	141. 22 —
„	Oedenburg in Ungarn	„	33. — —
„	Oberglogau in Schlesien	„	126. — —
„	Oberhausen in Rheinbaiern	„	70. — —
„	Paris	„	250. — —
„	Prag (Helf. Conf.)	„	15. — —
„	Prussinowitz in Mähren	„	76. 7. 5
„	Ramsbeck in Westfalen	„	5. 7. 5
„	Rojewo in Posen	„	50. — —
„	Rybnick in Ungarn	„	50. — —
„	Boroznok in Ungarn	„	13. 22. 5
„	Sajolaza in Ungarn	„	80. — —
„	Schladming in Steiermark	„	90. — —
„	Schemnitz in Ungarn	„	16. — —
„	Svaboez in Ungarn	„	1. 5 —
„	Szend-Groth in Ungarn	„	30. — —
„	Thening in Oesterreich	„	15. — —
„	Waldsassen in Baiern	„	70. — —
„	Waldbreitbach in Rheinpreußen	„	60. — —
„	Wien, Waisen-Anstalt	„	— 11 —
„	Wolfsberg	„	30. — —

Pr. Cl. ℳ 5987. 29 —

für fliegende Blätter „ 32. 16 —

Pr. Cl. ℳ 6070. 15 — ℳ 8027. 32/₃

R.-M. ℳ 9194. — /₃

Transport R.-M. ℳ 9194. — β
1 Jahrgang Guſt.-Ad.-Boten . . . . . . „ — 77 „
Inſerirungskoſten, Porto, Auslagen, Druckkoſten, Buch-
binderlohn, Verpackungskoſten, Reiſeſpeſen des Deputirten ꝛc. . . . . „ 370. 43 .

R.-M. ℳ 9415. 94 β
Einnahme „ 9570. 73 „

Uebertrag aufs nächſte Jahr R.-M. ℳ 154. 49 β
Kiel, den 12. Febr. 1861.

J. B. Brauer,
d. Z. Caſſirer.

Außerdem wurden direct verſandt
vom Sonntagsboten nach Jeruſalem . . . . . R.-M. ℳ 21. — β
Derſelbe „ Paris, Schulen . . . „ 62. 16 „
Frauen-Sammlung in der Kieler Umgegend für Paris
an Paſtor Berger daſelbſt . . . . . „ 160. — „
Crempe, Zweigverein, nach Kleinacker . . . . „ 14. — „
Plön, „ für die Mähriſchen Predigerwittwen „ 37. — „
Schmalfeld, „ „ Lauterecken . . . . . „ 8. — „
Glückſtadt, „ „ Amberg in Baiern . . . „ 40. — „
Marne, „ nach Bingen . . . . . „ 35. — „
Neumünſter „ „ Landſtuhl . . . . . „ 45. 58 „
„ „ Algier . . . . . „ 22. 64 „
Altona, Frauenverein, für die Schulen und Prediger
in Oeſterreich . . . . . „ 162. 64 „
Neuſtadt, Zweigverein, nach Hamm . . . . „ 96. 64 „
„ „ Neumarkt in Baiern . . „ 33. 32 „
Altona. „ „ Carlsburg in der Pfalz . „ 65. 64 „
„ „ Algier . . . . . „ 35. 32 „
Bandsbek, an die Superintendent Wannowitz in Mähren „ 34. 64 „

R.-M. ℳ 803. 74 β

Der Vorſtand des Holſteiniſchen Hauptvereins
der Guſtav-Adolf-Stiftung.

www.ingramcontent.com/pod-product-compliance
Lightning Source LLC
Chambersburg PA
CBHW022129020426
42334CB00015B/818